$\eta^a = 78.$

Encyclopédie Élémentaire, Ou Introduction a L'étude Des Lettres, Des Sciences Et Des Arts
by Jean-Raymond De Petity

294.55

112 ——— 7

ENCYCLOPÉDIE
ÉLÉMENTAIRE,

OU

INTRODUCTION
A L'ÉTUDE DES LETTRES,
DES SCIENCES ET DES ARTS.
TOME II. PART. Iere.

ENCYCLOPÉDIE

ÉLÉMENTAIRE,

OU

INTRODUCTION

A L'ÉTUDE DES LETTRES,

DES SCIENCES ET DES ARTS.

Ouvrage utile à la Jeuneſſe & aux Perſonnes de tout âge, enrichi d'amples Notices des meilleurs Auteurs dans chaque Faculté, & orné d'Eſtampes en taille-douce.

DÉDIÉE AU ROI.

Par M. l'Abbé de Petity, Prédicateur de la Reine.

TOME II. PART. Iere.

A PARIS,

Chez Herissant Fils, Libraire, rue S. Jacques.

M. DCC. LXVII.

AVEC APPROBATION ET PRIVILEGE DU ROI.

SAGESSE.

La Sagesse est représentée par une belle femme en son simple naturel, le corps droit, les pieds joints sur un cube, les bras croisés s'embrassant elle même; signifie Fermeté. Sur la tête une couronne de laurier et d'olivier, c'est Victoire et paix : une espace ou vuide à l'entour, exprime la Liberté se regardant dans un miroir, soutenu d'une main sortant d'un nuage; c'est-a-dire, qu'elle se regarde toujours et se connoit. Quatre petites femmes laides, enchaînées au cube qui est sous la Sagesse, elle les méprise et foule aux pieds. l'Opinion, aux yeux égarés et les poings fermés : la Passion, maigre, au visage tout alteré, les mains derrière le dos : la Superstition au visage transi, joignant les mains comme une servante qui tremble de peur : et la Science, vertu artificielle, pé-dantesque, au visage enflé glorieux et arrogant, lit un livre où il y a écrit: Oüi, Non.

Livre est surmonté d'une clepsidre et deux faulx en sautoir, symbole du Tems. Pour récompenser les bons, une corne d'abondance remplie de fleurs, fruits, richesses, et dignités. Pour punir les méchans, des épines, chardons, prisons et supplices.

SAGESSE,
OU
PHILOSOPHIE MORALE.

C'est une Déesse presque nuë, qui se tient debout sur un gros cube, s'embrassant & se regardant attentivement dans un miroir présenté par une main sortant d'un nuage ; une Couronne de laurier assez élevée au-dessus de sa téte, entourée de lumière ; aux quatre côtés du gros Cube, on apperçoit quatre femmes enchaînées ; sçavoir l'Opinion, la Passion, la Superstition, & la Science arrogante.

L'ove est surmonté d'un Clèpsidre, & deux Faulx en sautoir ; deux Cornes d'Abondance sur les côtés ; dont l'une répand des Fleurs, Fruits, Richesses, & marques de Dignités : l'autre des Épines, Ronces, Chardons & Fouëts.

DISCOURS PRÉLIMINAIRE
SUR LES
PRINCIPES FONDAMENTAUX DE LA PHILOSOPHIE MORALE.
I.

L'Homme a une pente invincible vers son Bien-être, en général.

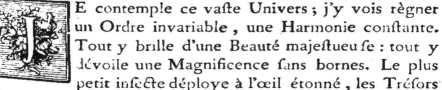

JE contemple ce vaste Univers ; j'y vois règner un Ordre invariable, une Harmonie constante. Tout y brille d'une Beauté majestueuse : tout y dévoile une Magnificence sans bornes. Le plus petit insecte déploye à l'œil étonné, les Trésors d'une Intelligence Suprême ; qui, par des moyens aussi simples que sûrs, conduit tout aux fins qu'elle s'est proposée.

Tome II.   A

Envain le Philosophe impie voudroit me persuader, que tant de merveilles ne sont que l'effet du Hazard ; les Systêmes hardis de son imagination téméraire ne peuvent me soustraire à la connoissance d'un Dieu Créateur, dont la Sagesse éclate dans tous les Ouvrages de ses mains.

Or cette Sagesse me découvre une Vérité incontestable : que l'Auteur de la Nature n'a rien pû créer que pour lui. Un Être aussi parfait, pouvoit-il agir pour une fin qui ne fût pas digne de ce qu'il est ? Et quelle Fin plus digne d'un Dieu, que lui-même ? Dieu est donc la fin dernière de tout : nous ne pouvons donc lui refuser le rapport de toutes nos actions sans la plus grande injustice : il n'y a donc rien qui ne doive se porter vers lui, comme vers son Centre. Et en effet, ces Vastes Corps qui roulent au-dessus de nos têtes, & dont nous admirons l'Éclat, l'Équilibre, & les Mouvements si réguliers ; les Éléments si féconds en prodiges, les Pluies, les Neiges, les Grêles, les Tonnères ; tout a reçu de la main du Créateur une force, une action puissante pour la Manifestation de sa gloire. Les Arbres & les Plantes, les Métaux & les Animaux publient à leur manière ses Grandeurs & sa Bonté, annoncent qu'ils n'ont été tirés du Néant que pour révéler à des Créatures plus heureuses, l'infinité de ses perfections.

Toute la Nature conspire sans cesse au maintien de l'Ordre, que Dieu y a premièrement établi : tout suit des Loix vraies, justes, immuables. Or Dieu n'est qu'Ordre, Vérité, Justice, Immutabilité : ainsi tout dans l'Univers est emporté nécessairement vers son Auteur. Si cette Vérité ne souffre aucun doute à l'égard de la Nature corporelle ; si des êtres inanimés ou vivans, mais auxquels une intelligence réfléchie a été refusée, n'ont pû sortir des mains de Dieu, sans une impulsion invincible vers lui-même : que dirons-nous de l'Homme, que le Créair a formé à fon image ; & à qui il n'a donné un Cœur & un prit, que pour le connoître & l'aimer ? Dieu a voulu être, il ne fe pouvoit pas qu'il ne fût la Fin dernière de toutes les tres Créatures, qui ne font que le Jeu de fes doigts : l'Homme, i eft l'Effort de fon bras, le Chef-d'œuvre de fa Puiffance, voit donc fe porter continuellement vers fon Principe ; & e attiré par de fortes Chaînes vers la Divinité, comme vers ı Centre & fon terme Unique. Or ces Chaînes font les De- s, que le cœur humain forme fans ceffe pour fon Bonheur ; ıft ce Penchant impétueux qui l'emporte vers fon Bien-être : comme Dieu eft la première Source de tout Bonheur, & un éfor inépuifable de tout bien ; c'eft après lui que le Cœur ıpire dans tous fes projets, du moins implicitement ; c'eft lui 'il cherche, lors même qu'il s'attache à des objets qui l'éloi- ent le plus de la Souveraine Béatitude.

Il fuit de-là, que l'Homme ne peut jamais refufer le Bien, rce qu'il eft Bien ; ni defirer le mal, pour le mal. Les Au- ftins, les Hilarions, les Jérômes, qui fe font arrachés à toutes : Voluptés de la vie, pour fe livrer aux rigueurs de la Péni- ıce, n'étoient guidés dans le Chemin de la Croix, que par .mour de la Félicité.

Convaincus qu'ils pouvoient la perdre pour toujours, en pre- nt l'efpèce de miel que le Monde leur préfentoit, la Dou- ur paffagère de ce miel leur parut l'Amertume la plus cruelle ; au contraire, au milieu de leurs fouffrances qu'ils regardoient mme le Germe d'une Béatitude fans fin, ils goûtoient des Dé- es inépuifables qui en étoient l'Avant-goût ou le gage. Ce ıft point l'Amour des mortifications ou des fupplices ; c'eft fpérance d'en recueillir les fruits falutaires, qui a peuplé d'A- chorètes les deferts de la Thébaïde, & fait couler le fang des artyrs. Mais changeons d'éxemples.

A ij

Timante vient de refufer un Emploi brillant, auquel étoient attachés beaucoup de Refpects, & quarante mille livres de rente. Eft-ce à la Vénération Publique qu'il a voulu fe dérober ? Ou étoit-il peu flatté d'un Revenu qui lui eût procuré toutes fes commodités, & qu'il auroit eu le plaifir de partager avec trente familles dans l'indigence ? Non, fans doute ; mais il fe dit Philofophe : il aime la liberté, le repos, la tranquillité. L'efclavage, les fatigues, l'inquiétude font inféparables des Dignités. Il a donc cru par fon Refus, fe conferver un Bien précieux, & éviter un mal véritable.

Pézophile après avoir ruiné par le Jeu, fa Fortune & fon crédit ; a facrifié fon honneur & fa probité, à l'Efpérance d'avoir bientôt une Somme confidérable. Il a rendu un faux témoignage, dans une affaire de la dernière importance. La Calomnie a été découverte à l'inftant même, & le Calomniateur jugé fuivant la rigueur des Loix. Le jour que l'Arrêt devoit s'éxécuter, on le trouva un rafoir à la main, & qui nageoit dans fon fang. Eft-ce la mort, & une mort auffi cruelle, qu'il avoit defirée ? Vous ne vous le perfuaderez jamais ; mais en fe la donnant, il l'a envifagée comme la Fin de fon défefpoir & de fes remords ; & comme l'Unique moyen, de fe fouftraire à l'Ignominie la plus affreufe & la plus accablante.

L'Homme dans toutes fes actions, ne peut donc avoir en vûë que fon Bien-être ; ou, ce qui revient au même, eft néceffité vers fon Bonheur en général. *Œthologie, ou le Cœur de l'Homme. Part. I.*

I I.

'Homme est véritablement Libre, sur le choix des Biens créés tels & déterminés ; & sur celui des différentes Voies, qui peuvent le conduire à la Possession de ces mêmes Biens.

Pour être convaincu de cette Vérité, il ne faut que réfléchir r la Nature des Biens créés, sur celle du Cœur humain ; & r les Sentimens intérieurs qui nous annoncent d'une manière claire, le Don précieux de la Liberté dont nous jouissons. Si un côté les Créatures présentent à l'esprit du Philosophe, des eautés & des rapports qui le frappent d'Admiration ; de l'au re, elles n'offrent rien au Cœur de l'Homme qui puisse le rem lir. Il n'y en a aucune qui ne soit parfaite en son genre, & ui ne se rapporte d'abord à une Fin très-bonne ; & en dernier eu à la meilleure de toutes les Fins, à Dieu même. Mais elles ont toutes tirées du Néant ; & ainsi n'étant que Vuide, Priva ion, Limites ; elles n'ont aucune proportion avec des desirs e Plénitude, de Jouissance, & Infinis dans leur étenduë ; & our ne parler que de celles qui enflamment le plus, les Desirs e la plûpart des Hommes ; que sont les Richesses, les Hon eurs, les Plaisirs ?

Les *Richesses* ne cessent d'inviter celui qui les possède, à les épandre dans le Sein de l'indigent. Nous ne sommes pas *votre* Bien, lui disent-elles ; mais un Dépôt qui vous est confié, & que les besoins de vos frères vous redemandent. Les *Dignités* crient à celui qui en est revêtu: devenez par nous le Père de l'orphelin, l'Époux de la veuve affligée ; l'Appui du foible, le Bouclier de l'innocence persécutée. Si vous êtes des Dieux sur la terre, par la grandeur de l'éclat qui vous environne ; soyez-

le plus véritablement, par la reſſemblance avec cet Être ſuprê-
me, qui ne dédaigne pas de rendre les Ouvrages de ſes mains
participans de ſa Gloire. Ménagez-nous, *diſent les Plaiſirs au
cœur qui en eſt avide*, ſi vous voulez goûter nos douceurs ; ne
jouiſſez de nous, ou plutôt n'en uſez qu'avec meſure, & lorſque la loi de la Nature & celle de la grace vous le permettent ;
ne vous repoſez pas en nous ; nous ne ſommes que l'Ombre
du bonheur : Dieu ſeul en eſt la Réalité, la Source, & le
Terme.

C'eſt dans ce Cri de toute la Nature pour la gloire du Créateur, que conſiſte tout ce que les Créatures renferment de bon
& de parfait en ſoi, d'heureux & de précieux pour l'Homme.
Ne nous en ſervons, qu'en les conſidérant ſous ce rapport ; &
par elles nous arriverons à la Souveraine Félicité. Mais n'ou-
blions jamais, qu'elles ſont incapables de raſſaſier nos Appétits
ſans bornes.

Des Richeſſes qu'on n'acquiert qu'avec beaucoup de fatigues, qu'on ne conſerve qu'avec crainte & danger de les perdre, qui nous ſont ſouvent enlevées à l'inſtant même de leur
poſſeſſion : des Honneurs qui nous coûtent les plus grandes hu-
miliations, qui nous attirent l'envie & la haine de nos concur-
rens ; & dont le ſouvenir, quand nous en ſommes dépouillés,
nous cauſe une douleur d'autant plus amère qu'ils nous ont plus
vivement affeſtés : des Voluptés que nous achetons par toutes
ſortes de Sacrifices, & qui nous échapent lorſque nous croyons
en jouir ; qui enfin ne nous laiſſent que le repentir, & le dégoût : ſont-ce là des Objets qui puiſſent remplir un Cœur auſſi
vaſte que le nôtre ?

Mais eſt-il bien vrai, que le Cœur de l'Homme ſoit infini dans
ſes deſirs ?

On ne peut douter, qu'il ne ſoupire continuellement après le

}onheur. Il eſt de la nature de tout ce qui éxiſte , de chercher
ɔn Bien-être. Le Bien-être eſt une perfeƈtion : les Bornes ſont
ne imperfeƈtion. Or , il répugneroit que ce qui tend à la per-
:ƈtion , tendît en même-tems à l'imperfeƈtion. Ce ſeroit donc
tre contradiƈtoire à ſoi-même , que de ſoutenir que le Cœur ,
n ſouhaitant ſon Bonheur , voulût qu'il fût limité. D'ailleurs ,
: në ſera pas Dieu qui mettra des bornes à nos deſirs ; puiſ-
u'au contraire il nous a donné une pente invincible vers lui-
ıême , qui eſt le Bien par eſſence & le Bonheur infini en tout
enre. Quant aux Créatures , elles peuvent bien ſe refuſer à
os Vœux ; mais elles ne ſçauroient nous empêcher de les for-
ıer , bien loin qu'elles ſoient capables d'en fixer la meſure , ou
'en arrêter l'impétuoſité.

Concluons : tout eſt fini dans les Créatures ; les Deſirs du
œur de l'Homme ſont infinis ; nulle proportion entre ce qui
eçoit des bornes , & ce qui n'en reçoit point : il ſeroit donc
ontre la nature de notre cœur , d'être emporté néceſſairement
ers quelque Bien créé que ce ſoit , tel & déterminé. Nous
ɔmmes donc libres de rechercher tel ou tel objet , & de prɐn-
re telle ou telle voie pour arriver à notre but. Ce que je dis
es Biens créés en particulier , doit auſſi s'entendre des Voies
fférentes qui peuvent nous y conduire ; le moyen de parve-
r à quelque Bien , étant un Bien lui-même.

La Vérité que je viens d'établir n'eſt pas ſeulement de Spé-
ılation , mais encore de Pratique ; & je me rappelle ici la pre-
ıère Satyre d'Horace : où ce Poëte nous repréſente un Ma-
-lot battu de la Tempête , qui envie le ſort d'un Soldat ; un
ɔldat accablé d'années & de fatigues , qui eſt jaloux de l'état
u Marchand ; un Payſan ébloui du Luxe & du tumulte des
'illes , qui ne croit heureux que ceux qui y habitent ; un Avo-
at réveillé dès l'aurore , & conſulté par un Plaideur inquiet , &

ſouvent ſur un rien ; qui ne trouve point de genre de vie préférable , à celui que l'on mène dans le Silence & le repos des
Campagnes. Que Jupiter , ajoute Horace , veuille échanger les
conditions de tous ces mécontens ; ils s'obſtineront à reſter ce
qu'ils ſont. Et moi je dis : qu'ils deviennent ce qu'ils n'étoient
pas , ils ſeront peut-être ſatisfaits pour le jour ; mais le lendemain autres Chagrins , autre Inconſtance , autres Deſirs. Pourquoi cela ? parce que l'Homme ne prenant un parti que pour
être Heureux , & s'appercevant qu'il ne l'eſt point autant qu'il
pourroit , & qu'il deſire l'être ; il ſe croit ſouvent plus mal où
il eſt , & eſpère toujours être mieux où il n'eſt pas. Il a donc
une vraie Liberté , de ſouhaiter de changer de place.

Je ſçais que les premiers Mouvemens , qui nous entraînent
d'abord vers ce qui nous paroît un bien , ne dépendent point
de nous. Ils ſont une ſuite néceſſaire de cette Impulſion , que
notre cœur a reçuë de l'Auteur de la Nature vers la Félicité.
Mais la Réfléxion vient ; & ſi le Deſir preſſe d'un côté , la
Raiſon parle de l'autre. Alors nous délibérons , & pouvons
terminer tout Combat , en rejettant tel ou tel Bien prèſenté ;
ou en nous y attachant. *Le Chevalier de Cramezel.*

Mais parlons maintenant des Répugnances que nous éprouvons au-dedans de nous-mêmes , à l'inſtant de la Délibération.

I I I.

*L'Homme dans l'Éxercice de ſa Liberté , eſt agité de
Combats intérieurs ; qui peuvent être pour lui , la
Source des plus grandes Vertus.*

L'Homme depuis ſa Chute , eſt ſujet à bien des Paſſions.
Elles ſemblent toutes conſpirer à une même Fin , qui eſt ſon
Bonheur ; puiſqu'il n'y en a aucun , qui ne lui propoſe la Jouiſ-
ſance

ice de quelque Bien particulier : mais leurs Intérêts font fount oppofés , & leurs Objèts abfolument incompatibles ; de mière qu'elles ne cherchent alors qu'à fe détruire mutuelleent. Les Nuages qui s'élèvent de leur fein , ne peuvent ipfer entièrement & pour toujours le Soleil de la Raifon huine. Sa vive Lumière , & l'Expérience que nous faifons de fuffifance des Créatures pour nous rendre pleinement heux , nous découvrent qu'il n'y a aucun des Biens vers lefquels ıs nous fentons attirés par la Concupifcence , ou par les rmes de la Séduction , que nous ne puiffions envifager fous 'apport ou d'un Néant véritable , ou d'un Malhenr certain ; là les caufes de nos Délibérations : voilà pourquoi notre cœur ıt ; & ne veut pas le même Objèt. Il le defire , comme propre ontenter telle Paffion ; il le refufe , comme contraire à telle re ; ou parce que la Raifon lui en défend la recherche.)rage s'élève au-dedans de nous-mêmes : un Vent favorable ıble nous emporter loin de l'Écueil , lorfqu'un Vent contraire ıs y pouffe avec violence. Ne craignons point cependant chouer , pourvu que nous écoutions la Voix de la Raifon ,)te auffi fûr que fage. Si le bruit des Flots , le fracas de la npête , écartent pour quelques inftans cette Voix falutaire , ceffons pas de prêter une Oreille attentive ; elle perçera ntôt avec Éclat , & nous fera arriver au Port de la Tranllité , & conféquemment du Bonheur. Mais fouvent nous ıs étourdiffons fur les Malheurs qui nous menacent , le Ri;e trompeur , où nous defirons d'aborder , ne paroît pas éloigné)s Vœux impatiens ; nous négligeons tout Confeil ; nous ne llons pas voir le Danger , où nous efpérons le franchir ; nous ériffons : n'eft-ce pas là un Naufrage volontaire ?

ᴌe grand Corneille dans fes Tragédies , & fur-tout dans les ᴌux Monologues de Rodrigue & de Polieucte , nous a laiffé

Tome II.   B les peintures les plus vives des combats qui s'élèvent dans notre cœur, lorfque nous délibérons.

Faifons voir préfentement, que ces Combats peuvent être pour nous, une Source des plus grandes Vertus. Il eft vrai qu'ils font auffi l'Occafion de plufieurs Vices, pour des Hommes qui fe laffent de repouffer une attaque à laquelle il leur feroit fi doux de fuccomber; pour des Cœurs qui ne réfiftent que foiblement, & qui defirent leur propre Défaite : mais des Ames généreufes & qui fe fentent de la Nobleffe de leur Origine, acquièrent plus de Conftance & de Fermeté par la violence des fecouffes qu'elles reçoivent; plus de Courage & d'Ardeur, par l'impétuofité des chocs qu'elles ont à foûtenir.

Il y a des Perfonnes nées avec un Caractère heureux, dont le Sang circule dans les veines d'un Cours égal & tranquille; que rien n'émeut, n'agite, ne furprend, dont le Cœur ne fçait ce que c'eft que Defirs, Choix, Amour de préférence; & qui vivent dans un Calme fi parfait, que quelquefois il dégenère en Infenfibilité. Elles ne connoiffent point les Vices; d'accord : mais elles n'ont la plûpart que des Vertus de Tempéramment; & celles-ci ne font pas toujours les plus éclatantes, les plus folides, fi toutefois ce font des Vertus. L'éxiftence de la Vertu eft tellement attachée à la poffibilité du Vice, qu'on n'a jamais dit; *les Vertus*, mais *les Perfections Divines*. Or une Apathie générale eft, fi vous le voulez, incompatible avec le Vice; fi cependant, elle n'eft un Vice elle-même.

Arifte a reçu un Outrage; à peine en a-t-il été d'abord un peu ému; quelques heures après il a oublié l'Injure, & ne s'eft plus fouvenu, que de l'Amitié qu'il avoit vouée à celui qui venoit de l'infulter. La Modération n'eft point chez lui Lâcheté; les Cicatrices dont fon corps eft couvert, & qui lui ont mérité le grade de Maréchal de Camp, font les Preuves glorieufes de fa valeur. Ariſte eſt d'un Caractère admirable à la vérité : mais Cléon ne merite-t-il pas plus d'éloges ? Il eſt dans le même cas : né vif, emporté, ſes premiers Mouvemens iroient juſqu'à la Fureur ; s'il ne veilloit continuellement ſur lui-même pour en réprimer la Fougue. Il ſent combien la Vengeance la plus cruelle lui ſeroit douce ; & néanmoins, pour étouffer dans ſon cœur juſqu'au Germe de l'Indignation, il comble de Careſſes & de Bienfaits le Téméraire qui a oſé l'outrager. Le Pardon des Ennemis n'eſt chez Ariſte, que l'effet d'un Naturel pacifique & indulgent : chez Cléon, c'eſt l'Acte le plus Héroïque de la Vertu la plus ſublime.

Polinias devoit ſuccéder aux Biens immenſes de ſon père ; mais par un revers imprévû, il n'a hérité que de l'éclat de ſon Nom, à la faveur duquel le Roi lui a donné un Régiment. Il eſt dans l'Ardeur de la Jeuneſſe. S'il vient à périr dans les Champs de l'honneur, il n'a ni Épouſe, ni enfans à regretter ; ce n'eſt que par des Actions d'éclat, qu'il peut s'attirer les regards du Prince, & ſe frayer une route à la gloire. Loin de craindre les Dangers, il les prévient, il les cherche, il s'y livre. Rien en cela de ſurprenant ; rien au contraire qui ne ſoit ſelon ſes vûës, & ſelon l'état préſent de ſes affaires.

Polinias n'eſt que Brave : mais Théagènes eſt un Héros ; lui qui s'arrache à toutes les Douceurs du repos & de l'abondance, aux tendres embraſſemens de ſa femme & de ſes fils, pour voler aux horreurs d'une Guerre ſanglante ; dont le ſuccès, quelque Glorieux qu'il puiſſe être pour lui, n'ajoutera rien à la haute Réputation qu'il s'eſt acquiſe.

Que Parthénie ſe réjouiſſe ; mais qu'elle ne ſe félicite point de ſa Chaſteté ! Comment y donneroit-elle atteinte, elle qui n'a jamais été acceſſible à aucun ſentiment de Tendreſſe, ou même de pure Amitié ? Cette Vertu n'eſt chez elle qu'Indifférence, ou peut-être qu'Orgueil.

L'Héroïne ſelon moi , de l'Innocence & de la Pureté des Mœurs ; c'eſt Mélanide : qui contre ſon goût & ſes inclinations naturelles , s'eſt toujours ſévèrement interdit les plus innocens Spectacles , la lecture des Romans les plus châtiés ; qui évite tout entretien avec des Perſonnes d'un ſèxe différent , quelque grande que ſoit leur Modeſtie & leur retenuë ; enfin qui vient de refuſer la main d'un Jeune-homme , riche , aimable , & qu'elle eût préféré à tout : ſi elle n'eût été convaincuë ; qu'il lui ſeroit plus glorieux & plus avantageux de faire à Dieu l'entier Sacrifice d'elle-même , & de tout ce qui n'eſt pas lui.

Il eſt donc démontré , que la Répugnance que l'Homme éprouve ſouvent lorſqu'il ſe conſulte ſur le choix des Biens créés , eſt une occaſion pour lui des Actions les plus Vertueuſes ; & par conſéquent , que s'il tombe dans des Actions contraires , c'eſt moins cette même Répugnance , que ſa molleſſe à ne la pas vaincre , qu'il doit accuſer.

Mais , me dira-t-on , c'eſt parce qu'il plaçe ſon bien-être dans cette molleſſe , ou du moins dans ſes ſuites néceſſaires ; qu'il la chérit , & s'y abandonne. Auſſi , me reſte-t'il à établir pour quatrième & dernier Principe ; que l'Homme mèt ſouvent ſon Bonheur , où il n'eſt pas.

I V.

Le Bonheur de l'Homme n'eſt pas toujours , où il le cherche.

L'Homme ne ſe trompe jamais dans ſes Deſirs , mais ſeulement ſur leur Objèt. Il veut toujours être Heureux. Cependant , combien de fois ne trouve-t'il que Peine & Amertume ; où il ne cherchoit que Plaiſir & Douceur ?

Tout ce qui éxiſte , peut être conſidéré ſous le double rapport

1 Bien ou du Mal ; & ce Bien ou ce Mal, eſt ou réel ou ap-
arent. Pour enflammer notre cœur, l'apparence du Bien ſuf-
:: mais la Réalité ſeule peut le ſatisfaire pleinement. En pour-
ivant donc la Jouiſſance des Créatures, qui, loin d'être la
alité du Bonheur, n'en ſont tout au plus que l'Ombre ; il peut
:n amuſer quelques momens : mais bientôt après, il ſe voit
ſolé, vuide, & dénué de tout. Lorſque ces mêmes Créatures
ennent à ſe découvrir du côté peu avantageux, que l'Illuſion
:ſſe, & que toute leur laideur eſt au grand jour ; alors il eſt
:ritablement malheureux. Son Erreur le déſeſpère ; ſa préten-
:ë Félicité s'évanouit : il ne lui reſte qu'un Souvenir inutile,
: d'éternels Remords.

Un jeune Marquis jouiſſant de ſes droits, & de ſoixante mille
:res de revenu ; uniſſant à beaucoup d'eſprit tous les avanta-
:s du corps, & qui pouvoit choiſir entre vingt filles de Naiſ-
nce aimables & riches ; vient par l'Aveuglement le plus fu-
:ſte d'épouſer une de ces femmes, dont un Cortège d'amans
:it tout le mérite. Il n'a pas voulu écouter les conſeils de ſes
nis. Elle a ſçu lui tenir rigueur, & l'amener à ſes fins ; le Ma-
:ge s'eſt conclu. Le premier jour, l'idée de la poſſeſſion de ſa
:ivinité le tranſportoit de la plus grande joie. Un mois s'eſt
:oulé : tout-à-coup il parut ſombre, réfléchiſſant, inquiet ; &
: peu de tems ſa Triſteſſe & ſes Regrèts devinrent ſi vifs, qu'il
:roit pris quelque parti violent contre lui-même, ſi ſes amis
euſſent réſolu de ne point le quitter ; afin de le ramener à ſa
:aiſon, & de conſulter enſemble, dans le calme & le ſein de
: Amitié, ſur ce qu'il lui convenoit de faire.

Le beau Sèxe & le nôtre, s'accuſent réciproquement d'Inconſ-
:nce : qu'ils ſe reprochent plutôt leurs imperfeétions.

Une femme eſt belle, & rien que cela ; ou belle, ſpirituelle
: tendre : mais avare, jalouſe, capricieuſe. A-t-elle raiſon de

se plaindre de ne pouvoir fixer le Cœur de l'Homme ? En est-il qui mette des bornes à ses Desirs ? En est-il aussi qui ne voulût, que Dieu fît tout exprès pour lui une femme d'une espèce nouvelle ? Cet Homme est grand, bien fait, plein d'esprit & de graces; mais il est coquet, avantageux, bizarre, emporté, prodigue ou joueur; aussi a-t'il été presque aussi-tôt congédié que bien reçu de toutes les femmes, à qui il a fait la Cour : Preuve incontestable du vuide, qu'il laissoit dans leur Cœur.

Mais, me direz-vous, j'épouse un Homme, ou une Femme accomplie.

Oh ! je n'en crois rien ; & sûrement vous voyez avec des yeux de prévention. D'ailleurs, je veux que ce soit le Phénix de son Sèxe : un tems viendra que cet objèt si parfait, si chéri, vous sera enlevé ; qu'il faudra vous en séparer. Je vous demande dès-à-présent, pour ce moment là : où est votre Bonheur ? Il me fuit, me répondrez-vous; il m'échape. En avez-vous jamais joui, ajouterai-je ? Jamais, me repliquerez-vous ; la certitude où j'étois de le perdre, & l'incertitude du moment d'une séparation aussi cruelle, répandoient les plus vives Amertumes sur le plaisir de sa Possession.

Peut-on se refuser à la vérité du Principe que je développe ici ; quand on éprouve continuellement, qu'au milieu des Plaisirs les plus multipliés, les plus variés ; on desire toujours au-delà ?

Ne concluons pas toutefois, qu'il ne faut prendre aucune inquiétude sur l'acquisition, ou sur la conservation des Biens créés. Dieu les a donnés à l'Homme ; non pas afin qu'il s'y reposât : il y a versé trop de Fiel ; mais afin qu'il s'en servît comme de Degrés pour s'élever jusqu'à lui, qui est le seul Bien réel & permanent.

Il est donc hors de doute, que quiconque cherche sa Félicité

lans les Créatures , fe trompe fur le véritable Objèt de fes De-
irs : il n'eft pas moins certain, que cette Erreur eft la Sourçe
les plus grands Vices.

Tous ceux qui mettent le Bonheur fuprême dans les Objèts
rées , dans l'Opulence , par éxemple ; ou dans les Dignités ,
u dans la fatisfaction des Sens ; font ce Raifonnement d'une
1anière implicite , finon expreffe : les Richeffes , les Honneurs,
es Plaifirs fenfuels, voilà notre Bonheur : voilà donc auffi notre
n. Plus nous multiplierons ces Biens , plus nous ferons Heu-
:ux ; nous ne devons donc avoir d'autre But , dans toutes nos
ctions , que la Jouiffance & la Multiplication de ces mêmes
iens : c'eft où il nous faut tendre de toutes les facultés du corps
c de l'âme. Donc, dit l'Avare ; foyons un Ufurier , un Injufte,
n Ufurpateur ; puifque ce font-là des moyens fûrs d'accumuler
es Richeffes. Donc , dit l'Ambitieux ; employons la Fourbe-
e , la Lâcheté , la Trahifon ; fi ce font autant de voies pour
rriver aux plus hautes Dignités. Donc , dit le Voluptueux ; ne
herchons qu'à féduire la Simplicité , qu'à corrompre l'Inno-
ence : ne nous faifons aucun fcrupule de caufer le Trouble &
Deuil des familles ; le Rapport même ne doit pas nous coû-
r , s'il favorife l'éxécution de nos Projèts.

Je frémis à la feule penfée de tant d'horreurs ; mais elles fe
ommèttent tous les jours : ce qui prouve la Rareté des ex-
sptions , que pourroit fouffrir la Propofition générale que j'ai
rancée en dernier lieu.

Des quatre Principes pofés ci - deffus , concluons, par une
rte de Récapitulation ; que l'Homme ayant reçu de Dieu
1e Impulfion néceffaire vers fon bien-être en général , & ne
ouvant être parfaitement Heureux par la poffeffion d'aucun
ien tel & déterminé ; il eft vraiment Libre fur le choix des
ens créés en particulier: & que les Répugnances qu'il éprouve

dans l'éxercice de sa Liberté, sont pour lui des occasions de Vertus ; comme son Erreur sur le véritable objèt de ses Desirs, une Sourçe de Vices. *Connoissances sur le Cœur de l'Homme.*

CHAPITRE PREMIER.

SAGESSE,

ou

Connoissance de nous-mêmes.

QU'Y a-t-il de plus desirable que la Sagesse ? Qu'y a-t-il de meilleur, de plus utile aux hommes, & qui soit plus digne d'eux ? On donne le nom de *Philosophes* à ceux qui la recherchent : & ce mot de *Philosophie* veut dire précisément, *Amour de la Sagesse.* Or la Sagesse, ainsi que les anciens Philosophes l'ont définie, est la connoissance des choses, soit divines, soit humaines, & de ce qui constitue leur nature. Un homme qui mépriseroit cette étenduë, je ne vois pas ce qu'il peut estimer. Car si vous cherchez l'Agréable & l'Amusant, peut-on rien comparer à une sorte d'Étude, qui tend à nous rendre honnêtes gens, & heureux ? Mais d'ailleurs, ou c'est à la Philosophie de nous enseigner les Principes d'une probité solide & constante, ou il n'y a point d'Art pour cela. Or, de prétendre qu'il n'y ait point d'Art, propre à nous enseigner l'essentiel ; tandis qu'il y a des Arts pour tout le reste : c'est un discours peu sûr, & une erreur capitale. Pour apprendre donc la Vertu, à quelle autre École iroit-on, qu'à celle de la Philosophie ?

Quoique la vûë soit le sens le plus subtil ; cependant, dit
Platon

Platon, l'œil ne fçauroit découvrir la Sageffe. O ! fi elle étoit vifible, de quel amour les hommes s'enflammeroient pour elle !

A tout Animal, de quelque efpèce qu'il foit, la Nature d'abord lui infpire de veiller à conferver fon être, de fuir ce qui pourroit lui être nuifible ; & de chercher à fe procurer des alimens, une retraite, tout ce qui lui eft néceffaire pour mettre fa vie & fon corps en fûreté. Tous les Animaux ont encore cela de commun, qu'ils fe portent à engendrer leur femblable ; & qu'ils prennent un certain foin de ce qu'ils ont mis au Monde. Mais entre l'Homme & la Bête, il y a cette différence effentielle : que la Bête n'ayant pour guide que le fentiment, ne s'attache qu'aux chofes préfentes, & qui font devant fes yeux, fans être touchée que bien foiblement, ni du paffé, ni de l'avenir : que l'Homme, au contraire, eft doué d'une Raifon, qui lui montre l'enchaînement des chofes ; par où elles font ocafionnées, quelles en font les fuites, le rapport des unes avec les autres ; & pouvant d'un coup-d'œil, qui embraffe l'avenir avec le préfent, voir tout le cours de fa vie ; il prend de loin fes mefures pour ne manquer de rien.

Un goût remarquable, & qui eft particulier à l'Homme ; c'eft le défir de connoître le Vrai. Que nous ayons du loifir, & l'efprit libre, nous nous fentons cette envie de voir, d'entendre, d'apprendre quelque chofe : perfuadés que pour vivre heureux, il nous importe de pénétrer dans ce qui eft caché, ou qui caufe une forte d'Admiration.

Telle eft l'Envie d'apprendre & de fçavoir, avec laquelle nous venons au Monde ; qu'il eft clair que c'eft un penchant, qui, toute utilité à part, eft naturel à l'Homme. Remarquez-vous, que la crainte du châtiment ne peut même quelquefois empêcher les enfans d'être curieux ? Vous les aurez rebutés, & vous queftionneront encore. Quelle joie pour eux, d'avoir

Tome II. C

nfin appris ce qu'ils vouloient ; & quelle démangeaifon de le
aconter à d'autres ? Une pompeufe Cérémonie , des jeux Publics , tout ce qui eft Spectacle , les enchanté au point qu'ils
en fouffriront la faim & la foif. Mais ne voyons-nous pas les
Gens de lettres fi charmés de leurs études , qu'ils en oublient
eur fanté , & leurs propres affaires ? Pour fe rendre Sçavans ,
ls ne trouvent rien de pénible ; & quelques grands que foient
eurs travaux , ils fe croient dédommagés par le plaifir qu'ils
goûtent en acquérant des Lumières.

Je m'imagine , que c'eft à-peu-près ce qui a donné lieu à la
Fiction d'Homère fur le chant des Sirènes. Car il paroît que ce
n'eft point par la douceur de la voix , ni par la nouveauté ; ou
par la variété de leurs chants , qu'elles attiroient les Voyageurs
à leur écueil ; mais que c'étoit plutôt en leur offrant de partager
avec eux les rares connoiffances , dont elles avoient à les en
croire , l'efprit orné. Voici en effet , le difcours qu'elles tiennent à Ulyffe : c'eft un des morceaux que j'ai traduit d'Homère.

> Arrêtez-vous , Ulyffe , au bruit de nos accords.
> Pourriez-vous le premier , dédaignant ce rivage ,
> Au charme de nos voix refufer votre hommage ?
> Inftruit par nos leçons , riche de nos tréfors ;
> Le Voyageur les porte au fein de fa Patrie.
> Nous chantons ces travaux , ces illuftres revers ,
> Par qui le fier Priam vit fa gloire flétrie.
> Il n'eft rien de caché pour nous dans l'Univers.

Homère comprit , qu'un fi grand Homme s'arrêtant pour entendre de belles voix , la Fiction n'étoit pas reçevable. Mais de
promettre la Sçience à un homme amoureux de la Sageffe , il
y avoit de quoi lui faire oublier fa Patrie.

Quel fera la vie des Sages , dans ces Ifles qu'on a imaginées
pour en faire le féjour des Bienheureux ; & où il n'y a nulle

forte de foucis, ni de befoins ? Tout leur temps, difent les anciens Philofophes, ils l'employeront à étudier la Nature; & à faire, ou tâcher de faire fans ceffe de nouvelles Découvertes.

Pour moi, fi par beaucoup de Préceptes & de bons Livres que j'ai lûs dès ma jeuneffe, je ne m'étois pas convaincu qu'il n'y avoit rien de fort defirable en cette vie, fi ce n'eft l'Honneur & la Vertu ; & qu'il falloit plutôt que de nous en départir, braver les tourmens & les dangers, la mort & l'éxil : jamais je n'aurois rifqué, quand votre falut l'ordonnoit, d'avoir tant d'attaques à foutenir ; & de me voir en butte, comme j'y fuis chaque jour, à la fureur des plus grands fcélérats. Mais tous les livres, tous les difcours des Sages, toute l'Antiquité nous mèt des éxemples devant les yeux : & ces éxemples, fi l'on n'avoit point écrit, feroient enfevelis dans les ténèbres. Combien les Écrivains, foit Grecs, foit Latins, nous ont-ils laiffé d'excellens portraits ; non pour les éxpofer feulement à nos regards, mais pour nous porter à nous y conformer ? Je ne perdois point de vûë ces admirables Modèles, & c'eft de-là que je tirois le Courage & la Prudence, dont j'avois befoin dans le maniement des Affaires.

On me dira : quoi ? Ces grands Hommes eux - mêmes, dont les vertus font célèbres dans l'Hiftoire, avoient - ils cette forte d'Érudition, que vous comblez de louanges ? A l'égard de tous, il ne feroit pas aifé de prononçer. Voici pourtant, ce que j'ai de certain à répondre là - deffus. Je conviens qu'il y a eu plufieurs Hommes d'un Rare mérite, qui grace à un Naturel heureux & prefque Divin, n'ont rien eu à emprunter de l'Étude, pour devenir Vertueux. J'ajoûterai même, qu'un Beau naturel a plus fouvent réuffi fans l'Étude, que l'Étude fans un Beau naturel. Mais d'un autre côté, lorfqu'un Homme qui eft heureufement né, joint à cela de bonnes Études ; je foutiens que

C ij

la réunion de tous les deux eſt ce qui forme ordinairement le Mérite ſupérieur , le Mérite ſingulier. Voilà par quelle route marchèrent , & l'incomparable Africain que nos pères ont vû ; & un Lélius, un Furius , modèles de Sageſſe , de Probité ; & ce vieux Caton , la Valeur même ; & qui avoit pour ſon temps , un Profond ſçavoir. Auroient-ils cultivé les Lettres avec tant d'ardeur , s'ils avoient jugé que ce fût un ſecours inutile pour acquérir la Vertu ; & pour en bien remplir les Devoirs ?

Quand même les Lettres ne produiroient pas de ſi grands fruits , & à n'y chercher que du Plaiſir ; au moins ne leur refuſera-t-on pas , je crois , d'être l'Amuſement le plus doux & le plus honnête. Tous les autres plaiſirs ne ſont , ni de tous les temps , ni de tous les âges , ni de tous les lieux. Mais les Lettres ſont l'Aliment de la Jeuneſſe , & la Joie de la Vieilleſſe ; elles nous donnent de l'Éclat dans la Proſpérité , & ſont une Reſſource , une Conſolation dans l'Adverſité ; elles font les délices du cabinet , ſans embarraſſer ailleurs ; la nuit elles nous tiennent compagnie ; aux champs & dans nos voyages , elles nous ſuivent.

Que deviennent les Plaiſirs de la table , les Spectacles , le Commerce des femmes , mis en comparaiſon avec les Douceurs que l'Étude nous offre ? Pour les perſonnes ſenſées & bien élevées , c'eſt un Goût qui croît avec l'âge. Ainſi le vers de Solon, où il dit ; *qu'en vieilliſſant il apprend toujours* , lui fait honneur. Aucun Plaiſir qui flatte l'Eſprit , ne peut ſurpaſſer celui-là.

Il y a deux inconvéniens à fuir , en ſe livrant à un goût ſi naturel & ſi louable. L'un , de croire qu'on ſçait , ce qu'on ne ſçait point ; & d'avoir la témérité de s'y opiniâtrer. Pour ſe garantir de ce danger , ainſi que nous devons tous le vouloir ; il faut donner à l'Éxamen de chaque matière , & l'attention , & le temps qu'elle demande. L'autre inconvénient eſt de s'appliquer,

& avec trop d'ardeur ; à des chofes obfcures, difficiles, & qui
ne font point néceffaires. Qu'on évite ces deux Écueils, on fera
vraîment eftimable de s'attacher à quelque Science honnête,
& digne de curiofité.

Heureux, dit très-bien Platon ; l'Homme qui peut, ne fût-ce
que dans fa Vieilleffe, parvenir à être Sage ; & à penfer fainement. *Cicéron*, *de Officiis. II. 2.*

CHAPITRE II.

De l'Efprit, & du Corps.

DE L'ESPRIT.

IL eft plus de la Nature de notre *Efprit* d'être uni à Dieu,
que d'être uni à un Corps ; car l'Ame eft unie à Dieu d'une
manière bien plus étroite & plus effentielle, qu'elle ne l'eft au
Corps. Le rapport qu'elle a à Dieu eft effentiel. En effet, Dieu
ne peut agir que pour lui-même ; il ne peut créer les *Efprits*,
que pour le connoître & l'aimer : il a pû ne pas unir à des Corps
les *Efprits* qui y font maintenant unis ; ainfi le rapport que les
Efprits ont à Dieu, eft naturel, néceffaire, & abfolument in-
difpenfable.

Le péché du premier Homme a tellement affoibli l'union de
notre *Efprit* avec Dieu, qu'elle ne fe fait fentir qu'à des Hommes attentifs, qui font inftruits de la véritable Philofophie ;
& qui ont l'*Efprit* éclairé, & le Cœur purifié : mais cette Union
paroîtra imaginaire à des *Efprits* de chair & de fang ; & qui ne
fuivent que le jugement des Sens, & les mouvements des
Paffions.

Tome II.   C

Ce n'eſt pas qu'ils ignorent entièrement qu'ils ont une Ame, & que cette Ame eſt la principale partie de leur être : ils ſont convaincus par la Raiſon & par l'Expérience, que ce n'eſt pas un avantage conſidérable, que d'avoir de la Réputation & des Richeſſes pour quelques années ; & que généralement tous les biens du Corps, & ceux qu'on ne poſſède que par le Corps, & qu'à cauſe du Corps, ſont des biens périſſables. Les Hommes ſçavent qu'il vaut mieux être juſte, que d'être Riche ; être raiſonnable, que d'être ſçavant ; avoir l'*Eſprit* vif & pénétrant, que d'avoir le Corps prompt & agile.

Ces Vérîtés ne peuvent s'effacer de leur *Eſprit*, & ils les découvrent infailliblement, lorſqu'il leur plaît d'y penſer : car l'Ame, quoique unie au Corps d'une manière fort étroite, ne laiſſe pas d'être unie à Dieu ; & dans le tems qu'elle reçoit par ſon Corps, ces ſentimens vifs & confus que ſes Paſſions lui inſpirent, elle reçoit de la Vérité éternelle la connoiſſance de ſon Devoir & de ſes Dérèglemens. Lorſque ſon Corps la trompe, Dieu la détrompe ; lorſqu'il la bleſſe, Dieu lui fait intérieurement de ſanglants reproches ; & il la condamne par la maniſeſtation d'une Loi plus pure & plus ſainte, que celle de la chair qu'il a ſuivie

Notre Union avec Dieu diminuë & s'affoiblit, à meſure que celle que nous avons avec les choſes ſenſibles augmente & ſe fortifie : ainſi un Homme qui juge de toutes choſes par ſes Sens, qui ſuit en toutes choſes le Mouvement de ſes Paſſions ; qui n'apperçoit que ce qu'il ſent, & qui n'aime que ce qui le flatte, eſt dans la plus miſérable Diſpoſition où il puiſſe être. Dans cet état, il eſt infiniment éloigné de la Vérité & de ſon Bien ; mais lorſqu'un Homme ne juge des choſes, que par les idées pures de l'*Eſprit* ; qu'il évite avec ſoin le bruit confus des Créatures ; & que rentrant en lui-mêmé, il écoute ſon Souverain

Maître dans le silence des Sens & de ses Paſſions ; il eſt bien difficile qu'il tombe dans l'Erreur.

Dieu ne trompe jamais ceux qui l'interrogent par une application ſérieuſe, & par une converſation entière de leur *Eſprit* vers lui ; quoiqu'il ne leur faſſe pas toujours entendre ſes Réponſes : mais lorſque l'*Eſprit* ſe détournant de Dieu, ſe répand au-dehors ; qu'il n'interroge que ſon Corps, pour s'inſtruire dans la Vérité ; qu'il n'écoute que ſes Sens, ſon Imagination & ſes Paſſions, qui lui parlent ſans ceſſe ; il eſt impoſſible qu'il ne ſe trompe.

La Sageſſe, la Perfection, & la Félicité, ne ſont pas des Biens que l'on doive eſpérer de ſon Corps : il n'y a que celui-là ſeul de qui nous avons reçu l'être, qui le puiſſe perfectionner. Le Corps, ſelon le Sage, (9. 15.) remplit l'*Eſprit* d'un ſi grand nombre de Senſations, qu'il devient incapable de connoître les Choſes les moins cachées. La vûë du Corps éblouit & diſſipe celle de l'*Eſprit* ; & il eſt difficile d'apperçevoir nettement quelque Vérité par les yeux de l'Ame, dans le tems qu'on fait uſage des yeux du Corps pour le connoître. Cela fait voir, que ce n'eſt que par l'attention de l'*Eſprit*, que toutes les Vérités ſe découvrent, & que toutes les Sçiences s'apprennent ; parce qu'en effet l'Attention de l'*Eſprit* n'eſt que ſon retour & ſa converſation vers Dieu, qui eſt notre ſeul Maître, & qui ſeul nous inſtruit de toute Vérité.

Il eſt viſible par toutes ces Choſes, qu'il faut réſiſter ſans ceſſe à l'effort que le Corps fait contre l'*Eſprit* ; & qu'il faut s'accoûtumer à ne pas croire les rapports, que nos Sens nous font de tous les Corps qui nous environnent ; qu'ils nous repréſentent toujours comme digne de notre application & de notre eſtime ; parce qu'il n'y a rien de ſenſible, à quoi nous devions nous arrêter. *Recherche de la Vérité.*

Les Perſonnes qui ont beaucoup d'*Eſprit*, doivent témoigner beaucoup de Bonté aux autres : car avoir tant d'*Eſprit* n'eſt pas ſouvent une Qualité aimable ; elle peut attirer l'Envie ou la Haine, au lieu de l'Affection ; & inſenſiblement nous aimons moins les Perſonnes qui nous oppriment par leur *Eſprit*. Il faut donc tâcher, que la principale Qualité qui éclate en nous, ſoit la Bonté ; parce qu'elle ne choque point l'Amour propre des autres. *Nicole*.

On peut avoir l'*Eſprit* très-juſte, très-agréable, & très-foible en même-tems : l'extrême Délicateſſe de l'*Eſprit* eſt une eſpèce de Foibleſſe ; on ſent vivement les Choſes, & on ſuccombe à ce Sentiment ſi vif : il y a des gens qui ſont douloureux par-tout.

L'*Eſprit* de l'Homme étant auſſi borné & auſſi étroit qu'il l'eſt, une application le détourne d'une autre : un objet qui l'occupe, efface peu-à-peu les objets qui l'occupoient auparavant : les Idées les plus vives s'évanouiſſent peu-à-peu ; les Paſſions ſe chaſſent l'une de l'autre, & les traces des Choſes paſſées que nous avons dans la Mémoire, deviennent peu-à-peu ſi obſcures, qu'enfin il n'en reſte preſque rien. *M. de Fontenelle*.

Nous ſommes toujours payés avec Uſure, du ſoin que nous prenons de cultiver notre *Eſprit*. C'eſt ce fond que tout Homme, qui ſent la Nobleſſe de ſon Origine & de ſa Deſtinée, eſt chargé de mettre en valeur : ce Fond ſi riche & ſi fertile, ſi capable de productions Immortelles, eſt ſeul digne de toute ſon Attention. En effet, l'*Eſprit* ſe nourrit & ſe fortifie par les ſublimes Vérités que l'Étude lui fournit ; il croît & grandit, pour ainſi dire avec les hommes, dont il étudie les Ouvrages ; de même qu'on prend les manières & les ſentimens de ceux avec qui l'on vit ordinairement. Il ſe pique par

une

e noble Émulation d'atteindre à leur gloire , & il l'espère
r la vûë du succès qu'ils ont eu : il oublie sa propre Foiblesse,
il fait d'heureux efforts pour s'élever avec eux au-dessus de
-même. Stérile quelquefois de son propre fond , & renfermé
ns des Bornes très-étroites ; il invente peu , & s'épuise aisé-
:nt : mais l'Étude supplée à sa Stérilité , & lui fait tirer d'ail-
ırs ce qui lui manque.

Rien ne prouve plus la Foiblesse de notre *Esprit*, si follement
ıtêté de son opinion ; qu'il s'aigrit , & s'irrite contre tous ceux
i le contredisent : on croit voir du Mépris dans ceux qui ne
ɔfent pas comme nous ; & sur le simple soupçon , l'Amour
ɔpre se hâte de s'en venger par la Haine. *M. de la Motte.*

Caractère de l'Esprit du jour.

Dans les Cercles il parle en Maître :
Par les gens du bon ton son Pouvoir affermi ,
Reçoit & donne un nouvel être.
Le plus triste séjour s'embellit de ses traits ;
Il se trouve par-tout , jusques dans les Coulisses :
Il donne de l'âme aux portraits.
Toujours charmant , jusques dans ses caprices ,
A la volupté même il prête des attraits ;
Tout en superficie , il s'étend sur tout âge.
Plus volage par air que par tempérament ;
Il attache , il éloigne , il reprend , il dégage :
Le plaisir est son élément.
Il orne les talens de tous leurs avantages.
Toujours léger , & toujours varié ,
Il rit avec les fous , il pense avec les sages :
Tout est bien à ses yeux , rien n'est contrarié
Par le triste plaisir de nuire.
Il chante avec Orphée , il danse dans les champs ;

Tome II. D

Avec les Amans il soupire,
   Il fuit avec les inconstans :
Pour chaque Caractère il semble avoir une âme.
On peut lui reprocher quelques légers défauts ;
Avec un air riant, son Cœur est un peu faux :
Il fournit très-souvent le sel à l'Épigramme.
Les bienfaits dans son Cœur n'ont qu'un foible retour ;
   Il brouille les amis, anime leurs querelles :
Il sépare souvent, l'Hymen d'avec l'Amour.
Pour voltiger lui-même, il emprunte ses aîles.
Voilà l'*Esprit* qui règne, ou bien l'*Esprit* du jour.

                    M. Rousseau de Toulouse.

Aimer l'*Esprit*, c'est en avoir. L'*Esprit* plaît, il ajoute souvent au caractère ; il en prend la teinte : le desir de paroître avoir plus d'*Esprit* que les autres, ne se satisfait souvent qu'aux dépens du cœur, de sa propre Réputation, & de la Société : ayez l'*Esprit* juste & liant, c'est tout ce que le monde est en droit d'éxiger de vous. Le véritable *Esprit* vient de la Raison, ou pour mieux dire ; c'est la Raison & le Bon-sens même, qui donnent à nos Idées la justesse & la précision qu'elles doivent avoir pour plaire. A quoi sert l'*Esprit*, si on est insociable, fier & dédaigneux ? on se fait des ennemis, de ceux à qui l'on veut faire sentir la supériorité de son Génie. S'enorgueillir de ses Talens, c'est les avilir : bornez-vous à l'*Esprit* que vous avez, & n'ambitionnez pas de paroître en avoir davantage. L'affectation ne sçauroit remplaçer ce qui nous manque ; elle gâte au contraire, par la gêne & par la contrainte, le peu que nous avons. *Amusem. Philosophiques.*

L'*Esprit* a ses nécessités & ses maladies ; on ne trouve pas extraordinaire d'avoir des maladies & des infirmités dans le Corps : pourquoi n'en auroit-on pas dans l'*Esprit* ? Personne ne trouve étrange d'être obligé à dormir, à boire, à manger ; &

doit de même être peu furpris, d'avoir l'*Efprit* inquiet, jaloux,
éfolu, emporté, pareffeux. Et comme le Corps fouffre fes
ceffités plus ou moins honnêtes, l'*Efprit* fouffre les fiennes
1s ou moins honteufes. *M. de Réal.*

Les Défauts de l'*Efprit* augmentent en vieilliffant, comme
ux du Vifage.

On ne plaît pas long-tems, quand on n'a qu'une forte
Efprit.

L'*Efprit* s'attache par pareffe & par conftance, à ce qui lui
t facile .ou agréable : cette habitude mèt toujours des bornes
10s connoiffances ; & jamais Perfonne ne s'eft donné la peine
:tendre & de conduire fon *Efprit*, auffi loin qu'il pouvoit aller.

Le travail du Corps délivre des peines de l'*Efprit*, & c'eft
qui rend les Pauvres heureux.

Peu d'*Efprit* avec de la Droiture, ennuie moins à la longue ;
e beaucoup d'*Efprit* avec du Travers.

L'incertitude de l'*Efprit* vient prefque toujours de la corrup-
n du Cœur : on ne peut fe réfoudre à croire ce qui fait vio-
1ce à la Nature ; on veut conferver fes Paffions, & fe défaire
fes Remords.

L'*Efprit* s'ufe comme toutes chofes : les Sçiences font les
mens ; elles le nourriffent & le confument.

Le Stupide environné de ténèbres ne voit rien, & l'Homme
Efprit remarque mille chofes à fes côtés.

Il n'y a que la force d'*Efprit*, qui puiffe dompter dans les
ommes la Vanité & l'Inquiétude : de-là vient que tous les
ommes médiocres tombent dans ces deux Vices.

On ne peut guères cultiver fon *Efprit* & fa Fortune, en
ême-temps.

Un Homme d'*Efprit* & d'Entendement, eft propre à tout.

A mefure qu'on a plus d'*Efprit*, on trouve qu'il y a plus

d'Hommes Originaux. Les Gens du commun ne trouvent point de différence entre les Hommes.

Un *Esprit* trop facile à écouter , trop prompt à croire , trop rigoureux à éxiger , ne sçauroit être de Bon Commerce.

La dernière perfection de l'*Esprit* humain , est de bien connoître sa Foiblesse, sa Vanité & sa Misère : moins on a d'*Esprit*, plus on s'éloigne de cette Connoissance.

L'une des marques de la Médiocrité de l'*Esprit*, est de toujours conter.

Il n'y a point de véritablement Grand-homme, sans avoir un bon *Esprit*.

Il n'y a point d'*Esprit*, où il n'y a point de Raison ; & il n'y a point de Raison , où il n'y a point de Solidité ni d'Éxactitude : ainsi toutes les Pensées qui brillent d'abord , mais qui s'évanouissent quand on les approfondit, ne méritent que du Mépris.

Le goût du Bel *Esprit* nous a rendus Paresseux & Ignorans : un petit Écrit Ingénieux trouve plus de Lecteurs, qu'un long Ouvrage , quelque Excellent qu'il soit.

On peut beaucoup déplaire , avec beaucoup d'*Esprit* ; lorsqu'on ne s'applique qu'à le faire paroître, aux dépens des autres. *Encyclopédie de Pensées.*

Du Corps.

II. Le *Corps* est cette Substance étenduë , qui compose la seconde partie de nous-mêmes. Si nous n'étions que des Substances spirituelles , nous pourrions ne nous occuper que de ce qui regarde l'Esprit ; mais les besoins de la Nature nous font continuellement sentir la nécessité, de prendre soin de nos *Corps*.

Le *Corps* est l'agent de l'Ame ; ainsi nous devons l'entretenir comme un serviteur Fidèle : mais aussi nous devons le tenir toujours dans la Dépendance ; & prendre garde qu'il ne secouë le

joug de la Servitude , & n'ufurpe l'Empire : c'eft ce qui arrive ,
lorfque nous nous livrons aux Paffions violentes ; car encore
une fois , nous pouvons réfifter à leurs efforts. Il eft plus facile
de leur refufer l'entrée du Cœur , que de s'oppofer à leurs effèts,
& d'arrêter leur Progrès.

Le *Corps* eft compofé de fibres & de vaiffeaux, qui fervent
d'Organes à fes fonctions. C'eft la Difpofition de ces mêmes
Organes, qui conftituë l'efpèce de notre Efprit , & le caractère
de l'Humeur dominante. Cette Humeur eft la fource de nos
Senfations & de nos Idées ; les Idées forment nos Paffions :
ainfi la Conftitution eft la caufe des différences qu'on remarque
dans l'Homme. Difpofitions cependant , que l'Efprit peut corriger à un certain point.

L'Air, la nourriture, l'âge , la maladie, la fanté changent
fouvent notre Conftitution ; & nous donnent de nouvelles idées,
& de nouveaux penchants. *Connoiffances de l'Homme.*

CHAPITRE III.

Raifon ,   *Jugement ,*   *Volonté.*

DE LA RAISON.

I. QUAND on veut être vrai & naturel, on eft contraint
d'avouer ; que fi la Nature nous eft affez dévoilée pour
nous préfenter un grand Spectacle, le deffous & l'intérieur du
Spectacle nous demeurent cachés ; le Jeu des machines nous
eft inconnu ; la Structure particulière de chaque pièce & la
compofition du tout , font des chofes qui nous paffent : nous
voyons les dehors , & nous en jouiffons.

Tome II.   ¶

Si nous voulons rechercher modestement les Raisons pour lesquelles, il nous a été départi une si petite portion de lumière ; nous trouverons, que la Mesure en a été prudemment réglée sur nos Besoins ; que nos Lumières sont relatives à notre état, & que nous serions moins propres à la Fin pour laquelle nous sommes sur la terre, si nos Lumières étoient plus étendües.

Notre *Raison* tient aux Sens, par le ministère desquels elle est informée de tout ce qui a rapport à la vie, à laquelle elle préside : cette *Raison* est assujettie à un Corps, dont les organes ne lui ont pas été donnés pour contempler ; mais pour travailler, pour agir, pour s'exercer à tout bien : voilà sa Fin. Le Voyageur n'a pas besoin de connoître à fond la Nature de la terre sur laquelle il marche, ni celle de la Rivière qu'il voit le long de son chemin : il n'est question pour lui que de suivre l'un, & d'éviter l'autre ; autrement, il iroit d'objet en objet, & son Voyage ne se feroit point ; c'est l'Image de notre vie.

Les Études qui n'opérent rien, les Spéculations qui sont stériles, & qui ne servent ni à perfectionner notre Cœur, ni à règler nos Mœurs, ni à enrichir la Société, sont des écarts ou des amusemens qui ne méritent aucune louange ; & qui tiennent la place d'un travail nécessaire. Dieu nous a épargné ces Distractions, en donnant des bornes à notre Intelligence. La Lumière & les Couleurs, par exemple, nous ont été donnés pour nous conduire ; & non pour être la matière de notre Examen & de nos Disputes : nous voulons en pénétrer le fond, parce que nous sommes curieux ; ou en nier l'éxistence, parce que nous n'en comprenons pas la Nature : ce sont deux extrêmités également vicieuses. Jouissons de la Lumière & des Couleurs, sans trop approfondir ce qu'elles sont en elles-mêmes ; ou si nous en voulons *Raisonner*, que ce soit selon notre capacité : & toujours, afin qu'il nous en revienne quelque Nouvel avantage. Ainfi, fans fçavoir ce que c'eft que la Lumière, ni le Verre au travers duquel nous la voyons paffer; nous pouvons façonner ce Verre, & modifier le paffage de la Lumière : de forte que nous foulagions les vûës les plus foibles, que nous rapprochions les objèts les plus éloignés, que nous groffions ceux que leur petiteffe nous dérobe.

Mais s'il eft jufte de fentir l'impuiffance de la *Raifon* à certains égards, il n'eft pas moins jufte de connoître le Prix de cette *Raifon* ; & de l'éxercer felon fon étenduë & fa portée. Aprés la Foi, qui nous apprend *fans raifonnement* ce que nous avons à Croire, à Faire, & à Efpérer ; nous n'avons point de Tréfor plus précieux que la *Raifon* : fi elle ne pénètre pas le Fond & la Nature même des objèts, au moins elle en connoît l'Excellence : elle apprend à ne les pas confondre ; elle en difcerne les rapports, le nombre, les propriétés, l'utilité. Si elle n'a pas des Idées bien claires ; elle a du moins des Connoiffances diftinctes, dont elle fçait faire un Profit merveilleux.

Elle n'eft pas comme dans les Animaux une impreffion d'Adreffe & de Force, pour produire une certaine Opération uniforme par des Organes : elle eft dans l'Homme, un Principe actif & fécond qui connoît, & qui voudroit fans fin augmenter fes connoiffances ; qui délibère, qui veut, qui choifit avec liberté, qui crée pour ainfi dire, tous les jours de Nouveaux Ouvrages. La *Raifon* fait bien plus, elle fait connoître à l'Homme la beauté de l'Ordre ; enforte que l'Homme peut aimer cet Ordre, le goûter ; & le mèttre dans tout ce qu'il fait : il peut imiter Dieu même, & fa *Raifon* fait de lui l'*Image de Dieu fur la Terre.*

A des Avantages fi précieux, la *Raifon* joint des droits qui l'annobliffent encore plus ; elle eft le Centre des ouvrages de Dieu fur la terre : elle en eft la Fin ; elle en fait l'Harmonie.

Ôtons un moment la *Raison* de deſſus la terre, & ſuppoſons que l'Homme n'eſt point : dès-lors la Terre eſt aveugle, & n'a pas beſoin de la Lumière du Soleil. Avec la chaleur de ce bel Aſtre, les pluies & la roſée feront germer les ſemences, & couvriront ſi on veut, les Campagnes de moiſſons & de fruit; mais ce ſont des Richeſſes perduës; il n'y a perſonne pour les ecueillir, ni pour les conſommer : les différentes qualités & propriétés des Animaux deviennent inutiles. C'eſt en vain que le Cheval & le Bœuf ont reçu des Forces, qui les mettent n état de traîner ou de porter les plus lourds fardeaux; l'Inutilité & la Contradiction ſe trouvent répanduës par-tout. Renons l'Homme à la Nature, remettons la *Raison* ſur la Terre : uſſi-tôt l'Intelligence, les rapports, l'Unité règnent par-tout : Homme rapproche tous les êtres, ils tendent tous à lui : ſa réſence forme un Tout, de tant de parties différentes.

Enfin par ſa *Raison*, l'Homme eſt non - ſeulement le Centre es Créatures qui l'environnent; mais il en eſt encore le Prê-e. Il eſt le Miniſtre & l'Interprète de leur connoiſſance : c'eſt ar ſa bouche qu'elles acquittent le Tribut de louanges, qu'elles oivent à celui qui les a faites. Les Animaux ne connoiſſent pas elui qui les habille, & qui les nourrit; le Soleil ignore même on auteur : la *Raison* ſeule le connoît. Placée entre Dieu & es Créatures inſenſibles, elle ſçait qu'en jouiſſant de celles-ci, lle eſt chargée envers Dieu de l'Action de graces, de la Louan-e, & de l'Amour : ſans elle toute la Nature eſt muette; par lle toutes les Créatures publient la Gloire de leur Auteur. *M. Pluche.*

La dernière Démarche de la *Raison*, c'eſt de connoître qu'il a une infinité de Choſes qui la ſurpaſſent : elle eſt bien foible, elle va juſques-là.

Il faut ſçavoir douter où il faut, aſſurer où il faut, ſe ſou-
mettre

:ttre où il faut. Qui ne fait ainfi, n'entend pas la Force de la
uifon.

La *Raifon* eft lente à s'introduire, pour venir à bout de cal-
:r les Efprits : il faut d'abord qu'elle foit établie dans les prin-
:ales têtes ; elle defcend aux autres de proche en proche, &
uverne enfin le Peuple même qui ne la connoît pas ; mais qui
yant que fes Supérieurs font modérés, apprend auffi à l'être :
:ft vrai que c'eft un Ouvrage du temps. *M. de Voltaire.*

Voici le Portrait de la *Raifon*, que M. de Boiffi a envifagée
: fes Avantages, & fes Abus ; dans la charmante Comédie
l'Homme du jour.

LE MARQUIS.

Pour moi, je reconnois une faine *Raifon*.
Loin d'être un préjugé, Madame, elle s'occupe
A détruire l'Erreur, dont le Monde eft la dupe ;
Nous aide à démêler le vrai d'avec le faux ;
Épure les Vertus, corrige les Défauts ;
Eft de tous les états, comme de tous les âges,
Et nous rend à la fois Sociables & Sages.

LA COMTESSE.

Moi, je foutiens qu'elle eft elle-même un Abus ;
Qu'elle accroît les Défauts, & gâte les Vertus,
Étouffe l'Enjoûement, forme les Sots fcrupules,
Et donne la Naiffance aux plus grands Ridicules ;
De l'âme qui s'élève, arrête les Progrès ;
Fait les Hommes communs, & les Pédans parfaits :
Raifon qui ne l'eft pas, que l'Efprit vrai méprife,
Que l'on nomme Bon fens, & qui n'eft que Bêtife.

LE MARQUIS.

Le Bon fens n'eft pas tel.

Tome II.   É

LE BARON.

              Mais il en eſt pluſieurs.
Chacun a ſa *Raiſon* qu'il peint de ſes couleurs.
La Comteſſe a beau dire ; elle-même a la ſienne.

LA COMTESSE.

           J'aurois une *Raiſon* ?

LE BARON.

          Oui , la choſe eſt certaine :
Sous un Nom oppoſé vous reſpectez ſes loix.

LA COMTESSE.

Quelle eſt cette *Raiſon* , qu'à peine je connois ?

LE BARON.

Celle du premier Ordre ; à qui la bourgeoiſie
Donne vulgairement le titre de Folie ;
Qui mèt ſa grande Étude à badiner de tout,
Eſt Mère de la Joie , & Source du Bon goût ;
Au milieu du grand Monde établit ſa Puiſſance ;
Et de plaire à ſes yeux enſeigne la Sçience ;
Prend un Eſſort hardi , ſans bleſſer les égards,
Et ſauve les dehors juſques dans ſes écarts ;
Brave les Préjugés & les Erreurs groſſières,
Enrichit les Eſprits de nouvelles Lumières,
Échauffe le Génie , éxcite les Talens ;
Sçait unir la Juſteſſe aux traits les plus brillants ;
Et ſe mocquant des ſots dont l'Univers abonde,
Fait le vrai Philoſophe & le Sage du Monde.

Je ne puis mieux finir cet Article , que par cette belle Strophe
le M. Rouſſeau , ſur l'Abus de la *Raiſon* :

       Loin que la *Raiſon* nous éclaire,
       Et conduiſe nos Actions ;

Nous avons trouvé l'Art d'en faire,
L'Orateur de nos Paſſions.
C'eſt un Sophiſte, qui nous jouë ;
Un Vil Complaiſant, qui ſe louë
A tous les fous de l'Univers ;
Qui, s'habillant du nom de Sages,
La tiennent ſans ceſſe à leurs gages,
Pour autoriſer leurs travers.

Du Jugement.

II. Le *Jugement* eſt une Faculté active de l'Eſprit, qui compare les Idées, & en tire des Conſéquences. Il ſe forme par la Réfléxion, c'eſt le *Jugement* qui fait les Philoſophes & les Politiques.

Le *Jugement* doit nous ſervir de Guide dans ſa conduite de la vie. Auparavant de rien entreprendre, nous devons nous repréſenter la Perſonne qui agit, pour ſçavoir ſi elle doit le faire ; pour trouver les moyens de faire réüſſir la choſe ſur laquelle on veut agir, & la perſonne pour laquelle on agit ; afin de conſulter ſi elle en eſt digne.

Le *Jugement* ſupplée aux défauts de nos Connoiſſances ; il préſume que les Choſes ſont d'une certaine façon, ſans l'appercevoir certainement.

Le naïf la Fontaine nous fait ſentir par la Fable ſuivante, le peu de cas que le Sage doit faire des *Jugemens* de certaines gens ; & combien il eſt fou de prétendre plaire à tout le Monde.

Fable.

Le Meûnier, ſon fils, & leur âne.

Un Meûnier & ſon fils,
L'un vieillard, & l'autre enfant, non pas des plus petits,
Mais garçon de quinze ans, ſi j'ai bonne mémoire ;
Alloient vendre leur âne, un certain jour de foire.

E ij

Afin qu'il fût plus frais & de meilleur débit,
On lui lia les pieds, on vous le suspendit ;
Puis cet homme & son fils le portent comme un lustre.
Pauvres gens ! idiots ! couple ignorant & rustre !
Le premier qui les vit de rire s'éclata :
Quelle farçe, dit-il, vont jouer ces gens-là ?
Le plus âne des trois n'est pas celui qu'on pense.
Le Meûnier, à ces mots, connut son ignorance ;
Il mèt sur pied sa bête, & la fait détaler.
L'âne, qui goûtoit fort l'autre façon d'aller,
Se plaint en son patois. Le Meûnier n'en a cure ;
Il fait monter son fils, il suit ; & d'aventure
Passent trois bons Marchands. Cet objet leur déplût.
Le plus vieux au garçon s'écria tant qu'il pût :
Ah ! là ! ho ! descendez, que l'on ne vous le dise
Jeune homme, qui menez laquais à barbe grise
C'étoit à vous de suivre, au vieillard de monter.
Messieurs, dit le Meûnier, il faut vous contenter.
L'enfant mèt pied à terre, & puis le vieillard monte
Quand trois filles passant, l'une dit : c'est grand honte
Qu'il faille voir clocher ainsi ce jeune fils,
Tandis que ce nigaud, comme un Évêque assis,
Fait le veau sur son âne, & pense être bien sage.
Il n'est, dit le Meûnier, plus de veau à mon âge.
Passez votre chemin, la fille, & m'en croyez.
Après maints colibèts, coup sur coup renvoyés,
L'homme crût avoir tort, & mit son fils en croupe.
Au bout de trente pas, une troisième troupe
Trouve encore à glôser, l'un dit : ces gens sont fous ;
Le baudet n'en peut plus, il mourra sous leurs coups.
Eh quoi ! charger ainsi cette pauvre bourique ;
N'ont-ils point pitié de leur vieux domestique ?
Sans doute qu'à la foire ils vont vendre sa peau.
Parbleu ! dit le Meûnier, est bien fou de cerveau ;
Qui prétend contenter tout le monde & son père !
Essayons toutefois, si par quelque manière,

Nous en viendrons à bout. Ils defcendent tous deux.
L'âne, fe prélaffant, marche feul devant eux.
Un quidam les rencontre, & dit : eft-ce la mode
Que baudet aille à l'aife, & Meûnier s'incommode ?
Qui de l'âne ou du maître, eft fait pour fe laffer ?
Je confeille à ces gens de le faire enchaffer :
Ils ufent leurs fouliers, & confervent leur âne.
Nicolas au rebours ; car, quand il va voir Jeanne,
Il monte fur fa bête, & la chanfon le dit.
Beau trio de baudets ! le Meûnier repartit :
Je fuis âne, il eft vrai ; j'en conviens, je l'avouë :
Mais que dorénavant on me blâme, on me louë ;
Qu'on dife quelque chofe, ou qu'on ne dife rien,
J'en veux faire à ma tête. Il le fit, & fit bien.

La plûpart des *Jugemens* des Hommes ne leur font dictés,
que par leurs Paffions & leur tempérament : ils ne Jugent des
chofes que par le rapport qu'elles ont avec eux ; ce qui porte
naturellement à croire, que ce qu'on appelle Raifon, Vertu,
eft arbitraire. Cependant il eft une Raifon indépendante du
caprice & de l'Opinion : mais quelle eft-elle ? C'eft celle qui
nous enfeigne les moyens de nous rendre Heureux.
Dans les Chofes purement intellectuelles, dit M. Duclos,
nous ne ferions jamais de *Faux Jugemens,* fi nous avions préfentes les Idées qui regardent le fujèt dont nous voulons Juger.
L'Efprit n'eft jamais faux, que parce qu'il n'eft pas affez étendu, au moins fur le fujèt dont il s'agit. Dans celles où nous
avons intérêt, les Idées ne fuffifent pas à la Juftefle de nos Jugemens ; la Juftefle de l'Efprit dépend alors de la droiture du
cœur. Si nous fommes affectés pour ou contre un Objèt, il eft
bien plus difficile d'en Juger fainement ; notre intérêt, plus ou
moins bien entendu, mais toujours fenti, fait la règle de nos
Jugemens.

Toutes nos Affections, nos Senfations, nos Paffions ne reçoivent leur Force, que de l'Efprit qui les Juge bonnes ou
mauvaifes, fuivant fes Lumières ; & qui, fuivant ce *Jugement*,
les affoiblit ou leur donne une nouvelle activité. Par Éxemple :
je me livre à l'Ambition des honneurs & de la gloire ; parce
que je regarde l'eftime des hommes, comme quelque chofe de
néceffaire au Bonheur de ma vie : mais, fi j'envifage l'Ambition comme un mal, je fais tous mes efforts pour la détruire.
Ce qui prouve de quelle Importance il eft pour notre Bonheur,
de s'accoutumer de bonne heure à penfer ; & à prendre une
idée jufte de chaque chofe. *M. Duclos.*

DE LA VOLONTÉ.

III. La *Volonté* eft l'effet du confentement, que nous don-
nons au jugement de l'Efprit. C'eft un Mouvement de l'âme,
qui nous porte à l'action en conféquence de la détermination
de l'efprit ; foit que nous foyons déterminés par la conviction,
ou entraînés par la perfuafion.

Notre *Volonté* détermine toujours nos actions ; mais fouvent
notre *Volonté* eft incertaine, parce que notre Raifonnement
n'eft pas clair. Le Raifonnement eft obfcur, lorfque les Idées
ne font pas nèttes. Ce défaut de netteté vient de notre ignorance. Par Éxemple ; je veux devenir Heureux : & pour parvenir à la Félicité, je me livre au Plaifir des fens ou de la table ; parce que je crois que ces Plaifirs me la procureront, &
que j'ignore le Chemin qui y conduit.

Si quelquefois nous paroiffons agir contre notre *Volonté*,
c'eft que plufieurs Raifons combattent ce qui la déterminera.
Quelquefois la plus foible l'emporte, & détermine la *Volonté* ;
qui, dans l'inftant même détermine l'Action : laquelle Action
n'eft pas plutôt faite, que l'autre Raifon qui nous a tenu quel-

que tems en fufpens, paroît alors la meilleure ; & nous fait ire, que nous avons agi contre notre *Volonté* : ce qui eft, omme on voit, très-faux.

Quel que foit le Penchant des Paffions, la *Volonté* peut réfter à leur fugeftion ; ainfi nous fommes toujours Libres d'air : mais il n'eft pas moins vrai, que, lorfque la *Volonté* cède ux impulfions du fentiment, elle eft pour lors déterminée par ι Séduction ; & il faut convenir que la Séduction eft une efpèce de Violence, qu'il eft bien difficile de furmonter : cependant quoique plus à plaindre, nous n'en fommes pas moins couables ; parce que les Paffions ne peuvent s'emparer de notre me, qu'avec notre confentement.

Nous avons plus de Force, que de *Volonté* ; & c'eft fouvent our nous excufer à nous-mêmes, que nous nous imaginons que es Chofes font impoffibles. Rien n'eft impoffible ; il y a des oies qui conduifent à toutes Chofes : & fi nous avions affez ιe *Volonté*, nous aurions affez de moyens. On ne veut pas affez. M. *de la Rochefoucault.*

CHAPITRE IV.

Des Paffions, des Humeurs, des Foibleffes, des Défauts.

DES PASSIONS.

L A *Paffion* eft tout ce qui affècte l'Ame vivement & profondément ; à la différence du Goût dont les impreffions font plus légères. Elle prend fa Source dans le Tempérament & l'Amour-propre. C'eft l'Opinion qui a donné la naiffance aux *Paffions*, qu'on peut envifager comme les Maladies de l'Efprit. Je n'en connois qu'une, qui foit indépendante

& qui vienne du Tempérament & des Sens immédiatement ; c'eſt cette eſpèce d'Amour qu'on peut mettre au nombre de nos beſoins. Toute autre *Paſſion* s'émeut ſur l'apparence, ou l'Opinion d'un Bien ou d'un Mal : ſi ç'eſt d'un Bien, ce mouvement ſe nomme Amour ; ſi c'eſt d'un mal, il s'appelle Haine.

Le Bien eſt préſent ou futur : le préſent eſt plaiſir ; le futur eſt déſir : le mal préſent eſt Triſteſſe ; le mal futur eſt Crainte. Ainſi toutes les *Paſſions* roulent ſur le Plaiſir & la Douleur, l'Amour, la Haine & la Crainte.

On compte parmi les *Paſſions*, l'Amour, l'Ambition, l'Amour de la gloire, l'Avarice ou l'amour des richeſſes, l'Envie, la Vengeance & la Colère. Ces trois dernières *Paſſions* ſont les effèts de la Haine, qui eſt elle-même une *Paſſion*.

La *Paſſion* du jeu naît des autres *Paſſions* : c'eſt l'Avarice, l'Amour du luxe & des grandeurs, qui l'inſpirent.

Il faut s'y prendre de bonne heure, dit Madame Lambert, pour ſe préſerver des *Paſſions* ; dans les commençemens elles obéiſſent, & dans la ſuite elles commandent : elles ſont plus aiſées à vaincre qu'à contenter.

Le fruit le plus certain des *Paſſions*, eſt l'ennui & la douleur ; qui naiſſent de l'agitation, du trouble, & de l'inquiétude qu'elles cauſent. Au reſte, les *Paſſions* ont leur avantage : elles nous portent aux Grandes actions, quand elles ſont bien règlées ; elles fertiliſent le Cœur & l'Eſprit, elles nous excitent à nous rendre utiles à la Société, par l'appas de l'eſtime & de la conſidération. Les *Paſſions* même les plus folles ſont utiles à l'Harmonie de l'Univers ; elles ne nuiſent qu'à ceux qu'elles poſſèdent, & ne ſont jamais mauvaiſes que par leur excès.

Admirons, dit le Père Brumoy, les talents & l'importance les *Paſſions*. Que ſeroit-on ſans elles ? Le Laboureur oiſif laiſ-

ſeroit

oit le foc inutile ; le Pilote auroit horreur des dangers ; le
:he infenfible armeroit fon cœur d'un bouclier de fer ; le
lgaire impuiffant périroit ; les Mères, oui, les tendres mères
)lieroient leur tendreffe & leurs enfans. Mais, graces aux
ffions, les Cœurs fçavent être fenfibles malgré eux. La Mère
:tendrit fur fes enfans ; fa tendreffe dévore tout ; fa douleur
me lui plaît, elle eft maternelle. Les noms de Père, d'É-
1x, de Frère, de Femme, d'Ami, ne font plus de vains
ns. Ce ne font pas plus des Fables, que l'Humanité & la
nne-foi : elles font connuës des plus barbares nations, qui,
fibles aux mêmes revers que nous, témoignent ou feignent
témoigner que l'Humanité ne leur eft point étrangère,
elles font prêtes de nous fecourir dans nos malheurs ; & que
moins elles ne veulent pas nuire, à qui ne leur nuit pas.
Otez les *Paffions* ; que deviennent les Arts ? tout l'Univers
)mbe dans l'Antique Cahos. Rendez-les à l'Homme ; les
les & les Temples renaiffent de leur ruine ; la Vertu même
rient : Vertu née pour habiter avec les *Paffions* ; Vertu qui
it prendre d'elles fes plus brillantes couleurs, la Tendreffe
1s les Ames tendres, la Vigueur dans les fortes, la Douceur
1s les cœurs bien placés, la Hardieffe dans les âmes guerres, l'Égalité fi précieufe dans tous ; & cette efpèce d'Im-
1tabilité, qui la mèt au-deffus des circonftances de l'Humeur.
Tout le monde connoît les *Paffions* des hommes, jufqu'à un
:tain point : au-delà c'eft un Pays inconnu à la plûpart des gens,
iis où tout le monde eft bien-aife de faire des Découvertes.
)mbien les *Paffions* ont-elles d'effèts délicats & fins, qui n'arent que rarement ; ou qui, quand ils arrivent, ne trouvent
s d'Obfervateurs affez habiles ? il fuffit de plus qu'elles foient
trêmes, pour nous être nouvelles. Nous ne les voyons pref-
e jamais que médiocres. Où font les Hommes parfaitement

Tome II.   F

Amoureux, ou Ambitieux, ou Avares? nous ne sommes parfaits sur rien, non pas même sur le mal.

Toutes les *Passions* roulent sur le Plaisir & la Douleur; comme dit M. Locke : c'en est l'essence & le fond.

Nous éprouvons en naissant ces deux états : le Plaisir, parce qu'il est naturèlement attaché à être ; la Douleur, parce qu'elle tient à être imparfaitement.

Si notre Éxistence étoit parfaite, nous ne connoîtrions que le Plaisir ; étant imparfaite, nous devons connoître le Plaisir & la Douleur : or c'est de l'expérience de ces deux contraires, que nous tirons l'idée du bien ou du mal.

Mais comme le Plaisir & la Douleur ne viennent pas à tous les hommes par les mêmes choses, ils attachent à divers objets l'idée du Bien & du Mal ; chacun selon son expérience, ses passions, ses opinions, &c.

Il n'y a cependant que deux Organes de nos biens & de nos maux ; les Sens, & la Réfléxion.

Les impressions qui viennent par les Sens font immédiates, & ne peuvent se définir ; on n'en connoît pas les ressorts : elles sont l'effèt du rapport qui est entre les choses & nous ; mais ce rapport secrèt ne nous est pas connu.

Les *Passions* qui viennent par l'organe de la Réfléxion, sont moins ignorées : elles ont leur principe dans l'Amour de l'Être, ou de la perfection de l'Être ; ou dans le sentiment de son imperfection, & de son dépérissement.

Nous tirons de l'expérience de notre Être, une idée de grandeur, de Plaisir, de Puissance ; que nous voudrions toujours augmenter : nous prenons dans l'imperfection de notre Être, une idée de petitesse, de sujettion, de misère ; que nous chons d'étouffer : voilà toutes nos *Passions*.

Il y a des hommes en qui le Sentiment de l'Être est plus fort,

ue celui de leur imperfeétion; de-là l'Enjouëment, la Douceur,
. Modération des defirs.

Il y en a d'autres, en qui le Sentiment de leur imperfeétion eſt
.us vif que celui de l'Être; de-làl'Inquiétude, la Mélancholie, &c.

De ces deux Sentimens unis ; c'eſt-à-dire, celui de nos forces
: celui de notre miſère, naiſſent les plus grandes *Paſſions ;*
irce que le Sentiment de nos Miſères nous pouſſe à ſortir de nous-
êmes, & que le ſentiment de nos Reſſources nous y encourage,
: nous y porte par l'Eſpérance. Mais ceux qui ne ſentent que
ur miſère, ſans leur force, ne ſe *paſſionnent* jamais tant ; car
i n'oſent rien eſpérer : ni ceux qui ne ſentent que leur force,
ns leur impuiſſance ; car ils ont trop peu à deſirer. Ainſi il
ut un mélange de Courage & de Foibleſſe, de Triſteſſe &
: Préſomption. Or cela dépend de la chaleur du ſang & des
prits ; & la Réfléxion qui modère les Velléités des gens froids,
icourage l'Ardeur des autres, en leur fourniſſant des Reſſources
ii nourriſſent leurs Illuſions. D'où vient que les *Paſſions* des
ommes d'un eſprit profond ſont plus opiniâtres & plus invin-
ibles : car ils ne ſont pas obligés de s'en diſtraire, comme le
:ſte des hommes, par Épuiſement de penſées ; mais leurs
.éfléxions au contraire ſont un Entretien éternel à leurs deſirs
ui les échauffe : & cela explique encore, pourquoi ceux qui
enſent peu, ou qui ne ſçauroient penſer long-tems de ſuite
ir la *même* choſe, n'ont que l'Inconſtance en partage.

Le premier degré du ſentiment agréable de notre Éxiſtence,
ſt la gayeté : la Joie eſt un ſentiment plus pénétrant. Les
iommes enjoués n'étant pas d'ordinaire ſi ardens que le reſte
es hommes, ils ne ſont peut-être pas capables des plus vives
oies ; mais *les* Grandes Joies durent peu, & laiſſent notre âme
ipuiſée.

La Gayeté, plus proportionnée à notre foibleſſe que la Joie, nous rend confians & hardis , donne un Être & un Intérêt aux choses les moins importantes , fait que nous nous plaisons par instinct en nous-mêmes , dans nos possessions, nos entours, notre esprit , notre suffisance malgré d'assez grandes misères. Cette intime satisfaction nous conduit quelquefois à nous estimer nous-mêmes , par de très-frivoles endroits ; & il me semble que les Personnes Enjouées sont ordinairement un peu plus vaines que les autres.

D'autre part , les Mélancholiques sont ardens , timides, in-quièts ; & ne se sauvent la plûpart de la Vanité , que par l'Am-bition & l'Orgueil.

La *Passion* de la Gloire , & la *Passion* des Sciences se res-semblent dans leur principe ; car elles viennent l'une & l'autre , du Sentiment de notre Vuide & de notre Imperfection. Mais l'une voudroit se former comme un nouvel Être hors de nous ; & l'autre s'attache à étendre , & à cultiver notre fonds. Ainsi la *Passion* de la Gloire , veut nous aggrandir au-dehors ; & celle des Sciences au-dedans.

On ne peut avoir l'Ame Grande , ou l'Esprit un peu péné-trant , sans quelque *Passion* pour les Lettres. Les Arts sont con-sacrés à peindre les traits de la Belle Nature ; les Sciences à la Vérité. Les Arts ou les Sciences , embrassent tout ce qu'il y a dans la pensée de Noble ou d'Utile ; de sorte qu'il ne reste à ceux qui les rejètent , que ce qui est indigne d'être peint ou enseigné , &c.

La plûpart des Hommes honorent les Lettres , comme la Religion & la Vertu ; c'est-à-dire , comme une Chose qu'ils ne peuvent ni connoître , ni pratiquer , ni aimer.

Personne néanmoins n'ignore que les bons livres sont l'es-sence des meilleurs esprits, le précis de leurs connoissances ; & le fruit de leurs longues veilles. L'Étude d'une vie entière s'y

ut recueillir dans quelques heures ; c'eſt un grand ſecours.
Deux inconvéniens ſont à craindre dans cette *Paſſion* : le
auvais choix , & l'Excès. Quant au Mauvais choix ; il eſt pro-
ible que ceux qui s'attachent à des connoiſſances peu utiles ,
: ſeroient pas propres aux autres : mais l'Excès ſe peut corriger.
Si nous étions Sages , nous nous bornerions à un petit nom-
e de connoiſſances , afin de les mieux poſſéder. Nous tâche-
ıns de nous les rendre familières , & de les réduire en prati-
ıe : la plus longue & la plus laborieuſe Théorie n'éclaire
l'imparfaitement. Un Homme qui n'auroit jamais danſé , poſ-
leroit inutilement les Règles de la Danſe ; il en eſt ſans doute
même des Métiers d'eſprit.
Je dirai bien plus ; rarement l'Étude eſt utile , lorſqu'elle n'eſt
ıs accompagnée du Commerce du monde. Il ne faut pas ſé-
ırer ces deux Choſes : l'une nous apprend à Penſer , l'autre
Agir ; l'une à Parler , l'autre à écrire ; l'une à diſpoſer nos
ſtions , & l'autre à les rendre faciles.
L'Uſage du Monde nous donne encore de penſer naturelle-
ent , & l'habitude des Sçiences de penſer profondément.
Par une ſuite néceſſaire de ces Vérités , ceux qui ſont privés
: l'un & l'autre Avantage par leur condition , fourniſſent une
·euve inconteſtable de l'Indigence naturelle de l'Eſprit hu-
ıain. Un Vigneron , un Couvreur , reſſerrés dans un petit cer-
e d'Idées très - communes , connoiſſent à peine les plus groſ-
ırs uſages de la Raiſon ; & n'éxerçent leur Jugement , ſuppoſé
ı'ils en ayent reçu de la Nature , que ſur des objèts très-pal-
ables. Je ſçais bien que l'Éducation ne peut ſuppléer le Génie :
: n'ignore pas que les Dons de la Nature , valent mieux que
ıs Dons de l'Art. Cependant l'Art eſt néceſſaire , pour faire
eurir les Talens. Un Beau Naturel négligé ne porte jamais de
uits mûrs. Peut-on regarder comme un Bien , un Génie à-peu-

rès ftérile ? Que fervent à un Grand Seigneur les Domaines
u'il laiffe en friche ? Eft-il riche de ces Champs incultes ?

Les *Paſſions* s'oppofent aux *Paſſions*, & peuvent fe fervir
e contrepoids : mais la *Paſſion Dominante* ne peut fe conduire
ue pour fon propre Intérêt, vrai ou imaginaire ; parce qu'elle
ègne defpotiquement fur la Volonté, fans laquelle rien ne fe
eut.

Je regarde humainement les Chofes, & j'ajoûte dans cet ef-
rit : toute Nourriture n'eft pas propre à tous les Corps ; tous
Objèts ne font pas fuffifans pour toucher certaines âmes. Ceux
ui croient les hommes Souverains Arbitres de leurs Sentimens,
e connoiffent pas la Nature. Qu'on obtienne qu'un Sourd s'a-
iufe des fons enchanteurs de Muret ; qu'on demande à une
oueufe, qui fait une groffe partie, qu'elle ait la Complaifance
c la Sageffe de s'y ennuyer ; nul Art ne le peut.

Les Sages fe trompent encore, en offrant la Paix aux *Paſ-
ons*. Les *Paſſions* lui font ennemies. Ils vantent la Modération
ceux qui font nés pour l'Action, & pour une Vie agitée :
u'importe à un homme malade, la Délicateffe d'un Feftin qui
ui le dégoûte ?

Nous ne connoiffons pas les Défauts de notre âme ; mais,
uand nous pourrions les connoître, nous voudrions rarement
es vaincre.

Nos *Paſſions* ne font pas diftinctes de nous-mêmes ; il y en
, qui font tout le Fondement & toute la Subftance de notre
me. Le plus Foible de tous les Êtres voudroit-il périr, pour fe
oir remplacé par le plus Sage ? Qu'on me donne un Efprit
lus jufte, plus aimable, plus pénétrant, j'accepte avec joie
us ces Dons ; mais, fi l'on m'ôte encore l'âme qui doit en
uir, ces préfens ne font plus pour moi.

Cela ne difpenfe Perfonne de combattre fes Habitudes, &

ne doit infpirer aux hommes, ni Abattement, ni Trifteffe. Dieu peut tout : la Vertu fincère n'abandonne pas fes amans ; les Vices mêmes d'un homme bien né, peuvent fe tourner à fa Gloire. *M. de Vauvenargue.*

DES HUMEURS.

II. L'*Humeur* eft la qualité dominante du Tempérament : elle vient de la difpofition des Organes & de la qualité des Liqueurs qui circulent avec le Sang, & donne fouvent la naif-fance aux Paffions, aux Vices, & à la plûpart des Vertus.

On entend auffi par ce terme, qu'on prend alors en mauvaife part, cette Difpofition du tempérament Mélancolique, qui nous porte à la Trifteffe & à l'Antipathie.

La Fortune & l'*Humeur* gouvernent le monde, dit M. de la Rochefoucault. Les *Humeurs* du corps ont un cours ordinaire & règlé, qui tourne imperceptiblement notre Volonté : elles roulent enfemble, & éxerçent fucceffivement un Empire fecrèt en nous ; de forte qu'elles ont une part confidérable à toutes nos Actions, fans que nous le puiffions connoître.

DES FOIBLESSES.

III. La *Fragilité* eft le penchant du Tempérament, qui force pour ainfi dire, nos Actions ; malgré les efforts de la Raifon qui s'y oppofe. Elle entraîne notre Volonté, plutôt qu'elle ne la détermine : c'eft pourquoi elle eft en quelque forte excufa-ble ; car il eft conftant que nous pourrions vaincre nos Pen-chans, fi la Paffion ne les entretenoit par une lâche Complai-fance. La *Fragilité* qui naît des befoins de la Nature mérite feule notre Indulgence.

La *Fragilité* eft une difpofition à céder aux Penchans de la Nature, malgré les Lumières de la Raifon. Il y a fi loin de ce

que nous naiſſons , à ce·que nous voulons devenir ; l'Homme
tel qu'il eſt , eſt ſi différent de l'Homme qu'on veut faire ; la
Raiſon univerſelle & l'Intérêt de l'eſpèce gênent ſi fort les Pen-
chans des individus ; les Lumières reçuës contrarient ſi ſouvent
l'inſtinct ; il eſt ſi Rare , qu'on ſe rappelle toujours à propos ces
Devoirs qu'on reſpecteroit ; il eſt ſi Rare , qu'on ſe rappelle à
propos ce plan de Conduite dont on va s'écarter , cette Suite
de la Vie qu'on va démentir ; le Prix de la Sageſſe que montre la Réfléxion , eſt vû de ſi loin ; le Prix de l'Égarement que
peint le Sentiment , eſt vû de ſi près ; il eſt ſi facile d'oublier
pour le Plaiſir , & les devoirs & la raiſon , & le bonheur même ;
que la *Fragilité* eſt du plus au moins , le caractère de tous les
Hommes.

On appelle *Fragiles* , les malheureux entraînés plus fréquemment que les autres au-delà de leurs Principes , par leur Tempérament & par leur Goût.

Une des cauſes de la *Fragilité* parmi les hommes, eſt l'Oppoſition de l'état qu'ils ont dans la Société, où ils vivent avec leur caractère. Le Hazard & les convenances de Fortune les deſtinent
à une place , & la Nature leur en marque une autre : ajoutez à
cette cauſe de la *Fragilité* , les Viciſſitudes de l'âge , de la ſanté,
des paſſions , de l'humeur , auxquelles la Raiſon ne ſe prête
peutêtre pas toujours aſſez : on eſt ſoumis à certaines Loix qui
nous convenoient dans un temps , & ne font que nous déſeſ-
pérer dans un autre.

Quoique nous nous connoiſſions une ſecrette Diſpoſition à
nous dérober fréquemment à toute eſpèce de Joug ; quoique
très-ſûrs , que le regrèt de nous être écartés de ce que nous appellons nos Devoirs , nous pourſuivra long-temps : nous nous
laiſſons ſurcharger de Loix inutiles , qu'on ajoute aux Loix néceſſaires à la Société ; nous nous forgeons des Chaînes , qu'il eſt
preſque

ɛſqu'impoſſible de porter. On ſème parmi nous les occaſions
s petites fautes , & des grands remords.

L'homme Fragile diffère de l'homme Foible , en ce que le
ɛmier cède à ſon cœur, à ſes penchans ; & l'homme Foible
les impulſions étrangères. La *Fragilité* ſuppoſe des Paſſions
ʳes ; & la Foibleſſe , l'inaction & le vuide de l'âme. L'homme
agile pèche contre ſes Principes ; & l'homme Foible les aban-
nne ; il n'a que des Opinions. L'homme Fragile eſt incertain
ce qu'il fera ; l'homme Foible de ce qu'il veut. Il n'y a rien à
e à la Foibleſſe , on ne la change pas : mais la Philoſophie n'a-
ɩdonne pas l'homme Fragile , elle lui prépare des ſecours ,
lui ménage l'indulgence des autres ; elle l'éclaire , elle le
ɩduit , elle le ſoutient , elle lui pardonne. *M. de Fontenelle.*

DES DÉFAUTS.

IV. Il faut mettre à profit ſes *Défauts* ; il n'y en a point , qui
tienne à quelques Vertus , & qui ne les favoriſe.

Défauts du Corps , ou du Viſage.

Il me ſemble qu'il eſt honnête & digne de louange , de ſou-
ɩir avec conſtance nos *Défauts* ; ainſi que la Laideur qu'ap-
ʳte la vieilleſſe : un grain de Senſibilité ſur cet article , eſt
e des plus grandes Foibleſſes de l'Amour - propre. Nous ne
vons point avoir honte de notre mine & de notre taille , ni
s autres *Défauts* qui ne ſont pas criminels ; nous devons
nnir toute inquiétude ſur cet article. Celui qui a quelque
ɛfaut de cette nature eſt heureux , s'il eſt auſſi prompt à s'en
ɩller lui-même ; que les autres le pourroient être. *Spectateur*
ɩnglois.

CHAPITRE V.

Des Sèpt Vices Capitaux :

Sçavoir,

Orgueil,	*Avarice,*	*Luxure,*	*Envie,*
Gourmandise,	*Colère,*	*Paresse.*	

Des Sèpt Vertus opposées aux sèpt Vices :

Sçavoir,

Humilité,	*Libéralité,*	*Continence,*	*Pitié,*
Sobriété,	*Modération,*	*Occupation.*	

DE L'ORGUEIL.

I. L'ORGUEIL est une bonne Opinion de nous-mêmes, & une Prévention de notre mérite. Il n'y a point d'homme qui ne soit atteint de ce Défaut : mais il est plus ou moins odieux, selon l'Amour plus ou moins déréglé que l'on se porte à soi-même ; car c'est l'Amour-propre qui l'enfante : & tous les hommes en naissant ont puisé dans cette Source corrompuë, le germe des Passions qu'on voit éclore avant l'âge au fond de leurs Cœurs. Nous ne respirons la Volupté, la Haine, la Vengeance ; que par Amour-propre. Les transports de la Tendresse la plus vive ont moins pour objèt une Beauté accomplie, que le plaisir qu'on se promèt dans la possession de ses charmes ; la Haine que nous portons à ceux dont nous croyons avoir reçu quelque insulte, n'est qu'un Amour excessif pour nos préenduës perfeétions ; & nous ne penferions point à les en punir, ſi nous ne goûtions un Plaiſir délicieux dans le projèt même de la Vengeance. Nos Afflictions, nos Joies, nos Craintes, nos Deſirs, nos Eſpérances, tous les mouvemens de notre âme, ont l'Amour propre pour premier mobile : l'Envie & la Jalouſie en ſont le déſeſpoir. Quel Contraſte monſtrueux ! s'aimer éperuëment, lors même qu'on ne peut s'aveugler ſur l'infériorité de ſon mérite !

Mais revenons. Il y a deux eſpèces d'*Orgueil*, l'un ſimple & naïf : on penſe avantageuſement de ſoi, & on en parle comme on en penſe. On dit uniment qu'on a de l'eſprit & des talens ; & on le dit plutôt parce qu'on ſe le perſuade, que pour en perſuader les autres. On tolère volontiers cette prétenduë ſorte d'*Orgueil*, s'il eſt fondé : s'il ne l'eſt pas, il n'eſt que Ridicule, & excite plus de mépris que de haîne.

L'autre *Orgueil* eſt Fourbe & diſſimulé. On ſent malgré ſoi le peu que l'on vaût, on ne peut ſe faire illuſion ſur ſes Vices. On eſt intimement convaincu de ſon Inſuffiſance ; cependant on deſire ardemment l'Eſtime des autres hommes ; il faut donc afin de la gagner, mettre tout en uſage pour les tromper, pour paroître à leurs yeux ce qu'on n'eſt pas ; & leur dérober la connoiſſance de ce qu'on eſt effeétivement. Mais eſt-on démaſqué ? On eſt haï, déteſté & fui de tout le monde. On ſe donne bien de garde d'être ſoi-même ſon Panégyriſte : ce ſeroit une mal-adreſſe inſoutenable. On paroît au contraire ſouffrir impâtiemment les Éloges. On ſçait qu'en ſe louant on s'établit juge de ſoi-même, ce qui eſt une ſorte d'Injuſtice & d'aveuglement qui n'eſt point du goût de l'*Orgueil*, qui veut qu'on le croye juſte & éclairé. Auſſi imite-t-on les dehors des perſonnes les plus modeſtes ; mais c'eſt toujours l'*Orgueil*, qui eſt le principe caché de cette Modeſtie apparénte. A-t-on fait quelque

Grande Action, on garde un profond silence devant ceux qui en parlent ; on éloigne même adroitement les discours qui en rappèllent le souvenir, ou l'on feint de ne les point entendre : mais on ne manque point de mettre sûrement en vûë ses belles Actions, & ses bonnes Qualités ; lorsqu'elles sont ignorées, & que personne ne les publie.

L'Arrogance est une troisième espèce d'*Orgueil* ; elle affecte & vante avec Hauteur & impudence, une supériorité qui n'é-xiste souvent, que dans l'Imagination de celui qui ne s'en fait tant accroire ; qu'à dessein d'en imposer aux autres. Ce Vice affreux attire l'Indignation de chacun, & quoique le plus con-traire à la Société, il est cependant le moins dangereux ; parce qu'il se montre dans toute sa laideur, & qu'il ne peut tromper qui que ce soit.

Le plus grand plaisir qu'on puisse faire à un Arrogant, n'est pas toujours de le louer ; mais d'écouter l'étalage pompeux qu'il fait de son propre mérite : car outre qu'il croit se connoître, & par conséquent pouvoir parler de lui mieux que personne ; il goûte une double satisfaction, celle de vous entretenir de ce qui le flatte le plus ; & celle de croire, qu'il va vous apprendre à l'estimer davantage. D'ailleurs, votre Attention est selon lui, une Approbation tacite des Éloges qu'il se donne.

La Présomption, fille de l'*Orgueil*, consiste non-seulement à nous croire un Mérite suréminent ; & que l'Amour propre grossit à nos yeux au point, que nous n'en appercevons aucun dans les autres qui puisse en approcher : mais encore à nous imaginer que dans nos entreprises, les événemens dociles à nos projèts respecteront nos lumières, & ne pourront tenir contre la sûreté de nos démarches. Ce Vice ne peut être que détesté, quand même il seroit accompagné d'un certain Mérite ; parce qu'il enfante le Dédain, pour ceux qui nous environnent. Mais il fe trouve chez un fot, qui ne ceffe de préfumer des talens, a mérite & des forces qu'il fe croit; & qu'il n'a point : c'eft ors une Folie plus digne de compaffion, que de haine ou de épris.

Si nous nous connoiffions nous-mêmes, fi nous réfléchiffions uvent fur notre Néant, fur notre Origine, & fur notre Fin; nous fçavions difcerner le vrai Mérite des gens droits & lairés, nous ferions bien éloignés de tout fentiment d'*Or-ceil*, d'Amour propre, d'Arrogance ou de Préfomption. On mbe d'accord que dans la Nature, il n'y a point de Contrafte us bifarre, qu'un homme pauvre & orgueilleux; ignorant & ein de l'Amour de lui - même; dans l'impuiffance de tout, arrogant ou préfomptueux : hé, que fommes-nous ? qu'Indi-nce, Aveuglement, Foibleffe, Imperfection totale.

Mais ne confondons point la Fièrté, avec aucun des Vices ont je viens de parler. Quoiqu'on faffe abus du terme, il ne oit fe prendre dans fa véritable acception, que pour ce fen-ment d'Honneur qui veut que nous ne dérogions jamais; ou la dignité de notre Naiffance, ou à la décence de notre État.

On veut donner pour Époux à Virginie un homme obfcur, lais qui a amaffé de gros biens dans la Finance : indignée de propofition, elle préfère une étroite Médiocrité, à une Ri-he alliance indigne de fon nom. Ce n'eft chez elle ni *Orgueil*, i aucune des branches de ce Vice; c'eft noble Fierté.

Herman pourroit fortir de l'indigence où il eft plongé; mais lui faudroit approuver les Ridicules de Protecteurs parvenus, ouffrir les Caprices & les hauteurs de valèts finges de leurs Maî-res; & ce qui feroit plus honteux encore, mandier l'Appui es femmes que l'honneur défavouë. Herman a des talens & lu mérite : il eft incapable de pareilles baffeffes; loin d'être rgueilleux, il n'eft que fier. *M. le Chevalier de Cramezel.*

De l'Humilité.

1. L'*Humilité* est un sentiment de l'imperfection de notre être, qui est ordinairement le fruit d'une longue & infructueuse recherche de la Vérité. Dans l'Ardeur de s'instruire, l'Homme se trouve à chaque instant arrêté par l'impossibilité de découvrir les secrèts de la Nature, les Principes des êtres, l'Essence de ce que l'on nomme esprit, âme, &c. A chaque pas, il rencontre les bornes de l'entendement ; & après une pénible étude ; il reste persuadé que, ce que l'Homme peut sçavoir est bien peu de chose : cette connoissance lui fait sentir sa foiblesse ; & ce sentiment est ce qu'on nomme *Humilité*. Il n'appartient qu'à un Philosophe d'être humble ; l'ignorant n'imagine pas qu'on puisse aller au-delà de ses connoissances. L'*Humilité* est quelquefois l'effèt du Tempérament mélancholique.

L'*Humilité* est aussi une Vertu chrétienne, qui nous fait sentir notre néant devant Dieu ; & qui lui rapporte la Gloire de nos connoissances, de nos succès & de nos talens.

L'*Humilité* diffère de la Modestie, en ce que celle-ci se contente de ne point s'élever ; & celle-là se plaît même à se rabaisser.

On ne peut guères dire ; que, qui s'Humilie, sera élevé pour le monde : on peut dire au contraire ; que, qui s'Humilie, sera Humilié : car on n'y considère ordinairement, que ceux qui se font valoir ; & l'on y laisse Humilier les gens, tant qu'ils veulent. Voulez-vous être mal-logé, mal-servi, mal-traité dans une communauté, on ne s'y opposera pas ; il se trouvera toujours des personnes adroites qui sçauront profiter de votre retenuë, & qui s'accommoderont à vos dépens : mais tant s'en faut qu'il faille se plaindre de cette Humeur du Monde, que ceux qui sont vraiment Humbles, doivent être bien-aises que le Monde foit de cette Humeur ; autrement, fi l'*Humiliation* étoit toujours fuivie de l'élévation, ce feroit une efpèce d'Hypocrifie de s'*Humilier*. *M. Nicole*.

DE L'AVARICE.

II. L'*Avarice* eft plutôt une foibleffe du Cœur, qu'une erreur de l'Efprit. Je ne m'arrêterai donc point ici, à déclamer fur la peine qu'on fe donne pour amaffer des richeffes, fur les anxiétés que leur poffeffion caufe, fur le vuide qu'elles laiffent dans le Cœur ; ni fur les regrèts dont leur perte eft fuivie. L'*Avare* n'ignore rien de tout cela : il en fait une épreuve continuelle ; il fçait qu'en elles-mêmes les richeffes ne font pas un bien ; mais feulement un moyen pour fe procurer, tout ce qui paroît contribuer au bien-être de la Vie. Mais il eft affez Pufillanime pour ne pouvoir fe raffurer contre les frayeurs de l'Avenir, & l'incertitude des évènemens.

Le Defir de vivre, lui fait envifager une longue fuite d'années. Il calcule le nombre des jours d'une Vieilleffe infirme, & celui des Perfonnes qu'il fera contraint de s'attacher à prix d'argent. Il projètte de bâtir & de planter, pour charmer fes ennuis ; & une ridicule Prévoyance pour des befoins paffibles, l'oblige à manquer d'un néceffaire actuel. C'eft un autre Tantale, qui devant une table chargée de mèts délicats & de vins exquis, meurt de faim & de foif. Comme il fait confifter fon Bonheur non pas à jouir, mais à pouvoir jouir ; & qu'il recule la réalité de la jouiffance, jufqu'à l'avenir le plus éloigné ; il ne ceffe de mèttre écu fur écu. Il ne dit jamais c'eft affez, la foif qu'il a de l'or eft une véritable hydropifie : plus il en a, plus il en veut avoir ; & c'eft une efpèce de Prodige, fi ce defir infatiable d'acquérir ne le porte pas aux injuftices les plus violentes : quoiqu'au refte, cette Avidité foit elle-même une injuftice ; auffi

ontraire au bien de la Société, qu'elle l'eft à la Félicité de
elui qui en eft poffédé. Un Argent enfoui, & qui ne circule
oint, eft un Argent mort pour le public. Il n'exifte pas même
our l'infenfé, qui ne s'en fert jamais. Autant de fois que l'*Avare*
ntaffe, autant de Vols faits à l'État.

Plutarque compare les *Avares*, à certains Rats qui vivent dans
es mines d'Or; & d'autres Philofophes les mettent en paralèlle
vec des Pourçeaux : femblables à l'une & l'autre efpèce de
es animaux, ils ne font utiles qu'après leur mort; encore n'eft-
e qu'à des héritiers, qui la defiroient depuis long-tems.

En condamnant l'*Avarice*, je ne blâmerai point l'Œconomie.
la louërai au contraire : mais j'obferverai en même-tems, que
us éloignée de la Prodigalité que la Libéralité, elle approche
avantage de l'*Avarice*; & que fans beaucoup de Difcernement
ans la conduite, d'Intelligence dans le ménage, & d'Attention
r foi-même; il eft à craindre, qu'elle ne dégénère en ce vice
éteflé de Dieu & des hommes. Ordinairement quand on
me le Vin, on fe livre avec le tems à l'habitude de l'Yvreffe;
Amour des femmes devient bientôt un libertinage; & qui
aime point à donner, ne tardera pas à recevoir; & mettra
fin tout en ufage pour amaffer du bien aux dépens de la So-
été, de fon propre Bonheur en ce monde, & du Salut éternel
e fon âme. *Œthologie.*

L'*Avare* eft un Fripon, qui détourne un effèt qui doit circuler
ans le Commerce; & qui, par cette circulation, porte la Fer-
lité & l'Abondance dans la Société : femblables à ces Vapeurs
ue le Soleil attire à lui, pour les répandre fur toute la terre.
es Richeffes nous font données, pour les diftribuer à ceux
ui n'en ont point. C'eft un Dépôt, que la Providence a confié
ix Riches. Combien en eft-il, qui en fçachent faire un bon Ufage?

Jettez les yeux fur un Génie abhorré, c'eft celui de l'infatiable

ıble *Avarice*. Ses jouës creufées & lividés décèlent fon éter-
ɔlle Soif : les Soucis cuifans y font traçés. Il ne s'occupe qu'à
ıercher un lieu sûr, pour y dépofer fon Tréfor : il ne fe fie pas
lui - même. Voyez-le parcourir les Forêts d'un œil attentif ;
ɔyez fa Crainte pour fon Fardeau chéri. Une Ombre l'épou-
ınte, un Souffle le fait trembler. Il craint que fa penfée ne le
ɑhiſſe. Il eſt toujours fa Victime & fon Boureau. *P. Brumoy.*

L'*Avarice* eſt dans l'homme un oubli de l'honneur & de la
loire, quand il s'agit d'éviter la moindre Dépenfe. Si un tel
ɔmme a remporté le Prix de la Tragédie, il confacre à Bac-
ıus des Guirlandes ou des Bandelettes, faites d'écorce de
ɔis ; & il fait graver fon nom fur un Préfent fi magnifique.
Juelquefois, dans les temps difficiles, le Peuple eſt obligé de
aſſembler pour règler une Contribution capable de fubvenir
ux befoins de la République ; alors il fe lève, & garde le fi-
nce, ou le plus fouvent il fend la preſſe, & fe retire. Lorf-
u'il marie fa Fille, & qu'il facrifie felon la Coutume ; il n'a-
andonne de la Victime que les parties feules qui doivent être
rûlées fur l'Autel, il réferve les autres pour les vendre : &
ɔmme il manque de Domeſtiques pour fervir à table, & être
ıargés du foin des noçes, il louë des Gens pour tout le temps
e la Fête, qui fe nourriſſent à leurs dépens, & à qui il donne
ne certaine fomme. S'il eſt Capitaine de Galère, voulant mé-
ager fon lit ; il fe contente de coucher indifféremment avec
es autres fur de la natte, qu'il emprunte de fon Pilote.

Vous vèrrez une autre fois cet Homme Sordide acheter en
lein Marché des Viandes cuites, toutes fortes d'Herbes, & les
ɔrter hardiment dans fon Sein & fous fa Robe : s'il l'a un jour
ɴvoyée chez le Teinturier pour la détacher, comme il n'en a
ɑs une feconde pour fortir ; il eſt obligé de garder fa cham-
ɔre. Il fçait éviter dans la rencontre, un ami pauvre qui pour-

:oit lui demander, comme aux autres, quelques fecours ; il fe létourne de lui, il reprend le chemin de fa Maifon. Il ne donne ooint de Servantes à fa Femme, content de lui en louer quelques-unes, pour l'accompagner à la Ville toutes les fois qu'elle fort. Enfin ne penfez pas que ce foit un autre que lui, qui balaye le matin fa Chambre, qui faffe fon Lit, & le nettoye. Il faut ajouter qu'il porte un Manteau ufé, fale, & tout couvert de taches ; qu'en ayant honte lui-même, il le retourne quand il eft obligé d'aller tenir fa Plaçe dans quelqu'Affemblée.

Pour faire connoître davantage ce Vice, il faut dire que c'eft un Mépris de l'Honneur dans la vûë d'un vil Intérêt. Un Homme que l'*Avarice* rend éffronté, ofe emprunter une fomme d'Argent à celui à qui il en doit déjà, & qu'il lui retient avec Injuftice. Le jour même qu'il aura facrifié aux Dieux, au lieu de manger religieufement chez foi une partie des Viandes confacrées, il les fait faler pour lui fervir à plufieurs Repas, & va fouper chez l'un de fes Amis ; & là à table, à la vûë de tout le monde, il appelle fon Valet, qu'il veut encore nourrir aux dépens de fon Hôte ; & lui coupant un Morçeau de Viande lui mèt fur un quartier de pain ; tenez, mon ami, lui dit-il ; *faites Bonne Chère.*

Il va lui-même au Marché acheter des Viandes cuites ; & avant que de convenir du Prix, pour avoir une meilleure compofition du Marchand, il le fait reffouvenir qu'il lui a autrefois rendu Service. Il fait enfuite pefer ces Viandes, & il entaffe le plus qu'il peut, s'il n'en eft empêché par celui qui les lui vend ; il jette du moins quelques os dans la Balance, fi elle peut tout contenir, il eft fatisfait ; finon il ramaffe fur la Table des morçeaux de rebut, comme pour fe dédommager, fourit, & s'en va.

Une autre fois fur l'Argent qu'il aura reçu de quelques Étran-

ers , pour leur louer des Plaçes au Théâtre ; il trouve le Se-
rèt d'avoir fa plaçe franche du Speɛ̃acle , & d'y envoyer le
endemain fes Enfans , & leur Précepteur.

Tout lui fait Envie. Il veut profiter des Bons Marchés , &
emande hardiment au premier venu une chofe qu'il ne vient
ue d'acheter.

Se trouve-t'il dans une Maifon Étrangère ? Il emprunte juf-
u'à l'Orge , & à la Paille ; encore faut-il que celui qui les lui
rête , faffe les frais de les faire porter jufques chez lui.

Cet Éffronté en un mot, entre fans payer dans un Bain
ublic ; & là , en préfence du Baigneur qui crie inutilement
ontre lui , prenant le premier Vafe qu'il rencontre , il fe plonge
lans une Cuve d'Airain qui eſt remplie d'eau, fe la répand fur
out le Corps. *Me voilà lavé , ajoute-t'il , autant que j'en ai be-
ôin , & fans avoir Obligation à Perfonne.* Il remèt fa robe , &
lifparoît. *Caraɛ̃ères de Théophrafte.*

De la Libéralité.

2. La Raifon & la Religion ne défendent point d'acquérir du
3ien ; elles condamnent feulement l'avidité des Defirs , l'injuf-
ice des Moyens , & l'abus des Richeffes. On ne doit eftimer
'Opulence , qu'autant que par elle on eſt en état de fubvenir
à fes propres befoins , & de procurer le Bonheur de fes frères.
Ce défintéreffement comprend tout ce qui eſt néceffaire , pour
bien ufer des Richeffes

En effèt, un Homme qui ne les aime point , ne conçevra jamais de leur poffeffion un ridicule Orgueil ; & fera fort éloigné
de fe faire un Mérite, de ce qu'il ne regarde pas comme un
Bien. Il fe préfervera donc également , & d'une fordide Avarice qui amaffe, & enfouit ; & d'une aveugle Prodigalité, qui fe
répand en Dépenfes inutiles. Il n'emploiera ce qu'il a acquis ,

H ij

que pour fa véritable Utilité ; pour le Bien de ceux qui lui font unis par les liens du Sang & de l'amitié, & pour le plus grand avantage de la Société ; & c'eſt un bon Uſage des Richeſſes, qui lui fera donner le nom de *Libéral.*

La *Libéralité* étant une Vertu dégagée de tout motif de vaine Gloire, elle ne ſe propoſe point pour But l'eſtime des Hommes ; mais l'Accompliſſement du devoir, le Soulagement des malheureux, & le Bien de toute la Société. C'eſt par rapport au Corps, qu'elle prend ſoin des membres ; & elle a en vûë l'Utilité Publique, dans les bienfaits qu'elle verſe ſur les Particuliers. Elle ceſſeroit d'être Vertu, ſi elle n'étoit pas dans l'Ordre : ainſi non-ſeulement elle agit avec Déſintéreſſement, mais encore avec Diſcernement & Juſtice.

Le Vulgaire ne voit pas ordinairement, les plus importans effèts de la ſage Diſpoſition des Richeſſes. Ce Marchand a rétabli ſa Fortune à la faveur d'un Don conſidérable, que lui a fait un ami véritablement *Libéral ;* qu'il lui a peut-être déguiſé, ſous l'Apparence d'un Prêt. Voilà ce qui frappe les yeux de ſes voiſins. Mais ils ne voyent pas, que cet ami par ſa *Libéralité* a peut-être prévenu bien des injuſtices, qu'auroit pû commettre le Commerçant pour réparer ſes pertes ; & qu'il eſt devenu pour lui une Occaſion de Vertus, en lui inſpirant l'Amour & la pratique de la Bienfaiſance, lorſqu'il ſera devenu riche. On ne peut mieux reconnoître un Bienfait, qu'en tâchant d'imiter ſon Bienfaiteur.

Un homme *Libéral* porte toujours ſon intention, au-delà des Deſirs de l'indigent : il s'en tient au Plaiſir ſecrèt de faire du Bien. Il tait ſes Largeſſes, qui n'ont ſouvent pour témoins, que Dieu ; & celui qui les reçoit : il donne de ſi Bonne grace, qu'on ne ſçait ſi l'on doit être plus reconnoiſſant de la *Libéralité,* que de la manière dont elle eſt faite.

Comme ici-bas rien n'eſt moins ſtable que les Richeſſes , &
e le moindre Vent contraire les fait ſouvent refluer loin du
vage , où le caprice de la Fortune les avoit d'abord accou-
mées ; un cœur *Libéral* ne s'y attache point. Toujours pré-
ré aux Revers , s'il vient à perdre ſes Biens il ne les regrètte ,
e parce qu'il ſe trouve alors dans l'impuiſſance de ſecourir
: malheureux ; au reſte il eſt rare d'être dépourvû de tout , au
 int de ne pouvoir éxercer aucune *Libéralité.* Cette Vertu ne
nſiſte pas à répandre beaucoup de Richeſſes ; mais à faire , &
bien faire tout ce qu'on peut , pour le Soulagement du pro-
ıain. Il y a même plus de Mérite à retrancher du peu que l'on
, dont la Totalité ſeroit quelquefois néceſſaire ; qu'à donner
une Abondance toujours ſuperfluë , & ſouvent même embar-
ıſſante. *M. le Chevalier de Crameʒel.*

De la Luxure.

III. Hercule , dit la Fable , arriva un jour à un endroit où
ouvroient deux chemins ; l'un en Pente , large & uni , ſemé
è fleurs , bordé des arbres les plus beaux ; l'autre Eſcarpé ,
roit , inégal , & hériſſé de ronces & d'épines. A l'entrée de
ıs deux Routes , étoient aſſiſes deux Belles femmes ; la pre-
ıière étoit vêtuë d'une robe légère & galante , une couronne
ıe Myrthes ſur la tête , & des guirlandes de Roſes autour d'elle :
ı ſeconde , d'un Air plus ſérieux & d'un maintien plus grave ,
toit habillée modeſtement ; elle tenoit de la main gauche un
ıppui d'airain , & de la droite un Glaive tranchant. Celle-là
ıar des Diſcours emmiéllés engageoit Hercule à la ſuivre dans
e chemin des Fleurs : celle-ci d'une Voix forte & animée lui
promettoit un Sort bien plus heureux , s'il marchoit ſur ſes pas
dans la Route difficile & épineuſe.

Laiſſons Hercule ſe déterminer , & découvrons la Vérité

ıchée fous l'écorce de cette Fiction ingénieufe. Les deux Che-
.ins font, celui des Paffions, & celui de la Raifon. Les deux
mmes repréfentent la Volupté & l'Honneur : les Myrthes &
s Rofes font les Amorces des faux plaifirs : l'Appui d'airain
gnifie la Conftance, dont la Vertu doit s'armer ; & le Glaive
anchant, fon zèle ardent pour écarter tout Obftacle. Her-
ıle, c'eft notre âme qui n'ayant pas encore goûté les déleéta-
ɔns des Sens, ni les charmes de la Vertu, refte fufpenduë &
.certaine fur le Choix de ces objèts. Mais enfin il faut fe déter-
ıiner : les invitations font trop preffantes. Combien hélas ! fé-
ıits par la Voix enchantereffe de la Volupté, préfèrent des
ıurs délicieux peut-être, mais pour quelque temps feulement,
ɔnt les deux tiers ne font qu'amertume & regrèts : & la Fin,
: Commencement d'un malheur éternel, à une vie marquée il
ı vrai dans fon aurore par des travaux & par des combats,
ıais foutenuë dans fon midi par l'heureufe habitude des fuccès
: de la viétoire ; & dont le Crépufcule n'eft que le paffage des
ınèbres de ce féjour à la Gloire de l'Immortalité ! Des hommes
:éés raifonnables, peuvent-ils s'aveugler au point de préférer
s fleurs aux fruits ; l'apparence, à la réalité : & de fe porter
. mort dans le fein, fous la douceur trompeufe d'un breuvage
npoifonné ? Mais parmi les *Voluptueux*, ceux dont l'état eft
: plus déplorable, font ces Furieux qui ne pouvant étouffer en
ıx la voix puiffante de la Raifon, éxcitent pour l'affoiblir le
:ri tumultueux de leurs Paffions ; en donnant tête baiffée dans
ɔutes fortes de Défordres. Car il n'eft que trop de ces harpies
:fatiables ; qui plus on leur donne, plus elles demandent.

Il ne faut que jetter un coup-d'œil fur les effèts les plus ordi-
aires de la *Volupté*, pour en conçevoir de l'Horreur ; aveu-
lement dans l'efprit, illufions, fantômes chimériques dans
ımagination, dépravation de goût, baffeffe de fentimens, cor-

ition du cœur, abandon de tous ſes devoirs, inquiétudes
intinuelles, intrigues, fatigues, jalouſies, fureurs, duëls, dé-
ıoir ſi l'on échouë, dégoûts après la poſſeſſion ; caprices dans
changement des objèts de ſa Paſſion, toujours la même pour
plaiſirs des Sens : à tous ces maux ajoutons les maladies hon-
ſes, & preſque toujours certaines, qui ſont les avant cou-
ırs des châtimens ſévères qu'un Dieu vengeur réſerve aux
ıluptueux dans l'autre vie ; & ſaiſis d'un ſalutaire fremiſſe-
:nt, Fuyons, déteſtons juſqu'à l'ombre de la *Volupté*.... Les
:ontinens ont coutume de s'excuſer ſur la Force du penchant
des tentations, ſur la Foibleſſe de notre Nature : mais eſt-
en s'abandonnant à ce malheureux Penchant, en ſe rendant
x ſollicitations de l'Eſprit Séducteur, qu'ils en amortiront la
iolence ? Eſt-ce en éteignant de plus en plus par des Diſſo-
tions continuelles les lumières de leur eſprit, en étouffant dans
ır cœur le Germe de la Vertu, & y tariſſant la Source des
açes du Ciel, qu'ils parviendront à fortifier cette Nature dont
ɔ ſe plaignent ? Ils épuiſeront, à la vérité, les forces de leur
empérament : le Péché pourra enfin quitter leur Corps ; mais
ır âme renonçera-t-elle au Péché ? Ne ſera-t-elle pas toujours
:vorée de Deſirs d'autant plus vifs, qu'il ſera plus difficile, ou
ıus impoſſible de les ſatisfaire ?

Il y a des Libertins aſſez pervers, aſſez audacieux pour dire
autement ; que l'Œuvre de la chair avec des perſonnes libres
: conſentantes à leurs deſirs, n'eſt point un Péché ; ni un mal
ioral. Je ne leur oppoſerai point ici, les Anathêmes que l'É-
angile lançe contr'eux. Ils n'en reconnoiſſent point les auguſ-
es Sacremens ; puiſqu'ils ſoutiennent que celui du Mariage n'eſt
ju'une vaine Cérémonie, invention de la Politique des Souve-
:ains pour le maintien & le bon Ordre de leurs États. Je me
contenterai de leur faire voir en peu de mots, que leur Prin-

cipe contredit la Loi Naturelle, fur laquelle ils prétendent l'appuyer. Cette Loi ordonne de ne faire aucun tort ; mais les fuites d'un Commerce illicite, ne perdent-elles pas la réputation
de la mère ? Diront-ils qu'ils apporteront tous leurs foins, pour
tenir la Chofe fecrètte ? Mais n'éprouve-t-on pas tous les jours
l'inutilité de femblables Précautions ? Accuferont-ils d'injuftice
les Loix d'un État ? Mais tous les États du Monde ont-ils donc
confpiré contre celle de la Nature ? Ils font les premiers à débiter en toute occafion, cette Maxime : SI FUERIS ROMÆ,
ROMANO VIVITO MORE : à *Rome, vivez comme à Rome.* Maxime en effèt très-fage, quant à l'obfervation des Loix d'un
Royaume ; & à laquelle il n'y a que Dieu & fa Religion, qui
puiffent nous ordònner de déroger. Les Martyrs ne l'ont tranf-
greffée, en prêchant l'Évangile malgré la défenfe des Empereurs, que pour obéir à la Divinité. J'ai vû des Incrédules
& des Déiftes même répondre ; en difant : qu'il y avoit des
moyens de mettre à l'abri la Réputation de l'Objèt aimé, &
de ne point bleffer ouvertement les Ufages reçus. Quelle Monf-
trueufe Contradiction avec eux-mêmes ! Leur Syftême odieux,
ne tend-il pas directement à l'Anéantiffement, & des Loix naturelles, & de la Nature entière ?

La *Volupté* ne déshonore pas feulement la Perfonne qui
condefcend à nos lâches Defirs, mais elle nous avilit nous-
mêmes ; elle nous fait décheoir en un inftant du plus haut degré
de gloire, auquel nous ayons jamais pu parvenir. Salomon en
eft la preuve fenfible. L'indignation, que l'Amour honteux
qu'il a eu pour les Femmes a excité chez la Poftérité, a toujours été d'autant plus vive ; que fa Sageffe avoit eu plus d'Éclat
& de Sublimité.

Heureux celui, qui fçait fe défendre des Appas trompeurs &
perfides de la *Volupté !* fa Victoire eft illuftre & complette ; il
triomphe

omphe d'une partie de lui-même qui s'étoit révoltée contre
utre, en abusant de la pente invincible qui entraîne l'Homme
rs son bien-être ; & en le lui faisant chercher, où il ne peut se
ouver.

Le seul Remède aux attaques de la *Volupté* est, je l'ai dit,
recourir à la Miséricorde Divine ; & de fuir tout ce qui
ut en allumer les Flammes dans notre Cœur. Si notre Tem-
rament nous paroît un obstacle trop difficile à surmonter,
ivons le Conseil de S. Paul : contractons des Nœuds légitimes ;
nous pouvons goûter dans la Paix d'une Conscience pure, le
aisir & la gloire de donner des citoyens à l'Etat, & des
ohéritiers à J. C. *M. le Chevalier de Cramezel.*

De la Continence.

3. La *Continence* est une modération dans l'usage des Plai-
s ; c'est une Vertu morale, qui ne donne aux Besoins de la
ature, précisément que ce qu'il leur faut pour les satisfaire.

Ce mot s'entend aussi souvent *de la Privation Volontaire des*
laisirs ; alors c'est une Vertu Chrétienne.

La *Continence* est une Vertu morale, par laquelle nous ré-
ons aux Impulsions de la Chair. Il semble qu'il y a entre la
hasteté & la *Continence*, cette différence ; qu'il n'en coûte
icun effort pour être Chaste : & que c'est une des suites na-
relles de l'Innocence ; au lieu que la *Continence* paroît être le
uit d'une Victoire remportée sur soi-même.

Je pense que l'Homme Chaste ne remarque en lui aucun
ouvement d'esprit, de cœur & de corps, qui soit opposé à la
ureté ; & qu'au contraire, l'état de l'Homme *Continent* est
être tourmenté par ces mouvemens, & d'y résister. D'où il
ensuivroit, qu'il y auroit réellement plus de Mérite à être
ontinent, qu'à être Chaste. La Chasteté tient beaucoup à la

ranquillité du tempérament ; & la *Continence* à l'Empire qu'on
acquis fur fa fougue.

Le cas qu'on fait de cette Vertu n'eft pas indifférent dans
n État populaire. Si les Hommes & les Femmes affichent l'*In-*
ontinence publïquement, ce vice fe répandra fur Tout ; même
ur le Goût : mais ce qui s'en reffentira particulièrement, c'eft
a Propagation de l'Efpèce, qui diminuera néceffairement ; à
roportion que ce Vice augmentera. Il ne faut que réfléchir un
noment fur fa Nature, pour trouver des caufes Phyfiques &
Morales de cet effèt. *L'Ami des Hommes.*

DE L'ENVIE.

IV. L'*Envie* eft de tous les Vices, celui qui trouble davan-
age le Repos de l'homme. C'eft une trifteffe de la profpérité
l'autrui, une Douleur fecrètte du Triomphe de la vertu & du
nérite ; prefque toujours accompagnée d'un Defir infatiable
le nuire. Je dis prefque toujours : en effèt, il pourroit fe trou-
er des gens très-affligés d'avoir brigué inutilement des plaçes,
& qui feroient au défefpoir de commettre la moindre injuftice,
qui tendît à en dépoffeder ceux qu'on leur auroit préférés. Mais
omme l'*Envie* ne va pas ordinairement fans Malignité, je ne
n'arrêterai point à une excèption auffi rare. Or rien de plus
nalheureux, de plus injufte, & de plus vil qu'un homme fujèt
l'*Envie*. Rien de plus malheureux que l'*Envieux* ; parce qu'il
ne fe paffe point de jour, qui ne lui fourniffe un nouveau motif
le chagrins ; la Fortune fe plaifant à faire fans ceffe de nou-
eaux favoris. Rien de plus injufte que lui : pour être heureux
ui fait-on quelque tort ? Rien enfin de plus vil : car fi l'*Envieux*
'attrifte de notre Bonheur, il fe réjouit de notre Malheur ;
eut-on imaginer une baffeffe d'âme plus digne de mépris ?
L'*Envieux* n'entend point les intérêts de fon Amour propre ;

:ar *Envier* le bonheur de quelqu'un, c'est souvent avouër qu'on
'en est pas digne.

L'*Envieux* devroit être banni de la Société, comme un
1omme qui vit avec aussi peu de zèle pour l'Utilité Publique,
que s'il étoit né uniquement pour lui-même ; qui ne prend au-
une part dans les affaires les plus importantes de ses Conci-
>yens, qui est insensible aux Besoins des autres ; il y a mieux :
qui s'inquiète nuit & jour pour opposer des obstacles à leur
Bonheur, pour faire échouer toutes leurs Entreprises ; & qui
'ouvre son âme au Plaisir, que lorsqu'il voit périr son Prochain.

On peut le comparer à la Pierre : la Pierre est dure & in-
ensible ; l'*Envieux* est infléxible & impitoyable : il ne sert de
ien à la Pierre de frapper ceux qu'elle atteint ; l'*Envieux* ne
ire aucun avantage de son *Envie* : enfin la Pierre se brise quelquefois contre ceux qu'elle heurte ; l'*Envieux* se fait toujours
1lus de mal, qu'il n'en cause à ceux qu'il attaque : son *Envie*
1ccroît ses peines, sans altérer la Prospérité des autres.

La Médisance, la Calomnie, l'Imposture & la Ruse sont les
ompagnes inséparables de l'*Envie*. Elle employe aussi la Flat-
erie ; & tandis qu'elle vous accable de Louanges & de Ca-
esses, elle répand secrètement de Faux Discours contre vous,
& cherche mille Souterreins pour vous perdre. Un *Envieux*
'apperçoit-il, que ses paroles envenimées ne diminuent rien de
'Estime dont on récompense votre Mérite ? il fait adroitement
omber la Conversation sur les éminentes qualités de quelqu'un,
qui attire sur lui les yeux de tout le monde ; & il s'efforce de
donner du Poids à ce qu'il a dit contre vous, par l'Éloge qu'o-
bliquement il fait d'un autre. Ce qu'il y a de certain, c'est
qu'en mettant en avant un parallèle où vous perdez ; il réussit
du moins à effaçer pour l'instant, & à affoiblir pour toujours,
l'idée qu'avoient conçuë de vos Vertus ou de vos Talens, ceux

I ij

ui l'écoutent. Mais ne vous vengez de l'*Envieux* & de ſes ruſes ;
u'en vous étudiant à agir d'autant mieux , que vous le voyez
lus ſouffrir de l'Éclat de vos Bonnes Actions. *Connoiſſance du
'œur de l'Homme. Pag. 225.*

De la Pitié.

4. Notre vûë eſt frappée d'un ſpectacle de miſères & de
ſuffrances , & nous ſentons à l'inſtant naître dans notre Cœur
ne tendreſſe pour le malheureux qui en eſt accablé : nos en-
railles ſe remuent ; nous déplorons ſon ſort : voilà un ſentiment
e *Pitié.* Juſques-là notre Compaſſion n'eſt que ſtérile , & ne
érite pas le nom de Vertu. Mais nous Volons au ſecours de
affligé ; nous cherchons à le conſoler , à le ſoulager ; nous
vons une *Pitié* active : nous ſommes vraiment Miſéricordieux.

On pourroit ici agiter une queſtion. La *Pitié* eſt-elle toujours
ntéreſſée ? Lorſque nous répandons des Aumônes dans le ſein
e l'indigent , que nous nous montrons officieux envers un
Malade, que nous conſolons un Père de la perte d'un fils ac-
ompli , un Plaideur de celle d'un procès conſidérable : il eſt
ien vrai qu'extérieurement , nous avons Compaſſion d'eux ;
nais peut-être qu'intérieurement , nous n'avons *Pitié* que de
ous-mêmes : non pas que nous ſoyons dans aucune de ces
oſitions fâcheuſes ; mais nous connoiſſons l'Inconſtance des
hoſes humaines. Un revers de Fortune peut enlever au Riche
ſon opulence , au Puiſſant ſon crédit & ſes dignités : l'homme
e plus Robuſte & le plus ſain peut être tout-à-coup attaqué
l'une maladie incurable ; il n'y a perſonne de nous , qui ne
raigne la Mort prochaine d'un parent ou d'un ami tendrement
héri : *Et quel eſt le Plaideur qui malgré ſon bon droit* , ne ſoit
lans le Trouble & l'inquiétude ? Or ſi nous tombions dans
quelqu'un de ces cas affligeans , nous ſerions charmés qu'on fût

touché de notre État. Ainfi pouvons-nous affurer, que notre *Pitié* actuelle à l'égard des autres, ne quête point pour l'avenir la Compaffion des autres pour nous-mêmes ; & par conféquent, qu'elle ne foit point intéreffée ? Voilà le doute ; & la raifon de douter : Voici ma folution.

La Compaffion chrétienne n'eft point Défintéreffée, du moins par rapport à l'Éternité ; que le Chrétien fe propofe toujours pour Fin dernière dans toutes fes actions … faites le bien, dit David, *propter retributionem ;* en vûë de la Récompenfe. Réjouiffez-vous, nous dit la Loi nouvelle, du Bien que vous faites ; parce qu'une grande Récompenfe vous eft réfervée dans les Cieux. *Merces veftra magna erit in Cœlis.*

Pour ce qui eft de la Compaffion naturelle, il eft certain que chez beaucoup de gens elle eft intéreffée : ce n'eft pas alors une Vertu, quoique fes effèts ne tendent pas moins d'eux-mêmes au foulagement des particuliers, & au bon Ordre de la Société ; que fi elle étoit un fentiment éxempt de toute vûë d'intérêt. Mais on voit tous les jours des Grands ; dont la Puiffance & les richeffes font pour eux un État fi bien affermi, qu'ils n'appréhendent rien des Caprices du Sort ; courir avec empreffement au Secours des foibles, prévenir les befoins des indigens, & taire leurs Bienfaits. Certainement leur *Pitié* n'eft point du tout intéreffée : ce font des âmes Compatiffantes par l'Amour de leurs devoirs, dans l'Ordre de la nature ; & qui, fi elles y ajoutent des motifs furnaturels, accompliffent pleinement le précèpte de la Charité ; en quoi confifte la Loi & les Prophêtes. *Œthologie. Part. II. pag. 272.*

DE LA GOURMANDISE.

V. Il y a long-tems qu'on a propofé pour la première fois aux hommes, cette belle Maxime : *Mangez pour vivre, & ne ivez pas pour manger.* Cependant combien s'en trouve-t-il, ui femblent n'avoir d'autre Dieu que leur Ventre; pour me rvir de l'expreffion de S. Paul?

Gaftrolare n'eft pas plutôt éveillé, qu'il penfe à faire un nple Dîner : il a encore l'Eftomach chargé du Souper de la eille, & ce ne fera que des vins exquis & des liqueurs fines, ui pourront opérer une Coction même affez imparfaite de ets fi différens, & pris en fi grande quantité. Il voudra enfin iitter la Table, mais inutilement ; & la tête appefantie par s plus noires fumées, il ne fe fentira pas emporter dans fon , où fon corps demeurera jufqu'au lendemain enfeveli dans 1 Sommeil profond ; dont il ne fortira, que pour fe plonger ans la même Crapule. Eft-ce-là la vie d'un Hommè ? c'eft à-eine, celle des Animaux les plus voraces.

Mais quels feront les effèts d'une Intempérance fi monf-ueufe ? D'abotd l'Altération, & bientôt la Deftruction totale e la Santé. Un Eftomach qui regorge de viandes, envoie con-nuellement des tourbillons de Vapeurs, qui obftruent l'Or-ine du Goût ; de manière que les mèts les mieux affaifonnés, eviennent à la fin infipides, & ne font plus aucune fenfation ; e-là l'Inappétence, & les maladies qui la fuivent néceffai-ment.

C'eft entendre au plus mal les intérêts mêmes de fa Paffion ominante, que de travailler à émouffer fon Goût en voulant fatisfaire ; à abréger fa Vie, lorfqu'on ne peut en envifager terme qu'avec horreur.

A la vérité il femble qu'aujourd'hui il règne dans les Repas, ie Délicateffe tout-à-fait oppofée à la Profufion. On ne veut ie l'Élixir des Mèts les plus exquis. Pour peu qu'une Nourriture t de confiftance, elle n'eft digne que de la bouche du fimple ourgeois.

La bonne Compagnie ne fçait plus ce que c'eft, que de boire un verre de vin de Bourgogne pur ; il eft Ignoble de n'y mettre pas les trois quarts d'eau : n'êtes-vous pas tenté de rendre tous les Convives, pour autant de Modèles d'une Société parfaite ? Mais attendez le Deffert ; on y fablera à l'envi Champagne, auquel on fera fuccéder le vin de Chypre, ou de Syracufe. Encore fi ces Dieux de la terre ne vendoient pas fi chèr au refte des hommes, ce Vin qu'ils cueillent fur leurs Côteaux, & dont ils font fi peu de cas ! mais il nous faut bien payer les frais du Coût & de tranfport, des différens Nectars dont ils s'enyvrent fi délicieufement ; ou plutôt fi dangéreufement pour leur Santé, & pour leur Vie même. Car trop d'épices dans les viandes, trop de feu dans le vin ou dans les liqueurs, eft autant nuifible au Tempérament ; que tout excès dans la quantité feule des Mèts, ou de la boiffon.

Le Bourgeois & l'Artifan ne font pas moins atteints, proportion gardée dans la dépenfe, du vice de la *Gourmandife* ; dont je ne détaillerai point ici toutes les autres fuites funèftes. On n'éprouve que trop, qu'elle allume le feu de la Concupifcence : le Corps engraiffé ne cherche qu'à rompre les liens qui le tiennent affervi fous l'Empire de la Raifon ; & fi les Hommes n'euffent jamais fait qu'un Ufage modéré du Vin, les Faftes du monde n'offriroient pas à nos regards tant d'horribles Scènes ; où la Colère & la Fureur dignes enfans de l'*Yvreffe*, ont joué les rôles les plus cruels & les plus honteux. *M. de Fontenelle.*

De la Sobriété.

5. La *Sobriété* confifte à ne faire aucun excès dans le Boire, ni dans le Manger. Il eft dans l'Ordre de Dieu, que notre âme veille à la confervation de fon Corps. C'eft pour cette Fin, que nos Sens nous ont été donnés. La Providence a attaché des

Saveurs délicieuſes aux différens mèts deſtinés pour la nourriture de l'Homme ; afin de l'éxciter à y recourir , pour réparer
ſes Forces affoiblies par les fatigues , & par la continuité du
Travail. Il doit toujours ſe mèttre à Table dans cette vûë ; &
lorſqu'il tire ſa ſubſiſtance des Sucs des animaux & des fruits
créés pour ſon Uſage , élever ſon âme vers le Ciel ; pour y
chercher une Nourriture bien plus précieuſe , & qui ſoit le
Germe de l'Immortalité.

La Frugalité eſt la gardienne de la Chaſteté , & la mère de
la bonne Santé. Par elle on dompte la Chair , en lui refuſant
ce qui pourroit la faire révolter contre l'Eſprit : & l'on maintient l'Équilibre entre les ſolides & les fluides du Corps ; d'où
dépendent l'Uniformité de ſes mouvemens , la bonté de l'Or-
ganiſation , la Perfection & la durée de l'Œconomie animale.

Une trop grande *Sobriété* , qui iroit juſqu'à nous interdire une
certaine qualité ou quantité de mèts , néceſſaire pour le recou-
vrement ou pour la conſervation de la Santé , ne ſeroit plus
une Vertu humaine ; mais une Pénitence Chrétienne. On a vû
de ſaints Perſonnages ne manger , que lorſque leurs Forces les
abandonnoient entiérement ; & préciſément pour s'empêcher
de mourir. Conduite bien Louable , digne de notre Admiration ; mais que je ne propoſerai pour Modèle à perſonne. C'eſt
aux âmes Vertueuſes & pénitentes , à ſe conſulter dans le Silence de la Prière ſur les inſpirations de l'Eſprit ſaint ; & à prendre le parti d'une Obéiſſance aveugle aux avis de Directeurs
éclairés. *M. Nicole.*

D E L A C O L È R E.

V I. La *Colère* eſt une courte Fureur ; mais dont les effèts
ont de longues Folies. Elle offuſque le Jugement , & aveugle
la Raiſon ; rend ſouvent pour un rien , l'Homme malheureux le
                                                        reſte

reſte de ſes jours, fait perdre en peu de minutes des Amis qu'on n'avoit acquis, qu'après bien du tems & des épreuves. Indiſcrète, elle révèle les Secrèts les plus importans ; Ridicule, elle fait des menaçes extravagantes ; Fougueuſe, elle s'abandonne à des excès toujours ſuivis de Repentir, & quelquefois punis du dernier ſupplice. Elle n'entend point la Voix des conſeils ; elle s'irrite de la Sageſſe des remontrances ; & avec tout cela, c'eſt le Caractère particulier d'un Cœur foible, & puſillanime : auſſi voyons-nous que les Femmes ſe fâchent plus aiſément que les Hommes, les vieux que les jeunes, les malades que les gens ſains.

La *Colère* eſt engendrée par l'Impatience ; ou par l'habitude de ſe courroucer à propos des plus petites choſes. Elle cède aux premiers Mouvemens qui l'éxcitent ; & de léger Emportement, elle devient par degrés ; Aigreur, Amertume, deſir de Vengeance, Feu, Violence & Rage. Alors elle ne s'éxprime que par des Juremens, des Imprécations, & des Blaſphêmes ; & l'Homme qu'elle tranſporte n'a plus rien de l'Homme, pas même la Figure en quelque ſorte. Ses yeux étincellans, ſa bouche écumante, ſes veines gonflées de ſang, & prêtes à ſe rompre ; n'eſt-ce pas là le Tableau d'une Lionne, à qui l'on auroit enlevé ſes petits ?

Les remèdes contre la *Colère* ſont, 1°. de ſe dépouiller de tout ſentiment d'Orgueil : nous eſtimant moins, nous nous trouverons moins offenſés. 2°. De ne pas chercher à nous faire Illuſion à nous-mêmes, & de ne jamais ſoupçonner Perſonne ſur de légères Apparences de nous mépriſer, ou de nous braver. 3°. Si nous ne pouvons nous cacher une Inſulte reçuë, de l'imputer à l'Inadvertance, à l'Ignorance, ou au peu d'Expérience de celui qui nous l'a faite ; plutôt qu'à une Volonté réfléchie de ſa part de nous choquer. 4°. Enfin de ne point ſuivre la

Tome II. K

Violence des premiers Mouvemens toujours indélibérés ; d'appeler la Raifon à notre fecours , de faire éxpirer fur le bord
de nos lèvres , les réponfes que la Paffion nous fuggère ; & de
ne jamais nous juftifier , que d'un ton de Voix doux & mefu-
ré , la Sérénité peinte fur le front , & la Modération fur tout le
vifage. *Caractères de Théophrafte.*

De la Modération.

6. La *Modération* eft une difpofition de l'âme , qui la porte
naturèlement & fans effort à fuir tous les Excès : elle vient du
Tempérament.

Les jeunes gens qui ont le Sang bouillant , & ceux qui font
agités de quelque Paffion , ne la connoiffent pas : elle eft volontiers le Partage de l'âge mûr , & de la Vieilleffe.

La Raifon , l'Habitude de réfléchir & de combattre nos
Paffions , peuvent auffi nous la donner. Socrate en eft une
preuve : il étoit né violent & emporté ; & la Philofophie le
rendit le plus doux , & le plus modéré de tous les Hommes.
M. Nicole.

La *Modération* eft le tréfor du Sage. C'eft elle qui nous rend
Heureux en bornant nos Defirs. C'eft elle qui nous inftruit , en
règlant nos Études : car cette avidité de tout fçavoir , de tout
connoître , eft le plus grand obftacle à la Sçience ; elle fait des
demi-Sçavans , qui deviennent infupportables à la Société par
leur fuffifance. L'Univerfalité des talens & des connoiffances
eft donnée à très-peu de Perfonnes ; & rien n'annonce plus la
Médiocrité , que la prétention d'être Univerfel. Corneille n'é-
toit que Poëte ; Locke n'étoit que Philofophe ; la Fontaine ne
fçavoit faire que des Fables. Le Génie n'a qu'un talent marqué ; l'Efprit veut les avoir tous. *M. de Voltaire.*

L'homme pour vivre heureux , doit mettre un Frein aux De-

qui l'invitent à la recherche des Biens particuliers, qui s'of-
at ici-bas à ſes regards. C'eſt ce Frein que j'appelle *Modé-
ion*. Le Penchant qui nous entraîne vers notre Bien-être en
néral, n'en peut être ſuſcèptible. Or, ſur quel fondement porte
Précèpte de la *Modération* ; & juſqu'où s'étend-il ?

1°. Il eſt de la Juſtice, & de notre Intérêt ; de ne rien deſi-
avec Excès ſur la Terre : de la Juſtice ; parce que rien
cèpté Dieu, n'eſt digne de l'homme : de notre Intérêt ; parce
l'il n'y a que Dieu qui puiſſe nous procurer une Félicité pure,
tière, & immuable ; & que la Poſſeſſion de tout ce qui n'eſt
s Dieu lui laiſſe un Vuide affreux dans notre Cœur. D'ail-
urs le Deſir ſuppoſe l'Eſpérance, & l'Eſpérance l'Incertitude.
Or deſirer avec Violence ce qui peut nous fuir, c'eſt en cas
Privation nous préparer les plus rudes peines ; nous expo-
aux plus vifs regrèts. Nous devons donc, ſi nous nous ai-
ons nous-mêmes, règler la nature de nos Deſirs ſur celle de
urs objèts ; & comme les choſes temporelles ſont fragiles &
riſſables, qu'elles n'ont aucune Perfeſtion abſoluë, aucun
ttrait invincible ; qu'au contraire, elles ne ſont le plus ſouvent
l'un Mêlange monſtrueux de Biens apparens, & de Maux
els : qu'y a-t-il de plus direſtement oppoſé, & à la droite
aiſon, & à nos vrais Intérêts ; que de prodiguer pour des Fri-
lités & des néants, les ſoupirs d'un Cœur fait pour jouir de
Plénitude de l'être, dans le ſein même de la Divinité ?

2°. Être *Modéré* dans ſes Deſirs, ce n'eſt pas n'en former
cun. *Nil admirari* ; ne rien ſouhaiter, a dit Horace : c'eſt la
le choſe qui peut faire notre Bonheur. Mais n'en déplaiſe à
Homme qui avoit une Connoiſſance ſi éxaſte du Cœur hu-
ain, qui en ſçavoit ſi bien Anatomiſer les fibres même les
us imperceptibles, n'être ému, n'être touché de rien ; c'eſt
mber dans une Apathie ou inſenſibilité tout-à-fait contradic-

oire à son Bien-être , & à celui de la Société. Que penseroit-
on d'un Indigent, à qui l'on ouvriroit les Voyes légitimes d'une
fortune raisonnable , & qui dédaigneroit d'y entrer ; qui aime-
roit mieux souffrir tout ce que les Besoins les plus pressans ont
de rude & d'amèr, que de vivre au milieu d'une honnête *Mé-*
diocrité , qui lui seroit offerte à la seule condition qu'il parût le
desirer ? Il ne seroit excusable , qu'autant qu'il auroit le Dessein
de pratiquer à la Lettre le Conseil de l'Évangile , sur le Renon-
cement total au monde, à soi-même, aux aisances de la Vie ;
& alors, sa Conduite loin d'être éxempte de tout Desir ne seroit qu'Ardeur , que Feu ; pour le plus grand de tous les Bon-
eurs.

Il n'y a ni Raison, ni Religion qui ne permètte ; ou même
n'ordonne à un Père de famille , de desirer l'avancement de sa
fortune. pour l'Éducation de ses enfans , & pour leur Établissement plus sûr & plus prompt ; & celui qui seroit Sourd à la
Voix de motifs aussi puissans , ne mériteroit point le nom res-
pectable de Père. L'Homme doit donc Desirer , tout ce qui est
dans l'ordre de Dieu , de ses Devoirs , & de ses véritables
intérêts.

Dieu ne se refuse jamais aux vœux sincères & assidus que
nous formons, pour obtenir des Biens surnaturels. Si quelque
Circonstance insurmontable nous empêche d'éxécuter certains
projèts d'une Obligation étroite , le seul Desir tient lieu de l'ac-
complissement de nos Devoirs : mais ne desirons jamais des
avantages temporels , qu'en nous résignant entièrement à la
Volonté du premier Moteur ; & en nous préparant à tout évènement. *Instruction d'un Prince.*

D E L A P A R E S S E.

VII. La *Paresse* est la haine, & la fuite du Travail.

Toute la Nature eſt en action, & ne ſubſiſte que par l'action. L'Homme ſur-tout en a beſoin, & doit chercher à ſe rendre Utile, tant pour le Bien de la Société, que pour ſon propre Bonheur : ainſi la *Pareſſe* qui eſt une fuite de tout Travail, ſoit à l'égard du corps ou de l'eſprit, eſt un des plus
grands Obſtacles à notre Bonheur. Elle nous cauſe une Langueur, un Abattement qui nous rend incapables de tout ; elle
s'oppoſe à l'Accompliſſement de nos devoirs : & bien loin de
nous procurer du Repos & de la Tranquillité, elle ne produit
que l'Ennui & le *Méſaiſe*. Dans quelque ſituation du corps que
ſe trouve un Pareſſeux, il n'eſt jamais bien. La *Pareſſe* nuit à
la Santé, & aux Connoiſſances qu'on pourroit acquérir, empêche les bonnes Actions que nous pourrions faire : & nous
fait ſouvent manquer le ſuccès des Projets les plus utiles, en
retardant nos démarches.

> Les Démons irrités de l'heureuſe Innocence
>   Qui règnoit parmi les Mortels,
>   (L'oubli des mœurs & l'indécence
>   N'avoient point encore d'Autels),
> Songèrent aux moyens d'envoyer dans le Monde
>   La Licence en maux ſi féconde.
> On s'aſſemble, on conſulte ; & contre les humains
>   Chacun dans l'infernal Empire,
>   Rêve, délibère, conſpire.
> Jugez ſi notre Sort étoit en bonnes mains.
>   Enfin, la Troupe vengereſſe
> A toutes les Vertus crut faire aſſez de mal,
>   En concluant l'Hymen fatal
>   De l'Orgueil & de la *Pareſſe*.
> On ne la dota point ; Article capital :
> Ce fut pour les Démons, une fort bonne affaire.
> Ils eurent bientôt lieu de s'en féliciter.
> L'Orgueil voulut briller ; & pour ſe ſatisfaire,

La *Pareſſe* ne put ſe réſoudre à rien faire.
    Il fallut pour ſe contenter,
Oublier la Décence, & même la Droiture :
    Et de cet Hymen dangereux
Nâquit au bout de l'an, une Progéniture
    Dont l'homme devînt amoureux ;
La Licence en un mot, créature ennemie,
    Qui forma au crime, à l'infamie,
    Ceux qui n'étoient que malheureux.
    Dès que vous mettez en Ménage
La *Pareſſe* & l'Orgueil, ſans fonds ni revenu,
    Comptez ſur le Libertinage ;
    Car il ſera bientôt venu.

M. Peſſellier.

La *Pareſſe* eſt l'effèt de l'Orgueil, & le Travail eſt ſouvent une ſuite de la Vanité : l'Orgueil d'un Eſpagnol le portera à ne point travailler ; la Vanité d'un François le portera à ſçavoir mieux travailler que les autres.

Toute Nation *Pareſſeuſe* eſt grave ; car ceux qui ne travaillent pas, ſe regardent comme Souverains de ceux qui travaillent.

Le *Pareſſeux* rend l'Ouvrage du Créateur inutile dans ſa perſonne : il me paroît moins eſtimable que ſon (cher Couſin) Pourçeau ; car celui-ci en ne faiſant que manger & ronfler, engraiſſe au moins, & devient par-là utile pour la nourriture de l'Homme ; au lieu que le Fainéant n'eſt bon à rien, ni pendant ſa vie, ni après ſa mort.... On fait la Cour à Dieu à genoux : aux Grands de la terre debout ; & au Diable, couché & étendu ſur un Canapé ſans rien faire.

La plus chère Sœur de la Luxure eſt la *Pareſſe* : ſans elle celle-ci ne trouveroit pas ſi facilement accès chez les Grands, ne ſeroit pas ſi bien ſervie par le Commun. C'eſt la *Fai-*

néantife, qui fans l'affiftance du Corps, a trouvé le fecrèt d'offenfer Dieu par toutes fortes de penfées impies & fales ; & qui nous procure outre cela, diverfes fortes d'Indifpofitions & de Maladies. *Oxenflin.*

De l'Occupation.

7. Dans le monde il y a bien des *Occupations* différentes. Les uns fe donnent beaucoup de foins & de mouvemens, afin de contenter leurs Paffions. Les jours entiers ne leur fuffifent pas, pour préparer & faifir les moyens les plus prompts d'arriver à leur But : ils y penfent pendant le tems deftiné au Repos ; & fi les Fatigues du corps dérobent à leurs Méditations profondes quelques momens de fommeil, leur efprit veille fans ceffe ; ils ne rêvent que Projèts, Intrigues, Cabales, Artifices.

D'autres ne s'*occupent* jamais, qu'en s'amufant. Les Spectacles, la lecture des Romans, ou de ces Avortons de littérature frivole, que le même inftant voit naître & mourir dans les mains du Sage ; les Converfations enjouées, le Jeu en ne le fuppofant que de fimple Commerce, les Promenades, les longs Repas fe fuccèdent tour-à-tour, & rempliffent tout le Cours de leur vie.

Ce n'eft point de ces fortes d'*Occupations* criminelles ou inutiles, dont il eft ici queftion. Je parle d'une *Occupation* vertueufe, d'un Travail avantageux au particulier & à la Société: car il eft à propos d'avertir ici, que l'Homme ne peut guères être Vertueux ou Vicieux pour lui feul.

Travailler ainfi, nous voilà tous entiers : nous ne naiffons que pour cela. Chaque Homme fait partie d'un tout organifé, qui eft le Genre Humain ; & par conféquent qui eft deftiné à quelque Fonction : c'eft un Reffort qui doit avoir fon action déterminée.

Le Travail eſt une Juſtice. Il n'y a Perſonne pour qui toute la Société n'agiſſe & ne s'intéreſſe. Chacun de nous doit donc contribuer de toutes ſes forces, au maintien de l'Harmonie de toute la Société. 1°. Si le Marchand fournit du drap à l'Archi-tecte pour le couvrir, ou des meubles pour les divers uſages de la vie; l'Architecte élève des Magaſins, ou des maiſons com-modes au Marchand. 2°. Si le Magiſtrat, par l'autorité qui lui eſt confiée, conſerve au Laboureur ſon champ; le Laboureur y recueille une ample moiſſon, pour la nourriture du Magiſtrat. 3°. Si un Riche Gentilhomme devient l'hôte & l'ami d'un Sçavant dans l'indigence; il eſt par celui-ci diſtrait utilement pen-dant quelques minutes d'idées fâcheuſes, ou dont la préſence continuelle deviendroit accablante par la multitude ou par l'importance de leurs objèts. Cette Réciprocité de travaux & de ſecours n'eſt-elle pas l'Équité même?

Le *Travail* eſt encore d'une néceſſité abſoluë, tant pour la Société dont il eſt l'âme & le nerf, que pour chacun des Mem-bres qui la compoſent; & dont il eſt la force & la vie. De même que dans un Corps naturel, un membre ſans mouvement eſt réellement mort; de même auſſi dans tout Corps Politique, une perſonne qui croupit dans l'inaction, peut être regardée comme privée de la véritable Vie. A juger de l'*Occupation* par ſes effèts, combien doit-elle nous être chère? C'eſt un *Travail* aſſidu, qui nous fait perdre de vûë les objèts de nos Paſſions; en n'y penſant point, on ne peut les deſirer : les Paſſions affoi-blies ou détruites, le Vice fuit; la Vertu paroît, & établit ſon Empire dans les cœurs. Sans le *Travail*, la ſurface de la terre n'eût été qu'un vaſte deſert; où les Hommes auroient vêcu, moins en Hommes qu'en Bêtes ſauvages.

Combien de campagnes ſeroient demeurées ſtériles, ſi elles n'euſſent été arroſées des ſueurs de leurs habitans! Les Royaumes

mes & les États ne se font affermis, que par des loix mûrement réfléchies ; avant que d'être sagement portées. L'*Occupation* a été la source féconde de tous les Arts ; ou si nous devons l'invention de quelqu'un d'eux, à ce qu'on nomme vulgairement le hazard, on ne peut nier que sa perfection ne soit l'effet d'un *Travail* opiniâtre.

C'est le *Travail* qui sur des Vaisseaux habilement conduits, nous transporte au-delà des Mèrs ; pour apporter des Contrées les plus éloignées, des Richesses en tout genre que nos Climats nous refusent. C'est lui qui élève ces fortes Citadelles, pour soustraire de tranquilles Citoyens aux irruptions subites d'Ennemis furieux. C'est lui aussi qui par les Forces combinées de différentes machines de Guerre, fait tomber les orgueilleux Remparts de Sujèts révoltés, ou d'Étrangers injustement aggresseurs. C'est lui qui sous des toîts humbles ou Magnifiques, mèt le Prince & les sujèts à l'abri des injures des Saifons, dépouille les Animaux pour revêtir les Hommes ; qui apprête à ceux-ci les Mèts dont ils se nourrissent d'une manière qui satisfait, excite, ou réveille leur Appétit. C'est lui enfin qui décide leurs différends, fait revivre la Paix dans les familles, calme les Esprits, convertit les Cœurs ; & ranime souvent avec le secours de Dieu, cette fragile Poussière que nous appellons notre Corps, lorsqu'elle semble prête à se dissiper dans la nuit du Tombeau.

On peut dire que le *Travail* est Père de nos espérances, & de nos avantages ; & qu'il est Fils de nos craintes, & de nos besoins. Voulez-vous réussir dans quelque Affaire ? Travaillez-y sérieusement ; vous pourrez raisonnablement compter avoir un bon Succès ; & rien ne rend les Hommes plus industrieux, que l'épreuve des Dangers, & que la Nécessité.

Mais que faire, pour bien s'*occuper* ? Il faut employer uti-

ement le Tems. La Vie eſt un Talent, que l'Auteur de la na-
ure nous a donné : nous devons le faire valoir. Connoiſſons le
Prix de tous les inſtans, & nous n'en laiſſerons paſſer aucun
ans le mettre à profit.

Or, quel bon emploi doit-on faire du tems ? Il faut le con-
ſacrer à la Perfeƈtion de ſon eſprit & de ſon cœur; & cela par
l'Étude des connoiſſances utiles, & par la Pratique des bonnes
mœurs. *M. le Chevalier de Cramezel.*

CHAPITRE VI.

Des douze Fruits de la Sageſſe ;

Sçavoir,

Charité,	Joye,	Paix,	Longanimité,
Bénignité,	Bonté,	Senſibilité,	Douceur,
Bonne-Foi,	Modeſtie,	Retenuë,	Chaſteté.

Des douze Imperfeĉtions oppoſées aux douze Fruits de la Sageſſe ;

Sçavoir,

Ingratitude,	Triſteſſe,	Bizarrerie,	Impatience,
Perfidie,	Cruauté,	Apathie,	Haïne,
Menſonge,	Amour-propre,	Senſualité,	Volupté.

DE LA CHARITÉ.

I. LA *Charité* couvre une multitude de péchés ; Vertu toute céleſte, Vertu toute aimable ; tantôt elle ſe déguiſe ſous la Figure humaine, d'une Mère tendre ; elle eſt chargée d'une troupe d'Enfans qui ne font que de naître ; peut-on leur refuſer des Alimens ? Tantôt elle prend le Génie vif & le Caraĉtère véhément d'un Orateur pathétique ; elle plaide pour tous les malheureux : elle excite la Compaſſion ; les Cœurs ſont attendris ; ſa cauſe eſt gagnée. Ici en Suppliante, elle tient à la main les Requêtes de l'Orphelin opprimé, de la Veuve timide &

Tome II. L ij

tremblante ; elle les préfente aux Grands de la Cour, aux Magiftrats de la Ville ; ils lui font favorables. Toujours en mouvement pour foulager le Genre humain, toujours louable devant
Dieu & devant les Hommes ; que ne fait-elle pas ? Que ne
mérite-t-elle point ?

La *Charité* eft la douce Confolation des fidèles, le Gage affuré de notre Salut, le fondement folide de notre Efpérance,
Je Bouclier impénétrable de notre Foi, le Remède efficace de
nos péchés. C'eft un des plus grands Dons de Dieu, néceffaire
aux foibles, glorieux aux forts, & utile à tous les Chrétiens.

L'Obligation de donner l'*Aumône*, eft fondée fur deux Principes ; fur la Souveraineté de Dieu, & fur l'Indigence du Prochain. Principes inconteftables, d'où il réfulte pour les Riches
du Siècle une Obligation fi étroite, que l'*Aumône* n'eft pas feulement à leur égard un Précèpte ; mais un Précèpte de Droit
Naturel ; mais un Précèpte de Droit Divin : & par conféquent
un Précèpte, dont nulle Puiffance fur la terre ne les peut dif-
penfer.

Dieu eft le Souverain Maître de vos biens, il en eft le Seigneur, il en eft même abfolument le vrai Propriétaire ; & vous
n'en êtes que les Œconomes & les Adminiftrateurs : c'eft ce
que la Raifon & la Foi nous démontrent évidemment. Or,
puifque vos biens font à Dieu par droit de Souveraineté ; vous
lui en devez le Tribut, l'Hommage, la Reconnoiffance. Dieu
affecte ce Tribut & les Fruits à la fubfiftance du Pauvre ; donc
l'*Aumône* eft par rapport au Pauvre un Devoir de *Charité* & de
Miféricorde ; & par rapport à Dieu, un Devoir de Juftice, un
Devoir de Dépendance & de Sujettion.

Cela pofé, il eft certain que nous devons donner l'*Aumône.*
L'Humanité nous y oblige, la Religion nous l'ordonne, nos
Péchés l'éxigent : comme Homme, comme Chrétien, comme

Pécheur. La *Charité* fait le bonheur de la Société. La *Charité* conftituë l'effence de la Religion. La *Charité* expie nos péchés, appaife ce Tribunal redoutable, devant lequel nous devons être cités. Ainfi pratiquer le Devoir de la *Charité*, donner l'*Aumône* : c'eft être *Citoyen fidèle, Chrétien véritable, Criminel abfous.*

La Nature nous a formés pour la Société ; n'eft-ce pas afin que nous puiffions nous aider les uns les autres, par un Commerce de *Charité*? Nous fentons que la vûë toute feule des malheureux nous attendrit, & nous touche de Compaffion : or la Compaffion qu'eft-elle autre chofe qu'un Cri de la Nature, qui nous avertit & nous preffe de les fecourir. Quelle inhumanité ! fi comme les Pauvres fervent les Riches, les Riches ne fervoient à leur tour au Soulagement des Pauvres. Peut-on violer les Loix, que les Hommes ont faites entr'eux ; lorfqu'ils ont bâti des Villes, & formé des États. Car dans ces Établiffemens, les Hommes ont fait ces tacites Conditions ; qu'ils fe fecoureroient mutuellement ; qu'ils récompenferoient leurs foins par d'autres foins : mais que quand Quelqu'un d'entr'eux feroit deftitué du Pouvoir d'aider fes femblables, il ne feroit point rejetté ; & que chacun lui fourniroit des Secours auxquels il auroit prétendu lui-même, s'il fe fût trouvé dans le même cas.

Ainfi tout Homme Riche qui refufe d'affifter les Pauvres, viole la Loi Naturelle ; par conféquent il fape les Fondemens de la Société. *En Bonne Politique*, il faudroit procéder vigoureufement contre un Avare ; il faudroit le loger avec des Animaux furieux, & lui refufer les Douceurs qui naiffent de cet Affemblage d'Hommes ; puifqu'il refufe d'y contribuer, & qu'il ne veut vivre que pour lui-même.

Au défaut des Loix Humaines, il y a je ne fçai quelle malédiction attachée à ceux qui violent la *Charité*. On les regarde avec Horreur ; on s'entretient de leur Dureté ; on s'en avertit mutuellement , comme pour se précautionner contre des Gens, qui ont des Principes si odieux. On sçait très-bien distinguer une Personne charitable , d'avec celle qui manque de *Charité.* On marque d'une Notte d'Infamie cette dernière ; & l'on se dit les uns aux autres : Voyez cet Avare qui possède lui seul plus de Bien que dix Familles entières ; voyez comme il entasse avec avidité , & comme il refuse cruellement aux pauvres quelque Portion de ces biens , que la Mort va lui enlever. Voyez comme il est impatient , chagrin , soupçonneux & bizarre ; il est à charge à toutes sortes de Gens, haï de ses Domestiques qu'il ne paye pas ; regardé avec horreur par les Pauvres, auxquels il ne donne pas ; abandonné de ses Proches, qu'il n'assiste pas ; odieux à ses propres Enfans, à l'Établissement desquels il ne pense pas ; détesté par une Femme, qui se voit traitée en Étrangère dans sa propre Maison : enfin le Jouèt & la Fable des compagnies , jusqu'à n'oser se montrer ; ennemi de lui-même, jusqu'à se refuser le nécessaire. Voyez cette Femme si superbe & si orgueilleuse, qui étale avec tant de Faste, sa Vanité aux yeux de tout un Grand Peuple ; voyez comme elle fait expier aux Pauvres les crimes de son Orgueil ; & comme elle retranche de leur substance, de quoi fournir à sa Mondanité. On fait plus ; on compte , on calcule , on assemble ; chacun dit son mot : chacun rapporte son histoire ; & de tous les traits ramassés , résulte un Portrait Odieux que chacun déteste. *M. Saurin,*

De l'Ingratitude.

1. A considérer la Rareté des gens qui aiment à Obliger , le nombre des ingrats est fort petit. Il y a cependant des *Ingrats ,* & je le dirai à la honte de la Nature Humaine , presqu'autant que de Bienfaiteurs. Mais distinguons-en de trois sortes. Les

premiers font ceux qui ne peuvent plus foutenir la préfence des Perfonnes, de qui ils ont reçu quelque Service : il y a chez eux plus d'Orgueil, que d'*Ingratitude* ; & leur mauvaife honte les rend plutôt dignes de Compaffion, que de Colère. Les Seconds font des Méchans, qui pouvant ufer de Retour laiffent leurs Bienfaiteurs dans l'Embarras d'affaires fâcheufes, ou dans le Feu des befoins urgens, & leur refufent tout Secours. Ils mériteroient d'être bannis de toute Société. Les derniers font des Monftres dignes du dernier fupplice, qui rendent le Mal pour le bien, qui fe fervent contre nous des Bienfaits dont nous les avons comblés. Hélas ! voilà ce que nous fommes tous à l'égard de Dieu, notre Créateur, notre Confervateur, notre Rédempteur.

L'Amour-propre (*comprenez toujours fuivant nos principes, un Amour-propre mal entendu,*) eft la Source de toute efpèce d'*Ingratitude*. On n'aime point à dépendre : tout ce qu'on appelle Devoir, molefte. Un Bienfaiteur eft un Créancier que l'on craint ; & le bienfait reçu, de Rofe qu'il étoit en paffant dans les mains de l'*Ingrat*, eft devenu un Chêne dont il ne peut qu'avec peine fupporter le Poids. Cet État lui paroît fi incommode, que l'Envie d'en fortir le difpofe peu-à-peu à fe mettre au-deffus de toute Obligation ; & fans la crainte de ruiner fes nouvelles Efpérances, fon *Ingratitude* paroîtroit fans doute à la première occafion. Mais il a des Ménagemens à garder ; voilà ce qui l'engage à publier hautement des générofités qui le déchirent, & l'accablent dans le fecrèt. Trouve-t-il ailleurs que chez fon ancien Bienfaiteur un plus grand Avantage, il change tout-à-coup ; & va droit où fon Intérêt l'appelle : & s'il conferve quelque chofe de fes premiers Égards purement extérieurs ; c'eft afin qu'on ne lui donne point dans le Monde un nom, qu'il fent bien mériter à tant de titres.

Dracon, Légiſlateur chez les Athéniens, vouloit qu'on punît de mort les *Ingrats*. Je ſerois volontiers un autre Dracon, pour ceux de la troiſième eſpèce, ſuivant la diſtinction apportée ci-deſſus. Mais du moins il ſeroit à ſouhaiter, que toutes les Nations établiſſent des Loix qui excluſſent de la Société les *Ingrats* de toute nature; puiſque rien n'eſt plus oppoſé à l'Union & au Bon-heur des hommes, que l'*Ingratitude*.

En effèt, d'où naiſſent les Diſſentions au ſein des Familles, & les Guerres entre les Souverains ? Souvent de l'*Ingratitude* : ſi l'on éxamine les choſes de près, les Fils manquent de re-connoiſſance pour leurs Pères, & les Frères ſe diſpenſent ſans peine de l'Obligation réſpective dûë à des bienfaits récipro-ques. Un Roi ne ſera-t-il pas naturèlement courroucé contre un autre Souverain, à qui il aura envoyé des Troupes auxiliai-res, pour ſoutenir & augmenter ſes Forçes; & qui lui en refu-ſera dans une Occaſion preſſante ? Au reſte, on ne doit jamais rendre de Services, ni témoigner ſa Reconnoiſſance; qu'en agiſſant toujours ſuivant la Raiſon, & l'Équité.

Si l'*Ingratitude* cauſe des malheurs, l'Ingrat eſt malheureux lui-même : toujours Mécontent de ſa condition préſente, il ne fait que ſe plaindre, & ſe conſumer d'ennui; c'eſt ce que Pita-gore appelle, *Dévorer ſon Cœur, & deſſécher ſon âme.*

Eſtimons tout Bienfait plus grand qu'il ne paroît, ou qu'il n'eſt effectivement; & ſi un Bienfaiteur vient à avoir quelque tort avec nous : Gravons, contre ce qu'on a coûtume de faire, *les injures ſur l'Onde, & les bienfaits ſur l'Airain* : alors nous éviterons les reproches dûs à un Ingrat, qu'on peut regarder comme un Abrégé de toutes les Baſſeſſes, & la plus indigne de toutes les Créatures.

Les Anciens Romains avoient une ſi grande horreur de l'*In-gratitude*, qu'ils ne croyoient pas pouvoir traiter quelqu'un

avec

avec plus de Mépris & d'indignation, qu'en l'appellant *Ingrat.*

Il y a des gens qui ayant été une fois payés d'*Ingratitude*, ne veulent plus Obliger perfonne ; c'eft une Injuftice condamnable. L'*Ingratitude* d'un mal-honnête homme ne doit jamais faire tort aux Befoins réels de quelqu'un, dont on ne connoît pas encore les véritables Sentimens. *Œthologie. Part. II. p. 249.*

DE LA JOIE.

II. La *Joie* eft un plaifir que l'âme reffent, lorfqu'elle confidére la Poffeffion d'un Bien préfent, ou d'un Bien futur qu'elle regarde comme affuré.

Quand on ne s'eft pas gâté l'Efprit & le cœur, par les Sentimens qui féduifent l'Imagination, ni par aucune Paffion ardente, la *Joie* fe trouve aifément ; la Santé & l'Innocence en font les vraies Sources. Mais dès qu'on a eu le malheur de s'accoûtumer aux Plaifirs vifs, on devient infenfible aux Plaifirs modérés.

La *Joie* eft un fentiment plus vif & plus fort, que la gayeté ; il eft moins d'habitude & de caractère. La *Joie* ne fe trouve guères que dans le Peuple ; non parce qu'il eft pauvre, mais parce qu'il a peu penfé.

Contemplez ce jeune Ambitieux, dit le Père Brumoy, dont les Projèts ont réuffi. Yvre de *Joie*, il ne marche plus, il vôle ; il eft porté fur le char de fes defirs fatisfaits. Il va, revient, tourne, s'arrête. Incertain de fa route, il cherche un Dépofitaire de fon bonheur. L'a-t-il trouvé ? Quel Enthoufiafme ! Quelle Effufion de cœur ! Accablé de fon poids, il s'en décharge fur un Confident, il ouvre fon fein. Les paroles coulent, non pas avec cet air emprunté que fournit l'Artifice ; mais fous cette Couleur fimple que la Nature leur donne. Dupe de l'Amour de lui-même, il s'imagine que tout ce qu'il voit eft

Tome II.   M

plein de fes penſées , & de fes ſentimens. C'eſt à eux ſeuls qu
parle, & qu'il répond. Quiconque l'écoute, ne l'entend poin
on le croit Inſenſé : mais il eſt ſouvent trop entendu. Il di
ſon Secrèt ; à qui ? à ſon Ennemi même. Il lui échappera mil
choſes, que la Réfléxion dans le refroidiſſement de ſa *Joi*
lui retraçera avec douleur. Ah ! dira-t-il alors en gémiſſan
la Vérité fatale eſt échappée ſans Retour. Foibles Homme
nous nous blèſſons par nos propres armes ! Cruelle *Joie*, vo
m'avez perdu ! Bergères, qui croyez vos ſecrèts en ſûreté ;
milieu de vos Troupeaux, ou dans la diſtraction des Ouvrag
de vos mains ; gardez-vous d'épancher vos Cœurs en des e
tretiens qu'inſpire une trompeuſe *Joie*. Pholoé parle ; le Be
ger qui s'en croit aimé, ſe déguiſe : il entend des Expreſſio
qui ne ſont pas pour lui ; & l'Éloge d'un rival préféré. Il ſe r
tire le trait dans le Cœur.

> La *Joie* eſt naturelle aux âmes innocentes,
> Autant que la Triſteſſe aux âmes malfaiſantes.
> Un Méchant n'eſt jamais aſſuré ni content ;
> L'homme de bien eſt Gai, quoiqu'il ſoit Pénitent.
> Le calme de ſon Cœur paroît ſur ſon Viſage ;
> Rien ne le peut troubler, rien ne lui fait outrage ;
> Il ſçait rendre le Bien pour le Mal qu'on lui fait ;
> Sain, malade, par-tout égal & ſatisfait.
>
> *Anonyme.*

De la Triſteſſe.

2. La *Triſteſſe* eſt un Abattement que l'âme éprouve, lo
qu'elle a perdu ; ou qu'elle craint de perdre un Bien qu'el
poſſède.

Il eſt peu de Biens, dont la privation doive nous cauſer cet
Langueur mortelle, qui dégrade l'Homme ; & marque la Fo
bleſſe de ſon eſprit.

Saisissons, dit *le Père Brumoy*, un modéle qui n'est, hélas ! que trop commun. Le plus tendre des Pères perd le fils le plus chéri. Voici, ce semble, la Marche & les progrès de la Douleur. l'Horrible nouvelle a-t-elle frappé son oreille ? il croit sentir un poignard qui lui perçe le sein. Il demeure stupide : il devient presque Statuë, comme Niobé par le serrement de Cœur ; ou comme Phinée à l'aspect de Méduse. Un nuage couvre à l'instant ses yeux. Une subite Horreur serpente par-tout son Corps, & pénètre ses os. Ses bras tombent. Ses genoux se dérobent. Tous ses Membres frémissent, comme une Moisson battuë des vents ; ou comme un Ormeau enveloppé par un Tourbillon. Il s'évanouit. L'âme ne tient plus qu'à un léger fil. Il respire encore ; c'est tout ce qui paroît de Vie : le reste est une Apparence de mort. Le cœur est serré. Les veines oublient leur Ministère : une Humeur glutineuse arrête leur jeu. La Bile ronge les entrailles. Le Sang s'aigrit tout-à-coup.

A-t-on contraint les Esprits de se ranimer ? Il revient à lui, il gémit, il lance d'ardens regards vers le Ciel. La Voix lui manque. Les Paroles éxpirent sur sa Langue. La playe est trop profonde ; les Larmes, cette dernière ressource des affligés, n'accourent point à son aide. La Force du mal est renfermée au-dedans, & y fait sentir sa cruelle Activité. Un Poids énorme de bile âcre, entoure & presse la Poitrine.

Si le Corps se délivre enfin du Fardeau dont il est accablé, & du Venin dont il est dévoré ; c'est alors, que cet infortuné Père se frappe violemment le sein ; se tord les bras, se déchire le visage, s'en prend au Ciel qu'il insulte, puis s'en repent ; & retombe sur lui-même. « Ah ! c'est moi, s'écrie-t-il, c'est moi » seul que je dois accuser. Si je t'avois aimé en Père, tu vivrois ; » & je ne mourrois pas de Douleur. Je t'ai causé le Trépas ». Un morne Silence succède à ses cris. Il aime à rassasier son

M ij

efprit du Poifon qui le tuë. Son œil immobile eſt l'image de la Stupeur. Il rappelle les Vertus, les Graces, & les talens du fils qu'il pleure. Ce trifte Portrait eſt gravé profondément dans fon Cœur, pour le déchirer ; car la Bleſſure s'irrite d'autant plus, qu'on fait plus d'Efforts pour la guérir. « Quoi ! la Mort bar-» bare m'aura ravi un Tréfor ſi précieux ; & je ne pleurerois » pas ? Ah ! foibles Confolateurs, portez ailleurs vos frivoles » Avis ; qu'ils adouciſſent la Douleur des pertes légères. J'ai » tout perdu ; hélas ! & vous ignorez ce que c'eſt, qu'être Père ». Sa Fureur ſe ralentit : des torrens de Larmes inondent fon fein.

La Nuit furvient. C'eſt pour lui, qu'elle couvre le Ciel & fes malheurs. Son Défefpoir revit, & ſe nourrit dans les Ténèbres. Il appelle à fon fecours les Enfers & la Mort, qui ſe rendent fourds à fes cris. Il ſe fent entraîner vers elle. Il y voleroit, ſi un reſte de Raifon ne fufpendoit encore l'effèt de fa Rage. Mais il favoure l'idée du Trépas. Le Fer ou les Précipices lui femblent doux. Il compte pour rien une perte, après laquelle il foupire. Il foule aux pieds la crainte de l'Averne ; & la mort s'offre à fa vûë, comme le dernier des maux. Un moment après, fon Efprit frémit d'un ſi funeſte Projèt. Il defiroit le Trépas ; il l'abhorre : il tremble, comme s'il voyoit l'Achéron répandre fes ténèbres, & envelopper fa maifon d'un Crêpe affreux. Il croit entendre des Cris aigus, des Bruits noćturnes, & des Vents fortis du fein des Montagnes. Il gémit, comme ſi le Ciel étoit prêt à l'écrafer par fa Chûte, tant eſt forte l'impreſſion des Spećtres que la Terreur fait voler autour de lui ! Cependant le Ciel, loin de s'armer de Foudre eſt tranquille. Le Silence règne fur la Terre. Un doux Sommeil verfe fes pavots bienfaifans fur les corps fatigués. Quadrupèdes, Oifeaux, Humains, tout dort ; hormis cette malheureufe Vićtime de la douleur. Son Cœur ſe repaît des craintes funeſtes, & ne ſe

prête pas plus au Repos, que ſes yeux au Sommeil. Il décharge
ſa Rage ſur ce qu'il rencontre, ſur ſa Couche même : tout lui
paroît l'objèt de ſon Courroux. Il leur impute une Perte, dont
ils ſont innocens : mais ſa Douleur en eſt ſoulagée.

Que ſi le Sommeil ſe gliſſe furtivement dans ſes Sens accablés; c'eſt un Sommeil d'Airain. Son Imagination eſt bourelée
par les pâles Ombres. Les Euménides armées de leurs torches,
l'infeſtent d'Idées funéraires : Mânes & Simulacres verſent
l'Horreur dans ſon eſprit. Abandonné de tout l'Univers, tantôt
il vogue ſur une Mèr orageuſe, au milieu d'inacceſſibles Écueils ;
où il entend des Voix terribles qui l'appellent en hûrlant ; tantôt il ſe trouve tranſporté dans d'affreux Deſerts. Son Fils lui-
même l'effraye, plus que tout autre objèt. Il lui apparoît, non
tel qu'il fut autrefois, mais tout couvert de Pouſſière & de
Cendre. « Eſt-ce toi (s'écrie le Père) ? eſt-ce toi, cher Enfant !
» que mes empreſſemens cherchent dans tous les Climats ? Ap-
» proche cette main : vole dans mes embraſſemens. Tu te tais !
» Tu ne m'embraſſe point ! Ah ! du moins un mot ! & je ſuis
» conſolé. » Il dit : l'Ombre & le Sommeil s'envolent à l'inſtant, pour le rendre tout entier à ſa Douleur.

Les Jours ne ſont pas moins affreux, que les ſombres Nuits.
Il veut revoir la Lumière ; il la revoit, il gémit. Il ſouhaite la
préſence des Amis; ſont-ils préſens ? Il les fuit. Ses Vœux s'en-
tre-détruiſent, comme ceux de la fille Paſiphaé. Elle oſe conçevoir un Amour, qui devoit faire Horreur aux ſiècles futurs : fu-
rieuſe de ſa Paſſion elle ſe fait parer, & déteſte ſa parure.

La Démence ſuit la Douleur. Ce Père abyſmé dans ſon Af-
fliction, fait deſſein de paſſer ſes jours dans un Antre ; du moins
il cherche les Bois & les lieux ſolitaires, pour remplir de ſes
Gémiſſemens les montagnes inſenſibles. Il ne ſonge qu'à entretenir ſa Playe ; de ſorte que ſa Douleur devient auſſi longue,

qu'elle eſt inépuiſable. C'eſt ainſi que deux Déeſſes pleure
leurs fils. L'une Memnon, l'autre Achille. Elles étoient Imm
telles, & mères : qu'on diſe encore, qu'il n'eſt point d'éterne
Douleur. Véritablement il faut l'avouer ; le Temps eſt le R
mède. Sur les aîles du Temps, la *Triſteſſe* s'envole ; c'eſt l'o
dinaire. Mais quand une *Triſteſſe* opiniâtre a piqué le Cœur
vif, & s'eſt cachée dans ſa profondeur ; le Temps ne ſert q
l'accroître. Nul Souhait d'un meilleur Deſtin ne la peut déra
ner ; l'Eſpérance même eſt contrainte de fuir avec effroi. Il
des jours ſereins pour ce malheureux Père ; ils ne ſont plus :
ne reviendront plus. Retiré dans ſa Solitude, il abandon
tout ; il s'abandonne lui-même : ſemblable à un Nautonnier, o
a long-temps lutté avec l'implacable Mèr. Il voit ſes Vœ
trompés, & ſes Efforts ſuperflus. Il jette un long regard, ſur
rivage trop éloigné. Il s'aſſied ſur la Poupe, & ſe livre à la
reur des Flots.

D E   L A   P A I X.

III. Entre les Moyens humains capables de conſerver la *Pa*
avec les hommes, il ſemble qu'il n'y en ait point de plus propr
que de s'appliquer à bien connoître les cauſes ordinaires d
Diviſions, qui arrivent entre les Hommes : afin de les pouvo
prévenir. Or, en les conſidérant en général ; on peut dire qu'o
ne ſe brouille avec les Hommes, que parce qu'en les bleſſan
on les porte à ſe ſéparer de nous ; ou parce qu'étant bleſſés p
leurs Actions ou par leurs Paroles, nous venons nous-mêmes
nous éloigner d'eux ; & à renoncer à leur Amitié. L'un & l'aut
ſe peut faire, ou par une rupture manifeſte, ou par un Refro
diſſement inſenſible. Mais de quelque manière que cela ſe faſſe
ce ſont toujours les Mécontentemens réciproques, qui ſont le
cauſes des Diviſions : & l'unique Moyen de les éviter ; c'eſt d

ne faire jamais rien qui puiſſe bleſſer Perſonne, & de ne ſe
bleſſer jamais de Rien.

Il n'y a rien de plus facile, que de preſcrire cela en général;
mais il y a peu de Choſes plus difficiles à pratiquer en particulier:
car il faut d'abord éxaminer par quels moyens, on peut éviter
de bleſſer les Hommes; & pour cela, il faut ſçavoir ce qui les
choque : or c'eſt

1°. de contredire leurs Opinions.

2°. Celui qui contredit un autre, prétend en cela avoir plus
de Lumière que lui; & ainſi il lui préſente en même-tems deux
Idées déſagréables : l'une qu'il manque de Lumière; l'autre,
que lui qui le reprend le ſurpaſſe en Intelligence : la première l'humilie, la ſeconde excite ſa Jalouſie. De plus, il y
a certaines Opinions, auxquelles il faut avoir plus d'égard : ce
ſont celles qui ne ſont pas particulières à une ſeule Perſonne du
lieu où l'on vit; mais qui y ſont établies par une Approbation
univerſelle : car en tout Corps & en toute Société, il y a
d'ordinaire certaines Maximes qui règnent.

3°. Il faut réprimer l'Impatience, qui nous porte à contredire les autres avec Chaleur; ce Défaut vient de ce que nous
ne ſouffrons qu'avec peine, qu'ils ayent des Sentimens différens
des nôtres.

4°. Il faut avoir égard à l'État où l'on eſt dans l'eſprit des
autres, pour les contredire. Ainſi, ſi nous ſentons que nous
n'ayons pas le Crédit & l'Eſtime néceſſaires, pour faire bien reçevoir nos Avertiſſemens; nous devons nous diſpenſer de dire
ce que nous penſons, ſur les choſes qui nous paroiſſent blâ-
mables.

5°. Eviter en contrediſant les autres, l'air d'Aſcendant, le
ton Déciſif, la chaleur à ſoutenir ſon Opinion, les termes Mé-
priſans : il y a des gens qui ſont plus obligés que d'autres, à

éviter ces Défauts ; car pour parler avec Autorité & déc
vement , il faut être Supérieur aux autres par la plaçe ,
l'âge, ou la qualité ; & avoir la Sçience & la Créance tout e
femble : il s'enfuit de-là , que les Gens dont l'extérieur n'a ri
moins d'Impofant , & tous ceux qui ont des Défauts naturel
quelque habiles qu'ils foient ; font plus obligés que les autres
parler Modeftement.

6°. Tâcher de propofer fes fentimens d'une manière fi douc
fi retenuë , & fi agréable ; que perfonne ne s'en puiffe choqu
Les Gens du monde le pratiquent admirablement à l'égard d
Grands ; parce que l'Intérêt qu'ils ont à ne pas déplaire , le
en fait trouver les Moyens.

7°. Il faut éviter de s'oppofer à leurs Paffions ; c'eft-à-dire,
leurs Inclinations vives : à l'égard de celles qui font vifibleme
Injuftes , on ne doit pas y applaudir ; mais il n'eft pas toujou
Néceffaire de s'y oppofer. Lorfqu'on le fait , il faut toujou
comparer le Bien & le Mal ; & voir fi l'on a fujèt d'efpérer u
plus Grand bien de cette Oppofition , que le mal qu'elle pour
caufer. Car il n'eft pas queftion ici, des Moyens de Plaire au
hommes ; mais feulement de ne leur pas Déplaire , & de n
pas attirer leur Averfion ; parce que cela fuffit à l'entretien c
la *Paix*.

Il ne fuffit pas pour conferver la *Paix* avec les Hommes
d'éviter de les bleffer ; il faut encore fçavoir fouffrir d'eux
lorfqu'ils font des fautes à notre égard. Il faut s'abftenir de i
plaindre de leur Procédé ; ou en faifant remarquer leurs Dé
fauts , ou pour les corriger de ce qui Déplaît en eux : ce De
fein d'établir la *Paix* fur la Réformation des autres , eft Ridicul
& prefqu'impôffible : plus nous nous plaindrons des autres
plus nous les aigrirons contre nous fans les corriger. Il vaudro
infiniment , mieux tâcher d'établir la *Paix* & le Repos fu
notr

notre propre Réformation, & Modération de nos Paffions. *M. Nicole.*

Tous les Hommes cherchent inutilement la *Paix* dans la Créature, parce qu'elle ne fe trouve qu'en Dieu : il n'y a que la Religion Chrétienne qui découvre, & qui donne à l'Homme la *Paix* du Cœur.

Celui qui fe rend Maître de fes paffions, a trouvé le Repos que tout le monde cherche. *De l'Imitation de Jefus-Chrift.*

De la Bizarrerie.

3. Il eft dangereux de s'acquerir la Réputation de *Bizarre*; parce qu'il n'y a rien, qui détruife tant la Confiance qu'on pourroit avoir en nous; & qui nous faffe plus regarder, comme des gens avec qui il n'y a aucune Mefure à prendre. La raifon en eft, que le Fondement de la confiance qu'on a en certaines Gens, c'eft qu'on les croit incapables de s'écarter de l'Honnêteté & de la Raifon. Or, on a une jufte Défiance des perfonnes *Bizarres*, parce qu'elles fe conduifent par des Principes déraifonnables. *M. le Tourneux.*

La *Bizarrerie* eft le goût des chofes fingulières : elle eft la Marque d'un efprit faux. Elle prend auffi quelquefois fa Source dans l'Amour propre, dans le Defir de fe diftinguer à quelque Prix que ce foit. *M. de S. Aman.*

DE LA LONGANIMITÉ.

IV. La *Longanimité* eft un Don du Saint Efprit. C'eft une Patience qui vient de Bonté, & de Grandeur d'âme; qui confifte à fupporter long-tems les plus dures Offenfes, fans s'irriter; & fans fonger à les punir. *Trévoux.*

De l'Impatience.

4. L'*Impatience* est un vif sentiment de Desir, qui s'annonce par le Trouble & l'Agitation. Elle prend sa source dans le Tempérament. Les Personnes qui ont l'Imagination vive & le Sang bouillant, sont ordinairement *Impatientes*.

> Qu'est-ce qu'*Impatience* ? Un Bouillon de Jeunesse,
> Des vives passions impétueux Enfant,
> Dont le brusque Transport nous entraine souvent;
> Mais qui d'un bon esprit n'est pas moins le Partage:
> Qui n'est que passager, & que tempère l'âge;
> Douce Imperfection, excusable Défaut,
> Dont on est après tout corrigé que trop tôt.
>
> *M. de Boissy.*

DE LA BÉNIGNITÉ.

V. La *Bénignité*, ou l'*Humanité* est l'amour des Hommes c'est un Sentiment de bienveillance qui nous excite à faire leur Bonheur, soit par nos conseils, soit par notre exemple ou no bienfaits; c'est le Principe du Bien moral.

La *Bénignité* est le Fruit d'une bonne Éducation, & d'u Amour-Propre éclairé qui raisonne sur ses véritables Intérêts c'est aussi souvent l'effet d'un Heureux Tempérament. Les Pe sonnes douces & éclairées sont naturellement portées à l'Amou de l'*Humanité* : l'effet du Bonheur est de chercher à se com muniquer.

L'*Humanité*, ce sentiment noble qui nous affecte de Com passion ou d'Amour pour nos semblables, nous fait participe en quelque sorte au Bonheur de la Divinité; qui se plaît chérir, à conserver, à secourir la Nature Humaine. *M. de Fo tenelles.*

De la Perfidie.

5. Au feul nom de *Perfidie* , croiroit-on que ce Vice ait eu
ſes Panégyriſtes & ſes Docteurs ? Machiavel cependant ne
ceſſe de le préconiſer, lorſqu'il donne aux Rois des leçons de
Politique , & qu'il tâche de leur faire entendre que pour ſe
conſerver, & s'aggrandir ; tout leur eſt permis : & que ce qui
ſeroit Diſſimulation, Fourberie, Trahiſon chez de ſimples particuliers, n'eſt chez eux que Prudence , Adreſſe , ſage Précaution. Si par impoſſible, Dieu étoit capable de nous tromper,
de nous trahir , de manquer à ſes promeſſes, ne ceſſeroit-il pas
d'être Dieu ? Comment donc les Rois , qui approchent le plus
de ſon Image, pouroient-ils ſans Injuſtice ſe livrer aux Vices
qu'il a le plus en Horreur ?

La *Perfidie* a toujours été déteſtée de toutes les Nations ;
comme une Infidélité préméditée , une Impoſture atroce, une
léſion totale des droits divins & humains, & un Mépris inſigne
de la Religion & de la Probité ; dont ſouvent elle emprunte le
voile pour cacher ſes Deſſeins , & porter des Coups d'autant
plus dangereux, qu'il eſt moins poſſible de les prévoir.

On aime les fruits de la Trahiſon ; mais on a en horreur, &
Trahiſon & le Traître.

Laſthène, Citoyen de la ville d'Olinthe, aida Philippe Roi
de Macédoine à s'en emparer ; & ſe plaignant un jour à ce
Prince de ce qu'on l'appelloit *Traître* : les Macédoniens , lui
répondit *Philippe*, ſont des gens naturellement Groſſiers , qui
nomment toutes les choſes par leurs noms.

La *Perfidie* eſt un Monſtre dans un État : plus il ſe déguiſe,
plus il eſt à craindre. Il eſt capable de toutes ſortes de crimes.
Le Parjure ne lui coûte rien ; la cruauté lui eſt familière : les
prétextes ne lui manquent jamais. Il ne connoît rien de Sacré :

N ij

il immolera à fon ambition, à fon avarice, à fes débauches ; l'honneur, la réputation, la vie de fes concitoyens : celle de fon Prince même, s'il eft en fon pouvoir de la lui ôter. Mais il y a une Providence particulière de Dieu, qui permèt rarement le fuccès d'une *Perfidie* ; ou qui ne tarde pas à tirer une Vengeance éclatante de fon Auteur.

N'eft-ce pas le bras même du Très-Haut, qui arrêta il y a quelques années les funeftes effèts de la plus noire *Perfidie*, tramée contre les Malthois par des Turcs ; qu'ils regardoient plutôt comme leurs domeftiques, que comme leurs efclaves ?

Les Payens étoient fi perfuadés, que les Dieux ne pouvoient pas laiffer une Trahifon impunie ; que Thiffaphernès, Lieutenant général des Armées du Roi de Perfe, ayant rompu une Trève qu'il avoit faite avec les Grecs ; ceux-ci le remercièrent par fon Hérault même, de ce qu'il avoit mis les Dieux du parti de la Grèce, en violant une Foi jurée en leur nom.

La *Perfidie* emprunte quelquefois les traits de la Calomnie ; & l'innocent qui en eft frappé perd l'Eftime Publique, furvit à fa Réputation, fent tout fon mal : mais comme il n'en connoît point l'Auteur, il paffe le refte de fes jours à déplorer fon Infortune, & à fe plaindre amèrement de l'Arrêt que le Public fauffement prévenu porte contre lui. Il n'y a qu'une vive Confiance en Dieu, qui puiffe l'empêcher de tomber dans l'Abbatement & le Défefpoir ; & fouvent Dieu n'attend pas le jour de la Révélation, pour faire briller dans toute fa Splendeur l'Innocence auparavant méconnuë & flétrie.

Il y auroit un Moyen fûr d'anéantir la Calomnie ; ce feroit de témoigner de l'Horreur, ou même de l'Indifférence pour le Calomniateur. Il ne prendroit pas tant de plaifir à accommoder fes Railleries à notre goût, à leur donner un Tour & une cadence propres à flatter l'oreille fi agréablement, qu'elles parviennent aifément à l'efprit, plus difpofé alors à les approüver ; il auroit plus de Refpeét, plus de Réferve dans les Cercles où il fe trouveroit, & dont il fe retireroit confus, ou peut-être contrit; dès qu'il voudroit attaquer la Réputation de quelqu'un : & par ce moyen, on fauveroit tout ; & l'honneur du calomnié, & la Confcience du calomniateur.

Un Homme qui écoute tranquillement une Calomnie, eft le Receleur d'un vol qu'on fait à la Réputation du prochain. Dire une Calomnie, c'eft une *Perfidie* ; la laiffer dire, c'eft une Foibfeffe ; ne la pas contredire, c'eft une Lâcheté : ce n'eft pas feulement à la Calomnie ; mais encore à la Médifance & à tous Propos défavantageux pour le Prochain, qu'il faut fermer l'oreille. Mais hélas ! il n'y a point de Précèpte plus fouvent violé que celui-ci. Si dans une Compagnie on vient à parler mal de quelqu'un, la Converfation pendant des heures entières ne roule fur aucun autre fujet ; & lorfqu'un Honnête Homme commençe un difcours à la louange d'un autre, le filence & l'ennui s'emparent auffi-tôt de toute l'Affemblée.

Au refte, ce n'eft pas Médire d'un méchant ; que d'avertir une Société de n'avoir avec lui, ni liaifon, ni commerce : encore ne faut-il pas entrer dans le Détail de fes méchancetés. Les Avis d'un Honnête Homme doivent être écoutés ; & fa Probité reconnuë eft la plus forte Preuve de ce qu'il avance. *M. le Chevalier de Cramezel.*

DE LA BONTÉ.

VI. La *Bonté* eft une Difpofition du cœur qui nous porte à faire du Bien, & à en rechercher l'Occafion. Elle diffère de la *Bienveillance* ; en ce qu'elle eft d'une fignification plus générale, & que la *Bienveillance* a un objèt particulier : l'une eft la Caufe, & l'autre l'Effèt.

Rien n'eſt plus rare que la véritable *Bonté* : ceux-mêmes qui croyent en avoir, n'ont d'ordinaire que de la Complaiſance, ou de la Foibleſſe. Nul ne mérite le titre de Bon, s'il n'a pas la hardieſſe de devenir Méchant. Toute autre bonté n'eſt le plus ſouvent qu'une Pareſſe, ou une Impuiſſance de la volonté.

La vraie *Bonté* conſiſte dans l'Inclination qu'on a à aimer les Hommes, à excuſer leurs Défauts, à leur pardonner leurs Vices, à interpréter ce qu'ils font de la manière la moins Défavorable, à les ſupporter, à leur faire du Bien ; lors même qu'il n'y a aucun Retour à en attendre. Voilà ce qui rend les hommes *Bons*. Quelque eſprit, quelques talens qu'ayent un Homme ou une Femme ; on ne peut s'attacher à eux s'ils ne ſont, outre cela, un Homme *Bon*, une Femme *Bonne*. Pour déprimer la qualité de *Bon ;* les méchants ont imaginé d'appeler *un Bon-homme*, *une Bonne-femme*, les Foibles & les Imbécilles. Cette Mauvaiſe façon de s'exprimer a été adoptée par grand nombre de Gens, qui ne réfléchiſſent point.

La *Bonté* de l'âme fait qu'on ne ſe porte à la Sévérité contre un coupable, qu'à regrèt ; & pour ne point manquer au Devoir.

C'eſt cette *Manſuétude*, qui réprimera en nous ces mouve-nens de Colère, ces ſaillies d'Humeur, qui n'accompagnent que trop ſouvent les Châtimens que nous faiſons ſubir à ceux qui ont mérité, je le veux, d'être punis. Mais qui a tort, le ſent doublement ; & par la Peine ſoufferte, & par la Manière dont elle lui eſt infligée. C'eſt cette Douceur de Caractère qui conſerve en nous le Sang froid & la Tranquillité d'eſprit, ab-ſolument néceſſaires pour voir les choſes comme elles ſont ; & qui modérant l'Impreſſion qu'elle pourroit faire ſur nous au premier abord, nous empêche de nous prévenir ; & nous laiſſe la Liberté d'entendre en chaque Circonſtance, la Voix diſtincte de la Raiſon.

C'eft par la *Clémence*, ou la *Bonté* de l'âme enfin ; que nous nous infinuons dans l'efprit & dans le cœur de ceux qui fe font écartés de leurs Devoirs, & que nous les ramenons infenfiblement dans les voyes de la Juftice & de l'Ordre. Elle eft donc effentiellement requife au Bonheur de la Société. En effèt, elle en raffemble les Membres égarés. Elle éloigne les Troubles qui pouroient furvenir dans le Commerce de la vie ; puifqu'elle ne permèt pas que les Efprits fe rébèllent, & que les Cœurs s'aigriffent : ce qui ne tarderoit pas à fe faire, fi on fe traitoit fans Indulgence. Nous fommes tous Vicieux : le Meilleur de nous eft celui qui a le moins de Défauts. Il eft donc d'une Obligation jufte & raifonnable, de nous fupporter réciproquement : & de ne jamais Punir, que malgré nous ; & que pour le Bien particulier du coupable, & l'Intérêt général de la Société. Or, en ne perdant pas de vûë ce double motif ; on ne rifquera pas de transgreffer les Loix de la *Clémence*. Cette même Vertu fait tout le Charme de l'Amitié, & en refferre les nœuds : *Si je veux que mon Ami me paffe ma loupe, je ne dois pas m'offenfer des Taches de fon Vifage ;* fuivant l'expreffion d'Horace.

Il faut cependant prendre garde que la *Clémence*, ou l'*Indulgence* ne dégénère en lâche Complaifance ; & la *Manfuétude* en une Douceur cruelle pour le Particulier, & en une vicieufe Indifférence pour l'Ordre & pour le repos de la Société. Ce feroit avoir une *Bonté* fauffe & mal-entenduë, dont on auroit tôt ou tard lieu de fe repentir. *M. de la Rochefoucault.*

De la Cruauté.

6. On peut diftinguer deux efpèces de *Cruautés* : l'une, de ces Fléaux du genre Humain, qui prennent un fingulier Plaifir à le Tyrannifer ; l'autre, de ces Cœurs infenfibles ; qui fans être la caufe directe des Malheurs d'autrui, les contem-

olent d'un œil sec & tranquille ; & ne penfent point à les adoucir.

1°. Auroit-on jamais pu croire, fi les Faftes de l'Hiftoire de tous les fiècles n'en étoient une preuve convaincante, qu'il y eût des Hommes affez féroces pour fe faire un Délice de la peine de leurs femblables ; pour aimer à les tourmenter, à multiplier leurs Supplices, à en inventer de nouveaux ; quelquefois même fans être excités à tant de Fureurs, par aucune vûë d'Intérêt ou de Vengeance ? Il y a plus : combien de Monftres de Cruauté ne fe font pas mis en peine de chercher à couvrir du moindre prétexte, les Barbaries qu'ils éxerçoient ! Mahomet fut Cruel par un motif d'Ambition ; & par la Néceffité où il fe trouvoit, relativement à fes vûës, de détruire promptement tous les Obftacles qui pouroient les traverfer.

Les Perfécutions du Chriftianifme naiffant prétextoient la crainte d'une Ufurpation prochaine, de la part de ceux qui le profeffoient. Motifs ou Prétextes, vains & criminels fans doute ? Mais fous quel Voile fpécieux, dans quelle Vûë plaufible Phalaris fit-il brûler vif dans le ventre d'un Taureau d'Airain, celui qui l'avoit fabriqué ? Si c'eft un fait inconteftable, que Néron fut l'Incendiaire de la Ville de Rome ; quelle excufe, ou quelle raifon de fa Fureur pouvoit-il alléguer ? L'Envie d'être moins grand, moins puiffant ? Nos Provinces méridionales fe fouviennent encore des *Cruautés gratuites* d'une foule de petits Seigneurs, qui s'érigeoient en Defpotes, vis-à-vis leurs vaffaux. Mais un Sage Miniftre en a délivré la France ; & a cimenté de plus en plus fur leur ruine, la Souveraineté de fes Monarques.

Il faut avouer qu'aujourd'hui, la *Cruauté* de la première efpèce eft plus rare & plus retenuë qu'autrefois. Les Hommes deviennent moins féroces, à proportion qu'ils cultivent leur efprit ; & fans doute ils en ont l'obligation en partie aux Gens

de

de lettre, qui poliçent la Société, & métamorphofent la Rufti-
cité d'une vie animale, en une Politeffe de mœurs douces &
raifonnables. Mais c'eft fur-tout la Religion qui peut éffaçer
dans les Cœurs, la Rudeffe que la nature y a laiffée.

2°. C'eft encore une *Cruauté* de ne point fecourir, celui que
l'on voit plongé dans l'Infortune. Vous n'avez pas nourri les
Pauvres, dit un Père de l'Églife ; eh ! bien, vous les avez tués :
non pavifti, occidifti. Rien n'eft plus commun parmi nous, que
cette feconde forte de *Cruauté* : on ne voit d'un côté que Fafte,
Richeffes, Somptuofité, Magnificence, Jeu ; & de l'autre,
qu'indigence, nudité, humiliation, befoins. On ne peut pas
dire, que les Grands & les riches de cette Capitale ignorent
qu'il y ait tant de Citoyens, dans la Privation des chofes les
plus néceffaires à la Vie. Les Cris de la faim & de la foif font
trop perçans ; & du Sein de leurs fuperbes Équipages, ces
Dieux de la terre ne peuvent avoir les yeux toujours fermés,
fur le Speétacle fi fouvent répété de tout ce que les Calamités
ont de plus hideux & de plus éffrayant. D'où vient donc leur
Infenfibilité ? C'eft de l'Inexpérience où ils font de l'amèrtume
d'une Situation malheureufe ; ou (ce qui eft le Comble de la
Férocité,) du Plaifir fecrèt dont ils jouiffent, en voyant fouffrir les autres ; Plaifir qui naît du parallèle que leur Orgueil
aime à faire entre leur grandeur, leur joie, leur indépendance ;
& la baffeffe, les afflictions, l'anéantiffement des indigens qui
les environnent. Ils deviendroient bientôt Compatiffans, s'ils
réfléchiffoient que tous les Hommes font de la même Famille ;
& qu'il n'y en a point qui ne tienne à tout autre par les liens
de la Nature, & plus encore par ceux de la Religion. *Œthologie. Part. II. pag. 277.*

DE LA SENSIBILITÉ.

VII. La *Senfibilité*, dit M. l'Abbé Roubaüd, tient plus à la Senfation, la Tendreffe au fentiment : celle-ci a un Rapport plus direct aux Tranfports d'une âme qui s'élançe vers les Objèts ; elle eft active : celle-là a une Relation plus marquée aux Impreffions que les Objèts font fur l'âme ; elle eft paffive. On s'attache au Cœur Senfible , le Cœur tendre s'attache lui-même.

La chaleur du Sang nous porte à la Tendreffe ; la Délicateffe des Organes entre dans la *Senfibilité :* les jeunes gens feront donc plus Tendres que les vieillards , les vieillards plus Senfibles que les jeunes gens ; les Hommes peutêtre plus Tendres que les femmes , les Femmes plus Senfibles que les hommes.

La Tendreffe eft un foible ; la *Senfibilité* une foibleffe. La première eft un État de l'âme ; la feconde n'eft qu'une Difpofition. Le Cœur tendre éprouve toujours une forte d'Inquiétude, analogue à celle de l'Amour ; il eft calme & tranquille , tant qu'il ne reffent pas les atteintes de cette Paffion.

La *Senfibilité* nous oblige à veiller autour de noüs, pour notre Intérêt perfonnel. La Tendreffe nous engage à agir, pour l'Intérêt des autres.

L'Habitude d'Aimer n'éteint point la Tendreffe ; l'Habitude de fentir émouffe la *Senfibilité.*

Il y a, dit M. Duclos, une efpèce de *Senfibilité* vague ; qui n'eft que l'effèt d'une Foibleffe d'organe , plus digne de Compaffion , que de Reconnoiffance. La vraie *Senfibilité* feroit celle qui naîtroit de nos Jugemens, & qui ne les formeroit pas.

L'Homme Senfible eft fouvent d'un Commerce fort difficile il faut toujours ménager fa Délicateffe. L'Homme Tendre ef d'une Humeur affez égale , ou du moins dans une Difpofitior toujours favorable ; il veut toujours vous intéreffer , & vous Plaire.

Le cœur Senfible ne fera pas méchant ; car il ne pourroit bleffer autrui , fans fe bleffer lui-même. Le cœur Tendre eft Bon, puifque la Tendreffe eft une *Senfibilité* agiffante. Je veux bien, que le cœur Senfible ne foit pas l'Ennemi de l'Humanité ; mais je fens que le cœur Tendre en eft l'âme.

Le Senfible eft affecté de tout, il s'agite : le Tendre n'eft affecté que de fon Objèt , il y tend. Le Cœur Senfible eft Compatiffant ; le Cœur Tendre eft de plus Bienfaifant. Il eft peu d'âmes affez dures , pour n'être pas touchées des Malheurs d'autrui : la plûpart ne font pas affez Humaines pour en être attendries. On plaint les Malheureux, on ne les foulage guères ; la *Senfibilité* s'allie donc avec une efpèce d'Inhumanité : & fi cela n'étoit pas , détourneroit-on fi-tôt les yeux de deffus l'Infortuné fouffrant ? Iroit-on fi vîte en perdre l'Idée , dans des Diftractions frivoles, ou même agréables ? Vous l'avez vû avec émotion, vous en avez été affecté jufques aux larmes : & qu'importe ? Vous pouviez le fecourir , & vous ne l'avez pas fait. C'eft à cet Homme ; qui, peut-être d'un œil fec , mais avec une Ardeur inquiète , vôle lui chercher des Remèdes à quelque prix que ce foit, revient avec une Ardeur impatiente les lui appliquer ; & ne ceffe de lui donner fes Soins, que quand ils lui font inutiles : c'eft à cet Homme, que la Nature a donné un Cœur tendre ; c'eft lui que j'embraffe au nom de l'Humanité.

Il eft affez ordinaire de voir des gens fe plaindre & fe blâmer, d'être trop Senfibles ; c'eft un tour qu'ils prennent pour vous dire , *j'ai le Cœur excellent.* Je ne décide point fi la *Senfibilité* eft un Vice , comme le prétendoient les Stoïciens ; il eft certain au moins , que c'eft en général une Qualité fort équivoque ; & par conféquent, qu'elle n'eft pas toujours la marque d'un Cœur Bienfait. Elle répondra par éxemple, aux Services qu'on vous rendra ; mais elle groſſira les Offenſes que vous reçevrez : elle prendra part aux Maux d'autrui ; mais elle aggravera le Poids des vôtres. Parcourez ainſi les différentes Veines ; vous y trouverez avec de l'Or, un alliage bien impur. Cependant on lui fait graçe ; on lui applaudit quelquefois : & pourquoi ? Parce qu'elle eſt voiſine de pluſieurs belles Qualités, avec leſquelles elle eſt ſouvent unie ; & avec leſquelles on la confond preſque toujours : parce qu'elle n'offenſe pas dirèctement la Société, & qu'elle eſt directement oppoſée à un des Vices dont la Société s'offenſe le plus.

Le beau Défaut, que celui d'être trop Tendre ! Avec ce Défaut, nous fermerons volontiers les yeux ſur les Défauts d'autrui ; nous ſerons attentifs ſur nous-mêmes, pour nous corriger des nôtres : nous ſerons Officieux & Reconnoiſſans ; nous pardonnerons avec plaiſir ; nous ne nous offenſerons même pas, dès que nous aimerons les Hommes. Ah ! que la Nature ſeroit ingrate, ſi le Cœur qui l'honore le plus, n'étoit pas fait pour être heureux !

Suivant le principe d'Attraction, par lequel la Nature nous fait graviter les uns vers les autres, les Cœurs s'attirent réciproquement en Raiſon de leur tendreſſe ; les âmes tendres par Excellence, ſont auprès du Centre de la Société : les âmes qui ne ſont que Senſibles, en ſont auſſi éloignées, que les âmes Inſociables ſont éloignées d'elles.

Les âmes Senſibles, ou plutôt Tendres, ont plus d'éxiſtence que les autres ; les Biens & les Maux ſe multiplient à leur égard. Elles ont encore un Avantage pour la Société ; c'eſt d'être perſuadées des Vérités, dont l'eſprit n'eſt que convaincu. La Conviction n'eſt ſouvent que Paſſive : la Perſuaſion eſt toujours Active ; & il n'y a de Reſſorts, que ce qui fait agir. *M. Duclos.*

De l'Indifférence, ou Apathie.

7. L'*Indifférence* eſt l'État d'un homme qui n'eſt affecté que très-foiblement : c'eſt l'effet de la Stupidité, & la marque de peu d'eſprit. Il n'eſt pas poſſible, dit M. l'Abbé de Condillac, de trouver un état Indifférent : à la première Senſation, quelque foible qu'elle ſoit, l'Homme eſt néceſſairement Bien ou Mal; mais lorſqu'il a reſſenti ſucceſſivement les plus vives Douleurs & les plus grands Plaiſirs, il juge Indifférentes les ſenſations les plus foibles, qu'il a comparées avec les plus fortes.

Apathie.

L'*Apathie* eſt une certaine Paralyſie de cœur, qui le rend Inſenſible ; mais il n'y a point de cœur qui le ſoit à tout égard. Nous naiſſons tous avec un germe d'amour propre & de cupidité, qui ſe développe avec l'âge ; & qui jette dans l'âme, des Racines plus ou moins profondes. Heureux celui qui vivroit dans une *Indifférence* totale ſur les Choſes défenduës par la Loi, ou dangereuſes pour ſon repos & pour ſon ſalut. Ce ne ſeroit point Défaut, qu'une telle Inſenſibilité. Mais il en eſt *une*, que je regarde comme fort oppoſée aux Avantages de la Société. C'eſt l'*Indifférence* d'Alcidor ; il n-eſt touché, ni des bonnes qualités, ni des intérêts de qui que ce ſoit. Préſentez-lui un Jeune Homme bien-fait, plein d'eſprit, bien éduqué, des mœurs douces & pures; priez-le de contribuer à ſon Avancement, en s'intéreſſant pour lui auprès de quelque Miniſtre : il vous le promettra, & oubliera tout un inſtant après. Pourquoi cela ? C'eſt que rien ne l'affecte que ſon Repos & ſa Tranquillité; il n'y a point autour de lui de Mobiles aſſez forts, de Reſſorts aſſez puiſſans, pour vaincre la Péſanteur de ſon âme ; & l'arracher à la Léthargie, où elle eſt plongée. N'allez point lui propoſer la vûë d'une Femme accomplie , ou le Spectacle des plus grands Chefs-d'œuvres des Arts libéraux. Rien ne peut l'émouvoir ; il ne voit dans une Belle tête , que ce qu'elle a de commun avec le plus laid Visage ; des yeux , un front , une bouche , &c. sans apperçevoir la Délicatesse des traits , la Petitesse de la bouche , la Couleur & la vivacité des yeux , la Finesse & l'ensemble de toute la Physionomie.

Nos plus grands Poëtes l'ennuyent , les tableaux des Raphaëls , des Titiens ne lui paroissent que de la toile & des couleurs ; & il ne voit que du Marbre dans les Statuës auxquelles il ne manque , comme on dit , que le Soufle ; & tout cela , parce qu'il est né sans Goût , & qu'il passe sa Vie dans une Molesse continuelle.

Rien encore un coup de plus contraire à la Société , que l'*Apathie*. Elle fait d'un être Intelligent & Raisonnable , un Poids entièrement inutile sur la terre. Il est vrai qu'Alcidor n'est point sorti de son Engourdissement , dans les Circonstances où le plus Sage auroit succombé à sa Douleur , & où le plus Modéré auroit vôlé à la Vengeance ; c'est un Avantage. Mais c'est le seul que puisse enfanter son Caractère ; avec lequel , si quelquefois on n'est pas Vicieux ; on ne peut jamais être Vertueux. *M. le Chevalier de Cramezel.*

DE LA DOUCEUR.

VIII. La *Douceur* est un fond de Complaisance , qui nous fait déférer à la Volonté d'autrui ; c'est une qualité du Tempérament , que l'Éducation & la Réfléxion fortifient.

Elle nous rend attentifs & prévenants , dans le Commerce de la Société ; elle nous fait dissimuler les Offenses ; elle chasse l'esprit de Contradiction & l'esprit Satyrique ; elle nous donne ce Ton affectueux , ce Ton du sentiment , qui nous concilie ceux qui vivent avec nous ; elle nous inspire la Bienveillance, la Bonté, la Sensibilité, la Reconnoissance, & l'Amour de l'humanité.

Cette Qualité est aimée de tout le monde, & bien moins commune qu'on ne pense. Il y a une *Douceur* d'esprit, une *Douceur* de cœur, une *Douceur* de mœurs, une *Douceur* de conversation, une *Douceur* de conduite, &c.

La *Douceur* d'Esprit consiste à juger des choses sans Aigreur, sans Passion ; sans Préoccupation de son propre mérite, & de sa prétenduë Infaillibilité.

La *Douceur* de Cœur, à vouloir les choses sans entêtement, & d'une manière Juste ; qui ne nuise, ni au Droit des autres, ni à l'Ordre public.

La *Douceur* des Mœurs, à se conduire par les grands Principes, sans vouloir réformer les autres ; spécialement ceux dont on n'est pas chargé.

La *Douceur* de Conversation, à proposer ses Sentimens sans vouloir contraindre Personne à penser comme nous, & sans Mépriser les vûës qu'ils peuvent avoir.

La *Douceur* de Conduite, à agir avec Simplicité, Droiture, sans entreprendre de Contredire les autres.

On regarde la *Douceur* comme une Vertu opposée à la Fermeté : c'est un Préjugé. Un Homme peut être Doux, & fort attaché aux Règles ; mais il ménage ceux qui s'en écartent.

De la Haine.

8. Il y a des Philosophes qui prétendent que l'Amour, la *Haine* & l'Inimitié, ne sont à proprement parler qu'une même Chose ; & que toutes les Passions se réduisent à l'Amour. La *Haine* du mal, disent-ils, n'est que l'Amour du bien ; & cette Aversion naturelle qui nous éloigne de tout ce qui pourroit

nous détruire , n'eſt que le Penchant inné qui nous entraîne
vers les Objèts propres à la Conſervation de notre être. Selon
eux le Deſir , eſt l'amour qui languit ; le Plaiſir , l'amour qui
poſſède ; l'Eſpérance, l'amour qui ſe flatte ; le Déſeſpoir, l'a-
mour qui perd ; la Crainte, l'amour qui fuit ; &c.

Mais que l'Amour & la *Haine* ne ſoit qu'une même Paſſion
dans le principe , ou que ce ſoit deux Sentimens eſſentiellement différens ; la diverſité de leurs Objèts nous empêchera
toujours de les confondre : ce qui nous ſuffit pour en faire deux
Articles ſéparés. Il y a deux ſortes de *Haine* ; l'une, de Tout ce
qui peut être nuiſible à notre Conſervation ; & l'autre, de Tout
ce qui choque notre Amour propre.

La première eſt Bonne , & dans l'Ordre de la nature : & ſans
elle nous ſerions malheureuſement néceſſités à ſouffrir tous les
Maux qui nous attaqueroient, ſans chercher à les repouſſer,
& ſans eſpérer d'en venir à bout.

La ſeconde eſt ſouvent Injuſte & déraiſonnable ; nous ne
jugeons ordinairement des Choſes , que relativement à nous-
mêmes : & comme nous conſultons plutôt notre Intérêt particulier , que le Bien général ; nous conçevons des Averſions auſſi
déréglées , que nos Affections ſont peu modérées. Au lieu de
ne *Haïr* que ce qui eſt véritablement *Haïſſable* , nous déteſtons
ce qui bleſſe nos Humeurs , quelque bizarres qu'elles ſoient ;
nous ſouhaiterions que les Choſes changeaſſent de qualité , &
ſe conformaſſent à nos Deſirs : en un mot , nous nous regardons
comme le Centre auquel doivent tendre toutes les Créatures
qui nous environnent ; & nous n'eſtimons rien de Bon ou de
Mauvais en elles , que par le Contentement ou le plaiſir qu'elles
nous cauſent.

La *Haine* , comme l'Amour , ſe forme dans la Volonté ; avant
que la Raiſon & le Jugement puiſſent lui en interdire l'entrée :
Mais

Mais c'eft une Paffion bien plus fenfible que l'Amour. L'Amour fe gliffe, s'accroît dans l'âme par des Degrés imperceptibles, & ce n'eft que la Réfléxion fur nous-mêmes qui nous découvre l'état de notre Cœur ; mais la *Haine* n'eft pas plutôt conçuë, qu'elle fe fait vivement fentir, & que dans un inftant elle devient *Fureur.* Pourquoi cela ? C'eft qu'elle nous eft infpirée par un Objèt, qui ne nous touche qu'en nous bleffant ; & que la *Douleur* eft le fentiment qui nous affèête le plus. Auffi la *Haine* eft-elle prompte à s'enflammer ? Elle s'irrite, fe nourrit des plus légères Circonftances, & porte l'Incendie dans toutes les Facultés de l'âme. Elle eft fi Tenaçe, qu'il faut pour la déraciner du Cœur, réitérer fans relâche les Efforts les plus généreux ; & fi Cruelle, qu'elle perfuade aux Hommes d'expofer leurs jours, pour courir à la Vengeance.

La fureur des Duels ne le prouve que trop évidemment. Combien font contens de périr ; pourvu qu'en mourant, ils goûtent le Plaifir d'avoir arraché la Vie à leurs ennemis. Voilà jufqu'où l'Amour propre nous aveugle ; nous efpérons nous venger, & nous devenons les premières Viêtimes de notre Vengeance. C'eft ainfi que Dieu nous punit de nos Défordres, par nos Défordres même.

La *Haine* a été de tous les temps, la Source funêfte des Aêtions les plus Noires ; & un Cœur qui s'eft une fois livré à l'Inimitié, eft capable des plus grands crimes. Les Affaffinats, les Incendies, les empoifonnemens ; rieñ ne coûte au Malheureux, qui ne refpire que la Vengeance. Ce font les Inimitiés, qui ont rendu des Souverains de père de leurs fujèts, les Fléaux de la Nature Humaine ; & qui ont armé les frères, contre les frères.

Les Légiflateurs ont-ils donc pû porter des Loix trop févères contre la *Haine*, & fes Cruels effèts ? Pour fermer toute Entrée de notre cœur, à l'Inimitié. . . .

Tome II.   P.

1°. Il faut fe conduire à l'égard de tout le monde avec tant de Circonfpection, que nous n'offenfions jamais perfonne ; car nous fommes naturellement portés à *Haïr*, ceux qui ont raifon de nous en vouloir ; & dont la Préfence eft un continuel Reproche de notre Injuftice.

2°. Si nous avons été offenfés ? Réfléchiffons, ou fur la légèreté de l'offenfe ; ou fur l'Occafion que nous y avons peut-être donnée nous-mêmes : & loin de vouloir nous venger, nous avouërons fouvent, que c'eft nous qui devrions être punis.

3°. Aucun Tort ne fût-il de notre côté ? Ayons la Générofité de *pardonner* : remportons fur notre Reffentiment, une Victoire complette. Ne craignons point d'être accufés de lâcheté ce Reproche ne peut nous être fait que par des hommes Mols Éfféminés, & qui fe fentent incapables d'atteindre à notre Grandeur d'âme. Au refte, quiconque médite de fe Venger eft doublement Injufte ; il l'eft envers Dieu, à qui feul appartient la Vengeance, & dont il veut ufurper les Droits : il l'ef envers fon Ennemi même Agreffeur ; parce qu'il portera tou jours la Punition au-delà de l'Offenfe, dont il envifage la Griéveté à travers le Microfcope de fon amour propre : ah ! qu l'Amour propre eft un bien mauvais Juge. Se font-ils éffleuré par quelque Parole indifcrète ou imprudente, il prononce l'inftant *un Arrêt de Mort ; quelle proportion entre le Châtimen & l'Offenfe !* Œthologie. *Part. II. pag. 177.*

DE LA BONNE FOI, ou SINCÉRITÉ.

IX. Il ne faut pas confondre la *Sincérité*, avec la Vérité Celle-ci, eft à l'autre ; ce que la Caufe, eft à l'effèt ; la Source au ruiffeau. Un Homme vrai eft incapable du moindre Déguifement. Il eft Sincère dans toutes fes paroles, & dans toutes fe actions. Il n'a befoin de prouver ce qu'il dit ; on l'en croit fu fa feule Affirmation. Ses Promeffes paffent pour des effets ; & quand il agit , c'eft toujours conformément à ce qu'il penfe. Il n'eft point de Vertu plus aimable aux yeux des Honnêtes Gens, que la *Sincérité* ; & il eft eertain que fans elle , une Société ne peut fubfifter long-temps. Où trouver de l'Union , où il n'y a point de Candeur ; où le Cœur n'eft jamais ouvert, où les Lèvres n'en font que des Truchemens infidèles.

Si la véritable Amitié eft inféparable de la Vertu , elle l'eft auffi de la *Sincérité*. Car un Ami cefferoit de l'être , s'il cherchoit à gâgner notre Bienveillance par d'autre route, que par celle du Devoir.

Il faut craindre plus de tromper un Ami, que de lui Déplaire. On déplaît quelquefois, étant innocent : mais on ne trompe jamais, fans être Coupable. Le Rang , la Dignité , la Puiffance attirent des hommages de refpeft & de crainte ; & c'eft à la *Sincérité* feule, que l'on paye un Tribut volontaire d'Eftime & d'Amitié.

Les maximes du Siècle font bien contraires à celle-ci dans le Monde ; il femble qu'on ne fe réuniffe , que pour s'immoler réciproquement à la Défiance & à la Contrainte : on s'accueille de la meilleure Grace , & on fe détefte au fond du Cœur ; on n'ofe rien dire , de ce qu'on fait ; & on ne fait jamais , ce qu'on doit. Voilà ce qu'on appelle *Politique*.

A la vérité, il eft de la Prudence de ne pas révéler fes Deffeins à tous ceux qu'on fréquente ; de fe taire fouvent fur fes Démarches : de foupçonner la plûpart des Hommes , de fourberie , de trahifon ? Mais on peut s'ouvrir aux Gens avec qui l'on s'eft lié intimément ; après un mur Éxamen, & une longue Épreuve. C'eft même un Devoir d'amitié, de n'avoir rien de caché pour eux.

La Prudence veut encore , que nous ne difions pas tout ce

que nous penfons, fur les procédés que nous blâmons dans les
autres ; lorfque les liens de la Société pouroient en être rom-
pus : ou même que l'Harmonie qui doit y règner, courroit rifque
d'en être troublée ; ou enfin que notre difcours feroit capable
de caufer quelque Dommage : néanmoins il ne faut jamais qu'une
baffe Flatterie, & qu'une lâche Condefcendance nous faffe trahir la Vérité. Mais on peut fans y contrevenir, ne pas dire précifément ce qu'on prévoit, qui porteroit Préjudice à quelqu'un ;
C'eft une Réferve pour autrui, que la Raifon & la Religion
éxigent également de chacun de nous. *Connoiffances du Cœur
de l'Homme.*

Du Menfonge.

9. **De** toutes les Habitudes vicieufes, celle de *Mentir* eft
fans contredit la plus Indigne de l'Homme ; elle le dégrade entièrement, le couvre de Honte & de Confufion, lui attire la
Haine univerfelle. Il y a des Défauts qu'on tolère, qu'on excufe dans les autres ; mais le *Menfonge* excite dans les efprits
une telle Horreur, qu'il éffaçe toutes les Bonnes Qualités qui
pouroient fe trouver chez le Menteur. Le Monde ordinairement affez peu équitable, n'eft jamais un mauvais Juge à l'é-
gard d'un Menteur ; il fçait lui infliger le Châtiment qu'il mérite : il fuffit de *Mentir* une feule fois, pour n'être jamais crû ;
même quand on diroit fcrupuleufement la Vérité.

Rien n'eft plus contraire aux Intérêts & aux Liens de la Société, que le *Menfonge* ; il tend à détruire toute Amitié, tout
Commerce : qui ofera jamais fe faire un Ami d'un homme fans
bonne foy, ou traiter, ou contraéter avec lui ? On ne fçait à
quoi s'en tenir avec un Menteur. Suivra-t-on des Avis qu'on
foupçonne infidèles ? Et rifquera-t-on des Démarches fauffes
ou dangereufes ?

Là baſſeſſe du Menſonge ne ſçauroit mieux paroître, qu'en le mettant en oppoſition avec le vif reſſentiment d'un Homme d'honneur, qu'on accuſe de Mentir ; & avec le Reſpect qu'il doit avoir pour ſa Parole : c'eſt avoir menti, & ſe deshonorer; que de ne pas tenir ce qu'on a promis. Auſſi les gens Sages & Prudens ne promettent-ils, qu'avec Réfléxion & lenteur ; perſuadés que quiconque ſe hâte de Promettre, ne tarde pas à ſe repentir.

On ne ment pas ſeulement de Paroles, mais encore d'Actions. Regardez cet Homme aux cheveux gras, à la face blême & allongée, aux yeux éteints & baiſſés vers la terre. Vous le voyez dans le Temple du Dieu de Vérité, verſer des torrents de larmes. Vous entendez ſes Soupirs & ſes Sanglots ; & vous le prenez ſans doute à ſes Attitudes panchées, à ſes fréquentes Proſtrations; à tout ſon extérieur; pour un Miroir de pénitence & de charité. Revenez de votre erreur ; c'eſt un Impoſteur : & ces dehors ſi pieux, ſi ſaints, ſont d'odieux *Menſonges* ; par leſquels il veut tromper la piété de ſon protecteur, attirer ſur lui ſes regards ; & ſe faire accorder une place avantageuſe, où ſon Hypocriſie ſeroit bientôt démaſquée.

L'Hypocriſie eſt le plus déteſtable de tous les *Menſonges* d'Action ; mais il en eſt encore d'autres : toute la Perſonne de cette vieille Coquette, par Éxemple ; ſes cheveux & ſes dents poſtiches, ſon fard, ſon rouge & ſes mouches : ne voilà-t-il pas autant de *Menſonges* Ridicules ; qui lui prêtent une blancheur, un tein, & des Agrémens qu'elle n'a peut-être jamais eus ?

Le Faſte des ſimples particuliers dans leurs Ameublemens & dans leurs habits, ne ſemble-t-il pas nous dire qu'ils vivent au milieu de l'Abondance ? Mais c'eſt une Affiche trompeuſe. Beaucoup d'entr'eux n'ont rien, ou doivent tout ce qu'ils ont.

Les grands Seigneurs eux - mêmes n'en imposent-ils jamais au Peuple, par l'Éclat dont ils l'éblouissent? Leur Fortune est-elle toujours supérieure; ou du moins égale à la Magnificence, & au Luxe qu'ils déployent?

Je ne dirai rien de la Calomnie. Ce n'est pas seulement un *Mensonge* qui mérite la Haîne & le mépris de tout le monde; c'est un Vol, c'est un Assassinat digne en lui-même du dernier Supplice. Imputer à un Membre de la Société, le Mal qu'il n'a pas fait? Quelle horreur! Et cependant, la Calomnie fait moins de tort que la Médisance; parce que le Médisant dit vrai, & qu'il ne peut se rétracter: il est obligé lors de la Réparation, d'avoir recours à des phrases vagues; où il dit tout le bien qu'il sçait de la Personne, dont il a mal parlé; où il confesse avoir eu tort. Mais il ne peut faire entendre que son Tort a été, d'avoir blessé la Vérité: & si l'on n'interprète pas en ce sens sa Répara-tion; comment l'Honneur de la Personne offensée sera-t-il ré-tabli? Rien n'est égal à l'embarras, où se trouve un Médisant qui veut réparer. Ce qu'il y a de sûr, c'est que jamais la Mé-disance ne doit se réparer par le *Mensonge*.

On sçait que depuis long-temps, il est décidé que le *Men-songe Officieux* n'est pas permis; par la raison, qu'il ne faut pas faire le plus petit mal, en dût-il résulter le plus grand bien. Quant au Calomniateur, il doit sans hésiter, avouër son cri-me, ruiner sa Réputation; pour rétablir celle qu'il a méchamm-ment, & faussement attaquée.

Vous priez un Ami de vous prêter de l'Argent, il vous dit qu'il n'en a point: il en a cependant. Vous vous présentez à la porte d'un Duc, ou même d'un simple Bourgeois: vous de-mandez s'il est au logis; on vous répond qu'il n'y est point, quoiqu'il y soit. Ces deux Réponses sont d'un Usage si univer-sellement reçu & connu; que je n'oserois pas les traiter de *Mensonges. Connoissance du Cœur de l'Homme.*

X. Ce n'eſt point *Modeſtie* que d'ignorer ce qu'on peut être, ou valoir. C'eſt un Défaut de diſcernement, qui expoſe ſouvent à juger mal de ſoi-même & des autres. C'eſt une Borne de Mérite, & non un nouveau Degré de Perfection. L'Homme véritablement *Modeſte* ſe connoît ; il manqueroit de Sincérité, s'il ſe diſoit inférieur aux Perſonnes qu'il ſçait ne pouvoir lui être comparées en Mérite. Mais quoiqu'il n'ignore point ſon Prix, il n'en conçoit aucun Orgueil : il ne mépriſe point ceux qu'il efface ; il ne cherche point à faire ſentir aux autres ſa Supériorité : il s'apprécie ce qu'il vaut, & ſe donne pour moins ; non par des paroles, mais par ſes Manières & par ſa Conduite.

Un Riche ſçait bien qu'il eſt riche ; un Grand ne peut ſe cacher à lui-même ſa Grandeur : une Belle Perſonne n'ignore pas, qu'elle eſt Belle. Mais il eſt des Riches & des Grands *Modeſtes* au ſein de l'Opulence, & au ſommet de la Grandeur : qui loin de dédaigner ceux que la Fortune a le moins favoriſés, ſont Doux, Affables à leur égard ; & les honorent de leur Amitié, s'ils la méritent.

On voit des Belles ne point tirer vanité de leurs Attraits, & ne point ſe prévaloir ſur celles qui leur ſont inférieures en Beauté ; elles ſont en cela véritablement *Modeſtes.*

Il y a une *Modeſtie* de langage, qui eſt d'une Obligation indiſpenſable ; mais elle conſiſte plutôt à ne point ſe Louer, qu'à ſe rabaiſſer.

Je ne parle point ici de l'Humilité Chrétienne. Tout Homme qui penſera qu'il eſt Pécheur, ne peut qu'entrer dans des Sentimens du plus profond Anéantiſſement ; & ne riſque jamais rien à ſe regarder, comme la plus vile de toutes les Créatures. Il s'eſt révolté contre ſon Dieu ; il a encouru ſon Inimitié : il a cessé d'être l'Objet de ses Complaisances ; ce qui ne peut se dire de l'insecte le plus méprisable à nos yeux : hélas ! le plus grand Scélérat mérite peut-être plus que moi les Miséricordes Divines. Ai-je Connoissance de la mesure des Graces, qu'il plaît au Seigneur de départir à chacun de nous ? Et c'est sur-tout, cet Abus criminel de ses Bienfaits, qui nous rend dignes de sa Colère & de ses Vengeances.

Je ne dirai rien de la *Modestie* dans les habits & dans les Ameublemens ; on doit la-dessus consulter ses Facultés, & sur-tout ne jamais sortir de son État. *M. le Chevalier de Cramezel.*

De l'Amour propre.

10. L'*Amour propre* est cet Amour de nous-mêmes, qui veille continuellement à notre Conservation, & aux soins de nous rendre heureux. Cet *Amour propre* bien entendu, est la Source de toutes nos Vertus ; mais s'il est mal placé, il devient aussi la Cause des plus grands Vices. Les Philosophes l'appellent *Amour de nous-mêmes*, pour le distinguer de cet *Amour propre* aveugle, qui fait tout pour soi ; & qui produit les Vices & les Forfaits qui règnent sur la Terre.

Ainsi l'*Amour propre* étant le Principe de toutes nos Actions, & faisant conséquemment notre Bonheur ou notre Malheur ; il est très-important de le bien règler : ce qui ne se peut faire, que par la Connoissance de nous-mêmes, & de nos Devoirs.

Les trois grands Mobiles de toutes les Actions des Hommes, L'AMOUR DE LA GLOIRE, L'AMOUR DES PLAISIRS, L'AMOUR DES RICHESSES ; sont les différens Moyens, que l'*Amour propre* employe pour parvenir au Bonheur : l'Amour de Dieu & du Prochain sont les seuls qui puissent nous y conduire.

Deux Puissances dans l'Homme éxèrçent leur Empire ;
L'une est pour l'éxciter, l'autre pour le conduire.

L'Amour

L'*Amour propre* dans l'âme enfante le Defir,
Lui fait fuir la Douleur, & chercher le Plaifir;
La Raifon le retient, le guide, le modère;
Calme des Paffions la Fougue téméraire.
L'un & l'autre d'Accord nous donne le Moyen,
Et d'éviter le Mal, & d'arriver au Bien.
Banniffez l'*Amour propre*, écartez ce Mobile,
L'Homme eft enfeveli dans un Repos ftérile.
Otez-lui la Raifon, tout fon Effort eft vain;
Il fe conduit fans Règle, il agit fans Deffein:
Il eft tel qu'à la terre une Plante attachée,
Qui végète, produit, & périt deffèchée;
Ou tel qu'un Météore enflammé dans la nuit,
Qui courant au Hazard, par lui-même eft détruit.
L'*Amour propre* en fecrèt nous remuë & nous preffe,
Et toujours agité; nous agite fans ceffe.
La Balance à la main, la Raifon pèfe tout,
Compare, réfléchit, délibère, & réfout.
Par l'objèt éloigné la Raifon peu frappée,
Eft d'un Bien à venir foiblement occupée:
Par le Plaifir préfent l'*Amour propre* éxcité
Le defire, & s'y porte avec vivacité.
Tandis que la Raifon conjecture, éxamine;
L'*Amour propre* plus prompt, veut & fe détermine.
Du Penchant naturel les fecrèts Mouvemens
Sont plus fréquens, plus forts que des Raifonnemens.
La Raifon dans fa Marche, eft prudente & timide;
Le Vol de l'*Amour propre* eft ardent & rapide.
Mais, pour en modérer la vive Impulfion,
La Raifon le combat, par la Réfléxion:
L'Habitude, le Temps, les Soins, l'Expérience
Répriment l'*Amour propre*, & règlent fa Puiffance.

Effai fur l'homme; de Pope, Trad. de l'Abbé du Refnel.

L'*Amour propre* bien entendu, fuppofe la Connoiffance & la Pratique de nos devoirs.

Tome II. Q

DE LA RETENUE.

XI. La *Retenuë* est une Sagesse, une Modestie, une Circonspection, une Prudence en ses paroles, en ses jugemens, en ses actions. Il faut parler des Choses Saintes, ou des Affaires des Princes; avec une grande *Retenuë*. La Modestie & la *Retenuë* sont bienséantes à la Jeunesse. Il faut avoir la *Retenuë* & la Prudence, de ne pas juger témérairement de ce qu'on ne connoît pas bien. On évite bien des Inconvéniens; en gardant une *Retenuë* générale, presqu'à l'égard de tout le monde. *M. Nicole.*

La *Retenuë* d'une Femme qui a du mérite, est une espèce de frein, pour contenir les plus hardis dans le devoir. La *Retenuë* ne doit rien avoir de farouche, de hautain, & de rebutant. *M. Bellegarde.*

C'est la Froideur du Tempérament qui est le Principe le plus ordinaire de la *Retenuë*; elle est aussi une Délibération des moyens qui peuvent nous conduire au But, que nous nous proposons : elle renferme l'Examen, la Résolution, l'Exécution, & la Circonspection. La Circonspection règle notre croyance, nos sentimens, nos paroles & nos actions. La Circonspection dans nos Sentimens règle l'Amour propre qu'on doit étouffer; en se comparant avec des gens au-dessus de nous, pour les Avantages que nous croyons posséder : elle règle les Desirs du cœur, qui deviennent Passions, si on ne leur tient la bride; les Appétits corporels, qui nous procurent les Plaisirs, quand on les satisfait avec ménagement; les Passions, qui nous portent à acquérir des Richesses ou des Honneurs; qui sont si utiles à la société, & ne deviennent nuisibles que par leur excès.

La *Retenuë* dans les paroles & dans les actions, est ordinairement le Fruit de la Circonspection dans les pensées & dans les fentimens ; & celle même des Sentimens vient de notre façon de penfer : ainfi il eft très-important d'apprendre à *Bien Penfer*. Elle bannit la médifance, la raillerie, l'indifcrétion, & la liberté cynique des propos. .

La *Retenuë* dans nos actions ne nous laifle rien faire, qui ne porte un caractère de Droiture & de Vertu ; & elle nous prefcrit la manière de les faire, qui eft celle des autres : elle nous prefcrit l'étude des ufages, les bons éxemples, les bienféances, & la pudeur.

La Circonfpection eft auffi une *Retenuë*, que nous apportons dans le Jugement que nous portons des actions des Hommes. Pour en bien Juger, il faudroit en connoître le motif ; & c'eft ce dont nous ne pouvons jamais nous flatter : c'eft pourquoi, nous ne pouvons être trop circonfpects ; lorfqu'il s'agit de louer ou de blâmer quelqu'un, fur de fimples Apparences. *Introduction à la Connoiffance de l'Homme.*

De la Senfualité.

11. La *Senfualité* eft une difpofition de l'âme, à être facilement affectée des Objèts Senfibles ; à la différence de la Senfibilité, qui n'eft affectée que des chofes morales.

La grande Senfibilité & la grande *Senfualité* font le Principe des fortes Paffions, & la Source du Génie.

On prend affez communément le mot de *Senfualité* en mauvaife part ; lorfqu'on l'employe pour exprimer le Plaifir que reffent un Gourmand, & un homme qui a du Tempérament. Mais, encore une fois, la *Senfualité* n'eft point un mal : elle reffemble aux plus grands Biens ; il n'y a que leurs Abus de condamnable.

Cependant, fi la *Senfualité* contribuë au Bonheur, & au Génie ; il faut convenir qu'elle nuit aux Connoiffances. L'Homme

Q ij

Senfuel fent plus qu'il ne penfe. Fortement occupé de la Senſation préfente, il éxèrce moins fes autres facultés, la Mémoire, & la Réfléxion. Trop concentré en lui-même, Heureux par fon éxiſtence actuelle, il s'y complaît ; jufqu'à ce que le Befoin, l'Inquiétude, & le Defir qui en font les fuites ; le portent vers d'autres Objèts. *M. de Fontenelles.*

DE LA CHASTETÉ.

XII. La *Chaſteté* eſt une Vertu morale, qui confiſte à ne rien dire, & à ne rien faire, qui puiffe bleffer la Pudeur, & la Fidélité Conjugale.

La *Chaſteté* eſt une Vertu morale, par laquelle nous modérons les Defirs déréglés de la Chair. Parmi les Appétits que nous avons reçus de la Nature, un des plus violens eſt celui qui porte un Sèxe vers l'autre : Appétit qui nous eſt commun avec les Animaux, de quelque efpèce qu'ils foient ; car la Nature n'a pas moins veillé à la confervation des Animaux, qu'à celle de l'Homme ; & à la confervation des animaux Malfaifans, qu'à celle des animaux que nous appellons Bien-faifans. Mais il eſt arrivé parmi les Hommes, cet Animal par excèllence ; ce qu'on n'a jamais remarqué parmi les autres Animaux : c'eſt de tromper la Nature, en jouiffant du Plaifir qu'elle a attaché à la Propagation de l'efpèce Humaine, & en négligeant le But de cet attrait ; c'eſt-là précifément ce qui conſtituë l'effence de l'Impureté : & par conféquent, l'effence de la Vertu oppofée confiſtera à mettre fagement à profit, ce qu'on aura reçu de la Nature ; & à ne jamais féparer la Fin, des Moyens. La *Chaſteté* aura donc lieu hors le Mariage, & dans le Mariage : dans le Mariage, en fatisfaifant à tout ce que la Nature éxige de nous ; & que la Religion & les Loix de l'État ont autorifé : dans le Célibat, en réfiſtant à l'Impulfion de la Nature , qui nous preffant fans égard pour les tems , les lieux , les circonftances , les ufages , le culte , les coûtumes , les loix ; nous entraîneroit à des Actions profcrites.

Il ne faut pas confondre la *Chafteté* avec la Continence. Tel eft Chafte, qui n'eft pas Continent ; & réciproquement , tel eft Continent, qui n'eft pas Chafte. La *Chafteté* eft de tous les tems, de tous les âges , & de tous les états : la Continence n'eft que du Célibat ; & il s'en manque beaucoup , que le Célibat foit un état d'Obligation. L'âge rend les vieillards néceffairement Continens ; il eft rare qu'il les rende Chaftes.

Voilà tout ce que la Philofophie femble nous dicter fur la *Chafteté* : mais les Loix de la Religion Chrétienne font beaucoup plus étroites ; un mot, un regard, une parole, un gefte mal-intentionnés , flétriffent la *Chafteté* Chrétienne. Le Chrétien n'eft parvenu à la vraie *Chafteté*, que quand il a fçu fe conferver dans un état de Pureté Angélique ; malgré les Suggeftions perpétuelles du Démon de la Chair. Tout ce qui peut favorifer les efforts de cet ennemi de notre Innocence, paffe dans fon efprit pour autant d'Obftacles à la *Chafteté* ; tels que les excès dans le boire & le manger , la Fréquentation de perfonnes déréglées , ou même d'un autre fexe ; la vûë d'un objèt indécent , un difcours équivoque , une lecture deshonnête , une penfée libre ; &c. *M. Diderot.*

De la Volupté.

12. Il y a peu de terme dans notre Langue , dont la fignification foit plus vague & moins déterminée. On le prend affez communément en mauvaife part ; parce qu'on n'en a pas l'idée, qu'on doit en avoir. Effayons donc de la définir. C'eft, comme je l'ai dit, le feul moyen de parvenir à la connoiffance de la Vérité.

La *Volupté* eſt le ſentiment réfléchi du Plaiſir. Il naît de la Modération de l'âme, qui jouit ſans trouble, ſans inquiétude, ſans emportement : car ſans Modération, le plaiſir n'eſt qu'une Ivreſſe, qu'un Trouble machinal, qui n'affècte que les Sens; & qui les fatigue plus, qu'il ne les ſatisfait. Or, qui eſt-ce qui peut procurer cette Modération ſi rare & ſi précieuſe ? La Nature y contribue ſans doute beaucoup, par la bonne Conſtitution des Organes; mais c'eſt l'Eſtimation des choſes ſeule, qui nous la donne. Ainſi la *Volupté* ſuppoſe donc néceſſairement des Principes bons ou mauvais ; c'eſt-à-dire, une façon de Penſer ſtable & décidée : car l'Incertitude eſt toujours accompagnée de trouble & d'inquiétude. Ainſi, la *Volupté* devient un bien ou un mal, ſuivant la juſteſſe ou la fauſſeté de ſes Principes.

La véritable *Volupté* eſt celle qui n'eſt ſuivie d'aucun regrèt ni repentir, & dont la Jouiſſance ſe renouvelle encore par le Souvenir, & par le ſecours de l'Imagination ; qui la multiplie, pour ainſi dire, & en augmente la force & la durée ; en ajoutant à l'impreſſion que l'Objèt a déja faite ſur les Organes du ſentiment, une nouvelle Impreſſion plus vive & plus pénétrante.

L'idée de la Perfection dans un Objèt, & le véritable Amour, nous procurent la *Volupté*. Elle diffère des Plaiſirs, en ce que les Plaiſirs ne viennent que des Sens ; & que la *Volupté* n'appartient qu'à l'âme.

Voici le portrait de la *Volupté*, peint par M. l'Abbé d'Alainval dans la petite piéce de l'Hyver ; Comédie, jouée au Théâtre Italien.

> Je ſuis la *Volupté* ;
> Et fille de la Liberté,
> Mais non pas du Libertinage.
> Mon enjouëment & ma gayté,

Et mon aimable Badinage,
Viennent de ma tranquillité.

L'HYVER.

Vous êtes Philofophe ?

LA VOLUPTÉ.

Oh non : mais le vrai Sage
Quand il touche au midi de l'âge ,
Trouve en moi fa Félicité.
Je fuis la fougueufe Jeuneffe ,
Ses foins impétueux & fes diftractions ;
Je hais, & la Folie & l'auftère Sageffe :
J'ai des Plaifirs , & non des Paffions.
Libre de foin , libre d'inquiétude ,
De crainte, de defirs ,
De remords & de repentirs ,
Dans une douce Étude
Je trouve d'innocens Plaifirs ,
Sans être plus précieufe.
Voilà la *Volupté* , Seigneur , telle qu'elle eft ;
Si fon Caractère vous plaît. . . .

L'HYVER.

Non, vous êtes trop férieufe :
Pardonnez , je fuis franc , & peut-être brutal.

LA VOLUPTÉ.

Je ne vous en veux point de mal :
Tous ne fçavent pas me connoître.
Adieu, je vois quelqu'un paroître.
Vous vifez au Terreftre , & je cours à l'Efprit.

FIN DE LA SAGESSE : OU PHILOSOPHIE MORALE.

TABLETT

MYTHOLOGIE DES ENFERS.

Ce Médaillon représente l'Antre ou Caverne des Enfers. Les trois Juges ; sçavoir, Radamanthe et Éaque tous deux fils de Jupiter, Minos est au dessus d'eux, pour décider souverainement en cas d'obscurité et d'incertitude. Leur Tri-bunal fort simple, est placé dans un endroit appelé le **Champ de la Vérité** *; parceque le mensonge et la calomnie n'en peuvent approcher : il aboutit d'un cô-té au Tartare, et de l'autre aux Champs Elizées. On apperçoit en avant le fleuve Stix, et le Chien Cerbère a trois testes ; aulieu de poil son col est environné de Serpents.*

L'ove est surmonté de la Couronne et du sceptre de Pluton, ou fourches a deux pointes, avec des flambeaux allumés. Deux grosses Clefs, pour signifier que le Royaume de Pluton étoit si bien fermé, qu'on n'en revenoit jamais. Les deux côtés de l'Ove représentent des Chaînes, carcans, et liens de captivité entrelassés de branches de Cyprès, de Genièvre, arbustes consacrés aux Euménides.

MYTHOLOGIE
DES ENFERS.

Les Anciens étoient perſuadés que ceux qui avoient mené une vie vertueuſe, & réglée ſur les principes de la raiſon & de l'équité ; étoient récompenſés de leurs bonnes actions en l'autre monde ; & qu'au contraire ceux qui avoient mépriſé les Dieux, & fait des injuſtices criantes, ou commis quelques grands crimes, étoient punis de leurs forfaits.

DISCOURS PRÉLIMINAIRE
Sur la Mythologie des Enfers.

ES Enfers ſont des lieux deſtinés à la demeure des âmes après la mort. Dans le ſentiment des Philoſophes, l'*Enfer* étoit également éloigné de tous les endroits de la Terre ; & Cicéron pour marquer qu'il importe peu de mourir en un lieu plutôt qu'en un autre, dit : en quelque lieu que l'on ſoit, on a autant de chemin à faire pour aller en *Enfer*. Les Poëtes ont établi certains paſſages pour les *Enfers* ; comme le fleuve Léthé du côté des Syrthes, en Épire la caverne Achéruſia, la bouche de Pluton près de Laodicée, & la caverne du Ténare auprès de Lacédémone.

Ulyſſe pour deſcendre aux *Enfers*, alla, dit Homère, par l'Océan au pays des Cimmériens : Énée y entra par l'Antre du

Tome II. ¶ R

Lac Averne : Xénophon dit qu'Hercule entra aux *Enfers* par la Péninsule nommée Achérusiade , près d'Héraclée du Pont. A Hermione , dit Strabon , il y avoit un chemin fort court pour aller aux *Enfers :* c'est pour cela que ceux du pays , ne mèttoient pas dans la bouche du mort le Prix du Passage pour Charon. . . . .

La demeure des *Enfers* est décrite diversement par les Anciens. Apulée fait passer Psyché par la caverne du Ténare , pour aller jusqu'au Trône de Pluton : au bout de la caverne elle trouve le Fleuve Achéron , où elle passe la Barque de Charon ; & va de-là droit au Trône , gardé par le Cerbère. Voici en abrégé , la description que Virgile fait des *Enfers.*

« Au milieu d'une ténébreuse Forêt , & sous d'affreux Ro-
» chers , est un Antre profond , environné des noires eaux d'un
» Lac. . . . . A l'entrée de ce Goufre infernal sont couchés le
» Chagrin , & les Remords vengeurs. Là résident les pâles Ma-
» ladies , la triste Vieillesse , la Peur , la Faim , l'Indigence , le
» Travail , la Mort , le Sommeil son frère , & les Joies funestes.
» Ensuite on voit la Guerre meurtrière , les Euménides , & la
» Discorde insensée ».

« Là sont encore plusieurs autres Monstres , tels que les Cen-
» taures , les deux Scylles , le Géant Briarrée , l'Hydre de Ler-
» ne , la Chimère , les Gorgones , les Harpies , & le Géant Gé-
» ryon. Aprés cela commence le chemin qui conduit à l'Aché-
» ron , sur lequel règne le redoutable Charon , Nocher des
» *Enfers* ».

« Son air hideux inspire la terreur ; sa barbe est blanche &
» hérissée : ses yeux sont vifs & perçans. Couvert d'un sale vê-
» tement , noué sur une de ses épaules , il conduit lui-même sa
» Barque noire avec une perche & des voiles ; & passe les
» Morts d'une rive à l'autre. Il est vieux , mais sa vieillesse est

» verte & vigoureufe. Il reçoit dans fa Barque tantôt les uns,
» tantôt les autres, & en rebute un grand nombre qu'il chaffe
» loin du Rivage ; ce font ceux qui n'ont pas reçu les honneurs
» de la Sépulture ».

« Là *Charon* paffoit celles qui le payoient, & qui avoient eu
» les Honneurs de la Sépulture, & laiffoit les autres errer
» cent ans fur les bords du Fleuve ; après quoi il les paffoit
» auffi. C'étoit un Vieillard à barbe blanche, hideux dans fa
» perfonne, dans fes habits ; & dont les yeux fembloient jetter
» feu & flammes : implacable envers tout le Monde, il reçe-
» voit avec la même rudeffe les Rois & les Sujèts, les Pauvres
» & les Riches ».

« Il éxigeoit le *Naule*, (ainfi appelloit-on une piéce de
» Monnoye,) de tous ceux qui paffoient : voilà pourquoi les
» Payens mettoient dans la bouche du Mort une piéce d'Or
» ou d'Argent, pour payer le paffage ».

« Le Fleuve paffé, on entre dans le Séjour des Ombres ; que
» Virgile divife en Sept demeures » :

« La première eft celle des Enfans morts en naiffant, qui gé-
» miffent de n'avoir fait qu'entrevoir la Lumière du jour «.

« La feconde étoit occupée par les Victimes d'un faux Juge-
» ment, qui les a condamnés à une Mort injufte ».

« Dans la troifième étoient ceux qui fans être coupables,
» vaincus par le Chagrin & les Miferes de la vie, ont attenté
» à leurs jours ».

« La quatrième appellée le Champ des Larmes, étoit le Sé-
» jour de ceux qui avoient éprouvé les rigueurs de l'Amour ;
» Phèdre, Procis, Didon, &c. «

« La cinquième le Quartier des Fameux Guerriers, qui avoient
» péri dans les Combats : l'affreux Tartare prifon des fcélérats,
» faifoit la fixième demeure ; environnée du bourbeux Cocyte

» & du brûlant Phlégéton : là règnoient les Parques & les
» Furies ».

« La feptième demeure étoit le Séjour des Bienheureux ; les
» Champs Élifées «.

Dans le partage du Monde, les *Enfers* furent affignés à Pluton ; c'eft-à-dire, felon la plûpart des Mythologues, qu'il eut
pour fa part du vafte Empire des Titans, les Pays Occidentaux
qui s'étendoient jufqu'à l'Océan ; & que l'on croit être beaucoup plus bas que la Gréce.

D'autres difent, que Pluton s'appliqua à faire valoir les Mines d'Or & d'Argent qui étoient dans l'Efpagne, où il fixa fa demeure ; & comme ceux qui font deftinés à ce travail, font
obligés de fouiller bien avant dans la terre, & pour ainfi dire
jufqu'aux *Enfers ;* on a dit que Pluton habitoit au Centre de la
Terre.

Ajoutons que ceux qui travaillent aux Mines ne vivent pas
long-temps, & meurent affez fouvent dans leurs fouterreins
ainfi Pluton pouvoit être regardé comme le Roi des Morts
Les Cyclopes lui avoient donné un cafque, qui le rendoit invi
fible : comme ce Dieu étoit difforme, & que fon Empire étoi
fort trifte ; il ne trouva aucune Femme qui voulût le partage
avec lui : il fut donc obligé d'ufer de furprife, & d'enlever d
force celle qui n'auroit jamais voulu de lui, fi on l'avoit laiffé
à fa liberté.

Proferpine fe promenant un jour dans les Agréables Prairie
d'Enna en Sicile, qu'arrofoient des fontaines d'eau vive ; cuei
lant des fleurs avec les Nymphes & les Syrènes qui l'accom
pagnoient : Pluton la vit, en devint amoureux ; & l'enlev
malgré les remontrances de Pallas.

Cette Déeffe émuë des cris & des plaintes de Proferpine, qu
imploroit fon affiftance, vient au fecours ; & tient ce difcou

à fon Oncle : « ô Dompteur d'un peuple lâche & fans force !
» ô le plus méchant des trois frères ! quelles Furies vous agi-
» tent ? Et comment ofez-vous, quittant le Siége de votre Em-
» pire, venir avec vos quadriges infernales profaner jufqu'au
» Ciel même ».

Pluton tenant entre fes bras Proferpine toute échevelée, répond à Pallas ; *les Chevaux galopent :* Cupidon qui vôle au-
deffus d'eux tient un flambeau pour l'Hyménée ; & Mercure
qui eft au fervice des vivans & des morts, Grand Négociateur
du Ciel & de l'*Enfer*, précède le Char pour préparer les voyes.
Arrivé près de Syracufe, Pluton rencontre un Lac ; frappe la
terre d'un coup de fon Trident, & s'ouvre un chemin qui le
conduit dans fon Royaume Sombre.

Cérès accablée de la plus vive douleur, chercha fa fille par
mèr & par terre ; & après l'avoir cherchée pendant tout le jour,
elle alluma deux flambeaux aux flammes du Mont - Ætna, &
continua de la chercher. Elle découvrit enfin par le moyen de
la Nymphe Aréthufe, que Pluton l'avoit enlevée : elle monte
auffi-tôt vers le Palais de Jupiter, lui expofe fes plaintes avec la
douceur la plus amère ; & demande juftice de cet enlèvement.

Le Père des Dieux tâche de l'appaifer, en lui repréfentant
qu'elle ne doit pas rougir d'avoir Pluton pour gendre, le frère
de Jupiter ; que cependant fi elle veut que Proferpine lui foit
renduë, il y confent : mais à condition qu'elle n'aura rien mangé, depuis qu'elle eft entrée dans les *Enfers* ; c'eft ainfi que l'ont
ordonné les Parques.

Par malheur Proferpine fe promenant dans les Jardins du Palais infernal, avoit cueilli une Grenade dont elle avoit mangé
Sept grains : Afcalaphe, le feul qui l'eût vû, l'avoit rapporté
à Pluton. Tout ce que put faire Jupiter, fut d'ordonner que Proferpine demeureroit chaque année fix mois avec fon mari, &
fix mois avec fa mère.

Voilà donc Proferpine femme de Pluton ; & en cette qualité Reine des *Enfers*, & Souveraine des Morts. Perfonne ne pouvoit entrer dans fon Empire fans fa permiffion ; & la mort n'arrivoit à qui que ce foit, que lorfque la Déeffe infernale avoit coupé un certain Cheveu Fatal ; dont dépendoit la vie des hommes. C'eft ainfi que Didon, dans Virgile, après s'être percée le fein, ne pouvoit mourir ; parce que Proferpine ne lui avoit pas encore coupé le Cheveu Fatal.

La plûpart des Mythologues ne regardent l'Enlèvement de Proferpine, que comme une Allégorie qui a rapport à l'Agriculture : « Proferpine, dit Porphire, eft la Vertu des Semences » cachées dans la terre. Pluton eft le Soleil, qui fait fon cours » au-deffous de la terre, au Solftice d'Hyver. C'eft pour cela » que l'on dit, qu'il enlève Proferpine ; que Cérès va chercher, » lorfqu'elle eft fous la terre ». Le grain qu'on jètte dans le fein de la terre ; & qui, après y avoir demeuré environ fix mois, en fort par la Moiffon ; c'eft Proferpine qui eft fix mois fur la terre, & fix mois aux *Enfers*. D'Anciens Hiftoriens croyent, que Proferpine fille de Cérès Reine de Sicile, fut réellement enlevée par Pluton ou Aidonnée Roi d'Épire ; parce qu'elle lui avoit été refufée par fa mère. *Diction. de la Mythologie.*

CHAPITRE PREMIER.

Des Dieux Mânes , des Funérailles , & des Ombres.

DES DIEUX MANES.

I. *MANES* , Divinités des Anciens , que la plûpart croyoient être les Ames féparées des corps : & d'autres , les Dieux Infernaux ; ou les Dieux des Morts. Les *Mânes* , 'dit Servius , font les âmes féparées des corps humains , qui fe plaifent à faire du mal aux hommes ; étant ainfi appellés par antiphafe , du mot *Manum* , qui en vieux latin fignifie *Bon* : de même que les Parques font nommées *Parcæ* , *quòd nemini parcant* ; de ce qu'elles ne pardonnent à perfonne : & que la Guerre eft appellée *Bellum* , parce qu'elle n'eft point du tout *Belle*.

Quelques-uns croyoient , (continuë ce même Auteur ,) que ce mot de *Mânes* , vient de *Manare* ; découler , ou fortir : parce qu'ils occupent l'air qui eft entre la Terre & le Cercle Lunaire, d'où ils defcendent pour venir tourmenter les hommes. Il y en a qui diftinguent les *Mânes* , d'avec les Dieux Infernaux : d'autres , qui difent , que les Dieux Céleftes font les Dieux des Vivans ; & les *Mânes* , les Dieux des Morts. Quelques-uns s'imaginent , que les *Mânes* font des Dieux Nocturnes qui règnent entre le Ciel & la Terre ; & qui préfident fur l'Humidité de la nuit : ce qui a donné lieu d'appeller le Matin , *Mane*.

Cette diverfité de fentimens rapportée par Servius , montre de combien de nuages étoit enveloppée la Théologie des Payens. Apulée explique ainfi les *Mânes*. L'Ame de l'homme , dit-il , détachée des liens du corps , devient une efpèce de Démon ou de Génie , qu'on appelloit autrefois *Lemures*. De ces Lémures , ceux qui étoient bienfaifans à leurs familles , étoient

Tome II.   ¶

nommés *Lares familières* , Lares domestiques. Ceux qui pour les crimes qu'ils avoient commis pendant leur vie , étoient condamnés à errer continuellement sans trouver aucun lieu de repos , & qui épouvantoient les vivans ; étoient vulgairement appellés *Larvæ.* Or , comme il étoit incertain si les Ames séparées des corps étoient du nombre des Lares , ou de celui des Larves ; on les appella du nom de *Mânes :* & par honneur , on leur donna le titre de Dieux.

Les Lares nommés aussi Pénates , étoient adorés dans les maisons des Particuliers sous la figure de certains Marmouzets d'Argent , de bronze ou de terre cuite. Festus dit , que les *Mânes* étoient invoqués par les Augures du Peuple Romain ; parce qu'on croyoit qu'ils favorisoient les hommes. Les considérant donc comme des Dieux Bienfaisans , on les appelloit *Mânes ;* du mot ancien *Manus* , qui signifioit *Bon :* sans qu'il faille recourir à l'antiphrase de Servius.

De ce que je viens de dire , on peut recueillir que les Anciens Payens se faisoient une idée des Ames , comme de ceraines substances légères , à la manière des Ombres ; néanmoins visibles , & ayant les mêmes organes & les mêmes fonctions qu'elles avoient dans les corps qu'elles animoient : puisque selon eux ; elles voyoient , elles parloient , elles entendoient , & faisoient de semblables actions : de sorte que suivant leur Imagination ; ce n'étoient que des corps plus subtils , & qui tenoient de la qualité de l'Air. Cette Erreur passa parmi quelques - uns des premiers Chrétiens ; & il y eut des Hérétiques , qui donnèrent même à Dieu un corps à - peu - près de cette façon : c'est pourquoi on les appella *Anthropomorphites ;* parce qu'ils croyoient que Dieu avoit la forme d'un homme. Tant il est vrai , que nous avons de la peine à conçevoir les choses spirituelles. *Recherches curieuses de l'Antiquité.*

AUTRE

DES FUNÉRAILLES.

II. Les *Funérailles* font les derniers devoirs que l'on rend au Morts. Voici quelles en étoient les Cérémonies chez les An ciens. Ayant fermé les yeux à celui qui venoit de rendre l'âme ils l'appelloient plufieurs fois à haute voix, par divers interval les ; pour connoître s'il n'étoit pas tombé dans quelque Léthar gie. Enfuite ils le lavoient avec de l'eau chaude, & le frottoien de Parfums. Après, ils lui mèttoient une robe blanche, & l'ex pofoient fur le pas de la porte, ayant les pieds du côté de l rüe. Alors on plantoit un Cyprès à l'entrée de la maifon, parc que cet arbre étoit un Symbole de la Mort.

Cette Cérémonie fe continuoit pendant Sèpt jours : & l huitième, après avoir acheté les chofes néceffaires aux *Funé railles*, (qui fe vendoient dans le Temple de la Déeffe *Libi tina* ;) on portoit le corps au lieu où il devoit être brûlé. C Convoi étoit précédé d'un Joueur de Flûte, qui jouoit d'un manière lugubre, & publioit de temps en temps les Louange du Défunct.

Ceux qui étoient Riches, étoient portés fur un Lit couvert d Drap de Pourpre : & les autres dans une Bière découverte C'étoient ordinairement les Parens, qui portoient le Lit, ou l Cercueil : mais dans les *Funérailles* des Empereurs & des Con fuls, les Sénateurs & les Magiftrats de la République faifoien cet Office. A l'égard des Perfonnes du menu Peuple ; ils étoien portés par des gens deftinés à cette fonction, que l'on appelloi *Vefpiliones.*

Dans le Convoi de ceux qui étoient d'une Ancienne No bleffe, qui avoient éxerçé de grandes Charges, & qui s'étoien rendus célèbres par des Actions Illuftres ; on portoit devant leu

Tome II. ¶ S

Cercueil les marques de leur Dignité : comme les Faisceau
Confulaires, les Images de leurs Ancêtres en cire, élevées f
des Piques, ou portées dans des Chariots : les Dépouilles qu'
avoient remportées fur les Ennemis : les Couronnes qu'
avoient méritées, & tout ce qui pouvoit contribuer à le
Gloire.

Les Affranchis du défunct fuivoient cette Pompe, portant
Bonnèt ; qui étoit la marque de leur liberté. Enfuite marchoie
les Enfans, les Parens & les Amis, vêtus d'habits noirs : les F
du défunct portoient un Voile fur la tête : & les Filles avoie
les cheveux épars fans coëffures. Plutarque dit, qu'elles étoie
vêtuës de blanc ; peut-être parce que l'on donnoit au Mc
une robe de cette couleur. Il y avoit des Femmes, dont le M
tier étoit de faire des Lamentations fur la mort du Défunct
qu'ils appelloient *Præficæ* : & que nous pouvons nommer *Ple*
reufes. Ces Femmes entonnoient des Airs Lugubres, que le Pe
ple répétoit.

Si le Défunct étoit une Perfonne Illuftre, on portoit premi
rement fon Corps dans la Place Romaine ; où l'un de fes Fil
ou bien quelqu'autre Parent faifoit fon Oraifon Funèbre. D
là on alloit au lieu, où le Bucher étoit préparé ; s'il falloit Br
ler le corps : ou bien au lieu qui étoit choifi pour fa Sépulture
fi on l'enterroit fans le brûler : car cela s'exécutoit felon la V
lonté du défunct qui l'avoit ordonné, ou des Parens qui avoie
foin des *Funérailles*.

Servius dit, que dans les premiers tems de la République
on enterroit les Morts dans quelque endroit de leur Maifo
mais que par la Loi des Douze Tables, il fut défendu d'e
terrer, ni de brûler les corps dans la Ville de Rome. Depu
néanmoins, on accorda la Sépulture dans la Ville à plufie
Perfonnes Illuftres : & les Veftales furent éxemptes de cet

Loi, auſſi-bien que les Empereurs. Les autres avoient leurs Sé-
pulcres dans leurs terres, ou ſur les Grands Chemins hors de la
Ville. Lorſque le Corps devoit être brûlé, on le mettoit ſur le
Bucher, qui étoit un tas de bois de Pins, d'Ifs, de Mélèſes,
& d'autres Arbres ſemblables arrangés l'un ſur l'autre en forme
d'Autel. Le Corps vêtu de ſa Robe, & arroſé de liqueurs précieuſes étoit couché dans un Cercueil fait exprès ; ayant le viſage
vers le Ciel, & tenant une pièce d'Argent dans ſa bouche, qu'ils
diſoient être le droit de paſſage dû à Charon. Tout le Bucher
étoit environné de Cyprès, parce que c'étoit un Arbre funeſte.
Alors les plus proches Parens tournant le dos au Bucher, y
mettoient le feu avec un Flambeau qu'ils tenoient par derrière ;
& pendant que le feu s'allumoit, ils jettoient dans le bucher
les Habits, les Armes, & les autres Choſes que le Défunct
avoit le plus aimées durant ſa vie : même de l'Or & de l'Argent. Ancièmement, on avoit coûtume de Sacrifier des Captifs
auprès du Bucher : on y fit faire enſuite des Combats de Gla-
diateurs.

On y portoit l'Urne où étoient les Os & les Cendres, dans le
Sépulcré deſtiné pour le Défunct ; devant lequel il y avoit un
petit Autel, où l'on brûloit de l'Encens & d'autres Parfums. On

Le Corps étant brûlé, on lavoit ſes Os & ſes Cendres avec
du lait & du vin ; & on les enfermoit dans une Urne. Le Sa-
crificateur qui étoit préſent à cette Cérémonie, jettoit trois
fois de l'Eau ſur les aſſiſtans, avec une manière d'aſpergès fait
de branche d'Olivier ; pour les purifier. Puis la Principale Pleu-
reuſe congédioit la Compagnie par ce mot *Ilicet*, qui ſe diſoit
pour *ire licet* ; & ſignifioit, il eſt permis de s'en aller. Alors
les Parens & les Amis diſoient à haute voix des paroles, dont
voici le ſens : (*Adieu, Adieu, Adieu : nous te ſuivrons, quand
notre rang viendra.*)

On portoit l'Urne où étoient les Os & les Cendres, dans le
Sépulcré deſtiné pour le Défunct ; devant lequel il y avoit un
petit Autel, où l'on brûloit de l'Encens & d'autres Parfums. On

terminoit la Cérémonie des *Funérailles* par un Feſtin, que l'on faiſoit aux Parens & aux Amis ; & quelquefois on diſtribuoit des viandes au Peuple. Le Deuil duroit dix Mois, qui étoit l'Année Romaine du tems de Romulus : mais il pouvoit finir par quelque Réjoüiſſance Publique, ou par quelque Bonheur extraordinaire qui arrivoit dans la Famille des ſurvivans. *Antiq. Rom. Liv. 5. Chap. 39.*

DES OMBRES.

III. Dans le Syſtême de la Théologie Payenne ; ce qu'on appelloit *Ombre*, n'étoit ni le Corps, ni l'Ame : mais quelque choſe qui tenoit le milieu entre le Corps & l'Ame, qui avoit la figure & les qualités du Corps de l'homme ; & qui ſervoit comme d'Enveloppe à l'Ame.

C'eſt ce que les Grècs appelloient *Idolon*, ou *Phantaſma* ; & les Latins, *Umbra*, *Simulacrum*. Ce n'étoit donc ni le Corps, ni l'Ame qui deſcendoit dans les Enfers ; mais cette *Ombre*. Ulyſſe voit l'*Ombre* d'Hercule dans les Champs Éliſées, pendant que ce Héros eſt dans les Cieux. Il n'étoit pas permis aux *Ombres* de paſſer le Styx, avant que leurs Corps euſſent été mis dans un Tombeau ; mais elles étoient errantes, & voltigeoient ſur le Rivage pendant Cent Ans : au bout deſquels, elles paſſoient enfin à cet autre Bord ſi deſiré. *Noël le Comte.*

CHAPITRE II.

Du Tartare, & des Champs Élisés.

TARTARE.

I. LE *Tartare* étoit dans les Enfers, la Prison des impies & des scélérats, dont les crimes ne pouvoient s'expier ; Prison d'une telle profondeur, dit Homère ; qu'elle est aussi éloignée des Enfers, que les Enfers le font du Ciel.

Virgile en donne une autre idée : le Tartare est une Vaste Prison dans les Enfers, qui est fortifiée de trois enceintes de murailles, & entourée du Phlégéton : une haute Tour en défend l'entrée ; les Portes en font aussi dures que le Diamant ; tous les efforts des Mortels, & toute la Puissance des Dieux ne pourroient les brifer ; Tifiphone veille toujours à la Porte, & empêche que personne n'en forte ; tandis que Rhadamante y livre les criminels aux Furies.

C'étoit l'Opinion commune ; qu'il n'y avoit point de retour ni de grace à efpérer, pour ceux qui étoient une fois précipités dans le *Tartare*. Ce n'étoit pas le Sentiment de Platon, qui parle en ces termes : « ceux qui ont commis de grands Crimes, » mais qui ne font pas fans Remède ; comme ceux qui font » coupables d'Homicide, mais qui en ont eu enfuite du regret ; » ceux-là font néceffairement précipités dans le *Tartare* : & » après qu'ils y ont paffé une année, un flot les en retire. » Alors ils paffent par le Cocyte ou le Péryphlégéton, & de-là » au Lac Achérufia ; où ils appellent par leur Nom, ceux qu'ils » ont tués : & les fupplient inftamment de fouffrir qu'ils fortent

» de ce Lac, & de leur faire la grace de les admettre en leur
» Compagnie.

» S'ils peuvent obtenir cela d'eux, ils font d'abord délivrés
» de leurs maux : finon ils font de nouveau rejettés dans le
» *Tartare*, & enfuite reviennent aux Fleuves comme ci-devant;
» & réitèrent toujours, jufqu'à ce qu'ils puiffent fléchir ceux
» qu'ils ont offenfés ». C'eft la peine établie par les Juges.

On croit, que l'Idée du *Tartare* a été formée fur le Tarteffe
des Anciens, qui étoit une petite ifle à l'embouchure du Bétis;
aujourd'hui Guadalquivir en Efpagne : on envoyoit peut - être
dans cette Ifle les Criminels d'État.

CHAMPS ÉLISÉS.

II. Les *Champs Élifés* étoient dans l'idée des Payens, la
Demeure des Ames Juftes après leur mort. Là, dit Homère,
les hommes mènent une Vie douce & tranquille. Les Neiges,
les Pluyes, les Frimats n'y défolent jamais les Campagnes : en
tout tems on y refpire un air tempéré ; d'aimables Zéphirs qui
s'élèvent de l'Océan, rafraîchiffent continuellement cette Délicieufe Contrée.

Là, dit Virgile ; règne un Air pur, & une douce lumière
eft répanduë fur les Campagnes : les Habitans de ces lieux ont
leur Soleil & leurs Aftres. Héfiode & Pindare ajoutent que
Saturne eft le Souverain des *Champs Élifés* : qu'il y règne avec
fa femme Rhéa ; & qu'il y fait régner le Siècle d'Or qui a
été fi court fur la terre.

Homère & Virgile n'y admettent que des Jeux innocens,
& des Occupations dignes des Héros qui y habitent. Dans le
Poëte Grèc, l'ombre d'Achille fait la guerre aux bêtes féroces ;
& dans le Poëte Latin, les Héros Troyens s'y éxèrçent à manier
des chevaux, à faire des armes, au Combat de la lutte. Les

uns danfent ; les autres récitent des vers. Mais les Poëtes voluptueux y font trouver des Occupations & des plaifirs plus conformes à leurs inclinations.

Refte à fçavoir, en quel endroit du Monde étoit cette *Demeure Fortunée ;* c'eft fur quoi les Anciens n'étoient point du
tout d'accord. Les uns plaçent les *Champs Élifés* au milieu des
Airs : d'autres dans la Lune, ou dans le Soleil ; d'autres dans le
centre de la Terre. Platon dit qu'ils font fur la Terre ; c'eft-à-
dire, dans l'Hémifphère de la Terre diamétralement oppofé au
nôtre ou aux Antipodes.

Homère les établit à l'extrémité de la Terre : d'autres veulent que ce foit dans les Ifles de l'Océan, qu'ils appelloient
Fortunées ; & que nous croyons être les Canaries, inconnuës
alors. Enfin chez quelques-uns, c'étoit le Charmant Pays de la
Bétique, où les Phéniciens avoient fouvent voyagé ; & qu'ils
trouvoient un Pays admirable, arrofé de Fleuves, de Ruiffeaux
& de Fontaines, entrecoupé de Plaines Charmantes, de Bois
& de Bocages enchantés ; les Montagnes renfermant des mines
d'Or & d'Argent : & la Terre fournifTant par-tout abonda-
nent, tout ce qui eft néceffaire à la Vie.

Comme ils ne connoiffoient rien de plus Beau, ils fouhai-
oient d'y faire un Éternel féjour ; & fournirent peut-être aux
Grècs, la première Idée de leurs *Champs Élifés :* je dis peut-
être ; car des Sçavans prétendent, que cette Idée a été prife
d'une Coûtume des Égyptiens, qui enterroient les Corps de
ceux qu'ils vouloient honorer dans un Bocage Délicieux ; au-
delà du Lac Querron. *Diction. de Mythologie, Fol. 5.*

On croit que les *Champs Élifiens* font de l'invention des
Grècs ; mais je ne doute point, qu'ils ne viennent plutôt des
Égyptiens & des Hébreux.

Nous trouvons dans les Prophètes quelques defcriptions de

l'État des âmes des Héros après leur mort ; qui ont beaucoup de rapport, à ce que les Profanes nous difent des *Champs Éli-siens* ; par éxemple : *Le jour qu'Assur est descendu dans l'Enfer, j'ai ordonné un Deüil Général, dit le Seigneur ; j'ai fermé fur lui l'Abîme, j'ai arrété le cours de ses Fleuves, & des Grandes Eaux qui l'arrofoient.* (Voilà l'Achéron, & les autres Fleuves de l'Enfer.) *Le Liban & tous les Arbres de la campagne ont été ébranlés de fa Chûte ; toutes les Nations ont été frappées d'étonnement, lorsqu'il est descendu dans le Tombeau ; tous les Bois d'Éden,* (ou tous les Arbres du Jardin Délicieux,) *qui font au plus profond de la Terre, ont été comblés de Joye : avec lui font descendus tous les plus Beaux Arbres du Liban, qui étoient son Bras & fa Force, & qui fe repofoient fous fon Ombre. A qui reffemblez-vous main-tenant parmi tous les Arbres, vous qui étiez fi grand ? Vous voilà enfin réduit au fond de la Terre, avec les Arbres d'Éden ; vous y dormirez avec tous ceux qui ont été tués par l'Épée. Là fera Pharaòn avec toutes fes Troupes.*

On voit dans toute cette Defcription ; que le Roi d'Affyrie est comparé à un Cèdre du Liban, qui ébranle de fa chûte tous les Arbres de cette montagne ; que les Rois & les Princes qui étoient tributaires au Roi d'Affyrie, font comparés aux Arbres du Pays d'Éden. Tous ces Arbres font descendus en Enfer, pour y former une Forêt ; ou un Jardin Délicieux.

Ifaïe nous repréfente les Rois des Nations affis fur des Trônes dans l'Enfer, qui viennent au‑devant du Roi de Babylone. *L'Enfer a été troublé à ton arrivée, dit-il au Roi de Babylone ; les Géans fe font levés pour venir au-devant de toi : les Princes de la Terre & les Rois des Nations font descendus de leurs Trônes,* pour te faire honneur ;) *& t'ont adreffé la parole, en difant : tu as donc été percé de playes auffi-bien que nous ; tu es devenu comme l'un de nous ; ton Orgueil a été précip té dans l'Enfer ;*

(ou

(ou dans le Tombeau.) *ton Lit jera la pourriture, & ta Couver-*
ture feront les vers ; &c.

De même que dans l'Idée des Payens, les *Champs Élifés*
étoient féparés du Tartare & de la demeure des méchans, par
des Murs infurmontables & un Fleuve de Feu ; qui empêchoient
que l'on ne pût paffer de l'un dans l'autre : ainfi felon l'Idée de
l'Écriture, il y a un Abîme profond qui fépare les Bienheureux
qui font dans le fein d'Abraham, des méchans qui font dans
l'Enfer. Cela n'empêchoit pas toutefois, que les Méchans ne
viffent le Bonheur des Gens de Bien ; & cela même faifoit une
partie de leur Supplice. Ainfi nous voyons le Mauvais Riche
qui parle à Abraham ; & le prie de faire avertir fes frères, de
fe donner de garde de tomber dans ce lieu de tourmens : ainfi
dans le Livre de la Sageffe, les Méchans font témoins de la
Gloire des Gens de Bien.

Il eft dit dans Virgile ; qu'on entend les cris & les gémiffe-
mens des damnés, les Coups qu'on leur donne, & le Mouvement des Chaînes dont ils font chargés.

De même que les Juifs croyent, que les Ames de ceux qui
ne font pas enterrés, rodent fur la Terre ; & ne peuvent avoir
le Repos, que leurs Corps ne foient dans la Sépulture : ainfi
chez les Payens, ceux qui n'étoient pas enterrés, ne pouvoient
être reçus dans la Barque de Charon, ni paffer dans le lieu où
ils étoient deftinés.

Les Rabins croyent auffi, que les Ames des Morts peuvent
evenir & reviennent en effèt ; fur-tout pendant les douze mois
qui fuivent leur trépas, puis retournent en Enfer, ou dans les
ieux où les Ames attendent la Réfurrection Générale. Ainfi les
Profanes croyoient que les Apparitions, fur-tout des Perfonnes
mortes depuis peu, étoient fréquentes ; que les Ames fortoient
de l'Enfer, & y rentroient affez fouvent, à l'Excèption toute-

fois des Grands Scélérats, à qui l'on n'accordoit pas cette Liberté. D'où vient qu'Ézéchiel dit, que Dieu ferma la porte de l'Abîme fur le Roi d'Affur, quand il fut defcendu dans l'Enfer; & que dans le Livre d'Énoch, Dieu ordonne à S. Michel de charger de chaînes les Anges Rébelles, & de les précipiter dans le fond de la Terre : & dans l'Apocalypfe l'Ange defcend du Ciel ayant en main la Clef de l'Abîme, faifit le Démon, l'enchaîne, le jette dans l'Abîme, ferme la Porte fur lui, & la fçèlle afin qu'il n'en puiffe jamais fortir. Le Mauvais Riche dans Saint Luc ne peut fortir du Lieu des Supplices. *Diction. de D. Calmet.*

CHAPITRE III.

Des trois Juges de l'Enfer :

Sçavoir,

Minos, *Éaque,* *Rhadamante.*

MINOS.

I. MINOS, Roi de Crète, étoit fils de Jupiter & d'Europe : il gouverna fon peuple avec beaucoup d'équité & de douceur. Les Loix qu'il donna aux Crétois l'ont toujours fait regarder, comme un des plus grands Légiflateurs de l'Antiquité. Pour donner plus d'Autorité à fes Loix, il fe retiroit fouvent dans un Antre : où il difoit, que Jupiter fon père les lui dictoit; il n'en revenoit jamais, qu'il n'en rapportât quelque Nouvelle Loi.

La Sageffe de fon Gouvernement, & fur-tout fon Équité, lui

ont fait donner après sa mort par les Poëtes, la fonction de Juge Souverain des Enfers. *Minos* étoit regardé proprement comme le Préfident de la Cour Infernale ; & les deux autres Juges, Éaque & Rhadamante, n'étoient pour ainfi dire, que fes Lieutenans.

Homère nous le repréfente avec un Scèptre à la main, affis au milieu des Ombres, dont on plaide les caufes en fa préfence. Virgile dit qu'il tient à la main, & qu'il remuë l'Urne Fatale où eft renfermé le Sort de tous les Mortels : il cite les Ombres muettes à fon Tribunal ; il éxamine leur vie, & recherche tous leurs crimes. *M. l'Abbé Banier.*

É A Q U E.

II. *Éaque*, fils de Jupiter & d'Égine, naquit dans l'Ifle d'Égine, dont il fut Roi. La réputation qu'il s'acquit d'être le Prince le plus équitable de fon tems, lui mérita chez les Poëtes une plaçe parmi les Juges d'Enfer ; entre Minos & Rhadamante. Il fut chargé, dit-on, de Juger les morts de l'Europe.

Ce qui augmenta la réputation de ce Prince, c'eft que l'Attique étant affligée d'une grande féchereffe, on recourut à l'Oracle ; qui répondit que ce Fleau cefferoit, dès que *Éaque* deviendroit l'Interceffeur de la Grèce. Ce Prince offrit des facrifices à Jupiter ; & il furvint une grande abondance de pluye. Les Éginètes pour conferver la Mémoire de cet évènement ; qui faifoit tant d'honneur à leur Prince, élevèrent un Monument nommé l'*Éaçée*, où étoient les Statuës de tous les Députés de la Grèce, qui vinrent pour ce fujèt dans leur Ifle.

Les Athéniens fe préparant à une expédition contre Égine, dont les habitans ravageoient les côtes de l'Attique, envoyèrent à Delphes confulter l'Oracle fur le fuccès de leur entreprife. Apollon les menaça d'une ruine entière, dit Hérodote, s'ils faifoient la Guerre aux Éginètes , plutôt que dans trente ans ; mais les trente ans paffés , ils n'avoient qu'à bâtir un Temple à *Éaque* , & entreprendre la Guerre ; alors tout leur devroit réuffir.

Les Athéniens qui brûloient d'envie de fe venger , coupèrent l'Oracle par la moitié : ils n'y déférèrent qu'en ce qui regardoit le Temple d'*Éaque* , & ils le bâtirent fans retardement ; mais pour les trente ans , ils s'en mocquèrent. Ils allèrent auffi-tôt attaquer Égine , & eurent tout l'avantage. *M. de Lavaur.*

RHADAMANTE.

III. *Rhadamante* , fils de Jupiter & d'Europe , étoit frère de Minos. Il s'acquit la réputation d'un Prince d'une grande Vertu ; le plus modefte & le plus fobre de fon tems. Il alla s'établir dans quelqu'une des Ifles de l'Archipel , fur les côtes d'Afie ; où il fit plufieurs conquêtes , moins par la Force de fes armes , que par la Sageffe de fon gouvernement.

C'eft cette Équité & cet amour pour la Juftice , qui le fîrent mettre au nombre des Juges d'Enfer ; où on lui donna pour fon partage , les Afiatiques & les Africains. C'eft lui , dit Virgile , qui préfide au Tartare ; où il éxerce un pouvoir formidable : c'eft lui qui informe des crimes , & qui les punit ; il force les coupables de révéler eux-mêmes les horreurs de leur vie , d'avouer les Crimes dont ils ont vainement joui , & dont ils ont différé l'expiration jufqu'à l'heure du Trépas. *Mélange Curieux.*

DU CHIEN CERBÈRE.

Le *Cerbère* étoit un Chien à trois têtes , né du Géant Typhon & du monftre Échidna : au lieu de poil , fon cou étoit environné de Serpens. Couché dans un Antre fur la rive du Styx , il gardoit la porte du Palais de Pluton & des Enfers ; & n'en laiſſoit ſortir perſonne.

Là eſt un Chien furieux à trois têtes, dit Lucien, qui regarde de bon œil, & fait un accueil favorable à tous ceux qui entrent ; mais qui aboye horriblement, & qui fait des hurlemens épouvantables quand quelqu'un veut s'échapper.

Hercule l'enchaîna, lorſqu'il retira Alceſte des Enfers. Orphée l'endormit au ſon de ſa Lyre, lorſqu'il alla chercher ſa chère Euridice. La Sybille qui conduiſoit Énée aux Enfers, l'endormit auſſi avec une pâte aſſaiſonnée de Miel & de Pavot.

Il y avoit un Affreux Serpent dans une Caverne du Promontoire de Ténare, qui ravageoit tous les environs : comme cet Antre paſſoit pour la Porte des Enfers, on dit que le Serpent en étoit le Portier. On lui donna trois Langues ; parce que la langue des Serpens eſt comme un dard à trois pointes. Enfin on dit, que c'étoit le Chien des Enfers ; parce que quiconque en étoit piqué, mouroit auſſi-tôt. La première Idée de cette Fable peut être venuë de la Coûtume des Égyptiens, de faire garder les Tombeaux par des Dogues. *Noël le Comte.*

Ce Chien à trois têtes éxprime le Tems Paſſé, le Préſent, & l'Avenir qui reçoit tout & le dévore, pour ainſi dire. Hercule le ſurmonte, pour faire voir que les Actions Héroïques ſont victorieuſes de l'Age & des Saiſons ; parce qu'elles ſont toujours préſentes dans la Mémoire de la Poſtérité. Les autres aſſûrent, que ce Chien à trois têtes eſt l'Image de trois ennemis de l'Homme ; & que le Héros qui l'enchaîne, eſt la Figure d'une Grande Ame, qui ſurmonte par ſa Générosité les deſſeins de ſes ennemis déclarés. *Moréry.*

CHAPITRE IV.

Des quatre Fleuves de l'Enfer ;

Sçavoir,

Phlégéton ;   *Cocyte,*   *Styx ,*   *Achéron.*

PHLÉGÉTON.

I. **P**HLÉGÉTON selon les Poëtes, étoit un Fleuve d'Enfer, qui rouloit des torrens de flammes, & environnoit de toutes parts la Prison des Méchans.

COCYTE.

II. Le *Cocyte* étoit un des Fleuves d'Enfer, dont les marais bourbeux environnoient le Tartare : ses eaux ne grossissoient que des Larmes des malheureux qui étoient dans les Enfers. Son nom signifie en effet *Pleurs*, *Gémissemens* : car le *Cocyte* est un Fleuve de la Thesprotie en Épire ; ou plutôt un marais bourbeux qui se déchargeoit dans le marais d'Achérusie. Il y a un autre *Cocyte* dans la Campanie en Italie, qui se décharge dans le Lac Lucrin.

STYX.

III. *Styx* étoit fille de l'Océan, & mère de l'Hydre de Lerne, selon les Poëtes ; qui la changèrent ensuite en Fleuve d'Enfer. Le *Styx*, dit Virgile, se repliant neuf fois sur lui-même, tient les Morts pour toujours emprisonnés sur ses bords. Le nom du *Styx* imprimoit tant de terreur, que le Serment le plus inviolable étoit de jurer par le *Styx* ; & les Dieux mêmes étoient trèsreligieux à le garder. La Punition de ceux qui se parjuroient après ce Serment, étoit très - rigoureuse : Jupiter leur faisoit présenter une Coupe pleine de l'eau empoisonnée de ce Fleuve, qui les laissoit sans âme, dit Hésiode ; ou sans vie pendant un an : & leur Divinité étoit suspenduë pour neuf ans. Lorsque les Dieux juroient par le *Styx*, ils dévoient avoir une main sur la Terre, & l'autre sur la Mèr.

Styx étoit une Fontaine de l'Arcadie, près du Mont Cyllène; qui dégoutoit d'un rocher extrêmement élevé. Après s'être fait une route à travers les Rochers, elle tomboit dans le Fleuve Crathis. Cette eau, dit Pausanias, est mortelle aux Hommes & à tout Animal. Souvent des chèvres sont mortes pour en avoir bû ; mais l'on a été du tems à s'en appercevoir. Une autre qualité fort surprenante de cette eau ; c'est qu'aucun vase soit de verre, soit de cryftal, soit de terre cuite, soit même de marbre, ne la peut contenir sans se casser. Elle dissout ceux qui font de corne ou d'or ; elle dissout même le fer, le cuivre, le plomb, l'étain, l'ambre, l'argent, & même l'or : quoiqu'au rapport de Sapho, la rouille ne l'altère jamais : ce qui est aussi confirmé par l'expérience. Mais cette même eau du *Styx* n'agit point sur la corne du pied des chevaux. On a dit qu'Aléxandre, fils de Philippe, a été empoisonné avec cette eau.

C'est sans doute cette mauvaise qualité de l'eau de la Fontaine de *Styx*, qui a donné lieu aux Poëtes d'en faire un Fleuve, ou un Marais d'Enfer. Quant au Serment des Dieux par le *Styx* ; on croit que l'Idée en est venuë, de ce qu'on se servoit anciennement de l'eau du *Styx*, pour faire les épreuves des coupables & des innocens. *M. l'Abbé de Clauftre.*

ACHÉRON.

IV. *Achéron* fils de Titan & de la Terre, eut tant de peur des Géans, qu'il se cacha sous Terre ; & descendit même jusques dans l'Enfer, pour se dérober à leur fureur. D'autres disent, que Jupiter le précipita dans l'Enfer ; parce que son eau avoit servi à étancher la soif des Titans.

Selon Bocace, *Achéron* étoit un Dieu qui nâquit de Cérès dans l'Isle de Crète, & qui ne pouvant soutenir la Lumière du Jour, se retira aux Enfers. Ce Fleuve de la Thesprotie, prenoit sa source au marais d'Achéreuse ; & se déchargeoit près d'Ambracie dans le Golfe Adriatique. Son eau étoit amère & mal saine : première raison pour en faire un Fleuve d'Enfer. Il demeure long-tems caché sous Terre, ce qui a fait dire qu'il alloit se cacher aux Enfers. Le nom d'*Achéron* a aussi contribué à la Fable ; car il veut dire *Angoisse, Hurlement. Dictionnaire de la Fable.*

CHAPITRE V.

De l'Envie, de la Douleur, de la Pauvreté, du Destin, du Travail, de la Discorde, de la Fraude.

L'ENVIE.

IL ne paroît pas qu'on ait jamais érigé des Autels, ni des Statuës à l'*Envie*. Lucien & Ovide en ont fait des Descriptions Poëtiques, prises sur les Envieux mêmes. Voici comme parle Ovide : « une Triste Pâleur est peinte sur son visage, elle a le corps entièrement décharné, le regard sombre & égaré, les dents noires & mal-propres, le cœur abreuvé de fiel, & la langue couverte de venin. Toujours livrée à des souhaits inquièts & chagrins, jamais elle n'a ri qu'à la vûë de quelques

» maux ;

» maux , jamais le Sommeil ne ferma ſes paupières. Tout ce qui
» arrive d'heureux dans le Monde l'afflige , & redouble ſa fu-
» reur : elle mèt toute ſa joye à ſe tourmenter , à tourmenter
» les autres ; & elle eſt elle-même ſon triſte bourreau.

Lᴀ Dᴏᴜʟᴇᴜʀ.

II. La *Douleur* étoit fille de l'Érèbe & de la Nuit, ſelon Ci-
téron.

Lᴀ Pᴀᴜᴠʀᴇᴛᴇ́.

III. Il paroît par le Plutus d'Ariſtophane , que la *Pauvreté*
avoit été miſe au rang des Dieux. Les Habitans de Gadura
l'honoroient d'un Culte particulier ; parce qu'ils la regardoient
comme la Mère de l'Induſtrie , & de tous les Arts. Platon lui
donne l'Amour pour fils. Plaute la fait fille de la Débauche ,
parce que ceux qui s'y livrent aboutiſſent aſſez ſouvent à la
Pauvreté.

Lᴇ Dᴇsᴛɪɴ.

IV. Le *Deſtin* eſt une Divinité aveugle qui règloit toutes
choſes par une Puiſſance ; dont on ne pouvoit ni prévenir , ni
empêcher les effèts. Toutes les autres Divinités étoient ſoumi-
ſes à celle-ci. Les Cieux , la Terre , la Mèr & les Enfers étoient
ſous ſon Empire ; & rien ne pouvoit changer ce qu'il avoit réſolu : ou pour parler avec les Stoïciens , le *Deſtin* étoit lui-même
cette *Fatale Néceſſité ,* ſuivant laquelle tout arrivoit dans le
Monde. Jupiter a beau vouloir ſauver Patrocle , il faut qu'il
éxamine ſa Deſtinée , qu'il ne connoît pas : il prend des Balan-
ces , le pèſe , & le côté qui décidoit de la mort de ce Héros
étant le plus peſant ; il eſt obligé de l'abandonner à ſon *Deſtin*.
Ce Dieu ſe plaint dans le même Poëte , de ne pouvoir fléchir
le *Deſtin* pour ſon fils Sarpédon , ni le garantir de la mort.

Tome II.   V

Ovide fait dire à Jupiter qu'il est soumis à la Loi du *Destin*, & que s'il pouvoit la changer ; Éaque, Rhadamante & Minos ne seroient pas accablés sous le poids de leur vieillesse. Diane dans Éuripide, pour consoler Hyppolite mourant, lui dit ; qu'elle ne sçauroit à la vérité changer l'Ordre du *Destin* : mais que pour le venger, elle tuera de sa propre main un des Amans de Vénus.

Quelques inévitables que fussent les Arrêts de cette aveugle Divinité ; Homère dit cependant qu'ils pensèrent une fois être sans exécution, tant les idées qu'on avoit à ce sujet étoient peu nettes. Ces Destinées étoient écrites de toute éternité, dans un lieu où les Dieux alloient les consulter. Jupiter y alla, dit Ovide, avec Vénus ; pour y voir celles de Jules César. Ce Poëte ajoute, que celles des Rois étoient gravées sur le Diamant.

Les Ministres du *Destin* étoient les trois Parques ; que l'on chargeoit du soin de faire exécuter les Ordres de l'aveugle Divinité. Un Mythologue moderne dit, qu'elles étoient les Secrétaires de son cabinet, & les Gardes de ses Archives : l'une dictoit les Ordres de son Maître, l'autre les écrivoit avec exactitude, & la dernière les exécutoit en filant nos Destinées Selon Hésiode, la Nuit seule engendra l'affreux *Destin*.

LE TRAVAIL.

V. Hésiode dit, que le *Travail* est fils de l'Érèbe & de la Nuit ; comme tous les Maux qui arrivent aux hommes, & à qui il donne la même Origine.

LA DISCORDE.

VI. La *Discorde* est une Divinité malfaisante ; à laquelle on attribuoit non-seulement les Guerres ; mais aussi les Querelles entre les Particuliers, les Brouilleries dans les ménages, les Dissensions dans les familles.

La *Difcorde*, fœur & compagne de Mars, dit Homère; dès qu'elle commence à paroître, s'élève infenfiblement : & bientôt, quoiqu'elle marche fur la Terre, elle porte fa tête orgueilleufe jufques dans les Cieux. Pétrone la dépeint les cheveux épars & en défordre, la bouche enfanglantée, les yeux battus & fondant en larmes, grinçant des dents qu'elle avoit toutes noires : dont la langue diftilloit une liqueur infeêtée & puante, la tête hériffée de ferpens, portant un habit tout déchiré ; & agitant une torche de fa main fanglante.

Virgile dit auffi, que fa chevelure étoit compofée de Serpens. C'eft elle qui aux noçes de Pelée & de Thétis, jetta dans l'Affemblée des Dieux, la Fatale Pomme qui occafionna entre les Déeffes, la fameufe conteftation dont Paris fut le Juge : les Dieux ayant refufé de l'être, de crainte d'entrer eux-mêmes par des fentimens de partialité, dans les Débats & les Altercations qui font toujours les fuites de la *Difcorde*.

LA FRAUDE.

VII. Héfiode compte la *Fraude*, parmi les nombreux enfans de la Nuit & des Ténèbres. Voici le portrait que fait Bocace de cette Divinité malfaifante. Elle a la phifionomie d'un Homme de bien, le corps d'un Serpent ; dont la peau laiffe voir différentes couleurs agréables, pendant que la partie inférieure fe termine en queuë de Poiffon : elle nage dans les eaux du Cocyte, dont elle tire tout fon venin ; & ne laiffe apperçevoir que fa tête. *Moréry*.

SUITE DU CHAPITRE V DE LA MYTHOLOGIE DES ENFERS.

De la Nuit, du Sommeil, de la Mort, de Tantale, d'Ixion, des Danaïdes, de Sifyphe.

DE LA NUIT.

I. On a fait de la *Nuit* une Divinité, & la plus ancienne de toutes ; parce que les Ténèbres ont précédé la Lumière. Elle étoit fille du Cahos, dit Héfiode ; l'Auteur que nous avons fous le nom d'Orphée, l'appelle la Mère des Dieux & des Hommes. Théocrite dit, qu'elle alloit fur un Chariot précédé par les Aftres : d'autres lui donnent des aîles comme à Cupidon, & à la Victoire. Enfin Euripide la dépeint vêtuë & couverte d'un grand Voile noïr, accompagnée des Aftres ; & allant en cet équipage fur fon char. C'eft là la manière la plus ordinaire dont elle eft repréfentée.

Quelquefois on la voit fur fon Char, tenant un grand Voile tout parfemé d'Étoiles, étendu fur la tête. D'autrefois on la trouve fans Chariot, ayant auffi un grand Voile qu'elle tient d'une main ; & tourne de l'autre fon Flambeau vers la terre pour l'éteindre.

La *Nuit* avoit des enfans dont le Père étoit l'Érèbe, au fentiment de quelques Anciens rapporté par Cicéron: c'étoit l'Éther & le Jour. Outre cela, la *Nuit* toute feule & fans le commerce d'aucun Dieu, engendra, dit Héfiode ; l'odieux Deftin, la noire Parque, la Mort, le Sommeil & tous les Songes, la Crainte, a Douleur, l'Envie, le Travail, la Vieilleffe, la Mifère, les Ténèbres, la Fraude, l'Obftination, les Parques, les Hefpérides : en un mot, tout ce qu'il y avoit de fâcheux & de pernicieux dans la vie, paſſoit pour une production de la *Nuit*. Énée avant de deſcendre dans les Enfers immole une jeune Brebis noire à la *Nuit*, comme Mère des Euménides. *Trévoux*.

DU SOMMEIL.

II. Homère & Héſiode font le *Sommeil* fils de l'Érèbe & de la Nuit, frère de la Mort ; dont il eſt la plus parfaite image. Junon voulant endormir Jupiter, pour l'empêcher de voir ce qui ſe paſſoit dans le camp des Grecs & des Troyens ; va trouver le *Sommeil* à Lemnos ſon ſéjour ordinaire : & le prie d'aſſoupir les yeux trop clairvoyans de Jupiter, en lui promettant de beaux préſents ; & l'appellant le Roi des Dieux & des Hommes.

Le *Sommeil* s'en défendit un peu, en diſant qu'il craignoit la Colère de Jupiter : « je me ſouviens, lui dit-il, d'une ſemblable prière que vous me fîtes au ſujèt d'Hercule : je m'inſinuai auprès de Jupiter, je fis couler mes douceurs les plus puiſſantes dans ſes yeux & dans ſon eſprit ; & vous profitâtes de ces momens, pour perſécuter ce Héros. Jupiter s'étant éveillé, entra dans une ſi grande Colère, qu'il me chercha par-tout pour me punir. J'étois perdu ſans reſſource, il m'auroit jetté dans les Abyſmes les plus profonds de la Mèr ; ſi la Nuit qui dompte les Dieux comme les Hommes, ne m'eût ſauvé. Je me jettai entre ſes bras ſecourables, & Jupiter quelqu'irrité qu'il fût, s'appaiſa ; car il craignoit la Nuit, & n'oſoit forçer cet aſyle. Et aujourd'hui, vous venez m'expoſer encore au même péril ? Cependant Junon le gâgna, en lui promettant en mariage la plus jeune des Graces.

Ovide établit le domicile du *Sommeil* dans le pays des Cimmériens, que les Anciens croyoient être plongé dans les plus

épaiſſes ténèbres. « Là eſt une vaſte Caverne , dit - il , où les
» rayons du Soleil ne pénètrent jamais. Toujours environnée
» de nuages ſombres & obſcurs , à peine y jouit-on de cette
» foible Lumière , qui laiſſe douter s'il eſt jour ou nuit ; jamais
» les Coqs n'y annoncèrent le retour de l'Aurore ; jamais les
» Chiens ni les Oyes qui veillent à la garde des maiſons , ne
» troublèrent par leurs cris importuns , le tranquille repos qui y
» règne ; nul Animal ni féroce , ni domeſtique ne s'y fit jamais
» entendre. Le Vent n'y agita jamais , ni les feuilles , ni les
» branches. On n'y entend ni querelles , ni murmures ; c'eſt le
» ſéjour de la Douce Tranquillité. Le ſeul bruit qu'on y en-
» tend eſt celui du Fleuve d'Oubli , qui , coulant ſur de petits
» cailloux fait un doux murmure qui invite au repos. A l'en-
» trée de ce Palais naiſſent des pavots & une infinité d'autres
» Plantes , dont la Nuit ramaſſe ſoigneuſement les ſucs aſſou-
» piſſans , pour les répandre ſur la terre. De crainte que la Porte
» ne faſſe du bruit en s'ouvrant ou en ſe fermant , l'Antre de-
» meure toujours ouvert ; & on n'y voit aucune garde. Au
» milieu de ce Palais eſt un lit d'Ébène , couvert d'un rideau
» noir : c'eſt là que repoſe ſur la plume & ſur le Duvet le tran-
» quille Dieu du *Sommeil*.... Iris envoyée par Junon s'étant
» approchée de ce lit , le *Sommeil* frappé de l'éclat de ſes ha-
» bits , ouvre ſes yeux appeſantis , fait un effort pour ſe relever ,
» & retombe auſſi-tôt : enfin après avoir laiſſé ſouvent tomber
» ſon menton ſur ſon eſtomac , il fait un dernier effort , & s'ap-
» puyant ſur le coude ; demande à Iris , quel étoit le ſujèt de ſon
» arrivée ».

On repréſentoit ce Dieu , comme un enfant enſeveli dans
un Profond *Sommeil* , qui a la tête appuyée ſur des Pavots.
Tibulle lui donne des aîles : un autre Poëte lui fait embraſſer
la tête d'un Lion qui eſt couché. Les Lacédémoniens au rapport

de Paufanias joignoient enfemble dans leurs Temples ; la re-préfentation du *Sommeil*, & celle de la Mort. Lorfqu'on invo-quoit le *Sommeil* pour les Morts, il s'agiffoit alors du *Sommeil Éternel*, qui étoit la Mort. *Diction. de la Fable.*

DE LA MORT.

III. Les Anciens ont fait de la *Mort*, une Divinité engendrée par la Nuit feule, fans le commerce d'aucun autre Dieu : on lui donnoit pour frère le Sommeil, & avec raifon : puifqu'elle eft véritablement le Grand Sommeil, le Sommeil Éternel; dont le Sommeil des vivans n'eft que l'image. Paufanias parle d'une Statuë de la Nuit, qui tenoit entre fes bras fes deux enfans, le Sommeil & la Mort ; l'un noir, & l'autre blanc : l'un qui dort tout-à-fait, & l'autre qui ne fait que femblant de dormir ; & tous deux contrefaits.

On attribuoit toutes les Morts fubites à la colère d'Apollon & de Diane ; avec cette différence, qu'on mettoit fur le compte du Dieu, celles des hommes ; & fur le compte de la Déeffe, celles des femmes : parce qu'on croyoit, qu'elles étoient l'effèt des Influençes malignes du Soleil & de la Lune. *Antiquités Grecques & Romaines.*

TANTALE.

IV. *Tantale* Roi de Lydie, eft un des Princes à qui l'An-tiquité a reproché d'avoir offert aux Dieux des victimes hu-maines ; ce qui l'a fait mettre par les Poëtes, au nombre des fameux Scélérats condamnés aux fupplices du Tartare. "Là je " vis le célèbre *Tantale*, (dit Ulyffe dans l'Odiffée,) en proye " à des douleurs qu'on ne fçauroit exprimer. Confumé par une " foif brulante, il étoit au milieu d'un étang, dont l'eau plus " claire que le cryftal montoit jufqu'à fon menton, fans qu'il

pût en prendre une goute pour ſe déſaltérer ; car toutes les
fois qu'il ſe baiſſoit pour en boire , l'eau diſparoiſſoit tout autour de lui ; & il ne voyoit plus qu'un ſable aride , qu'un
Dieu ennemi deſſechoit. Ce n'étoit-là que la moitié de ſon
Supplice : également dévoré par la faim , il étoit environné
de beaux arbres , d'où pendoient ſur ſa tête des fruits délicieux ; des poires , des grenades , des oranges , des figues ,
des olives. Mais toutes les fois que ce malheureux levoit les
bras pour en cueillir , un vent jaloux les élevoit juſqu'aux
nuës » ; ce qu'Ovide exprime en moins de mots , quand il
lit , » que *Tantale court après l'Onde , qui le fuit ; & tâche vainement de cueillir le Fruit d'un Arbre qui s'éloigne.*

Les Anciens ne ſont pas d'accord ſur la nature du châtiment
le *Tantale* ; & Cicéron après avoir ſuivi Homère & Virgile ,
en ſa première Tuſculane ch. 5. adopte en la quatrième Tuſculane , ch. 16. la Tradition d'Euripide , de Pindare & de
Platon ; qui repréſente *Tantale* ayant la tête au-deſſous d'un
Rocher , dont la chûte le menace à tout moment. Ce Philoſophe
parlant de la douleur que cauſe la crainte , dit : » c'eſt de ce
Supplice que les Poëtes ont voulu nous tracer l'image ; en
nous peignant *Tantale* dans les Enfers , avec un Rocher au-
deſſus de ſa tête toujours prêt à tomber , pour le punir de
ſes Crimes.

Quels étoient ſes Crimes ? Les Poëtes ſont encore moins
l'accord ſur ce point ; les uns l'accuſent d'avoir fait ſervir aux
Dieux dans un Feſtin , les membres de ſon propre fils qu'il avoit
égorgé , pour éprouver leur Divinité : c'eſt-à-dire , comme
l'explique un Mythologue moderne ; d'avoir voulu faire aux
Dieux le barbare Sacrifice de ſon fils. D'autres l'accuſent d'a-
voir révélé le ſecret des Dieux , dont il étoit Grand Prêtre ;
c'eſt-à-dire , d'avoir découvert les Myſtères de leur Culte.

Selon

Selon Pindare il ne mérita ce Supplice, que, parce qu'ayant été admis à la Table des Dieux, il déroba le Nectar & l'Ambrofie pour en faire part aux mortels ; ou enfin felon Lucien, parce que *Tantale* avoit volé un Chien que Jupiter lui avoit confié, pour garder fon Temple dans l'Ifle de Crète : le Dieu lui ayant fait demander ce qu'étoit devenu ce Chien, il répondit qu'il n'en fçavoit rien. Cicéron, fans exprimer aucun des Crimes de *Tantale* en particulier ; dit qu'il eft puni de fes Forfaits, de fa Fureur & de fon Orgueil ; *ob fcelera, animique impotentiam, & fuperbiloquentiam.* Horace trouve le portrait de l'Avare dans le fupplice de *Tantale* au milieu des eaux, qui fuyent fitôt qu'il veut boire : » Avare, de qui penfez-vous rire ? » C'eft de vous, dit il, que parle la Fable fous un nom emprunté.

Tantale fils de Thyefte, fut le premier mari de Clytemneftre, felon Euripide : » quel époux ai-je trouvé dans Agamemnon ? *dit Clytemneftre* ; un raviffeur, qui m'enlève contre » mon gré ? après avoir tué Tantale mon premier époux, après » avoir arraché de mon fein un fils ; après l'avoir écrafé en le » précipitant à mes yeux » ? Homère dit au contraire, que Clytemneftre avoit été mariée en premières nôces au Roi Agamemnon. *Hiftoire des Oracles.*

I X I O N.

V. *Ixion* Roi des Lapithes en Theffalie, devoit le jour à Jupiter & à la Nymphe Mélète. Selon Diodore, fon père 'appelloit Antion ; & felon Hygin, Léonte. Il établit fa demeure à Lariffe, aux environs du Mont Pélion. Ayant époufé Dia, fille de Déjoné, il en eût *Pirithoüs.* Comme c'étoit alors la coutume, que lorfqu'on époufoit une fille ; au lieu d'en recevoir une Dot, l'époux faifoit de grands avantages à la fille qu'il vouloit épouſer, & de riches préſens aux père & mère pour l'obtenir ; Déjoné ayant ſouvent ſollicité ſon gendre d'accomplir les promeſſes qu'il lui avoit données en épouſant ſa fille, & voyant qu'il ne faiſoit que l'amuſer par de belles paroles, lui fit un jour enlever ſes jumens qui paiſſoient à la campagne. *Ixion* piqué au vif de cet affront, feignit de vouloir entrer en accommodement avec lui, & l'invita à un Feſtin. Déjoné ſe rendit à Lariſſe, & y fut reçu avec beaucoup de magnificence. Mais *Ixion* ayant fait creuſer à l'entrée de la ſalle où l'on devoit manger, une Foſſe où il avoit fait jetter beaucoup de bois & de charbons ardens ; Déjoné à qui il donnoit le pas par honneur, y tomba, & y perdit la vie. Tout le monde eut horreur de ce Crime ; & comme il étoit alors ſans exemple, on n'avoit point de Formulaire pour l'expier. En vain *Ixion* ſollicita tous les Princes de la Grèce ; perſonne ne voulut même lui accorder les Droits de l'Hoſpitalité : & il erra longtems ſans trouver aucun aſile. A la fin il fut reçu chez un Prince, qui avoit peut-être le ſurnom de Jupiter ; & qui moins délicat que les autres, l'admit à ſa table ; & conſentit à lui faire les Cérémonies de l'Expiation. Mais l'ingrat *Ixion* oubliant le Bienfait, ſongea à ſéduire la femme de ſon Hôte. Le Roi qui en fut averti, voulant éclaircir le fait, fit habiller une eſclave nommée Néphélé des habits de la Reine, & la mit à portée d'*Ixion*. Celui-ci non-ſeulement ſatisfit ſa Paſſion ; mais il eut l'audace de ſe vanter d'avoir eu les Faveurs de la Reine : ce qui le fit chaſſer honteuſement.

La Fable dit, que Jupiter voyant *Ixion* abandonné de tout le monde, eut pitié de lui ; le reçut dans le Ciel, & lui permit même de manger à la Table des Dieux. Un Bienfait ſi ſignalé ne ſervit qu'à faire un Ingrat & un Téméraire : touché des charmes de la Reine du Ciel, *Ixion* eut l'inſolence de lui léclarer fa paffion. La Sévère Junon offenfée de fa témérité, ;'en plaignit à Jupiter, qui n'en parût pas irrité ; regardant *Ixion* comme un Infenfé, à qui le Nectar & l'Ambrofie avoient troublé la raifon.

Lucien dit, que le Dieu propofa même à Junon un moyen pour fatisfaire *Ixion*, fans bleffer l'honneur de la Déeffe : je fuis d'avis, dit-il, de former une Nuée qui ait votre reffem-blance, & de l'abandonner à *Ixion*. Comment, dit Junon, ce feroit le récompenfer au lieu de le punir ; & de plus tout l'Af-front retomberoit fur moi, parce qu'il croiroit m'embraffer, & pourroit même s'en vanter. Si cela arrive, répond Jupiter, je le précipiterai dans les Enfers. En effet *Ixion* adreffa fes vœux à la Fauffe Junon : & fe vanta enfuite hautement d'avoir desho-noré le Souverain des Dieux. A ce dernier trait, la Colère de Jupiter s'alluma contre le Perfide ; il le frappa d'un coup de Foudre, & le précipita dans le Tartare : où Mercure par fon ordre l'attacha à une Roüe toute environnée de Serpens, qui devoit tourner fans relâche.

Pindare dit, qu'*Ixion* en tournant continuellement fur fa Roüe rapide, crie fans ceffe aux Mortels ; qu'ils foient toujours difpofés à témoigner leurs Reconnoiffances à leurs Bienfaiteurs, pour les graces qu'ils en ont reçuës.

Le Supplice d'*Ixion* n'eft qu'une Parabole ingénieufe, qui exprime fon Caractère. On a voulu marquer par les Serpens qui environnoient la Roüe ; les Remords d'une Confcience agitée du Souvenir d'un Crime affreux. Par le Mouvement éternel de fa Roüe ; l'inquiétude continuelle où ce Prince vécut depuis fon Parricide, cherchant par-tout le repos dont il ne pouvoit jouir ; & trouvant tous les jours dans le fond de fon cœur, de nouveaux motifs de fe fuir lui-même. Lorfque Pro-ferpine fit fon entrée au Royaume de Pluton, *Ixion* fut délié pour la première fois , dit Ovide. Du commerce d'*Ixion* avec la Nuée ou avec Néphélé , naquirent les Centaures.

Ixion Prince du sang des Héraclides , règna à Corinthe après la mort de son père Alétès. *Diction. de la Fable.*

LES DANAÏDES.

VI. Les *Danaïdes* étoient les cinquante filles de Danaüs , Roi d'Argos. Ce Prince règna d'abord en Égypte avec son frère Égyptus : mais celui-ci après neuf ans d'union & de concorde , se rendit l'unique maître , & soumit son frère à ses Loix. Égyptus avoit cinquante fils , & Danaüs cinquante filles. Le premier voulut donner pour épouses à ses fils , leurs cousines germaines. La proposition effréya les *Danaïdes* , de manière qu'elles s'enfuirent à Argos ; afin d'éviter un Mariage qui leur paroissoit impie. Argos étoit en quelque sorte leur terre natale ; puisque la maison de Danaüs étoit issuë d'Io , qui étoit Argienne. Pelasgus Roi d'Argos , les reçut favorablement ; & leur accorda sa protection contre les poursuites d'Égyptus.

Cette arrivée des *Danaïdes* à Argos , fait le sujet d'une Tragédie d'Eschile , intitulée *les Supliantes*. Le Poëte représente les *Danaïdes* avec leur père , venant demander un asile à Argos en qualité de Supliantes. Pelasgus juge qu'il seroit inhumain de rejetter les prières de ces Illustres Filles : mais il lui paroît aussi dangereux en même-tems de les recevoir , par la crainte des armes d'Égyptus. Cette Délibération fait tout le fond de la Tragédie Grèque.

L'Histoire de Danaüs & d'Égyptus paroît bien différente dans le Poëte Tragique , de celle que racontent les autres Poëtes. Selon eux, Danaüs ne voulant point que ses filles épousassent les fils de son frère , soit qu'il en fût détourné par un

Oracle, qui lui avoit prédit qu'il feroit tué par un de fes gendres ; ou plus vraifemblablement, qu'il fe flattât de faire des alliançes plus utiles pour fes intérêts, s'enfuit d'Égypte avec fa famille ; & fe retira à Rhodes, puis à Argos. Il y difputa le cèptre à Gélanor, en qualité de defçendant d'Épaphus fils d'Io. Tandis qu'il faifoit valoir fes prétentions devant le Peuple, un Bœuf qui paiffoit aux pieds des murs de la Ville, fut dévoré par un Loup. On interpréta cet évènement en fa faveur : on crût voir dans cet étranger image du Loup, un figne de la volonté des Dieux ; & la Couronne lui fut adjugée.

Égyptus jaloux des accroiffemens que la puiffance de fon frère reçevoit des alliançes qu'il alloit contraêter, en choififfant cinquante gendres parmi les Princes de la Grèce, envoya fes fils à Argos à la tête d'une Armée, pour réitérer la demande de leurs coufines. Danaüs trop foible pour leur réfifter, confentit au mariage de fes cinquantes filles, avec fes cinquante neveux ; mais fous condition fecrètte, que les Danaïdes armées d'un poignard caché fous leurs robes, maffacreroient leurs maris la première nuit de leurs nôces. Ce projèt s'éxécuta ; & la feule Hyperméneftre épargna fon mari Lyncée. Jupiter, pour punir ces Filles Cruelles de leur inhumanité, les condamna à remplir éternellement dans le Tartare un *Tonneau percé.*

Ce qui a fait imaginer ce Châtiment Fabuleux ; c'eft qu'on prétend que les *Danaïdes* communiquèrent aux Argiens, *l'Invention des Puits ;* *qu'elles avoient apportée d'Égypte, où les* *aux étoient rares.*

D'autres difent, que c'eft l'Invention des Pompes : & comme on tiroit peut-être continuellement de l'eau par le moyen de ces Pompes, pour les différens ufages des *Danaïdes ;* ceux qui étoient employés à ce pénible travail, dirent apparemment, que

:es Princeſſes étoient condamnées à remplir un Vaiſſeau Perçé ;
)our conſommer tant d'eau. *M. l'Abbé de Clauſtre.*

SISYPHE.

VII. *Siſyphe* deſcendant d'Éole, & frère de Salmonée,
ègna à Corinthe après que Médée ſe fut retirée. On dit qu'il
woit enchaîné la Mort, & qu'il la retint juſqu'à ce que Mars
a délivra à la prière de Pluton, dont l'Empire étoit deſert ; à
:auſe que les Hommes ne mouroient plus.

Homère explique comment *Siſyphe* avoit lié la mort : c'eſt
)arce qu'il aimoit la Paix, & que non-ſeulement il la gardoit
ivec ſes voiſins ; mais travailloit encore à la maintenir entre ſes
'oiſins mêmes. C'étoit auſſi, dit le Poëte, le plus Sage & le
)lus Prudent des mortels. Cependant les Poëtes unanimement
e mettent dans les Enfers, & le condamnent à un Supplice
)articulier, qui eſt de rouler inceſſamment une Groſſe Roche
iu haut d'une montagne ; d'où elle retomboit auſſi-tôt par ſon
)ropre poids : & il étoit obligé ſur le champ de la remonter,
)ar un travail qui ne lui donnoit aucun relâche.

On donne pluſieurs Raiſons de ce Supplice. Les uns ont dit,
[ue c'étoit pour avoir révélé les Secrèts des Dieux. Jupiter
iyant enlevé Égine, la fille d'Aſopus, celui-ci s'adreſſa à *Si-*
yphe pour ſçavoir ce qu'étoit devenuë ſa fille. *Siſyphe* qui
ivoit connoiſſance de l'enlèvement, promit à Aſopus de l'en
nſtruire ; à condition qu'il donneroit de l'eau à la Citadelle de
:orinthe. *Siſyphe* à ce prix révéla ſon Secrèt, & en fut puni
lans les Enfers. Selon d'autres, ce fut pour avoir débauché
Гyro ſa niéce, fille de Salmonée.

Noël-le-Comte en donne une autre Raiſon plus ſingulière ;
l'après Démétrius, Ancien Commentateur de Pindare ſur les
)lympiques. *Siſyphe* étant prêt de mourir, dit-il, ordonna à

femme de jetter son corps au milieu de la place fans Sépulire ; ce que la femme exécuta très - ponctuellement. *Sifyphe* ayant appris dans les Enfers, trouva fort mauvais que fa femme ût obéi fi fidèlement à un ordre qu'il ne lui avoit donné, que our éprouver fon amour pour lui. Il demanda à Pluton la periiffion de retourner fur la terre, uniquement pour châtier fa mme de fa dureté. Mais quand il eut de nouveau goûté l'Air e ce Monde, il ne voulut plus retourner en l'autre ; jufqu'après ien des années. Mercure en exécution d'un Arrêt des Dieux, faifit au collet, & le ramena de force aux Enfers ; où il fut uni, pour avoir manqué à la parole qu'il avoit donnée à luton.

Ce retour de *Sifyphe* à la Vie, fignifie peut - être, que ce Prince revint d'une Maladie qu'on avoit jugée mortelle ; & qu'ayant recouvré la Santé dans le tems qu'on le croyoit mort, l avoit enfuite vêcu jufqu'à une extrême Vieilleffe.

D'autres Mythologues, fans avoir égard au portrait avantageux qu'Homère fait de *Sifyphe*, ont dit ; qu'il exerçoit toutes ortes de Brigandages dans l'Attique, & qu'il faifoit mourir de livers Supplices tous les Étrangers qui tomboient entre fes nains : que Théfée Roi d'Athènes, lui fit la Guerre, le tua dans un Combat ; & que les Dieux le punirent avec raifon dans le Tartare, pour tous les Crimes qu'il avoit commis fur a Terre. Ce Rocher qu'on lui fait rouler inceffamment, eft l'Emblême d'un Prince Ambitieux, qui roula long-tems dans a tête des Deffeins qui n'eurent point d'éxécution. *Noël le Comte.*

CHAPITRE VI.

Des trois Parques :

Sçavoir,

Clotho ,   *Lachéſis ,*   *Atropos.*

Des trois Furies :

Sçavoir,

Mégère ,   *Tiſiphone ,*   *Alècton.*

Des trois Gorgones :

Sçavoir,

Mèduſe ,   *Euryale ,*   *Sthéno.*

Des trois Harpies :

Sçavoir,

Aëllo ,   *Ocypété ,*   *Célæno.*

DES TROIS PARQUES:

Sçavoir :

Clotho ,   *Lachéſis ,*   *Atropos.*

IL n'y avoit point de Divinités dans le Paganiſme , qui euſſent un pouvoir plus abſolu que les *Parques.* Maîtreſſes du
Sort des Hommes , elles en règloient les Deſtinées : tout ce qui
arrivoit dans le Monde étoit ſoumis à leur Empire.

Elles

Elles étoient trois sœurs, appellées *Clotho*, *Lachesis*, & *Atropos*. Les Mythologues varient extrêmement sur leur Origine. Hésiode dit qu'elles étoient filles de la Nuit & de l'Érèbe ; pour nous marquer par-là, l'Obscurité impénétrable de notre Sort. Un autre les faisoit filles de la Nécessité & du Destin. Quelques-uns les ont dit filles de Jupiter & de Thémis.

Leurs noms particuliers désignent assez bien leurs différentes fonctions : car comme toute la Destinée des Hommes qu'on croyoit être soumise à la Puissance des *Parques*, regardoit ou le tems de la Naissance, ou celui de la Vie, ou celui de la Mort ; *Clotho*, la plus jeune des trois sœurs, avoit le soin de présider au Moment que nous venons au Monde, & de tenir la Quenouille : *Lachésis* filoit tous les Événemens de notre vie ; & Atropos, la plus âgée des trois, coupoit avec des cizeaux le Fil, & en terminoit ainsi le Cours ; suivant cet ancien Vers.

Clotho colum retinet, Lachesis net, & Atropos occat.

Clotho, signifie filer : *Lachésis*, tirer au sort ; & *Atropos*, immuable, inconvertible ; ou bien qui change tout, qui renverse tout. Cette Épithète convient bien à la *Parque*, qui renverse souvent l'Ordre des choses ; lorsqu'elle enlève des gens, qui, ou par leur jeunesse, ou par le besoin qu'on avoit d'eux, sembloient devoir vivre long-tems.

Les Poëtes nous décrivent de différentes manières, ce Ministère des *Parques*. Tantôt ils les exhortent à filer des jours heureux, pour ceux que le Destin veut favoriser : tantôt ils nous apprennent, qu'elles prescrivent le Tems que nous devons demeurer sur la terre ; tantôt ils disent qu'elles révèlent quelquefois une partie de nos Destinées, cachent le reste sous un Secrèt impénétrable ; qu'elles se servent quelquefois du Ministère des Hommes, pour ôter la Vie à ceux dont les Des-

Tome II.   Y

inées font accomplies. Selon Claudien, elles font les Maîtreffes bfoluës de tout ce qui vit dans le monde. Enfin ce font elles, ui diftribuent à leur gré tout le Bien & le Mal qui nous arrive; i nous en croyons Héfiode.

Les Mythologues leur donnent encore d'autres fonctions. Les ns regardent les *Parques*, comme les Miniftres du Deftin. .'une dicte les Ordres de fon maître : l'autre les écrit avec ixactitude; & la dernière les éxécute en filant nos Deftinées.)'autres font fervir les *Parques* fous les Ordres de Pluton. Claudien les repréfente aux pieds du Dieu des Enfers, pour le détourner de faire la Guerre à fon frère Jupiter. Mais l'Opi-ion la plus générale, eft, que les *Parques* fervoient fous les)rdres du Deftin, à qui les autres Dieux & Jupiter même toient foumis.

Les Philofophes à leur tour donnent aux *Parques*, des fonc-ions différentes des Poëtes & des Mythologues. Ariftote dit, que *Clotho* préfidoit au Tems Préfent; *Lachéfis*, à l'Avenir; & *Atropos*, au Tems Paffé.

Platon fait voir ces trois Déeffes au milieu des Sphères Cé-eftes, avec des habits blancs couverts d'Étoiles, portant des couronnes fur la tête, & affifes fur des Trônes éclatans de Lu-nière, où elles accordent leur Voix au chant des Sirènes. C'eft-à, dit-il, que *Lachéfis* chante les chofes Paffées : *Clotho*, celles qui arrivent à chaque inftant; & *Atropos*, celles qui doivent arriver un jour. Selon Plutarque, *Atropos* placée dans la Sphère du Soleil, répand fur la Terre les premiers Principes de la Vie; *Clotho* qui fait fa réfidence dans le Ciel de la Lune, forme les nœuds qui lient les Semençes Éternelles; & *Lachéfis*, dont le éjour eft fur la Terre, préfide aux Deftinées qui nous gou-vernent.

Comme les *Parques* paffoient pour des Déeffes inéxorables,

qu'il étoit impoſſible de jamais fléchir ; on ne crut pas qu'il fût néceſſaire, de ſe mettre en dépenſe pour les honorer. Pauſanias nous parle de quelques Temples qu'elles avoient dans la Grèce : les Lacédémoniens leur en avoient élevé un dans leur Ville, auprès du Tombeau d'Oreſte ; & les Sicyoniens leur en avoient dédié un autre dans un bois ſacré, où ils les honoroient du même Culte que les Furies ; c'eſt-à-dire, qu'on leur y immoloit des Brebis noires. Dans la Ville d'Olympie il y avoit un Autel conſacré à Jupiter, *Conducteur des Parques*, auprès duquel ces Déeſſes en avoient un autre.

Les Anciens repréſentoient ces Déeſſes, ſous la figure de trois femmes accablées de Vieilleſſe ; avec des Couronnes faites de gros flocons de laine blanche, entremêlées de fleurs de Narciſſe : une robe blanche leur couvroit tout le corps ; & des rubans de la même couleur noüoient leurs Couronnes. L'une tenoit la Quenouille, l'autre le Fuſeau, & la troiſiéme les Cizeaux pour couper le Fil ; lorſque le Tems de la Mort, que Virgile appelle le Jour des *Parques*, étoit arrivé. *Hiſtoire des Oracles, de M. de Fontenelle.*

La grande Vieilleſſe des *Parques* dénotoit l'Éternité des Decrèts Divins : la Quenouille & le Fuſeau apprenoient que c'étoit à elles, à en règler le Cours ; & ce Fil myſtérieux, le peu de fond qu'on devoit faire ſur une Vie qui tenoit à ſi peu de choſe. On diſoit, que pour filer une Vie longue & heureuſe, elles employoient de la Laine Blanche ; & la Laine noire, pour une Vie courte ou malheureuſe. Les Couronnes qu'on leur mettoit ſur la tête, annonçoient le Pouvoir Abſolu qu'elles avoient ſur tout l'Univers, dont elles règloient les Événemens. *Moréry.*

Pauſanias place auprès du Tombeau d'Éthéocle & de Polynice, une des trois *Parques ;* à qui il donne un air farouche, de grandes dents, des mains crochuës : en un mot une figure qui la rendoit plus éffroyable, que les Bêtes les plus féroces; pour nous apprendre, qu'on ne pouvoit rien imaginer de plus affreux, que la Deftinée de ces deux malheureux frères; & que leurs-jours avoient été filés par la plus terrible des *Parques.*

LES TROIS FURIES.

Sçavoir,

Mégère ,   *Tifiphone ,*   *Alecton.*

Les *Furies* étoient des Divinités Infernales, que les Payens avoient imaginées pour fervir de Miniftres à la vengeance des Dieux contre les Méchans; & pour éxécuter fur eux les Sentences des Juges de l'Enfer. Selon Apollodore, les *Furies* avoient été formées dans la Mer, du fang qui fortit de la playe que Saturne avoit faite à fon Père Célus.

Héfiode qui les fait plus jeunes d'une génération, les fait naître de la Terre, qui les avoit conçuës du fang de Saturne. Mais le même Poëte dit ailleurs, qu'elles étoient filles de la Difcorde; & qu'elles étoient nées le cinquième de la Lune, affignant à un jour que les Pythagoriciens croyoient confacré à la Juftice, la naiffance des Déeffes qui devoient la faire rendre à la dernière rigueur. Efchille les fait filles de la Nuit & de l'Achéron : Sophocle, de la Terre & des Ténèbres; d'autres enfin de Pluton & de Proferpine, & fœurs des Parques : c'eft- à-dire, que chacun a donné à ces Divinités, les Parens qui pa- roiffoient le mieux convenir à leur Caractère. Mais la véritable Origine de ces Déeffes fe tire de l'Idée naturelle qu'ont tous les hommes, qu'il devoit y avoir après cette Vie, des Châti- mens comme des Récompenfes. Et quoi de plus propre que des *Furies,* pour éxercer ces Châtimens.

On en nomme ordinairement Trois ; *Tifiphone* , *Mégère* , *Alecto* ; & ces noms qui fignifient, Rage, Carnage, Envie, leur conviennent parfaitement.

Quant à leurs Fonctions, elles ont toujours été regardées comme des Miniftres de la Vengeance des Dieux ; & comme des Déeffes févères & inéxorables, dont l'unique Occupation étoit de punir le Crime ; non-feulement dans les Enfers, mais même dans cette Vie : pourfuivant fans relâche les fcélérats par des Remords, qui ne leur donnoient aucun repos ; & par des Vifions éffrayantes, qui leur faifoient fouvent perdre le fens.

On fçait avec quel trait, Virgile peint le Défordre que caufa une de ces *Furies* à la Cour du Roi Latinus ; ce que fit *Tifiphone* à l'égard d'Éthéocle & Polinice dans Staçe : Quel Ravage caufa à Thèbes, la *Furie* que Junon avoit envoyée pour fe venger d'Athamas ; & tout ce que fit endurer à Ifis une autre *Furie* , que la même Déeffe avoit fufcitée pour la perfé-cuter dans Ovide : enfin ces terribles Perfécutions que firent les *Furies* , au malheureux Orefte dans Euripide.

Cicéron nous apprend ce qu'on penfoit de fon tems fur ces Noires Divinités : « ne vous imaginez pas, dit-il, que les Impies » & les Scélérats foient tourmentés par les *Furies* , qui les pour-» fuivent réellement avec des torches ardentes ; les Remords » qui fuivent les Crimes, font les véritables *Furies* dont parlent » les Poëtes. »

Des Déeffes fi redoutables s'attirèrent des Hommages parti-culiers. En effèt, le Refpect qu'on leur portoit étoit fi grand, qu'on n'ofoit prefque les nommer, dit Euripide ; ni jetter les yeux fur leurs Temples. On regarda comme une impiété, fi nous en croyons Sophocle, la démarche que fit Œdipe ; lorf-qu'allant à Athènes comme fuppliant, il fe retira dans un bois qui leur étoit confacré. Elles eurent des Temples dans plufieurs endroits de la Grèce : les Sicyonniens, felon Paufanias, leur facrifioient tous les Ans au jour de leur Fête, des Brebis pleines ; & leur offroient des Couronnes & des Guirlandes de fleurs, fur-tout de Narciffe. Elles avoient auffi un Temple en Achaïe, dans la Ville de Lorgne ; où l'on voyoit leurs Statuës, qui étoient de bois, & affez petites. Ce lieu étoit fi Fatal à ceux qui étoient coupables de quelques crimes ; que dès qu'ils y étoient entrés, ils étoient faifis d'une fureur fubite qui leur faifoit perdre l'efprit : tant la préfence de ces Déeffes, jointe au Souvenir du Crime, leur caufoit de Trouble.

Orefte leur fit bâtir un Temple à Athènes, près l'Aréopage, où Démofthène avouë, qu'il a été Prêtre de ces Déeffes. Tous ceux qui paroiffoient devant l'Aréopage, étoient obligés d'offrir un Sacrifice dans le Temple, & de jurer fur l'Autel des *Furies;* qu'ils étoient prêts à dire la Vérité. Il leur confacra deux autres Temples dans le Péloponèfe : le premier, au lieu même où les *Furies* avoient commencé à fe faifir de lui après fon Crime ; & l'autre, à l'endroit où elles s'étoient montrées plus favorables.

Les Temples des *Furies* étoient un afile affuré, pour ceux qui s'y retiroient. Dans les Sacrifices qu'on leur offroit, on employoit le Narciffe, le Safran, le Genièvre : on leur immoloit des Brebis & des Tourterelles; & on obfervoit toutes les mêmes Cérémonies, que dans les Sacrifices des autres Divinités Infernales.

Dans les premiers tems, les Statuës de ces Déeffes n'avoient rien de différent de celles des autres Divinités. Ce fut Efchile qui les fit paroître le premier dans une de fes Tragédies, avec cet air hideux & éffrayant, qu'on leur a donné depuis. Il falloit en effet que leur figure fût extrêmement hideufe; puifqu'on rapporte, que dès que les *Furies* qui paroiffoient endormies autour d'Orefte, vinrent à fe réveiller, & à paroître tumultuairement fur le Théâtre ; quelques femmes ençeintes furent bleſſées de ſurpriſe, &, des enfans en moururent d'effroi.

L'Idée du Poëte fut ſuivie, & le Portrait des *Furies* paſſa du Théâtre dans les Temples. On les repréſenta donc avec un viſage triſte & un air effrayant, avec des habits noirs & en-ſanglantés ; ayant au lieu de cheveux, des Serpens entortillés autour de leur tête, avec une Torche ardente à une main, & un Fouët de Serpens à l'autre ; & pour Compagnes la Terreur, la Rage, la Pâleur, & la Mort. C'eſt ainſi qu'aſſiſes autour du Trône de Pluton, elles attendent ſes Ordres avec une impa-tience, qui marque toute la Fureur dont elles ſont poſſédées. *Diction. de Mythologie.*

Les *Furies* des Anciens ne ſont que les Paſſions de l'âme. Elles ſont Trois, pour exprimer Trois Sources malheureuſes des maux qui ſe font ordinairement dans le Monde ; ſçavoir, la Colère, la Convoitiſe déréglée des biens, & la Volupté. La Colère, qui eſt la cauſe de la Vengeance, n'inſpire que des actions funeſtes & lugubres ; ce qui nous eſt marqué par *Tiſi-phone*, qui ſignifie Vengeance & Meurtre. La ſeconde, *Mégère*, qui veut dire *Envie*, exprime cette Convoitiſe de *Richeſſes*, qui fait regarder avec dépit le bonheur du prochain, & inſpire toutes ſortes de Crimes pour s'y oppoſer ; & lui ravir avec injuſtice ce qu'il poſſède. Enfin *Alecton*, qui ſignifie *Sans Repos*, repréſente la Concupiſcence & la Volupté, qui eſt toujours dans des Agitations violentes, & dans des Emportemens tu-multueux ; quand il s'agit de s'abîmer dans les Ordures du Crime & de la Diſſolution.

Au reſte les *Furies* ſont filles de la Nuit ; parce que c'eſt or-dinairement l'Ignorance & l'Erreur qui déchaîne les Paſſions. On leur donne Plutus, Dieu des Richeſſes, pour Père ; afin de montrer que les Biens nous portent le plus ſouvent au mal.

Leurs Flambeaux marquent l'Ardeur infatiable des Paffions, & les Serpens de leur coëffure, la Malice des penfées que les Crimes infpirent; & cette Syndérèfe fecrette, qui eft un Ver dévorant qui ne laiffe jamais la Confçience en repos. *Moréry.*

LES TROIS GORGONES.

Sçavoir,

Médufe,   *Euryale,*   *Sthéno.*

Les trois *Gorgones*, filles de Phorcus, Dieu marin, & de Céto, fe nommoient *Sthéno, Euryale,* & *Médufe*; elles demeuroient, dit Héfiode, au-delà de l'Océan à l'extrémité du Monde, près du féjour de la Nuit. Elles n'avoient à elles trois qu'un Œil & une Dent, dont elles fe fervoient l'une après l'autre : mais c'étoit une Dent, plus longue que les défenfes des plus forts Sangliers : leurs mains étoient d'airain ; & leurs cheveux hériffés de Serpens : de leurs feuls regards elles tuoient les Hommes ; & felon Pindare, les pétrifioient.

Après la défaite de Médufe leur Reine, elles allèrent habiter, dit Virgile, près des Portes de l'Enfer ; avec les Centaures, les Harpyes, & les autres Monftres de la Fable. Diodore prétend, que les *Gorgones* étoient des Femmes guerrières, qui habitoient la Lybie près du Lac Tritonide ; qu'elles furent fouvent en guerre avec les Amazones leurs voifines ; qu'elles étoient gouvernées par Médufe leur Reine du tems de Perfée ; & qu'elles furent entièrement détruites par Hercule.

Selon Athénée c'étoient des Animaux terribles, qui tuoient de leur feul regard : » il y a, dit-il, dans la Lybie un Animal » que les Nomades appellent *Gorgonne*, qui reffemble à une » Brebis ; & dont le fouffle eft fi empoifonné, qu'elle tuë fur » le champ tous ceux qui l'approchent. Une Longue Crinière lui
» tombe

» tombe fur les yeux ; & elle eft fi pefante, que l'Animal a bien
» de la peine à l'écarter, pour voir les objèts qui font autour
» d'elle : mais quand elle s'en eft débarraffée, elle tuë tout ce
» qu'elle voit. Quelques foldats de Marius en firent une trifte
» expérience, dans le tems de la Guerre contre Jugurtha ; car
» ayant rencontré une de ces *Gorgones* & ayant voulu la tuer,
» elle les prévint, & les fit mourir par fes regards. Enfin quel-
» ques Cavaliers Nomades ayant fait une ençeinte, la tuèrent
» de loin à coup de flèches.

Quelques Auteurs prétendent que les *Gorgones* étoient de
Belles Filles, qui faifoient fur les Spectateurs des impreffions fi
furprenantes, qu'on difoit qu'elles les changeoient en Rochers.
D'autres au contraire, qu'elles étoient fi laides, que leur vûë
pétrifioit pour ainfi dire ceux qui les regardoient. Pline en parle,
comme de Femmes Sauvages. « Près du Cap Occidental, dit-
» il, font les Gorgates, ancienne demeure des *Gorgones*. Han-
» non, Général des Carthaginois, pénétra jufques-là, & y
» trouva des Femmes ; qui, par la vîteffe de leur courfe, éga-
» lent le vol des Oifeaux. Entre plufieurs qu'il rencontra, il ne
» put en prendre que deux ; dont le corps étoit fi hériffé de
» crins, que pour en conferver la mémoire comme d'une chofe
» prodigieufe & incroyable, on attacha leurs peaux dans le
» Temple de Junon ; où elles demeurèrent fufpenduës jufqu'à
» la Ruine de Carthage. »

Paléphate rapporte, que les *Gorgones* règnoient fur trois
Ifles de l'Océan : qu'elles n'avoient qu'un feul Miniftre, qui
paffoit d'une Ifle à l'autre ; (c'étoit-là l'Œil qu'elles fe prêtoient
tour-à-tour,) & que Perfée qui couroit alors cette Mèr, furprit
ce Monftre au paffage de ces Ifles ; & voilà l'Œil enlevé dans
le tems, que l'une d'elles le donne à fa fœur : que Perfée offrit
de le rendre, fi pour fa rançon on vouloit lui livrer la *Gor-*

Tome II.   Z *gone* ; c'eſt-à-dire, une Statuë d'Or de Minerve haute de quatre coudées, que ces filles avoient dans leur Tréſor ; mais que Méduſe n'ayant pas voulu y conſentir, fut tuée par Perſée.

Parmi les Modernes qui ont expliqué cette Fable, il y en a qui prennent les *Gorgones* pour des cavales de la Lybie qui furent enlevées par des Phéniciens ; dont le chef avoit le nom de Perſée. Ce ſont-là, diſent-ils, ces Femmes toutes veluës de Pline, qui devenoient fécondes ſans la participation de mari : ce qui convient aux Jumens, ſelon la Croyance Populaire, dont Virgile fait mention dans ſes Géorgiques ; où il dit qu'elles conçoivent en ſe tournant du côté du Zéphire.

M. Fourmont ayant recours aux Langues Orientales, trouve dans le nom des trois *Gorgones*, celui de trois Vaiſſeaux de charge qui faiſoient Commerce ſur la Côte d'Afrique ; où l'on trafiquoit de l'Or, les Dents d'Éléphans, des Cornes de divers animaux, des yeux d'Hyènes, & d'autres pierres précieuſes. L'Échange qui ſe faiſoit de ces marchandiſes, en différens ports de la Phœnicie & des Iſles de la Grèce ; c'eſt le Myſtère de la Dent, de la Corne & de l'Œil, que les *Gorgones* ſe prêtoient mutuellement : ces Vaiſſeaux pouvoient avoir quelques noms, & quelques figures de Monſtres. Perſée qui couroit les Mers, s'empara de ces Vaiſſeaux marchands, & en apporta les Richeſſes dans la Grèce. *Antiquités Grecques & Romaines*.

De Méduſe.

Méduſe l'une des trois Gorgones, étoit mortelle, dit Héſiode ; au lieu que ſes deux ſœurs Euryale & Sthéno, n'étoient ſujettes ni à la vieilleſſe ni à la mort. C'étoit une très-Belle fille : mais de tous les attraits dont elle étoit pourvûë, il n'y avoit rien de ſi beau que ſa chevelure. Une foule d'Amans s'empreſſèrent de la rechercher en mariage. Neptune en devint auffi amoureux : & s'étant métamorphofé en Oifeau , enleva *Médufe* ; & la tranfporta dans un Temple de Minerve , qu'ils profanèrent enfemble.

Noël le Comte dit feulement, que *Médufe* ofa fe difputer de la Beauté avec Minerve , & fe préférer même à elle. La Déeffe en fut fi irritée , qu'elle changea en affreux Serpens les beaux cheveux dont *Médufe* fe glorifioit ; & donna à fes yeux la force de changer en pierres tous ceux qu'elle regardoit. Plufieurs fentirent les pernicieux effèts de fes regards ; & grand nombre de gens autour du Lac Tritonis furent pétrifiés.

Les Dieux voulant délivrer le Pays d'un fi grand Fléau , envoyèrent Perfée pour la tuer. Minerve lui fit préfent de fon Miroir , & Pluton de fon Cafque : ce Cafque & ce Miroir avoient, dit Hygin , la propriété de laiffer voir tous les objèts , fans que celui qui le portoit , pût être vû lui-même

Perfée fe préfenta donc devant *Médufe* fans en être apperçu ; & fa main conduite par Minerve même , coupa la tête de la Gorgonne , qu'il porta depuis avec lui dans toutes fes expédi- tions. Il s'en fervit pour pétrifier fes ennemis. C'eft ainfi qu'il en ufa à l'égard des habitans de l'Ifle de Sériphe , qu'il changea en Rochers ; & à l'égard d'Atlas , qui devint par-là une Groffe Montagne.

Du Sang qui fortit de la playe de *Médufe* , quand fa tête fut coupée , naquit *Pégafe* & *Chryfaor* ; & lorfque Perfée eut pris fon vol par-deffus la Libye , toutes les gouttes de fang qui dé- coulèrent de cette fatale tête , fe changèrent en autant de Ser- pens. C'eft de-là , dit Apollodore , qu'eft venuë la quantité prodigieufe de ces Animaux Venimeux , qui depuis ont infecté toute cette Contrée.

Perfée vainqueur de tous fes ennemis, confacra à Minerve la tête de *Médufe* ; qui depuis ce tems-là fut gravée avec fes

ferpens fur la redoutable Égide de la Déeffe : « On voyoit au
» milieu de l'Égide, dit Homère, la tête de la Gorgone ; ce
» Monftre affreux, tête énorme & formidable, Prodige éton-
» nant du Père des Immortels. »

Virgile la plaçe auffi fur la cuiraffe de Minerve, à l'endroit
qui couvroit la poitrine de la Déeffe. Il y a même apparence,
que c'étoit l'Ornement le plus ordinaire des boucliers du tems
des Héros : car Homère dit encore, que cette même Tête étoit
gravée fur le bouclier d'Agamemnon, environnée de la Terreur
& de la Fuite ; c'eft-à-dire, qu'on y gravoit cet Affreux Objèt
pour épouvanter fes ennemis.

Cependant toutes les *Médufes* que les Anciens Monumens
nous ont confervé, n'ont pas ce Vifage affreux & terrible : il
y en a qui ont un Vifage ordinaire de femmes ; il s'en trouve
même affez fouvent qui font très-gracieufes, tant fur l'Égide de
Minerve que féparément.

On en voit une entr'autres affife fur des Rochers, accablée
de douleur de voir que non-feulement fes beaux cheveux fe
changent en ferpens ; mais auffi que des ferpens viennent fur
elle de tous côtés, & lui entortillent les bras, les jambes &
tout le corps : elle appuye la tête fur fa main gauche. La Beauté
& la Douceur de fon vifage fait que malgré la bizarrerie de cette
Fable, on ne fçauroit la regarder fans s'intéreffer à fon malheur.

» Sans m'arrêter aux Fables qu'on débite fur *Médufe*, dit
» Paufanias ; voici ce que l'Hiftoire en peut apprendre. Quel-
» ques-uns difent qu'elle étoit fille de Phorécus ; qu'après la
» mort de fon père, elle gouverna les Peuples qui habitent aux
» environs du Lac Tritonis ; qu'elle s'éxerçoit à la Chaffe ; &
» qu'elle alloit même à la guerre avec les Libyens qui étoient
» foumis à fon Empire : que Perfée à la tête d'une Armée
» Grecque s'étant approché, *Médufe* fe préfenta à lui en Ba-

» taille rangée ; que ce Héros la nuit fuivante lui dreffa une
» embufcade où elle périt ; que le lendemain ayant trouvé fon
» corps fur la plaçe, il fut furpris de la Beauté de cette femme,
» lui coupa la tête , & la porta en Grèce pour y fervir de
» fpectacle ; & comme un Monument de fa Victoire.

» Mais un autre Hiftorien en parle d'une manière qui paroit
» plus vraifemblable. Il dit que dans les Deferts de la Libye,
» on voit affez communément des Bêtes d'une forme & d'une
» grandeur extraordinaire ; que les Hommes & les Femmes y
» font fauvages, & tiennent du prodige comme les Bêtes : enfin
» que de fon tems on amena à Rome un Libyen , qui parut fi
» différent des autres hommes, que tout le monde en fut furpris.
» Sur ce fondement, il croit que *Médufe* étoit une de ces Sau-
» vages., qui en conduifant fon troupeau , s'écarta jufqu'aux
» environs du Marais Tritonis ; où fière de la force du corps
» dont elle étoit, elle voulut maltraiter les Peuples d'alentour,
» qui furent enfin délivrés de ce monftre par Perfée. Ce qui a
» donné lieu de croire, ajoute-t-il, que Perfée avoit été aidé
» par Minerve ; c'eft que tout ce Canton eft confacré à cette
» Déeffe , & que les Peuples qui l'habitent font fous fa Pro-
» tection. »

Le même Paufanias nous apprend encore une Circonftance
fingulière fur *Médufe* : c'eft que l'on gardoit dans un Temple à
Tégée des cheveux de *Médufe* ; dont Minerve, difoit-on, fit
préfent à Céphée fils d'Aléus , en l'affurant que par-là Tégée
deviendroit une Ville imprenable. Ce qui a rapport à ce que
dit Apollodore, que l'on attribuoit aux Cheveux de *Médufe* une
Vertu toute particulière ; & qu'Hercule donna à Stérope fille
de Céphée , une boucle de Cheveux de *Médufe*, en lui difant ;
qu'elle n'avoit qu'à montrer cette Boucle aux ennemis, pour les
mettre en fuite. *M. l'Abbé de Clauftre.*

LES TROIS HARPYES.

Sçavoir.,

Aëllo, *Ocipété*, *Caléno*.

Les *Harpyes* étoient certains Monstres, filles de Neptune & de la Terre, ainsi appellées d'un mot grec qui signifie *Ravir*. Elles avoient un Visage de filles, & un Corps de vautour, avec des aîles aux côtés, des Griffes aux mains & aux pieds, & des oreilles d'Ours. Virgile en met trois, *Aëllo*, *Ocypété*, & *Caléno*; qu'Homère nomme *Podarges*. Comme elles infèctoient & enlevoient les viandes de la table de Phinée, selon la fiction des Poëtes : Zéthès & Calaïs, deux fameux Argonautes qui étoient aîlés, les chassèrent jusqu'aux Isles Strophades. Comme les Argonautes n'étoient que des Marchands Phéniciens, qui alloient en Colchide pour y acheter des moutons : les *Harpyes* qu'ils rencontrèrent chez le Roi Phinée, n'étoient autre chose que des *Sauterelles*; dont voici des preuves aussi considérables qu'on les puisse demander, en des choses de cette nature.

On les appelle en Hébreu *Arbeh*; qui signifie une *Sauterelle*. La principale des *Harpyes* s'appelloit *Caléno*, ou *Celæmo*; parce que *Solamo* est une espèce de Sauterelle, en Syriaque : une autre s'appelloit *Acholoë*, qui vient d'*Achal*, *Manger*; & en effèt les Sauterelles dévorent toute la Verdure. Les Poëtes disent qu'elles étoient filles de Typhon; c'est-à-dire, d'un Vent Orageux : parce que ce sont souvent des Vents tempestueux, qui apportent les Sauterelles dans les lieux qu'elles incommodent; comme l'Écriture nous l'apprend. C'est pour la même Raison que les Poëtes ont dit, que Cæléno étoit sœur d'Aëllo, c'est-à-dire de la *Tempéte*. Les *Harpyes* furent chassées par Zéthès & Calaïs, fils de Borée; c'est-à-dire, par des Vents Septentrionaux : ce qui arriva auffi aux Sauterelles d'Égypte. Les *Harpyes* caufoient la famine chez Phinée ; & l'on fçait que les Sauterelles dévorent en peu de tems des Provinces entières. Les *Harpyes* caufoient une grande Puanteur dans les lieux où elles étoient ; de même, lorfque les Sauterelles n'ont plus rien à manger, elles meurent & rempliffent l'air d'une Odeur, qui produit fouvent la Pefte. Les *Harpyes* corrompoient ce qu'elles avoient touché, comme le témoigne Apollonius dans fes Argonautiques : on dit la même chofe des Sauterelles. Les *Harpyes* venoient dévorer les viandes de Phinée avec un fi grand bruit , qu'on les entendoit de loin : les Sauterelles font auffi beaucoup de bruit avec les Dents lorfqu'elles mangent, & avec les aîles en vôlant. Il étoit impoffible à Phynée de chaffer les *Harpyes* : toute l'adreffe humaine ne fçauroit empêcher le dégât que les Sauterelles font à la Campagne. Les *Harpyes* entroient dans la maifon de Phynée malgré lui : c'eft auffi ce que font les Sauterelles : *elles marcheront par la Ville* , dit Joël en menaçant les Juifs d'un femblable dégât, *elles monteront par les fenêtres , elles entreront dans les Maifons , comme un Larron.* Les *Harpyes* s'échappoient fans peine au travers des épées & des traits : Joël dit de même des Sauterelles , qu'*elles paffent au travers des traits, fans reçevoir de bleffure. Moréry.*

FIN DE LA MYTHOLOGIE DES ENFERS.

TABLETTE

Grave par Lela.   P. Chenu Sculp.

ARITHMÉTIQUE.

C'est la Science des nombres qui fait partie des Mathématiques Pithagore,
Platon et d'autres anciens Philosophes l'ont jugé utile à toute sorte de Composition, parceque l'Être suprême a tout composé par Nombre, Poid, et Mesure.
Sa robe est bordée de quelques notes de Musique, et de figures de Géométrie,
pour indiquer qu'elle ouvre le chemin à toutes ces Sciences. Le mot PAR ET
IMPAR écrit sur un Livre, dénote les diversités accidentelles qui se trouvent
dans les opérations. Le Port de Mer, les vaisseaux, les ballots, les Caissons,
et les tonnes remplies de marchandises, exprimé sensiblement la nécessité
de cette Science pour le commerce.
Les balanças, le litron, le Peson, les petits sacs de grenaille, la pinte ou chopine,
entrelassé de feuilles de lierre: voila les divisions et diverses mesures de
liquide, de grenaille, de Statique &c. qu'elle enseigne aux hommes.

ARITHMÉTIQUE.

C'eſt une Déeſſe aſſiſe devant un Bureau, garni de pluſieurs Li-
vres de Compte ; la tête appuyée ſur ſa main gauche, cal-
culant & écrivant de la main droite ; à ſes pieds on apperçoit
pluſieurs regiſtres & ſacs à argent. Le loingtain repréſente un
Port de Mèr, on y voit pluſieurs Vaiſſeaux ; des Ballots,
Caiſſons & Tonnes remplies de Marchandiſes. L'Ove eſt ſur-
monté d'un Encrier & Regiſtre ; dans la partie droite eſt une
Balançe, un Litron, & de petits ſacs de grenaille : dans la
parüe gauche on apperçoit un Peſon ou Balance Romaine, avec
une Pinte ou Chopine ; le tout entrelaſſé de feuilles de Lierre.

DISCOURS PRÉLIMINAIRE
Sur l'Arithmétique.

'ARITHMÉTIQUE eſt l'Art de bien Suppucer,
& avec facilité ; Sçience qui fait partie des Mathématiques, qui enſeigne à compter, & qui
conſidère la valeur & les propriétés des Nombres. L'*Arithmétique* & la Géométrie ſont les fondemens de
toutes les Mathématiques.

Les Indiens ſont aſſez verſés dans l'*Arithmétique* ; mais ce
n'eſt que dans ce qui regarde la Pratique. Ils apprennent l'Art
de compter dès leur plus tendre jeuneſſe ; & ſans ſe ſervir de
la plume, ils font par la ſeule force de l'Imagination toutes
ſortes de Comptes ſur leurs doigts.

Tome II. ¶ A a

Les Chinois n'employent point le zero dans leur *Arithméti-ue*. Ils n'en pratiquent guères les Règles par le Calcul ; mais ls se servent d'un Instrument composé d'une petite Planche l'un pied & demi de long, sur le travers de laquelle ils passent lix ou douze petits Bâtons coulants : en les assemblant, ou en es retirant les uns des autres, ils comptent à-peu-près comme ious ferions avec des Jettons ; & avec tant de facilité, qu'ils sui-vent sans peine un homme quelque vîte qu'il lise un Livre de Compte. A la fin on trouve l'Opération toute faite, & ils ont eur manière d'en faire la preuve.

L'*Arithmétique* est donc la Science des Nombres : . . . .
Et les nombres sont composés d'une multitude d'Unités.

Cette Science est nécessaire à tous les états, elle consiste en quatre Règles ; mais avant d'en parler, il convient de commen-;er par la connoissance des Chiffres tant anciens que modernes.

CHAPITRE PREMIER.

Du Nombre.

LE *Nombre* est une multitude, ou assemblage de plusieurs Unités.

Chiffres Arabes.

Nous avons adopté ces *Chiffres* originaires d'Arabie, & nous n'en employons point d'autres, pour tous les calculs arith-métiques ; à cause de la facilité qu'ils donnent pour les faire : les voici. 1. *un*, 2. *deux*, 3. *trois*, 4. *quatre*, 5. *cinq*, 6. *six*, 7. *sept*, 8. *huit*, 9. *neuf*, 0. *zéro* : c'est ce qui s'appelle les nombres, qui ne vont que jusqu'à neuf ; après quoi viennent les dixaines jusqu'à quatre-vingt-dix-neuf, puis les centaines jusqu'à neuf cens quatre-vingt-dix-neuf; ici les nombres recommencent par mille, puis dixaines de mille, centaines de mille, &c.

La mesure la plus simple des Nombres, est celle qu'on nomme *Unité*; & les *Nombres* font les divers assemblages de plusieurs unités, ou les idées que nous avons de diverses multitudes.

Le caractère 1 exprime & marque l'unité . . . . . . comme 1 un Œuf.
Le caractère 2 signifie l'assemblage de deux unités . . comme 2 deux Noix.
Le caractère 3 signifie le nombre de trois . . . . . comme 3 Pommes.
Le caractère 4 représente le nombre de quatre . . . comme 4 Figues.
Le caractère 5 signifie l'assemblage de cinq unités . . comme 5 Prunes.
Le caractère 6 signifie le nombre de six . . . . comme 6 Chateignes.
Le caractère 7 marque le nombre de sept . . . . comme 7 Marons.
Le caractère 8 signifie le nombre de huit . . . . comme 8 Poires.
Le caractère 9 signifie le nombre de neuf . . . . . comme 9 Noisettes.

La marque, ou le caractère *o* que l'on nomme *zéro*, signifie ce qui n'a ni grandeur, ni propriété; c'est-à-dire le *Rien*.

Par Exemple.

O Raisins, *zéro Raisins*, point de Raisins.

Ces dix Caractères 0, 1, 2, 3, 4, 5, 6, 7, 8, 9, empruntés des Arabes, & qu'on nomme des *Chiffres*; changent encore leurs noms & leurs valeurs, selon la variété de leurs dispositions ou arrangemens; parce qu'en les disposant consécutivement, ou selon divers rangs comptés de droit à gauche, on les fait valoir dix fois autant en chaque rang, que dans celui qui les précède immédiatement.

Dénomination des Nombres & Dixaines.

20 vingt.	10 dix.	o zéro.
30 trente.	11 onze.	1 un.
40 quarante.	12 douze.	2 deux.
50 cinquante.	13 treize.	3 trois.

A a ij

60 soixante.	14 quatorze.	4 quatre.
70 soixante-dix.	15 quinze.	5 cinq.
80 quatre-vingt.	16 seize.	6 six.
90 quatre-vingt-dix.	17 dix-sept.	7 sept.
100 cent.	18 dix-huit.	8 huit.
200 deux cent, &c.	19 dix-neuf.	9 neuf.

Exemple.

345467983425.

Pour lire ce nombre écrit, on en supposera tous les *Chiffres* tranchés ou séparés de trois en trois de droit à gauche ; & on trouvera que chaque tranche contient, 1°. les *unités* ; 2°. les *dixaines* ; 3°. les *centaines* de ce que l'on voudra compter.

La première tranche est donc pour les unités. . . . . 425 unités.
La seconde tranche est pour les mille . . . . 983 mille.
La troisième tranche est pour les millions . . . . . . 467 millions.
La quatrième tranche est pour les milliars. . . . . 345 milliars.

Milliars.	Millions.	Mille.	345 467 983 4 2 5.
345.	467.	983.	centaines... dixaines.... unités......
			4 2 5

Chiffres Romains.

Les Romains tiroient leurs *Chiffres* de leurs lettres ; ainsi *i.* I. marquoit les unités. *v.* V. marquoit cinq. Il marquoit aussi quatre, mis après I. *x.* X. marquoit dix, & aussi neuf mis après I. *l.* L. marquoit cinquante, & aussi quarante mis après. X. *c.* C. marquoit cent, & aussi quatre-vingt-dix mis après. X *d.* D. marquoit cinq cent. *m.* M. marquoit mille.

Nous ne nous servons point de ces *Chiffres* dans les calculs ;

mais feulement pour cotter , foit le quantième des noms des
Souverains , les pages d'un livre , les quantièmes des chapitres ,
les années de l'impreffion ; en un mot , ils fervent beaucoup plus
dans l'Imprimerie que par-tout ailleurs. Les voici.

I.	II.	III.	IV.	V.	VI.	VII.
un.	deux.	trois.	quatre.	cinq.	fix.	fept.

VIII.	IX.	X.	XX.	XXX.	XL.
huit.	neuf.	dix.	vingt.	trente.	quarante.

L.	LX.	LXX.	LXXX.
cinquante.	foixante.	foixante-dix.	quatre-vingt.

XC.	C.	D.	M.	XM.	CM.
quatre-vingt-dix.	cent.	cinq-cent.	mille.	dix-mille.	cent-mille.

Chiffres de Finance.

On nomme *Chiffres de Finance* , une efpèce de Chiffres tirant fur le Chiffre Romain ; anciennement en ufage , & même
jufqu'à nos jours , qui fervent principalement dans tous les
comptes de Finance ; on ne reçevoit fouvent qu'eux à la
Chambre des Comptes , laquelle avoit l'embarras confacré par
l'Antiquité , de rédiger les calculs des fommes avec des jettons ,
ne pouvant en venir à bout autrement; on eft enfin depuis peu
défabufé de ce refpect , & maintenant la Chambre des Comptes reçoit les Chiffres arabes ou communs. Voici les *Chiffres*
de *Finance*.

un.	deux.	trois.	quatre.	cinq.	fix.

fept.	huit.	neuf.	dix.	onze	douze.

treize.	quatorze.	quinze.	vingt.	trente.	quarante.

cinquante. soixante. soixante-dix quatre-vingt.

quatre-vingt-dix. cent. deux-cent mille. deux-mille.

cent-mille. un million. cent millions. &c.

CHAPITRE II.

De la Quantité & Qualité.

QUANTITÉ.

I. LA *Quantité* eſt l'objèt de l'Arithmétique & de l'Algèbre.

QUALITÉ.

II. La *Qualité* eſt ce qui rend une choſe ſenſible à nos ſens.

CHAPITRE III.

De la Livre, du Sol, des Deniers.

DE LA LIVRE.

I. LA *Livre* en matière de Compte ſe prend pour vingt ſols, qui eſt la valeur d'une monnoye qu'on appelle encore *Franc* ; & qui eſt le ſynonime de *Livre*. La *Livre* tournois eſt de vingt ſols, la *Livre* Pariſis eſt de vingt-cinq : elle augmente du quart en ſus. En Angleterre, les *Livres* Sterling valent treize à quatorze francs.

DU SOL.

II. Le *Sol* qu'on prononce maintenant *ſou*, eſt une pièce de menuë monnoye qui vaut douze deniers.

DU DENIER.

III. Le *Denier* petite monnoye, qui eſt la douzième partie d'un Sol ; il ſe ſubdiviſe en deux Mailles, ou Oboles.

CHAPITRE IV.

Des quatre premières Règles de l'Arithmétique :

Sçavoir,

Addition, Souſtraction, Multiplication, Diviſion.

DE L'ADDITION.

Table ſur l'Addition.

1 & 1 font 2.	2 & 1 font 3.	3 & 1 font 4.
1 & 2 font 3.	2 & 2 font 4.	3 & 2 font 5.
1 & 3 font 4.	2 & 3 font 5.	3 & 3 font 6.
1 & 4 font 5.	2 & 4 font 6.	3 & 4 font 7.
1 & 5 font 6.	2 & 5 font 7.	3 & 5 font 8.
1 & 6 font 7.	2 & 6 font 8.	3 & 6 font 9.
1 & 7 font 8.	2 & 7 font 9.	3 & 7 font 10.
1 & 8 font 9.	2 & 8 font 10.	3 & 8 font 11.
1 & 9 font 10.	2 & 9 font 11.	3 & 9 font 12.

4 & 1 font 5.	7 & 1 font 8.	10 & 1 font 11.
4 & 2 font 6.	7 & 2 font 9.	10 & 2 font 12.
4 & 3 font 7.	7 & 3 font 10.	10 & 3 font 13.
4 & 4 font 8.	7 & 4 font 11.	10 & 4 font 14.
4 & 5 font 9.	7 & 5 font 12.	10 & 5 font 15.
4 & 6 font 10.	7 & 6 font 13.	10 & 6 font 16.
4 & 7 font 11.	7 & 7 font 14.	10 & 7 font 17.
4 & 8 font 12.	7 & 8 font 15.	10 & 8 font 18.
4 & 9 font 13.	7 & 9 font 16.	10 & 9 font 19.

* * * * * *

5 & 1 font 6.	8 & 1 font 9.	11 & 1 font 12.
5 & 2 font 7.	8 & 2 font 10.	11 & 2 font 13.
5 & 3 font 8.	8 & 3 font 11.	11 & 3 font 14.
5 & 4 font 9.	8 & 4 font 12.	11 & 4 font 15.
5 & 5 font 10.	8 & 5 font 13.	11 & 5 font 16.
5 & 6 font 11.	8 & 6 font 14.	11 & 6 font 17.
5 & 7 font 12.	8 & 7 font 15.	11 & 7 font 18.
5 & 8 font 13.	8 & 8 font 16.	11 & 8 font 19.
5 & 9 font 14.	8 & 9 font 17.	11 & 9 font 20.

* * * * * *

6 & 1 font 7.	9 & 1 font 10.	12 & 1 font 13.
6 & 2 font 8.	9 & 2 font 11.	12 & 2 font 14.
6 & 3 font 9.	9 & 3 font 12.	12 & 3 font 15.
6 & 4 font 10.	9 & 4 font 13.	12 & 4 font 16.
6 & 5 font 11.	9 & 5 font 14.	12 & 5 font 17.
6 & 6 font 12.	9 & 6 font 15.	12 & 6 font 18.
6 & 7 font 13.	9 & 7 font 16.	12 & 7 font 19.
6 & 8 font 14.	9 & 8 font 17.	12 & 8 font 20.
6 & 9 font 15.	9 & 9 font 18.	12 & 9 font 21.

* * * * * *

13

13 & 1 font 14.	16 & 1 font 17.	19 & 1 font 20.
13 & 2 font 15.	16 & 2 font 18.	19 & 2 font 21.
13 & 3 font 16.	16 & 3 font 19.	19 & 3 font 22.
13 & 4 font 17.	16 & 4 font 20.	19 & 4 font 23.
13 & 5 font 18.	16 & 5 font 21.	19 & 5 font 24.
13 & 6 font 19.	16 & 6 font 22.	19 & 6 font 25.
13 & 7 font 20.	16 & 7 font 23.	19 & 7 font 26.
13 & 8 font 21.	16 & 8 font 24.	19 & 8 font 27.
13 & 9 font 22.	16 & 9 font 25.	19 & 9 font 28.

* *   * *   * *

14 & 1 font 15.	17 & 1 font 18.	20 & 1 font 21.
14 & 2 font 16.	17 & 2 font 19.	20 & 2 font 22.
14 & 3 font 17.	17 & 3 font 20.	20 & 3 font 23.
14 & 4 font 18.	17 & 4 font 21.	20 & 4 font 24.
14 & 5 font 19.	17 & 5 font 22.	20 & 5 font 25.
14 & 6 font 20.	17 & 6 font 23.	20 & 6 font 26.
14 & 7 font 21.	17 & 7 font 24.	20 & 7 font 27.
14 & 8 font 22.	17 & 8 font 25.	20 & 8 font 28.
14 & 9 font 23.	17 & 9 font 26.	20 & 9 font 29.

* *   * *   * *

15 & 1 font 16.	18 & 1 font 19.	21 & 1 font 22.
15 & 2 font 17.	18 & 2 font 20.	21 & 2 font 23.
15 & 3 font 18.	18 & 3 font 21.	21 & 3 font 24.
15 & 4 font 19.	18 & 4 font 22.	21 & 4 font 25.
15 & 5 font 20.	18 & 5 font 23.	21 & 5 font 26.
15 & 6 font 21.	18 & 6 font 24.	21 & 6 font 27.
15 & 7 font 22.	18 & 7 font 25.	21 & 7 font 28.
15 & 8 font 23.	18 & 8 font 26.	21 & 8 font 29.
15 & 9 font 24.	18 & 9 font 27.	21 & 9 font 30.

* *   * *   * *

22 & 1 font 23.	25 & 1 font 26.	28 & 1 font 29.
22 & 2 font 24.	25 & 2 font 27.	28 & 2 font 30.
22 & 3 font 25.	25 & 3 font 28.	28 & 3 font 31.
22 & 4 font 26.	25 & 4 font 29.	28 & 4 font 32.
22 & 5 font 27.	25 & 5 font 30.	28 & 5 font 33.
22 & 6 font 28.	25 & 6 font 31.	28 & 6 font 34.
22 & 7 font 29.	25 & 7 font 32.	28 & 7 font 35.
22 & 8 font 30.	25 & 8 font 33.	28 & 8 font 36.
22 & 9 font 31.	25 & 9 font 34.	28 & 9 font 37.

* *   * *   * *

23 & 1 font 24.	26 & 1 font 27.	29 & 1 font 30.
23 & 2 font 25.	26 & 2 font 28.	29 & 2 font 31.
23 & 3 font 26.	26 & 3 font 29.	29 & 3 font 32.
23 & 4 font 27.	26 & 4 font 30.	29 & 4 font 33.
23 & 5 font 28.	26 & 5 font 31.	29 & 5 font 34.
23 & 6 font 29.	26 & 6 font 32.	29 & 6 font 35.
23 & 7 font 30.	26 & 7 font 33.	29 & 7 font 36.
23 & 8 font 31.	26 & 8 font 34.	29 & 8 font 37.
23 & 9 font 32.	26 & 9 font 35.	29 & 9 font 38.

* *   * *   * *

24 & 1 font 25.	27 & 1 font 28.	30 & 1 font 31.
24 & 2 font 26.	27 & 2 font 29.	30 & 2 font 32.
24 & 3 font 27.	27 & 3 font 30.	30 & 3 font 33.
24 & 4 font 28.	27 & 4 font 31.	30 & 4 font 34.
24 & 5 font 29.	27 & 5 font 32.	30 & 5 font 35.
24 & 6 font 30.	27 & 6 font 33.	30 & 6 font 36.
24 & 7 font 31.	27 & 7 font 34.	30 & 7 font 37.
24 & 8 font 32.	27 & 8 font 35.	30 & 8 font 38.
24 & 9 font 33.	27 & 9 font 36.	30 & 9 font 39.

* *   * *   * *

31 & 1 font 32.	34 & 1 font 35.	37 & 1 font 38.
31 & 2 font 33.	34 & 2 font 36.	37 & 2 font 39.
31 & 3 font 34.	34 & 3 font 37.	37 & 3 font 40.
31 & 4 font 35.	34 & 4 font 38.	37 & 4 font 41.
31 & 5 font 36.	34 & 5 font 39.	37 & 5 font 42.
31 & 6 font 37.	34 & 6 font 40.	37 & 6 font 43.
31 & 7 font 38.	34 & 7 font 41.	37 & 7 font 44.
31 & 8 font 39.	34 & 8 font 42.	37 & 8 font 45.
31 & 9 font 40.	34 & 9 font 43.	37 & 9 font 46.

* *　　　　　* *　　　　　* *

32 & 1 font 33.	35 & 1 font 36.	38 & 1 font 39.
32 & 2 font 34.	35 & 2 font 37.	38 & 2 font 40.
32 & 3 font 35.	35 & 3 font 38.	38 & 3 font 41.
32 & 4 font 36.	35 & 4 font 39.	38 & 4 font 42.
32 & 5 font 37.	35 & 5 font 40.	38 & 5 font 43.
32 & 6 font 38.	35 & 6 font 41.	38 & 6 font 44.
32 & 7 font 39.	35 & 7 font 42.	38 & 7 font 45.
32 & 8 font 40.	35 & 8 font 43.	38 & 8 font 46.
32 & 9 font 41.	35 & 9 font 44.	38 & 9 font 47.

* *　　　　　* *　　　　　* *

33 & 1 font 34.	36 & 1 font 37.	39 & 1 font 40.
33 & 2 font 35.	36 & 2 font 38.	39 & 2 font 41.
33 & 3 font 36.	36 & 3 font 39.	39 & 3 font 42.
33 & 4 font 37.	36 & 4 font 40.	39 & 4 font 43.
33 & 5 font 38.	36 & 5 font 41.	39 & 5 font 44.
33 & 6 font 39.	36 & 6 font 42.	39 & 6 font 45.
33 & 7 font 40.	36 & 7 font 43.	39 & 7 font 46.
33 & 8 font 41.	36 & 8 font 44.	39 & 8 font 47.
33 & 9 font 42.	36 & 9 font 45.	39 & 9 font 48.

* *　　　　　* *　　　　　* *

40 & 1 font 41.   40 & 4 font 44.   40 & 7 font 47.
40 & 2 font 42.   40 & 5 font 45.   40 & 8 font 48.
40 & 3 font 43.   40 & 6 font 46.   40 & 9 font 49.

I. L'*Addition* est le moyen d'ajouter plusieurs quantités de la même chose l'une à l'autre, en les écrivant avec des chiffres, en Colonne l'une sur l'autre, pour connoître promptement la somme totale qu'elles forment toutes ensemble ; par éxemple, je veux ajouter trois cent vingt-quatre perches avec cinq mille trente-sept perches, & encore avec sept mille six cent perches; j'écris :

$$324 \text{ perches.}$$
$$5037$$
$$7600$$
TOTAL . . . . 12961 perches.

Première Colonne.

Je dis 7 & 4, ou 4 & 7 font 11 onze, qui est une unité & une dixaine ; je place donc 1 sous la Colonne des nombres, & je retiens ou réserve la dixaine pour la compter avec les dixaines de la seconde Colonne que je vais calculer.

Seconde Colonne.

Je dis 2 & 3 font 5 cinq, & la dixaine de la première Colonne que je viens de réserver, font six dixaines ; j'écris 6 sous ma seconde Colonne, je passe à la troisième Colonne.

Troisième Colonne.

Je dis 3 & 6 font 9 neuf, ainsi je n'ai point dix, & par conséquent point de dixaine à retenir pour la Colonne suivante ;

j'écris donc fous cette troifième Colonne, qui eft celle des centaines, le chiffre 9 ; je paffe à la quatrième Colonne.

Quatrième Colonne.

Je dis 5 & 7 font 12 douze, voici dix & deux ; j'ai donc une dixaine à tranfporter à la cinquième Colonne, s'il y en a une ; j'écris toujours 2 fous cette quatrième Colonne, & j'avance ma dixaine pour terminer le compte, attendu que je ne trouve plus de Colonne, ni de chiffres à additionner : & mon total eft douze mille neuf cens foixante-une perches.

ADDITION DE FRACTIONS.

Je prends ici pour éxemple les Fractions qui fe rencontrent le plus fouvent ; telles font celles de la livre de 20 fols, & de la toife de 6 pieds.

On additionne les Fractions comme les chofes entières ; mais lorfqu'on a à additionner des Fractions dont le nombre additionné va au-delà de la chofe entière, on met au total fous leur Colonne, le furplus de l'entier qu'on réferve pour ajouter aux entiers : que fi le nombre des Fractions ne compofe pas la chofe entière, on l'écrit au total fous la Colonne des Fractions ; puis on paffe aux nombres entiers.

De la Livre de vingt Sols.

Une Livre en monnoye eft de 20 fols tournois, & le Sol eft de douze deniers.

	1 livre	10 fols	9 deniers.
	2	15	11
TOTAL ..	4 livres	6 fols	8 den.

Je commence par la Colonne des deniers, & je dis 9 & 11

eniers font 20 deniers ; 12 deniers font un sol, il y a sûre-
ent dans 20 deniers un sol & 8 deniers au-delà ; car 12 & 8
ont 20. Je réserve donc le sol, pour l'ajouter aux sols quand je
s calculerai ; & j'écris au total 8 sous la première Colonne
es deniers : & puis je vais aux sols.

Je dis 5, font 5 cinq sols ; & un sol que j'ai trouvé entier dans
es deniers, étant ajouté à cinq, fait 6 sols : j'écris 6 au total de
 première Colonne des sols, (il n'y en a jamais que deux, ainsi
u'aux deniers) ; je vais aux dixaines de sols, je trouve 1 & 1
un sous l'autre, qui font deux fois dix sols ; or comme deux
ois dix sols font vingt sols, & par conséquent une livre ; je ré-
rve ou retiens cette livre, pour l'ajouter aux livres que je vais
alculer ; & je n'écris rien au bas de la seconde Colonne des
ls. J'arrive aux livres.

Je dis 1 & 2 font 3 trois, j'y joins la livre que je viens de
server, ce qui fait 4 livres ; je n'ai plus rien à calculer : & je
ouve mon total, être, quatre livres six sols huit deniers.

De la Toise.

Une Toise a 6 pieds de long, le pied a 12 pouces, le pouce
12 lignes.

6 toises.	4 pieds.	9 pouces.	10 lignes.
24	5	13	1
31 toif.	4 pi.	10 pouc.	11 lig.

Je commence par les lignes, & je dis 10 & 1 font 11, il faut
12 lignes pour un pouce ; je ne trouve qu'onze, ainsi j'écris
1 sous la Colonne des lignes. J'arrive aux pouces.

Je dis à la première Colonne 9 & 3 font 12 douze, 12 pou-
es font un pied ; je retiens ce pouce, & mèt un o zéro sous
ette Colonne. Je trouve à la seconde Colonne 1 qui est une

dixaine, j'y mets ce 1 au total, après le zéro ; ce qui fait 10 pouces. J'arrive aux pieds, avec le pied que j'ai réfervé.

Je dis 4 & 5 font neuf 9. J'ajoute le pied réfervé, cela fait 10 pieds ; dans dix pieds il y a une toife, qui eft fix pieds fous la Colonne des pieds. J'arrive aux toifes, avec la toife réfervée.

Je dis 6 & 4 font 10 dix, j'ajoute ma toife réfervée, cela fait 11 toifes ; je pofe 1 fous la première Colonne, & je réferve la dixaine pour joindre aux deux dixaines ; j'écris 3 au total, & je trouve qu'il eft trente-une toifes quatre pieds dix pouces onze lignes.

DE LA SOUSTRACTION.

Table fur la Souftraction.

De 10	ôtés	1	refte 9.	De 9	ôtés	7	refte 2.
De 10	ôtés	2	refte 8.	De 9	ôtés	8	refte 1.
De 10	ôtés	3	refte 7.	De 9	ôtés	9	refte 0.
De 10	ôtés	4	refte 6.				
De 10	ôtés	5	refte 5.	De 8	ôtés	1	refte 7.
De 10	ôtés	6	refte 4.	De 8	ôtés	2	refte 6.
De 10	ôtés	7	refte 3.	De 8	ôtés	3	refte 5.
De 10	ôtés	8	refte 2.	De 8	ôtés	4	refte 4.
De 10	ôtés	9	refte 1.	De 8	ôtés	5	refte 3.
De 10	ôtés	10	refte 0.	De 8	ôtés	6	refte 2.
				De 8	ôtés	7	refte 1.
De 9	ôtés	1	refte 8.	De 8	ôtés	8	refte 0.
De 9	ôtés	2	refte 7.				
De 9	ôtés	3	refte 6.	De 7	ôtés	1	refte 6.
De 9	ôtés	4	refte 5.	De 7	ôtés	2	refte 5.
De 9	ôtés	5	refte 4.	De 7	ôtés	3	refte 4.
De 9	ôtés	6	refte 3.	De 7	ôtés	4	refte 3.

De	7	ôtés	5	reſte	2.	De	5	ô
De	7	ôtés	6	reſte	1.			
De	7	ôtés	7	reſte	0.	De	4	ô
						De	4	ô

* *

De	6	ôtés	1	reſte	5.	De	4	ô
De	6	ôtés	2	reſte	4.	De	4	ô
De	6	ôtés	3	reſte	3.			
De	6	ôtés	4	reſte	2.	De	3	ô
De	6	ôtés	5	reſte	1.	De	3	ô
De	6	ôtés	6	reſte	0.	De	3	ô

* *

De	5	ôtés	1	reſte	4.	De	2	ô
De	5	ôtés	2	reſte	3.	De	2	ô
De	5	ôtés	3	reſte	2.			
De	5	ôtés	4	reſte	1.	De	1	ô

II. La *Souſtraction* eſt la ſeconde Règle
qui apprend à déduire un petit nombre d'un
ſçavoir ce qui doit reſter du plus grand nom
au-deſſus le nombre duquel la *Souſtraction*
au-deſſous celui qui eſt à ſouſtraire. On con
par la fin ; en remontant de la droite vers l
lonne en Colonne. Pour s'aſſurer, ſi l'on ne
dans l'éxécution de cette Règle ; il n'y a qu'
le nombre que l'on a ſouſtrait, & celui qui e
nombres doivent produire un nombre égal,
Souſtraction a été faite. Autrement on a mal
traction eſt donc une opération, par laquell
grand nombre un plus petit ; & l'on marque
cette *Souſtraction* : lequel reſte, eſt la différ

bres, comme il eſt évident : ayant ôté 8, de 12, le reſte qui eſt 4, eſt la différence de 8, & de 12. Ainſi deux nombres étant donnés pour ſouſtraire du plus grand le plus petit, & connoître ce qui reſte, ou la différence de ces deux nombres. 1°. Il faut plaçer la ſomme qui eſt la plus petite, ſous la grande; les unités, ſous les unités; les dixaines, ſous les dixaines, &c. Après commençant cette opération par le premier rang de droit à gauche, il faut retrancher du plus grand, le plus petit; & marquer ce qui reſte : ſi ce ſont des unités qui reſtent, marquer ces unités, ſous les unités; &c. Et ce reſte ſera la différence, qu'il y a entre les deux nombres donnés.

Par éxemple, les deux ſommes données ſont 869, & 234. Il faut retrancher la ſeconde de la première, après les avoir diſpoſées comme il a été dit 234, ſous 869. De 9, j'ôte donc 4, il reſte 5, que je marque ſous le premier rang; enſuite je dis de 6, ôtez 3, il Reſte 3, que j'écris ſous le deuxième Rang; enfin de 8 j'ôte 2, le reſte eſt 6, que j'écris ſous le troiſième Rang. Ainſi après avoir ôté 234, de 869; il reſte 635, qui eſt la différence de 869, avec 234. Éxemple ci-contre . . .

$$869$$
$$234$$
$$\overline{}$$
$$635$$

2°. Lorſqu'un chiffre que l'on veut retrancher eſt plus grand, que celui de qui on veut le Retrancher; il faut emprunter une dixaine dans le Rang ſuivant. Suppoſons que les ſommes 672, & 489 ſont données; il faut retrancher la plus petite de la plus grande : je ne puis pas ôter 9 de 8, c'eſt pourquoi ſelon la Règle, j'emprunte une dixaine du Rang ſuivant au lieu de 7, écrivant un 6; & après je dis de 18, ôtant 9, il reſte 9, que je plaçe dans ſon Rang; enſuite je viens au deuxième rang où eſt 6, duquel ne pouvant encore ôter 8, j'emprunte comme ci-deſſus une dixaine du Chiffre ſuivant; & je dis de

Tome II. C c

16, ôtant 8, il refte 8 ? enfin venant au dernier
Chiffre qui ne vaut plus que 5, je retranche 4,   678
& il Refte 1 ; ainfi Retranchant de 678 cette   489
fomme de 489, il refte 189, qui eft la différence ——————
de ces deux fommes. Exemple   189

3°. Quand il fe trouve dans le nombre qui eft deffous u
zéro, on mèt entre les nombres Reftans celui fous lequel l
zéro eft placé ; puifque d'un tel nombre n'ôtant Rien, ce nom
bre doit être tout entier. Soient données ces deux fommes 842
& 405 ; Retranchez la plus petite de la plus grande, après avoi
placé 405, fous 842 ; je confidére qu'on ne peut ôter 5, de 2
le plus grand nombre du plus petit ; j'emprunte donc du deuxiè
me Rang une dixaine écrivant 3 au lieu de 4 ; & puis je dis d
12 ôtez 5, Refte 7 ; enfuite de 3 ôtez zero, c'eft-à-dire rien
refte le nombre entier, fous lequel zéro eft placé ;
felon la Règle je marque donc 3 au deuxième   3.
Rang ; enfin de 8 je retranche 4, le refte eft 4.   842
De cette *Souftraction* vient 437, qui eft le Refte   405
de 842, dont on a retranché 405 ; ainfi 437 eft la   ——————
différence de ces deux nombres.   437

4°. Quand le nombre qui doit être Retranché, eft égal à
celui de qui on le Retranche ; on mèt un zéro, puifqu'il ne Refte
Rien, dont zéro eft la marque. Ainfi s'il falloit ôter
246, de 346, puifque 46 eft égal à 46, felon la   346
Règle je marque donc zéro ; & retranchant 2, de   246
3, donc il Refte 1 : l'Opération me donne 100,   ——————
qui eft le nombre que je cherchois.   100

5°. Quand fous un zéro, il fe trouve un zéro ; il faut mettre
un zéro pour Conferver la Valeur des caractères, qui fuivent

& qui précèdent. Par éxemple ces deux fommes font données 800 & 200 ; je Retranche fimplement du Chiffre 8 le Chiffre 2, il refte 6 ; après lequel Chiffre je mèts deux zéro, pour faire voir que ce 6, eft le Refte de 8 cens ; dont on a Retranché deux cens.

$$\begin{array}{r} 800 \\ 200 \\ \hline 600 \end{array}$$

6°. Lorfque dans le nombre dont on Retranche un autre nombre, il y a plufieurs zéro de fuite ; de forte qu'on ne peut emprunter une dixaine du Rang fuivant pour faire la *Souftraction* des nombres qui doivent être retranchés ; il faut exprimer le nombre d'un autre manière : enforte qu'il y ait d'autres caractères que des zéro, comme fi ce nombre étoit 10000 ; il faut ainfi éxprimer cette fomme 9990 plus 10, ce qui eft la même chofe ; car neuf mille neuf cens quatre-vingt-dix, plus dix, font dix mille. Soient données ces deux fommes 900, & 432. On veut fçavoir ce qui reftera de 900, après en avoir fouftrait 432 ; pour cela il faut Retrancher cette petite fomme de la plus grande 900, je ne puis Rien fouftraire de deux zéro ; pour donc Réfoudre cette queftion, au lieu de 900, j'écris huit cens nonante, & je conferve dix en ma mémoire pour le premier Rang ; je Retranche 2 de ce nombre 10 que j'ai Retenu, il Refte 8 que je mèts fous le premier Rang ; de 9 je Retranche 3, & je pofe le Refte qui eft 6, fous le deuxième Rang ; de 8 je Retranche 4 que j'écris fous le troifième ; ainfi le Refte de 900 après en avoir ôté 432, eft 468 ; ce que l'on cherchoit.

$$\begin{array}{r} 10 \\ 890 \\ 900 \\ 432 \\ \hline 468 \end{array}$$

7°. Les deux fommes 5782, & 3456, font données pour être Retranchées de cette troifième fomme 68386 ; il faut ajou-

ter par la première propofition les deux prem
une fomme qui fera 9238. Après qu'on s'ef
à faire ces Opérations, on peut faire cette ad
mais dans les commençemens il eft bon d
plume.

Je place 9238 fait de l'addition de 5782
la fomme 68386 ; comme dans les autres
commençant par les unités du premier Ran
ne peut ôter 8 ; j'emprunte donc une dixaine
qui avec les unités font 16 ; de 16 ôtant 8
marque fous· ce premier Rang des unités.
Après venant au deuxième Rang ; je dis de 7
dixaines, ôtez 3 Refte 4, je dis de 7 ; car
vous fçavez que nous avons ôté une dixaine
de ce Rang. Au troifième Rang je dis de 3
ôtez 2, Refte 1. Au quatrième Rang de 8 je
ne puis ôter 9, j'emprunte du Rang fuivant,
qui eft celui des dixaines de mille, une dixaine
de mille, qui avec les 8 mille de ce quatriè
mille ; je dis donc de 18 mille, ôtez neuf mill
Enfin venant au cinquième Rang, puifqu'il
doive être retranché, je marque avec les autr
dans ce Rang ; fçavoir 5, car des 6 dixaine
toient, j'en avois déja retranché une dixain
de 68386, après en avoir retranché les deux
3456 ; le Refte dis-je eft 59148.

La *Souftraction* & l'*Addition* font oppofé
l'une défait ce que l'autre a fait, & elles fe
ment de Preuve. Le tout étant égal à fes pa
parties du tout, il ne doit Rien Refter ; pai
être affuré que 432 ajoutés avec 245, fait é

c'eft-à-dire, que ces deux fommes font les parties du tout 677. Il faut Retrancher ces deux fommes de 677 ; & s'il ne Refte rien, c'eft une marque qu'elles font véritablement les parties de ce tout ; & par conféquent que l'Addition a été bien faite.

Les parties font égales à leur tout, donc pour être affuré que véritablement deux ou plufieurs fommes font les parties d'une fomme donnée, il faut voir fi ces fommes ajoutées enfemble font égales à cette fomme donnée. Je veux être affuré qu'en Retranchant de 677 cette fomme 432, le Refte eft 245 ; c'eft-à-dire que 232 & 245, font les parties du tout 677 ; j'ajoute ces deux fommes 432 & 245, & fi elles font 677 ; je conclus qu'elles font véritablement les parties de 677 : & par conféquent que mon Opération eft bonne.

DE LA MULTIPLICATION.

Table fur la Multiplication.

1	fois	1	fait	1.	2	fois	4	font	8.
1	fois	2	fait	2.	2	fois	5	font	10.
1	fois	3	fait	3.	2	fois	6	font	12.
1	fois	4	fait	4.	2	fois	7	font	14.
1	fois	5	fait	5.	2	fois	8	font	16.
1	fois	6	fait	6.	2	fois	9	font	18.
1	fois	7	fait	7.	2	fois	10	font	20.
1	fois	8	fait	8.		* *			
1	fois	9	fait	9.	3	fois	1	font	3.
1	fois	10	fait	10.	3	fois	2	font	6.
	* *				3	fois	3	font	9.
2	fois	1	font	2.	3	fois	4	font	12.
2	fois	2	font	4.	3	fois	5	font	15.
2	fois	3	font	6.	3	fois	6	font	18.

3	fois	7	font	21.	6	f
3	fois	8	font	24.	6	f
3	fois	9	font	27.	6	f
3	fois	10	font	30.	6	f
		* *			6	f
4	fois	1	font	4.	6	f
4	fois	2	font	8.		
4	fois	3	font	12.	7	f
4	fois	4	font	16.	7	f
4	fois	5	font	20.	7	f
4	fois	6	font	24.	7	f
4	fois	7	font	28.	7	f
4	fois	8	font	32.	7	f
4	fois	9	font	36.	7	f
4	fois	10	font	40.	7	f
		* *			7	f
5	fois	1	font	5.	7	f
5	fois	2	font	10.		
5	fois	3	font	15.	8	f
5	fois	4	font	20.	8	f
5	fois	5	font	25.	8	f
5	fois	6	font	30.	8	f
5	fois	7	font	35.	8	f
5	fois	8	font	40.	8	f
5	fois	9	font	45.	8	f
5	fois	10	font	50.	8	f
		* *			8	f
6	fois	1	font	6.	8	f
6	fois	2	font	12.		
6	fois	3	font	18.	9	f
6	fois	4	font	24.	9	f

9	fois	3	font	27.	11	fois	2	font· 22.
9	fois	4	font	36.	11	fois	3	font 33.
9	fois	5	font	45.	11	fois	4	font 44.
9	fois	6	font	54.	11	fois	5	font 55.
9	fois	7	font	63.	11	fois	6	font 66.
9	fois	8	font	72.	11	fois	7	font 77.
9	fois	9	font	81.	11	fois	8	font 88.
9	fois	10	font	90.	11	fois	9	font 99.
		*	*		11	fois	10	font 110.
10	fois	1	font	10.			*	*
10	fois	2	font	20.	12	fois	1	font 12.
10	fois	3	font	30.	12	fois	2	font 24.
10	fois	4	font	40.	12	fois	3	font 36.
10	fois	5	font	50.	12	fois	4	font 48.
10	fois	6	font	60.	12	fois	5	font 60.
10	fois	7	font	70.	12	fois	6	font 72.
10	fois	8	font	80,	12	fois	7	font 84.
10	fois	9	font	90.	12	fois	8	font 96.
10	fois	10	font	100.	12	fois	9	font 108.
		*	*		12	fois	10	font 120.
11	fois	1	font	11.				

III. Pour faire la *Multiplication* l'on doit poſer les deux nombres l'un ſur l'autre indifféremment , ſans ſe mettre en peine
lequel des deux eſt le multiplié , ou le multipliant ; parce que
8 multiplié par 5 , fait auſſi bien 40 ; que 5 multiplié par 8.
Néanmoins comme il eſt plus facile de multiplier par un petit
nombre que par un grand , il ſera plus à propos de mettre le
petit deſſous. Après avoir diſpoſé les deux nombres l'un ſur
l'autre , & tiré une ligne deſſous ; il faut que chaque Chiffre
du nombre inférieur multiplie à ſon tour , tous ceux du ſupé-

rieur, l'un après l'autre : où il eſt à Rema
Chiffre commençe à multiplier, il faut poſ
duit au degré dudit Chiffre ; de ſorte que
doit poſer ſon premier produit ſous le ſimp
il faut le poſer ſous la dixaine ; &c. & Addi
duits ; comme dans l'Éxemple ci-deſſous.

multiplié . . . . 213 mui
multipliant à . . . . . 32 l. le
426 . . .
639 . . .
produit . . 6816 l. . .

Pour faire donc cette *Multiplication*, je
que je poſe ſous le 2 ; 2 fois 1 ſont 2, que j
& 2 fois 2 ſont 4, que j'avance.

Secondement je dis 3 fois 3 ſont 9, que
3 fois 1 ſont 3, que je poſe en Reculant ;
que j'avance.

Troiſièmement j'additionne les produits
lignes pour avoir 6816 livres.

Autre Éxemple.

Je veux ſçavoir la valeur de 564 arpens d
vingt-cinq livres l'arpent.

564 . . . . . . multiplié
325 . . . . . . multipliant
2820
1128
1692
183300 l. . . . produit

Pour faire cette *Multiplication*, je dis 5 fois 4, font 20 ; puis e pofe zéro fous le 5, & Retiens 2 ; 5 fois 6 font 30, & 2 de Retenus font 32, j'avance 2 d'un degré, & Retiens 3 ; 5 fois 5 font 25, & 3 de Retenus font 28 ; que j'avance.

En fecond lieu, je dis 2 fois 4 font 8, que je pofe fous le 2 ; 2 fois 6 font 12, je pofe 2, & Retiens 1 ; 2 fois 5 font 10, & 1 font 11 ; que j'avance.

En troifième lieu, je dis 3 fois 4 font 12, pofant 2 fous le 3 ; & Retenant 1 ; 3 fois 6 font 18, & 1 font 19 ; je pofe 9, & Retiens 1 ; 3 fois 5 font 15, & 1 font 16 ; que j'avance.

Finalement j'additionne les produits compris entre deux lignes, & je trouve 183300 livres.

Quand après une figure multipliée il fuit un zéro, il faut avancer les dixaines au lieu de les Retenir, fans faire mention du zéro.

Éxemple.

$$
\begin{array}{r}
309 \\
\text{à . . . . } 56 \text{ l. piéce} \\
\hline
1854 \\
1545 \\
\hline
\text{font . . . . } 17304 \text{ livres.}
\end{array}
$$

Je dis 6 fois 9 font 54, je pofe 4, & avance 5 ; 6 fois 3 font 18, je pofe 8, & avance 1.

Puis je dis 5 fois 9 font 45, je pofe 5 fous fon degré, & avance 4 ; 5 fois 3 font 15, je pofe 5, & avance 1 ; les deux produits additionnés font 17304 livres.

Quand il y a des zéros au bout du nombre multipliant, il faut les pofer fimplement, & multiplier par les Figures fignificatives comme l'Éxemple qui fuit.

Tome II. D d

Éxemple.

352 arpens
à . . . . . 300 l. chacun

font . . 105600 livres.

Lorſque les zéros du multipliant ne le terminent pas , il faut
les laiſſer ; & multiplier ſeulement par les Figures ſignificatives.

Éxemple.

```
    3245
    3007
  ───────
   22715
  9735
  ───────
  9757715
```

Quand pluſieurs zéros ſe ſuivent immédiatement , tant au
nultiplié qu'au multipliant ; on multipliera par les Figures ſigni-
icatives , & au bout du produit , on ajoutera les zéros de part
& d'autre.

Éxemple.

Pour multiplier 5000 par 700 livres , il faut dire 7 fois 5
ont 35 , au bout deſquels on poſera les cinq zéros pour avoir
3500000.

Remarquez que multipliant par Livres , il vient des Livres ;
ar des Sols , des Sols ; & par des Deniers , des Deniers : c'eſt
ourquoi il eſt néceſſaire de ſçavoir Réduire les Sols en Livres ,
& les Deniers en Sols.

Réduction des Sols en Livres.

Pour faire cette Réduction, il faut féparer le dernier Chiffre à main droite, & prendre la moitié des autres en commençant par l'autre Bout, cette moitié fera des Livres ; & le Chiffre féparé fera des Sols.

Exemple.

864 | 2 fols

font . . . 432 l. 2 f.

Il faut dire, la moitié de 8, eft 4 ; la moitié de 6, eft 3 ; & la moitié de 4, eft 2 ; Refte 2 qu'on pofe au rang des fols.

Si le nombre dont on prend la moitié eft impair, il faut compter 10 pour le demi, & ajouter ces 10 au Chiffre fuivant.

Exemple.

575 | 3 fols

font . . . 287 l. 13 f.

Il faut dire la moitié de 5, eft 2 & demi ; la moitié de 17, eft 8 & demi ; la moitié de 15, eft 7 & demi ; avec 3 fait 13 fols.

Autre Exemple.

1015 | 2 fols

font . . . 507 l. 12 f.

Il faut dire la moitié de 10, eft 5 ; la moitié de 1 eft zéro ; la moitié de 15 eft 7 ; & le demi, avec 2 fols ; fait 12 fols.

D d ij

Autre Éxemple.

7000 fols.
_____

font . . . 350 livres.

On dira, la moitié de 7, eft 3 ; la moit
moitié de zéro, eft zéro.

La raifon pour laquelle, on Réduit ainf
c'eft que féparant la dernière figure, le Re
pièces de 10 fols, dont on prend la moitié p
ce qui fe voit clairement, dans le nombre
fi vous féparez le dernier zéro, il Reftera
qui font 5 Livres. Sçachant réduire les Sc
facile de multiplier par les Sols.

Éxemple.

Voulant fçavoir la valeur de 342 aune
la trouvera ci-deffous.

342
7
_____

339 | 4 qui
_____

font . . . . 119 L. 14 f.

Pour fçavoir combien 17 fols par jou
multipliera les 365 jours de l'année, par 1
étant au nombre des Sols, fera Réduit en

Exemple.

365　jours
17　fols
———————————
2555
365
———————————
6205 fols qui

font . . . 310 l. 5 f.

Pour fçavoir la valeur de 13 écus d'or ; on les multipliera
par 114 fols.

114　fols
13　écus d'or
———————————
342
114
———————————
148 | 2 fols qui

font . . . . 74 L. 2 f.

Sur la Multiplicatio

Le nombre de 789. unités.	Le nom
multiplié par . . . 1. unité.	multipli
produit celui de 789. unités.	produit
multiplié par . . 2.	multipli
produit le Nᵉ. 1578.	produit
multiplié par . . 3.	multipli
produit . . . 4734.	produit
multiplié par . . 4.	multipli
donne le Nᵉ. 18936.	produit
multiplié par . . 5.	multipli
fait celui de 94680.	produit
multiplié par . . 6.	multipli
produit . . 568080.	produit
multiplié par . . . .7.	multipli
produit . . 3976560.	produit
multiplié par . . . . 8.	multipli
produit . 31812480.	produit
multiplié par . . . 9.	multipli
produit 286312320. unités.	produit

Le nombre de . . 3456.   multipli
ou pris . . . . . 279.   fois.

Propriété de la Multipli

La propriété de la *Multiplication* eſt de
eſpèces aux moindres ; & ainſi pour réduir
en pieds, il faut les multiplier par 6.

Pour Réduire les écus Blancs en Livres, on les multipliera par 3.

Pour Réduire les Livres en Sols, on les multipliera par 20 ; posant zéro, & doublant chaque Chiffre.

Pour Réduire les Sols en Deniers, la *Multiplication* se fera par 12.

Pour Réduire les années en jours, par 365 ; les jours & heures par 24, &c.

Éxemple.

Voulant sçavoir en 100 ans, combien il y a de quarts d'heure ; & sçachant qu'en un an, il y a 365 jours, & près de six heures ; je multiplierai les 365 jours par 24, & au produit ajoutant 6 heures ; l'addition donnera 8766 heures, lesquelles multipliées par 4 ; donneront 35064 quarts d'heure pour un an ; lequel nombre je multiplierai par 100, ce qui sera facile en ajoutant deux zéros au bout ; & je trouverai qu'en 100 ans, il y a 3506400 quarts d'heure.

Un Commis général des Vivres desire sçavoir combien un muid de farine doit Rendre de Rations, à Raison de 24 par Boisseau ; & a Remarqué qu'une Ration est le pain pour la journée d'un Soldat. Pour cet effèt il faut multiplier les 12 septiers du muid par 12 Boisseaux, & multiplier le produit par 24 ; comme ci-dessous.

```
    12 Septiers
    12 Boisseaux.
    ─────────────
    24
    12
    ─────────────
   144 Boisseaux d'un muid
    24
    ─────────────
   576
   288
    ─────────────
  3456 rations que doit Rendre un muid de farine.
```

DE LA DIVISION.

IV. La *Divifion* eft le partage d'un nombre en plufieurs parties égales , ou la recherche de combien de fois un moindre nombre eft compris dans un plus grand. Comme pour fçavoir, combien 36 livres , à neuf hommes font pour chacun ; il faut, partager 36 , en neuf parties égales ; ou bien chercher combien de fois 9 , eft compris en 36 ; & trouvant qu'il y eft 4 fois, je dis , c'eft 4 livres pour chacun. Remarquez que le nombre que l'on divife fe nomme *Dividende* , celui par lequel on divife eft nommé *Divifeur* ; & ce qui vient de la *Divifion* s'appelle *Quotient* , du mot Latin *quoties* ; qui fignifie combien de fois le petit nombre eft Compris dans le grand : comme ci-deffus 36 , eft le Dividende ; 9 , le Divifeur ; & 4, le Quotient ; parce que 9 , eft compris 4 fois en 36.

Pour faire la *Divifion* , il faut commencer par le Bout du Dividende à main gauche , fous lequel on doit difpofer le Divifeur, enforte qu'il puiffe être compris dans le nombre fupérieur correfpondant.

Secondement , il faut chercher combien de fois le Divifeur eft Compris dans le nombre fupérieur Correfpondant ; fuppofé qu'il y foit 2 fois, il faut pofer ce 2 , que nous appelons Quotient ; au bout du Dividende , derrière un tiret.

Troifiémement , on doit multiplier le Divifeur par le Quotient, & du nombre fupérieur Souftraire le produit, pofant le Refte au-deffus , & éffaçant d'un petit trait les Chiffres qui fe trouvent directement fous ce Refte ; & Remarquez que toute la *Divifion* confifte en ces quatre Opérations , qui font de difpofer le Divifeur , chercher, multiplier , & fouftraire ; car il faut les Réïtérer autant de fois qu'il y a de Chiffres à Expédier.

Table

Table de la Division.

Dividende.	Diviseur.	Quotient.											
En 4 Comb. de fois	2	Rép. 2	16 C. de fois	4	Rép.	4	49 C. de fois	7	Rép.	7
6 . . . . . 2 . . . 3			20 . . . . 4 . . 5				56 . . . . 7 . . 8
8 . . . . . 2 . . 4			24 . . . . 4 . . 6				63 . . . . 7 . . 9
10 . . . . . 2 . . 5			28 . . . . 4 . . 7				64 . . . . 8 . . 8
12 . . . . . 2 . . . 6			32 . . . . 4 . . 8				72 . . . . 8 . . 9
14 . . . . . 2 . . . 7			36 . . . . 4 . . 9				
16 . . . . . 2 . . . 8							81 . . . . 9 . . 9
18 . . . . . 2 . . . 9			25 . . . . 5 . . 5				
			30 . . . . 5 . . 6				100 . . . 10 . . 10
9 C. de fois. . . 3 . . . 3			35 . . . . 5 . . 7				1000 . . . 10 . 100
12 . . . . . 3 . . . 4			40 . . . . 5 . . 8				
15 . . . . . 3 . . . 5			45 . . . . 5 . . 9				
18 . . . . . 3 . . . 6			36 . . . . 6 . . 6				
21 . . . . . 3 . . . 7			42 . . . . 6 . . 7				
24 . . . . . 3 . . . 8			48 . . . . 6 . . 8				
27 . . . . . 3 . . . 9			54 . . . . 6 . . 9				

Sur la Division.

Pour prendre la moitié du nombre de . . . . . 8462 unités;

ou le Diviser par . . . . 2 . .

Quotient . . . . 4231 unités.

Pour prendre la moitié du nombre de . . . . . . 1578 unités;

ou le Diviser par . . . . 2 . . .

Q. . . . . 789.

Diviser . . . . 96393 unités;

par . . . . 3 . .

Q. . . . . 24131.

Diviser . . . . 4734 unités;

par . . . . 3 . .

Q. . . . . 1578.

Diviſer . . . . 8484 unités;
    par . . . . 4 . . .
Q. . . . . 2121.
Diviſer . . . . 18936 unités;
    par . . . . 4 . .
Q. . . . . 4734.
Diviſer . . . . 65705 unités;
    par . . . . 5 . .
Q. . . . . 13141.
Diviſer . . . . 17280 unités;
    par . . . . 5 . .
Q. . . . . 3456.
Diviſer . . . . 568080 unités;
    par . . . . 6 . .
Q. . . . . 94680.
Diviſer . . . . 3976560 unités;
    par . . . . 7 . . .
Q. . . . . 568080.
Diviſer . . . . 31812480 unités;
    par . . . . 8 . . .
Q. . . . . 3976560.
Diviſer . . . . 286312320 unités;
    par . . . . 9 . . . .
Q. . . . . 31812480.
Prendre la $\frac{1}{2}$ de . . . . 3456 unités;
C'eſt . . . . 1728.
Prendre le $\frac{1}{3}$ de . . . . 1794 unités;
C'eſt . . . . 598.

Prendre le $\frac{1}{4}$ de . . . . 3516 unités;
c'eft . . . . 879.

Prendre le $\frac{1}{5^e}$ de . . . . 9875 unités;
c'eft . . . . 1975.

Prendre le $\frac{1}{6^e}$ de . . . . 3534 unités;
c'éft . . . . 589.

Prendre le $\frac{1}{7^e}$ de . . . . 3486 unités;
c'eft . . . . 498.

Le $\frac{1}{8^e}$ de . . . . 4608 unités;
eft . . . . 576.

Le $\frac{1}{9^e}$ de . . . . 8883 unités;
eft . . . . 987.

La $\frac{1}{10^e}$ partie de . . . . 987540 unités;
eft . . . . 98754.

Éxemple.

Je vèux divifer 952 livres à quatre perfonnes.

PREMIÈRE OPÉRATION.

$$\begin{array}{l} \text{Dividende . . . } \overset{1}{95}2 \\ \text{Divifeur . . . . } 4 \end{array} \Big\} \; 2. \text{ Quotient.}$$

En premier lieu, je pofe le 4 fous le 9.

En fecond lieu, je cherche en 9, combien il y a de fois 4; & l'y trouvant 2 fois, je pofe 2 au bout du tiret.

En troifième lieu, je multiplie le 4, par le 2; le produit eft 8.

En quatrième lieu, j'ôte 8 de 9, & il Refte 1; que je pofe fur le 9, lequel j'effaçe d'un petit trait, & auffi le 4.

I
$$\frac{952}{4} \Big\} \ 2$$

Dans cette seconde Opération, je prati
la première ; car après avoir avancé d'un (
je cherche en 15 , combien de fois 4 ; & l'
pose le 3 , après le 2 ; puis je dis 3 fois 4
de 15 , & il Reste 3 , sur le 5 ; puis j'éffaçe

TROISIÈME OPÉRA

13
$$\frac{952}{44} \Big\} \ 23 \qquad \frac{23}{\frac{952}{444}} \Big\} \ 238$$

En cette dernière Opération je fais con
car après avoir transféré d'un degré mon
en 32 combien il y a de fois 4 ; & l'y trou
8 , après le 3 ; puis je dis 8 fois 4 font 32 ,
supérieur ; & il ne reste rien.

Quand le Diviseur est de plusieurs Ch
chose difficile de trouver combien de fo
le nombre supérieur correspondant ; mais
comme s'il n'y avoit au Diviseur, que
gauche , dont le Quotient sera Commun
fres suivans ; c'est pourquoi il faudra les m
tient l'un après l'autre , & souftraire les
voit ci-deffous ; où je divife 1757 livres à

228
$$\frac{1757}{585} \Big\} \ 3 \ l.$$

Je cherche en 17, combien de fois 5 ; & l'y trouvant 3 fois,
je pofe le 3 pour Quotient; difant 3 fois 5, font 15 ; que j'ôte
de 17, & il Refte 2 fur le 7 ; puis je dis 3 fois 8, font 24 ;
que j'ôte de 25, & il Refte 1 fur le 5 ; finalement je dis, 3
fois 3, font 9 ; que j'ôte de 17, & il Refte 8.

Lorfqu'on a emprunté des Dixaines pour fouftraire le produit d'une Figure multipliée, les Dixaines Reftantes doivent
être mifes fur la Figure, d'où s'eft fait l'emprunt, comme on
verra ci-deffous.

$$1\ 1$$
$$2\cancel{4}5$$
$$1\cancel{86}\cancel{3} \Big\} \ 4$$
$$\overline{\cancel{43}\cancel{7}}$$

Trouvant qu'en 18, il y a 4 fois 4 ; je pofe 4, pour Quotient; & je dis 4 fois 4, font 16 ; que j'ôte de 18, & il refte 2.

4 fois 3, font 12 ; que j'ôte de 16, empruntant une dixaine
au 2 ; il refte 4, & le 2 ne vaut plus que 1 ; c'eft pourquoi
ayant rayé le 2, je mèts 1 au-deffus.

4 fois 7 font 28, que j'ôte de 33, empruntant trois dixaines
au 4 ; il refte 5, & le 4 refte pour 1.

Il refte 115 livres à partager ; mais nous traiterons des reftans, quand toutes les difficultés de la *Divifion* feront éclaircies.

Quelquefois le Quotient doit être diminué de 1, de 2, de
3, ou de plus ; afin qu'il refte affez pour fouftraire le produit
des figures du Divifeur multipliées par le Quotient, comme
en l'Éxemple ci-après ; où je ne compte que 6 fois 2 en 18,
parce que fi je l'y mettois feulement 7 fois, il ne refteroit que
4 ; puis difant 7 fois 9 font 63, je ne pourrois pas fouftraire ce
nombre, parce qu'il ne refteroit que 42.

$$\cancel{6}8$$
$$18\cancel{2} \Big\} \ 6$$
$$\overline{2\cancel{9}}$$

Quand il n'y a pas aſſez de dixaines , pour ſouſtraire le pro-
luit d'une figure multipliée ; il faut emprunter dix dixaines à
a première figure ſuivante.

Exemple.

$$
\begin{array}{c}
3 \\
116 \\
387 \\
\hline
38
\end{array} \Big\} \ 9
$$

Je dis 9 fois 3 ſont 27 , que j'ôte de 28 , reſte 1 , & le 3
ɔour 1.

Puis je dis , 9 fois 9 ſont 81 , que j'ôte de 87 , il reſte 6 ; &
ɔomme j'ai pris 8 dixaines ſur 11 , il en reſte 3 , que je poſe
au-deſſus.

N'ayant pas de figure plus haute que le 9 , on ne peut faire
monter le Quotient plus haut ; comme dans l'Exemple précédent , où je ne compte que 9 fois 3 en 38.

Lorſque le Diviſeur n'eſt pas compris dans le nombre ſu-
ɔérieur correſpondant , on poſera zéro pour quotient , effaçant
les figures du Diviſeur pour les avancer d'un degré , s'il y a
d'autres Chiffres à expédier.

Exemple.

$$
\begin{array}{c}
118 \\
3848 \\
\hline
3888 \\
33
\end{array} \Big\} \ 104
$$

S'il y a des zeros au bout du Diviſeur , ils ſeront mis au
bout du Dividende à main droite , pour diviſer par les figures
ſignificatives ; comme ſi l'on vouloit diviſer 75348 livres à

300, il faudroit pofer les 3 fous le 7, & les deux zéros à l'autre bout.

$$\frac{75348}{3 \quad 00} \Big\}.$$

$$\frac{\overset{2}{7}\overset{}{8}\overset{}{3}48}{33300} \Big\} \ 251 \ \text{liv.}$$

Les 48 liv. reftantes de la *Divifion* ci-deffus, ne pouvant être divifées à 300 en qualité de livres, doivent être réduites en fols, les multipliant par 20, ce qui fe fait en pofant zéro, & doublant chaque Chiffre : car fi l'on dit 2 fois 8 font 16 ; pofant 6 & retenant 1, 2 fois 4 font 8, & 1 font 9, avec le zéro au bout ; l'on aura 960 fols.

$$\frac{\overset{}{9}60}{300} \Big\} \ 3 \ \text{fols}$$

Les 60 Sols reftans de cette *Subdivifion*, ne pouvant être divifés à 300 en qualité de Sols, doivent être réduits en Deniers en les multipliant par 12, il viendra 720 Deniers, que l'on divifera comme ci-deffous.

$$\frac{\overset{1}{7}20}{300} \Big\} \ 2 \ \text{den.}$$

Il refte 120 Deniers indivifibles à 300, c'eft pourquoi l'on n'y a pas d'égard ; parce que deux cinquièmes parties d'un Denier à chacun, ne font pas une conféquence.

Quand il ne refte rien au Dividende, & qu'il y a encore des zéros à expédier ; on les pofera au bout du Quotient, & la *Divifion* fera faite, comme dans l'Éxemple fuivant ; où je divife 91800 livres, à 34 perfonnes.

$$\left.\begin{array}{l} 22 \\ 33 \\ \cancel{9}\,1800 \\ \hline 344 \\ 3 \end{array}\right\} \;\; 2700 \text{ liv.}$$

La Preuve de la *Division* fe fait par la Multiplication ; car fi on multiplie le Quotient par le Divifeur, & qu'on ajoute le efte de la *Division*, s'il y en a, la fomme qui aura été divifée, eviendra ; comme on voit dans l'Éxemple qui fuit, où toutes s difficultés de la *Division* fe rencontrent.

$$\left.\begin{array}{l} 15573427 \\ \hline 768 \quad 0 \end{array}\right\}$$

$$\left.\begin{array}{l} 1 \\ 56 \\ 600 \\ 2788 \\ 13118 \\ 15573427 \\ \hline 7688880 \\ 7668 \\ 77 \end{array}\right\} \begin{array}{l} 2027 \text{ Quotient.} \\ 7680 \text{ Divifeur.} \\ \\ \\ \\ 162160 \\ 12162 \\ 14189 \\ \quad 6067 \text{ Reftants.} \\ \hline 15573427 \text{ Preuve.} \end{array}$$

Divifion

Divifion à l'Efpagnole.

Ayant bien entendu l'Explication ci-deffus, pour l'Opération de la *Divifion* felon la méthode à la Françoife ; il fera bien facile d'entendre comment il faut opérer par cette feconde, laquelle ne diffère point de la précédente pour la prévoyance & la pofition des figures du Quotient : elle fe fait ainfi ; il faut difpofer les figures du Divifeur fous le Nombre à divifer, comme il a été enfeigné, & chercher de même façon combien de fois le Divifeur eft contenu dans le Nombre à divifer, & pofer au Quotient pour chaque Opération la figure qui exprime la quantité de fois que le Divifeur eft contenu dans le Dividende fupérieur ; comme il fe voit par l'Opération ci-deffous.

Éxemple.

On veut Divifer 6754 livres à 357 perfonnes ; on demande combien chacun aura pour fa part.

$$3\,1\,8$$

Somme à Divifer. $\cancel{6754}$ } 1 Quotient.

Divifeur $\cancel{357}$

La Somme à divifer étant ainfi pofée, & le Divifeur au-deffous, il faut voir combien de fois 3 eft contenu en 6 ; on voit qu'il y eft deux fois naturellement, mais qu'il n'y peut entrer qu'une fois ; parce que deux fois 357 font plus que 675 qui font deffus : il faut donc pofer 1 au Quotient.

Le Quotient 1 étant ainfi pofé, on dira en rétrogadant de la droite à la gauche, felon l'ordre de la Multiplication, 1 fois 7 eft 7, qui de 5 ôte 7, cela ne fe peut ; mais qui de 15 ôte 7, il refte 8 que j'écris fur le 5, lequel nombre de 15 eft compofé d'une dixaine empruntée fur la Colonne prochaine, & du 5 ; on dira donc je retiens une dixaine.

Tome II. F f

Enfuite il faut dire 1 fois 5 eft 5 , & une dixaine
font 6 , qui de 7 ôte 6 , il refte 1 que j'écris fur 7.

Enfin je dis 1 fois 3 eft 3 , qui de 6 ôte 3 il refte

Seconde Opération.

La première Opération étant ainfi achevée, on é
vifeur 357 à l'ordinaire fous le Nombre à divifer , e
d'un degré, & le 3 du Divifeur fe rencontrera fous

Puis cherchant combien de fois 3 font contenus
on voît qu'ils y font 10 fois naturellement ; mais qu
vent y entrer que 8 fois , comme il a été éxaminé
il faut donc pofer 8 au Quotient.

32
3188
6784

——— [18 Quotient. Refte 328.

3577* enfuite de la Figure 1 déja pofé
38   tipliant 357 par le Quotient 8 fe
de la Multiplication ; on dira 8 fois 7 font 56 , ôtés d
pofés de 4 fupérieur & de 6 dixaines que l'on emp
fon Efprit fur le degré fuivant, refte 8 qu'il faut écrir
de 4 , & on retiendra dans fa Mémoire les 6 dixaine
tées, pour les rendre & ajouter au produit de la Mul
fuivante.

Enfuite on dira 8 fois 5 font 40 , & les 6 dixaine
font 46 , ôtés de 48 compofés du 8 fupérieur , & de
que l'on emprunte fur le degré fuivant, refte 2, qu'il :
fur 8 , & retenir les 4 dixaines empruntées.

Enfin on dira 8 fois 3 font 24 , & les 4 dixaines
font 28 , ôtés de 31 qui font au-deffus, refte 3 que l
fur 1 de 31 , & partant le refte fera 328, comme p

hode à la françoise ci-devant , lequel Reſte ſera écrit ſur une igne , & féront $\frac{118}{357}$ ou 328 livres , qui ne ſe peuvent pas diviſer par 357 , que l'on réduira en ſols , &c ; comme il ſe voit dans la *Diviſion* par Livres , Sols & Deniers. *M. Le Gendre.*

Diviſion à l'Italienne.

Cette troiſième Méthode de *Diviſer* ne diffère en rien des deux précédentes , quant à la prévoyance qu'il faut garder pour la poſition du Quotient ; car quoique le Diviſeur ne ſoit pas mis directement ſous le Nombre à *Diviſer* comme ci-devant , & qu'il ſoit mis à l'écart en quelqu'endroit où l'on voudra , comme il ſe voit par l'Éxemple ci-deſſous , de 6754 à diviſer par 357 , dont j'ai fait ci-devant l'Opération , il faut néanmoins ſçavoir à chaque Opération combien de fois le Diviſeur eſt contenu dans le Nombre ſupérieur à *Diviſer.*

Comme dans l'Éxemple dont je me ſers à-préſent , il faut ſçavoir combien il y a de fois 357 dans 675 , ayant trouvé qu'il y eſt une fois , il faut poſer 1 au Quotient , puis multipliant le Diviſeur 357 par cet 1 , vient 357 qu'il faut écrire ſous 675 , & le ſouſtraire , le Reſte eſt 318 que l'on écrit ſous 357.

Pour ſeconde Opération il faut abaiſſer le 4 du Nombre à *Diviſer* , & le poſer à la ſuite de 318 , il vient 3184 ; & après ſçavoir combien de fois le Diviſeur 357 eſt contenu dans 3184 , diſant en 31 combien de fois 3 , on trouve qu'il y eſt 8 fois ; on poſera donc 8 au Quotient : enſuite multipliant 357 par 8 , il vient 2856 que l'on écrit au-deſſous de 3184 ; puis ôtant l'un de l'autre , le Reſte eſt 328 qui ne ſe peuvent *Diviſer* , comme il a été prouvé ci-devant. S'il y avoit davantage de figures , on continueroit à *Diviſer* de même ordre , abaiſſant pour châque Opération une figure du Nombre à *Diviſer.*

Si l'on faiſoit la Réduction des Livres reſtantes en Sols , &

de Sols en Deniers, & que l'on en voulût faire la *Division*, on garderoit le même ordre à l'égard de la *Division*.

Preuve de la Division de l'autre part.

Pour Preuve, il faut ajouter le Reste 328 avec les figures barrées au-dessus, & viendra la somme à *Diviser*.

Opération de l'Éxemple de la Division ci-dessus; où il a été proposé de Diviser 6754 par 357.

Somme à *Diviser* . . 6754 [18 Quotient.
Diviseur 357

Otés . . . . 357 de 6754;
Reste . . . . . . 3184.
Otés . . . . 2856 de 3184;
Reste . . . . 328 à *Diviser*; ainsi des autres.

Divers Éxemples de Division, dont l'Opération se fera de différentes Manières.

Premier Éxemple.

On veut *Diviser* 898108 par 999.

Première Opération à la Françoise.

```
      8
     298
     579
    6888
   176997
   898108
  ———————— [ 899 & reste 7.
    99999
     999
      9
```

Même Opération à l'Espagnole.

$$\begin{array}{c}
997 \\
898108
\end{array}$$

———— [899 reste 7.

$$\begin{array}{c}
99999 \\
999 \\
9
\end{array}$$

Même Opération que les précédentes à l'Italienne.

Nombre à *Diviser.* 898108 [899 Quotient.

Diviseur . . 999. 7992

$$\begin{array}{c}
9890 \\
8991 \\
8998 \\
8991
\end{array}$$

Reste . . . 7

Autre Exemple de Division pratiquée à la Franç. & à l'Espag.

On veut *Diviser* 19999100007 , par 99999.

Opération à la Françoise.

$$\begin{array}{c}
22 \\
95 \\
912 \\
1829 \\
99590 \\
99182 \\
188299 \\
999500 \\
991882 \\
1888299 \\
999918882 \\
999929999 \\
199991999997
\end{array}$$

———— [199993. Quotient.

$$\begin{array}{c}
999999999 \\
9999999 \\
999999 \\
9999 \\
88
\end{array}$$

Opération à l'Espagnole.

$$
\begin{array}{l}
1\not9\not9\not9\not9 \\
1\not9\not9\not9\not9\,1\,\not0\not0\not0\not0\,\not7 \\
\hline
\not9\not9\not9\not9\not9\not9\not9\not9\not9 \\
\not9\not9\not9\not9\not9\not9\not9 \\
\not9\not9\not9\not9\not9 \\
\not9\not9\not9 \\
\not9\not9
\end{array}
\qquad [\;199993.\ \text{Quotient.}
$$

Par les Opérations de *Division* ci-deſſus, chacun peut juger
~~d~~e la briéveté ou facilité, & choiſir pour ſon uſage la Méthode
~~q~~i lui ſera plus facile ; pour moi je me ſers toujours de celle
~~q~~'on appelle à l'*Eſpagnole.*

Remarques ſur la Diviſion.

Quand on *Diviſe* par un Nombre qui a un ou pluſieurs zéros
~~à~~ la fin, il faut poſer celui, ou ceux s'il y en a pluſieurs, ſous les
~~d~~erniers Caractères du Nombre à *Diviſer*, & faire la *Diviſion*
~~p~~ar les autres Caractères ſignificatifs, juſqu'à ce que l'on ait re~~s~~-~~t~~int les zéros, comme en cet Éxemple.

$$
\frac{47688.}{4\ \ 00.} \qquad [\;\text{à Diviſer par 400.}
$$

Et s'il y a des zéros, tant au Nombre à *Diviſer*, qu'au Di-
ſeur, on retranchera autant de zéros de l'un que de l'autre ;
~~pu~~is diviſant le reſte de l'un par le reſte de l'autre, on aura
~~m~~ême Quotient que ſi on avoit diviſé le tout par le tout ;
~~c~~omme en l'Éxemple ſuivant de 45000 à diviſer par 300.

Éxemple.

45000 à divifer par 300.

C'eft autant que de divifer 450 par 3 : ainfi des autres.

Abbréviation fur la Divifion.

Toute *Divifion* fe peut abréger felon la Nature du Divifeur.

Comme fi on veut *Divifer* quelque Nombre que ce foit par 10, il n'y a qu'à retrancher la dernière figure du nombre à *Divifer* à main droite, & le refte à main gauche, c'eft le Quotient requis.

Comme fi on vouloit fçavoir combien 270 livres valent de piftoles à 10 livres piéce ; il faut *Divifer* 270 par 10, ce qui fe fait en retranchant le zéro de 270, & reftera 27 pour le Quotient, c'eft-à-dire, 27 piftoles.

Si on *Divife* par 100, on retranchera les deux dernières Figures du nombre à *Divifer* à main droite, & les autres feront le Quotient.

Si on *Divife* par 1000, on retranchera les trois dernières Figures du nombre à *Divifer*, & le refte fera le Quotient.

Il y a une autre Méthode de *Divifer* en abréviation, lorfque le Divifeur eft compofé de Parties Aliquotes, dont il fera parlé ci-après.

Propriétés de la Divifion.

La *Divifion* au contraire de la Multiplication, fert pour réduire les moindres Efpèces en plus grandes, comme pour réduire des deniers en fols, des fols en livres, des livres en Écus de 60 fols, des pouces en pieds, des pieds en toifes, &c. lefquelles réductions fe verront en leur lieu.

Si la grandeur ou la fuperficie d'une pièce de terre rectangulaire étoit donnée avec la longueur d'icelle, si on veut sçavoir la largeur ; on la trouvera en Divisant la superficie donnée par la longueur.

Par Exemple, si un Champ de terre avoit 144 toises ou perches quarrées en superficie, & que la longueur fût ainsi 16 toises ou perches, il faudroit *Diviser* 144 par 16, & le Quotient seroit 9, c'est-à-dire, 9 toises ou perches pour la largeur de ladite pièce de terre.

De même s'il étoit proposé un nombre d'hommes à mettre en Bataillon, & que le nombre de la file fût donné, pour avoir le nombre des hommes du front, il faudroit *Diviser* le Nombre total des hommes par ceux de la file, & le Quotient donneroit le Nombre des hommes du front.

Comme s'il y avoit 576 hommes à ranger en Bataillon, & que l'on voulût que la file fût de 12 hommes ; il faudroit *Diviser* 576 par 12, & le Quotient seroit 48 pour le nombre des hommes de front.

Usage de la Division.

La *Division* sert pour trouver par le prix de plusieurs choses la valeur d'une.

Comme si on disoit, une pièce de toile de 49 aunes a coûté 196 livres pour tous frais ; on demande combien vaut l'aune ? Il faut *Diviser* 196 livres par 49 aunes, & il viendra 4 livres pour la valeur de l'aune.

De plus, si par le prix d'une pièce, on *Divise* quelque somme, le Quotient de la *Division* donnera le nombre des pièces valant ladite somme.

La *Division* sert, outre ce que je viens de dire, pour réduire des petites Espèces en plus grandes. *Arithmétique en sa Perfection.*

CHAPITRE

CHAPITRE V.

Des Sèpt Lettres Numérales.

LEs Sèpt Lettres Numérales des Romains , & que nous avons prifes d'eux : C. D. I. L. M. V. X. Toutes ces Lettres Numérales fe trouvent formées , fi vous faites un cercle, & le divifez par deux lignes ; une Tranfverfale , & l'autre Perpendiculaire , qui viennent à fe croifer en droiture par le Centre.

DES AUTRES RÈGLES DE L'ARITHMÉTIQUE.

Règle de Trois , Règle de Compagnie , Règle d'Alliage , Règle de fauffe Pofition ; Fraction , Racine Quarrée , Parties Aliquotes.

RÈGLE DE TROIS.

I. LA *Règle de Trois* eft ainfi nommée, parce qu'elle contient trois Nombres ; par le moyen defquels on découvre un quatrième Nombre inconnu, lequel garde la même proportion avec le fecond, que le troifième avec le premier ; de forte que fi le troifième eft double , triple ou quadruple du premier, le quatrième fera double , triple ou quadruple du fecond ; c'eft pourquoi on la nomme Directe , parce qu'elle procède du plus au plus, ou du moins au moins : par Exemple, fi 8 hommes ont gagné 15 , 24 hommes qui font plus gagneront plus , à fçavoir 45 livres, qui font le triple de 15 livres ; comme 24 font le triple de 8 hommes : & fi ces 8 gagnent 15 livres , 4 qui font moins gagneront moins , à fçavoir 7 livres 10 fols , en

uoi la proportion est toujours gardée, car le quatrième nom-
re qui est 7 livres 10 sols, est moitié du second ; comme le
oisième qui est 4, est moitié du premier comme ci-dessous.

Hommes.	Livres.	Hommes.	Livres.
8-	15-	24-	45.

Hommes.	Livres.	Hommes.	Livres.
8-	15-	4-	7. 10 s.

Toute la difficulté de cette Règle ne consiste qu'en la ma-
ière de la disposer ; & pour cet effet on commencera par (Si),
n remarquant que le troisième nombre doit être de même
ature que le premier, & le quatrième de même nature que
: second ; comme vous voyez ci-dessus.

Autre Exemple.

On veut sçavoir combien de toises d'ouvrages feront 24
ommes, à proportion de ce que 37 hommes ont fait 481 toises.
    Pour disposer la Règle, on dira, si 37 hommes ont fait
81 toises, combien feront 24 ?
    La Règle étant disposée, on multipliera les deux derniers
ombres l'un par l'autre, & divisant le produit par le premier,
: Quotient sera le quatrième nombre requis ; comme ci-
essous.

Hommes.	Toises.	Hommes.
37-	481-	24-
	24	

$$1924$$
$$962$$
$$\overline{11544}$$

478
11544 } 312 Toises. Nombre requis.
3777
33

La Preuve de cette Règle se fait par une autre *Règle de Trois directe*, que l'on peut disposer en trois manières, en faisant semblant d'ignorer les nombres connus ; car premièrement on dira, si 24 hommes font 312 toises ; combien 37 hommes ? & il doit venir 481 toises pour Preuve.

Secondement, on peut tourner l'actif en passif ; disant, si 481 toises font faites par 37 hommes, par combien d'hommes feront faites 312 toises ? Et on aura pour réponse 24 hommes.

Troisièmement, on peut dire, si 312 toises font faites par 24 hommes, par combien d'hommes feront faites 481 toises ? Et on trouvera pour Preuve 37 hommes.

S'il restoit quelque chose de la Division, il faudroit l'ajouter au produit de la Multiplication faite dans la *Règle de Trois*, dont on se sert pour la Preuve. *Trésor de l'Arithmétique.*

RÈGLE DE COMPAGNIE.

II. Le Nom de cette Règle lui sert de définition ; parce qu'il est aisé de voir que c'est une Association de plusieurs particuliers, qui partagent le gain commun entr'eux ; selon l'argent que chacun a mis en la communauté.

Cette Règle, est une Règle de Trois simple & directe, réïtérée autant de fois qu'il y a d'associés.

Pour la disposer, il faut que la Mise commune soit le premier nombre, le gain commun le second ; & les Mises particulières étant posées l'une sur l'autre en forme d'Addition, tiennent le troisième lieu de la Règle de Trois.

Exemple.

Trois Marchands se font associés : le premier a mis 6425 livres : le second 3200 livres : & le troisième 2550 livres : ils ont gagné 4342 livres ; fçavoir ce qu'il appartient à chacun, à proportion de fa Mife.

Difpofition de la Règle.

Mife commune.	Gain commun.		
12175-	4342.		

6425   Mife du premier.
3200   Mife du fecond.
2550   Mife du troifième.

La Règle étant ainfi difpofée, on dira fi 12175 livres, ont gagné 4342 livres ; combien gagneront 6425 livres que le premier a mis ? combien les 3200 du fecond ? & combien les 2550 du troifième ? De forte que multipliant le gain commun par la mife d'un chacun, & divifant chaque produit, par la mife commune : on trouvera que le premier doit avoir 2291 livres, 7 fols 3 deniers ; le fecond 1141 livres, 4 fols 5 deniers ; le troifième 909 liv. 8 fols 3 deniers.

1 denier indivifible.

Rapport du Bénéfice.

1er	....	2291	...	7	...	3
2e	....	1141	...	4	...	5
3e	....	909	...	8	...	3

Preuve ... 4342 liv.

R È G L E   D ' A L L I A G E.

III. Il y a deux fortes de *Règles d'Alliage* ; la première eft un mélange de plufieurs chofes de différentes valeurs, pour en fçavoir le prix commun. Par éxemple, un Marchand de bled en a de trois fortes ; fçavoir du Froment à 16 fols le boiffeau ; du Méteil à 14 fols ; & du Seigle à 11 fols : pour voir combien vaudra le boiffeau, s'il en mêle autant de l'un que de l'autre ; il faut mettre les trois prix enfemble, qui font 16, 14 & 11 ;

l'addition donnera 41 fols, dont on prendra le tiers, à caufe qu'il y a de trois fortes de bled ; & l'on aura 13 fols 8 deniers, pour la valeur du boiffeau.

Si au lieu d'en mettre autant de l'un que de l'autre, il en mettoit par éxemple 24 boiffeaux de celui à 16 fols, 20 de celui à 14 fols, & 16 de celui à 11 fols ; il faudroit les multiplier par leur valeur, fçavoir les 24 par 16, les 20 par 14, & les 16 par 11 ; l'addition des trois produits donnera 840 fols, que l'on divifera par 60, nombre des boiffeaux ; & il viendra 14 fols pour la valeur de chacun.

La Preuve en fera facile ; car multipliant les 60 boiffeaux par 14 fols, il viendra 840 fols.

La feconde *Règle d'Alliage*, eft un mélange de plufieurs chofes de différentes valeurs ; pour fçavoir la quantité qu'il faut de chacune, afin de les réduire à tel nombre & prix que l'on veut. Celle-ci eft plus difficile que la première ; & de tous les Auteurs qui ont traité de l'Arithmétique, il ne s'en trouve aucun qui fe foit bien expliqué fur cette feconde efpèce d'Alliage : je veux bien croire qu'ils n'en ignoroient pas le moyen ; mais ils n'ont pas voulu fe donner la peine de s'étendre fur une matière, où il y a plus de curiofité que de néceffité.

Pour donc faire cette Règle fûrement & fans peine, il faut féparer les valeurs de deux en deux, & il n'importe pas lefquelles on mètte les premières ou les dernières ; pourvû qu'on les difpofe enforte qu'il y en ait toujours une qui excède le prix auquel on veut faire alliage ; & une autre qui foit moindre que ce prix ; parce que, par éxemple, on ne peut pas mêler de l'Argent à 22 livres le marc, avec d'autre à 24 livres, pour en faire qui revienne à 25 livres le marc ; ni de l'Argent à 26 livres, avec celui de 27 livres ; pour en faire à 25 livres : mais on en peut bien mêler à 27 livres, & à 19, pour en faire

ARITHMÉTIQUE, CHAP. V.

qui revienne à 25 livres. Ayant donc féparé les nombres
deux en deux, on remarquera les différences qu'il y a de ch
que premier & fecond nombres, à celui de l'Alliage; metta
à côté du fecond la différence du premier, & à côté du pr
mier, la différence du fecond; comme on verra dans l'Éxemp
qui fuit.

Un Orfèvre a 8 lingots d'Argent, fçavoir à 18-19-21-2
26-27-28 & 29 livres le marc; il en veut faire un ouvrag
pefant 174 marcs à 25 livres le marc; & pour cet effet il defir
fçavoir combien il en prendra de chaque lingot.

	Premier	18 . . 1 . .	Différence de 26 . . à . . 25.
	Second	26 . . 7 . .	Différence de 18 . . à . . 25.
	Premier	19 . . 2 . .	Différence de 27 . . à . . 25.
	Second	27 . . 6 . .	Différence de 19 . . à . . 25.
	Premier	21 . . 3 . .	Différence de 28 . . à . . 25.
	Second	28 . . 4 . .	Différence de 21 . . à . . 25.
	Premier	23 . . 4 . .	Différence de 29 . . à . . 25.
	Second	29 . . 2 . .	Différence de 23 . . à . . 25.

Prix de l'Alliage . . . . . . 25.

Chaque différence fait connoître combien il faut prendre d
marcs, du prix qui eft à côté; par éxemple, 1 montre qu'il e
faut prendre 1 à 18 livres le marc. 7 montre qu'on doit prendr
7 à 26 livres; 2 marque qu'on en doit prendre 2 à 19 livres
& ainfi des autres; de forte que toutes ces différences enfembl
font 19 marcs à 25 livres le marc; ce qui fe peut vérifier
les multipliant féparément par leur valeur, & divifant l'a
dition des produits par 19; car il viendra 25 livres. Mais par
que l'Orfèvre a befoin de plus de 29 marcs; puifqu'il lui
faut 174, l'on divifera 174 par 29, & il viendra 6; par lequ

nombre multipliant chacune des différences 1-7-2-6-3-4-4-2, l'on trouvera que l'Orfèvre doit prendre

6 Marcs d'argent à 18 livres le marc.
42 à 26
12 à 19
36 à 27
18 à 21
24 à 28
24 à 23
12 à 29.
_____
174 Marcs.

Pour faire la Preuve, on additionnera tous les marcs, pour voir s'ils font au nombre de 174, & on les multipliera tous par leur valeur; sçavoir 6 par 18, 42 par 26, 12 par 19, & ainsi des autres; tous les produits feront ensemble 4350 livres, lesquelles divisées à 174 marcs, donneront pour chacun 25 livres; comme il est requis. *M. le Roux.*

RÈGLE DE FAUSSE POSITION.

IV. Cette Règle est ainsi nommée, parce que par le moyen des nombres faux supposés, on découvre la vérité que l'on cherche. Les Arithméticiens en admettent de deux sortes, l'une simple & l'autre double; mais je ne ferai mention que de celle-ci, d'autant que par son moyen l'on peut rendre raison de toutes questions proposées; & non pas par l'autre, laquelle a recours à la Règle de Trois, qui est pour l'ordinaire plus embarrassante qu'un second nombre supposé; outre qu'il est souvent difficile de connoître si la question est d'une ou de deux fausses positions.

Pour donc découvrir le nombre ignoré, il en faut premièrement supposer un à sa fantaisie, & procéder suivant l'état

le la queſtion ; & au bout de l'opération, marquer la première
erreur en défaut, ou en èxcès.

Secondement , on ſuppoſera un autre nombre indifféremment ; & procédant comme auparavant, on. marquera la ſeconde erreur en défaut ou en èxcès. Troiſièmement, ſi les deux
erreurs ſont en èxcès ou en défaut, on multipliera le premier
nombre ſuppoſé par l'erreur du ſecond nombre, & le ſecond
par l'erreur du premier ; & du plus grand produit ayant ôté
e moindre , le Reſte ſera diviſé par ce qui Reſtera de la moindre erreur ôtée de la plus grande , & le Quotient de la Diviſion ſera le nombre Requis ; comme on verra dans l'Éxemple
qui ſuit.

Un Vigneron dit, que s'il vend ſon vin 46 livres le muid, il
aura pour acheter la Maiſon où il demeure , & encore 200 liv.
le Reſte ; mais que s'il ne le vend que 38 livres, il faudra qu'il
emprunte 136 livres pour payer la maiſon ; ſçavoir combien il
a de muids de vin , & par conſéquent combien vaut cette
maiſon ?

Suppoſons en premier lieu, qu'il ait par Éxemple, 8 muids
à 46 livres ; ce ſont 368 livres ; & puiſqu'il doit avoir 200 liv.
le Reſte, la maiſon ne doit valoir que 168 livres. Mais s'il ne
les vend que 38 livres le muid, il aura 304 livres, leſquelles
avec les 136 livres qu'il doit emprunter pour payer la maiſon,
ſont 440 livres ; & cependant elle n'eſt ſuppoſée valoir que
168, leſquelles ôtées de 440 livres, il Reſte 272 d'erreur en
èxcès : je mets donc en cette manière & à part.

$$8 \text{ plus } 272.$$

Suppoſons en ſecond lieu, qu'il ait 12 muids à 46 livres ; ce
ſont 552 livres : & puis qu'il doit avoir 200 livres de reſte, la
maiſon ne vaudra que 352 livres. Mais s'il ne les vend que

38

38 livres le muid, il aura 456 livres, lesquelles avec les 136 livres qu'il doit emprunter, font 592 livres; & néanmoins la maison n'est supposée valoir que 352 livres, lesquelles ôtées de 592, il Reste d'erreur en excès 240 livres: je mets donc en cette manière.

8 plus 272

12 plus 240

Ces opérations faites, multipliant 272 ci-dessus par 12, il viendra 3264: multipliant aussi 240 par 8, il viendra 1920; lesquels ôtés de 3264, il Restera 1344; puis de 272 ôtant 240, le Reste sera 32; par lesquelles divisant 1344, on aura pour Quotient 42 muids, que doit avoir le Vigneron. Et pour Preuve multipliez les 42 muids, par 46 livres; ce sera 1932 livres: & ainsi la maison doit valoir 1932 livres; mais s'il ne les vend que 38 livres le muid, il n'aura que 1596 livres; de sorte qu'il faudra qu'il emprunte 136 livres, pour faire les 1932 livres que vaut la maison.

Quand une des deux erreurs est en défaut, & l'autre en excès; ayant multiplié le premier nombre supposé par l'erreur du second, & le second par l'erreur du premier; on additionnera les deux produits, dont la somme sera divisée par celle des deux erreurs, & le Quotient de la Division sera le nombre Requis. *M. le Roux.*

FRACTION.

V. La *Fraction* est une, ou plusieurs parties d'un entier; comme 5 sols qui font le quart d'une Livre, que l'on exprime ainsi ¼; 11 sols font les onze vingtièmes d'une livre; ainsi marquées ¹¹⁄₂₀, & qui voudroit parler en termes plus intelligibles; diroit que ce font 11 parties, dont il faut 20 pour faire l'entier:

& $\frac{19}{32}$ de toise signifient 19 parties, dont il faut 32 pour faire une toise, &c.

Le nombre supérieur de la *Fraction* se nomme *Numérateur*, & l'inférieur est appellé *Dénominateur*, comme trois cinquiè-mes ; ainsi marqués $\frac{3}{5}$ Numérateur. Dénominateur.

Pour sçavoir la valeur d'une *Fraction*, l'on multipliera le Numérateur par la valeur de l'entier ; & le produit sera divisé par le Dénominateur. Par Exemple, voulant sçavoir ce que valent $\frac{5}{7}$ de toise, je multiplie 5 par 6, ce sont 30 pieds ; que je divise par 7, & il vient 4 pieds : je multiplie les 2 pieds Restans par 12, pour avoir 24 pouces ; lesquels divisés par 7, donnent 3 pouces : il Reste 3 pouces, faisant 36 lignes, que je divise par 7, pour avoir 5 lignes ; & trouve que $\frac{5}{7}$ de toise font 4 pieds, 3 pouces, 5 lignes, & $\frac{1}{7}$ de ligne qui est très-peu de chose. *Trésor de l'Arithmétique.*

SUR LES FRACTIONS.

Addition.

$\frac{1}{2}$ plus $\frac{1}{3}$ égal $\frac{5}{6}$	$\frac{1}{3}$ + $\frac{1}{8}$ = $\frac{11}{24}$		
$\frac{1}{2}$ plus $\frac{1}{4}$ égal $\frac{3}{4}$	$\frac{1}{3}$ + $\frac{1}{9}$ = $\frac{4}{9}$		
$\frac{1}{2}$ plus $\frac{1}{5}$ = $\frac{7}{10}$	$\frac{1}{3}$ + $\frac{1}{10}$ = $\frac{13}{30}$		
$\frac{1}{2}$ + $\frac{1}{6}$ = $\frac{2}{3}$	*		
$\frac{1}{2}$ + $\frac{1}{7}$ = $\frac{9}{14}$	$\frac{1}{4}$ + $\frac{1}{5}$ = $\frac{9}{20}$		
$\frac{1}{2}$ + $\frac{1}{8}$ = $\frac{5}{8}$	$\frac{1}{4}$ + $\frac{1}{6}$ = $\frac{5}{12}$		
$\frac{1}{2}$ + $\frac{1}{9}$ = $\frac{11}{18}$	$\frac{1}{4}$ + $\frac{1}{7}$ = $\frac{11}{28}$		
$\frac{1}{2}$ + $\frac{1}{10}$ = $\frac{3}{5}$	$\frac{1}{4}$ + $\frac{1}{8}$ = $\frac{3}{8}$		
*	$\frac{1}{4}$ + $\frac{1}{9}$ = $\frac{13}{36}$		
$\frac{1}{3}$ + $\frac{1}{4}$ = $\frac{7}{12}$	$\frac{1}{4}$ + $\frac{1}{10}$ = $\frac{7}{20}$		
$\frac{1}{3}$ + $\frac{1}{5}$ = $\frac{8}{15}$	*		
$\frac{1}{3}$ + $\frac{1}{6}$ = $\frac{1}{2}$	$\frac{1}{5}$ + $\frac{1}{6}$ = $\frac{11}{30}$		
$\frac{1}{3}$ + $\frac{1}{7}$ = $\frac{10}{21}$	$\frac{1}{5}$ + $\frac{1}{7}$ = $\frac{12}{35}$		

$$\frac{1}{5} + \frac{1}{8} = \frac{13}{40}$$
$$\frac{1}{5} + \frac{1}{9} = \frac{14}{45}$$
$$\frac{1}{5} + \frac{1}{10} = \frac{3}{10}$$

*

$$\frac{1}{6} + \frac{1}{7} = \frac{13}{42}$$
$$\frac{1}{6} + \frac{1}{8} = \frac{7}{24}$$
$$\frac{1}{6} + \frac{1}{9} = \frac{5}{18}$$
$$\frac{1}{6} + \frac{1}{10} = \frac{4}{15}$$

*

$$\frac{1}{7} + \frac{1}{8} = \frac{15}{56}$$
$$\frac{1}{7} + \frac{1}{9} = \frac{16}{63}$$
$$\frac{1}{7} + \frac{1}{10} = \frac{17}{70}$$

*

$$\frac{1}{8} + \frac{1}{9} = \frac{17}{72}$$
$$\frac{1}{8} + \frac{1}{10} = \frac{9}{40}$$

*

$$\frac{1}{9} + \frac{1}{10} = \frac{19}{90}$$

Soustraction.

$$\frac{1}{2} \text{ moins } \frac{1}{3} = \frac{1}{6}$$
$$\frac{1}{2} \text{ moins } \frac{1}{4} = \frac{1}{4}$$
$$\frac{1}{2} - \frac{1}{5} = \frac{3}{10}$$
$$\frac{1}{2} - \frac{1}{6} = \frac{1}{3}$$
$$\frac{1}{2} - \frac{1}{7} = \frac{5}{14}$$
$$\frac{1}{2} - \frac{1}{8} = \frac{3}{8}$$
$$\frac{1}{2} - \frac{1}{9} = \frac{7}{18}$$
$$\frac{1}{2} - \frac{1}{10} = \frac{2}{5}$$

*

$$\frac{1}{3} - \frac{1}{4} = \frac{1}{12}$$
$$\frac{1}{3} - \frac{1}{5} = \frac{2}{15}$$
$$\frac{1}{3} - \frac{1}{6} = \frac{1}{6}$$

$$\frac{1}{3} - \frac{1}{7} = \frac{4}{21}$$
$$\frac{1}{3} - \frac{1}{8} = \frac{5}{24}$$
$$\frac{1}{3} - \frac{1}{9} = \frac{2}{9}$$
$$\frac{1}{3} - \frac{1}{10} = \frac{7}{30}$$

*

$$\frac{1}{4} - \frac{1}{5} = \frac{1}{20}$$
$$\frac{1}{4} - \frac{1}{6} = \frac{1}{12}$$
$$\frac{1}{4} - \frac{1}{7} = \frac{3}{28}$$
$$\frac{1}{4} - \frac{1}{8} = \frac{1}{8}$$
$$\frac{1}{4} - \frac{1}{9} = \frac{5}{36}$$
$$\frac{1}{4} - \frac{1}{10} = \frac{3}{20}$$

*

$$\frac{1}{5} - \frac{1}{6} = \frac{1}{30}$$
$$\frac{1}{5} - \frac{1}{7} = \frac{2}{35}$$
$$\frac{1}{5} - \frac{1}{8} = \frac{3}{40}$$
$$\frac{1}{5} - \frac{1}{9} = \frac{4}{45}$$
$$\frac{1}{5} - \frac{1}{10} = \frac{1}{10}$$

*

$$\frac{1}{6} - \frac{1}{7} = \frac{1}{42}$$
$$\frac{1}{6} - \frac{1}{8} = \frac{1}{24}$$
$$\frac{1}{6} - \frac{1}{9} = \frac{1}{18}$$
$$\frac{1}{6} - \frac{1}{10} = \frac{1}{15}$$

*

$$\frac{1}{7} - \frac{1}{8} = \frac{1}{56}$$
$$\frac{1}{7} - \frac{1}{9} = \frac{2}{63}$$
$$\frac{1}{7} - \frac{1}{10} = \frac{3}{70}$$

*

$$\frac{1}{8} - \frac{1}{9} = \frac{1}{72}$$
$$\frac{1}{8} - \frac{1}{10} = \frac{1}{40}$$

*

$$\frac{1}{9} - \frac{1}{10} = \frac{1}{90}$$

Multiplication.

la $\frac{1}{2}$ de la $\frac{1}{2}$ = $\frac{1}{4}$

la $\frac{1}{2}$ du $\frac{1}{3}$ = $\frac{1}{6}$

la $\frac{1}{2}$ du $\frac{1}{4}$ = $\frac{1}{8}$

la $\frac{1}{2}$ du $\frac{1}{5}$ = $\frac{1}{10}$

la $\frac{1}{2}$ du $\frac{1}{6}$ = $\frac{1}{12}$

la $\frac{1}{2}$ du $\frac{1}{7}$ = $\frac{1}{14}$

la $\frac{1}{2}$ du $\frac{1}{8}$ = $\frac{1}{16}$

la $\frac{1}{2}$ du $\frac{1}{9}$ = $\frac{1}{18}$

la $\frac{1}{2}$ du $\frac{1}{10}$ = $\frac{1}{20}$

*

le $\frac{1}{3}$ du $\frac{1}{3}$ = $\frac{1}{9}$

le $\frac{1}{3}$ du $\frac{1}{4}$ = $\frac{1}{12}$

le $\frac{1}{3}$ du $\frac{1}{5}$ = $\frac{1}{15}$

le $\frac{1}{3}$ du $\frac{1}{6}$ = $\frac{1}{18}$

le $\frac{1}{3}$ du $\frac{1}{7}$ = $\frac{1}{21}$

le $\frac{1}{3}$ du $\frac{1}{8}$ = $\frac{1}{24}$

le $\frac{1}{3}$ du $\frac{1}{9}$ = $\frac{1}{27}$

le $\frac{1}{3}$ du $\frac{1}{10}$ = $\frac{1}{30}$

*

le $\frac{1}{4}$ du $\frac{1}{4}$ = $\frac{1}{16}$

le $\frac{1}{4}$ du $\frac{1}{5}$ = $\frac{1}{20}$

le $\frac{1}{4}$ du $\frac{1}{6}$ = $\frac{1}{24}$

le $\frac{1}{4}$ du $\frac{1}{7}$ = $\frac{1}{28}$

le $\frac{1}{4}$ du $\frac{1}{8}$ = $\frac{1}{32}$

le $\frac{1}{4}$ du $\frac{1}{9}$ = $\frac{1}{36}$

le $\frac{1}{4}$ du $\frac{1}{10}$ = $\frac{2}{40}$

*

le $\frac{1}{5}$ du $\frac{1}{5}$ = $\frac{1}{25}$

le $\frac{1}{5}$ du $\frac{1}{6}$ = $\frac{1}{30}$

le $\frac{1}{5}$ du $\frac{1}{7}$ = $\frac{1}{35}$

le $\frac{1}{5}$ du $\frac{1}{8}$ = $\frac{1}{40}$

le $\frac{1}{5}$ du $\frac{1}{9}$ = $\frac{1}{45}$

le $\frac{1}{5}$ du $\frac{1}{10}$ = $\frac{1}{50}$

*

le $\frac{1}{6}$ du $\frac{1}{6}$ = $\frac{1}{36}$

le $\frac{1}{6}$ du $\frac{1}{7}$ = $\frac{1}{42}$

le $\frac{1}{6}$ du $\frac{1}{8}$ = $\frac{1}{48}$

le $\frac{1}{6}$ du $\frac{1}{9}$ = $\frac{1}{54}$

le $\frac{1}{6}$ du $\frac{1}{10}$ = $\frac{1}{60}$

*

le $\frac{1}{7}$ du $\frac{1}{7}$ = $\frac{1}{49}$

le $\frac{1}{7}$ du $\frac{1}{8}$ = $\frac{1}{56}$

le $\frac{1}{7}$ du $\frac{1}{9}$ = $\frac{1}{63}$

le $\frac{1}{7}$ du $\frac{1}{10}$ = $\frac{1}{70}$

*

le $\frac{1}{8}$ du $\frac{1}{8}$ = $\frac{1}{64}$

le $\frac{1}{8}$ du $\frac{1}{9}$ = $\frac{1}{72}$

le $\frac{1}{8}$ du $\frac{1}{10}$ = $\frac{1}{80}$

*

le $\frac{1}{9}$ du $\frac{1}{9}$ = $\frac{1}{81}$

le $\frac{1}{9}$ du $\frac{1}{10}$ = $\frac{1}{90}$

*

le $\frac{1}{10}$ du $\frac{1}{10}$ = $\frac{1}{100}$

Division. Quotient.

$\frac{1}{2}$	par	$\frac{1}{2}$	$=$	1
$\frac{1}{2}$	par	$\frac{1}{3}$	$=$	$\frac{3}{2}$
$\frac{1}{2}$	par	$\frac{1}{4}$	$=$	2
$\frac{1}{2}$	par	$\frac{1}{5}$	$=$	$\frac{5}{2}$
$\frac{1}{2}$	par	$\frac{1}{6}$	$=$	3
$\frac{1}{2}$	par	$\frac{1}{7}$	$=$	$\frac{7}{2}$
$\frac{1}{2}$	par	$\frac{1}{8}$	$=$	4
$\frac{1}{2}$	par	$\frac{1}{9}$	$=$	$\frac{9}{2}$
$\frac{1}{2}$	par	$\frac{1}{10}$	$=$	5

$\frac{1}{3}$	par	$\frac{1}{3}$	$=$	1
$\frac{1}{3}$	par	$\frac{1}{4}$	$=$	$\frac{4}{3}$
$\frac{1}{3}$	par	$\frac{1}{5}$	$=$	$\frac{5}{3}$
$\frac{1}{3}$	par	$\frac{1}{6}$	$=$	2
$\frac{1}{3}$	par	$\frac{1}{7}$	$=$	$\frac{7}{3}$
$\frac{1}{3}$	par	$\frac{1}{8}$	$=$	$\frac{8}{3}$
$\frac{1}{3}$	par	$\frac{1}{9}$	$=$	3
$\frac{1}{3}$	par	$\frac{1}{10}$	$=$	$\frac{10}{3}$

$\frac{1}{4}$	par	$\frac{1}{4}$	$=$	1
$\frac{1}{4}$	par	$\frac{1}{5}$	$=$	$\frac{5}{4}$
$\frac{1}{4}$	par	$\frac{1}{6}$	$=$	$\frac{3}{2}$
$\frac{1}{4}$	par	$\frac{1}{7}$	$=$	$\frac{7}{4}$
$\frac{1}{4}$	par	$\frac{1}{8}$	$=$	2
$\frac{1}{4}$	par	$\frac{1}{9}$	$=$	$\frac{9}{4}$
$\frac{1}{4}$	par	$\frac{1}{10}$	$=$	$\frac{5}{2}$

$\frac{1}{5}$	par	$\frac{1}{5}$	$=$	1
$\frac{1}{5}$	par	$\frac{1}{6}$	$=$	$\frac{6}{5}$
$\frac{1}{5}$	par	$\frac{1}{7}$	$=$	$\frac{7}{5}$
$\frac{1}{5}$	par	$\frac{1}{8}$	$=$	$\frac{8}{5}$
$\frac{1}{5}$	par	$\frac{1}{9}$	$=$	$\frac{9}{5}$
$\frac{1}{5}$	par	$\frac{1}{10}$	$=$	2

$\frac{1}{6}$	par	$\frac{1}{6}$	$=$	1
$\frac{1}{6}$	par	$\frac{1}{7}$	$=$	$\frac{7}{6}$
$\frac{1}{6}$	par	$\frac{1}{8}$	$=$	$\frac{4}{3}$
$\frac{1}{6}$	par	$\frac{1}{9}$	$=$	$\frac{3}{2}$
$\frac{1}{6}$	par	$\frac{1}{10}$	$=$	$\frac{5}{3}$

$\frac{1}{7}$	par	$\frac{1}{7}$	$=$	1
$\frac{1}{7}$	par	$\frac{1}{8}$	$=$	$\frac{8}{7}$
$\frac{1}{7}$	par	$\frac{1}{9}$	$=$	$\frac{9}{7}$
$\frac{1}{7}$	par	$\frac{1}{10}$	$=$	$\frac{10}{7}$

$\frac{1}{8}$	par	$\frac{1}{8}$	$=$	1
$\frac{1}{8}$	par	$\frac{1}{9}$	$=$	$\frac{9}{8}$
$\frac{1}{8}$	par	$\frac{1}{10}$	$=$	$\frac{5}{4}$

$\frac{1}{9}$	par	$\frac{1}{9}$	$=$	1
$\frac{1}{9}$	par	$\frac{1}{10}$	$=$	$\frac{10}{9}$

$\frac{1}{10}$	par	$\frac{1}{10}$	$=$	1

Fractions Quarrées.

Le Quarré de

$$\frac{1}{2} = \frac{1}{4}$$
$$\frac{1}{3} = \frac{1}{9}$$
$$\frac{1}{4} = \frac{1}{16}$$
$$\frac{1}{5} = \frac{1}{25}$$
$$\frac{1}{6} = \frac{1}{36}$$
$$\frac{1}{7} = \frac{1}{49}$$
$$\frac{1}{8} = \frac{1}{64}$$
$$\frac{1}{9} = \frac{1}{81}$$
$$\frac{1}{10} = \frac{1}{100}$$

Racines Quarrées.

à Racine de

$$\frac{1}{4} = \frac{1}{2}$$
$$\frac{1}{9} = \frac{1}{3}$$
$$\frac{1}{16} = \frac{1}{4}$$
$$\frac{1}{25} = \frac{1}{5}$$
$$\frac{1}{36} = \frac{1}{6}$$
$$\frac{1}{49} = \frac{1}{7}$$
$$\frac{1}{64} = \frac{1}{8}$$
$$\frac{1}{81} = \frac{1}{9}$$
$$\frac{1}{100} = \frac{1}{10}$$

Fractions Cubiques.

Le Cube de

$$\frac{1}{2} = \frac{1}{8}$$
$$\frac{1}{3} = \frac{1}{27}$$
$$\frac{1}{4} = \frac{1}{64}$$
$$\frac{1}{5} = \frac{1}{125}$$
$$\frac{1}{6} = \frac{1}{216}$$
$$\frac{1}{7} = \frac{1}{343}$$
$$\frac{1}{8} = \frac{1}{512}$$
$$\frac{1}{9} = \frac{1}{729}$$
$$\frac{1}{10} = \frac{1}{1000}$$

Racines Cubiques.

La Rac. cub. de

$$\frac{1}{8} = \frac{1}{2}$$
$$\frac{1}{27} = \frac{1}{3}$$
$$\frac{1}{64} = \frac{1}{4}$$
$$\frac{1}{125} = \frac{1}{5}$$
$$\frac{1}{216} = \frac{1}{6}$$
$$\frac{1}{343} = \frac{1}{7}$$
$$\frac{1}{512} = \frac{1}{8}$$
$$\frac{1}{729} = \frac{1}{9}$$
$$\frac{1}{1000} = \frac{1}{10}$$

RACINE QUARRÉE.

VI. Tout nombre multiplié par lui-même, produit un nombre quarré ; comme 8 fois 8, font 64 ; nombre quarré, dont Racine est 8. 7 fois 7, font 49 ; nombre quarré, dont la Racine est 7.

Observations qu'il faut faire avant que d'Extraire la Racine Quarrée.

En premier lieu , on comptera les Chiffres ; & s'ils font

nombre pair, on prendra les deux premiers ; & on ne prendra que le premier, s'ils font nombre impair.

En fecond lieu, de ce Chiffre ou de ces deux, on prendra la *Racine* ; laquelle on pofera comme Quotient au bout du tiret, en forme de divifion ; & auffi fous le nombre dont on Extrait la *Racine*.

En troifième lieu, on multipliera cette *Racine* par elle-même, & on aura un nombre quarré ; lequel il faudra Souftraire du nombre que l'on aura pris au bout à gauche.

En quatrième lieu, pour trouver un nouveau Quotient, on doublera ce qui eft au bout du tiret, & on divifera par ce nombre ; & Remarquez que lorfqu'on pofe un Quotient au bout du tiret, on le pofe auffi fous la première plaçe vuide de la fomme dont on extrait la *Racine* ; & que n'ayant plus de Quotient, on double toujours ce qui eft au bout du tiret, en pratiquant le même jufqu'à ce qu'on foit parvenu au bout de la fomme.

Cette manière de tirer la *Racine quarrée*, approche fort de la Divifion ; comme on verra dans l'Exemple fuivant.

Je veux extraire la *Racine quarrée* de 119059 ; je compte les Chiffres, & voyant qu'il y en a fix qui font nombre pair, je prends les deux premiers à gauche, qui font 11 ; dont je tire la *Racine*, qui eft 3 ; & ne peut pas être 4, parce que 4 fois 4, font 16 ; qui excèdent 11 : je pofe donc ce 3 au bout du tiret, & fous 11. Puis je dis, 3 fois 3 font 9 ; que j'ôte de 11, & il Refte 2 ; comme on voit dans la première Opération ci-deffous.

$$\frac{\overset{2}{119059}}{3} \Big\} 3$$

Pour feconde Opération, je double le 3 ͏
lequel je divife en la manière qui fuit ; & remaͅ
tient que je mèts au bout du tiret, doit être
mière plaçe vuide.

234
119059 } 34
364

Pour troifième Opération je double 34 ; pͅ
lequel nombre je divife ; & Remarquez que jͅ
tient 5 au bout du tiret, & fous la dernière plͅ
comme ci-deffous.

23434
119059 } 345
36488
6

Pour faire la preuve, on multipliera 345
au produit on ajoutera les 34 Reftans ; & il dͅ
comme ci-deffous.

345
345

1725
1380
1035
34 Reftans.

Preuve . . . . 119059.

Tréfor de l'Arithmétique.

TABLE

Sur les Parties Aliquotes.

* * * *.

2 étant un tout,
la $\frac{1}{2}$ de 2 est 1.
3 étant un tout,
le $\frac{1}{3}$ de 3 est 1.
4 étant un tout,
la $\frac{1}{2}$ de 4 est 2.
le $\frac{1}{4}$ de 4 est 1.
5 étant un tout,
le $\frac{1}{5}$ de 5 est 1.
6 étant un tout,
la $\frac{1}{2}$ de 6 est 3.
le $\frac{1}{3}$ de 6 est 2.
le $\frac{1}{6}$ de 6 est 1.
7 étant un tout,
le $\frac{1}{7}$ de 7 est 1.
8 étant un tout,
la $\frac{1}{2}$ de 8 est 4.
le $\frac{1}{4}$ de 8 est 2.
le $\frac{1}{8}$ de 8 est 1.
9 étant un tout,
le $\frac{1}{3}$ de 9 est 3.
le $\frac{1}{9}$ de 9 est 1.
10 étant un tout,
la $\frac{1}{2}$ de 10 est 5.
le $\frac{1}{5}$ de 10 est 2.
le $\frac{1}{10}$ de 10 est 1.

11 étant un tout,
le $\frac{1}{11}$ de 11 est 1.
12 étant un tout,
la $\frac{1}{2}$ de 12 est 6.
le $\frac{1}{3}$ de 12 est 4.
le $\frac{1}{4}$ de 12 est 3.
le $\frac{1}{6}$ de 12 est 2.
le $\frac{1}{12}$ de 12 est 1.
13 étant un tout,
le $\frac{1}{13}$ de 13 est 1.
14 étant un tout,
la $\frac{1}{2}$ de 14 est 7.
le $\frac{1}{7}$ de 14 est 2.
le $\frac{1}{14}$ de 14 est 1.
15 étant un tout,
le $\frac{1}{3}$ de 15 est 5.
le $\frac{1}{5}$ de 15 est 3.
le $\frac{1}{15}$ de 15 est 1.
16 étant un tout,
la $\frac{1}{2}$ de 16 est 8.
le $\frac{1}{4}$ de 16 est 4.
le $\frac{1}{8}$ de 16 est 2.
le $\frac{1}{16}$ de 16 est 1.
17 étant un tout,
le $\frac{1}{17}$ de 17 est 1.
18 étant un tout,
la $\frac{1}{2}$ de 18 est 9.

le $\frac{1}{3}$ de 18 est 6.

le $\frac{1}{6}$ de 18 est 3.

le $\frac{1}{9}$ de 18 est 2.

le $\frac{1}{18}$ de 18 est 1.

19 étant un tout,

le $\frac{1}{19}$ de 19 est 1.

20 étant un tout,

la $\frac{1}{2}$ de 20 est 10.

le $\frac{1}{4}$ de 20 est 5.

le $\frac{1}{5}$ de 20 est 4.

le $\frac{1}{10}$ de 20 est 2.

le $\frac{1}{20}$ de 20 est 1.

21 étant un tout,

le $\frac{1}{3}$ de 21 est 7.

le $\frac{1}{7}$ de 21 est 3.

le $\frac{1}{21}$ de 21 est 1.

22 étant un tout,

la $\frac{1}{2}$ de 22 est 11.

le $\frac{1}{11}$ de 22 est 2.

le $\frac{1}{22}$ de 22 est 1.

23 étant un tout,

le $\frac{1}{23}$ de 23 est 1.

24 étant un tout,

la $\frac{1}{2}$ de 24 est 12.

le $\frac{1}{3}$ de 24 est 8.

le $\frac{1}{4}$ de 24 est 6.

le $\frac{1}{6}$ de 24 est 4.

le $\frac{1}{8}$ de 24 est 3.

le $\frac{1}{12}$ de 24 est 2.

le $\frac{1}{24}$ de 24 est 1.

25 étant un tout,

le $\frac{1}{5}$ de 25 est 5.

le $\frac{1}{25}$ de 25 est 1.

26 étant un tout,

la $\frac{1}{2}$ de 26 est 13.

le $\frac{1}{13}$ de 26 est 2.

le $\frac{1}{26}$ de 26 est 1.

27 étant un tout,

le $\frac{1}{3}$ de 27 est 9.

le $\frac{1}{9}$ de 27 est 3.

le $\frac{1}{27}$ de 27 est 1.

28 étant un tout,

la $\frac{1}{2}$ de 28 est 14.

le $\frac{1}{4}$ de 28 est 7.

le $\frac{1}{7}$ de 28 est 4.

le $\frac{1}{28}$ de 28 est 1.

29 étant un tout,

le $\frac{1}{29}$ de 29 est 1.

30 étant un tout,

la $\frac{1}{2}$ de 30 est 15.

le $\frac{1}{3}$ de 30 est 10.

le $\frac{1}{5}$ de 30 est 6.

le $\frac{1}{6}$ de 30 est 5.

le $\frac{1}{10}$ de 30 est 3.

le $\frac{1}{15}$ de 30 est 2.

le $\frac{1}{30}$ de 30 est 1.

31 étant un tout,

le $\frac{1}{31}$ de 31 est 1.

32 étant un tout,

la $\frac{1}{2}$ de 32 est 16.

le $\frac{1}{4}$ de 32 est 8.

le $\frac{1}{8}$ de 32 est 4.

le $\frac{1}{16}$ de 32 est 2.

le $\frac{1}{32}$ de 32 est 1.

33 étant un tout,

le $\frac{1}{3}$ de 33 est 11.

le $\frac{1}{11}$ de 33 est 3.

le $\frac{1}{33}$ de 33 est 1.

34 étant un tout,

la $\frac{1}{2}$ de 34 est 17.

le $\frac{1}{17}$ de 34 est 2.

le $\frac{1}{34}$ de 34 est 1.

35 étant un tout,

le $\frac{1}{5}$ de 35 est 7.

le $\frac{1}{7}$ de 35 est 5.

le $\frac{1}{35}$ de 35 est 1.

36 étant un tout,

la $\frac{1}{2}$ de 36 est 18.

le $\frac{1}{3}$ de 36 est 12.

le $\frac{1}{4}$ de 36 est 9.

le $\frac{1}{6}$ de 36 est 6.

le $\frac{1}{9}$ de 36 est 4.

le $\frac{1}{12}$ de 36 est 3.

le $\frac{1}{18}$ de 36 est 2.

le $\frac{1}{36}$ de 36 est 1.

40 étant un tout,

la $\frac{1}{2}$ de 40 est 20.

le $\frac{1}{4}$ de 40 est 10.

le $\frac{1}{5}$ de 40 est 8.

le $\frac{1}{10}$ de 40 est 4.

le $\frac{1}{20}$ de 40 est 2.

le $\frac{1}{40}$ de 40 est 1.

45 étant un tout,

le $\frac{1}{3}$ de 45 est 15.

le $\frac{1}{5}$ de 45 est 9.

le $\frac{1}{9}$ de 45 est 5.

le $\frac{1}{15}$ de 45 est 3.

le $\frac{1}{45}$ de 45 est 1.

48 étant un tout,

la $\frac{1}{2}$ de 48 est 24.

le $\frac{1}{3}$ de 48 est 16.

le $\frac{1}{4}$ de 48 est 12.

le $\frac{1}{6}$ de 48 est 8.

le $\frac{1}{8}$ de 48 est 6.

le $\frac{1}{12}$ de 48 est 4.

le $\frac{1}{16}$ de 48 est 3.

le $\frac{1}{24}$ de 48 est 2.

le $\frac{1}{48}$ de 48 est 1.

56 étant un tout,

la $\frac{1}{2}$ de 56 est 28.

le $\frac{1}{4}$ de 56 est 14.

le $\frac{1}{7}$ de 56 est 8.

le $\frac{1}{8}$ de 56 est 7.

le $\frac{1}{14}$ de 56 est 4.

le $\frac{1}{28}$ de 56 est 2.

le $\frac{1}{56}$ de 56 est 1.

60 étant un tout,

la $\frac{1}{2}$ de 60 est 30.

le $\frac{1}{3}$ de 60 est 20.

le $\frac{1}{4}$ de 60 est 15.

le $\frac{1}{5}$ de 60 est 12.

le $\frac{1}{6}$ de 60 est 10.

le $\frac{1}{10}$ de 60 est 6.

le $\frac{1}{12}$ de 60 est 5.

le $\frac{1}{15}$ de 60 est 4.　　　75 ét

le $\frac{1}{20}$ de 60 est 3.　　le $\frac{1}{3}$

le $\frac{1}{30}$ de 60 est 2.　　le $\frac{1}{5}$

le $\frac{1}{60}$ de 60 est 1.　　le $\frac{1}{15}$

64 étant un tout,　　　　le $\frac{1}{25}$

la $\frac{1}{2}$ de 64 est 32.　　le $\frac{1}{75}$

le $\frac{1}{4}$ de 64 est 16.　　80 éta

le $\frac{1}{8}$ de 64 est 8.　　la $\frac{1}{2}$

le $\frac{1}{16}$ de 64 est 4.　　le $\frac{1}{4}$

le $\frac{1}{32}$ de 64 est 2.　　le $\frac{1}{5}$

le $\frac{1}{64}$ de 64 est 1.　　le $\frac{1}{8}$

70 étant un tout,　　　　le $\frac{1}{10}$

la $\frac{1}{2}$ de 70 est 35.　　le $\frac{1}{16}$

le $\frac{1}{5}$ de 70 est 14.　　le $\frac{1}{20}$

le $\frac{1}{7}$ de 70 est 10.　　le $\frac{1}{40}$

le $\frac{1}{10}$ de 70 est 7.　　le $\frac{1}{80}$

le $\frac{1}{14}$ de 70 est 5.　　81 ét

le $\frac{1}{35}$ de 70 est 2.　　le $\frac{1}{3}$

le $\frac{1}{70}$ de 70 est 1.　　le $\frac{1}{9}$

72 étant un tout,　　　　le $\frac{1}{27}$

la $\frac{1}{2}$ de 72 est 36.　　le $\frac{1}{81}$

le $\frac{1}{3}$ de 72 est 24.　　84 éta

le $\frac{1}{4}$ de 72 est 18.　　la $\frac{1}{2}$

le $\frac{1}{6}$ de 72 est 12.　　le $\frac{1}{3}$

le $\frac{1}{8}$ de 72 est 9.　　le $\frac{1}{4}$

le $\frac{1}{9}$ de 72 est 8.　　le $\frac{1}{6}$

le $\frac{1}{12}$ de 72 est 6.　　le $\frac{1}{7}$

le $\frac{1}{18}$ de 72 est 4.　　le $\frac{1}{12}$

le $\frac{1}{24}$ de 72 est 3.　　le $\frac{1}{14}$

le $\frac{1}{36}$ de 72 est 2.　　le $\frac{1}{21}$

le $\frac{1}{72}$ de 72 est 1.　　le $\frac{1}{28}$

le	$\frac{1}{42}$	de	84	est	2.			
le	$\frac{1}{84}$	de	84	est	1.			

90 étant un tout,

la	$\frac{1}{2}$	de	90	est	45.
le	$\frac{1}{3}$	de	90	est	30.
le	$\frac{1}{5}$	de	90	est	18.
le	$\frac{1}{6}$	de	90	est	15.
le	$\frac{1}{9}$	de	90	est	10.
le	$\frac{1}{10}$	de	90	est	9.
le	$\frac{1}{15}$	de	90	est	6.
le	$\frac{1}{18}$	de	90	est	5.
le	$\frac{1}{30}$	de	90	est	3.
le	$\frac{1}{45}$	de	90	est	2.
le	$\frac{1}{90}$	de	90	est	1.

96 étant un tout,

la	$\frac{1}{2}$	de	96	est	48.
le	$\frac{1}{3}$	de	96	est	32.
le	$\frac{1}{4}$	de	96	est	24.
le	$\frac{1}{6}$	de	96	est	16.
le	$\frac{1}{8}$	de	96	est	12.
le	$\frac{1}{12}$	de	96	est	8.
le	$\frac{1}{16}$	de	96	est	6.
le	$\frac{1}{24}$	de	96	est	4.
le	$\frac{1}{32}$	de	96	est	3.
le	$\frac{1}{48}$	de	96	est	2.
le	$\frac{1}{96}$	de	96	est	1.

100 étant un tout,

la	$\frac{1}{2}$	de	100	est	50.
le	$\frac{1}{4}$	de	100	est	25.
le	$\frac{1}{5}$	de	100	est	20.
le	$\frac{1}{10}$	de	100	est	10.
le	$\frac{1}{20}$	de	100	est	5.
le	$\frac{1}{25}$	de	100	est	4.
le	$\frac{1}{50}$	de	100	est	2.
le	$\frac{1}{100}$	de	100	est	1.

le, &c.

PARTIES ALIQUOTES.

VII. On entend par ce terme, les Parties qui font comprifes plufieurs fois dans un nombre ; ou dans une autre quantité ? ou qui mefurent leur tout éxactement. 2 eft une *Partie Aliquote*, de 8 : il y eft compris quatre fois. 16 eft un nombre compofé de quatre *Parties Aliquotes*, dont chacune eft 4 ; ou de deux *Parties Aliquotes*, dont chacune eft 8. Les nombres de 7, de 11, & de 19 & autres femblables, n'ont point de *Parties Aliquotes* ; car ils ne fe peuvent divifer en parties égales. *M. le Gendre.*

CHAPITRE VI.

De la Table de Pythagore, ou Table de Multiplication & Division.

1	2	3	4	5	6	7	8	9	10	11	12
2	4	6	8	10	12	14	16	18	20	22	24
3	6	9	12	15	18	21	24	27	30	33	36
4	8	12	16	20	24	28	32	36	40	44	48
5	10	15	20	25	30	35	40	45	50	55	60
6	12	18	24	30	36	42	48	56	60	66	72
7	14	21	28	35	42	49	56	63	70	77	84
8	16	24	32	40	48	56	64	72	80	88	96
9	18	27	36	45	54	63	72	81	90	99	108
10	20	30	40	50	60	70	80	90	100	110	120
11	22	33	44	55	66	77	88	99	110	121	132
12	24	36	48	60	72	84	96	108	120	132	144

Usage de la Table.

Cette Table sert, pour trouver le produit de deux nombres multipliés, l'un par l'autre.

Par Éxemple, si l'on veut trouver le produit de 7, multiplié par 9 ; il faut chercher 7, dans la première colonne qui commence par 1 ; puis multipliant ce 7, par le 9 de la première ligne ; on dira 7 fois 9, font 63 ; que l'on trouvera à la colonne, vis-à-vis du 7 ; & ainsi des autres.

PETITE DISSERTATION

SUR la valeur des Poids , des Mesures , & des Monnoyes.

§. 1.

1 millier	pèse	10	quintaux.
1 quintal	pèse	100	livres.
1 livre	pèse	2	marcs.
1 marc	pèse	8	onces.
1 once	pèse	8	gros.
1 gros	pèse	3	deniers.
1 denier	pèse	24	grains.
1 grain	pèse	24	primes.
1 prime	pèse	24	secondes.

§. 2.

1 livre de soie pèse		15	onces.
* *	* *	* *	* *
1 livre d'Apoticaire		12	onces,
1 once	pèse	8	dragmes.
1 dragme	pèse	3	scrupules.
1 scrupule	pèse	2	oboles.
1 obole	pèse	3	siliques.
1 silique	pèse	4	grains.

§. 3.

1 marc d'or fin doit tenir		24	karats.
1 karat	est de	8	deniers.

denier	est	de	24	grains.
grain	est	de	24	primes.
prime	est	de	24	secondes, &c.

§. 4.

1 marc d'argent fin			12	deniers.
denier	est	de	24	grains.
grain	est	de	24	primes, &c.

§. 5.

Le *karat de fin* est $\frac{1}{24}$ degré de bonté, de quelque portion
or que ce soit.

Le *karat de prix* est $\frac{1}{24}$ de la valeur d'un marc fin d'or.

Il y a aussi le *karat* de poids & de prix.

Titre, degré, bonté, poids, prix de l'Or.

Le *karat* marque le titre de l'Or.

Le *denier* divise le fin de l'Argent.

§. 6.

Le karat de 4 grains sert à peser les Diamans.

§. 7.

A Paris.

Muid de Bled vaut					12	Septiers.
Septier est de					2	Mines.
Mine est de					2	Minots.
Minot est de					3	Boisseaux.
Boisseau est de					4	Quarts.
Quart est de					2	Litrons.

§. 8.

§. 8.

Le Muid d'Avoine est de . . . . 12 Septiers.
Le Septier est de . . . . . 24 Boisseaux.
Le Boisseau est de . . . . . 16 Litrons.

§. 9.

1 Muid de Sel est de . . . . . 12 Septiers.
1 Septier est de . . . . . . 4 Minots.
1 Minot est de . . . . . . 64 Litrons.

§. 10.

Pour les Bourgeois.

1 Muid Charbon de Bois . . . . 20 Mines, ⎫
1 Mine vaut   2 Minots   Sacs ou ⎬
1 Minot   8 Boisseaux.   Charges. ⎭
1 Boisseau   16 Litrons.

§. 11.

Le Muid pour le Marchand est de . . . 16 Mines.

§. 12.

1 Voie Charbon de Terre . . . . 15 Minots.
1 Minot . . . . 6 Boisseaux.

§. 13.

1 Muid de Chaux . . . . . . 48 Minots.
1 Minot . . . . 3 Boisseaux.

§. 14.

Muid de Plâtre	36 Sacs.
Sac de Plâtre	3 Boisseaux.

§. 15.

Muid de Vin	3 Feuillettes.
Feuillette	100 Pintes,
	avec la lie.

§. 16.

Muid Vin clair	2 demi-Muids.
Demi-Muid	2 Quarteaux.
Quarteau	2 demi-Quarteaux.
Demi-Quarteaux	9 Septiers.
Septier	4 Quarts.
Quarte	2 Pintes.
Pinte	2 Chopines.
Chopine	2 demi-Septiers.
Demi-Septier	2 Poissons.

§. 17.

Queuë ou Pipe d'Anjou tient deux demi-Queuës d'Orléans, Blois, Dijon, &c.

Pipe	54 Septiers.

§. 18.

Vins de Champagne.

Demi-Queuë	2 Quarteaux.
Quarteau	12 Septiers, &c.

§. 19.

Mesure de la Terre.

Toise vaut . . . ,   6   Pieds. .
Pied vaut   12   Pouces,
Pouce vaut . . . ,   12   Lignes.
Ligne vaut   12   Points.

§. 20.

1 Pas commun est de . . .   2 ½ Pieds.
1 Pas géométrique   5   Pieds.

§. 21.

1 Lieuë de France . . .   2000   Toises.
1 Lieuë commune . . .   13300   Pieds.
1 Petite Lieuë . . . .   2000 . Pas communs.
1 Mille est de   1000   Pas géométriques ;
ou 5000 Pieds, ou 8 Stades de 125 pas géométriq. chacune.

§. 22.

Réduction des Milles *ou Lieuës des Provinces de l'Europe, conformément aux Pieds Romains, qui font égaux aux Pieds
Rhénaux dont on se sert par-tout le Septentrion.*

Le Mille , *ou Lieuës*	Pieds.
D'Italie	5000.
De France	15750.
D'Angleterre	5454.
De Bourgogne	18000.
D'Égypte	25000.
De Flandres	2000.

D'Allemagne la petite	.	.	.	.	.	20000.
	la moyenne	.	.	.	.	22500.
	la plus grande	.	.	.	.	25000.
D'Hollande	.	.	.	.	.	24000.
De Suiſſe	.	.	.	.	.	26666.
D'Eſpagne	.	.	.	.	.	21270.
De Lithuanie	.	.	.	.	.	28500.
De Pologne	.	.	.	.	.	19850.
De Perſe	.	.	.	.	.	18750.
De Moſcovie	.	.	.	.	.	3750.
D'Écoſſe	.	.	.	.	.	6000.
De Suede	.	.	.	.	.	30000.

§. 23.

1 Grande Coudée	.	.	.	.	13	Pieds	6 pouces.
1 Coudée ſimple	.	.	.	.	1	Pied	6 pouces.
1 Coudée géométrique	.	.	.	9	Pieds.	
1 Embraſſade	.	.	.	.	6	Pieds.	
1 Démarche	.	.	.	.	$2\frac{1}{2}$	Pieds.	

1 Arpent . . . . . $\left\{\begin{array}{l} \text{10 perches en long.} \\ \text{100 perches quarrées.} \\ \text{900 toiſes quarrées.} \end{array}\right.$

1 Perche . . . . 3 toiſes.

grande
moyenne $\left.\right\}$ Selon le Pays.
petite

§. 24.

1 Aune de Paris , Lyon , Rouen , eſt de
3 pieds 7 pouces 8 lignes.
1 Aune de Troye, 2 pieds 5 pouces 1 ligne.
1 Aune d'Amſt. 2 pieds 1 pouce 2 ligne.

§. 25.

Le Doigt eſt le $\frac{1}{3}$ d'un pouce.
Doigt contient 4 grains d'orge.
Doigt Meſure Romaine, 9 lignes.
Doigt écliptique $\frac{1}{12}$ du Diſque de l'Aſtre.

§. 26.

Diviſion du Tems.

1 Siècle eſt de	100 ans.
1 Indiction de	3 luſtres.
1 Luſtre de	5 ans.
1 Olympiade de	4 ans.
1 An eſt de	12 mois.
1 Mois de	30 jours.
1 Mois a	4 ſemaines.
1 Semaine	7 jours.
1 Jour	24 heures.
1 Heure	60 minutes.
1 Minute	60 ſecondes.
1 Seconde	60 tierçes.

§. 27.

Différence des Poids entre les Méteaux, & autres Matières.

Le Pouce cube.	Onces.	Gros.	Grains.
D'Or pèſe	12	2.	52.
De Vif-Argent	8	6	18.
De Plomb	7	3	30.

D'Argent . . .	6	. .	5
De Cuivre . . .	5	. .	6
De Fer	5	. .	1
D'Étain	4	. .	6
De Marbre blanc .	1	. .	6
De Pierre de Taille	1	. .	2
D'Eau de Seine . .		. .	5
De Vin		. .	5
De Cire		. .	4
D'Huile		. .	4
De , &c.			

§. 28.

Monnoyes de Frar

12	Deniers valent	.	.	.
1	Sol vaut	.	.	.
1	Livre vaut	.	.	.
20	Sols valent	.	.	.
1	Livre vaut	.	.	.
240	Deniers valent	.	.	.
3	Livres valent	.	.	.
1	Écu vaut	.	.	.
10	Livres valent	.	.	.
1	Piſtole vaut	.	.	.
	* *		*	*
3	Deniers valent	.	.	.
4	Liards valent	.	.	.
20	Sols valent	.	.	.
3	Livres valent	.	.	.
10	Livres valent	.	.	.
	* *		*	*

Les Pièces de Monnoye ont fouvent leur $\frac{1}{2}$, leur $\frac{1}{3}$, leur $\frac{1}{4}$, leur $\frac{1}{5}$, leur $\frac{1}{6}$, &c.

§. 29.

Le Poids de Marc.

Le Marc fe divife en	8 onces.
	64 gros.
	192 deniers.
	160 efterlins.
	320 mailles.
	640 felins.
	& 4608 grains.
L'Once eft divifée en	8 gros.
	24 deniers.
	20 efterlins.
	40 mailles.
	80 felins.
	& en 576 grains.
Le Gros eft divifé en	3 deniers.
	$2\frac{1}{2}$ efterlins.
	5 mailles.
	10 felins.
	& 72 grains.
Le Denier eft	24 grains.
L'Efterlin en	$28\frac{4}{5}$ de grain.
La Maille en	$14\frac{2}{5}$ de grain.
Le Felin en	$7\frac{1}{5}$ de grain.
Et le Grain en $\frac{1}{2}$ $\frac{1}{4}$ $\frac{1}{8}$	&c. de grain.

Remèdes fur les Poids de Marc.
Remèdes fur les Efpèces.

§. 30.

Des Monnoyes ancien

1 Drag. attique valant, dix fols de notre

L'*Obole* attique eſt $\frac{1}{6}$ de la dragme.

La *Drag.* attique vaut un denier romain,

La *Mine* attique vaut 100 dragmes.

Le *Talent* attique vaut 60 mines.

Miryade vaut dix mille.

Le *Stater* attique d'Or pèſe deux dragme
     d'Argent.

Le *Darique, Philippei* valent le ſtater attic

Le *Sicle* des Hébreux valoit 4 dragmes att

L'As romain, *libra* ou *pondo* $\frac{1}{10}$ du denier

Le *petit Seſtèrce* ou *Nummus* $\frac{1}{4}$ du denier r

Le Denier valoit 10 as & 4 feſtèrces, ou

Le *grand Seſtèrce, Seſtertium* valoit mille p

Aureus, Solidus, monnoye d'Or de 25 de

Le Talent d'Argent valoit trois mille livre

Le Talent d'Or trente mille livres.

Proportion de l'Or à l'Argent de 10 à 1 p

Proportion de 15 à 1 pour notre Siècle.

De la Différence & de la Réduction des Poids des principales Villes de l'Europe.

§. 1.

100 livres poids de Paris font à

Lille, livres	113 $\frac{1}{2}$
Tournay	112 $\frac{1}{3}$
Ypres, Aire, Saint-Omer,	113 $\frac{1}{3}$
Courtray	112 $\frac{1}{2}$
Arras, Bergh, Dunkerque,	113 $\frac{1}{2}$
Bruges,	105 $\frac{7}{9}$
Gand	112 $\frac{1}{3}$
Oudenarde	112 $\frac{1}{2}$
Anvers, Brux. Malines,	103 $\frac{2}{3}$
Ostende	105 $\frac{1}{2}$
Valenciennes	105 $\frac{2}{3}$
Mons, Camb. Liége,	105 $\frac{1}{8}$
Cologne	100 $\frac{2}{3}$
Amsterdam, Roterdam,	98 $\frac{3}{4}$
Flessingue, Midelbourg,	103 $\frac{2}{3}$
Strasbourg	98 $\frac{1}{2}$
Leyptzic	103 $\frac{2}{3}$
Dannemarc	107 $\frac{5}{6}$
Hambourg	100 $\frac{3}{5}$
Dantzic	124 $\frac{2}{3}$
Castille	105 $\frac{3}{4}$
Troyes	93 $\frac{3}{4}$
Diepe	94 $\frac{5}{8}$
Lyon	114
Nantes	98 $\frac{3}{4}$
Rouen	95
Marseille	120 $\frac{3}{4}$
Bordeaux	119 $\frac{1}{4}$
Londres, petit poids.	109 $\frac{1}{16}$
Londres, grand poids.	96 $\frac{6}{7}$
Francfort, grand poids.	96 $\frac{6}{7}$
Francfort, petit poids.	103 $\frac{2}{3}$
Nuremberg, grand poids.	96 $\frac{6}{7}$
Nuremberg, petit poids.	103 $\frac{2}{3}$

§. 2.

100 livres de Lyon rendent à

Rouen	83 l.
Montpellier	104 l.
Toulouse	102 l.
Marseille	106 l.

La Rochelle . . .	85 l.	
Genève	76 l.	100 livres
Venise..	156 l.	renden
Anvers	90 l.	Rouen .
Bâle, Berne, ⎫		Toulouse
Francfort, ⎬ . . .	84 l.	Marseille
Nuremberg, ⎭		La Rochel
Gènes	138 l.	Genève
Milan	144 l.	Venise
Bourg-en-Bresse . . .	89 l.	Anvers .
Londres	94 l.	Bâle, Ber
Livourne, Pise . .	131 l.	Francfort,
Naples, ⎫		Nurember
Bergame, . ⎭ . . .	147 l.	Gènes .
Turin, ⎫		Milan .
Modène, . . ⎬ . . .	129 l.	Bourg-en-
Bologne, ⎭		Londres .

§. 4.

Réduction des Aunages,

7	Aunes de Paris rendent	9	Ve
4	Aunes de Paris rend.	7	Au
7	Aun. de Paris rend.	12	Au
7	Vares de Castille rend.	5	Aur
100	Rats de Piémont	50	Aun
100	Brasses de Lucques	50	Aun
5	Aun. de Par. rend.	3	Can
3	Aun. de Par. rend.	2	Can
32	Aun. de Paris rend.	17	Aun

5	Aun. de Par. rend.	7	Vares de Castille.
2	Aun. de Par. rend.	3	Vares d'Aragon.
8	Aun. de Par. rend.	15	Brasses de Boulogne.
8	Aun. de Par. rend.	15	Brasses de Modène.
5	Aun. de Par. rend.	24	Palmes de Gènes.
49	Aun. de Par. rend.	100	Brasses de Florence.
5	Aun. de Par. rend.	9	Brasses de Bergame.
3	Aun. de Par. rend.	5	Pieds de Constantinop.
8	Aun. de Par. rend.	15	Brasses de Venise.
8	Aun. de Par. rend.	15	Brasses de Mantoue.
10	Aun. de Par. rend.	13	Vares de Valence.
4	Aun. de Par. rend.	9	Brasses de Milan.

§. 5.

Mesures & Poids servant au Commèrçe de la Holande.

L'Aune d'Amsterdam contient 2 pieds, 1 pouces, 2 lignes du pied de Françe ; qui est de 1 pouce & 7 lignes plus long que le pied de Holande.

L'Aune de Brabant ou d'Anvers contient 2 pieds, un pouce, 7 lignes du pied de Françe.

L'Aune d'Amsterdam est pour la vente, & celle d'Anvers pour l'achat.

101 ½ Aunes d'Amsterdam font 100 Aunes d'Anvers ; & 100 Aunes d'Amsterdam ne font que 98 ¼ Aunes d'Anvers, ou environ.

§. 1.

Des Poids de Holande.

Le Poids de Holande se divise par Quintaux ou Centaines,

par Wage ou Chariot, par Schippont, par Charges, par Lyſpont, par Pierres; &c.

Le Quintal fait . : : : . 100 Livres.
Le Wage ou Chariot . . . . 165 Livres.
Le Schippont . . . . . 300 Livres.
Le Lyſpont . . . . . 15 Livres.
La Pierre . . . . . . 8 Livres.
La Livre . . . . . . 16 Onces.
L'Once . . . . . . 8 Gros.
L'Once fait auſſi . . . . . 2 Loots.
Le Marc fait . . . . . 8 Onces.
L'Once fait . . . . . 20 Engels.
L'Engel fait . . . . : 32 As.

§. 2. Des Meſures des Corps liquides.

Pour les Vins.

Le Tonneau ou *Voéder* d'Allemagne
contient 6 Aunes, meſure d'Allemagne, ou . . . . : 168 Pots.
Le Tonneau de Bordeaux . . 2 Pipes.
ou 4 Bariques 360 Stops . . 720 Mingles.
Le Tonneau contient . . : 6 Tierçons.

§. 3.

Compris la Futaille.

La Barique pèſe environ . . . 500 Livres.
La Pipe environ . . . . . 1000 Livres.
Le Tonneau environ . . . . 2000 Livres.
La Botte ou Pipe d'Eſpagne, de Sé-
ville, Malaga ou Canaries . . . . 340 Mingles;

& pèfe avec la futaille environ . . .   950 Livres.
Les Poinçons de France . . . . .   240 Mingles;
  & pèfent avec la futaille env. . . .   666 Livres.
Les Bariques s'appellent auffi Quarteaux.

§. 4.

Pour les Eaux-de-vie.

Piéces ou groffes Pipes depuis   50 à   80 Virtils.
Le Virtil ou la Verge contient . . .   6 Mingles.
La Mingle contient . . . . . .   2 Pintes.
30 Verges cont. 180 Ming. 90 Stops   360 Pintes.
Piéces de Bordeaux de . . . .   70 à 80 Verges.
Barique de Bordeaux . . . .   32 Verges.
Pipes de Nantes de . . . . .   60 à 70 Veltes.
Barique de Nantes . . . . . .   29 Veltes.
Piéce de la Rochelle de . . . . 60 à 80 Veltes.
Barique de la Rochelle . . . . .   27 Veltes.
Cognac , l'Ifle de Rhé, &c. comme à la Rochelle.

§. 5.

Pour l'Huile d'Olive.

Tonneau d'Huile . . . . .   217 Mingles.
Les Pipes contiennent de   . . 20 à   25 Ste-kans.
Le Ste-kan contient . . . .   16 Mingles.

§. 6.

Pour l'Huile de Baleine , ou de Poiffon.

La Barique contient de . . .   15 à 20 Ste-kans.
On compte pour la Barique . . . .   12 Ste-kans.

§. 7.

Pour la Bierre.

La Tonne contient . . . . . . 128 Mingles.
La demi-Tonne . . . . . . 64 Mingles.
Le quart de Tonne . . . . . 32 Mingles.
La Tonne contient . . . . . 1 Ames.

§. 8.

Pour le Miel.

Les tonneaux & bariques de Miel contiennent plus ou moins, selon les lieux d'où il vient ; la vente s'en fait par livres de gros le tonneau, & par florins la barique.

§. 9.

Des petites Mesures.

L'Amen ou Ame d'Amsterdam . . . 64 Stops.
Le Stop contient . . . . . . 2 Mingles.
La Mingle . . . . 2 Pintes.
L'Ancre 16 Stops ou . . . . . 32 Mingles.

§. 10.

Des Mesures des Corps ronds.

Le Last d'Amsterdam 27 Muddes . . 108 Schépels.
Le Mudde contient . . . . . 4 Schépels.
Le Last contient aussi . . . . 36 Sacs.
Le Last contient aussi . . . . 24 Bar. étroits.
Le Laste de farine de Froment . . . 12 Barils.
Le Last de Dantzick contient plus que celui d'Amsterdam.

§. 11.

Des Mesures des Vaisseaux, ou Navires.

Les Vaisseaux ou Navires se mesurent par Last ou *Lèst*, afin de sçavoir la charge de leur port.

Le Last pèse . . . . 4000 livres.
Le Last fait 2 Tonneaux de France.

§. 12.

De la Mesure du Sel.

Le Sel se vend par cent, de 104 mesures, à tant de livres de gros le cent.

Les achats & les ventes font connoître les autres mesures des différentes Villes.

Nota. Le Lecteur est prié d'observer que ce supplément, qui contient plusieurs articles sur les Poids, sur les Mesures, sur les Monnoyes, &c. sont donnés pour rendre l'enfant plus fort dans toutes ses lectures ; & pour lui donner en même tems des idées générales des nombres, de la grandeur, des dimensions, des tems, de l'étendüe, des rapports, des proportions, &c. sans garantir néanmoins la vérité des faits qu'on rapporte. On a trouvé de la contrariété dans les Livres, il seroit très-difficile d'avoir l'éxactitude sur tous ces articles. Les Auteurs se copient, & ajoutent leurs fautes à celles des autres. Cet avis servira pour le passé, & pour l'avenir.

Fin de l'Arithmétique.

Gravées Delineavi.

ÉCRITURE

Cet A

De peindre la parole, et de par

Et par les traits divers des Fig

Donner de la Couleur et du Cor

Se trouve ici allégorisé, sous la figure d'une Déesse

lequel on apperçoit des Caractères Égiptiens: sa robe

beaux traits de l'Écriture. l'attention singulière a

mettre à la postérité les Caractères hiérogliphiqu

nous démontre son ancienⁿ origine. Plusieurs Rouleau

jettés à ses pieds, désignent naturellement les Écrits de

autour d'une table:le 1.ᵉʳ étudie les principes de l'Art, le 2.ᵈ lai

l'Ovale est surmonté d'une Écritoire, d'une Règle, d'un Co

daraque, plusieurs plumes et Exemples; instruments de

quirlandes de feuille de chesne, de noir de Galle qui a

Composition de l'Encre.

DE L'ÉCRITURE.

L'Écriture eſt l'Art de communiquer aux autres hommes ſes penſées & ſes ſentimens, par le ſecours de certains ſignes ſenſibles à la vûē, & tracés ſur un corps ſolide. Avant que les plumes d'oiſeaux fuſſent en uſage, les Anciens ſe ſervoient pour écrire d'un ſtyle d'or, d'argent, de cuivre, de Fèr ou d'os. Il étoit pointu par un côté, large & applati par l'autre : le premier ſervoit à former les Lettres, & le ſecond à les effaçer.

MANIÈRE AISÉE DE TAILLER LA PLUME.

E Bout d'Aîle vieux eſt de toutes les Plumes, celle à qui je donne la préférence. Pour la *Bien Tailler*, je me ſers d'un Ganif, dont la lame ſoit un peu cambrée.

Je fais une légère ouverture à la Plûme ſur le ventre ; & ſur le dos, je poſe la lame ſur le dos de ladite Plume, pour faciliter le chemin de la fente : puis j'y inſère le bout du manche du Ganif, en le levant ; & quand elle ſe fend avec bruit, cela dénote ſa netteté.

J'ouvre enſuite le ventre de ma Plume, qu'on appelle Grand Tail : je forme des Hanches à ladite Plume ; & en évidant peu-à-peu de l'un & de l'autre côté, je forme un Bèc compoſé de deux Angles ; je fais toujours l'Angle du côté du pouce quand on écrit, plus large & plus oblique : parce que toutes les Liai-

fons, foit Rondes, Bâtardes & Coulées,
& quand ledit Bèc eft bien formé ; je reto
dos, j'ôte un peu de fon épaiffeur en incl
la coupe de la groffeur requife, en tenant
Roffignol.

POSTURE DU CORPS EN Éc

Pour Écrire aifément, il eft néceffaire
foient hors de la Table ; afin que le Corps
Le Corps s'inclinant un peu fur la gauch
de Liberté au bras droit ; éxige que le P
avançé, que le droit.

Il faut pofer très-légèrement le Bras &
écrit ; afin que la fermeté de l'Écriture ne
flèxibilité du pouçe, & du mouvement de

INSTRUCTIONS ET AVIS SU

Tout le monde fçait de quelle utilité e
Point Capital de l'Éducation des Enfans.
une belle *Écriture* eft avantageufe, & l'o
ne faille en acquérir l'Ufage le plutôt qu
n'y a rien, dit un Célèbre Auteur, qui r
reffeux, & qui lui foit fi préjudiciable ; q
un âge foible & tendre, qu'il peigne c
augure encore le dégoût de l'Enfant, p
mes felon la Méthode vulgaire.

Voici d'ailleurs les Préceptes les plus
trer & apprendre un Art fi néceffaire. C
fe mettre fort en peine de la Beauté du Ca
Enfant qu'on veut appliquer aux Humani
cela fuffit ; c'eft le fentiment d'un Grand

Ronde

Batarde

Coulée

Laurent Sculp.

Tome II.

lui, quand on peint fort bien à cet âge, ce n'eſt pas toujours une fort Bonne Marque pour l'Eſprit.

Le meilleur Avis que l'on puiſſe donner ſur l'*Écriture*, c'eſt que le Maître ne ſe laſſe point, de tenir & de guider long-tems la main de l'Enfant ; & de ne lui rien paſſer ſur tout ce qui concerne la Poſture du Corps, & la Manière de tenir ſon papier, ſa main & ſa plume. Il y a d'Excellentes Leçons ſur cette Matière & ſur les ſuivantes, dans les Livres & dans les Éxemples de Meſſieurs *Poiret*, *Roilet*, *Roſſignol*, *Sauvage*, &c.

L'eſſentiel eſt d'Éxercer beaucoup un Enfant, pour lui rendre la main légère, hardie, & capable d'imiter tous les Caraɐères & tous les Traits qui lui ſeront préſentés. Sçavoir pratiquer toutes les Lignes droites, circulaires, ſpirales, mixtes, horizontales, perpendiculaires, diagonales, tranſverſales, de haut en bas, de bas en haut, de droit à gauche, & de gauche à-droite ; toutes les Lettres qui n'ont ni tête, ni queuë, & compriſes entre deux Parallèles ; celles qui ont des têtes & des queuës, allant par génération & par gradation, d'une eſpèce à-l'autre ; & commençant par les Élémens ou parties des Lettres, qui ſervent à la formation des autres ; par Éxemple, avec les Lettres *o*, *i*, *f* ; on peut former toutes les autres de l'*a*, *b*, *c*, &c.

Je crois qu'au Commençement on peut ſe ſervir des poncis, des tranſparans, des règles & des crayons pour *Écrire* droit ſur une ligne, ou entre deux parallèles ; ſur-tout ſi l'Enfant eſt de ceux, que l'on ne peut preſque pas faire aller droit d'eux-mêmes. Car pour les autres, ils peuvent ſe paſſer de ces petits ſecours. Chacun en peut imaginer ſelon ſon Goût & ſon Génie ; comme d'*Écrire* avec de l'eau ſur le parchemin noir d'un porte-feuille ; d'*Écrire* ſur du ſable fin tamiſé ſur une table ; d'*Écrire* ſur une ardoiſe avec de la craye, ſur une toile cirée ;

ayant un Carton ou une petite planche m
On peut s'éxèrçer fur des Lettres & des C
fur des Planches gravées ; des Imprimés
Écrire auffi avec un crayon, ou fur des Let

Mais il eft peut-être à craindre, que la
cices ne rendent la main pefante ; & je p
moyen eft de travailler de bonne heure,
manufcrits & de belle Écriture : l'imaginat
Écrire ou former les Lettres, guidera pe
vice, en fajt d'Écriture.

La Méthode des Maîtres qui font faire c
d'a, d'i, &c : c'eft-à-dire d'un feul Cara
pas la meilleure ; un Enfant s'ennüie, il fe
glige ; n'ayant que la même Lettre à faire
il ne regarde plus l'Éxemple du Maître,
les Lettres de mieux en mieux, c'eft tout
pelle à l'Expérience ; & je crois même qu'
mençer par la Lettre d, que par la Lettre
fans font des pâtés, en finiffant cette Lett
ment qui n'eft pas encore fec ; au lieu que
hardiment, & fans limites déterminées.

Il faut donc varier le plus qu'il eft poffibl
à l'i, & au f, qui eft plus difficile ; faire vc
l'i mis enfemble, font un a ; & ainfi de t
marques indiquées dans les Livres des Bor
N'éxigés donc qu'une ligne ou deux, de la
à y revenir.

Voici des Éxemples des Lettres fuivan
Dans le mot Cazufminortex, les petites Le
parallèles, & ailleurs les quatre Lettres li
ont des têtes fans queuë ; les cinq Lettres

Passes pour délier les doigts.

Chiffres de Bureau.

1. 2. 3. 4. 5. 5. 6. 7. 8. 9. 10. 11. 12.

Chiffres Romains.

Un.	Deux.	Trois.	Quatre.	Cinq.
I.	II.	III.	IV.	V.
Six.	Sept.	Huit.	Neuf.	Dix.
VI.	VII.	VIII.	IX.	X.
Vingt.	Trente.	Quarante.	Cinquante.	Soixante.
XX.	XXX.	XL.	L.	LX.
Quatre-vingt.	Quatre-vingt-dix.	Cent.	Cinq cens.	Mille.
LXXX.	XC.	C.	D.	M.

Laurent Sculp.

Tome II.

ont des queuës fans tête : & les Mots mêlés , *Infaillibilité* , *Re-*
couvrement , *Confcientieufement* , *Extraordinairement* , *Commémo-*
raifon , *Philofophiquement* , &c. Mots fur lefquels on pourra
s'éxerçer , après s'être bien affuré de la formation des Lettres ;
des fyllabes , des monofyllabes , & de petits mots élémentaires.

Obfervés que l'*a* eft un *o* & un *i*; ou un *c* & un *i* rapprochés :
que le *d* eft un *a* , dont la tête eft plus haute & comme un *l* ;
ou que c'eft un *o* dont la fin paffe par-deffus & en crochet, *d* ;
que le *f* èft comme le *f* , avec un petit trait horizontal qui le
coupe à la hauteur des petites Lettres ; le *g* comme un *a* à
queuë dit confonne : le *j* confonne comme la queuë du *f* fans tête ;
u comme la moitié du *f* & depuis le petit trait. Les Jambages
les *m* & des *n* font la moitié de l'*Écriture*, & donnent les traits
perpendiculaires ou inclinés de toutes les Lettres *b* , *d* , *h* , *l* à
tête ; & les petites *i* , *r* , *n* , *m* , *u* , *t* , faifant voir que le *r* eft
un *n* non achevé ; que le *m* eft de la nature du *n* ; que l'*u* eft
comme deux *ii* liés fans points ; que l'*o* peut fe commençer de
droit à gauche , ou de gauche à droit ; comme dans les Lettres
b , *d* , *c* , *e* , *g* , *o* , *p* , *q* , *x*. Il s'agit de bien combiner toutes
ces Lettres avec des liaifons initiales ou finales , feintes ou
réelles , foit pour les petites , foit pour les grandes Lettres.

Avant que de paffer aux Lettres , on pourroit effayer de former des Lignes Spirales de quatre manières ; commençant ou
finiffant par le centre , de droit à gauche , ou de gauche à droit ,
en-dehors ou en-dedans ; & variant les Lignes droites & les
points dans de petits quarrés pour le Gueule , l'Azur , le Pourpre , le Sinople , le Sable , l'Or ; & autres Traits obliques ,
mixtes , & héraldiques ; &c.

Quand un Enfant fçaura bien former fes Lettres , & qu'il
commençera à *Écrire* des mots ; on pourra lui donner pour
exemples , les Paradigmes des Déclinaifons en françois & en

latin ; & lui montrer la manière de cop
prement, les Déclinaifons & les Conjug;
dans le Rudiment de la Langue Latine.

Pour la Commodité de l'Enfant , il fa
en travers , felon la Figure oblongue de
divifer la Page en deux ; l'une pour le fin
le pluriel ; &c.

Première Déclinaifon. *Lun*

Singulier.

Nominatif. *Luna ,* la Lune.   Nomina

Ainfi en apprenant à *Écrire,* un Enfa
ment d'autre chofe ; & fait des progrès
coûtent prefque rien.

J'eftime qu'il eft fort à propos de fe
d'Encre , l'une Noire, & l'autre Rouge ;
deux Langues aux yeux , pour plaire à l
le foulagement de la Mémoire : Faute d'
employer deux Caractères, dont l'un foit
diculaire ; & l'autre moins nourri & un
ter l'Italique , & donner par - là une efp
les deux Langues , ayez deux plumes t
Latin , l'autre pour le François ; & écrive
le Latin : parce que le François occupe pl
auffi plus de facilité à Ranger les Mot
françois. Cet Éxemple rend l'Enfant plus
du goût pour l'Ordre , & pour la Propre

Il eft aifé de voir par ce moyen , qu
tirer de l'Écriture , non-feulement en cc
Liftes des mots indéclinables ; comme d

pofitions, des conjonctions, des interjections en François &
en Latin : des Mots déclinables ; comme des noms, des pro-
noms, des fubftantifs, des adjectifs de chaque déclinaifon, des
nombres, des degrés de comparaifon, des genres ; &c. Enfin
des Liftes des Verbes de toute conjugaifon ; mais encore des
Éxemples de toute la Sintaxe, afin de varier l'Éxèrcice de l'É-
criture ; & de faire apprendre en même tems quelque chofe
de plus que l'*Écriture.* Cette Méthode comprend l'Hiftoire, &
les Élémens de toutes les Sçiences ; & vaût mieux fans doute,
que celle qui fe borne à ne faire Écrire pendant plufieurs années que des Mots longs, & qui ne fignifient rien. Du moins,
fi au lieu du Mot *Mommirammontois,* & autres femblables pour
apprendre à former les jambages des Lettres, on dónnoit des
Mots Hiftoriques ; comme *Memnon, Clytemneftre, Mimnermef-
myrnées, Memmins, Mammone, Ammoniac, Mnémofine ; &c.*
On apprendroit pour lors plus, qu'à former des jambages ; car
le fujèt de l'Éducation confifte à compliquer tant qu'on peut,
l'Utilité des Éxèrcices.

J'aurois encore mille chofes à dire fur cet Article, & en par-
iculier fur l'Ortographe, l'un des objèts le plus commun des
Maîtres d'*Écriture* ; & cependant le plus négligé, quant à ce
qui s'appèle Principes, Juftefle, Méthode fuivie & régulière.
J'avertis que l'on prenne bien garde à ne point fe fervir ; comme
mille gens mal inftruits, & même comme bien des Gens de
Lettres, de capitales, de majufcules qu'ils jèttent avec prodigalité jufques dans le milieu des Mots ; ni des *i* & des *u* voyèlles,
pour des *j* & des *v* confonnes : Éxemples, *jl, ie, vn, uous ;* au
lieu de *il, je, un, vous. Religjeux, jnconftance,* au lieu de *Re-
gieux, inconftance ;* N'employez non plus aucune lettre imparfaite, équivoque & bifarre ; ni aucunes liaifons inùtiles, ni
aucuns traits trop longs. Tout cela ne fait qu'embarraffer, &

défigurer l'*Écriture*. Bien des Écrivains Publics confondent l'ufage de certaines Lettres, & les plaçent mal-à-propos ; lorfqu'ils mettent au commençement ou au milieu d'un mot, des de Lettre ronde qui ont la figure d'un *v* confonne ; comme dans les mots *vengés, rangés ; couuant, courant, il fe voit, il eroit, vive, rire ; il pouvoit, il pourroit ;* en François : Et *ovaio, oratio, ovis, oris ; ovo, oro ;* &c. en Latin.

Si l'Ufage des Lettres initiales, médiales & finales, eft fondé en raifon ; il ne faut donc pas confondre l'ufage de ces mêmes Lettres : mais on doit regarder comme une Imperfection de la Langue & de l'*Écriture*, d'avoir plufieurs Caractères pour un même fon ; pendant qu'on eft obligé d'éxprimer avec un feul Caractère équivoque & captieux, plufieurs Sons différens de la Langue Françoife : à quoi bon le Superflu ou l'Abondance inutile, quand on manque du Néceffaire.

Ne vous arrêtés donc point à ces vaines Pratiques d'*Écriture* variée & brillante, qui femble n'être faite que pour les yeux ; ou pour ceux qui fe deftinent à cette Profeffion : la plûpart ne fe fouçient que de la Beauté du Caractère & des Traits hardis. Tâchés néanmoins d'acquérir une main libre, légère, prompte, fûre, & capable d'imiter tels Caractères que vous le voudrés. Il ne s'agit effentiellement que d'être lifible ; & de peindre avec corrèction fes idées aux yeux de l'âme, par le fecours de ceux du corps. Accoutumés-vous à vous tenir droit, à ne faire aucune grimaçe en écrivant ; que votre papier ne foit jamais chiffoné, ni barbouillé. Tenés votre plume un peu longue, & n'appuyés deffus que le moins que vous le pourrés. Enfin écrivés beaucoup, éxèrçés-vous fouvent, vous écrirés fans peine ; & auffi vîte que vous le voudrés pour votre ufage, & pour toute votre vie. *Bibliothèque des Enfants.*

AVIS

AVIS GÉNÉRAUX
Sur l'Écriture.

1. La Santé, l'âge, & le fçavoir de l'Enfant déterminent l'époque du Deffein, & de l'Écriture.

2. L'Enfant de 7 à 10 ans qui ignore les Lettres doit apprendre à Écrire & à Lire en même tems.

3. L'Action d'écrire rebute moins un Enfant, que l'éxèrcice de la fauffe dénomination, & de la fauffe fyllabifation ; l'Enfant aime mieux être Artifan, que fimple Auditeur.

4. Il faut d'abord éxaminer la Plume, la taille, la fente, le Caractère convenables à l'Enfant : ainfi de l'encre, du papier, de la forme des pages & des lignes.

5. Règler les Lignes avec du crayon, ou à fec en blanc, pour la plûpart des Enfans ; & jamais avec la Plume & l'encre noire : encore moins plier & replier le papier, pour marquer les Lignes ; ce que bien des Perfonnes pratiquent mal-à-propos.

6. La hauteur du Caractère & des corps de lettres, peut être déterminée entre deux parallèles.

7. Commençer par les Traits les plus faciles à imiter, & par es plus fimples.

8. Dénouër les doigts par des Capitales ; & par des Traits élémentaires, choifis exprès pour cela.

9. S'éxèrçer beaucoup fur les Traits, qui fervent à former es autres Lettres qui les fuppofent.

10. Ne point embarraffer un Enfant d'abord, des Liaifons iitiales, finales, réelles, ou feintes.

11. Rendre fenfible le fort & le foible, le délié & le plein es Lettres, par le moyen de la Plume à deux bècs.

12. La Lettre perpendiculaire ifolée ou fans liaifon, paroît 'abord préférable à la Lettre inclinée & liée.

Tome II. N n

13. Commençer par les Lettres qui n'ont qu'un corps entre-leux parallèles.

14. Il est indifférent ensuite de continuer par des Lettres à tête, ou par des Lettres à queuë.

15. Les Lettres à tête & queuë font plus difficiles, & bonnes pour la fin.

16. Montrés les Capitales à proportion de leur rapport avec les autres Lettres.

17. Ne jamais donner des pages entières de la même lettre.

18. Donner à propos & au commençement l'Éxemple à la marge en colonne, & ensuite au haut de la page; faisant observer les lignes & les colonnes qui répondent aux mots de l'Éxemple.

19. Faire tenir proprement les Pages corrigées, & n'éffaçer jamais aucun mot, ni aucune lettre; un trait suffit pour trancher & indiquer la correction.

20. Sçavoir couler la main sur le papier, & le papier sous la main selon l'occasion; le lieu, la matière, la figure; &c.

21. Ne faire lier les lettres, les syllabes & les mots, qu'après avoir bien montré la formation des Lettres.

22. Il est mieux d'écrire sur une table un peu inclinée, que sur un Plan horizontal.

23. Préférer en général les Lettres d'un seul tems, aux mêmes Lettres faites à reprise.

24. Préférer les Lettres simples élégantes, aux Lettres bizarres, monstrueuses, & défigurées de l'usage vulgaire; dont il ne faut jamais embarrasser le Caractère des jeunes Demoiselles.

25. La Multiplicité d'A, B, C, variés, n'est propre qu'aux écrivains de profession.

26. L'Essentiel est d'être Lisible; & de plaire aux yeux de l'esprit, plutôt qu'à ceux du corps.

Alphabeth
de Lettres Capitales.

A A B B B
C C D E E F
G h I J L L M
M M N O P
Q R S S T U
X Y Z Z

Rossignol.

aureux Sculp.

27. Que les Enfants n'écrivent guères seuls au commencement.

28. Bien déterminer la hauteur de la Table, ou de la Chaise; la Posture du corps, de la main; la tenuë des doigts & de la plume.

29. User au commencement de Plumes foibles ou bien fenduës, selon la Main ou le Caractère.

30. Tenir la Plume un peu longue, au-dessous & au-delà les trois doigts qui la tiennent.

31. Pousser le quatrième & le cinquième doigt un peu éloignés des trois autres doigts qui la tiennent.

32. Au commencement écrire à sec, ou avec de l'eau sur un archemin noir, & sur le papier avec la plume à deux bècs.

33. Éxèrcer sa main par le mouvement & l'infléxion des doigts, même sans écrire, pour les tenir souples.

34. Donner des Mots & des Éxemples utiles en l'une & en l'autre Langue, & non des Éxemples stériles.

35. Employer le feuillet *verso* pour la formation des lettres, pour les mouvemens, quand on a écrit dans le *recto*.

36. Ne point discontinuer l'usage des lettres que l'on n'ait appris à les bien former.

37. Datter tous ses Éxemples du jour de la semaine, du quanème du mois, du millésime, bien former les Chiffres, & sa signature.

38. Éssayer du bras, de faire des Lettres difficiles & des traits variés; mais toujours dans des quarrés & des bornes prescrites.

39. S'accoûtumer à Écrire sans règler le papier, & sur-tout au coup-d'œil.

40. Observer l'égalité & la proportion des espaces entre les lettres, les mots & les lignes.

41. Ne point faire un mauvais usage des Majuscules, ou Minuscules.

42. Ne point user ordinairement de longues têtes, ni de longues queuës embarrassantes, & de mauvais goût.

43. Purger son écriture & son ortographe des superfluités, & des équivoques.

44. Prendre pour Modèles le beau Manuscrit ou les bons Imprimés, & les meilleures Gravures.

45. Se faire un goût ; qui donne le caractère approchant du Dessein, & de la Mignature.

46. Ne jamais copier d'après de vilaines Exemples ou des écritures singulières, & de mauvais goût.

47. Écrire quelquefois sous la dictée.

48. User-d'écriture liée ou non liée ; suivant l'expédition, l'occasion, & la matière.

49. Essayer quelquefois d'imiter les Caractères, d'impression & des livres ; pour s'en servir dans les figures de Géométrie, & dans le besoin.

50. Étudier le rapport entre les Lettres manuscrites, & celles de l'impression.

51. Approcher son Caractère de la beauté, de la rondeur, & de l'élégance du Romain.

52. Apprendre l'usage & le distinctif du Romain, de l'Italique, & du sous-ligné.

53. Connoître par Principes & par sentiment, la Pratique des accents & des points.

54. Écrire du moins assez correctement, pour ne point paroître mal élevé.

55. Préférer un Caractère gros, nourri & moyen, au Caractère maigre ; & sur-tout à l'égard des Demoiselles.

56. Apprendre à bien tailler sa plume pour tous les Caractères : c'est l'essentiel.

On ne souhaite jam-
ardamm. ce qu'on ne
souhaite q. par raison.

Il s'en faut bien que no..
connoissions toute
nos Passions.

Notre humeur met le
prix à tout ce qui nous
vient de la fortune.

Laurent Sculp.

57. Les Enfants doivent Écrire peu , & souvent ; le trop nuit à leur santé.

58. On doit leur inspirer le Goût & la propreté en tout ce qu'ils font ; sur-tout dans l'écriture.

59. Les obliger à écrire dans des quarrés , & sans en sortir ; pour aller dans les marges.

60. Éxiger par jour quelques Lignes pleines , vers ou prose ; Arithmétique , &c.

61. Règler les Colonnes avec une Patte à cinq pointes , pour les Règles d'Arithmétique.

62. Corriger les Fautes autant qu'on le pourra , avec de l'encre rouge.

63. Donner des mots & des lignes , qui comprennent l'essentiel de l'écriture.

64. Faire entrer dans les Éxemples du jour , les lettres & les mots déja corrigés.

65. Pour juger du Progrès de son écriture , dans les enterlignes précédentes.

66. Sur-tout point de liaisons , ni de traits inutiles , dans le Caractère d'un homme de Lettres.

67. Être plus scrupuleux que l'on ne l'est , sur l'usage & le choix des Lettres.

68. On trouve bien des écrivains pour le Gros Caractére posé ; & peu pour le petit.

69. Est-il plus aisé de passer du Petit au grand , que du Grand au petit Caractère.

70. Asserviss̃ez-vous exactement pour vos lignes à des bornes prescrites , comme au Dessein.

71. Se deshabituer des grandes lettres , & se réduire à la proportion convenable.

72. A force de confondre certaines lettres , comme l'e , le c ,

l'a, l'ei ; les l, t, f ; on donne lieu à deviner, plutôt qu'à lire.

73. Peut-on appeller belle écriture, celle dont les mots ne font devinés, que par le fens de la phrafe ?

74. On trouve tant de beaux caractères hors d'ufage & de fervice, qu'il faut s'attacher à l'utile.

75. Tout caractère lifible, quoique vilain, eft plus utile qu'un beau caractère qu'on ne peut lire.

76. Le Caractère dont les Lettres diftinctes font ferrées, tient moins d'efpace ; il eft plus lifible, & plaît davantage.

77. Les Liaifons facilitent l'écriture, mais elles la rendent moins lifible.

78. Le Caractère menu convient à l'Homme de Lettres, qui remplit de notes les marges des livres.

79. Pour attraper le Caractère menu, ferré, & de Deffein ou de Goût ; il faut fouvent s'abftenir de lier les Lettres, & les mots.

80. L'Art de copier toutes fortes d'Ouvrages, d'Ortographe, de Langues, &c. n'appartient qu'à peu d'écrivains.

81. Lifés, copiés, & apprenés par cœur, les Leçons élémentaires de l'Arithmétique.

82. N'écrivés que les Chofes utiles, & convenables à votre âge & à votre état.

83. Tenés vos Cayers avec ordre, avec propreté ; & d'une manière à pouvoir être reliés enfemble.

84. Raifonnés en pratiquant ; & pratiqués en raifonnant : &c.

85. Apprenés à raifonner fur l'A, B, C, fur l'Arithmétique, & fur l'écriture ; &c. M. Dumas.

PRINCIPES sur l'Art d'Écrire par Mʳ. PAILLASSON, Expert Écrivain Juré Vérificateur, et Ancien Professeur de l'Académie Royale d'Écriture.

RÈGLES PRÉPARATOIRES.

l'Écriture est l'Art de peindre les pensées et les expressions de la parole, par des Élémens convenus entre chaque Nation. Cet Art a des principes sur lesquels je vais succintement parler, et relativement aux Pieces gravées qui en présentent les principales Démonstrations.

Trois choses sont nécessaires pour bien écrire, un beau jour, une table solide et un siege commode. La Table et le Siege doivent être en telle proportion, que la personne assise puisse couler aisément ses coudes dessus la table sans se baisser.

Il y a deux manières de se poser pour écrire, celle des Hommes, et celle du Sexe. Celle des hommes est d'avancer le corps sur la table du côté gauche, ainsi que le bras, afin que le droit ait plus de liberté pour agir. Ce dernier doit être posé légèrement, et n'avancer que des deux tiers de l'avant bras. Le Corps doit se baisser un peu sur le devant du papier; la tête obéir à cette inclination et ne pancher sur aucune épaule; les yeux se porter continuellement sur l'extrémité du bec de la plume. les jambes se poser à terre, la gauche vis à vis le corps, et l'autre s'éloigner sur la droite. Celle des femmes ne diffère qu'en ce que le corps est droit, ne panche d'aucun côté, que les bras sont également écartés, que les coudes débordent de la table d'un tiers de l'avant bras; que les jambes sont droites, l'une contre l'autre pour la décence et les pieds en dehors. L'objet de cette attitude est d'empêcher que l'épaule droite ne pousse, c'est à dire, ne devienne plus haute que la gauche, à cause du corps de baleine que les jeunes Demoiselles sont dans l'usage de porter. Passons à la tenuë de la plume.

De la Tenuë de la Plume.

On tient la plume avec trois doigts de la main droite; le pouce, l'index et le major. Il les arrange dans une forme circulaire, et de manière que l'extrémité du major à côté de l'ongle, la soutient par en bas et au milieu de sa grande ouverture. Le pouce la conduit perpétuellement, en la soutenant sans la couvrir entre la première jointure du doigt index, et l'extrémité de ce même doigt; et par le haut elle doit passer entre la seconde et la troisième jointure du même doigt index. On doit éviter le jour, entre la plume et les doigts index et major. Les doigts ne doivent encore ni trop serrer la plume, ni être allongés avec trop de roideur. Les deux de dessous qui sont l'annullaire et l'auriculaire, doivent s'éloigner un peu du major; pour ne point gêner les autres dans leurs flexions. Le Poignet doit être placé dans la même ligne oblique du bras, ne posant que foiblement sur le papier. Une Observation importante, c'est que tous les doigts concourent à la formation de l'Écriture. Le pouce en est le principal; c'est lui qui est l'âme des opérations de la plume: l'index, quoique la couvrant par dessus, aide infiniment à donner les coups de force de concert avec le pouce; celui-ci les produit en montant, et celui-là en descendant. Le major soutient la plume, et fait que la main peut écrire longtems sans se fatiguer. Les deux autres portent la main en la conduisant de la gauche à la droite, par le moyen du dégagement. Ce Dégagement consiste à les retirer de lettre à lettre dans les parties angulaires, sans quitter le papier et toujours en coulant le bras sur la droite.

Des diverses sortes d'Écritures.

Il se fait en France trois sortes d'Écritures. La Ronde ou la Françoise, qui dérive de ces Caractères, que les Antiquaires ont appellé Gothiques. La Batarde ou l'Italienne, qui provient des lettres minuscules Romaines. La Coulée ou de permission, qui participe des deux dernières Écritures; et qui a commencée à paroitre dans les premières années du présent Siècle. Venons maintenant aux Démonstrations, qui sont sur les trois Planches.

SITUATIONS DE LA PLUME.

Il y a trois situations de plume principales, à face, oblique, et de travers. Dans la première, la plume est droite suivant le corps, et les angles placés sur la ligne horisontale ne sont pas plus élevés l'un que l'autre, tant au sommet qu'à la base d'un jambage. Chaque extremité de ce jambage présente deux angles. Celui qui est à droite, s'appelle l'angle des doigts; l'autre par la même raison se nomme l'angle du pouce. Si l'on jette les yeux sur la première démonstration, on connoîtra que les lignes horisontales A.B. passent uniformément à la base du jambage à jour sans aucun excédent, et on distinguera par les Chiffres 1. et 2. les angles du pouce pour le haut et le bas; de même par le 3 et le 4 les angles des doigts au sommet et à la base. Cette situation n'est affectée à aucune Ecriture. Elle ne sert uniquement que pour la terminaison de plusieurs lettres finales, et autres effets de plume. Son principal mérite est de donner l'intelligence des angles.

Dans la seconde situation la plume est placée de manière, que l'angle des doigts surmonte celui du pouce de la moitié de l'épaisseur de l'aplomb; au lieu qu'à la base, l'angle du pouce est plus bas que celui des doigts de la moitié de l'épaisseur du même à plomb. La seconde démonstration rend cette situation sensible. Les lignes A.B. qui sont en obliquité parallèle renferment l'à plomb à jour dans le biais qu'il exige; et les lignes C.D. horisontales font voir au sommet l'angle des doigts 1. qui excède de la moitié, comme à la base l'angle du pouce 2 qui descend de même de la moitié. Cette seconde situation est employée pour l'Ecriture Ronde, qui étant droite demande plus d'oblique. Elle est aussi destinée pour les Ecritures Batarde et Coulée; mais comme on est obligé de rapprocher un peu le bras du corps pour donner à ces deux dernières Ecritures la pente qu'elles doivent avoir, il arrive que l'angle des doigts pour le haut, et l'angle du pouce pour le bas, sont moins sensibles.

La troisième situation est de travers, parce que la plume placée presque de côté, produit un à plomb de gauche à droite en descendant. Les lignes A.B. obliques parallèles qui renferment le jambage à jour, démontrent combien la plume doit être tournée sur le côté du pouce; et les lignes horisontales C.D. font voir que l'angle des doigts 1. est élevé considérablement sur celui du pouce, de même que celui du pouce 2. descend en même proportion au dessous de celui des doigts. Cette troisième situation qui n'est propre à aucune Ecriture, est cependant utile pour plusieurs lettres tant mineures que majeures; et pour placer les pleins soit courbes ou quarrés, en dessus et en dessous.

Positions de la Plume à traits.

La Plume qui sert à produire les traits est taillée en fausset ou en pointe perdue; elle doit être continuellement dans l'encre. Son usage est de servir pour les Cadeaux et les lettres Capitales; et sa bonté consiste à n'être ni trop dure ni trop foible par le bout. La plume à trait a trois positions.

La première est à face, parce qu'elle est tenue presque vis à vis le corps, et de manière qu'elle produit dans les lignes courbes ou perpendiculaires des pleins en descendant soit à gauche ou à droite. C'est ce qui se manifeste par les lettres A.B.

La seconde est de côté, parce que la plume est tenue de façon que le bec est dans la direction de la ligne horisontale, pour produire des pleins dans cette même ligne ainsi qu'au dessus, et au dessous des parties courbes; comme on peut le remarquer par les Caractères A.B. Cette position est la plus usitée.

La troisième est appellée inverse, parce que la plume, de la manière dont elle est tenue, produit des pleins en remontant. Les lignes A.B. expriment cette position qui est la moins en usage.

Il convient encore au sujet, de faire connoître que les traits et les lettres capitales, se font à la volée; que le bras est plus près du corps dans la première position, plus éloigné dans la seconde, et davantage dans la troisième.

Figures Radicales.

Les Figures Radicales renfermées dans les lignes horisontales A.B. soit droites ou obliques, courbes ou circulaires et mixtes, ces Figures forment toutes les lettres en général.

La première C. se fait en descendant, et en pliant les doigts: la seconde D. en descendant pliant et en retirant les doigts vers la droite: la troisième E. qui est mixte, en descendant, courbant, pliant les doigts, et en allant à gauche vers le bas; la quatrième F. en remontant, courbant et allant à gauche vers le haut: et la cinquième G. en remontant et allongeant les doigts. Ce qui regarde particulièrement la ligne mixte, c'est qu'elle est composée de trois parties distinctes: deux courbes, la première et la troisième; et une droite, qui est la seconde ou celle du milieu. Cette dernière figure est l'Origine de toutes les lettres à têtes et à queues.

On remarquera en passant que toutes les figures radicales, se font du plein de la plume; selon la position convenable à l'Ecriture que l'on exécute.

Situations de la Plume.

Page 286. quater

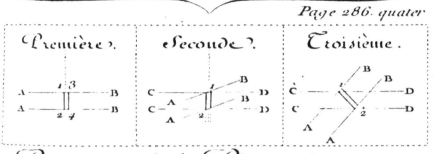

Première. Seconde. Troisième.

Positions de la Plume à traits.

À face. De côté. Renversée.

Figures Radicales.

Ronde. Bâtarde.

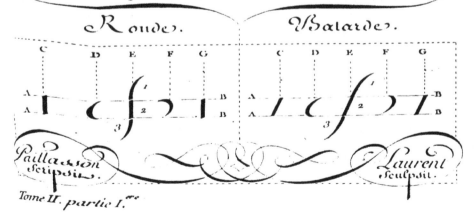

Paillasson Scripsit.

Laurent Sculpsit.

Tome II. partie I.re

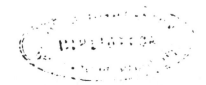

HAUTEUR, LARGEUR, ET PENTE DES ÉCRITURES.

Chaque Écriture en usage parmi les François a ses dimensions particulières.
La Ronde est droite; c'est à dire, qu'elle n'incline d'aucun côté. La démonstration A.
fait voir la ligne perpendiculaire depuis 1. jusqu'à 2. qui traverse l'à plomb et le coupe
en parties égales. Les lignes obliques B. A. C. prouvent que l'à plomb est juste, et qu'il
ne panche ni à droite ni à gauche.

La Ronde porte quatre bécs de plume d'élévation; c'est ce qui se manifeste par le jambage où cette hauteur est exprimée. Ces quatre bécs joints ensemble font ce que les
Écrivains appellent un corps de hauteur en ronde. Le béc de la plume n'est autre chose
en tout genre d'Écriture, que la production en quarré de l'extrémité de la plume. On
peut remarquer ce point au dessous du jambage qui marque la hauteur précise de la Ronde.

La Ronde a une largeur égale à sa hauteur, parcequ'elle est quarrée. Ce Principe se
fait sentir par les deux jambages mis l'un à côté de l'autre. On voit d'abord la largeur de
quatre bécs de plume en dehors, et ensuite que la distance entre deux jambages ou entre
deux lettres différentes, est toujours de deux travers de béc.

La Pente de la Bâtarde et de la Coulée est de trois bécs de plume relativement à la
perpendiculaire 1. 2. En regardant la démonstration A. cette règle se développe aisément.
Au dessous, on voit d'un côté que la Bâtarde porte sept bécs de plume d'élévation, et de
l'autre qu'elle a cinq bécs de largeur dans l'extérieur, et trois seulement dans l'intérieur.

Principes des O.

L'O rond pourroit se démontrer par le quarré A. coupé en deux par la ligne perpendiculaire 3. et 4. mais il vaut mieux se fixer à la démonstration B. L'O tel qu'il
se fait en ronde commence par un délié courbe, en pliant les doigts en descendant, et
en les allongeant en remontant. Cette lettre se forme de suite, sans changer la
plume de situation; elle doit être finie au milieu de sa largeur par un plein et présenter dans tout son contour deux déliés. Le premier 1 commence la rondeur
descendante à gauche, et le second 2. celui de la rondeur remontante à droite.
La ligne perpendiculaire 3. et quatre, fait voir qu'il faut absolument autant de
largeur d'un côté que de l'autre.

Le Quarré long ou Parallélograme A. en coupant les angles conduit à la
formation de l'O bâtarde. La figure B. expose ce Caractère tel qu'il se
forme ordinairement, il commence par un délié courbe en descendant d'abord,
et ensuite en remontant pour le finir au milieu de sa largeur. Cette lettre
se fait sans interruption et sans tourner la plume dans les doigts. La
ligne oblique 3 et 4. qui la partage également, est pour montrer qu'il faut
autant de courbe à la gauche qu'à la droite; et que le délié 1. commence
la partie courbe descendante, comme le délié 2 commence celle qui est montante.

Exercices pour la Ronde.

Ces Exercices qui peuvent servir pour la Bâtarde et la Coulée en les penchant sur la gauche, sont d'une grande utilité pour donner de la flexibilité
aux doigts, et pour conduire à la configuration de toutes les lettres.

Le Célèbre Rossignol dont je suis l'élève commençoit ses Écoliers par
ces mêmes Exercices.

La première ligne s'exécute par l'action simple des doigts, en les
pliant et en les allongeant.

La seconde renfermée entre les lignes horisontales parallèles A. B.
demande plus de flexion et d'extension dans les doigts, et moins
d'appuy dans le poignet; parceque toutes les lettres qui la composent
ont trois corps d'élévation c'est à dire trois fois la hauteur de la
Lettre O.

Hauteur, Largeur et Pente
des Écritures.

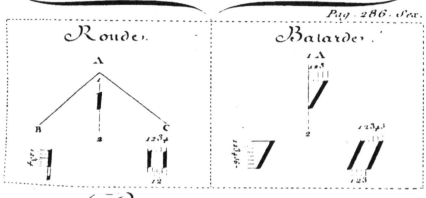

Ronde.

Batarde.

Principes des O.

L'O, Rond.

L'O, Batarde.

Exercices pour La Ronde.

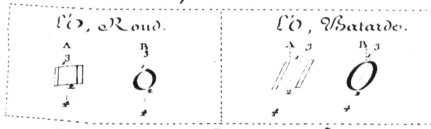

Paillasson scrip.

Laurent sculp.

Tome II. partie 1.re

HAUTEUR DES TÊTES.

En toute Écriture les têtes des Lettres B.H.F.L. et autres, excèdent au dessus de la ligne d'un corps; et un travers de bec de plume.

Les Lignes horisontales A.B. expriment cette hauteur et font voir deux corps et un bec en tout. Celui du bas indique l'élévation des Caractères, qui n'ont ni têtes ni queües.

Longueur des Queües.

De même en telle Écriture que ce puisse être; les queües des lettres F.G.Q.P.Y. et autres, passent au dessous de la ligne d'un corps et demi. Les lignes horisontales rendent ce principe assez sensible aux yeux, pour ne pas en dire d'avantage.

Distance entre chaque Lettre.

Les Distances varient de bien des manières. Pour ne point multiplier les êtres, je ne m'arrêterai qu'à trois principales.

La première marque, que dans le Général; on donne entre deux lettres, la largeur qui se trouve dans l'intérieur de l'O. En Ronde, c'est deux becs; en Batarde, c'en est trois.

La seconde, que lorsqu'il y a deux rondeurs qui se suivent, la règle ne demande de distance entr'elles qu'un demi corps. En ronde, c'est un bec; en batarde, c'est un bec et demi.

La troisième, c'est que d'une lettre à tête, à une autre lettre aussi à tête; on ne donne qu'un corps de largeur.

Distance entre les Mots.

Soit dans l'Écriture posée, soit dans celle qu'on expédie; la distance ordinaire entre les mots est de deux corps seulement. Cette largeur fixée depuis longtems par les plus grands Maîtres est suffisante; plus grande, elle laisseroit trop de vuide; plus petite, elle fatigueroit le coup d'œil.

Distance entre les Lignes.

Comme on doit rechercher dans l'Écriture la simplicité, et éviter la confusion; on a décidé qu'il n'y auroit de distance entre chaque ligne, que quatre corps en ronde; trois en batarde et Coulée. La raison de cette distance est pour empêcher, que les queües d'une ligne ne touchent aux têtes des lettres qui se trouveroient dans la suivante. On observera que dans la Batarde, les lignes sont moins eloignées; parceque cette Écriture est toute unie et ne peut souffrir d'Ornements. C'est le contraire dans la Ronde, qui est une Écriture riche; elle exige quelquefois des effets piquants et majestueux.

hauteur des têtes.

Pag. 286. Octo.

La Ronde.	La Batarde.

A A A b C S S B B B   A A A b b l S B B B

Longueur des queües.

A A A g q p y B B B   A A A g p q y B B B

Distance entre chaque Lettre.

où de St   où de St

Distance entre les Mots.

moi du   moi dit

Distance entre les Lignes.

comme   comme

comme   comme

Paillasson Scrip. Laurent Sculp.

DISSERTATION

SUR le Change , Billèts à Ordre , Parties doubles , & Tenuë des Livres de Compte.

IL eſt très-ordinaire de plaçer ſon Argent ; c'eſt-à-dire , d'a-lièner ſon Fond en faiſant paſſer dans les mains d'un autre une ſomme ou quelqu'effèt : à condition qu'on ne pourra obli-ger l'Acquéreur au rembourſement de la ſomme , ou à rendre l'effèt ; mais que ledit Acquéreur du fond payera une Rente par An , juſqu'à ce qu'il rende en entier l'éffèt ou la Somme à lui délivrée. Cette Valeur ſe nomme *le Principal*, & la Rente ſe dit *Rente Perpétuelle.*

D'autres eſpèces de Rentes nommées *Rentes viagères*, ſont celles dont le Principal ne ſe rembourſe jamais , & qui s'étèi-gnent ; c'eſt-à-dire , ne ſe payent plus auſſi-tôt le Décès de ce-hui qui en a fourni le fond ; mais auſſi la Rente en eſt bien plus forte.

Une ſeconde eſpèce de Rente Viagère eſt nommée *Penſion Alimentaire*. Ces ſortes de Rentes s'accordent le plus commu-nément aux Domeſtiques qu'on veut récompenſer de leurs bons & longs ſervices , & aux Bâtards ; elles s'étèignent à leurs dé-cès , & rentrent dans les Succeſſions.

Du Denier , de tant pour Cent ; & du Change.

Ce qu'on nomme *le Denier*, eſt la Somme qu'on doit rendre par An à la perſonne qui a donné & aliéné ſon Fond , à charge d'une Rente Annuelle. Cette Rente doit abſorber le Fond au bout de plus , ou moins d'Années ; ſuivant les conventions.

Éxemple.

On nomme *Rente au Denier* 20 , celle qui est 20 ans à user le Principal ; au *Denier* 15 , celle qui est 15 ans , &c. Si le Principal est de 1000 livres , & la Rente au denier 20 ; elle sera de 50 livres par an : car 20 fois 50 livres font 1000 livres, qui est la Somme du Principal. Si elle est stipulée au *Deniei* 25 , séparés le Principal en 25 parties égales ; vous aurés 40 livres par an ; &c.

Si la Rente est perpétuelle , on la reçevra toujours, & de Père en fils tant qu'on ne sera pas remboursé ; si elle est Viagère, le Denier sera plus fort ; comme *Denier 7. 10.* &c ; parce que le fond ne s'en rembourse jamais.

Une autre façon d'éxprimer les *Intérêts* ou *Rentes ,* est de les calculer à tant pour Cent ; ainsi au lieu de dire 1000 livres au denier 20 , on dira 100 pistoles à 5 pour Cent ; c'est-à-dire, à 5 pistoles pour 100 pistoles , ce qui revient au même : car 5 pistoles font 50 livres , & 1000 livres font 100 pistoles ; de même 1000 livres au denier 20 , font 50 livres ; &c.

Les Commerçants principalement ont cette manière de calculer les profits à tant pour Cent ; c'est-à-dire , que si on a mis dans le Commerce ou sur les Vaisseaux une somme ; par Éxemple 1000 livres , & qu'on retire à leur retour son Principal de 1000 livres, & encore autre 1000 livres ; on a gagné Cent pour Cent, c'est-à-dire , 100 pistoles pour 100 pistoles. On calcule de même par livres , si on retire 100 livres pour 100 livres ; on peut aussi ne retirer que 40 livres , 50 livres pour Cent ; &c.

LE CHANGE.

On trafique en échange des marchandises pour d'autres ; ce qui s'appelle le *Change* en marchandises , sur lesquelles on peut gâgner ou perdre.   Le

Le *Change* en argent eſt la Comparaiſon des monnoyes d'un Pays à celles d'un autre ; il peut être *au pair*, *pour* ou *contre*.

Il eſt au *pair* quand les monnoyes portées d'un Pays dans un autre y ſont reçuës pour égale valeur, poids & métail ; ſi elles ſont priſes à moins, il eſt *contre* ; s'il a plus, il eſt *Pour*.

Des Papiers de Commerce qui contraignent par Corps ; c'eſt-à-dire, par la Priſon.

Les Lettres de Change, & ſur la Conſervation de Lyon.
Les Billèts de Change.
Les Billèts d'Honneur.

La Conſervation de Lyon eſt un Tribunal des Conſuls de cette Ville ; mais les Lettres de Change tirées ſur ce Tribunal, ſont bien plus dangereuſes que les autres. On peut arrêter un Homme quelque part où il ſoit ; même, dit-on, chez le Roi.

On n'arrête jamais pour dettes, perſonne chez lui, ni les Fêtes & Dimanches, à moins d'un Ordre exprès ; c'eſt pourquoi on dit de celui qui ne ſort que les Fêtes & Dimanches, qu'il a la *Goutte Conſulaire* ; c'eſt que les Papiers de Commerce qui contraignent par Corps reſſortiſſent aux Juriſdictions des Conſuls.

Les Lettres de Change ont été imaginées par les Commerçants & Marchands, pour ſe garantir des frais de Voiture, des voleurs en voyage, & autres accidents. Par Éxemple, je ſuis Rouen, je dois aller à Paris ; & je ne voudrois pas y porter avec moi une certaine ſomme, à cauſe des riſques du voyage, ou par quelqu'autre raiſon que ce ſoit ; pour cet effèt, je m'adreſſe à un Banquier de Rouen ou autre, auquel je délivre cette ſomme, pour m'être renduë quand je ſerai à Paris. Il me fait une Lettre de Change adreſſée à un Correſpondant, qu'il charge de me remettre ladite ſomme dans les tems convenus entre

ous , & exprimés dans ladite Lettre, dont il me rend Porteur.
Ou bien moi Fabriquant à Paris , j'ai fait tenir à un Marchand
e Rouen , les Marchandifes qu'il m'aura demandées ; ce Mar-
hand les ayant reçuës , m'envoyera pour Payement une Let-
re de Change adreffée à un fien Correfpondant ou Ami ; pour
qu'il m'en paye le Prix fur le Champ, ou à l'Échéance des dé-
ais qui y font exprimés ; &c.

Le tems du Payement d'une Lettre de Change fe défigne en trois façons.

1°. A vûë ; 2°. à pluſieurs jours de vûë ; 3°. à une Ufançe,
double Ufançe ; &c.

A vûë , doit fe payer en préfentant la Lettre.

A pluſieurs jours de vûë ; ils ne commençent à courir que
du jour que la Lettre eſt accèptée , par celui qui doit la
payer.

A une ou pluſieurs Ufançes ; ce terme *Ufançe* veut dire au
bout d'un Mois , & le Mois eſt toujours de 30 jours. A
double Ufançe , au bout de deux mois ; &c.

S'il eſt dit dans la Lettre (*Valeur reçuë comptant*) , le Délai
eſt le dixième jour après l'Échéance. S'il y a (*Valeur reçuë en Marchandifes*) , le Délai eſt d'un Mois de 30 jours.

Lettre de Change.

A Versailles ce 15 Juillet 1765.

Monsieur,

A vûe
au 10 d'Aoû prochain,
à Usance,

Il vous plaira payer par cette Lettre de Change à M. le Blanc, ou à son Ordre ; (c'est - à - dire, à celui qui en sera le Porteur.) la Somme de 400 livres, Valeur reçuë en Marchandises de mondit Sieur, que vous passerez en Compte sans autre avis de

Votre très-humble & très—obéïssant Serviteur. Le Roux.

A Monsieur Le Brun,
Marchand à Rouen.

Le Porteur de ladite Lettre arrivé , va trouver le sieur le Brun ; s'il l'accèpte, il mèt au bas *accèpté*, & *signé* ; alors cette Lettre peut devenir un Papier de Commerçe jusqu'au jour de son Échéance ; c'est-à-dire, passer en Payement, de l'un à l'autre ; chacun qui la reçoit, l'endosse à l'envers & en travers de l'Écriture qui est de l'autre côté ; ainsi, payés pour moi à l'Or-

dre de M...... la Somme de   en
l'autre part, à   ce   mil fept cent ; &c.

Si le Correfpondant, loin d'accèpter la Lettre, en refufe le Payement ; on doit la protéfter fur le champ par un Huiffier & deux Recors.

Si la Lettre a paffé par plufieurs Endoffeurs ; celui qui l'aura reçuë le dernier, en cas de refus de payement à l'échéance, peut pourfuivre de tous les Endoffeurs celui qu'il jugera à propos ; & contraindre par corps : c'eft-à-dire, par la Prifon jufqu'à parfait Payement.

Quand la Lettre de Change eft payée ; celui qui l'a reçuë l'endoffe, au-deffous des Endoffements, s'il y en a ; comme il fuit : *Pour Acquit, & Signe.*

En cas de Protèft, l'Huiffier qui l'écrit fur du Papier Timbré, commençe par tranfcrire la Lettre de Change en entier ; puis fait la Formule du Protèft.

Protèft.

Au dix Octobre prochain je payerai à l'Ordre de M. *le Noir* la Somme de quatre cent livres, Valeur reçuë comptant dudit Sieur ; à Paris, ce 12 Février 1700, *figné Le Rouge. Bon pour 400 livres* ; & au dos eft écrit, Payés à l'Ordre de M. *le Beau*, Valeur en compte audit Sieur ; à Paris ce 20 Janvier 1700, *figné le Noir.*

L'An mil fept cent, le vingtième jour d'Octobre après midi, à la Requête du fieur le Beau, Maître Épinglier à Paris, demeurant ruë des Aiguilles, où il a fixé fon domicile ; Nous Louis le Fort, Huiffier ordinaire du Roi en fa Chambre des Comptes & Tréfor, à Paris, y demeurant, fouffigné, avons fommé & interpellé le fieur le Rouge, Maître Ébénifte à Paris, demeurant ruë Beaubourg, où il a élu fon Domicile, de payer préfentement audit fieur le Beau ou à Nous Huiffier pour lui la Somme de quatre cent livres, pour le montant du contenu en fon Billèt, dont Copie eft ci-deffus, lequel nous lui avons montré, préfenté, éxhibé & offert de lui remettre endoffé & quittançé, lequel Sieur le Rouge furvenu, a fait réponfe qu'il ne pouvoit payer ledit Billèt, dont copie eft ci-deffus, attendu qu'il eft en Inftance avec le Sieur le Noir pour la reftitution dudit Billèt & autres effèts qu'il avoit certifiés audit Sieur le Noir, & dont il n'a point reçu de Valeur, & a figné ; laquelle réponfe nous avons prife pour refus, & déclaré audit Sieur le Rouge que ledit Sieur le Beau renvoyera ledit Billèt, & prendra pareille Somme de plaçe en plaçe, à Change & Rechange par-tout où befoin fera, au rifque, péril & fortune de qui il appartiendra, & protèfte de tout ce qui eft à protèfter en pareil cas, requérant intérêts & dépens, & avons laiffé audit Sieur le Rouge, parlant comme deffus, copie, tant dudit Billèt, ordre & endoffement, que Copie du préfent, en préfence & accompagné de Jean Violet, demeurant à Paris, ruë Quinquempoix, Paroiffe Saint Méderic ; & d'Antoine le Jaune, demeurant à Paris, ruë Saint Honoré, Paroiffe Saint Roch, Témoins qui ont avec nous Souffigné tant en ladite copie, qu'au préfent.

Signé, VIOLET, LE JAUNE, LE FORT.

Billèt de Change.

Le Billèt de Change contient Promeſſe, de payer én Lettre de Change.

J'ai reçu comptant de Monsieur la ſomme de trois mille livres, pour laquelle je promèts lui fournir Lettre de Change payables à lui ou à ſon Ordre en la ville de Lyon, au prochain payement d'Août. Fait à &c.

Billèt à Ordre.

Je payerai au vingt du mois prochain à Monsieur   ou à ſon Ordre, la Somme de trois cent livres, valeur reçuë de lui en deniers comptans. Fait à &c.

Billèt d'Honneur.

Les Billèts d'Honneur ſe font entre Gentilshommes, & ſe jugent au Tribunal des Maréchaux de France.

Je promèts d'honneur payer à Monsieur   dans trois mois, à compter de ce jour, la Somme de quatre cent livres, valeur reçuë dudit Sieur. A Paris, le &c.

Bon pour 400^{tt}.

LES PARTIES DOUBLES.

Les *Parties Doubles* font des Livres que tiennent les Commerçants, Marchands & Gens d'Affaires ; pour fçavoir & fe rendre compte à eux-mêmes de ce qu'ils doivent, & de ce qui leur eft dû de quelque façon que ce foit ; Argent, Marchandifes, &c. afin d'éviter la Confufion dans leur Commerçe.

On doit tenir au moins dix Livres.

LES TROIS LIVRES PRINCIPAUX.

Le Mémorial ou Brouillard.
Le Journal.
Le Grand Livre, ou le Livre de Raifon.

LES AUTRES LIVRES.

L'Alphabeth, ou la Table du Grand Livre, Index ou Répertoire.
Le Livre des Bordereaux de Caiffe.
Le Livre des Factures.
Le Livre des Comptes courans.
Le Livre des Mois, Traites & Remifes.
Le Livre des Numéros.
Le Livre de la Dépenfe.

Du Mémorial, ou Brouillard.

On y écrit généralement toutes les Affaires, avec leurs Circonftançes ; fçavoir :
Le Jour, le Mois & l'An.
La Négociation ou Vente.
Le Nom de l'Acheteur.

Le Prix , l'Efpèce & le Terme du payement.

Du Journal.

On y mèt toutes les Parties du Brouillard.
Le Jour , le Mois & l'An.
Le Nom du Débiteur.
Le Nom du Créancier.
La Somme de l'Article.
La Quantité & Qualité de la Marchandife , & la Négocia-
tion ou Vente.
Le Prix & les Conditions, ou Termes ; quand & comment
Payables.

Du Grand Livre.

Ce Livre étant ouvert , préfente les deux Pages.
La Page à main gauche a en Titre le mot *devoir* ou *doit.*
La Page à main droite a en Titre le mot *avoir.*
On mèt aux Pages *devoir* tous les Articles qui doivent.
Et aux Pages *avoir,* tous les Articles auxquels il eft dû ; *ou*
de Créance.
Le Tout extrait des autres Livres , & reporté fur ledit Grand
Livre,

AUTRES.

L'Alphabèth du Grand Livre,

Cet Alphabèth eft compofé de 22 Pages , à châque Page
une grandé Lettre Romaine , depuis A pour la première , jufqu'à Z. On y écrit les noms & les numéros des Feuilles, des
Perfonnes infcrites fur le Grand Livre.

Livre

ivre des Bordereaux de Caiffe en Débit & Crédit.

Livre ouvert, préfente les 2 Pages { à gauche, *Caiffe doit.* { à droite, *Avoir.*

On mèt à gauche l'Argent reçu, en quelles efpèces, de qui, pourquoi, pour le compte de qui.

On mèt à droite tous les Payements que l'on fait, en quelles efpèces, à qui, pourquoi, pour qui.

Livre de Factures, en Débit & Crédit.

Ce Livre ouvert préfente les 2 pages { à gauche, *Doit.* { à droite, *Avoir.*

A gauche, on mèt tous les frais qu'on fait à raifon des Marchandifes, pour foi ou pour autres.

A droite, on mèt la Vente, on folde le Compte ; & du Reftant, on en porte l'Article au Mémorial.

Livre des Comptes Courans.

Ce Livre ne fe tient guères que pour les Comptes des Partiiers ; on réferve au commençement une ou deux Pages, ur mettre les Noms par Ordre Alphabétique ; afin de les uver plus facilement.

A gauche en Titre de la Page, on écrit *Devoir* ou *Doit.*
A droite, *Avoir.*
A gauche, ce dont ils font Débiteurs.
A droite, ce dont ils font Créanciers.

Livre des Mois, Traites & Remifes.

Les Lettres tirées à *Ufo* ou *Ufançes*, chàque *Ufançe* figni-

Tome II. P p

fiant un Mois de 30 jours , doivent être payées à leur Échéance.
Il y a encore 9 jours francs après l'Échéance pour payer lefdite
Lettres de Change , ou pour les protêfter ; fans quoi le Porteur
eft à fes rifques , à moins d'Ordre par écrit de celui qui remèt la
Lettre , de ne point protêfter ; alors c'eft lui qui en décharge
le Porteur , & qui en court les rifques.

On note dans ce Livre les 12 Mois de l'Année , laiffant 5
ou 6 feuilles à châqne Mois ; & on fépare châque Mois en
jours.

A gauche , on mèt à *Reçevoir*.

A droite , on mèt à *Payer*.

A gauche , on cotte devant l'Article , le jour qu'on accèpte
la Traite ou Remife.

Quand les Traites & Lettres font payées , on mèt *P.* avant
la Somme acquittée.

A droite , on mèt les Sommes qu'on doit payer.

Livre des Numéros.

A droite , on mèt toutes les marchandifes qu'on a , & on
écrit leurs Numéros.

A gauche , on écrit le Débit ; ou ce qu'on fait defdites Marchandifes , avec le quantième du Mois.

Livre de la Dépenfe.

Ce Livre contient les Frais & autres Dépenfes pendant plufieurs Mois , & quand on veut , on en fait l'Addition , qu'on porte
en un Article au Mémorial ; & on mèt au-devant de l'Addition
qu'on vient de faire , le Folio du Mémorial où l'Article eft
porté.

On peut avoir encore deux Livres.

in des Copies des Lettres d'Affaires.

iutre d'Ordres ; où on mèt tous les Ordres qu'on a reçus ;
& à la Marge *Éxécutés , Remis , Envoyés , &c.*

faut mettre les Noms de châque Livre fur la couverture ,
and on les redouble , on les marque par un Chiffre ; comme
B. 4. &c. *M. de Garfault.*

FIN DE L'ÉCRITURE.

TABLETTES

ARCHITECTURE.

Cette Déesse vétuë noblement semble nous inspirer par ses regards,
l'infinité des Connoissances qu'exige ce bel art. Sa main droitte appuyée sur une
Colonne est l'indice de **Fermeté** et **Solidité**, but principal de cette Science ;
ainsi que son plus bel Ornement. Le Compas, la Régle, le Niveau, pour marquer
que ses Documents doivent éclairer les différentes sortes d'Ouvriers, qui tra·
vaillent sous ses ordres. l'Hirondelle qui voltige au dessus d'elle, est selon
P. Val. Liv. 22. le Hiérogliphe ⊃ de la connoissance des Lieux et des situations
ou elle doit construire ses Ouvrages. Les Desseins différents de constructions posés
sur ses genoux, expriment la variété des Edifices qu'elle embrasse. Villes, Temples,
Palais, Places publiques, Hôtels, Maisons, Ponts, Acquéducs, Cirques, &c.

L'Ove du Médaillon est surmonté d'un Graphomètre, Jalons, Maillet, Ciseau,
Truelle, Compas d'Appareilleur, Régle de Poseur, Niveau, Plomb avec son Chas,
tous Instruments principaux de ce bel Art, entrelassés de feuilles de chesne,
qui signifient **Force**, **Durée**, et **Conservation**.

ARCHITECTURE.

C'eſt une Déeſſe aſſiſe ſur un monceau de pierres brutes, ſa main droite eſt appuyée ſur une petite colonne ; on apperçoit une hirondelle qui voltige autour d'elle ; ſa main gauche ſoutient pluſieurs deſſeins de conſtructions différentes, leſquels ſont appuyés ſur ſes genoux. A ſes pieds on voit auſſi une équèrre, un compas, un marteau à tailler la pierre, avec pluſieurs règles de différentes grandeurs. Le lointain eſt orné d'édifices qui ne ſont pas encore parachevés, & qui ſont ſurmontés de pluſieurs grües, chèvres, échelles & capeſtans.

N doit faire remonter l'Origine de l'*Architecture* au temps où les injures de l'air & la férocité des Animaux, ont fait ſentir à l'Homme ſa miſère. L'*Architecture* doit ſon invention à la Néceſſité ; l'Induſtrie la perfectionna, & le Faſte la décora. Enfin les Réfléxions jointes à l'Expérience conduiſirent à la connoiſſance des règles certaines de la proportion. L'Écriture-Sainte fait mention d'une Ville bâtie par Cain, depuis que Dieu l'eut maudit pour avoir tué ſon frère Abel. Les plus Superbes Villes dont il ſoit parlé dans l'Hiſtoire, Babylone & Ninive, furent l'Ouvrage de Nemrod, l'arrière petit-fils de Noé, & le plus

Ancien des Conquérans. On fçait avec quel fuccès les Égyptiens fe font appliqués à l'*Architecture*. Les Perfes en voulant prodiguer les Ornemens dans leurs Édifices, ont trop négligé le Goût & la noble Simplicité de la Nature. *Dictionnaire des Beaux-Arts.*

Les Romains apprirent des-Grècs l'excellence de l'*Architecture*. Avant cela leurs Édifices n'avoient rien de remarquable que leur folidité, & leur grandeur ; parce qu'ils ne reconnoiffoient que l'Ordre Tofcan. Mais la bonne *Architecture* fe trouva dans un état floriffant, fous Augufte. La Magnificence de ce Prince fit éclater tout ce que l'Art a de plus excellent, & il fit élever un grand nombre de Beaux Édifices dans tous les lieux de fon Empire. Tibère n'eut pas le même goût, & négligea fort la culture des Beaux-Arts. Néron parmi la foule effroyable de fes vices, eut une grande paffion pour les Bâtimens ; mais le luxe & la Diffolution y eurent plus de part, qu'une véritable Magnificence. Apollodore excella dans l'*Architecture* fous Trajan, & mérita la faveur de cet Empereur. Ce fut lui qui éleva la fameufe Colonne de Trajan, qui fubfifte encore aujourd'hui. Dans la fuite, l'*Architecture* déchut beaucoup de la perfection où on l'avoit vûë. Les foins & la magnificence d'Alexandre Sévère la foutinrent quelque temps : mais elle fuivit la décadence de l'Empire Romain, & retomba dans une corruption d'où elle n'a été tirée que douze Siècles après. Les Ravages des Vifigoths dans le cinquième Siècle, abolirent les plus beaux Monumens de l'Antiquité.

Dans les Siècles fuivans l'*Architecture* devint fi groffière, que l'on n'avoit aucune intelligence du Deffein, qui en fait toute la beauté. On ne penfoit qu'à faire de folides Bâtimens. Charlemagne n'oublia rien pour relever l'*Architecture*. Les François s'employèrent à cet Art avec un fuccès extraordinaire, auffi-tôt que H. Capèt fut monté fur le Trône. Son fils Robert le cultiva de même ; & enfin autant que l'ancienne *Architèčture* Gothique fut pefante & groffière, autant la Moderne paffa dans un excès de délicateffe. Les Architèctes du treizième ou quatorzième Siècle, qui avoient quelque connoiffance de la Sculpture, fembloient ne faire confifter la Perfection que dans la délicateffe, & la multitude des ornemens qu'ils entaffoient avec beaucoup d'Art & de foin ; quoique fouvent d'une manière fort capricieufe. l'*Architèčture* Ancienne eft la plus excellente par l'Harmonie de fes Proportions, & par la Richeffe de fes Ornemens ; elle a fubfifté chez les Romains jufqu'à la décadence de l'Empire, & elle a fuccédé à la Gothique depuis le Siècle paffé. *Trévoux.*

DISCOURS PRÉLIMINAIRE
Sur l'Architèčture.

COMME les Connoiffances générales doivent précéder les particulières, l'on fent combien il eft néceffaire, avant le traiter des Ordres, d'en donner la Définition : nous allons âcher de le faire de la manière la plus intelligible.

Le mot d'*Ordre*, qui eft oppofé à celui de *Confufion*, ne ignifie autre chofe, qu'un Arrangement régulier de parties pour compofer un beau tout enfemble ; cette Définition eft fi étenluë, que dans toutes chofes s'il n'y a de l'Ordre, de l'Arangement & de la Régularité, il fe forme un Cahos qui les end impénétrables à l'Intelligence : mais il fuffit de fçavoir qu'il y a cinq Ordres ; dont il y en a trois Grècs qui font ; le *Dorique*, l'*Ionique*, & le *Corinthien* : Deux Italiens, le *Tofcan* & le *Compofite*. Que les Trois Grècs repréfentent les trois ma-

ères de Bâtir , la *Solide* , la *Délicate* , & la *Moyenne* ; & que
s deux Italiens font des productions imparfaites de ces Or-
res. Les Romains ont fait connoître le peu d'eftime qu'ils en
ifoient , en ne les employant jamais conjointement avec les
tres Ordres Grècs , du moins n'en trouve-t-on point d'Éxem-
le Antique ; car quoique le Dorique du Colizé à Rome n'ait
int de Triglyphes ni de Métopes , fans lefquels il femble que
Dorique ne peut pas être appellé de ce nom ; cependant le
rofil en eft Dorique , plutôt que Tofcan. L'abus que les Mo-
ernes ont introduit dans le mélange des Ordres Grècs & Lans , vient de leur peu de Réflexion fur l'ufage qu'en ont fait les
nciens.

L'Origine des Ordres eft prefqu'auffi ancienne, que la Société
es Hommes. La rigueur des Saifons leur fit d'abord inventer
e petites Cabanes , pour fe retirer & avoir du jour , à la diffé-
nce des Cavernes des bêtes féroces qui font obfcures. Ils les
rent au commencement moitié dans la terre , & moitié dehors;
les couvrîrent de Perches avec du chaume ou de la terre,
mme font couvertes les Glacières ; enfuite devenus plus In-
ftrieux , ils plantèrent des Troncs d'Arbres debout , & en
îrent d'autres en travers pour porter la Couverture , ce qui
nna la première idée de l'Architecture ; car les Troncs d'Ar-
es debout repréfentent les Colonnes : les Liens ou Hares de
is verd qui fervoient pour empêcher les Troncs de s'éclater,
priment les Bafes & les Chapiteaux : les Sommiers de tra-
rs ont donné lieu aux Entablemens , ainfi que les couvertures
pointes l'ont donnée aux Frontons. Les Conjectures de Vi-
uve , fur cette Origine de l'Architecture font fort vraifembla-
es ; & M. Blondel Directeur de l'Académie Royale d'Ar-
itecture les a mifes dans un beau jour, dans le Cours d'Ar-
itecture qu'il a compofé.

Il y en a d'autres qui ont crû, que les Pyramides que les Anciens élevoient fur les Tombeaux, avoient donné naiffance aux Colonnes ; & que le Chapiteau couronné de fon Tailloir avoit été formé fur le modèle des Urnes dans lefquelles on renfermoit les cendres, & qu'on avoit coûtume de couvrir d'une brique. Mais l'opinion de Vitruve eft plus reçevable que celleci, qui eft plus éloignée de la nature & de l'Ordre de la conftruction. Les Grècs plus éclairés que les autres Peuples, réglèrent enfuite la hauteur des Colonnes fur les proportions du corps humain. Le Dorique repréfente la taille d'un Homme d'une nature forte, l'Ionique celle d'une Femme, & le Corinthien celle d'une Fille. Leurs Bàfes & leurs Chapiteaux expriment en quelque façon leur chauffure & leur coëffure. Ces Ordres ont tiré leurs noms des Peuples qui les ont inventés. Scamozzi fe fert de termes fignificatifs pour éxprimer leur caractère, lorfqu'il nomme le Tofcan, le *Gigantefque* ; le Dorique, l'*Herculéen* ; l'Ionique, le *Matronal* ; le Compofite, l'*Héroïque* ; & le Corinthien, le *Virginal.*

Notre Deffein étant de parler, non-feulement pour les perfonnes de l'Art, mais d'inftruire auffi ceux, qui n'étant pas de la Profeffion, fe contentent d'en avoir affez de connoiffance pour en parler jufte ; il eft à propos de donner une idée générale des Ordres. Sur ce Principe nous commençerons par établir que tout Ordre eft compofé de deux parties au moins, qui font la *Colonne* & l'*Entablement* ; & de quatre parties au plus, lorfqu'il y a un Piédeftal fous la Colonne, & un Acrotère ou petit piédeftal au-deffus de l'Entablement ; que la Colonne a trois parties, fçavoir la *Bafe*, le *Fuft* ou la *Tige*, & le *Chapiteau* ; que l'Entablement en a trois auffi ; l'*Architrave*, la *Frife*, & la *Corniche* : ces parties font différentes dans tous les Ordres. Le *Tofcan* qui eft le plus fimple, n'a de hauteur que sept Diamètres de sa Colonne. Le *Dorique* qui en a huit, a so[n] Chapiteau plus riche de Moulures, avec des Métopes & de[s] Triglyphes dans la Frise, & des Goutes dans l'Architrave. L'*Io nique* qui a neuf Diamètres, se distingue par sa Base, qui e[st] différente des précédentes, par son Chapiteau qui a des Volu tes, & par les *Denticules* de sa Corniche ; & le *Corinthien* qu[i] en a dix, par sa Base & son Chapiteau avec *deux rangs d[e] feuilles*, des *Volutes* & des Modillons dans sa Corniche ; enfi[n] le *Composite* qui a aussi dix Diamètres, est différent des autre[s] par sa *Base* & son *Chapiteau* qui participent des beautés d[e] l'Ionique, dont il a les Volutes ; & de la richesse du Corinthien dont il retient le nombre de feuilles ; ayant des *Denticules* o[u] des *Modillons* dans sa Corniche.

Il y a des Bàtimens sans Ordre de Colonnes, qui ne laisse[nt] pas d'en reçevoir les noms, parce qu'ils ont quelques partie[s] qui les caractérisent, & qui font partie des Ordres ; comm[e] les *Entablemens*, *Couronnemens de Façade*, *Chambranles*, &c[.] Par éxemple, le Palais Farnèse est Corinthien par dehors, parc[e] qu'il retient la Corniche de cet Ordre, & ainsi des autres[.] *Daviler.*

CHAPITRE PREMIER.

De l'Édifice.

MONSIEUR Ozanam dit, qu'un *Édifice* ou maison est u[n] Ouvrage d'Architècture composé de murailles, d[e] chambres, de portes, de fenêtres, d'un toît, de tout ce qu[i] est nécessaire pour le rendre habitable, & se mettre à couvert[.] Mais il me semble qu'il faut donner au mot d'*Édifice*, une signi[...]

fication plus étenduë. Une Porte de Ville , une Tour , une Orangerie , un Pont, un Aqueduc , & autres Ouvrages un peu confidérables de l'Architeêture Civile , font des *Édifices. Trévoux.*

Les Édiles de Rome avoient foin des *Édifices publics ,* comme le marque le mot *Ædes ,* maifon , *Édifice ,* d'où il vient. Il falloit paffer par cette Charge , pour arriver à une autre plus confidérable. Les Édiles dont le foin n'alloit d'abord qu'aux Maifons , réglèrent enfuite la Police de la Ville ; & c'étoit à eux à prendre garde que les Speêtacles & les Jeux Publics , qui étoient fort ordinaires , ne caufaffent aucun défordre. Ces Magiftrats furent premièrement tirés au nombre de deux , d'entre le Peuple ; & enfin on en prit deux autres dans les Familles Patriçiennes. On appelloit ces derniers *Curules ,* à caufe que pour Marque de leur Dignité , ils avoient droit de fe mettre fur un petit Chariot dont le fiége étoit d'yvoire ; & qui étoit appellé *Curule* par les Romains. *Diction. de l'Académie.*

CHAPITRE II.

Des deux Ordres Romains :

Sçavoir ,

Tofcan , Compofite.

ORDRE TOSCAN.

I. ON appelle *Ordre Tofcan ,* le plus fimple & le plus dépourvû d'Ornement de tous les Ordres. Il eft même fi groffier , qu'on le mèt fort rarement en ufage , fi ce n'eft pour quelque Bâtiment Ruftique ; où il n'eft befoin que d'un feul

-Ordre, ou pour quelque Amphithéâtre, ou autre Ouvrage de même nature. On tient qu'il a pris son origine dans la Toscane, & que c'est de-là qu'on lui a donné le nom de *Toscan*. Cet Ordre a sa Colonne de sept diamètres de hauteur & son Chapiteau & sa Base, avec peu de moulures & sans ornemens, comme son Entablement. *Voyez la Planche* A.

Il n'y a point de Monumens Antiques, où l'on puisse trouver un *Ordre Toscan* régulier. La Colonne Trajane qui a huit diamètres sans entablement, & dont le piédestal est Corinthien, ne peut servir de modèle pour cet Ordre ; c'est un composé de plusieurs parties d'autres Ordres, qu'on pourroit plutôt appeller un Dorique dont les proportions sont altérées, qu'un *Toscan ;* les Amphithéâtres de Verone, de Pole & de Nismes sont trop rustiques, pour servir de règle à la *Composition Toscane ;* & pour avoir rang entre les autres Ordres.

Les proportions que Vitruve a établies sont les plus convenables ; cependant Serlio l'un de ses Sectateurs ne fait la Colonne haute, que de six Diamètres : Palladio en donne un profil à-peu-près comme celui de Vitruve, & un autre trop riche ; comme est aussi celui de Scamozzi : c'est pourquoi celui de Vignole qui a rendu cet Ordre régulier, a été le plus suivi des Modernes. Quoique d'ordinaire on ne se serve point de cet Ordre dans les Villes, mais seulement aux maisons de Campagne & aux Grottes ; toutefois MM. de Brosse & le Mercier, deux des plus considérables Architectes du Siècle passé, l'ont employé ; le premier au Palais de Luxembourg, & l'autre au Palais Royal : & M. Mansard l'a mis en œuvre à l'Orangerie de Versailles, où l'on peut juger qu'il n'est pas indigne des Bâtimens les plus magnifiques. *Diction. d'Architecture.*

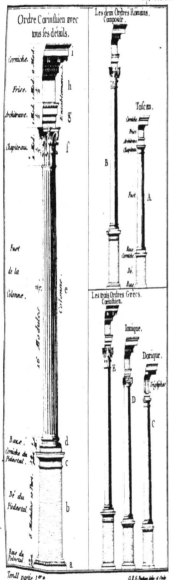

Ordre Corinthien avec tous les details.

Corniche. i

Frise. h

Architrave. g

Chapiteau. f

Fust de la Colonne. e

Base. d
Corniche du Piedestal. c

Dé du Piedestal. b

Base du Piedestal. a

Les deux Ordres Romains. Composit.

B

A

Toscan.

Corniche.
Frise.
Architrave.
Chapiteau.

Fust.

Base.
Corniche.
Dé.
Base.

Les trois Ordres Grecs. Corinthien.

E

Ionique.

D

Dorique.

Triglyphe.

C

G. R. G. Prestan delin. et Sculp.

II. Les Romains qui se sont rendus recommandables par leur Politique & par leurs Armes, se voulant aussi distinguer des autres Nations dans leurs Édifices, inventèrent l'*Ordre Composite*, que l'on appelle *Italien* ; & que Scamozzi nomme avec plus de raison l'*Ordre Romain*, qui est son véritable nom : car le nom de *Composé* peut être donné à toute autre Composition d'Architecture, ou *Capricieuse*, ou *Régulière*. Le Corinthien avoit toujours été l'ornement des Temples & des Palais, & les Architectes de cette République l'avoient toujours employé dans leurs ouvrages, jusqu'à ce que Titus ayant ruiné la Ville de Jérusalem, il lui fut élevé par le Sénat & le Peuple Romain un Arc de Triomphe ; qui fut un genre de Bâtiment aussi nouveau, que l'Ordre dont ils en décorèrent les Façades.

Cet Ordre restraint dans les mesures Corinthiennes, en retint encore la Base & l'Entablement ; il ne se distingua que par le Chapiteau, qui n'étant qu'un *Composé* de l'Ionique & du Corinthien, loin de faire honneur à ses Inventeurs, ne servit qu'à faire mieux connoître leur peu de génie ; & à assurer à la Grèce cette supériorité qu'elle s'étoit si justement acquise dans les Arts. Les Romains en restèrent eux-mêmes si persuadés, qu'ils n'osèrent presque jamais mêler leur nouvel Ordre, avec les Ordres Grecs. Il est néanmoins vrai, que dans la grande salle des Thermes de Dioclétien, de huit grandes colonnes de granite de quatre pieds quatre pouces de diamètre qui s'y trouvent, il y en a quatre Corinthiennes & quatre Composites ; dont les Chapiteaux font la seule différence. Les Chapiteaux composites de cet Édifice ayant été ruinés, ils furent restaurés par Michel Ange ; lorsque ces Thermes furent donnés aux PP. Chartreux pour en faire leur Église.

Michel Ange est un des premiers, qui a pris la même licence dans l'Église de Saint Pierre ; de trois Chapelles qu'il y a dans chaque Cul de four, celle du milieu a des colonnes dont les chapiteaux sont *Composites* ; & celles des côtés en ont de Corinthiennes, sous un même Entablement : ce que Charles Maderne a continué de faire, dans la prolongation de la Nef de cette Église ; où de trois Chapelles qui sont dans trois Arcades, celle du milieu est d'*Ordre Composite* ; & les deux autres d'Ordre Corinthien. Cette Composition est, comme on l'a vû, autorisée par l'Antique ; mais il n'en est pas ainsi de la manière dont les Modernes en ont usé, lorsqu'ils ont mis le *Composite* sur le Corinthien. Il est constant que le *Composite* est moins délicat que le Corinthien ; & que c'est avec raison que Scamozzi le met après l'Ionique, & qu'il prétend que le Corinthien est le comble de la perfection & de la richesse de l'Architecture ; mais l'usage prévaut souvent, sur les meilleures Maximes & sur les Raisons les plus solides.

Les Grands Maîtres de l'Art, & les personnes d'un goût éclairé se plaignent de ce qu'on employe trop souvent cet Ordre, qui s'éloigne de la belle Architecture des Grecs.

L'*Ordre Composite* a son Chapiteau Orné de deux rangs de feuilles imitées de l'Ordre Corinthien, & de Volutes prises de l'Ordre Ionique. Sa Colonne est de dix diamètres de haut ; & sa Corniche a des denticules, ou modillons simples.

Vitruve qui prétend avec raison, que l'Ordre Corinthien est le terme de la magnificence, fait mention de certains Ordres qu'on pourroit, selon lui, nommer *Composés* ; mais comme il ne leur attribuë point d'autres proportions que celles de l'Ordre Corinthien, & qu'il ajoute que ces sortes de *Compositions* ne sont distinguées que par les divers Chapiteaux qu'on peut mettre sur le fust de la Colonne Corinthienne ; il est indubitable qu'il n'a point eu connoiſſance du *Compoſite régulier*, qui en effèt a été employé pour la première fois, à l'Axe de Titus bâti depuis la mort de cet Auteur.

Palladio donne moins de hauteur au Corinthien, que l'Antique ; pour en donner davantage au *Compoſite*. Mais Vignole, qui a toujours ſuivi l'Antique le plus ſcrupuleuſement qu'il lui a été poſſible, a attribué au *Compoſite* les proportions du Corinthien : parce qu'il a crû avec Vitruve, qu'il ne changeoit que par la figure du Chapiteau ; & s'il lui a donné un Entablement différent & d'autres parties, il les a renfermées dans les meſures Corinthiennes. Les Denticules que cet Archit`e`cte a placé dans la Corniche, demandent à être diſtribuées avec encore plus de préciſion que dans l'Ordre Ionique ; parce que le Membre où elles ſont taillées eſt plus fort, & il ne faut jamais manquer de faire tomber à plomb une Denticule, ſur l'Axe de la Colonne ; comme il a été obſervé à l'Arc de Septime Sévère. *Daviler*.

Le *Compoſite* de Vitruve peut ſervir de modèle en ce genre. On y verra comme on peut s'accommoder des parties eſſentielles à chacun des ordres, pour en faire un tout nouveau, qui acquière un caract`e`re propre. Ce *Compoſite* a pourtant encore des défauts que nous remarquerons avec ſoin, afin qu'on les évite.

Le *Compoſite* de Vitruve a la même Baze que le Corinthien. Son Chapiteau a de grande reſſemblance avec le Chapiteau Corinthien, & il en diffère par des endroits très-ſenſibles. C'eſt également un vaſe couvert de deux rangs de feuilles d'Acanthe, diſpoſées de même manière que dans le Corinthien. Au lieu de Tigettes ou Caulicoles, il y a de petits fleurons collés au vaſe, & contournés vers le milieu de la face du Chapiteau. Le Vaſe eſt terminé par un Filèt, un Aſtragale & un Ove. Du

ledans de ce Vase fortent de grandes volutes femblables à celles
le l'Ordre Ionique. Ces Volutes font ornées d'une grande feuille
l'Acanthe qui fe recourbe comme pour foutenir les coins du
Tailloir , & laiffe tomber de deffous elle fur chaque rebord
le Volute , un Fleuron qui le recouvre prefque tout entier. Le
Tailloir eft entièrement femblable à celui du Chapiteau Co-
inthien. *Voyés la gravure , page 308. B.*

Ce Chapiteau *Compofite* n'a pas la même délicateffe , ni la
même légèreté , que le Corinthien : mais il eft encore plus ri-
he , & il faut convenir que l'enfemble a de la Nobleffe & de
'Agrément. La Beauté de ce Chapiteau a rendu ce *Compofite*
xtrêmement célèbre. Il y a eu même des gens de peu d'efprit
ui ont ofé lui donner la préférence fur le Corinthien. Les
ens de bon goût , ont toujours eu foin de fe défendre d'un pa-
eil aveuglement.

L'Entablement *Compofite* ne répond pas à la Beauté de fon
Chapiteau. L'Architrave n'a que deux faces de hauteur inégale : la première eft couronnée d'un Talon , la feconde d'un
Aftragale , d'un Ove , & d'un Cavet. C'eft trop de Moulures
ntaffées pour une auffi petite partie , que la face d'une Archi-
rave. Le Cavet fur-tout ne fait pas un bon effèt ; parce qu'il
end le Couronnement de l'Architrave trop délicat & trop fragile ; & que le Profil n'en eft point graçieux.

La Frife eft unie ou taillée comme dans le Corinthien. La
Corniche eft compofée d'un Aftragale , d'un Talon , d'un ar-
ière corps à deux faces ; fur lequel font appuyés les Modillons
uffi à deux faces , dont la première eft couronnée d'un Talon ,
a feconde d'un Filèt & d'un Ove ; fuit un Larmier dont la So-
ite eft creufe , un Talon & une Doucine. Cette Corniche eft
rès-pefante ; le même membre y eft trop fouvent répété. La
orme des Modillons eft gauche & chétive. La faillie du Lar

mier au-delà des Modillons est impertinente , & rend l'usage des Modillons tout-à-fait inutile. Il y auroit donc beaucoup à réformer à cette Corniche, pour la rendre parfaite ; ou plutôt , il en faudroit composer une toute différente. *Essai sur l'Architecture.*

CHAPITRE III.

Des trois Ordres Grècs :

Sçavoir ,

Dorique ,   Ionique ,   Corinthien.

ORDRE DORIQUE.

I. LA *Colonne Dorique* a huit diamètres ; son Chapiteau & sa Base sont un peu plus riches de Moulures , que la Colonne Toscane. Le *Dorique* a pour ornement les Métopes & les Triglyphes ; Dorus Roi d'Achaïe , ayant bâti le premier dans Argos un Temple de cet ordre, qu'il dédia à Junon, donna occasion de l'appeller *Dorique. Voyez la gravure, pag. 308. C.*

Ce qui rend le *Dorique* considérable, est, qu'il a donné la première idée de l'Architecture Régulière ; & que toutes ses parties sont fondées sur la position naturelle des corps solides. Quelque tems après que l'*Ordre Dorique* eut été inventé , on lui donna la Proportion , la Force , & la Beauté du corps de l'Homme ; & comme le pied de l'Homme est la sixième partie de sa hauteur , on donna à la Colonne *Dorique* , en y comprenant le chapiteau, six de ses diamètres ; c'est-à-dire , qu'on la fit six fois aussi haute qu'elle étoit grosse : ensuite on y ajouta un

Tome I I.   ¶

feptième diamètre. Alors on pouvoit dire, qu'elle avoit la proportion du Corps d'un Homme ; car le pied d'un Homme n'eſt point, du moins aujourd'hui, la ſixième partie de ſa hauteur ; mais environ la ſeptième.

Les Anciens avoient deux ſortes d'*Ordre Dorique*, un plus maſſif pour les Temples ; & un plus léger & plus délicat, pour les Portiques des Théâtres. Vitruve trouve l'*Ordre Dorique* embarraſſant, à cauſe des Métopes & des Triglyphes, qui ſont l'ornement de ſa Friſe ; de ſorte qu'on ne peut guères employer l'*Ordre Dorique* que dans les Pyénoſtyles, en mettant un Triglyphe entre chaque colonne : ou dans l'Aræoſtyle, en mettant trois Triglyphes entre chaque colonne. *Trévoux.*

L'*Ordre Dorique* eſt ainſi appellé, parce qu'il a été inventé par les *Doriens*, Peuple grèc. Si ſes colonnes ſont ſimples & unies ſans pilaſtres, Palladio dit qu'elles doivent être de ſept modules & demi, ou de huit modules, & que leur Entre-colonnement doit être d'un peu moins de trois diamètres de la colonne ; & Vitruve appelle cette manière de bâtir *Diaſtyle*. Que ſi les Colonnes *Doriques* ont des pilaſtres, leur hauteur en y comprenant leur baſe & leur chapiteau, doit être de 17 modules plus $\frac{1}{2}$; ſur quoi il faut remarquer en paſſant, que quoique dans les autres Ordres le module ſoit le diamètre diviſé en 60 parties égales ; néanmoins dans celui-ci, le module, ſelon Palladio, n'eſt que le demi-diamètre, & qu'il ne ſe diviſe qu'en 30 parties égales.

La Colonne *Dorique* n'a point de baſe propre ; ainſi dans pluſieurs anciens bâtimens, elle n'en a point du tout, comme on le peut voir au Temple de Marcellus à Rome ; mais quand on lui donne une Baſe Attique, elle augmente beaucoup ſa beauté. La hauteur de cette baſe eſt $\frac{1}{2}$ diamètre de la colonne. La hauteur du chapiteau eſt d'un demi-diamètre de la colonne à sa bâse. L'Architrave est de même hauteur. La frise a un module & demi , & la corniche un module & $\frac{1}{2}$. Les Triglyphes ont un module , & leur chapiteau une sixième partie de module ; les métopes , ou les espaces qu'il y a d'un triglyphe à l'autre , doivent être de la longueur d'un triglyphe.

Cet Ordre est solide , & ne doit point s'employer que dans des bâtimens grands & solides. L'entablement en est plus massif & plus haut, que celui d'aucun autre Ordre ; à cause que la colonne est beaucoup plus forte, & il est ordinairement du quart de la colonne. La Corniche ne doit point avoir de feuillage , ni aucune garniture ; & si l'on y mèt des modillons, il faut qu'ils soient quarrés & unis. La Frise a pour ornement des triglyphes. Les Métopes , ou l'espace qui est entre les triglyphes , doit être éxactement quarré. L'Architrave a aussi un ornement particulier , ce sont des espèces de gouttes qui pendent des triglyphes, & qui semblent y être attachées. *Diction. de l'Académie.*

L'*Ordre Dorique* aura toujours la prédilection des Architèctes , qui aiment à signaler leur habileté , en s'engageant dans des voyes difficiles & épineuses. Il y a des contraintes, dont nul autre n'approche. Aussi rarement le trouve - t - on éxécuté avec éxactitude. Ce qui fait la grande difficulté de cet Ordre ; c'est le mélange alternatif des Triglyphes & des Métopes, qui décorent sa Frise. Les Triglyphes doivent toujours avoir la forme d'un quarré long , & les Métopes celle d'un quarré parfait. Cette division est extrêmement gênante ; parce qu'il en résulte , 1°. qu'on ne peut jamais accoupler les Colonnes dans l'*Ordre Dorique.* Il faudroit pour les accoupler , ou que les Bâzes & même les Chapiteaux des Colonnes se pénétrassent l'un avec l'autre ; ou que la Métope qui se rencontreroit entre es deux Colonnes accouplées, fût beaucoup plus large que haute ; deux fautes qui ne doivent jamais se tolérer. 2°. Qu'on

ne fçait plus comment fe tirer d'affaire dans les angles rentrans.
On ne peut éviter l'un de ces deux inconvéniens, ou de plier
un Triglyphe mutilant ces deux Métopes voifines ; ou de joindre deux Métopes enfemble, fans aucun Triglyphe intermé-
diaire. Jufqu'ici les ignorans n'ont point été arrêtés par ces deux
difficultés ; parce qu'ils n'ont point fenti les inconvéniens dont
je parle. Nous ne manquons pas d'Édifices où l'*Ordre Dorique*
eft employé : mais il n'en eft aucun où l'on ne trouve, ou des
Triglyphes pliés, ou des demi Triglyphes, ou des Métopes
mutilées, ou des Métopes beaucoup plus larges que hautes.
L'Églife du Noviciat des Jéfuites, ruë Pot de Fèr, que l'on
met avec raifon au nombre de nos Édifices les moins défectueux, cette Églife eft elle-même dans le cas.

Quand il s'agira donc d'employer l'*Ordre Dorique*, il faudra
que l'Architèête plein de la difficulté de l'entreprife, s'arme de
beaucoup de conftance ; pour étudier avec précifion cette em-
barassante, cette périlleufe divifion de triglyphes & de métopes. Comme l'éxécution ne peut être éxaête, fans être infiniment laborieufe ; le fuccès n'en fera que plus glorieux.

La Colonne *Dorique* a la plus belle & la plus parfaite des
Bazes. C'eft la Baze Attique ou *Atticurge*. Ses deux Tores de
module différent réunis par une Scotie, font un très-bel effèt;
parce que la folidité s'y trouve jointe à l'agrément. De-là vient
que les Architèêtes ne font pas difficulté d'emprunter de l'*Or-*
dre Dorique fa belle Baze, pour la rendre commune à tous les
autres Ordres. On ne peut les blâmer d'en ufer ainfi ; & il fera
toujours permis de prendre dans un Ordre ce qu'il y a d'excellent, & de le tranfpórter dans un autre ; pourvû qu'on ne
touche jamais aux parties qui caraêtérifent l'Ordre effentiellement : car alors ce feroit confondre deux Ordres dans un. Cette
liberté avec les bornes que je lui prefcris, n'a rien de contraire

au

B.

Chapiteau Ionique.

A. *Astragale.*
B. *Filet.*
C. *Ove.*
D. *Escorge.*
E. *Volutes.*
F. *Talon.*

Plan du Chapiteau Ionique.

G. *Balustres ou Coussinets.*

C.

Chapiteau Corinthien.

A. *Feuilles du*
   1.er rang.
B. *Feuilles du*
   2.^{e} rang.
C. *Feuilles*
   du 3.^{e} rang.
D. *Fleur du*
   Chapiteau.
E. *Corne du*
   Tailloir.
F. *Volutes.*
G. *Caulicoles.*

A.

Chapiteau Dorique.

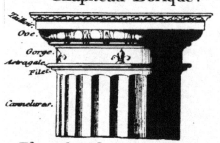

Tailloir.
Ove.
Gorge.
Astragale.
Filet.

Cannelures.

Plan du Chapiteau Dorique.

D.

Plan du Chapiteau Corinthien renversé.

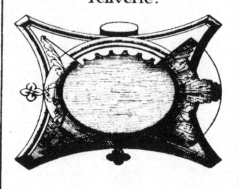

Cl. R. G. Poullain delin. et Sculp.

au véritable efprit de l'Art ; elle peut même fervir beaucoup à fa perfection.

Le Chapiteau *Dorique* eft le plus fimple & le moins élégant de tous les Chapiteaux. Un Tailloir quarré, un Ove foutenu de trois Armilles , ou mieux encore d'un Aftragale & fon Filèt, fuivis d'un membre uni qu'on nomme Gorge , en font toutes les richeffes. Rien de moins faftueux, rien même de plus fec & de plus pauvre. Ce Chapiteau eft cependant une des parties qui caractérifent entièrement l'*Ordre Dorique ;* & on ne peut lui en fubftituer un autre fans altérer , & corrompre entièrement le caractère de l'Ordre. *Voyés la Planche A.*

ORDRE IONIQUE.

II. On doit aux Ioniens l'invention de cet Ordre. Rivaux des *Doriens*, ils changèrent quelque chofe dans la proportion & dans les ornemens des colonnes doriques ; & la règle qu'ils fuivirent en cette occafion, fut nommée *Ordre Ionique.* Entre les Temples célèbres bâtis par le Peuple d'Ionie , le plus mémorable eft le Temple de Diane conftruit à Éphèfe. Cet Ordre tient le milieu entre la manière folide & la délicate ; fa colonne y compris fa bâfe & fon chapiteau, eft de neuf diamètres de hauteur ; fon chapiteau eft orné de volutes , & fa corniche de denticules. *Voyés la gravure , pag. 308. D.*

L'*Ordre Ionique* eft le fecond des trois Ordres Grècs ; il eft diftingué des autres particulièrement, parce qu'il a des Volutes , ou des Cornes de Bélier qui ornent fon chapiteau ; & que le fuft des colonnes eft le plus fouvent cannelé. Les colonnes *Ioniques* font ordinairement cannelées de 24 cannelures. Il y en a qui ne font creufes & concaves , que jufqu'à la troifième partie du bas de la colonne ; & cette troifième partie a fes cannelures remplies de baguettes , ou bâtons ronds ; à la différence

Tome II.   Part. I.   S f

du furplus du haut , qui eſt ſtrié , cannelé , creux , & entièrement vuide.

Les Anciens voulant rendre cet Ordre plus agréable que le
Dorique , augmentèrent la hauteur de la colonne , en y ajoutant une bâfe qui n'étoit point en uſage dans l'Ordre Dorique.
Il y en a qui croyent , que l'*Ordre Ionique* a été formé ſur le
modèle du Corps d'une Femme ; & que ces deux Ordres ont
entr'eux la même proportion de folidité & de délicateſſe , que
le Corps d'un Homme & celui d'une femme ; ils ajoutent que
les volutes du Chapiteau *Ionique* repréſentent les Boucles de
cheveux que les Femmes portent de châque côté du viſage ,
quand elles font coëffées en Cheveux. *Trévoux.*

L'*Ordre Ionique* plus léger & plus délicat que le précédent ,
quoiqu'il n'ait pas d'ailleurs des perfections bien relevées ; a
l'Avantage d'être preſque ſans défaut. Ce n'eſt plus ce je ne
ſçais quoi de ferme & de mâle qui diſtingue l'Ordre Dorique ;
ce n'eſt point encore cette richeſſe , cette magnificence qui eſt
le propre de l'Ordre Corinthien. C'eſt une de ces beautés médiocres , dont les traits ni trop groſſiers ni trop fins , plaiſent par
leur régularité ; ils n'ont rien de frappant ni en bien , ni en mal:
mais il y règne un accord ſi éxact , & une douçeur ſi picquante ,
que ſans avoir le don de ſurprendre & d'enchanter , ils n'en
ont peut-être que plus ſûrement celui d'intéreſſer & de plaire.
Le Mérite eſſentiel de l'*Ordre Ionique* conſiſte donc , dans une
certaine médiocrité d'Agrément ; dont le charme n'eſt altéré
par aucune imperfection trop ſenſible. Entrons dans le détail.

Vitruve a donné à l'*Ordre Ionique* une Baze , qui , felon moi
& bien d'autres , eſt l'unique choſe qu'il faille retrancher. Cette
Baze eſt informe , & bleſſe ouvertement les vrais principes de
la Nature. Ce grand Tore qui n'a pour appui , que deux foibles Scoties interrompuës par deux légers Aſtragales , eſt hor-

riblement défectueux. En bonnes règles, le plus pesant doit toujours être au-dessus. Icy cet Ordre Naturel est renversé, & conséquemment la Solidité en souffre. Cette Baze bien loin d'avoir sa diminution par le haut, est au contraire diminuée par le bas. Plus étroite auprès de son Plinthe, elle s'élargit monstrueusement du côté par où elle se joint au Fust de la Colonne. Ces défauts qui sont réels & éclatans, ont engagé la plûpart des Architectes anciens & modernes, à proscrire cette Baze *Ionique* de Vitruve ; pour lui substituer la belle Baze Attique : & leur éxemple en ce point ne peut être trop fidèlement imité.

Le Chapiteau *Ionique* est la partie de tout l'Ordre, où il règne plus d'invention ; & qui en marque plus vivement le caractère. Un Astragale, un Ove, une Écorçe qui se replie en Volute par les deux extrémités, & qui est surmontée d'un Talon & d'un Tailloir quarré, en font toutes les richesses. La grande Beauté de ce Chapiteau vient de deux Volutes, qui le cantonent d'une manière infiniment graçieuse. *Pag. 317. B.*

L'Entablement *Ionique* répond à l'élégante simplicité de tout le reste. Son Architrave est divisée en trois faces chacune, de hauteur différente : on commençe par la plus petite, & on finit par la plus grande, qui est agréablement couronnée d'un Talon. La Frise est communément toute unie, elle peut aussi être taillée en Sculpture, selon que la bienséance demande, que l'Ordre soit plus ou moins enrichi. La Corniche est charmante, & n'a qu'une médiocre saillie ; & cette Saillie est encore si naturellement effaçée par les Membres qui soutiennent le Larmier, qu'elle n'a rien de périlleux, rien de tranchant. Elle est composée d'un Talon, d'un Denticule, d'un Astragale, d'un Ove, d'un Larmier, d'un Talon & d'une Douçine. Ici peu de Membres quarrés ; & par conséquent point de dureté, point de féchereffe. Les diffonances font rares, elles font éxactement préparées & fauvées ; & par conféquent, il règne dans le tout une Harmonie tendre.

Il eft à remarquer que dans la Corniche, il y a deux Membres qui caractérifent effentiellement l'*Ordre Ionique*. Le premier, c'eft le Denticule toujours taillé en dents ; le fecond, c'eft le Larmier dont la Sofite eft creufe.

La Corniche *Ionique* eft fans comparaifon la mieux prife & la plus avantageufe de toutes. Elle n'a que des Ornemens fimples : mais elle eft d'ailleurs d'une légèreté, d'une commodité, d'un accord qui la rend à bien des égards préférable à toutes les autres. Auffi les Bons Architectes ne manquent prefque jamais d'en faire choix ; lorfqu'ils fe trouvent trop gênés, par les incommodités des autres Corniches ; & qu'ils ont des motifs capables d'excufer, de juftifier même cette Licence. *Auteur Anonyme.*

ORDRE CORINTHIEN.

III. Une jeune Fille de Corinthe étant morte, fa nourriçe mit fur fon Tombeau un Panier, dans lequel étoient renfermés quelques petits Vafes qu'elle avoit aimés pendant fa Vie ; & pour empêcher que la pluïe ne les endommageât, elle couvrit e Panier d'une Thuile. Il fe trouva par hazard une racine d'A- chante à l'endroit fur lequel le Panier fut pofé ; la Plante vint à pouffer au Printems, & ce Panier fe trouva environné de euilles & de branches, qui continuant à s'étendre, fe recour- bèrent fous les coins de la Thuile ; & formèrent une manière le Volutes. Le Sculpteur Callimachus, furnommé l'*Induftrieux* ar les Athéniens, en conçut l'idée d'un Chapiteau ; qui dans es mains de cet ingénieux Artifte, prit ce tour gracieux & ette nobleffe, qui règne dans fa magnifique compofition. C'eft ainſi que Vitruve rapporte l'invention de l'*Ordre Corinthien* ; mais Villalpande traite de Fable, l'Hiſtoire de Callimachus ; & aſſure, que le Chapiteau Corinthien a tiré ſon Origine de ceux du Temple de Salomon, dont les feuilles étoient de Palmier. Quoi qu'il en ſoit, il eſt conſtant que l'*Ordre Corinthien* eſt le chef-d'œuvre de l'Architécture.

Vitruve ne lui donne point d'autres proportions que celles de l'Ordre Ionique ; ainſi le fuſt de ſa colonne ne paroît plus grand, qu'à cauſe que le Chapiteau en augmente la hauteur. Cet Auteur ne lui affécte point non plus d'autre Entablement, que celui de l'Ordre Ionique ; & il prétend que la Bâſe Attique y peut ſervir, auſſi-bien qu'au Dorique : mais ce ſentiment de Vitruve eſt d'autant moins reçevable, qu'il n'eſt appuyé ſur aucun éxemple Antique. Bien loin de cela, les plus beaux *Ordres Corinthiens* qui nous reſtent, ont une Bâſe particulière ; leur colonne avec la bâſe & le chapiteau, qui eſt de feuilles d'Olive, a dix diamètres ; le Chapiteau eſt plus haut d'un tiers de module, que celui de Vitruve qui eſt de feuilles d'Achante : & l'Entablement qui a des modillons en conſoles, & quelquefois des denticules avec des modillons, eſt bien différent de l'Entablement Ionique. *Voyés la gravure, pag. 308. E.*

L'*Ordre Corinthien* eſt ſans contredit le plus magnifique des Ordres, il a été employé au-dehors & au-dedans du Panthéon ; & à la plûpart des Temples Antiques, au moins ceux qui ſont d'une excellente Architécture des bons Siècles. C'eſt pourquoi *il ne faut pas s'étonner*, ſi Michel-Ange n'a point fait de difficulté, non-ſeulement d'en faire le principal Ornement de la magnifique Égliſe de Saint Pierre ; mais auſſi de le répéter dans le même lieu : puiſque les *Ordres* du dehors & du dedans de cette Égliſe, la plûpart de ceux des Autels, & ceux de la Coupole ſont *Corinthiens*. Son éxemple a été ſuivi par la plus grande partie des meilleurs Architèĉtes, & l'on ne voit guères d'Églifes confidérables, bâties à Rome ou à Paris depuis le dernier Siècle; où cet Ordre n'ait été employé avec fuccès.

En effèt, l'Architèĉture n'a jamais rien produit de plus grand, de plus augufte que l'*Ordre Corinthien*; il forme un de ces peĉtacles frappans, dont le fimple coup-d'œil faifit, & enlève l'âme hors d'elle-même. Il eft rêfervé à cet Ordre bien exécuté, de faire les grandes impreffions par la noblefle de fon caraĉtère; & la grande manière de fes ornemens. Les Poëtes n'ont connu que trois Grâces: nos trois Ordres d'Architèĉure ont chacun la leur. La Simplicité eft le partage de l'Ordre Dorique, la Gentilleffe diftingue l'Ionique; les Grâces nobles ont pour l'Ordre Corinthien.

Vitruve donne à cet Ordre une baze moins vicieufe à la vérité que la baze Ionique, mais qui a encore de grandes imperfeĉtions. C'eft la bafe Ionique augmentée d'un grand Tore imnédiatement au-deffus du Plinthe. Le grand défaut de cette baze, c'eft qu'elle eft de beaucoup trop délicate, qu'elle manque d'un certain air de folidité fi convenable & fi néceffaire à toute baze. Les Moulures en font fi fines, qu'au moindre effort elles doivent fe brifer. Revenons-en donc encore à notre charnante baze attique, qui feule eft éxempte de tous les défauts, & dont l'invention eft infiniment fenfée.

Le Chapiteau Corinthien eft un chef-d'œuvre, & e'eft furout par cet endroit que l'*Ordre Corinthien* eft fenfiblement au-deffus de tous les autres. Il a une grâce parfaite, & il eft de la plus grande richeffe. C'eft un grand vafe rond couvert d'un tailloir recourbé fur les quatre faces. Le vafe eft couvert dans le bas de deux rangs de feuilles, dont les courbures ont une médiocre faillie. Du fein de ces feuilles fortent des tigettes ou caulicoles, qui vont former de petites volutes fur les coins du tailloir, & fur les quatre milieux. Tout eft admirable dans cette Compofition : ce vafe qui fert de champ fur lequel les feuilles font artiftement difpofées ; les courbures de ces feuilles, dont la faillie va par gradation ; les tigettes qui s'élèvent naturelle-ment, & dont la fléxibilité femble fe prêter au deffein de l'Ou-vrier qui les plie en volutes, pour donner à la faillie du tailloir un appui des plus élégans. Il règne dans tout cet affortiment une Douceur, une Harmonie, un Naturel, une Variété, une Graçe qu'en vain voudrois-je éxprimer, & que le goût feul peut faire fentir. *Voyés la gravure, pag. 317. C.*

L'Entablement *Corinthien* a beaucoup de reffemblance avec l'Ionique : mais les Ornemens y font plus multipliés, & la Corniche n'en eft pas à beaucoup près fi parfaite.

L'Architrave eft divifée en trois faces d'inégale hauteur, comme dans l'Ionique : mais chacune de ces faces a une mou-lure qui la décore ; la première eft couronnée d'un Aftragale, la feconde d'un Talon, la troifième de ces deux Moulures enfem-ble. Cette Architrave eft la plus parfaite de toutes. Rien n'y eft dur, & tout y va par gradation.

La Frife peut être ou toute fimple, ou fervir de champ à un grand morçeau de Sculpture ; en cela elle eft parfaitement femblable à la frife Ionique.

La Corniche eft compofée d'un Talon, d'un Denticule qui ne doit jamais être taillé en dents, d'un Aftragale, d'une Échine ou Ove, des Modillons avec leur arrière corps couronnés d'un talon, d'un larmier, d'un talon & d'une doucine. La Compo-fition de cette Corniche eft fans dureté. Les Moulures quarrées y font toujours précédées & fuivies d'une moulure ronde. *Effai fur l'Architèdure.*

Enfin fi le Defir de fe fingularifer a fait produire dans ces derniers tems quelque Ordre Nouveau, tels par éxemple, que

des Ordres Symboliques deſtinés à certains uſages ; & en particulier l'Ordre François , ſur lequel une infinité de nos Architèctes ſe ſont éxercés à l'envi l'un de l'autre : on les a vû imaginer des Ornemens ſinguliers, propres à caractèriſer le Nouvel
Ordre ſur lequel ils travailloient ; mais ils ne ſe ſont jamais
crû permis de s'éloigner dans ces Nouvelles Compoſitions, ni
de la forme générale , ni des proportions & des meſures de
l'*Ordre Corinthien* : Préjugé bien favorable pour cet Ordre
d'Architècture ; & qui fait bien voir , qu'il eſt impoſſible d'atteindre à un plus haut degré de perfection.

　　L'on n'ignore pourtant pas qu'il y a des Eſprits , qui ne pouvant ſouffrir aucune contrainte , débitent hardiment que c'eſt
une Timidité mal plaçée , de n'oſer s'écarter des Productions
des Anciens ; & qu'il eſt indigne de s'en rendre ainſi le ſervile
adorateur. Mais, qu'ont-ils donc à oppoſer à cette Simplicité
Majeſtueuſe , qui eſt inſéparable de la Beauté dans les ouvrages de ces premiers Maîtres de l'Art ? Sont - ce ces Liçences
effrénées, ces Compoſitions bizares , dans leſquelles une trop
grande Vivacité de Génie , & peut-être trop de Mépris pour
l'Antique , ont fait tomber le Chevalier Boromini ; & tous ceux
qui ont eu le malheur de le ſuivre ? *Daviler.*

CHAPITRE

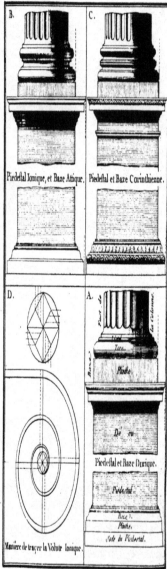

B.

C.

Piedestal Ionique, et Baze Attique.

Piedestal et Baze Corinthienne.

D.

A.

Face de la Colonne.

Tore.

Plinte.

Dé ou

Piedestal et Baze Durique.

Piedestal.

Baze ?.

Plinte.

Socle du Piedestal.

Manière de tracer la Volute Ionique.

CHAPITRE IV.

*De la Base, de la Colonne, de l'Entablement,
& du Fronton.*

DE LA BASE.

I. **B**AS.E, se dit en termes d'Architêcture de tout membre & de tout corps, qui sert d'Appui à un autre : on l'entend particulièrement du Piédestal d'une colonne, d'une statuë, &c. *Voyez la gravure ci-jointe*, A.

Les *Bases* sont différentes, suivant les différens Ordres : dans l'Ordre Toscan, la *Base* n'a qu'un Tore.

Dans le Dorique, elle a un Tore & un Astragal.

Dans l'Ionique, elle a un gros Tore, avec deux Scoties, separées par deux Astragales. *Voyez la gravure*, B.

Dans le Corinthien, elle a deux Tores, deux Scoties, & deux Astragales. *Voyez la gravure*, C.

Dans le Composite, elle a aussi deux Tores, deux Scoties; mais elle n'a qu'un Astragal, &c.

La *Base* de la colonne Ionique, (qui est celle de Vitruve) ne se rencontre à aucun édifice antique. Les Architêctes modernes sont assez partagés sur le choix entre cette *Base*, & la *Base Attique*. Les sectateurs de Vitruve, tels que Serlio, Barbaro, Cataneo, Viola & Bulant se sont servis de la *Base* de Vitruve, comme étant essentielle à l'Ordre Ionique ; De Lorme l'a aussi employée, & y a ajouté deux Astragales au-dessous du filèt sur la plinthe. Mais ceux qui se sont fait une Loi de suivre l'Antique, ont préféré la *Base Attique* ; autorisés par l'éxemple du Temple de la Fortune Virile, du Théâtre de Mar-

Tome II. Part. I.   ¶   *T t*

cellus, & du Colisée. Michel-Ange, Palladio, Scamozzi, &
la plus grande partie de ceux qui ont employé l'Ordre Ionique
moderne, ont aussi mis en œuvre la *Base Attique* dans tous les
bâtiments qu'ils ont faits, & où cet Ordre s'est rencontré; toutefois il se trouve à Paris beaucoup d'éxemples, où la *Base* de
Vitruve a été pratiquée dans des édifices considérables; de ce
nombre sont, le Palais des Thuilleries, le Portail des Feuil-
ans, les Églises des Petits Pères & des Barnabites; & le Palais Brion dans la ruë de Richelieu. Cependant il faut convenir,
quoiqu'en dise Vitruve, qui est seul de son opinion, qu'il n'y
a nul parallèle à faire entre ces deux *Bases*; la *Base Attique* est
parfaite dans toutes ses parties, & l'autre est un assemblage de
Moulures, qui n'ont aucune proportion entr'elles. *M. le Pautre.*
Voyez la gravure, pag. 325. B.

La Base est composée de quatre parties :
Sçavoir,

| La Plinthe, | le Socle, | le Dé, | la Corniche. |

1. La *Plinthe* est une partie inférieure de la base d'une colonne, d'un pilastre, ou d'un piédestal; & qui est une pièce
platte & quarrée, comme une brique.

2. Le *Socle* est un corps quarré moins haut que large, il se
mèt sous les bases des piédestaux, des statuës, des vases, &c.

3. Le *Dé* est la partie du *Piédestal* qui tient le milieu entre
la base & la corniche. Ce nom lui a été donné, parce qu'elle
a la figure d'un Cube, comme un *Dé. Voyez pag. 325.* A.

Le *Piédestal* de l'Arc de Titus est un des plus beaux qu'on
puisse proposer, & particulièrement la base qui est la même
que Scamozzi donne au Corinthien, & qui est riche de moulures. Il arrive rarement que cet Ordre soit placé au rez de
chaussée; mais quand il y est mis, il faut nécessairement poser

un Socle fous le *Pié-deftal* pour l'élever ; & il eft alors prefque impoffible de fe fervir des proportions de Vignole : parce que le *Dé* ne peut plus être de la hauteur qu'il lui a donné.

Mais il faut prendre garde auffi de ne pas faire un Socle fi haut , qu'il diminuë trop confidérablement la hauteur du *Pié-deftal*, dont le *Dé* n'a pas même autant de hauteur que de largeur ; & lorfque le *Pié-deftal* ne peut pas être plus haut que la fixième partie de la colonne , il vaut mieux ne mettre qu'un Socle fous la colonne, comme au Portail du Louvre. Le *Pié-deftal* compofite de la Fontaine des Saints Innocents ruë Saint Denis, eft un des mieux proportionnés.

La plûpart des Architèftes mettent des Tables ou en Saillie , ou renfoncées dans le *Dé* des *Pié-deftaux*, fans confidérer fi le caraftère de l'Ordre le demande. Celles en faillie ne conviennent qu'aux Ordres Tofcan & Dorique ; & celles des trois autres Ordres doivent être renfermées ; mais ni l'une ni l'autre de ces manières n'ont prefque jamais été pratiquées par les Anciens. En effèt elles femblent répugner à la folidité , & convenir davantage à des Acrotères de Frontons , & à des *Pié-deftaux* de Baluftres ou de Figures. Pour la Baze de cette colonne , elle paroît plus belle que la Corinthienne , parce que cette double Aftragale , qui a quelque chofe de chétif, ne s'y trouve plus ; & c'eft en quoi confifte toute la différence qui eft entre ces deux Bazes : celle-ci étoit à un Ordre Corinthien des Thermes de Dioclétien. Or il eft bon dans tous les Ordres , que les Bazes & autres parties concourent à le diftinguer , ainfi que les Chapiteaux. *M. de Chambray.*

4. *Corniche*, ce mot vient du latin *Coronis*, qui veut dire Couronnement ; & on donne le nom de *Corniche* à toute Saillie profilée , qui couronne un corps. *Diction. de l'Académie.*

T t ij

COLONNE.

II. La *Colonne* eſt une ſorte de Pilier de forme ronde , qui ſert à ſoutenir , ou à orner un Bâtiment ; & qui eſt compoſée d'une *Baze*, d'un *Fuſt* , & d'un *Chapiteau*. *V*. la grav. p. 308. e.

La différence des Ordres fait la différence des *Colonnes*. La Toſcane qui eſt la plus courte & la plus ſimple , a ſept diamètres de hauteur. *Voyés la gravure , pag. 308.* A.

La Dorique en a huit, ſon chapiteau & ſa baſe ſont un peu plus riches de moulures. *Voyés la gravure , pag. 308.* C.

La *Colonne* Ionique a neuf diamètres , ſon chapiteau a des volutes. C'eſt en quoi elle diffère des autres , auſſi-bien que par la baze qui lui eſt particulière. *Voyés la grav. p. 308.* D.

La Corinthienne eſt la plus riche de toutes. Deux rangs de feuilles font l'ornement de ſon chapiteau avec des caulicoles, d'où ſortent de petites volutes. Elle a dix diamètres ainſi que le Compoſite , qui a ſon chapiteau comme la Corinthiene avec les volutes angulaires de l'Ionique. *V*. la grav. p. 388. E & B.

Le fameux Temple que Diane avoit à Épheſe , étoit orné de cent vingt-ſept *Colonnes* , toutes d'une pièce , & hautes de ſoixante pieds. Ce mot vient de *Columen* , qui ſignifie une *Pièce de Bois* poſée à plomb , pour ſoutenir le faiſte d'un bâtiment.

Colonne ſe dit auſſi d'une conſtruction faite *en forme ronde*, & qui eſt ſéparée d'un bâtiment , ſoit qu'elle ſoit d'une ou pluſieurs pierres. Cette ſorte de *Colonne* eſt un Monument pour quelque action , dont on veut que la Poſtérité garde la mémoire. La *Colonne* de Trajan eſt un ouvrage de Sculpture qui eſt admiré des Curieux. *Trévoux*.

La Colonne est composée de trois parties :

Sçavoir,

Baze,   *Fust*,   *Chapiteau*.

1. On appelle la *Baze* de la *Colonne*, la partie qui est au-dessous du Fust, & qui pose sur le Pié-destal ou Socle, quand il y en a. *Voyés la gravure, pag. 368. q. & 325. A.*

La *Baze* que Vitruve appelle *Attique* au chapitre troisième de son troisième livre, parce que les Athéniens l'ont inventée, & s'en sont servis les premiers, se mèt en œuvre indifféremment sous les Colonnes Corinthiennes, Composites, Ioniques & Doriques ; néantmoins elle convient mieux à l'Ordre Composite qu'à aucun autre : & qui n'empêche pas qu'on ne puisse la tolérer dans l'Ordre Ionique, quand on n'y employe pas celle qui lui est propre. Pour ce qui est des autres Ordres, j'éstime qu'elle ne leur convient en aucune manière ; & il ne me seroit pas difficile d'appuyer mon sentiment par beaucoup de bonnes raisons, mais je ne veux pas contredire une liçence si généralement reçuë. *Voyés la gravure, pag. 325. B.*

Cette *Base* est d'une beaucoup plus belle forme que la Corinthiene, quoi qu'elle ne soit pas si riche de moulures ; & l'on voit par quantité d'éxemples que nous fournissent les Édifices Antiques, qu'elle a servi encore plus à l'Ordre Corinthien qu'à tous les autres Ordres. Elle se trouve au Temple de Vesta, de la Paix d'Antonin & de Faustine, au frontispice de Neron & aux Thermes de Dioclétien : outre qu'elle est encore à l'Arc de Constantin, & à la Basilique d'Antonin avec un astragale au-dessus du tore supérieur.

Les Modernes fondés sur ces éxemples, l'ont employée dans tous les Ordres indifféremment, éxcepté au Toscan. Michel

Ange s'en eſt ſervi dans les dehors de l'Égliſe de Saint Pierre, & lui a donné une Proportion admirable : elle eſt auſſi au-dehors & au-dedans du Val de Grace. La Scotie, qui eſt une des principales moulures de cette *Baze*, eſt tracée ſur le modèle de pluſieurs *Bazes* Antiques, & Vignole a donné la pratique pour en tracer le contour géométriquement ; mais cette cavité qui entre dans le liſtel ſur le gros tore, réuſſit mal dans les ouvrages de pierre ; parce que l'arrête de ce liſtel devient ſi vive, qu'elle n'a plus de ſoutien, & ſe caſſe aiſément ; auſſi ſe trouve-t-elle rarement conſervée dans les *Bazes* qui ſont au rez de chauſſée, & à portéé de la main ; & c'eſt ce qui fait qu'on ne voit preſque plus de liſtel aux *Bazes* des pilaſtres des Égliſes des Pères de l'Oratoire & des Petits Pères à Paris. *Daviler.*

2. Le *Fuſt* eſt le corps de la *Colonne* compris entre ſa Baze & ſon Chapiteau. Cette partie de la *Colonne* eſt encore appelée le *Vif de la Colonne. Voyés la gravure, p. 308. e.* Il y a des Architéctes qui veulent que les *Colonnes* ſoient plus groſſes au tiers de leur hauteur, qu'au bas de leur *Fuſt.* D'autres font ce *Fuſt* de la même groſſeur du bas au tiers, & les diminuent depuis e tiers juſqu'au haut ; d'autres enfin ſont d'avis de commencer a diminution dès le bas.

Il y a deux choſes à remarquer dans le *Fuſt* ou tige de la *Colonne* ; ſçavoir, la *Diminution* & le *Renflement.*

La *Diminution* imite le tronc des Arbres, dont apparemment les remières *Colonnes* étoient faites ; & le *Renflement* imite le Corps numain, qui eſt plus large vers le milieu que vers les éxtrêmités.

La *Diminution* ſe fait en deux manières, ou dès le pied, omme ſont la plûpart des *Colonnes* Antiques de Granite ; ou u tiers en haut, comme le ſont généralement toutes les *Colonnes* de marbre & de pierre. Quant à celle de Granite, il ne en trouve guères qui ayent un contour agréable, parce qu'on

les envoyoit des carrières d'Égypte toutes taillées fans éxaĉtitude ; l'on peut juger du peu de foin des ouvriers qui les tail-
loient, par la manière dont l'Aftragale & les Ceintures du haut
& du bas , ainfi que les Congés font profilés. La *Diminution*
depuis le bas eft la plus naturelle , mais elle eft moins agréable
que celle qui fe fait depuis le tiers. Les Archit̀e͡ĉtes Gothiques
n'ont point obfervés la *Diminution*, & leurs *Colonnes* font Cy-
lindriques ; auffi elles font appellées *Piliers*, à la diftinĉtion des
Colonnes. Or cette *Diminution* eft plus ou moins fenfible , felon
la groffeur ou la délicateffe des *Colonnes*. Les Tofcanes font
plus refferrées par le haut que les Doriques , & ainfi des autres.

Pour ce qui eft du *Renflement* des *Colonnes*, les Archit̀eĉtes
font fort partagés fur ce fujèt ; & comme il ne s'en trouve point
d'éxemple antique , & qu'il n'eft pas même sûr que Vitruve en
ait voulu parler , lorfqu'il a dit qu'il faut ajouter quelque chofe
au tiers de la *Colonne* ; on peut croire que les Anciens ne l'ont
point connu.

Henri Woton dans fes Élémens d'Architeĉture , traite ce
Renflement du plus abfurde Abus de l'Architeĉture ; toutefois
l'ufage de Renfler les *Colonnes* à leur tiers eft fi pratiqué parmi
les Modernes, qu'on ne voit prefque point de *Colonnes* qui ne
foient *Renflées*. C'eft pourquoi on a cherché plufieurs manières
pour rendre ce *Renflement* agréable ; mais il faut fur-tout obferver , que moins il eft fenfible , & plus il eft beau ; & par conféquent il fait un très - mauvais effèt , lorfqu'il eft trop reffenti ;
ainfi qu'aux Colonnes Corinthiennes du Portail de l'Églife des
Filles de Sainte Marie ruë Saint Antoine.

Vignole entend que fur les points donnés pour la *Diminution* & le *Renflement* des Colonnes , on pofé à une ou plufieurs
reprifes , une règle mince d'une pièce s'il fe peut , qui fe courbe
felon lefdits points ; & que par cette règle on traçe la ligne

lu Contour. Cette Opération se nomme l'*Épure*, (qui est le Dessein au trait du profil, qui se fait sur un mur enduit de plâtre).

De tous les Architectes Anciens & Modernes, Vignole est le premier qui ait donné des règles du Trait de *Diminution* & lu *Renflement* des Colonnes ; sa manière est fort facile, elle est reçuë de tous les Architectes, & pratiquée de tous les Ouvriers de la grandeur effective de la Colonne. Si le *Fust* est de plusieurs pièces & par tambours, il faut marquer les assises sur l'Épure, afin de guider les Appareilleurs ; mais lorsqu'une telle Colonne est montée en pied, comme il est impossible que la Pose soit bien juste, il est nécessaire de la ragréer ; pour cela l faut prendre une règle, que l'on taillera suivant le Contour extérieur de la Colonne, & la poser de champ contre le *Fust* de la Colonne ; on l'y fera promener, & l'on ôtera le superflu du *Fust*, jusqu'à ce qu'on voye que la règle touche également par-tout ; cette règle doit être d'une pièce de bois sec, & également fléxible par-tout, ou de plusieurs pièces bien assemblées. *Daviler.*

3. Le *Chapiteau* est le Couronnement ou la Partie supérieure d'une Colonne. *Voyés la gravure . pag. 308.* f. Ceux qui sont sans ornemens, comme le *Toscan* & le *Dorique*, dont l'un qui est le plus simple, a son Tailloir quarré, & sans Moulures ; & l'autre a son Tailloir couronné d'un Talon & de trois Annelets sous l'ove : ils s'appellent *Chapiteaux de Moulures ; &* tous ceux où il y a des Feuilles ou des Ornements Taillés, s'appellent *Chapiteaux de Sculpture.*

Le plus agréable de tous est le *Chapiteau Corinthien.* Il est orné de deux rangs de Feuilles, avec huit grandes & huit petites Volutes, qui sont posées contre un corps que l'on appelle *Tambour.* On rapporte pour Origine de ce *Chapiteau*, que la nourrice d'une jeune fille morte dans ses plus belles années,

étant

étant allée la pleurer au lieu de fa fépulture, y porta dans une corbeille ou panier d'ofier certains petits vafes que cette jeune perfonne avoit fort aimée pendant fa vie. Elle y laiffa ce panier couvert d'une thuile, & une racine d'Achante s'étant par hazard trouvée deffous, la Plante quelque tems après pouffa fes Tiges à l'entour ; & comme à mefure qu'elles croiffoient, la thuile qui débordoit au-deffus de ce panier, empêchoit les Feuilles de monter en haut, elles fe courboient vers la terre. Callimachus, excellent Sculpteur, paffa par-là, & voyant l'agréable effèt que faifoient ces Feuilles, il les deffina avec le panier ; & pour en faire l'ornement du *Chapiteau Corinthien*, il donna des mefures qui fûrent fuivies par les Ouvriers de ce tems-là. *Voyés la gravure, pag. 308.* f.

Chapiteau vient du mot latin *Capitellum*, qui veut dire, le Sommè de quelque chofe que ce puiffe être. Le *Chapiteau Ionique* eft diftingué par fes Volutes & fes Oves ; le *Compofite* par les deux rangs de Feuilles qui font au Corinthien & par les Volutes de l'Ionique, & l'*Attique* a des Feuilles de refend dans le Gorgerin. *Trévoux.*

On appelle *Chapiteaux Symboliques*, ceux qui font ornés d'Attributs de Divinités ; comme les *Chapiteaux Antiques* où l'on voit des Aigles pour Jupiter, & des Lyres pour Apollon ; ou qui portent les Armes & les Devifes d'une nation, d'une dignité, &c.

Le *Chapiteau-Colonne*, eft celui dont le plan eft rond ; & le *Chapiteau-Pilaftre*, celui qui eft quarré par fon plan ou fur une ligne droite. On appelle *Chapiteau Angulaire*, celui qui porte un retour d'Entablement, à l'encoignure d'un avant-corps ; & *Chapiteau refendu*, celui dont la Sculpture des Feuilles eft terminée.

Il eft encore des *Chapiteaux* de plufieurs fortes. Il y en a

Tome II. Part. I.   *V v*

de *Pliés* , tels que celui d'un Pilaftre , qui eft dans un Angle rentrant droit ou obtus ; d'*Écrafés* , qui étant trop bas font hors de la Proportion Antique ; de *Galbés* , c'eft-à-dire , dont on n'a fait qu'ébaucher les Feuilles ; de *Mutilés* , qui font ceux qui étant trop près d'un corps ou d'un angle , n'ont pas autant de Saillie d'un côté qu'ils en ont de l'autre. *Diction. de l'Académie.*

L'on trouve parmi les Antiquités de Rome une diverfité prefqu'infinie de *Chapiteaux* qui n'ont point de noms particuliers , & que l'on peut toutefois comprendre fous le nom général de *Chapiteaux Compofites* ; d'autant plus qu'ils fuivent les principales mefurés de ceux qui tirent leur origine de l'Ionique & du Corinthien.

Dans quelques-uns de ces *Chapiteaux* , il y a des Animaux au lieu de Tigètes & de Volutes ; & dans d'autres des Cornes d'Abondance , ou d'autres Ornements convenables au fujèt auquel ils étoient deftinés. Les Aigles qui tiennent lieu de Volutes ; & les têtes de Jupiter qui font à la plaçe des Fleurs avec des Foudres au-deffous. Dans le premier des *Chapiteaux* qui font deffinés en cet endroit , on montre qu'il eft tiré de quelque Temple confacré à Jupiter ; de même l'on peut dire que cet autre *Chapiteau* qui a quatre Griffons au lieu de Volutes , & quatre Aigles au milieu qui tiennent chacun un Chien dans leurs ferres , étoit employé au Temple de quelqu'autre Divinité. La Proportion de ces *Chapiteaux* eft la même que celle du Corinthien , dont il n'eft différent que par ces Animaux qui y ont été ajoutés.

Les Égyptiens ont été les premiers qui ont gravés leurs penfées fur les pierres , & qui faifant parler les marbres par le moyen de leurs Hiéroglyphes , ont voulu tranfmettre à la Poftérité les principes de leur Philofophie. La Sculpture , quoique alors informe , fignifioit beaucoup de chofe qu'elle ne pouroit pas éxprimer à préfent par de grands Bas-reliefs : ainfi cette Nation Sçavante a fait connoître , qu'on ne devoit jamais épargner ni travail , ni matière pour immortalifer les productions de l'Ef-prit. Les Anciens voulant perpétuer la mémoire de leurs Grands-Hommes , ont encore eu recours aux Monumens ; & pour mieux faire connoître à ceux qui viendroient après eux , quel avoit été leur deffein en conftruifant ces bâtiments ; non-feulement ils y ont placés les images de leurs Héros , mais ils fe font en-core étudiés à les enrichir jufques dans les moindres parties d'Ornemens Symboliques & propres au fujèt.

Nous devons à cette Attention particulière des Anciens , une partie des Connoiffances qui nous ont fait pénétrer dans les Secrèts les plus cachés de l'Antiquité ; car après les Infcrip-tions, nous n'avons point de guides plus sûrs que les reftes de la Sculpture Antique , pour nous amener à cette connoiffance. C'eft par l'Infpection de ces Sculptures que nous jugeons que tel Temple a été confacré à telle Divinité , & en quelle occa-fion , & pourquoi les Arcs de Triomphes ont été érigés. Car châque Religion , ainfi que châque Peuple, a tâché de fe diftin-guer , tant par les Symboles des Divinités qui étoient l'objèt de fon Culte , que par fes Armes & fes Devifes.

Après que les Grècs fe fùrent fait connoître par leurs Ordres Doriques , Ioniques & Corinthiens ; & que les Latins fe fù-rent diftingués des Grecs par le Tofcan & le Compofite , ils affectèrent encore les uns & les autres d'ajouter aux Ornemens de ces Ordres les attributs de leurs Divinités ; comme on le peut voir par les *Chapiteaux* qu'on rapporte ici , & tant d'autres dont il feroit trop long de faire le dénombrement : & il eft ar-rivé dans la fuite que les Ordres n'ont retenu leurs noms qu'à caufe de leurs Proportions. Auffi Vitruve prétend-il que nul Ornement ne peut faire changer ces Proportions , quand il dit

V v ij

que l'on peut mettre fur la tige de la colonne corinthienne des
Chapiteaux de toute efpèce ; ainfi les Pégafes ou Chevaux Aîlés
qui étoient aux *Chapiteaux* des colonnes du Temple de Mars
rapportés par Palladio & Labacco, n'ont point fait nommer
ces colonnes l'*Ordre de Mars* ; quoique dans les proportions
de l'Ordre Ionique, elles n'ont point ceffées d'être réputées
Corinthienes.

Sur ce Principe il feroit difficile de faire quelque Ordre Nouveau qui pût retenir le nom de la Nation qui l'a inventé, ou du
Prince pour qui il a été fait. A l'égard du Choix des Ornemens,
l dépend du Jugement de l'Architècte, qui doit y apporter le
même foin que dans la Difpofition de toutes les parties de l'É-
difice. Il doit même les adapter fi à propos, qu'il foit toujours
prêt à rendre Raifon de la fin qu'il s'eft propofée, en les faifant
de telles manières. Que fi le Sujèt n'eft pas capable d'Ornemens
Significatifs, alors il fe peut contenter des Ornemens propres
& particuliers à châque Ordre. Enfin quelque ingénieux &
finguliers que foient les Ornemens, il les faut toujours renfermer dans les Proportions Antiques, defquelles il eft difficile de
s'éloigner fans quitter la belle maniére. *M. Félibien.*

Volutes.

La *Volute* eft une partie des *Chapiteaux* des Ordres Ionique,
Corinthien & Compofite ; on prétend repréfenter des écorces
l'Arbres tortillées & tournées en lignes fpirales. Auffi *Volute*
vient-il du latin *Volvere*, Tourner, tortiller. Les *Volutes* font
différentes dans ces trois Ordres, & M. Félibien dit, que felon
Vitruve, les *Volutes* qui font au-deffous des Caulicoles dans
l'Ordre Corinthien, font au nombre de feize dans châque
Chapiteau ; au lieu qu'il n'y en a que quatre dans l'Ordre
Ionique, & huit dans le Compofite : mais que la *Volute* eft

plus confidérable dans le *Chapiteau* de la Colonne Ionique. Elle repréfente une efpèce d'Oreiller ou de Couffin pofé entre l'Abaque & l'Échine, comme fi on avoit craint que la pefanteur de l'Abaque ou de l'Entablement qui eft au-deffus, ne rompît ou ne gâtât l'échine. C'eft ce qui a obligé Vitruve à l'appeller *Pulvinus*. Il dit dans fon Livre 4. Chap. 1. que les *Volutes* repréfentent la Coëffure des femmes, & les Boucles des Cheveux qui pendent de châque côté de leur vifage. Elles font appellées *Coquilles* par Léon - Baptifte Albert, à caufe qu'elles reffemblent à la Coquille d'un Limaçon. C'eft pour cela qu'il y a des Ouvriers qui les appellent *Limaçes*. Elles font toutes dans la partie appellée *Baluftre*, à l'exception de l'Ionique Antique qui n'a des *Volutes* qu'à deux faces.

Vitruve appelle *Hélices* les petites *Volutes* qui font au milieu de châque faço du *Chapiteau Corinthien*. Il y a encore des *Volutes* aux Confoles, aux Modillons, & à d'autres fortes d'Ornemens. Dans les Modillons, ce font les deux Enroulemens inégaux des côtés du Modillon Corinthien ; & dans les Confoles les Enroulemens des côtés de la confole, prefque femblable aux Enroulemens du Modillon. *Daviler.*

On appelle *Volute arafée*, celle dont le Liftel eft fur une même ligne dans fes trois Contours ; *Volute Angulaire*, celle qui eft pareille dans les quatre faces du Chapiteau ; *Volute à l'Envers*, celle qui fe contourne en-dedans au fortir de la Tigette ; *Volute évidée*, celle dont le Canal d'une circonvolution eft détaché du Liftel d'un autre, par un vuide à jour ; *Volute Fleuronnée*, celle qui a fon Canal embelli d'un Rinçeau d'ornemens ; *Volute naiffante*, celle qui femble fortir du Vafe par derrière l'Ove, & monte dans le Tailloir ; *Volute Ovale*, celle dont les Circonvolutions ont moins de largeur que de hauteur ; *Volute Rentrante*, celle qui a fes Circonvolutions rentrées en-dedans ;

Volute faillante , celle dont les Enroulemens fe jettent en-de-
ors ; & *Volute à tige droite* , celle dont la Tige parallèle au
'ailloir fort de derrière la fleur de l'Abaque. *Dictionnaire de
Académie.*

ENTABLEMENT.

III. L'*Entablement* eſt la partie de l'Ordre , au - deſſus du
Chapiteau de la Colonne , qui ſe diviſe en *Architrave* , en *Friſe,*
& en *Corniche. Voyés la gravure , pag. 308.* g. h. i.

C'eſt le ſentiment des meilleurs Architectes , que la hauteur
es *Entablemens* doit diminuer à proporrion que les Colonnes
ont groſſes ; parce qu'elles ſont moins capables de porter un
ourd fardeau : ainſi ſelon cette opinion , ſi l'*Entablement* Do-
ique a le quart de la hauteur de la Colonne , le Corinthien
e doit avoir que le cinquième , & l'Ionique la moyenne pro-
ortionnelle entre les deux. Mais Vignole ne s'eſt point aſſu-
etti à cette règle , il a crû que les Éxemples Antiques devoient
tre d'une plus grande autorité , s'attachant ſur-tout à ceux qui
toient les plus univerſellement approuvés ; & ſur ce principe,
l a donné à ſon *Entablement* Corinthien le quart de hauteur de
a Colonne. L'Architrave & la Friſe ſont de même hauteur ,
quoique la dernière ſoit ornée de ſculptures. Ce qu'il *y a dans*
a Corniche de remarquable , ce ſont les Modillons & les Den-
icules enſemble , contre l'Opinion de pluſieurs & de Vitruve
nême , qui prétend que ces deux Ornemens ſont incompati-
les. Mais la raiſon qu'il en apporte eſt bien foible , puiſqu'elle
ft uniquement fondée ſur la ſuppoſition que les Denticules
iennent la plaçe des Chevrons ; & que les Modillons expri-
nent les Forces. Auſſi ne voit-on pas que les Anciens ayent
ait difficulté de mettre enſemble ces deux Ornemens dans le
nême *Entablement.* Le Temple de Jupiter Stator dans le Mar-

ché Romain, celui de la Paix, celui de Jupiter Tonant, la Plaçe de Nerva, l'Arc de Conſtantin, & quantité de bâtimens modernes, ſont autant d'éxemples qu'on peut citer du contraire. S'il y avoit quelque raiſon pour retrancher les Denticules, ce ſeroit, lorſque la Corniche eſt taillée, pour éviter la confuſion; comme on a fait au Portail du Louvre. *Daviler.*

De l'Architrave.

1. L'*Architrave* eſt une des parties de l'Entablement, qui repréſente une *Poutre*, & porte immédiatement ſur les Chapiteaux des Colonnes. Ce mot dans ſa définition, ſignifie *Principale Poutre.* L'*Architrave* eſt différent ſelon les Ordres; au Toſcan, il n'a qu'une Bande couronnée d'un Filèt; il a deux faces au Dorique & au Compoſite; trois à l'Ionique & au Corinthien. *Voyés la gravure, pag. 308. g.*

Les trois faces de l'*Architrave* doivent être tellement proportionées, qu'elles ſoient comme de cinq à ſept, & de ſept à neuf, ſelon l'origine de l'*Architrave* & de la Friſe. Sur ce principe, l'*Architrave* doit être plus haute que la Friſe; parce qu'elle repréſente la Poutre: la Friſe tient lieu des Solives qui portent ſur la Poutre, elles doivent être moins groſſes. Vitruve qui donne aux Friſes qui n'ont point de Sculpture, le quart de hauteur moins qu'à l'*Architrave*, ſemble s'être fondé ſur ce raiſonnement: cependant ſi on veut qu'une Friſe faſſe un bel effèt, il faut lui donner plus de hauteur qu'à l'*Architrave;* parce que la ſaillie de la Cimaiſe de cette *Architrave* cache une partie de la hauteur de la Friſe; outre qu'elle a toujours meilleure graçe lorſqu'elle eſt plus grande, quand même elle ſeroit ſans ornement: La proportion que Vignole donne aux Denticules eſt différente de celle de Vitruve, elle s'accorde plus avec l'Antique : leur plan est quarré, leur hauteur est sesquialtère de leur largeur, & l'espaçe a la moitié de cette largeur. *Trévoux.*

De la Frise

2. La *Frise* est une partie considérable de l'Entablement; elle forme l'intervalle qui se trouve entre l'Architrave & la Corniche. *V. la grav. p. 308.* h. Les *Frises* sont souvent ornées de sculptures en bas relièf de peu de saillie, qui imite la Broderie.

Lorsque les Anciens ont enrichis leurs *Frises* de Rinçeaux d'Ornemens, ils ne leur ont pas donné un grand Relièf, imitant l'effèt de la Broderie; & l'on prétend même que c'est de-là que leur vient le nom de *Frise*, Nom emprunté des Phrygiens qui ont excellé dans l'Art de broder. Mais lorsqu'ils ont voulu y exprimer des Sacrifices & des Sujèts d'histoire, ils ont donné alors un très-grand relièf aux Figures; comme on le peut voir à l'Arc de Titus, & à la Plaçe de Nerva : ainsi on ne doit pas être surpris, si elles se sont si fort ruinées.

Ce grand Relièf a été imité par Jean Goujon dans la Cour du Louvre à l'Ordre Composite; cet éxcellent Sculpteur y a représenté dans la *Frise* des enfans entrelassés avec des Festons qui sont taillés avec tant d'Art, que cette *Frise* est estimée par les Connoisseurs un des beaux Morçeaux de Sculpture qui ait été fait. Mais il faut avouër, que cette Richesse apporte quelque confusion, pour peu que l'on soit éloigné de l'objèt. Les Ornemens que Michel-Ange a mis dans la *Frise* de son Ordre Ionique du Palais Farnèse, n'ont pas un si grand Relièf; & je crois que la Sculpture des *Frises* n'en doit pas avoir davantage, que celle du Temple d'Antonin & de Faustine, que Vignole a imité dans son Ionique. Ce Relièf doit être règlé par la grandeur de l'Édifice, par la distance du lieu d'où il doit être vû, par le Caractère de l'Ordre auquel il est employé. Il faut aussi que

que les Ornemens y foient mis avec jugement & précaution, enforte qu'ils caractérifent le genre d'Édifice : c'eft ainfi qu'on connoît que trois Colonnes qui font enterrées fur le penchant du Mont Capitolin, fervoient à un Temple, parce qu'il y a dans la *Frife* des inftrumens de Sacrifices ; & l'on pourroit citer beaucoup d'autres Bâtiments Antiques, & fur-tout des Temples, qu'on juge avoir été dédiés à telle ou telle Divinité par l'infpection de quelques Ornemens Symboliques qui en font reftés.

La *Frife* peut auffi reçevoir des Infcriptions, comme au Portique du Panthéon, & dans une infinité d'autres Édifices tant Anciens que Modernes ; mais lorfque l'Infcription ne peut tenir toute entière dans la *Frife*, on en peut graver la fuite dans les faces de l'Architrave, comme au même Panthéon ; ou bien il faut rabattre les faces & les moulures de l'architrave, & les mettre au même arafement que la *Frife*; comme il a été pratiqué au Temple de la Concorde, & au Grand Porche de la Sorbonne dans la Cour. *Daviler.*

Triglyphes, Métopes.

On appelle *Triglyphe* un Ornement employé dans la Frife de l'Ordre Dorique. Les *Triglyphes* font des Boffages quarrés longs, lefquels imitent affés bien les bouts de plufieurs Poutres, qui porteroient fur l'Architrave pour former un *Plancher.* Ils ont encore été définis des Ornemens compofés de trois Bandes ou Règles féparées par des Cannelures. *Dictionnaire d'Architecture. Voyés la gravure, pag.* 342. B. x. y.

On nomme auffi *Métope*, un intervalle quarré, qui dans la Frife Dorique, fait la féparation de deux Triglyphes ou Boffages : on mèt fouvent dans cet efpaçe des Têtes de Bœufs, les Vafes, &c. *Trévoux. Voyés la gravure, pag.* 342. B. r. s.

De la Corniche.

3. La *Corniche* eft un Ornement d'Architècture en *Saillie*, ju'on plaçe au-deffus des Colonnes & des Frifes ; & qui couonnent les Grands Ouvrages d'Architècture.

De toutes les *Saillies* qui décorent les Bâtiments, les *Corni-:hes* font fans contredit les plus utiles ; parce que non - feulenent elles confervent les paremens des murs, en les garantifant de la pluie, mais qu'elles les couronnent encore avec gra-:e. La Proportion générale de la hauteur & faillie des Enta-:lemens, dépend de l'exhauffément de l'Édifice, de la diftance j'où il doit être vû, & de fon caractère ; s'il eft fimple, ou ri-:he ; fi c'eft un bâtiment de peu d'importance ; ou fi c'eft la Maifon d'un particulier. Un Architècte fe rendroit méprifable, s'il employoit dans un bâtiment de peu d'importance, un Entablement qui ne conviendroit que pour un Palais ; auffi y a-t-il différens genres de corniches. *Voyés la gravure.*

La *Corniche* fe mefure depuis la Frife ; jufqu'à la Cimaife inclufivement. *Voyés la gravure.*

La *Corniche* Tofcane eft la plus fimple. *Voyés la gravure.*

La *Corniche* Dorique eft ornée de Moulures, & de Denticules. *Voyés la gravure.*

La *Corniche* Ionique a quelquefois fes Moulures taillées d'ornemens, avec des Denticules. *Voyés la gravure.*

La *Corniche* Corinthiene eft celle qui a le plus de Moulures & de Modillons. Elle admèt auffi les Denticules. *Voyés la gravure.*

La *Corniche* Compofite a des Moulures taillées, des Denticules, & des Canaux fous fon Plat-fond. *Voyés la gravure.*

La *Corniche* de Couronnement eft celle qui couronne le Bâtiment.

La *Corniche* en Chamfrain eft une *corniche* fimple & fans Moulures.

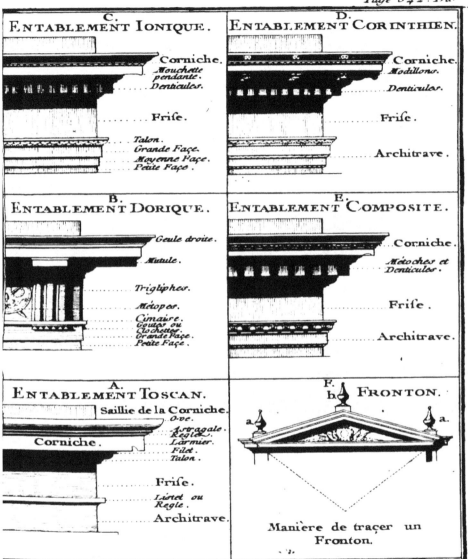

C.
ENTABLEMENT IONIQUE.

Corniche.
Mouchette pendante.
Denticules.

Frife.

Talon.
Grande Faςe.
Moyenne Faςe.
Petite Faςe.

D.
ENTABLEMENT CORINTHIEN.

Corniche.
Modillons.

Denticules.

Frife.

Architrave.

B.
ENTABLEMENT DORIQUE.

Geule droite.

Mutule.

Trigliphes.

Métopes.

Cimaife.
Goutes ou
Clochettes.
Grande Faςe.
Petite Faςe.

E.
ENTABLEMENT COMPOSITE.

Corniche.

Métoches et
Denticules.

Frife.

Architrave.

A.
ENTABLEMENT TOSCAN.

Saillie de la Corniche.
Ove.
Astragale.
Regle.
Larmier.
Filet.
Talon.

Corniche.

Frife.

Liftet ou
Regle.

Architrave.

F.
FRONTON.

Manière de tracer un
Fronton.

La *Corniche* Continuë est celle qui dans toute son étenduë & dans ses retours, n'est interrompuë par aucun membre d'Architèéture.

La *Corniche* Coupée est une *corniche* interrompuë, & qui ne règne pas de suite.

La *Corniche* Circulaire est celle qui tourne au-dedans & au-dehors d'un Salon, d'un Dôme ; &c.

La *Corniche* Rampante est la *corniche* d'un Fronton pointu. *Diction. de l'Académie.*

Observés quatre parties dans la Corniche :

Sçavoir ;

Modillon, Douçine, Moulure, Denticule.

1. Les *Modillons* sont de petites Consoles renversées sous les platfonds des Corniches Ioniques & Composites, qui doivent répondre sur le milieu des colonnes. Les *Modillons* sont particulièrement affeétés à l'Ordre Corinthien, où ils sont toujours taillés avec entoulement. *Voyés la gravure, pag. 342. D. f.*

2. La *Douçine* est une Moulure plaçée au haut d'une Corniche ; elle a peu de saillie, & elle est moitié convèxe & moitié concave. On la nomme encore *Cymaise* ; c'est-à-dire, la dernière Moulure plaçée à la Cîme de la Corniche. Ce Terme à consulter son étymologie, signifie *Onde* ; & en effèt elle la représente par la sinuosité flèxueuse de son Contour ; c'est une Moulure concave par le haut, & convèxe par le bas. *Voyés la gravure, pag. 342. D. h.*

3. Les *Moulures* sont en général tous Ornemens en *Saillie*, lont l'Assemblage forme les Corniches, Chambranles, & aures membres d'Architèéture.

La *Moulure* Couronnée , eſt accompagnée & comme couronnée d'un Filèt.

La *Moulure* Liſſe eſt une *moulure* remarquable , par la graçe
de ſon Contour.

La *Moulure* Ornée eſt taillée de Sculpture, de Relièf, ou en
Creux.

4. La *Denticule* eſt un Ornement dans une Corniche, taillé
en forme de Dents. Les *Denticules* ſont affeétées à l'Ordre
Ionique. *Voyés la gravure , pag.* 342. C. d. d.

On nomme auſſi *Denticule ,* le Membre de la Corniche ſur
lequel les *denticules* ſont taillées. *Diétion. des Beaux Arts.*

F R O N T O N.

IV. Le *Fronton* eſt un Ornement d'Architéélure , quelquefois
Rond ; & plus ordinairement Triangulaire , en forme de petites
Corniches qu'on applique ſur les Portes , ſur les Fenêtres , le
long d'une Façade, & pour couronner une Ordonnance : le
Champ ou panneau du milieu s'appelle Tympan.

Les *Frontons* augmentent beaucoup la beauté des Façades
lorſqu'ils ſont mis à propos , comme au milieu d'une Loge, ou
au porche d'un Temple ; & le Corps qui en eſt couronné , doit
toujours être en Saillie pour qu'on le diſtingue ; & qu'il donne
ſur les autres parties continuës de l'Édifice.

La Proportion des *Frontons* eſt que la Corniche de niveau ,
ſans la Cymaiſe, (qu'elle n'a jamais lorſqu'il y a un *Fronton* ,)
doit être diviſée en neuf parties ; deſquelles il en faut donner
deux , à la hauteur que le *Fronton* a juſqu'au ſommèt ; cette
Proportion étant, & plus agréable à la vûë que celle de deux
dixièmes, plus commode pour faciliter l'écoulement des eaux,
& plus conforme au *Fronton* du Porche de la Rotonde : enfin
cet Ornement forme un Triangle , dont la baze ayant dix-huit

arties, les deux côtés en ont chacun dix, moins un huitième ;
& la perpendiculaire fur la bafe, quatre parties ; l'angle fupé-
ieur étant à-peu-près femblable à ceux d'un Octogone régulier.

Outre les Grands *Frontons* des Façades, on en peut encore
mettre de petits fur les Fenêtres, Portes & Niches ; & lorfqu'il y en a une fuite, il eft bon de les faire Ceintrés & Triangulaires alternativement : comme ils font à la Rotonde, & aux
Bains de Tite. Leurs Tympans peuvent être ornés de Bas re-
lièfs ; comme celui du Temple de Caftor & Pollux à Naples ;
& comme on prétend, qu'étoit celui de la Rotonde, dans lequel on voit les trous où étoient fcellés les Crampons de bronze
qui en ont été enlevés. Comme il faut que les Ornements conviennent à l'ufage des lieux, & aux perfonnes pour qui font faits
les Édifices ; on peut tailler dans ces bas reliéfs, les Armes,
Chiffres, Devifes, & autres chofes de cette nature. *M. Blondel.*

Le Fronton a trois parties :

Sçavoir,

Le Tympan,   *les Corniches,*   *les Acrotères.*

1. Le *Tympan* eft la partie du Fronton, qui répond au nud
le la Frife ; elle eft Triangulaire, pofée fur la corniche de l'En-
ablement, & recouverte de deux autres Corniches en pente.

2. La *Corniche* eft le Couronnement de l'Ordre entier ; elle
ft compofée de plufieurs Moulures, qui faillant les unes fur
es autres, peuvent mettre l'Ordre à l'abri des eaux du Toît.

3. Les *Acrotères* font de petits Piédeftaux, le plus fouvent
ans bafe ; deftinés à porter des Figures, des Vafes, & autres
fortimens au bas des Corniches rampantes, au milieu d'un
onton, & au-deffus d'autres parties élevées d'un Édifice.
révoux. *Voyez la gravure, pag. 342.* F. a. a. b.

Tome II.   ¶

CHAPITRE V.

Arc , Voûte , Pilaftre , Pilier , Obélifque ou
Pyramide , Statuë , Bas-relièf ou *Demi-Boffe.*

ARC DE TRIOMPHE.

ARC de Triomphe, eft une conftruction de pierre ou de
charpente , qu'on fait dans les Réjouiffances Publi-
ues , pour les entrées des Princes , &c ; & que l'on décore de
ivers Ornemens de Sculpture & de Peintures, d'Infcriptions,
e Bas-relièfs , &c ; tels que l'Arc de Conftantin , l'Arc de
évère , &c.

Ces fortes de Monumens ont été appellés *Arcs de Triomphe*,
u *Arcs Triomphaux ;* parce que les Romains les élevèrent
riginairement en l'Honneur de ceux qui avoient mérité le
Triomphe.

Au commençement ces *Arcs* n'avoient rien de Magnifique :
s étoient groffièrement conftruits de fimple brique , comme
elui de Romulus ; ou de groffes pierres mal polies comme
elui de Camille : mais dans la fuite le marbre y fut employé;
omme à ceux de Céfar , de Drufus, de Trajan, de Gordien,
e Gratien, & de Théodofe : on y ajouta des Trophées tail-
és dans le marbre ; & des Infcriptions , pour fervir de Monu-
nent des Victoires remportées.

Ces *Arcs* eûrent pendant un tems la forme d'un demi-cercle,
omme le *Fornix Fabianus* dont il eft parlé dans Cicéron ; de-
uis on les fit quarrés , de manière qu'au milieu s'élevoit un
grand Portail voûté , accompagné de côté & d'autre d'une
Porte de moindre hauteur.

Cette Magnifiçence commença du tems d'Augufte, & fut portée encore plus loin par fes fuccefleurs, à qui l'on érigea des *Arcs* fuperbes : tel fut l'*Arc* de Tite qui s'eft confervé. En l'une des Façades, on voit le Char de Triomphe du Prince avec une Victoire derrière qui femble vouloir le Couronner ; au-devant font des Officiers qui portent la Hache, & les Faif-çeaux : dans l'autre faço, on voit le refte de la Pompe du Triomphe ; comme les deux Tables du Décalogue, la Table d'Or, les Vafes du Temple de Salomon, & le Chandelier d'Or à fèpt branches : tout cela avoit été enlevé du Temple de Jérufalem.

On voit aujourd'hui dans la Ville de Paris, plufieurs *Arcs de Triomphe*, bâtis pour laifler à la Poftérité des monumens durables des Victoires de Louis XIV : comme ceux des Portes Saint Denis, de Saint Martin, de Saint Bernard, & de Saint Antoine. Si l'on eût achevé le Grand *Arc de Triomphe* (dont on avoit élevé le modèle au bout du Fauxbourg Saint Antoine, l'an 1660, pour l'entrée de la Reine Marie-Thérèfe, Époufe de Louis XIV, lequel a fubfifté jufqu'à l'an 1716); il eût furpaffé de beaucoup en magnificence, tous les plus fameux Ouvrages d'Architècture de l'Antiquité, & de notre tems. *Daviler.*

Il y avoit dans l'Ancienne Rome une infinité d'*Arcs de Triomphes*, dont les principaux étoient :

L'*Arc* de Romulus : il y en avoit deux à Rome, & ils étoient tous deux de brique.

L'*Arc* de Camille ; bâti de pierre de taille & fans Ornemens.

L'*Arc* de Scipion l'Afriquain ; au bas de la Montagne du Capitole.

L'*Arc* de Fabius, pour le cenfeur Fabius, après la Victoire remportée fur les Allobroges.

L'*Arc* d'Augufte, aux deux extrémités du chemin de Rome à Rimini, que cet Empereur avoit fait rétablir.

On érigea encore un autre *Arc de Triomphe* en l'honneur d'Augufte, fur le fommèt d'une montagne des Alpes; après que les Habitans de ces montagnes eûrent été foumis.

L'*Arc* d'Octavius dreffé par Augufte.

L'*Arc* de Drufus, proche la Porte Capène.

L'*Arc* de Tibère, qui étoit de marbre, proche l'Amphithéâtre de Pompée.

L'*Arc* de Germanicus, au bas du Capitole.

L'*Arc* de Néron, dreffé par ordre du Sénat au milieu de la colline où étoit le Capitole.

L'*Arc* de Tite, dont il eft parlé ci-deffus.

L'*Arc* de Claude, dont on a trouvé les débris en 1641, en fouillant les fondemens du Palais des Colonnes.

L'*Arc* de Domitien, entre le chemin d'Appius, & celui de Domitien.

L'*Arc* de Marc - Aurele & de Fauftine, bâti par l'Empereur Commode, avec une Colonne pour fervir de Monument des Victoires que cet Empereur avoit remportées.

L'*Arc* de Lucius Vérus, dans la plaçe Trajane; en mémoire de la Victoire remportée contre les Parthes, par Avidius Caffius, fous les ordres de Lucius Vérus.

L'*Arc* de Trajan, dans la plaçe Trajane, en mémoire de fes Victoires fur les Daçes, les Arméniens, & les Parthes.

Un autre *Arc* de Trajan proche la porte Capène.

L'*Arc* de Gordien.

L'*Arc* de Gallien.

L'*Arc* de Septimus Sévérus au bas du Capitole.

L'*Arc* de Conftantin au bas du Mont-Palatin.

L'*Arc* des Bœufs, près du Mont-Palatin, bâti par des Marchands

chands de bœufs du tems de Septimus Sévérus, où étoient re-
préfentés des Sacrifices de bœufs, avec tous les Inftrumens fervant à les immoler, &c. *Diction. d'Architecture.*

Voûte.

§ II. *Voûte* eft en général le haut de quelque Ouvrage d'Architecture ; comme des Églifes & des Caves, qui eft fait en Arc
bandé. Saumaife fur Solin, felon ce qu'obferve M. Félibien, remarque trois efpèces de *Voûte* ; la première qui eft en *Berçeau*, qu'il
appelle *Fornix* ; la feconde qui eft en *Cul de Four*, qu'il appelle
Teftudo ; & la troifième qui eft en *Trompe*, qu'il nomme *Concha*.

Ces trois efpèces de *Voûtes* font encore fubdivifées par les
Ouvriers, qui leur donnent divers noms, felon leurs différentes
figures, & les lieux où l'ufage en eft reçu. La plus commune
eft celle qu'ils nomment *Berçeau de Cave*, qui eft ou *droite*, ou
rampante, ou *tournante*. Il y a outre celle-là les *Voûtes règlées*,
ou *prefque droites*, & les *Voûtes* ou *Trompes fufpenduës* ; appellées *Trompes*, à caufe de la reffemblance qu'elles ont à une
Trompette, qui étant étroite d'un bout, va en s'élargiffant. Les
Trompes forment comme la moitié d'un Cône ou d'un Cornèt.
Il s'en fait quelquefois qui font *plates* ou *droites* fur le devant,
l'autres *Rondes* ou en *Ovales*, *Quarrés*, à *Pans* ; & d'autres
figures régulières ou irrégulières.

Il y a auffi les *Voûtes d'efcalier*, & les *Voûtes d'Églife* qui
font, ou *Voûtes d'Areftes*, ou en *Arc de Cloître*, ou à *Orgives*.
Les *Voûtes d'Areftes*, font celles dont les angles paroiffent en-
dehors. Elles tiennent auffi quelque chofe des Berçeaux qui font
faits avec Lunettes, faifant à la rencontre des quatre quartiers.
dont elles font compofées, deux Areftes pleines qui naiffent
des angles de leur plan ; & qui fuivant la Courbure des plans
des *Voûtes*, fe croifent à la clèf des mêmes *Voûtes*, & figurent

Tome II. Part. I.   Y y

une Croix parfaite, lorſque le Plan eſt quarré ; ou une Croix de Saint André s'il eſt Barlong.

Voûte en Arc de Cloître, eſt celle que forment quatre portions de Cercle, & dont les angles en-dedans font un effet tout contraire à la *Voûte d'Areſte* ; c'eſt-à-dire, quand deux *Voûtes* en berçeau s'aſſemblent pour retourner en Équerre, ce qui fait que l'Arc qui va d'une encoignure à l'autre, eſt moitié à Areſte & moitié Creux.

Voûte d'Orgive, que l'on appelle autrement *Voûte à la Gothique*, ou *à la Moderne* ; eſt celle qui eſt compoſée de Formerèts, d'Arcs Doubleaux, d'Orgives & de Pendentifs ; & qui a ſon ceintre fait de deux lignes courbes égales qui ſe coupent en un point au Sommèt. Ces ſortes de *Voûtes* ſont avec des Nerfs qui ont une Saillie au-deſſous du nud de la *Voûte*. Les Nerfs d'Orgives ont différens noms, ſelon la figure qu'ils compoſent, & les lieux où on les plaçe. Ce ſont des Corps Saillans ornés de différentes Moulures qui portent & ſoutiennent les Pendentifs, qui ſont les quartiers des *Voûtes*, compris entre les nerfs ou branches d'Orgives. On les fait quelquefois avec des Vouſſoirs faits avec coupe, & quelquefois avec des Briques, du Moëlon ou de petits Pendans de pierre de taille coupés à l'Équerre. *Acad. Franç.*

Palladio, ſelon la remarque de M. Félibien, reconnoît ſix différentes ſortes de *Voûtes* ; ſçavoir à *Croiſettes* ou *Branches d'Orgives* ; à *Bandes* ; à la *Remencé*, (c'eſt ainſi que l'on appelle les *Voûtes* qui ſont des portions de Cercle, ſans arriver tout-à-fait à un demi-cercle), de *Rondes* ou *Cul de Four* ; à *Lunettes*, & à *Coquilles*. Les quatre premières étoient en uſage chés les Anciens. Les deux dernières ſont d'Invention Moderne.

Les *Voûtes* peuvent être auſſi nommées régulières ou irrégulières dans leurs Formes, à cauſe des Sujettions de leur uſage & de leur Raccordement. On entend par *Voûtes Régulières*,

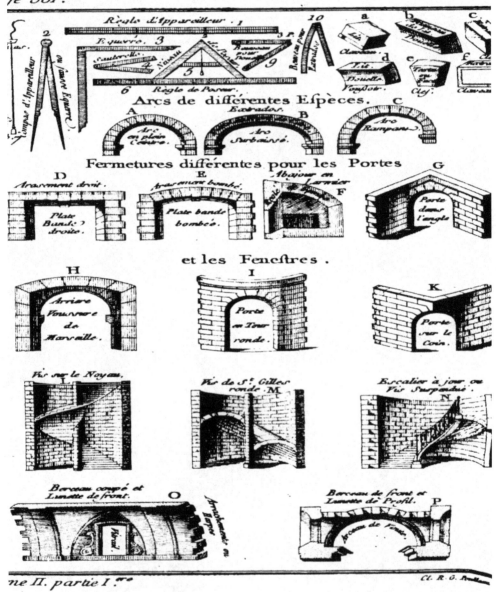

Règle d'Appareilleur. 1

Compas d'Appareilleur ou fausse Equerre

Equerre. 3

Niveau. 5

Règle de Poser. 6

Rameau pour Extrados.

Arcs de différentes Espèces.

Extrados.

A — Arc en plein Cintre.

B — Arc Surbaissé.

C — Arc Rampant.

Fermetures différentes pour les Portes

D — Arasement droit. — Plate Bande étroite.

E — Arasement bombé. — Plate bande bombée.

Abajour en Lamier. — F

G — Porte dans l'angle.

et les Fenêstres.

H — Arrière Voussure de Marseille.

I — Porte en Tour ronde.

K — Porte sur le Coin.

L — Vis sur le Noyau.

M — Vis de St. Gilles ronde.

N — Escalier à jour ou Vis Suspendue.

O — Berceau coupé et Lunette de front.

P — Berceau de front et Lunette de Profil.

celles qui n'ont ni biais, ni rampant, ni talut ; & par les *Irré-gulières*, le contraire. Châque Vouſſoir a ſix faces, deux Panneaux de Doüelle ; dont l'un eſt Intérieur ou d'intrados , & l'autre Extérieur ou d'extrados ; deux Panneaux de tête, dont l'un de Front fait parement de l'Arc par devant, & l'autre paroît derrière, ſi la pierre fait parpin , & deux Panneaux de lits qui ſont cachés dans le corps de la maçonnerie ; tous ces Panneaux ſont oppoſés. Les Joints ſont de lits ou de tête, qu'on nomme auſſi *Joints* de *Coupe*, qui ſont les Joints en Rayons tirés du centre des Arcs de plein ceintre. *Voyés la gravure.*

Il y a auſſi des Joints montans , & des Joints de lit ou de niveau dans les cours d'aſſiſes ; & ce dernier Joint doit ſuivre le lit de la carrière : car autrement la pierre feroit miſe en délit ; ce qui s'obſerve auſſi aux Arcs & *Voûtes* où les joints de lit ſont ceux de la carrière, ſans quoi la ruine des *Voûtes* & platte-bande arrive ſouvent par cette mal-façon. Le Couſſinet d'un Arc ou *Voûte*, eſt la dernière pierre ou *Impoſte* qui couronne le piédroit, & reçoit les premières Retombées. *V. la grav.*

On ſe ſert de divers Inſtrumens pour tracer les *Voûtes* & leurs Vouſſoirs ; & outre la règle, la fauſſe & la vraie Équerre, le niveau, le plomb & les autres outils communs dans l'art de bâtir ; on mèt en uſage la Sauterelle, qui eſt une équerre mobile pour prendre l'ouverture des angles, & le Beuveau, dont un bras ſert à tracer la curvité du Panneau de Doüelle, & l'autre le Joint de lit ; quelquefois les deux bras en ſont creuſés ou bombés, & toujours mobiles. Les Échaſſes ſont des lattes ou règles minces, ſur leſquelles on marque avec des hoches d'un côté les Vouſſoirs , & de l'autre les Retombées. *V. la gravure.*

On trace les pierres par Panneaux, ou par Équarriſſement, ou Dérobement ; & l'on trouve dans les Auteurs, les opéraions qu'il faut faire pour tracer une même pièce ſuivant ces

eux manières. Celle par Panneaux est la plus ingénieuse, &
lle est plus étenduë que celle par Équarrissement, avec laquelle
n ne peut pas toujours faire ce qui se fait par Panneaux. L'Es-
ure ou le Dessein de la pièce du trait, étant tracé aussi grand
que l'Ouvrage, on en lève les Panneaux avec du carton, du
er blanc, ou quelqu'autre matière mince ; puis on les applique
ur les pierres pour les tracer. Il faut aussi avoir recours à l'Es-
ure pour tracer par Équarrissement ; parce qu'en posant le
Beuveau sur la figure, on le rapporte sur la Tête du Parement
our y tracer la curvité de l'Arc ; & le Bras qui est droit, marque le Joint de lit ou de coupe. Dans les traits difficiles, on
'arrive pas tout d'un coup à tracer juste ; & comme il faut
ecouper de la pierre, il est à propos de laisser plutôt les Joints
gras, que maigres. *Voyés la gravure, pag. 351. a. b. c. d. &c.*

Les *Voûtes* prennent leurs noms de différentes figures qu'elles
eçoivent ; de leur plan, soit quarré ou barlong, rond ou ova-
e, droit ou biais ; & de leur profil, comme en plein ceintre,
u surbaissés & en anse de panier, ou rampant. Les *Voûtes* dif-
èrent des Plafonds, en ce qu'elles sont toujours Concaves, &
eur profil ceintré ; & les Plafonds sont droits, ou en plate-bande
quelquefois bombée. *Voyés la gravure, p. 351. A. B. C. D. E.*

La plus simple *Voûte*, & qui pousse le moins, est le Berçeau
n plein ceintre ; & pour le décharger, & en empêcher l'écare-
ement, aussi-bien que pour y donner un jour, si l'on en a be-
oin ; on y fait des Lunettes de diverses grandeurs. Lorsqu'un
Berçeau est rampant par son profil, & qu'il n'est pas parallèle
a la surface de la terre, il est appellé *Descente* ; qui est *Biaise,*
quand les jambages de l'entrée & de la sortie ne sont pas d'É-
querre avec les murs latéraux du Berçeau ; en *Talut*, quand le
levant de l'entrée est incliné ; & *Rampant*, si le ceintre en est
orrompu, & tracé avec une Cherche : ces *Descentes* rachè-

tent ordinairement un Berçeau en plein ceintre ; comme celui d'une Cave, d'une *Voûte* fphérique, ou fur le Noyau, ou de quelqu'autre figure. *Voyés la gravure, pag. 351.* O. P.

Il y a quelquefois des Sujettions qui obligent à prendre des Paffages, ou des Jours de côtés ; pour cela on fe fert d'un trait nommé *Biais paffé*, dont le plan des piédroits parallèle eft biais ; & l'arc, qui ferme la Baye, eft auffi Biais & parallèle : la Corne de Bœuf en eft différente, en ce qu'elle prend fa naiffance d'un point, & s'augmente de la largeur du piédroit oppofé, qui eft Biais par fon plan ; ainfi c'eft une moitié d'un *Biais paffé*.

Pour foulager les Larmiers & les Plattes-bandes, & retrancher du maffif, depuis la feuilleure d'une porte ou croifée jufques dans fon embrafure ; on les bombe par le dehors, ou bien on fe fert de l'arrière vouffure de Marfeille, pour faciliter l'ouverture des Ventaux d'une porte mobile ceintrée par le haut. A l'égard de l'arrière-vouffure de Saint Antoine, non-feulement elle décharge la Platte-bande ; mais fa figure, (qui eft le plus fouvent en plein ceintre, & bombée par fon profil plutôt que règlée,) eft plus agréable : & lorfque les murs font épais, & que la fermeture dans l'embrafure des croifées eft ceintrée, la lumière fe répand plus abondamment vers le Ceintre ou le Plafond de la chambre. Ces Arrières-vouffures rachètent quelquefois un Berçeau droit, ou rampant.

Il faut remarquer, que fouvent les plus beaux traits de la Coupe des pierres, n'ont pas toute la grace du Deffein ; & que le merveilleux qui s'y rencontre, femble répugner à la folidité, comme il paroît aux portes fur le coin, dont une Trompe porte l'encoignure en l'air ; & aux portes dans l'angle, qui font encore quelquefois biaifes : de forte qu'elles paroiffent difformes, à caufe de leur Sujétion ; & moins naturelle que celles qui font en tour ronde, ou en tour creufe. *V. la grav. p. 351.* G. I. K.

Pour les Trompes, il faut qu'il n'y ait que la néceffité qui les
ſe mettre en Œuvre ; comme celle dans l'angle rentrant, qui
t à porter en l'air un Cabinèt ou un Dégagement, pour ne
int repaſſer par les principales pièces d'un Appartement.

Quant à la Trompe ſur le coin, on s'en ſert ordinairement,
ſque la Porte eſt dans l'encoignure, pour faciliter le tour-
nt aux Chariots ; elle porte en l'air l'encoignure d'une mai-
1, & eſt fort hardie : mais elle tire au vuide. Il y a des Trom-
ſ de pluſieurs Figures ; comme de rondes, d'ondées, ou à pans
r le devant, & bombées ou règlées par leur profil, & même
ſ rampantes ; & plus elles ont de montée, plus elles ſont ſo-
es : mais à bien conſidérer ces ſortes de traits hardis, ils ſer-
nt moins à décorer le Bâtiment, qu'à faire paroître l'induſtrie
l'Ouvrier.

Les *Voûtes d'Arreſtes* ſont, ou quarrées, ou barlongues ;
mme celles en arc de cloître, qu'on nomme *Maîtreſſes Voû-*
, & leur différence conſiſte en ce que les *Voûtes d'Arrêtes*
nt formées de deux Berçeaux qui ſe croiſent ; & qui, comme
ſ Lunettes, forment des Arrêtes qui ſe coupent en un point:
les *Voûtes* en Arc de Cloître, ont des angles rentrans en
ʒgonales, à la place des Arrêtes ſaillantes.

Les vouſſoirs ſe font par Enfourchement, & elles ſont
·mées par des Clefs en croix ; il y en a de droites, de biaiſ
·, de rampantes, & d'autres figures. Lorſqu'on ne veut pas
·baiſſer ces *Voûtes*, &. qu'elles n'ont pas aſſés de montée ;
·ur leur donner le plein Ceintre, on en ferme le milieu par
ſ Plafonds quarrés ou à Pans.

La plus parfaite *Voûte*, c'eſt la *Sphérique*, ou en Plein Cein-
ſ; & quoiqu'elle forme un Hémicycle concave, elle ſe ferme
·diverſes manières ; comme en triangle, ou en quarré par-
t ou barlong, ou à pluſieurs pans ; & de même quand elle

eſt ſurbaiſſée. Ces ſortes de *Voûtes*, qui forment aſſés ſouvent la Coupe d'un Dôme, portent ſur une Tour ronde décorée d'Architecture ; & cette Tour eſt ſoutenuë par quatre Pendentifs, fourches ou panaches, dont le plan de fond eſt quarré ; & de châque angle d'un ou de deux points naiſſent ces Pendentifs creuſés en cul de four, qui terminent dans le haut & vers la fermeture des quatre grands Arcs qui portent le Dôme. Les Aſſiſes règnent de niveau, & les joints de lit ſont en coupe ; comme ceux d'une *Voûte* en cul de four. C'eſt un des plus Parfaits, & des plus utiles Traits de Maçonnerie. On nomme *Voûte* ſur le *Noyau*, lorſqu'un berçeau règne à l'entour d'un Pilier en tout ou en partie ; comme en demi, ou en quart de Cercle ſur ſon plan.

Entre tous les Ouvrages de Trait, les Eſcaliers ſont les plus conſidérables, à cauſe de leur utilité ; à laquelle, nonobſtant les ſujétions, il faut joindre toute la graçe dont l'Art eſt capable : le beſoin qu'on a de la Coupe des pierres pour leur conſtruction, fournit pluſieurs moyens pour les rendre agréables, ſurprenans & ſolides, dans quelque Cage qu'ils ſoient renfermés. *Voyés la gravure, pag. 351.* L. M. N.

On les diviſe généralement en Grands & en Petits ; & ils ſont quarrés ou barlongs, ronds ou ovales : les quarrés ou barlongs, ſont ordinairement à repos ; parce qu'il n'y a rien de plus difforme & de plus incommode, que les quartiers tournans dans les Eſcaliers un peu conſidérables ; ils ſont voûtés en Lunettes & en Arc de Cloître avec deux ou quatre noyaux, & les berçeaux en deſcentes ſur les rampes. Les plus Beaux ſont ſuſpendus en Arc de Cloître à repos, & ſans reſſauts en leurs retours.

Il y a dans les Grands Eſcaliers pluſieurs accidens qui en rendent la conſtruction difficile, comme lorſqu'on a peu de

ontée pour former un arc qui doit ſoutenir le grand palier de
ommunication, qui reçoit la butée de la rampe, & qu'il y
ut encore conſerver dans le deſſous des lunettes pour quelque
ur ou paſſage ; car alors on eſt obligé de fermer en platte-
nde bombée, les arcs dans le tiers au moins de leur étenduë.
ur les Eſcaliers ronds ou ovales, qu'on nomme à vis, les
us beaux ſont à jour, & ſuſpendus en l'air ; enſorte qu'il reſte
vuide à la plaçe du noyau ; ce qui non-ſeulement les rend
us aiſés, mais auſſi ſurprenans & agréables, lorſqu'on les voit
haut en bas. La Vis de Saint Gilles, qui eſt un des plus dif-
iles Traits, ſe fait ronde ou quarrée. *V. la grav. p.* 351. M.
Voilà le Dénombrement des *Voûtes* les plus uſitées dans les
timens. Sur les Principes qui ſervent à les conſtruire, on
peut établir une infinité d'autres qui tiennent de la nature
celles-ci, & qui n'en diffèrent que par la ſujétion de quelque
accordement. Quant à la Conſtruction de leurs Traits, il
it conſulter les Principaux Auteurs qui en ont traités. Phili-
rt de Lorme eſt le premier qui ait ouvert le chemin à cette
ience inconnuë aux Anciens, & qui l'ait réduite par Régle;
is il ne s'éxplique pas aſſés clairement. Mathurin Jouſſe s'eſt
du plus intelligible aux Ouvriers ; & il paroît par ſon Traité,
'il étoit conſommé dans la Pratique. Quant à Girard Deſar-
es, dont Abraham Boſſe a mis les Écrits au jour, il ſemble
'il ait voulu étant bon Géomètre, cacher la connoiſſance
ce qu'il enſeigne par ſa manière univerſelle, & par l'Affec-
ion des termes dont il ſe ſert, qui ne ſont point en uſage
rmi les Ouvriers. Le meilleur de tous, au Goût de ceux qui
gnent la Pratique à la Théorie, eſt le Père François Derand
uite, qui en a fait un ample Volume avec tous les éclaircif-
nens néceſſaires par diſcours & par figures ; auſſi eſt-ce celui
e les Ouvriers recherchent le plus, & on le donne aux Ap-
prentifs;

prentifs ; comme le plus sûr Guide pour parvenir à la Connoiffance de cette partie, qui n'eft pas la moins difficile de l'Architècture : mais quoique ces Livres foient d'un grand fecours,
les Appareilleurs ont depuis peu trouvé des manières plus abré-
gées & plus faciles ; comme il paroît dans les nouveaux Bâtimens. *Daviler.*

PILASTRE.

III. *Pilaftre* eft un nom qu'on donne à un Corps élevé fur
une Bafe quarrée, lequel fait fouvent l'office d'une Colonne ;
& qui en a les mefures, la baze, le chapiteau, fuivant l'Ordre dont il emprunte le Nom & les Ornemens.

Il y a des *Pilaftres* Ifolés, & d'autres qui ne le font pas.
Ceux travaillés dans le Mur, fortent les uns d'un tiers, les
autres d'un quart de leur largeur ; felon les divèrs Ouvrages
auxquels on les applique.

On donne ordinairement autant de largeur aux *Pilaftres* en
haut qu'en bas. Il y a pourtant de Célèbres Architèctes qui
les diminuent par le haut, comme on diminuë les Colonnes ;
principalement lorfqu'ils les plaçent immédiatement derrière
des Colonnes. De Broffe dans le Portail de Saint Gervais, &
M. Manfard, au Grand Autel de Saint Martin-des-Champs,
ont non-feulement diminué les *Pilaftres* par le haut ; mais ils
leur ont de plus donné du Renflement, & le même contour
qu'à une Colonne. Mais cette Méthode n'eft tolérable, que
lorfque les *Pilaftres* font fort proche & derrière les Colonnes ;
car autrement on doit les élever à plomb de bas en haut. *Dictionnaire des Beaux Arts.*

PILIER.

IV. Le *Pilier* eft une forte de Colonne ronde, & fans pro-
ortion ; forte de maffif, qui fert à étayer, à foutenir un plan-

ier , une voûte , un édifice. Les planchers ruineux s'étayent

ec des *Piliers* , des pièces de bois. Les *Piliers Boutans* ou

ontreforts font néceſſaires pour appuyer les Murs qui foutien-

ent des tèrraſſes , ou des voûtes. Les Grandes Égliſes font fou-

nuës par pluſieurs rangs de *Piliers*.

On appelle *Piliers de Carrière* , des maſſes de pierre qu'on

iſſe d'eſpaçe en eſpaçe , pour foutenir le Ciel d'une carrière.

révoux.

OBÉLISQUE.

V. Les *Obéliſques* font des Colonnes quarrées finiſſant en

inte, qui de tous côtés font remplies de Caractères Hiéro-

yphiques. Les Prêtres Égyptiens les appelloient *les Doigts*

Soleil , à cauſe qu'ils ſervoient de ſtyle pour marquer les

ures ſur la terre. L'Invention en eſt dûë aux Premiers Rois

Égypte , qui ont porté le Nom de Pharaon ; & c'eſt ce qui

fait, que les Arâbes les ont appellés *Meſſatets Pharaon;* ce qui

ut dire les Aiguilles de Pharaon.

Ce fut le Roi Manuſtar ou Seigneur de Memphis , qui fit

eſſer le premier *Obéliſque* l'An 2604 de la Création du Mon-

. Sothis fon fils , & un autre Prince qui lui ſuccéda , en firent

eſſer Douze dans la Ville d'Héliopolis. On en voit encore

, près les Ruines de cette Ville ; qui eſt au milieu d'un Grand

éſervoir , & tout enrichi d'Emblêmes Hiéroglyphiques. La

ravure en eſt groſſière , ce qui a fait douter qu'il foit de ceux

l'Érection du Roi Sothis , qu'on ſçait avoir été travaillés

ec plus d'Art. C'eſt aſſurément un des huit , que Pline dit

oir été érigés dans la Ville du Soleil , chacun de quarante-

ît coudées de haut; quatre par Sothis , & quatre par Ramaſ-

, fous le Règne duquel on prit la Ville de Troye. Le Roi

arrès ou Vafrès en fit dreſſer un tout nud l'an 3021 , qui fut tranfporté à Rome, & plaçé dans le Maufole par l'Ordre de l'Empereur Claude. Ptolomée Philadelphe fit auffi tranfporter à Aléxandrie dans le temps d'Arfinoë, un *Obélifque* ; que le Roi Nectabanus avoit fait ériger à Memphis, vers l'An 3300. On en verroit davantage à Rome, où les Empereurs Romains les faifoient porter d'Égypte ; fi Cambifes, lorfqu'il s'empara de ce Royaume, n'eût détruit tous ceux qu'il put rencontrer ; & banni ou tué les Prêtres qui pouvoient feuls expliquer les Caractères Hiéroglyphiques que l'on y voyoit.

La Coûtume d'élever des *Obélifques* étoit fi générale en Égypte, par le Grand Zèle qu'avoient les Égyptiens pour le Culte du Soleil, auquel ils les confacroient ; qu'il y avoit auffi des Prêtres & d'autres Perfonnes confidérables, qui en faifoient ériger ; les uns de trente, les autres de foixante-dix pieds de haut ; & d'autres de cent, & de cent quarante : de forte qu'à peine rencontroit-on une Plaçe qui ne fût embellie d'un *Obélifque*. Aux quatre côtés de ceux qu'érigeoient les Prêtres, il y avoit des Emblêmes & des Caractères Hiéroglyphiques qui marquoient de Grands Secrèts, où plufieurs Myftères Divins étoient contenus. Leur Matière étoit d'un Marbre plus dur que le Porphire, & prefque auffi difficile à rompre que le Diamant ; ce Marbre marqueté d'un rouge fort éclatant, de violet, de bleu, de cendré, de noir, & de petites taches de cryftal ; figuroit l'Action du Soleil fur les quatre Élémens, felon les Égyptiens, qui admiroient ce Mêlange. Le Feu étoit marqué par le rouge, l'Air par la couleur du cryftal, l'Eau par le bleu, & la Terre par le noir. La Carrière étoit près de la Ville de Thèbes, & des montagnes qui s'étendent vers le Midi & l'Éthiopie, jufqu'aux Cataractes du Nil. Quand on trouve des *Obélifques* d'un autre Marbre, il y a fujèt de croire qu'ils ne font pas de la façon des Égyptiens ; ou du moins, qu'ils ne

Z ʒ ij

les ont élevés qu'après que Cambife eut banni les Prêtres. Tel étoit celui qu'Héliogabale fit tranfporter de Syrie à Rome ; & un autre que les Phéniçiens avoient confacré au Soleil, dont le Sommèt Sphérique, la matière & la couleur étoient fort différentes des *Obélifques* des Égyptiens.

Pour tirer des Mines ces Grands *Obélifques*, on creufoit un foffé depuis l'*Obélifque* déja taillé jufqu'au Nil ; où étoient des Vaiffeaux prêts, chargés d'autant de pierre qu'il en falloit pour faire deux fois la pefanteur de cet *Obélifque*. Après cela on les conduifoit attachés enfemble au - deffous de l'*Obélifque*, que l'on vouloit tirer de la Mine. Cet *Obélifque* étoit fufpendu des deux côtés du foffé, & en déchargeant infenfiblement les pierres, jufqu'à ce qu'elles fuffent en équilibre avec l'*Obélifque* ; on le tranfportoit de cette forte du foffé dans le Nil, & du Nil au lieu où on vouloit l'élever.

Il y avoit autrefois près de l'Ancien Palais d'Aléxandre, deux *Obélifques* longs de cent pieds, & larges de huit ; tout d'une pièce, taillés d'un Marbre Thébain, jafpé de plufieurs couleurs. L'un eft gâté ; & l'autre qui eft demeuré entier, eft enfoncé bien avant en terre. *Académie Françoife.*

STATUE.

VI. Les Sculpteurs donnent ce nom à une Figure en pied ; parce qu'en effèt ce mot vient de *Stare*, qui fignifie *être debout :* mais généralement, c'eft toute Repréfentation en relièf & ifolée, en bois, en pierre ordinaire, en marbre ou en métal ; d'une Perfonne recommandable par fa Naiffance, par fon Rang, ou par fon Mérite perfonnel. On diftingue plufieurs fortes de *Statuës.* 1°. Celles qui font plus petites que le naturel. 2°. Celles égales au naturel. 3°. Celles qui furpaffent le naturel. 4°. Celles qui vont jufqu'à triple, & encore plus au-delà du naturel ; &

qu'on appelle autrement des *Coloffes*. Les .Anciens ont repré-
fentés des Figures d'Hommes, des Rois & des Dieux même,
fous la première efpèçe de *Statuës* ; la feconde étoit particulièrement confacrée pour la repréfentation qu'on faifoit, aux dépens du Public, des Perfonnes qui fe fignaloient par leur Sçavoir, par leur vertu ; ou qui avoient rendu quelques Services
importans à l'État. La troifième efpèce de *Statuës* étoit pour
les Rois & les Empereurs ; & celles qui avoient le double de
la Grandeur Humaine, fervoient à repréfenter les Héros. Quant
à la quatrième, elle étoit deftinée à repréfenter les Figures des
Dieux ; enforte que c'étoit anciennement une Entreprife de la
part des Empereurs & des Rois, qui fe faifoient repréfenter
fous cette dernière forme.

Statuë Équeftre, eft celle qui repréfente un homme à Cheval ; comme la *Statuë* de Henry IV, celles de Louis XIII,
& de Louis XIV. à Paris.

La *Statuë Équeftre* de LOUIS XV, commencée l'An 1748,
ne fut mife en plaçe qu'en 1763, après la mort de *Bouchardon*.
Elle fut montée par le célèbre *le Vaffeur*, & fut jettée en fonte
par le fieur *Gord*, originaire d'Angoulême, & mife en plaçe
par le fieur *Herbèt*.

Le Cheval a quinze pieds de la queuë à la tête. La figure
du ROI avec celle du cheval font d'un feul jèt, & d'une feule
pièçe ; & ont feize pieds de haut.

On avoit fondu cinquante milliers de métail ; il n'y en a eu
que 25 milliers d'employés. Le Piédeftal, qui fera revêtu de
marbre, a vingt-deux pieds d'élévation, à compter du rez-de-
chauffée.

Les figures Caryatides *, qui doivent être plaçées aux quatre

---

* *Caryatide* eft une efpèçe de Pilaftre, ou de Colonne, repréfentant

ngles du Piédeſtal, repréſentent la *Prudence*, la *Juſtice*, la
orçe, & la *Paix* : elles auront dix pieds de hauteur. M. Bou-
hardon avoit fait les modèles de trois. M. Pigal, nommé par
L. Bouchardon, fut chargé de continuer cet Ouvrage après
i ; il a modelé la quatrième : elles ſeront en place d'ici à deux
ns, & ſeront fonduës par le ſieur *Haſcheman*.

Les quatre faces du piédeſtal ſeront ornées de deux bas-re-
ʒfs de bronze, repréſentant la Bataille de Fontenoy, & la
aix d'Aix-la-Chapelle. Sur le champ de face on lira cette Inſ-
iption :

LUDOVICO XV,
OPTIMO PRINCIPI;
QUOD AD SCALDIM,
MOSAM, RHENUM, VICTOR,
PACEM ARMIS, PACE
T SUORUM ET EUROPÆ FELICITATEM
QUÆSIVIT.

ir le Champ de Revèrs, on lira :

HOC PIETATIS MONUMENTUM
PRÆFECTUS ET ÆDILES
DECREVERUNT ANNO
M. DCC. XLVIII.
POSUERUNT ANNO
M. DCC. LXIII.

---

s figures de Femmes, vêtuës de longues robes, dont les Anciens
ſont ſervis pour faire le fût de la Colonne Ionique.
On voit au Louvre dans la Salle des Suiſſes de fort belles figures de
ryatides. *Vitruve, Liv: 1. Ch. 1.*

Statuë Grècque est une *Statuë* nuë & antique ; ainsi appellée, arce que les Grècs représentoient de cette manière, leurs Diinités, les Héros, & les Athlètes des Jeux Olympiques.

Statuë Pédestre, est celle qui est en pied, ou debout ; comme elle élevée à la Gloire de Louis XIV. dans la Plaçe des 'ictoires.

Statuës Romaines, sont celles qui étant vêtuës, reçoivent ivers noms de leurs Habillemens. *Diction. des Beaux-Arts.*

BAS RELIEFS, *ou* DEMI-BOSSE.

VII. *Reliéf*, en termes de Sculpture, se dit des Figures en iillies, ou en Bosses, ou Élevées ; soit qu'elles soient taillées u cizeau, fonduës, ou moulées. *Reliéf*, c'est la saillie de tout)rnement. Dans un Bâtiment, elle doit être proportionnée à ı Grandeur de l'Édifice qu'il décore, & à la distance d'où il oit être vû. On appelle Figure de *Reliéf*, ou de *Ronde Bosse ;* elle qui est isolée, & terminée en toutes ses vûës. *Daviler.*

Il y en a de trois sortes. Le *Haut Reliéf*, ou *Plein Reliéf*, est ı Figure taillée d'après nature. Le *Bas Reliéf* est un Ouvrage ə Sculpture, qui a peu de saillie ; & qui est attaché sur un ınd. On y représente des Histoires, des Ornemens, des Rinəaux, des Feuillages ; comme on voit dans les Frises. Lorsque ıns les *Bas Reliéfs*, il y a des parties saillantes & détachées ; ı les appelle *Demi-Bosses*. Le *Demi-Reliéf*, quand une représentation sort à demi-corps, du plan sur lequel elle est posée. *révoux.*

SUITE DU CHAPITRE V DE L'ARCHITECTURE.

Des sept Merveilles du Monde :

Sçavoir,

Les Murailles & Jardins de Babylone.
Les Pyramides d'Égypte.
Le Phare d'Aléxandrie.
Le Mausole du Roi de Carie bâti par Artémise.
Le Temple de Diane à Éphèse.
Le Temple de Jupiter Olympien, à Pise.
Le Colosse de Rhodes.

Les Murailles & Jardins de Babylone.

1. Un Voyageur Allemand nommé Ranwolff, qui passa en 1574 par l'endroit où étoit l'Ancienne Babylone, parle ainsi des ruines de cette Fameuse Ville. « Le Village d'Élugo est » situé, où étoit autrefois Babylone de Chaldée. Le Port en est » à un quart de lieuë ; on y aborde pour aller par terre à la fa- » meuse Ville de Bagdad, qui est à une journée & demie à l'O- » rient sur le Tigre. Le Terroir est si sec & si stérile, qu'on ne le » peut pas labourer ; si nud, que je n'aurois jamais pû croire » que cette Puissante Ville, autrefois la plus Superbe & la plus » Fameuse du Monde, & située dans le Pays fertile de Sennaar, » eût pû y avoir été ; si je n'avois vû par la situation & par » plusieurs Antiquités d'une Grande Beauté, quoique entière- » ment négligées, qui se voyent auprès ; qu'elle y étoit af- » surément. Premièrement par le vieux Pont de l'Euphrate, » dont il reste encore quelques piles & quelques arches de bri-
» ques ;

» ques; fi fortes, que c'eſt une Merveille . . . . Tout le devant
» du Village d'Élugo eſt la Colline, ſur laquelle étoit le Châ-
» teau. On y voit encore les Ruines de ſes Fortifications, quoi-
» que démolies & inhabitées. Derrière & aſſés près de-là, étoit
» la Tour de Babylone . . . . On la voit encore, & elle a une
» demie-lieuë de Diamètre ; mais elle eſt ſi ruinée, ſi baſſe &
» ſi pleine de bêtes venimeuſes, qui ont fait des trous dans ſes
» maſures, qu'on n'en oſe approcher d'une demie-lieuë ; ſi ce
» n'eſt deux Mois de l'Année en Hyver, que ces animaux ne
» ſortent point de leurs trous. Il y en a ſur-tout une eſpèce que
» les Habitans appellent Églo dans la langue du Pays, qui eſt
» le Perſan, dont le poiſon eſt fort ſubtil : ils ſont plus gros que
» nos Lézards ».

On peut comparer à ce que dit ce Voyageur, la deſcription
que fait Iſaïe de l'État où doit être réduite Babylone après ſa
chûte. *Ainſi Babylone la Gloire des Royaumes, & l'excellençe
de l'Orgueil des Chaldéens, ſera comme quand Dieu détruiſit So-
dome & Gomorre ; on ne l'habitera plus, l'Arabe n'y plan-
tera plus ſes Tentes, les Paſteurs même n'y parqueront pas. Les
Bêtes ſauvages du Deſert y auront leur repaire : leurs maiſons
feront remplies de Dragons : les Autruches & les Boucs (ou les
Satyres) y feront leurs demeures ; les Chats-huants y heurleront
dans ſes Châteaux, & les Oiſeaux de mauvais augure dans leurs
maiſons de Plaiſançe.* Iſaïe. XIII. 19. 22.

Or voici quelle étoit Babylone dans ſon plus grand Éclat,
ſoit qu'elle fût l'Ouvrage de Sémiramis ou de Nabuchodonoſor : car les Anciens ne conviennent pas entr'eux ſur cet Article ; nous tirerons principalement cette Deſcription d'Hérodote
qui avoit été ſur les lieux, & qui eſt le plus ancien Auteur
qui ait traité cette matière. La Ville étoit quarrée, de ſix vingt
ſtades en tout ſens ; c'eſt-à-dire, de quinze milles, ou de cinq

euës en quarré ; & de tour en tout 480 ſtades ou 20 lieuës
es Murs étoient bâtis de larges briques cimentées de bitume,
queur épaiſſe & glutineuſe, qui ſort de terre en ce pays-là
ui lie plus fortement que le mortier, & devient plus dure que
1 brique, à laquelle elle ſert de çiment. Ces Murs avoient
7 pieds d'épaiſſeur, 350 de haut, & 480 Stades de circuit.
Ceux qui ne leur donnent que 50 coudées de hauteur, en parent ſelon l'état où elles étoient après Darius fils d'Hidaſpe, qui
our châtier la révolte des Babyloniens, fit raſer les Murailles
la hauteur dont nous venons de parler. *Hérodote. L. 1.*

La Ville étoit environnée d'un vaſte Foſſé rempli d'Eau, &
evêtu de briques des deux côtés. La terre qu'on avoit tirée
n les creuſant, avoit été employée à faire les briques, dont
es murs de la Ville étoient bâtis : ainſi par l'extrême hauteur &
paiſſeur des Murailles, on peut juger de la grandeur & de la
rofondeur du Foſſé. Il y avoit Cent Portes à la Ville, vingt-
inq de chacun des quatre côtés. Toutes ces Portes étoient
e bronze maſſif, avec leurs deſſus & leurs montans. Entre
eux de ces Portes étoient trois Tours de diſtance en diſtance,
z trois entre châque angle de ce grand quarré ; & ces Tours
toient élevées de dix pieds plus haut que les murs ; ce qu'il
ut entendre ſeulement des lieux où les Tours étoient néceſ-
ires : car la Ville étant environnée en divers endroits par des
larais toujours plein d'eau, qui en défendoient l'Approche,
lle n'avoit pas beſoin de Tours de ces côtés-là ; auſſi leur nom-
re n'étoit que de deux cens cinquante, au lieu que s'il y en
voit eu par-tout, le nombre en auroit été beaucoup plus grand.
Diodor. Sicul. l. 2.

A châque Porte répondoit une Ruë, de manière qu'il y avoit
n tout cinquante Ruës, qui alloient d'une Porte à l'autre, qui
: coupoient à Angles droits ; & dont chacune avoit quinze

milles, ou cinq grandes lieuës de long , & 150 pieds de large. Il y avoit quatre autres Ruës , qui n'étoient ornées de Maisons que d'un côté , étant bordées de l'autre par les Remparts. Elles faisoient le tour de la Ville le long des Murailles , & avoient chacune deux cens pieds de large. Comme les Ruës de Babylone se croisoient, elles formoient six cens soixante-seize quarrés , dont chacun avoit quatre Stades & demi de châque côté ; ce qui faisoit deux milles un quart de circuit. Ces Quarrés étoient environnés par dehors de Maisons de trois ou quatre étages , dont le devant étoit orné de toutes sortes d'Embellissemens ; l'espace intérieur étoit occupé par des Cours ou des Jardins. *Hérodot. l. 1.*

L'Euphrate coupoit la Ville en deux parties égales, du Nord au Midi. Un Pont d'une Structure Admirable , d'une Stade ou 125 pas de long , & de trente pieds de large , donnoit la communication d'une partie de la Ville à l'autre : aux deux extrémités du Pont, étoient deux Palais ; le Vieux au côté Oriental du Pont , & le Neuf au côté Occidental opposé. Le premier contenoit quatre des Quarrés , dont on a parlé ; & l'autre en occupoit neuf. Diodore donne au premier trente Stades de tour , & au second soixante. Le Temple de Bélus qui étoit proche du Vieux Palais , remplissoit un autre de ces quarrés. La Ville entière étoit située dans une vaste Plaine , dont le Terroir étoit extrèmement gras & fertile. Pour peupler cette Vaste Ville , Nabuchodonosor y transporta une infinité de Peuples Captifs , du nombre de ceux qu'il avoit subjugués. *Beros. apud Joseph. Antiq. l. x. ch. xi. Hérodot. l. 1. Diodor. Sicul. l. 2.*

Il nous reste à dire un mot de ces Fameux Jardins suspendus, qui passoient pour une des Merveilles du Monde. Ils contenoient un espace de quatre cens pieds en quarré ; au-dedans de cet espace s'élevoient ces Fameux Jardins, composés de plu-

ieurs larges Terraſſes, poſées en Amphithéâtres ; & dont la
plus haute Plate-forme égaloit la hauteur des Murs de Babylone ; c'eſt-à-dire, avoit trois cens cinquante pieds de haut.
On montoit d'une Terraſſe à l'autre par un eſcalier large de
dix pieds : toute cette Maſſe étoit ſoutenuë par de Grandes
Voûtes bâties l'une ſur l'autre, & fortifiée d'une Muraille de
vingt-deux pieds d'épaiſſeur, qui l'entouroit de toutes parts ;
ſur le Sommèt de ces Voûtes, on avoit poſé de Grandes Pierres plates de 16 pieds de long, & 4 de large. *Diodor. Sicul.*
l. 2. Strabo. L. 16. Q. Curt. l. 5. ch. 1.

On avoit mis pardeſſus une Couche de Roſeaux, enduits
d'une grande quantité de bitume, ſur laquelle il y avoit deux
rangs de Briques liées fortement enſemble avec du Mortier.
Tout cela étoit couvert de Plaques de Plomb, & ſur cette dernière Couche étoit poſée la terre du Jardin. Toutes ces *Pré-*
cautions avoient été priſes, pour empêcher que l'Eau & l'Humidité ne perçaſſent point, & ne s'écoulaſſent à travers les
Voûtes. On y avoit amaſſé une ſi grande quantité de terre,
que les plus Grands Arbres pouvoient y prendre racines. On
y voyoit tout ce qui peut contenter la vûë, & la Curioſité en
ce genre ; de très-beaux & de très-grands Arbres, des Fleurs,
des Plantes, des Arbuſtes : ſur la plus haute des Terraſſes il y
avoit un Aqueduc, dans lequel on tiroit l'Eau du Fleuve, ap-
parement par une Pompe ; & de-là on arroſoit tout le Jardin.
On aſſure que Nabuchodonoſor entreprit ce fameux & Admirable Édifice, par complaiſance pour ſon Épouſe Amytis, fille
d'Aſtiage ; qui étant native de Médie, avoit conſervé beaucoup
d'inclination pour les Montagnes & les Forêts. *Dictionnaire*
de D. Calmèt.

Les Pyramides d'Égypte.

2. Les plus Superbes Monumens de l'Antiquité font les *Py* ramides d'Égypte. Ces *Pyramides* font à neuf milles du Caire & on commençe à les voir dès qu'on eft forti de la petite Vill de Dézize, qui en eft à fix milles. Ce qui les fait paroître de loin, c'eft qu'elles font fituées fur un terrein pierreux & in fertile, qui eft beaucoup plus relevé que la plaine. L'on n peut voir fans étonnement ces Énormes Maffes, que l'on n'ad mire pas tant pour la dépenfe incroyable qu'il a fallu faire pou achever un Bâtiment fi Prodigieux ; que parce qu'on ne peu comprendre, comment il a été poffible de monter fi haut de pierres auffi grandes que celles que l'on y voit, dans un terr où la plûpart des Belles Inventions étoient inconnuës.

Il y a trois groffes *Pyramides* diftantes l'une de l'autre d'er viron cent pas ; mais l'on ne fçauroit entrer que dans la pl grande, qui eft du côté du Nord. Elle eft d'une Hauteur fi Pr digieufe, que fa Pointe paroît feulement un peu émouffée quoiqu'il y ait une plaçe confidérable au Sommèt. Quelque uns affurent qu'elle fut bâtie il y a plus de 3000 ans, par u Roi d'Égypte appellé Chemmis ; qui employa pendant vin années, trois cents foixante mille Ouvriers à ce travail. Plu qui en parle, ajoûte qu'il y fut dépenfé dix-huit cents Talen feulement en raves & en oignons ; les Anciens Égyptiens éta Grands Mangeurs de raves & de Légumes. Il y a des pierres haut élevées, & d'une groffeur fi exceffive ; qu'il a fallu d Machines bien extraordinaires pour les plaçer. Plufieurs croye que ces *Pyramides* étoient autrefois plus élevées fur la terr qu'elles ne le font préfentement ; & que le fable a caché u partie de leur Bafe. Cela pourroit être, puifque le côté de T montane en eft tout couvert jufqu'à la Porte ; & que les tr autres côtés n'en ont point de même : ce qui donne lieu de croire que la Tramontane foufflant de ce côté-là avec plus de violence qu'aucun autre vent, y a plus porté de Sable que n'ont fait les Vents des autres côtés.

L'Ouverture de la Grande *Pyramide*, où l'on peut entrer, eſt un trou preſque quarré d'un peu plus de trois pieds de haut. Il eſt relevé du reſte du terrein, & l'on y monte ſur des Sables que le Vent jette contre, & qui le bouchent ſouvent ; en ſorte qu'on eſt obligé de le faire ouvrir. On dit qu'autrefois il y avoit auprès de l'Entrée, une groſſe pierre qu'on avoit taillée exprès pour boucher cette Ouverture ; lorſque le corps qui devoit y être mis ſeroit dedans, & que cette pierre l'eût fermée ſi juſte, qu'on n'auroit pû reconnoître qu'on l'eût ajuſtée ; mais qu'un Bacha la fit enlever, quelque grande qu'elle fût, afin qu'on ne pût fermer cette *Pyramide*. Sa forme eſt quarrée, & en ſortant de terre elle a onze cents ſoixante pas, ou cinq cents quatre-vingt toiſes de circuit. Toutes les pierres qui la compoſent ont trois pieds de haut, & cinq ou ſix de longueur ; & les côtés qui paroiſſent en-dehors ſont tous droits, ſans être taillés en Talud. Chaque rang ſe retire en-dedans de neuf ou dix pouçes, afin de venir à ſe terminer en pointe à la Çime ; & c'eſt ſur ces avançes que l'on grimpe pour aller juſqu'au Sommet. Vers le milieu il y a à l'un des coins des pierres qui manquent, & qui font une Brèche ou petite chambre de quelques pieds de profondeur. Elle ne perçe pourtant point juſqu'au-dedans. On ne ſçait ſi les pierres en ſont tombées, ou ſi elles n'y ont jamais été miſes.

Il y a grande apparençe qu'on ſe ſervoit de cet endroit, pour aſſurer les Machines qui tiroient les Matériaux en haut. C'eſt encore une raiſon, qui a obligé de bâtir la *Pyramide* avec des degrés à chaque rang ; puiſque ſi les pierres euſſent été taillées

en Talud, & posées l'une sur l'autre, sans qu'il y eût demeu
aucun rebord, il auroit été absolument impossible de condui
jusqu'à son Sommèt les lourdes masses qu'on y a portées ; on
repose ordinairement dans cette Brèche, le travail étant grai
à s'élancer ainsi trois pieds chaque fois pour monter jusqu':
faîte. Il y a environ deux cents huit degrés formés par le r
bord de ces grosses pierres, dont l'épaisseur fait la hauteur (
l'un à l'autre ; ce qui semble être pointu d'en-bas, a quinze
seize pieds en quarré, & fait une Plate-forme qui peut conter
quarante personnes. Ceux qui y montent découvrent de-là u
partie de l'Égypte, le Desèrt sabloneux qui s'étend dans le Pa
de Barca ; & ceux de la Thébaïde de l'autre côté. Le Caire i
paroît presque pas éloigné de ce lieu, quoiqu'il en soit à ne
milles.

On entre aussi dans la même *Pyramide*, & il faut se pourvc
de lumières pour cela.

On passe la première entrée en se courbant, & l'on trou
comme une Allée qui va en descendant environ quatre-vin
pas. Elle est voûtée en dos d'âne, & apparemment toute e
tière dans l'épaisseur du Mur ; puisqu'on n'y voit rien qui i
soit solide de tous côtés. Cette Allée a assez d'élévation & (
Largeur pour y pouvoir marcher ; mais son pavé baisse enco
quoiqu'en glaçis, sans avoir aucun degrés, & la pierre r
que de légères piqueures de pas en pas pour retenir les talon
de sorte que pour s'empêcher de tomber, on est obligé
se tenir avec les mains aux deux côtés du mur. Les pieri
sont si bien unies ensemble, qu'à peine peut-on apperçevi
les jointures.

Au bout de cette Allée on trouve un Passage, qui n'a d'C
verture que ce qu'il en faut pour laisser passer un homme. Il
ordinairement rempli de sable, qui n'est pas si-tôt poussé par

vent dans la première Ouverture, qu'il fuit le penchant de la
pierre, & fe vient tout raffembler en ce lieu-là. Lorfqu'on a
ôté ce fable, & qu'on a paffé ce trou, en fe traînant huit ou
dix pas fur le ventre; on voit une Voûte à la main droite, qui
femble defcendre à côté de la *Pyramide*.

On trouve auffi un grand vuide, avec un puits d'une grande
profondeur. Ce Puits va en-bas par une pente perpendiculaire
à l'horizon, qui ne laiffe pas de biaifer un peu; & quand ceux
qui y defcendent font environ à foixante-fept pieds en comptant du haut en bas, ils trouvent une Fenêtre quarrée, qui entre
dans une petite grotte creufée dans la Montagne, qui en cet
endroit n'eft pas de pierre vive. Ce n'eft qu'une efpèce de gra-
vier attaché fortement l'un contre l'autre. Cette Grotte s'étend
en long de l'Orient à l'Occident; & de-là à quinze pieds en
continuant de defçendre en bas, eft une couliffe fort penchante
& entaillée dans le Roc. Elle approche prefque de la ligne
perpendiculaire, & eft large environ de deux pieds & un tiers,
& haute de deux pieds & demi. Elle defcend cent vingt-trois
pieds en bas, après quoi elle eft remplie de fable & de fiente
de Chauve-fouris.

On croit que ce Puits avoit été fait, pour y defcendre les
corps que l'on dépofoit dans des Cavernes qui font fous la
Pyramide. Après qu'on eft arrivé à ce grand vuide, où le puits
eft à la gauche; on eft obligé de grimper fur un Rocher, dont
la hauteur eft de vingt-cinq ou trente pieds. Au-deffus eft un
efpace long de dix ou douze pas, & quand on l'a traverfé on
monte par une Ouverture, qui n'eft pas plus large que le paffage où l'on eft obligé de fe traîner; mais qui a pourtant affez
d'élévation pour y marcher fans que l'on fe baiffe. Il n'y a
point de degrés non plus qu'au refte. On y fait feulement des
trous de chaque côté, qui font de diftance en diftance. On y
                                                    mèt les

mèt les pieds en s'écartant un peu ; & l'on s'appuye contre les Murs, qui font de pierres de taille fort polies, & jointes en-femble avec autant d'adreffe que toutes les autres.

Les Niches vuides que l'on y voit de trois en trois pieds, & qui en ont un de largeur & deux de hauteur, donnent lieu de croire qu'elles étoient autrefois remplies d'Idoles. Ce Paffage eft haut de quatre-vingt pas, & on n'y fçauroit monter fans beaucoup de peine. On trouve au-deffus un peu d'efpaçe de plein pied ; & enfuite une chambre qui a trente-deux pieds de long, & feize de large. Sa hauteur eft de dix-neuf pieds ; & au lieu de Voûte, elle a un Plancher ou Lambris tout plat. Il eft compofé de neuf pierres, dont les fèpt du milieu font lar-ges chacune de quatre pieds, & longues de feize. Les deux au-tres, qui font à l'un & l'autre bout, ne paroiffent larges que de deux pieds feulement. Cela vient de ce que l'autre moitié de chacune eft appuyée fur la Muraille. Elles font de la même longueur que les fèpt autres ; & toutes les neuf traverfent la largeur de cette chambre, ayant chacune un bout appuyé fur la Muraille, & l'autre fur la Muraille qui eft de l'autre côté.

Cette Chambre, dont les Murs font fort unis, n'a aucun jour ; & dans le bout qui eft oppofé à la Porte, il y a un Tom-beau vuide fait tout d'une pièce. Il eft long de fèpt pieds & large de trois, & a trois pieds quatre pouçes de hauteur & cinq pouçes d'épaiffeur. La Pierre en eft d'un gris tirant fur le rouge pâle, & à-peu-près femblable au Porphyre. Quand on la frappe, elle rend un fon clair comme une Cloche. Elle eft fort belle, lorfqu'elle eft polie ; mais tellement dure, que le Marteau a peine à la rompre.

Il y a une autre Chambre à côté de celle-ci, mais plus petite & fans aucun fépulchre. C'eft-là le plus haut Endroit, où l'on puiffe aller au-dedans de la *Pyramide ;* qui n'a pour toute Ou-

Tome II. Part. I.   *B b b*

erture que le paſſage d'en-bas, au-deſſus duquel eſt une pierre
n travers, qui a onze pieds de long & huit de large. Vers
ette Entrée eſt un Écho, qui répète les paroles juſqu'à dix fois.
Ce manque de jour dans toute la *Pyramide*, eſt cauſe qu'on y
eſpire un air extrêmement étouffé. La flâme des Flambeaux
que l'on y porte paroît toute bleuë, & l'on s'en fournit toujours
d'un fort bon nombre ; puiſque s'ils venoient à s'éteindre, lorſqu'on eſt monté bien haut, il ſeroit abſolument impoſſible d'en
ſortir.

Les deux autres *Pyramides* ne ſont ni ſi hautes ni ſi groſſes,
que la première. Elles n'ont aucune Ouverture, & quoiqu'elles
ſoient auſſi bâties par degrés, on n'y peut monter ; à cauſe
que le Ciment dont l'une & l'autre eſt enduite, n'eſt pas aſſez
tombé ; elles paroiſſent d'en-bas tout-à-fait pointuës dans leur
Sommèt.

On attribuë ces Superbes Monumens à celui des Pharaons,
qui fut englouti dans la Mèr Rouge. On prétend que les deux
moindres étoient pour la Reine ſa femme, & pour la Princeſſe
ſa fille ; & que leurs Corps y ayant été mis, on les a fermés
enſuite : en ſorte que l'on ne peut reconnoître, de quel côté en
étoit l'entrée. La grande étoit deſtinée pour ce Malheureux Monarque ; & comme il n'a pas eu beſoin de Tombeau, elle eſt
toujours demeurée ouverte. *Dictionnaire des Arts & Sciences.*

Le Phare d'Aléxandrie.

3. Ce *Phare* étoit à ſept Stades d'Aléxandrie ; c'eſt-à-dire, à
près d'un mille. *Aléxandre le Grand* avoit entrepris d'y bâtir
une Ville, mais il n'y put réuſſir ; parce que le lieu étoit trop
étroit, & il fit batir Aléxandrie vis-à-vis en terre ferme. Depuis on éleva dans cette Iſle une Haute & Superbe Tour, qui
a paſſé dans l'Antiquité pour une des Merveilles du Monde. Ce

fut Ptolomée *Philadelphe* Roi d'Égypte, qui la fit conftruire à fon avénement à la Couronne, la 124ᵉ Olympiade, & l'An 470 de la Fondation de Rome. Il y employa 800 Talens, & fe fervit de Softrate Gnidien fameux Architéête. Cette Tour qui fut nommée *Pharos*, de même que l'Ifle où elle étoit fituée, fervoit de Fanal à ceux qui navigeoient fur ces côtes pleines d'écueils & de bancs de fable. De-là vient, que l'on a donné le nom de *Phare* à toutes les tours femblables, où l'on tient la nuit un Fanal dans les côtes dangereufes.

Ifaac Voffius dit, qu'un Scholiafte de Lucien, qui a été imprimé à Amfterdam en 1687, témoigne que cette Tour étoit quarrée, & qu'elle avoit la même ençeinte que les Pyramides : & le Géographe Al. Édrias lui a donné trois cens coudées de hauteur. Il ajoûte que le Feu que l'on allumoit la nuit au fommèt de cette Tour, éclairoit en Mèr ceux qui étoient éloignés de cent mille pas.

Softrate qui en avoit été l'Architéête, eut la liberté d'y graver fon nom fur une pierre avec cette Infcription, à ce que l'on dit : *Softrate de Gnide, fils de Déxiphane, aux Dieux Confervateurs, pour ceux qui navigent.* Lucien n'eft pas d'accord que cet Architéête ait eu cette permiffion : il dit au contraire, qu'après avoir achevé la Tour, il grava fon nom fur une pierre ; & que l'ayant enduite de mortier, il y écrivit le nom du Roi qui règnoit alors ; étant sûr que ce dernier difparoîtroit avec le temps, & que le fien paroîtroit enfuite. Mais il n'y a pas d'apparence que Softrate ait été affez hardi, & affez ingrat envers un Prince qui l'aimoit : d'ailleurs Ptolomée étoit trop éclairé pour fe laiffer furprendre par une tromperie fi groffière, & pour permettre que fon Nom fut écrit fur du mortier.

Quelques Voyageurs rapportent, que cette maffe prodigieufe étoit appuyée fur quatre Cancres de Verre, difpofés aux quatre

coins., ce qu'ils n'ont pû voir dans ce qui reſte de cet Édifice;
parce que les Turcs ont enterré la Baſe du *Phare* : mais ils ont
tirés ce Récit d'un fragment d'un Ancien Auteur, lequel en
parlant des Sèpt Merveilles du Monde, dit ; qu'il y a de quoi
s'étonner, comme on a pû faire des pièçes de verre ſi grandes
& ſi fortes, pour ſupporter une ſi lourde maſſe. Il ſe peut faire,
que Soſtrate mit ces quatre Cancres pour ornement aux quatre
coins ; comme ſi la Tour y eût été appuyée. Mais au lieu d'être
de Verre, comme on le raconte ; ils étoient ſans doute de quelques pierres très-dures & tranſparentes, comme eſt un certain
Marbre de Memphis, & une autre pierre qu'on tire d'Éthiopie. Jean - Baptiſte Tavernier, célèbre Voyageur, a eu la
Curioſité d'apporter de ces ſortes de pierres du Levant, pour
s'en faire un Tombeau dans ſa Baronie d'Aubonne en Suiſſe.
Diction. Hiſtorique.

Le Tombeau de Mauſole , Roi de Carie.

4. Artémiſe Reine de Carie, & femme de Mauſole, aima ſi
tendrement ce Prince, que l'ayant perdu ; elle voulut immor-
taliſer ſon amour, par cet Admirable Tombeau qu'elle *lui* fit
élever, qui a paſſé pour une des Sèpt Merveilles du Monde ; &
qui a mérité que tous les autres Ouvrages de cette nature ſoient
appellés des *Mauſolées.*

Pline a pris plaiſir d'en faire la Deſcription au liv. 36. c. 5,
où il ajoûte que cette Reine avoit coûtume de détremper les
cendres de ſon mari, dans les breuvages qu'elle prenoit ; &
qu'elle établit pour les Sçavans, qui travailleroient à l'Éloge de
ce Roi, un Prix qui fut remporté par Théopompe, qui vint
dans la Carie ; auſſi-bien que Théodècte, Naucrite , & même
Socrate.

Artémiſe Reine de Carie fit donc bâtir au Roi *Mauſole* ſon

nari, un Superbe Sépulcre qui fut nommé *Maufolée*. Il étoit
élevé dans la Ville d'Halicarnaffe, Capitale du Royaume,
entre le Palais du Roi & le Temple de Vénus. L'étendüe de
ce *Maufolée* étoit de foixante-trois pieds du Midi au Septentrion, les faces étoient un peu moins larges ; & fon tour étoit
de quatre cens onze pieds. Il avoit vingt-cinq coudées de hauteur, & trente-fix colonnes dans fon ençeinte. Scopas entreprit
ce qui regardoit l'Orient : Timothée eut le côté du Midi : Léo-
charès travailla au Couchant, & Briaxis au Septentrion.

Artémife mourut de déplaifir avant la Perfeftion de cet Ou-
rage, que les Architèftes ne laifsèrent pas de continuer. Py-
nis fe joignit à ces quatre fameux Architèftes, & éleva une
Pyramide au-deffus du *Maufolée*, fur laquelle il pofa un Char
de marbre attelé à quatre chevaux. Ce Tombeau paffa pour
une merveille du Monde, il n'y eut que le Philofophe Anaxa-
gore de Clamomène, qui dit froidement quand il le vit : *Voilà*
bien de l'Argent, changé en pierres. Chevreau, Hift. du Monde.

Le Temple de Diane.

5. Le *Temple de Diane* que l'on voyoit à Éphèfe, étoit une
des Merveilles du Monde ; & l'on avoit employé deux cens
vingt Années à mettre ce Fameux Ouvrage dans fa perfeftion,
quoiqu'il fe fît aux Dépens communs de toute l'Afie Mineure.
Pline remarque que la première invention de mettre les Colonnes fur un piédeftal, & de les orner de Chapiteaux & de
bafes, fut pratiquée dans ce Temple. Ses Portes étoient de
bois de Ciprès, qui eft toujours luifant & poli : toute fa Charpenterie étoit de Cèdre, & Pline affure que l'on montoit jufqu'au haut du Temple par un efcalier fait d'un Sèp de Vigne
porté de Cypre. La Statuë de Diane étoit de Cèdre, felon
truve ; d'Or, fi l'on en croit Xénophon ; d'yvoire, felon

uelques autres : Mutien, Conful de Rome, dit qu'elle étoit
e Bois de Vigne. Ce Magnifique Temple étoit rempli de Sta-
1ës & de Tableaux d'un prix ineftimable ; & l'on y avoit épuifé
Induftrie de tous les meilleurs Ouvriers pendant deux Siècles.
1ais par un Malheur extraordinaire, il fut plufieurs fois ruiné.
Xerxès, le plus opiniâtre ennemi des Grècs, qui avoit mis leurs
Temples en feu, eut quelque refpect pour celui - ci ; mais les
Amazones ne l'épargnèrent pas. Ayant été réparé, il fut depuis
mbrâfé le même jour que l'on fit boire du Poifon à Socrate,
ous le règne d'Artaxerxès, 400 ans avant la Naiffance de
efus-Chrift.

La même nuit que nâquit *Aléxandre le Grand*, ce Temple
ut encore brûlé, 356 ans avant la Naiffance du Meffie : fur
uoi Timée l'Hiftorien dit, *qu'il ne falloit pas s'en étonner ;
uifque Diane étoit abfente, & qu'elle fe trouvoit alors occupée à
Accouchement d'Olympias.* Mais les Devins, qui étoient dans
ette Ville, publièrent ; *qu'un Flambeau qui s'allumoit cette même
uit, devoit un jour embrâfer toute l'Afie.*

On rétablit depuis ce Temple, & Aléxandre offrit de four-
ir aux Éphéfiens tout ce qu'il faudroit, pour le rendre auffi
Aagnifique qu'il étoit ; s'ils vouloient mèttre fon Nom dans
Infcription du Temple, ce qu'ils lui refusèrent. *Chevreau,
Hiftoire du Monde.*

Le Temple de Jupiter Olympien.

6. La Structure de ce Temple étoit admirable, & il y avoit
les Richeffes immenfes ; à caufe des Oracles qui s'y rendoient,
& des Jeux Olympiques qu'on célébroit aux environs en l'Hon-
eur de ce Dieu : mais la Statuë de Jupiter faite par Phidias,
toit ce que l'on y eftimoit le plus ; on l'a mife au nombre
les Merveilles du Monde.

On voit le Dieu affis dans un Thrône, qui eft d'Or & d'Yvoire ; de même que la Statuë. Il a fur la tête une Couronne qui femble être de branches d'Olivier ; dans la main droite, il porte une Victoire d'Yvoire, laquelle a une Couronne fur fa coëffure qui eft toute d'Or ; il tient à la main gauche un Scèptre fait d'un alliage de tous les Métaux , & furmonté d'un Aigle. La chauffure de Jupiter eft toute d'Or , fur fa draperie, qui en eft auffi, il y a des Animaux & des Fleurs de Lys en grand nombre. Le Thrône eft enrichi d'Yvoire, d'Ébène, d'or, de pierreries, & de plufieurs Figures en bas relièf : l'on voit aux quatre pieds de ce Thrône , quatre Victoires ; & deux , aux deux pieds de la Statuë. Aux deux pieds de devant du Thrône, on a mis encore d'un côté, des Sphinx qui élèvent de jeunes Thébains ; & de l'autre les enfans de Niobé, qu'Appollon & Diane tuent à coups de flèches. Entre les pieds de ce Thrône , on a repréfenté Théfée , & les autres Héros qui accompagnèrent Hercule , pour aller faire la guerre aux Amazones , & plufieurs Athlètes.

Tout le lieu qui environne le Thrône , eft enrichi de Tableaux qui repréfentent les principaux Combats d'Hercule ; & plufieurs autres Sujèts illuftres de l'Hiftoire. Au plus haut du Thrône , Phidias a mis d'un côté les Graces , & de l'autre les Heures ; parce que les unes & les autres font filles de Jupiter, felon les Poëtes. Sur le Marche-pied, où l'on a pofé des Lions d'Or , on voit encore le Combat des Amazones , & de Théfée. Sur la Bafe il y a plufieurs figures d'Or ; fçavoir, le Soleil montant fur fon char ; Jupiter & Junon ; les Graces , Mercure, Vefta, & Vénus qui reçoit l'Amour.

Outre ces Figures , on y trouve celles d'Apollon , de Diane, de Minèrve , d'Hercule , d'Amphitrite , de Neptune , de la Lune que l'on a repréfentée fur un cheval. Voilà ce qu'en dit Paufanias.

Quoique cet Ouvrage ait été l'Admiration de tous les
.nciens, Strabon y a remarqué un Grand Défaut, en ce qui
:garde la proportion ; parce que cette Statuë étoit d'une
randeur si prodigieuse, qu'elle n'avoit pû être debout sans
erçer la voûte. Dion, Suétone & Joseph ont écrit, que
Empereur Caligula voulut faire enlever ce Jupiter ; & ces
listoriens rapportent les Prodiges, qui le détournèrent de cette
ntreprise. Il faut encore ici remarquer, que dans ce Temple
n y voyoit plusieurs Autels ; dont il y en avoit un dédié *aux
Dieux Inconnus* : ce qui a du rapport à l'Autel d'Athènes, dont
Inscription étoit, *au Dieu Inconnu. Chevreau, Hist. du Monde.*

Le Colosse de Rhodes.

7. Le *Colosse de Rhodes* étoit une Statuë d'Airain d'une si
rande hauteur, que les Navires passoient a pleines voiles entre
es jambes. C'étoit une des Sèpt Merveilles du Monde ; *il avoit
eptante coudées, ou cent cinq pieds de haut.* Charès disciple
u fameux Lysippe, l'avoit jetté en moule. Il y avoit peu de
;ens qui pussent embrasser son pouçe ; il étoit consacré à Apol-
on, ou au Soleil.

Le Roi Démétrius, après avoir assiégé pendant un an la Ville
e Rhodes, sans pouvoir s'en rendre maître, fit la Paix avec
es Rhodiens ; & s'en retournant, il leur fit présent de toutes
es Machines de guerre qu'il avoit employées à ce Siège. *Ils
es vendirent quelque tems après pour la Somme de trois cens
alens* ; qu'ils employèrent avec quelques autres Sommes qu'ils
· joignirent à faire ce *Colosse*. Charès y travailla pendant douze
ns. Il fut commencé l'An du Monde 3700, & renversé par un
Tremblement de terre, soixante ans après qu'il eut été érigé.
Plin. L. 34. C. 7. Strabon. L. 14.

Les Rhodiens feignant de vouloir relever le *Colosse*, firent des
Quêtes

Quêtes chez tous les États Grècs ; & chez tous les Rois d'É-gypte , de Macédoine , de Syrie , du Pont , & de Bithinie ; ils fçurent fi bien éxagérer leur perte , que la cueillette qu'on fit pour eux , alla pour le moins à cinq fois autant que leur vé-ritable perte. Au lieu d'employer cet Argent à rétablir leur *Coloſſe* , ils prétendirent que l'Oracle le leur avoit défendu, & gardèrent pour eux cet Argent. Le *Coloſſe* demeura abattu pen-dant 894 ans ; au bout defquels l'An de Jefus-Chrift 672 , Mœ-vias fixième Calife des Sarrafins , ayant pris Rhodes , vendit l'Airain du *Coloſſe* à un Marchand Juif, qui en eut encore la charge de neuf cens Chameaux ; ce qui en comptant huit Quin-taux pour une charge , fe montoit encore à 7200 quintaux ; ou à 720000 livres. *Polib. L. 5. & Strab. L. 14.*

SUITE DU CHAPITRE V.

Des Sèpt Arts employés par l'Architèɛ̃ure.

Sçavoir ,

La Sculpture , la Peinture , la Dorure , les Glaçes , les Marbres , la Serrurerie , la Menuiſerie.

DE LA SCULPTURE.

, 1. La *Sculpture* eſt un Art , qui , par le moyen du deſſein & de la matière folide, imite les objèts palpables de la nature. Il eſt difficile & peu important de démêler l'Époque de la naiſ-fance de ce bel Art ; elle fe perd dans les Siècles les plus re-culés ; & une réfléxion qu'on peut faire ici , c'eſt qu'en général tous les Arts d'Imitation, comme la *Peinture* , l'*Architèɛ̃ure* , la *Sculpture* , la *Mufique* , &c. ont une Origine très-ancienne , & même inconnuë ; parce qu'étant les plus fenfibles , ils ont dû eu coûter à l'Invention.

Tome II. Part. I. ¶ *Ccc*

Les Sculpteurs ont commencés à travailler sur la terre & sur
la cire, qui sont des matières fléxibles & plus aisées à traiter,
que le bois & la pierre. Bientôt on fit des Statuës, des Arbres, qui ne furent point sujèts à se corrompre, ni à être endom-
magés des vers; comme le Citronier, le Cyprés, le Palmier,
l'Olivier, l'Ébène, la Vigne, &c. Enfin, les Métaux, l'Yvoire,
& les pierres les plus dures, furent employés; le Marbre sur-
tout, devint la matière la plus précieuse & la plus estimée pour
les Ouvrages de *Sculpture*.

Parmi les Peuples où ce bel Art fut le plus en honneur, les
Égyptiens tiennent le premier rang. Cette Nation étoit ingénieuse à marquer sa reconnoissance, & à conserver la Mémoire
des Rois ses bienfaiteurs. Ce fut dans cette vûë qu'elle éleva,
dès les premiers tems, deux Statuës Colossales; l'une à Mæris,
& l'autre à la Reine son épouse. Les Sculpteurs Égyptiens ex-
cellèrent principalement dans la justesse des proportions; les différentes parties d'une Statuë étoient souvent travaillées par différens Artistes; & ces parties dans leur réunion, faisoient un
tout parfait.

La *Sculpture* n'étoit point inconnuë aux Israëlites; il en est
fait mention dans plusieurs endroits de l'Écriture. Dieu voulut
être honoré par le ministère des Sculpteurs, dans la construction de l'Arche d'Alliance; il présida en quelque sorte, lui-
même à l'Ouvrage, & se forma un Ouvrier digne de travailler
pour lui. *Exod. 31.*

Les Historiens Grècs ont voulu placer la naissance de la
Sculpture dans leur Pays, & ils en ont attribué l'Invention à
l'Amour. Une Amante frappée de voir le Portrait de son Amant
tracé sur le mur, par l'Ombre que faisoit une Lampe, en suivit
exactement les traits: voilà, disent-ils, l'Origine de la Peinture & de la *Sculpture*. Quoi qu'il en soit, il est certain que

les Commençemens de la *Sculpture* furent très-groffiers dans la Grèce ; mais Dédale ayant fait un féjour en Égypte, fe perfeĉtionna dans cet Art ; & forma à fon retour, des élèves qui fe firent admirer du Peuple, dont le goût n'étoit point encore éclairé par les Chefs-d'Œuvres que Phydias, Myron, Lyfippe, &c. firent voir dans la fuite, & qui font encore recherchés ; foit à caufe de l'Imitation la plus parfaite de la belle nature, foit par rapport à la vérité de l'Expreffion, & pour la correction du Deffein.

Les Grècs affujettis aux Romains, dégénérèrent infenfiblement ; & les Arts, ennemis de la contrainte, les abandonnèrent. La *Sculpture* ne fit point à Rome des progrès bien confidérables ; fon plus beau règne fut, avec celui de tous les Arts, fous l'Empereur Augufte. Elle languit fous Tibère, Caïus & Claude ; & reprit fes forces fous Néron : mais cet Empereur avoit un goût pour les Statuës Coloffales ; qui fit plus de tort à la *Sculpture*, que s'il l'eût entièrement négligée.

Nous ne parlerons point ici de la *Sculpture Gothique*, qui puifoit fes règles plutôt dans le Caprice de l'Imagination, que dans l'Étude de la Nature.

L'Époque de la *Sculpture* en France & en Italie, eft la même. Michel Ange travailloit à Rome, fous le Pontificat de Léon X : Tandis que Jean Goujon fe faifoit admirer à Paris, fous le règne de François I. Ce Bel Art fe foutient encore avec éclat, chés ces deux Nations. *Diĉtion. des Beaux Arts.*

DE LA PEINTURE.

2. Par le terme de *Peinture* dont on fe fert ici, on ne prétend pas parler des diverfes parties de l'Art de peindre ; mais feulement des Couleurs qu'on employe fur le bois, le fèr, le plomb, & toutes matières qu'il convient Peindre, ou imprimer

C c c ij

l'une ou de plusieurs couches ; autant pour la conserver, que pour la rendre plus d'union par une seule Couleur.

La plus belle Couleur est le Blanc ; parce qu'il augmente la lumière, & réjouit la vûë. Il y en a de plusieurs sortes. Le Blanc de Céruse & le Blanc de Plomb s'employent à l'huile : pour les détremper, après qu'ils sont broyés, on y ajoûte un poisson d'huile de noix par livre de Couleur, ou demi-poisson avec autant d'Huile de Thérébentine. Le Blanc de Roüen s'employe à détrempe avec la colle de gans ; & pour le rendre plus beau, on fait la seconde couche de Blanc de Plomb, ou de Céruse.

Le Blanc qu'on nomme des Carmes, se fait sur des murs bien secs avec de la chaux de Senlis éteinte, où l'on mèt de l'Alun : on prend le dessus qui est le plus pur, dont on mèt cinq ou six couches ; & quand il est sec, on y passe la main avec un gand blanc, pour le rendre plus luisant.

Le mêlange du Blanc avec du Noir d'os, de charbon, ou de fumée produit la Couleur Grise. Il est nécessaire de passer un lait de chaux sur les vieux murs, avant que de les Peindre en détrempe.

Le Jaune se fait d'Ocre, qui s'employe à l'huile & en détrempe : il faut plus d'un poisson d'huile par livre de Couleur, & on en mèt deux couches ; dont la première doit être plus forte d'huile, que la seconde.

La Couleur d'Olive se fait avec de l'Ocre jaune, du blanc & du noir de charbon. Le Brun rouge ou rouge brun, est un Ocre brûlé, & il s'employe comme l'Ocre jaune. On peint avec du Bleu d'Inde, ou d'émail, ou avec de la cendre bleuë ; les Ornemens ou Grotesques que l'on veut Peindre en bleu sur des fonds blancs.

Le Verd, dont on se sert pour Peindre les Treillages, les Portes, Grilles & Bancs des Jardins, se fait de Verd de montagne ; on l'employe avec du Blanc de Céruſe , & l'on en peint la ſeconde couche ; (la première étant de blanc pur) : & après on mèt le Verd de montagne pur , qui devient plus beau avec le tems. Le Verd de Gris eſt moindre , & noirçit davantage que celui de montagne. Le tout s'employe avec l'huile de noix , qui eſt meilleure que celle de lin : on ſe ſert d'huile graſſe , de mine de plomb & de couperoſe , pour faire ſècher les Couleurs qui peuvent être couchées ſur la Pierre , le Plâtre , le Bois , le Fèr & le Plomb. Tout ce qui eſt expoſé à l'Air ſe fait à l'huile ; on réſerve pour les dedans , les Couleurs à détrempe.

Lorſque la Menuiſerie eſt travaillée avec ſoin , & que le Bois en eſt d'une belle couleur ; on y donne ſeulement quelques Couches de Vernis , qui ſe fait avec de la Gomme Adragant & l'Eſprit de vin , après y avoir paſſé une colle de gands : on ſuit la même Pratique pour le Vernis de Veniſe. On fait auſſi un Vernis d'huile graſſe & de litarge bouillis enſemble , lorſque les lieux ſont humides , & pour les dehors. *Louis Savot.*

DE LA DORURE.

3. Pour peu que les Appartemens ſoient décorés , on *Dore* les Moulures & les Ornemens , dont les Lambris ſont enrichis , laiſſant les panneaux & le reſte blanc , ou couleur de bois.

Voici en quoi conſiſte la Pratique pour *Dorer* d'Or en feuilles. Après avoir mis pluſieurs Couches de blanc , on poſe une couche d'Ocre blanc , ou de Rouge brun ; & on paſſe un Or couleur , ſur quoi on applique l'Or en feuilles. Il ſuffit qu'il y ait deux Impreſſions ſur le Bois , & trois ſur le Plomb ; mais ſur le Fèr , pour le garantir de la roüille , il en faut cinq ou ſix ; dont la première eſt de Blanc fort légère , & les autres d'Ocre ou de Rouge brun ; ſur quoi on poſe l'Or couleur , enſuite l'Or en feuilles. Quant à l'Or bruni ſur le bois , on mèt cinq ou ſix

Couches légères de Blanc, puis l'affiette compofée de Bol d'Arménie ; les Ornemens de couleur peuvent être à fond d'Or mat, ou bruni.

Les Camayeux fe font d'une même couleur, en y obfervant les jours & les ombres ; mais les plus riches font ceux dont le fond eft d'Azur, & les figures rehauffées d'Or. Les Jaunes fe nomment *Criage* ; & on en peint de plufieurs fortes, felon le Goût de celui qui les fait faire, & l'Union que demande le refte des Ornemens.

On peut auffi imiter le Bronze, qui fe fait de plufieurs manières ; fçavoir, Rougeâtre, Jaunâtre & Verdâtre.

Pour faire le Bronze, on fe fert de Cuivre battu & broyé ; plus il eft au feu, plus il rougit. Cette Couleur fe peut employer fur le Plâtre, le Bois, le Fèr & le Plomb. Pour la rendre Rougeâtre, on y mêle du Rouge brun ; pour la faire Jaunâtre, on fait la Couche d'Ocre jaune pure ; & enfin lorfqu'on la veut faire Verdâtre, & reffembler au Bronze Antique ; il faut y paffer une Couleur d'Ocre jaune, avec du Noir d'Os. *Monfieur Félibien.*

DES GLAÇES.

4. De tous les Secrèts de l'Art, nous eftimons qu'il ne s'en eft trouvé aucun qui approche de faire les Miroirs ; peut-on defirer rien de plus Beau, ni de plus Merveilleux, que de voir un fujèt, qui repréfente jufqu'aux moindres actions des chofes qui lui font oppofées ; qui étale notre mérite, & qui nous reproche nos défauts. Ces vérités font trop connuës de tout le monde, pour en dire davantage ; puifque ce Précieux Mira*cle de l'Art*, eft aujourd'hui également entre les mains des grands & des petits ; fans que ni les uns ni les autres réfléchiffent à fes belles & rares Qualités.

Pour faire les *Glaçes*, on employe les matières cryftallines. La différence qu'il y a de ce Travail, à celui de la Verrerie ; c'eft que ces matières étant bien fonduës & purgées, fe jèttent fur la Table : au lieu que les autres fe cueillent avec la Canne, & fe foufflent.

La Manière de jetter la matière vitreufe & cryftalline pour faire les *Glaçes*, n'a pas été mife en ufage auffi tôt que les Miroirs ; car d'abord que l'Invention en fut trouvée, on n'avoit pas encore celle d'en faire de Grandes. Ainfi, comme ces *Glaçes* étoient fort petites au commençement, les Ouvriers fe contentoient de former une grande boffe de leur matière cryftalline au four, de la tailler enfuite avec des cizeaux, après l'avoir bien maniée fur le marbre ; & d'en faire des morçeaux quarrés de la grandeur qu'ils defiroient, qu'ils mettoient fur une palette de fèr au fourneau, où ils les laiffoient tant qu'ils fe fuffent étendus & unis. Alors ils les retiroient, & les mettoient dans un petit Fourneau fait exprès pour les recuire ; en les ftratifiant avec de la cendre bien fine & tamifée. Ce petit fourneau étant plein, ils y donnoient peu de feu, & le laiffoient refroidir de lui-même ; puis retiroient leurs *Glaçes*, & les faifoient travailler.

Les petits Miroirs ronds fe faifoient, & fe font encore de même : on fait une Boffe, on l'allonge en tournant, tant qu'elle foit de la greffeur que l'on veut : puis on la coupe avec les cizeaux comme les autres, on les mèt fur la Palette de fèr pour les unir ; & on les fait enfuite recuire au petit fourneau, puis on les polit.

Depuis ce tems-là, voulant faire de plus grandes *Glaçes*, on trouva le moyen de les jetter comme on fait le métail ; c'eft-à-dire, fur un fable préparé comme celui des Fondeurs, & on les faifoit plus grandes, en paffant un Rouleau de Métail pardeffus cette matière, pour l'étendre & la rendre égale & unie.

Ceux qui font parvenus à les faire d'une Grandeur extraordinaire, comme elles fe font à Muran près Venife, & dans nos Manufactures Royales, ont encore cherchés des moyens plus aifés & plus folides que le fable, qui a fes difficultés. Ils ont d'abord fait faire de grandes Tables de cuivre polies, fur lefquelles ils ont jettés leur matière ; mais ces Tables n'étant pas affés épaiffes, la chaleur de la matière les faifoit travailler, de manière que les *Glaces* n'étoient pas bien unies. Depuis cela, ils ont eu recours au fèr ; & ils en ont fait faire des Tables fort épaiffes, capables de réfifter à tout, qu'ils ont renduës très-unies & polies ; de manière qu'elles ont une grande folidité, & qu'elles font durables.

A ces Tables, qui font de la grandeur des *Glaces* que l'on veut faire, il doit y avoir une efpèce de couliffe, de l'épaiffeur que la même *Glace* doit être, que l'on pouffe promptement auffi-tôt que la matière eft jettée fur la Table ; pour l'étendre par-tout, & la rendre égale & unie.

Voilà la Manière ufitée pour faire les Grandes *Glaces*, qui ne font pas moins furprenantes qu'elles font belles. Et fi on confidère le Point où on eft aujourd'hui parvenu, par la Grandeur extraordinaire que l'on donne aux *Glaces* de Miroirs ; on admirera à quel degré de Perfection le Génie de l'Homme fe peut porter, & qu'il eft capable de tout entreprendre ; pourvû qu'il s'applique férieufement à l'Étude des Sçiences Profondes.

Après que vous avés fait recuire vos *Glaces*, il faut les pofer en un lieu préparé fur le fable, afin qu'elles portent par-tout ; autrement on pourroit les caffer en les travaillant. Alors avec du Sable très-fin & de l'Eau, & une molette propre à ce fujèt ; l'Ouvrier leur donne la première façon, en les frottant & poliffant bien par-tout. Enfuite avec l'Emeri en poudre, l'Eau &

la Molette ;

la Molette ; ils donnent à ces *Glaces* un second poliment, qui les rend fort unies. Et lorsqu'elles sont dans l'état qu'elles doivent être, ils leur en donnent un troisième avec le Tripoli, pour les rendre douces ; & toujours avec l'Eau & la Molette, de manière qu'ils rendent ces *Glaces* dans la perfection où nous les voyons. Il y en a qui passent encore la Chaux d'Étain pour une quatrième préparation, afin de leur donner plus de Lustre.

Pour *bizeler* ces *Glaces*, on se sert du Grès avec l'Eau, qui use le crystal autant que l'on veut, en le frottant un tems convenable ; & de telle largeur que l'on desire.

Voilà toutes les façons qu'il faut donner aux *Glaces*, pour les rendre dans leur perfection : mais elles n'ont pas encore la qualité de Miroirs, puisqu'elle dépend de celle du Tain qu'il faut lui donner.

Ce n'est pas la *Glace* qui fait le Miroir, mais c'est le Tain ; puisque sans lui il seroit impossible qu'il pût représenter les objets qui lui sont opposés, aussi distinctement qu'il fait ; c'est pourquoi, ce Tain en achève la Beauté & la perfection.

Pour bien appliquer ce Tain, il faut avoir une Table bien unie & polie, qui soit plus grande que la *Glace* ; puis étendre dessus cette Table une ou plusieurs feuilles d'Étain d'Angleterre du plus fin, épaisse comme une feuille de papier ; de manière qu'il n'y ait aucun pli, ni raye, ni macule ; autrement votre Miroir auroit un défaut. Cela étant fait, prenés du bon Mercure, & le versés dessus la feuille de cet Étain, ensorte qu'elle en soit toute couverte. Étant bien imbibée de votre Mercure, vous coulerés votre *Glace* dessus, & elle s'y attachera. Après cela retournés votre *Glace*, & mettés des feuilles de papier bien unies sur le Tain, que vous prèsserés doucement en coulant la main pour en faire sortir le superflu du Mercure ; ensuite ous ferés fécher ce Tain au Soleil, finon à un Feu fort doux, & il fera parfait.

Comme il n'eft pas poffible de pofer auffi aifément les gran-les *Glaces*, comme on fait les petites fur les feuilles d'Étain; il faut d'abord les pofer fur la Table du côté bizelé, & que elui où on doit appliquer le Tain foit en haut ; puis appliquer ardeffus les feuilles d'Étain bien uniment : enfuite y verfer e Mercure, enforte qu'il puiffe diffoudre toutes les feuilles ; & eu de tems après mettre des feuilles de papier pardeffus comme ous avons dit, & preffer douçement en coulant la main pour ter le fuperflu du Mercure, puis faire fécher comme deffus.

Le furplus de l'Ouvrage dépend des Miroitiers ; qui eft de mettre ces Miroirs dans des Bordures, & de leur donner tels Ornemens qu'ils defirent. *Art de la Verrerie, Tom. II.*

DES MARBRES.

V. Le *Marbre* eft une Pierre éxtrêmement dure, folide ; qui eçoit un beau poli, qui eft difficile à tailler. On en fait les or-emens des beaux Édifices ; comme les Colonnes, les Autels, es Statuës, & quelquefois des Églifes entières dans les lieux où il abonde.

Il y a une infinité de *Marbre*, qui n'eft diftingué que par fes lifférentes couleurs, ou par les Pays dont on le tire. Il n'y a que le *Marbre blanc* qui foit tranfparent, quand il eft débité ar tranches minces. Sous le genre de *Marbre* on comprend e *Porphire*, qui eft le plus dur, qui fe tiroit autrefois de la Numidie en Afrique. Le plus beau eft celui dont le rouge eft e plus vif, & les taches les plus blanches, & les plus petites. Le *Serpentin*, qui eft d'un verd brun ; le *Granite*, qui fe tiroit le la Thébaïde, & dont l'un eft rougeâtre taché de blanc, & 'autre bleuâtre tacheté de gris.

On confidère les *Marbres* ; ou comme Antiques , ou comme Modèrnes. Par les Antiques , on entend ceux dont les carrières font perduës , ou inacceffibles à notre égard ; & dont on ne voit plus que des morçeaux. Par les Modèrnes , on entend ceux dont les carrières font ouvèrtes , & dont on peut tirer des blocs d'échantillon. Celui qui eft compofé de diverfes couleurs s'appelle *Jaffe*. Le *Marbre* de *Grèce* eft extrêmement eftimé pour fa blancheur. On tire de très-beau *Marbre* des Montagnes de Gênes.

Le *Marbre Africain* eft en partie rouge brun , avec quelques veines de blanc fale ; & en partie couleur de chair , avec quelques filèts verds. Le *Marbre d'Auvergne* eft couleur de rofe , mêlé de violèt, de verd & de jaune. Le *Marbre* de *Bacalvaire* en Gafcogne eft verdâtre , avec quelques taches rouges , & un peu blanc. Le *Marbre Balzato* eft d'un brun clair fans taches , mais avec quelques filèts gris fi déliés , qu'ils reffemblent aux cheveux qui commençent à grifonner. Le *Marbre* de *Barbançon* en Hainaut eft noir , veiné de blanc. Ce *Marbre* eft affés commun. Le *Marbre de la Sainte Baume* en Provençe eft blanc , & rouge mêlé de jaune. Le *Marbre gris noir* eft Antique. Le *Marbre* blanc des Pyrénées vèrs Bayonne eft moins fin que celui de Carrare , ayant de plus gros grains. Il reffemble au *Marbre* blanc Grèc antique , dont les *Statuës* Grècques font fculptées : mais il n'eft pas fi beau. On s'en fert pour les Ouvrages de Sculpture. Le *Marbre* blanc veiné , eft mêlé de grandes veines , de taches grifes , & de bleu fonçé fur un fond blanc. Il vient de Carrare. Le *Marbre* blanc & noir antique eft très-rare ; parce que les carrières en font perduës. Il eft mêlé de blanc pur , & de noir très-noir par plaques. Le *Marbre* bleu turquin , eft mêlé de blanc fale , & vient des côtes de Gênes. Le *Marbre de Boulogne* en Picardie , eft une efpèce de Brocatelle ; mais les taches en font plus grandes , & mêlées de quelques filèts rouges. Le *Marbre de Bourbonnois* est d'un rouge sale, & d'un gris tirant sur le bleu, mêlé de veines d'un jaune sale.

Il y a encore une sorte de *Marbre* qu'on appelle Brèche. C'est un nom commun à plusieurs sortes de *Marbre*, qui sont par taches rondes, de diverses grandeurs & couleurs, formées du mêlange de plusieurs cailloux ; & qui n'ayant point de veines comme les autres, se cassent par brèches : ce qui leur a fait donner ce nom par les Ouvriers. Voyés Daviler qui en compte jusqu'à 78 sortes.

En parlant des défauts du *Marbre*, on dit qu'il est Fièr ; c'est-à-dire, trop dur, & sujèt à s'éclater : *Filardeux*, c'est-à-dire, qu'il a des filèts ; *Pouf*, c'est-à-dire, qui ne retient pas ses arrêtes ; *Terrasseux*, c'est-à-dire, qui a des tendres qu'on appelle *terrasses*, qu'il faut remplir avec du mastic. On dit que le *Marbre* est *Brut*, quand il est par blocs d'échantillon, & tel qu'il vient de la carrière : *Marbre dégrossi*, lorsqu'il est équarri avec la scie, & avec la pointe ; selon une forme d'échantillon de commande : *Marbre ébauché*, est celui qui est travaillé à la double pointe pour la Sculpture. *Marbre fini*, est celui qui est travaillé avec le petit cizeau, & la rape qui adouçit ; dont les creux sont évidés avec le trépan, pour dégager les ornemens, & mettre l'ouvrage en l'air. *Marbre poli*, est celui qui après avoir été frotté avec le grais & le rabot ; ensuite repassé avec la pierre de ponce, est enfin poli au bouchon de linge à force de bras avec la potée d'émeril, pour les *Marbres* de couleur ; & de la potée d'étain pour les *Marbres* blancs. En Italie on polit le *Marbre* avec un morçeau de plomb, & de l'émeril. *Dictionnaire de Trévoux*.

Par le dénombrement que je viens de faire des *Marbres*, on peut avoir connoissance de la plûpart de ceux qu'on employe

aujourd'hui. Ils fe vendent tous au pied cube , & leur prix dépend de la rareté du *Marbre* , & de la groffeur du Bloc : ils
font prefque tous de même poids , mais de différente dureté.
Le *Marbre* n'a point généralement de lit , & il eft fujèt à s'é-
clater, à caufe des fils qui s'y rencontrent ; outre que l'inégalité de fa dureté , & les clouds qui s'y trouvent le rendent difficile à tailler ; particulièrement celui d'une même couleur ,
comme le blanc. Tous les *Marbres* reçoivent affés bien le poli ;
mais il eft néceffaire que les Paremens en foient bien dreffés
au cizeau, quoique fçiés ; parce qu'étant luifans , les Paremens
gauches & par ondes y font fenfibles. *Diction. d'Architecture.*

DE LA SERRURERIE.

VI. Tout le Fèr qui s'employe dans les Bâtimens , fert, ou
à la Solidité , ou à la Sûreté ; ou à l'un & à l'autre. Celui qui
fert à la Solidité , eft réputé gros fèr ; comme les Tirans , Ancres , Linteaux , Platte-bandes , Boulons , Manteaux de cheminées , Barres de Trémies , &c. Et celui qui fert à la Sûreté pour
la fermeture des lieux , eft appellé Fèr de menus Ouvrages ;
comme Serrures , Pantures , Fiches , Targettes , Loquèts , &c.
Ce n'eft pas qu'il n'entre auffi du Gros Fèr , dans ce qui regarde la Sureté ; comme les Barreaux des croifées , les Barres
& Fléaux pour fermer les portes.

Le Fèr dans les Édifices a cet avantage , que par fon moyen
un mur de moindre épaiffeur fubfifte mieux qu'un plus gros ,
où il n'y en a point. On mèt à préfent les Ancres dans œuvre
aux murs de façe , & entaillées dans les chaînes de pierres ;
parce que lorfqu'elles paroiffent au-dehors , quoique cette manière femble plus folide , les façades en reçoivent une grande
difformité. Mais comme le Fèr , enfermé dans la pierre & le
mortier eft fujèt à fe rouiller ; on fe fert d'une Précaution dans

les Édifices confidérables, qui eft de l'envelopper de plomb mince ; ce qui, à la vérité, le garantit un peu de l'humidité de la pierre ; mais ne peut cependant empêcher qu'il ne jètte fa rouille au-dehors.

Pour revenir à l'ufage du Fèr, il eft important de n'en mettre que dans les endroits qui en ont befoin, & qu'il foit d'une groffeur convenable ; parce que non-feulement la dépenfe en eft grande, à caufe du poids ; mais auffi parce qu'il divife la liaifon dans les petits murs. Ainfi la quantité du Gros Fèr n'eft utile que dans les grands Édifices, où les pierres étant des plus gros quartiers, l'altération qui s'y fait pour les perçer & boulonner, n'eft pas fenfible.

Le Fèr eft principalement néceffaire pour empêcher les Arcs & les Platte-bandes de s'écarter ; auffi eft-ce le feul remède pour retenir les Édifices qui menaçent ruine, ce qui n'arriveroit pas ; fi, par une judicieufe précaution, on en avoit mis en les bâtiffant. C'eft par le moyen du Fèr, que les Ouvrages Gothiques, que nous appellons Modèrnes, fubfiftent avec admiration ; ce qu'on reconnoît par leur démolition, où il ne fe trouve pas une pierre au-deffus des maffifs, qui ne foit fçellée en plomb avec des Boulons ou des Goujons de Fèr.

La Solidité des Édifices demande que les groffeurs ordinaires du Gros Fèr, tel qu'il eft livré par les Marchands, ne foient pas diminuées ; il faut fe contenter de le forger des longueurs & formes néceffaires dans fes éxtrémités ; car un Tiran ne manque pas par fa groffeur, qui eft d'environ quinze lignes ; mais plutôt par l'œil ou le crochèt, lorfqu'ils ne font pas bien forgés. Or c'eft dans le choix de ces groffeurs, que confifte l'œconomie de celui qui conduit l'Ouvrage, d'autant que l'ouvrier ne s'attache qu'à multiplier les cents de Fèr ; ainfi il faut que l'Entrepreneur fçache ce qu'un Ancre, un Tiran, & les

utres pièces doivent avoir de gros ; & par conféquent de poids
ur leur longueur, à proportion de la grandeur de l'Édifice.

Les Manteaux de cheminées ont ordinairement de groffeur
louze lignes fur quatre à cinq pieds de longueur, les Linteaux
& Platte-bandes quinzelignes ; & les Barres de Trémies, qui
ont de Fèr plat, trois pouçes fur fix lignes d'épaiffeur : mais
l eft impoffible d'écrire fur ce fujèt, fans entrer dans un Détail ennuyeux, à caufe de la variété des Ouvrages, & de la
différente pratique des Ouvriers.

Tout le Fèr qui paroît au-dehors doit être imprimé de quelque couleur, pour éviter la roüille : on le peint en verd dans les
Jardins ; & l'on peint en noir les Portes des Veftibules, les
Rampes d'Efcaliers, les Balcons & les Clôtures de Cours,
Chœurs d'Églifes & Grilles de Couvents ; dont on peut dorer
fort à propos les Liens & les Ornemens, tant de Fèr enroulé,
que de Tôle relevée, felon la dignité du lieu & la dépenfe
qu'on veut faire. *Daviler.*

Le Fèr des menus ouvrages qui fert à la Sureté, confifte en
plufieurs pièces qui n'ont d'autre Ufage, que d'ouvrir & fermer
les lieux ; comme les Serrures, Verroux, Targettes, Loquèts,
Fiches fimples, à Doubles Nœuds & à Vafes, Heurtoirs,
Boutons, Rofettes, Entrées, Crampons & autres ; qui doivent
être proportionnés aux Portes, Croifées & Placarts où ils font
appliqués. *Parfait Œconome.*

La Serrure eft un petit inftrument de fèr fort artifte, qu'on
attache à la porte d'une maifon, au guichèt d'une armoire, à un
coffre pour le fermer fi bien, qu'on ne le puiffe ouvrir fans avoir
la clef propre à laquelle il a relation. C'eft la principale pièce
des menus Ouvrages de Serrurerie, qui a différens noms, gar-
nitures & formes, felon les portes qu'elle doit ouvrir & fermer ;
qui eft au moins compofée d'un pêne qui la fèrme, d'un reffort

qui la fait agir, d'un faucèt qui couvre ce reſſort, d'un canon qui conduit la clef ; & de pluſieurs autres pièces renfermées dans ſa cloiſon, avec une entrée ou écuſſon au-dehors. *Trévoux*

Il y a différentes ſortes de Serrures. Celles qu'on faiſoit anciennement, tant des portes que des coffres & des cabinèts, s'attachoient en-dehors ; & M. Félibien remarque, qu'il y a encore des lieux où les Ouvriers en cet Art ſont obligés d'en faire de ſemblables pour leur chef-d'œuvre, quand ils ſe font paſſer maîtres. On appelle *Serrures Beſnardes*, celles qui s'ouvrent des deux côtés. Elles ſont garnies d'une, de deux ou de trois planches fenduës qui paſſent par la clef ; *Serrures Treffières*, celles qui n'ouvrent que d'un côté ; *Serrures à houſſette*, celles qui ſont ordinairement pour des coffres ſimples, elles ſe ferment à la chûte du couvercle, & s'ouvrent avec un demi-tour à droit. Il y a certaines Serrures qu'on nomme *un pêne en bord* ; parce que le pêne doit être plié en équèrre par le bout, & recourbé en demi-rond pour faire plaçe au reſſort ; & d'autres appellées *à deux fermetures*, à cauſe qu'elles ſe ferment par deux endroits dans le bord du palaſtre. Les *Serrures à reſſort* ſe ferment en tirant la porte, & on les ouvre par le dehors avec un demi-tour de clef ; & par dedans avec un bouton qui ſe tire avec la main. Les *Serrures à pêne dormant*, ne ſe ferment & ne s'ouvrent qu'avec la clef. Il y a encore des *Serrures à clenche*, qu'on mèt aux grandes portes des maiſons, & qui ſont ordinairement compoſées d'un grand pêne dormant à deux tours, avec un reſſort double par derrière. *Dictionnaire de l'Académie.*

Quant à la qualité du Fèr propre à ces ſortes d'Ouvrages, on doit y employer le meilleur, qui ne ſoit ni aigre, ni caſſant ; mais bien forgé, bien limé, poli & rivé ; les reſſorts & mouvemens en doivent être faciles & ſolides ; les clèfs des Serrures

ni trop

ni trop pefantes, ni trop courtes, & le panneton en doit être bien évidé. *Diction. de Trévoux.*

DE LA MENUISERIE.

VII. L'Ufage de la *Menuiferie* eft plus fréquent à préfent qu'il n'a jamais été ; tant pour la fanté , que parce que les Compartimens de Lambris en peuvent être ornés de Peintures & de Sculptures , qui tiennent lieu de Tapifferies. La plus Belle *Menuiferie* éxige que les panneaux foient grands , d'une bonne épaiffeur , & affemblés avec des Clèfs. Les Lambris font ou feulement à hauteur d'appui, où ils montent jufqu'à la Corniche de la gorge de la Cheminée ; ou enfin jufque fous le Plafond : il eft alors plus à propos d'en faire les Corniches de bois que de plâtre , dans les lieux médiocres.

Le Parquèt eft un affemblage de *Menuiferie* ; il fe fait , ou en Échiquier , ou en Lozanges ; & fouvent on les mêle enfemble : il doit avoir un pouce & demi d'épaiffeur , fur trois pieds en tout fens ; pofés fur des Lambourdes de trois à quatre pouces, fçelées quarrément ou diagonalement. Quand même la Chambre ne feroit pas d'équèrre ; le Parquèt doit être quarré ; parce que les Frifes & les Plate-bandes qui l'enferment, racheptent le biais. Il doit auffi être entretenu par des frifes , & arrêté avec des cloux à tête perduë.

Les Lambris & revêtemens de *Menuiferie* en compartiment, fe font pour la Décoration des Appartemens ; comme les Trumeaux de glaces , les Portes à placarts, les Cheminées , les Buffèts , &c. Ces efpèces de Lambris fe réduifent à deux principales ; les Lambris d'appui, & les Lambris à hauteur de chambre.

Les premiers , qu'on ne place qu'au pourtour des Salles & des Chambres tapiffées , n'ont que deux pieds & demi ; ou tout au plus trois pieds fix pouces de hauteur. Comme on ex-

Tome II. Part. I.   *E e e*

auffe beaucoup les Appartemens, on s'en fert pour revêtir
es Murs au-deffous des Tapifferies, & empêcher que l'humi-
ité ne les pouriffe, & que les doffiers des chaifes ne les ufent.

Les feconds fervent à Lambriffer ou boifer les Chambres dans
oute leur hauteur, depuis le deffus du Parquèt jufqu'au-deffous
e la Corniche. Comme la Continuité & la reffemblance des
mêmes Panneaux dans un même Lambris, ne produit rien de
ort fatisfaifant pour les yeux ; on y introduit des Quadres, des
ableaux & des Pilaftres difpofés avec Simétrie de diftance
n diftance ; & qui répondent aux parties qui leur font oppo-
ées. Les Ornemens qu'on y diftribuë à propos, concourent
ncore à en augmenter la richeffe.

M. Félibien obferve, que lorfqu'on attache des lambris contre
es poutres ou folives, il faut laiffer de petits trous ; afin que le
vent y paffe, & qu'il empêche que le bois ne s'échauffe étant
'un contre l'autre ; ce qui fe fait pour prévenir les accidents
qui peuvent arriver par les lambris attachés aux planchers contre
es folives ou poutres, que la pefanteur du bois fait affaiffer &
arréner, & même fe gâter & fe corrompre, fans que l'on s'en
apperçoive.

On affecte de donner beaucoup de Légèreté & de Variété
à tout ce qui compofe les Lambris. Les Ornemens doivent être
fort délicats, & laiffer beaucoup de vuide entr'eux. On en
voit qui le difputent pour la Beauté du Travail, avec les Ouvrages de cizelure des plus recherchés.

Les Formes des Quadres fe varient à l'infini, & il n'eft pas
néceffaire de leur donner beaucoup de Relièf ; l'on en peut
dire autant des parties de Lambris qui forment les Avant-corps,
leur Saillie doit être peu confidérable ; car rien n'eft fi défa-
gréable, que de voir des reffauts trop marqués dans une même
continuité de Lambris. Plus les Panneaux font grands, plus ils

font un bel effèt. C'étoit autrefois l'Ufage de les féparer par des Frifes ; & on ne fçavoit guères leur donner d'autre forme que celle du Quarré. Les Connoiffances des Ouvriers n'alloient pas plus loin : mais aujourd'hui que la *Menuiferie* s'eft extrê-mement perfectionnée , & qu'il n'y a plus de Forme , quelque irrégulière qu'elle foit , tant fur le Plan que fur l'élévation , qui ne s'éxécute facilement : on s'étudie tous les jours à en imaginer de nouvelles ; & nos Architèctes ont affurément de quoi s'ap-plaudir de leurs heureufes Découvertes. Mais ce qui relève particulièrement la Beauté & la Magnificence des Nouveaux Lambris , ce font les Grandes Glaçes qu'on y incorpore , & qu'on plaçe fur les Cheminées, en façe de ces mêmes Che-minées , dans les Trumeaux des Croifées , & jufques dans les Angles des Chambres , que l'on forme pour cela en Pan coupé. Tant de Glaçes dans un même lieu ne peuvent manquer d'y produire un coup-d'œil charmant.

Plus les Portes des Chambres font hautes , plus elles font un bel effèt ; elles ont quelquefois jufqu'à douze pieds de hau-teur. Le plus fouvent on les ferme Quarrément, mais lorfqu'elles font bombées dans leur Fermeture , & qu'on veut que les Ven-taux des Portes fe rangent dans l'embrafure ; il eft néceffaire de remplir le Ceintre avec un Panneau. Souvent l'on repète le Placart des Portes aux éxtrémités des Enfilades d'Apparte-mens , pour faire croire qu'il y a par de-là d'autres pièces ; & ce qui eft très-commode , ces Placarts s'ouvrent , & forment des Armoires.

On enrichit le Deffus des Portes avec des Tableaux , l'on y peint quelquefois des Ornemens Grotefques ; & l'on y mèt un Panneau de *Menuiferie* , enrichi d'Ornemens de Sculpture ; & fouvent , pour une plus grande variété , on y plaçe un Tableau au milieu de ces fortes d'Ornemens. *Daviler.*

CHAPITRE VI.

Douze fortes d'Architecture :

Sçavoir,

La Ruſtique ,	*la Toſcane ,*	*la Dorique ,*
L'Ionique ,	*la Corinthienne ,*	*la Compoſite,*
La Militaire ,	*la Sacrée ,*	*la Profane ,*
La Publique ,	*la Privée ,*	*la Navale.*

I. L'*Architecture Ruſtique* eſt celle qui approche le plus de la Simplicité de la nature.

II. L'*Architecture Toſcane* eſt fort ſimple, & dépourvûë d'Ornemens : on la mèt rarement en uſage, ſi ce n'eſt pour quelque Grand Édifice, tel qu'un Amphithéâtre, &c.

III. L'*Architecture Dorique* a beaucoup de Solidité. C'eſt pourquoi on l'employe ordinairement dans les Grands & Magnifiques Édifices, où la délicateſſe des Ornemens paroit déplaçée ; comme aux Portes des Citadelles, des Villes, aux dehors des Temples, aux Plaçes Publiques, &c.

IV. L'*Architecture Ionique* tient le milieu, entre la Manière ſolide & la délicate ; on la diſtingue particulièrement, par des Volutes ou des Cornes de Bélier au Chapiteau ; le fuſt de ces Colonnes eſt ordinairement cannelé : elles ont communément vingt-quatre cannelures. Quelquefois ces cannelures ſont mêlées de baguettes ou bâtons ronds au bas de la Colonne, à la différence du haut, qui eſt ſtrié & cannelé en creux ſans autre Ornement.

Plan d'une ROTONDE, ou ÉGLISE
DÉDIÉE A LA Ste TRINITÉ.
de la Composition du Sieur *LE GEAY* Architecte.

Echelle de dix Toises.

On présente ici sous les yeux des personnes studieuses, le **Plan**, la **Coupe**, et l'**Élévation** d'une ROTONDE, ou ÉGLISE d'une composition nouvelle, afin d'exciter de plus en plus, et réveiller l'attention des Amateurs pour l'Architecture. Qu'il seroit à souhaiter, qu'une semblable Église fut éxecutée à Paris! il ne manque plus à cette Capitale qu'un morçeau dans ce genre, pour réunir dans cette grande Ville, toutes les beautés en Architecture des Grecs et des Romains.

Cl. R. G. Poulleau, delin, et Sculp.

V. L'*Architecture Corinthienne* est la plus délicate & la plus riche. Son Chapiteau est orné de deux rangs de feuilles, de huit grandes Volutes, & de huit petites qui semblent soutenir le Tailloir. Sa Colonne avec sa base & son Chapiteau, a dix diamètres de hauteur, avec la Corniche.

VI. L'*Architecture Composite* est formée de l'Ordre Ionique, & de l'Ordre Corinthien; elle en rassemble tous les Ornemens. Son Chapiteau est orné de deux rangs de feuilles imitées de l'Ordre Corinthien, & de Volutes prises de l'Ordre Ionique. Sa Colonne est de dix diamètres de haut, & sa Corniche a des denticules ou modillons simples.

VII. L'*Architecture Militaire* est celle qui pourvoit à la Sûreté; en prescrivant des règles pour fortifier les Places.

VIII. L'*Architecture Sacrée*, est entièrement & spécialement destinée pour la plus Grande Magnificence des Églises.

Voici le Détail des parties nécessaires à une belle Église.

On entre dans une Vaste Nèf voûtée, & accompagnée de Colonnes ou Pilastres très-hauts, qu'on nomme *Piliers*; ayant de chaque côté des Voûtes plus basses, qui forment deux Grands Corridors nommés les *Bas côtés*; dans toute la longueur desquelles sont espacées plusieurs Belles Chapelles.

Au-dessus de la principale entrée est un *Jubé* qui soutient un Buffet d'Orgue. Les Bas côtés de la Nèf aboutissent à un retour d'Équerre que fait la Nèf de chaque côté, qu'on appelle *la Croisée*; ce qui forme un grand espace avant le Chœur, qui est fermé par une Magnifique *Grille de fèr* ornée de Pilastres & de dorures.

Quelquefois le *Maître Autel* est isolé, surmonté d'un Baldaquin , & fermé par une Baluſtrade ; il tient la plaçe de la Grille , ayant le Chœur derrière lui.

Des deux côtés du Chœur ſont plaçés les *Stales* (qui ſont les Sièges des Prêtres) de la plus belle Menuiſerie ſculptée. Enfin le *Maître Autel* (lorſqu'il n'eſt pas iſolé , comme on vient de dire), fait le fond du Chœur, qui eſt fermé dans ſon pourtour par des *Grilles de Fèr* à chaque Arcade.

Il y a des Chœurs couverts par *des Dômes* très-élevés. Les Égliſes des États Catholiques , ſous la protection de la Vierge, ont *une Chapelle de la Vierge* derrière le Chœur , ou les bas côtés , qui prennent après la croix , & entourent le chœur, vont aboutir aux autres endroits qui ne ſont point ſous l'Invocation de la Vierge , c'eſt *la Chapelle de la Communion.*

Sous quelques-unes de ces Magnifiques Égliſes , on a pratiqué *une Égliſe Souterraine.* Ce qu'on nomme *les Charniers,* eſt certaines Galleries qui tiennent à !'Égliſe , en dehors ; on y donne quelquefois la Communion, on y plaçe tous les Conſeſſionaux , on y marie , &c. *Du Notionnaire.*

IX. L'*Architècture Profane* , eſt ſpécialement deſtinée pour les Spectacles.

Pour former une Salle de Spectacle , on bâtit un quarré long , ou bien on le trouve tout bâti , comme ſeroit un Jeu de Paulme ; on le ſépare tranſverſalement en pluſieurs parties , toutes de Charpente , ſçavoir :

Le Théâtre.	*Pour les Acteurs.*
L'Orchéſtre.	*Pour les Muſiciens.*
Le Parquèt.	
Le Parterre.	
L'Amphithéâtre.	*Pour les Spectateurs.*
Les Balcons.	
Les Loges.	
Le Paradis.	

COUPE DE LA ROTONDE.

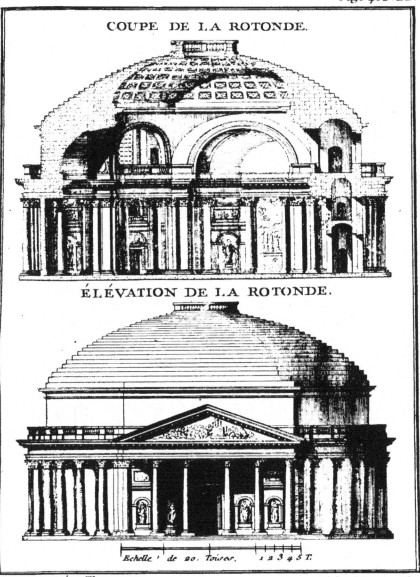

ÉLÉVATION DE LA ROTONDE.

Echelle de 20. Toises.   1 2 3 4 5 T.

Cl. R. G. Poulean inv. et Sculp.

Le *Théâtre* pour repréfenter les Pièces , tient environ le tiers de la longueur de la Salle ; fon plancher eft élevé de terre de trois à quatre pieds.

L'*Orchéftre* eft à raze terre, entre la cloifon qui foutient le devant du Théâtre , & celle du Parterre. On le fait fuffifant pour tenir plufieurs Violons & Baffes , qui jouent entre les Actes des Comédies, Tragédies, &c. qu'on y repréfente ; mais fi c'eft un Théâtre où l'on repréfente des Opéra , l'Orcheftre eft bien plus large ; parce qu'il contient quantité de Joueurs d'Inftrùmens qui doivent accompagner les Voix, & jouër des airs pendant tout le Spectacle.

L'*Orchéftre du Public* eft dans quelques Salles , un Efpaçe derrière celui des Violons , entre lui & la cloifon du Parterre ; on y plaçe deux ou trois rangs de Banquettes pour les Spectateurs.

Le *Parquèt* dans quelques Salles eft une féparation entre l'Orcheftre du Public, & la Cloifon du Parterre ; où on eft affis fur des Banquettes.

Le *Parterre* eft, pour ainfi dire , le milieu de la Salle ; on y eft debout , il a devant lui toutes les pièces dont nous venons de parler ; & derrière lui l'Amphithéâtre , & des Loges à fes deux côtés.

L'*Amphithéâtre* eft vis-à-vis du Théâtre , & à l'autre bout de la Salle : il eft élevé au-deffus du niveau du terrein , de cinq à fix pieds ; la Cloifon qui le foutient. pardevant termine le Parterre. Il occupe tout le refte de la Salle ; il eft garni de plufieurs rangs de Banquettes , où on s'affeoit ; & couronné par les côtés & derrière par la continuation des Loges , qui cotoyent le Parterre.

Les *Balcons* font de grandes Loges élevées aux côtés de l'Orcheftre, ou les deux côtés du Théâtre même, garnis de

angs de Banquettes qui se regardent ; lesquelles sont bornées
ar des Grilles de fèr de deux pieds & demi de haut, laissant
e milieu du Théâtre libre pour le Jeu des Acteurs. On appelle
rdinairement ces Plaçes, *les Plaçes du Théâtre.*

Les *Loges* sont autant de Niches ouvertes du côté de la
alle seulement, ayant chacune une porte pour y entrer ; elles
ont depuis le Théâtre tout le tour de la Salle, passant par-
essus les côtés du Parterre, & en tournant l'Amphithéâtre. Il
· en a plusieurs rangs l'uns sur l'autres ; Premières, Secondes,
roisièmes Loges ; derrière lesquelles à chaque Étage règne
n Corridor, où toutes les Portes s'ouvrent.

Le *Paradis* est le plus haut Étage, & près du Plafond ; celu-
i n'a point de séparation, deux rangs de Bancs en Amphi-
héâtre règnent autour.

Plusieurs Lustres & Lampions qui bordent le devant du
Théâtre, éclairent la Salle.

Les *Décorations du Théâtre*, sont des Chassis de distance en
istance, debout aux côtés du Théâtre, sur lesquelles sont
louées des Toiles peintes en détrempe ; qui forment une Pers-
ective, laquelle représente le lieu supposé de la Scène, relatif
la Pièce ou à l'Acte qu'on joue ; car souvent à chaque Acte,
n change les *Décorations* ; c'est-à-dire, on retire en arrière
es Toiles, pour leur en substituer de différentes, qui repré-
entent d'autres objèts. Les Intervalles entre chaque Chassis se
ommment les *Coulisses.* Le fond du Théâtre qu'on nomme la
Ferme, est le point milieu de la perspective de tout le Théâ-
e ; on le change comme les *Décorations.*

La Salle des Spectateurs n'a d'Ornement, que *les façes des*
Loges qu'on enrichit de Peintures, Sculptures & Dorures.

La *Toile* est réellement une grande pièce de Toile qui ferme
out le devant du Théâtre ; on la lève jusqu'au Ceintre ou Plafond,

fond, dans lequel elle difparoît ; fur le champ la Pièce commençe , & on la laiffe retomber dans le moment qu'elle finit. Cette Toile eft ordinairement peinte , ornée de figures où de quelque Sentence Allégorique.

X. L'*Architèélure Publique* eft fpécialement deftinée pour des Halles , ou Plaçes Publiques ; où on tient ordinairement les Marchés de toutes fortes de denrées : Maifons ou Hôtels de Villes , Ponts de Pierre ou de Bois , Digues , Acquéducs, Fontaines , Citernes , Puits.

Les *Ponts de Pierre ou de Bois* font néceffaires pour traverfer les Fleuves ou les Rivières. S'ils font de Pierre , ils font foutenus par des Arches ou Voûtes de pierre de taille , au travers defquelles le courant de l'eau s'échappe. S'ils font de Bois, ils font conftruits avec des Pièces de Bois équarris , nommés *Bois de Charpente.*

Les *Digues* font des Murailles épaiffes de pierre ou de bois enfonçés en terre , nommés *Pilotis ;* qu'on oppofe aux eaux courantes , pour les empêcher de s'épancher fur les terres voifines.

Les *Acquéducs* font de fortes Murailles qui foutiennent des conduits , par lefquels les eaux courantes viennent fe rendre à un endroit déterminé.

Les *Citernes* font néceffaires dans les endroits , où il n'y a ni Fontaine , ni Rivière ; ce font des Voûtes fous terre peu enfonçées , où on donne pente aux eaux de pluye qui s'y purifient fur du Sable , & deviennent bonnes à Boire.

Les *Puits* font des Trous ronds en terre , plus ou moins profonds , revêtus de murailles ; au fond defquels il y a de l'eau de fourçe qu'on tire dans le befoin.

XI. L'*Architèélure Privée* s'applique à la Conftruétion des

Tome II.   Part. I.   *F f f*

randes Maiſons , des Hôtels , des Châteaux preſque auſſi com-
ètement décorés que les Palais des Rois.

On nomme ſimplement *Grande Maiſon* , celle d'un homme
che , qui s'eſt appliqué à embellir ſa Maiſon , bâtie ſur un
rrain ſpaçieux , & ſuſceptible de Belle Architècture.

Un *Hôtel* eſt la même choſe ; mais la Maiſon acquiert le
om d'*Hôtel* , lorſqu'elle eſt occupée par un Homme diſtingué
ans l'État.

Un *Château* eſt l'habitation du Seigneur d'une terre ; il doit
ι Décoration à l'opulence du Propriétaire.

Le *Palais d'un Souverain* eſt bien plus conſidérable que
out ce que deſſus ; par la grande quantité de Bâtimens qui
ɔ compoſent , & par l'étenduë de tout ce qui l'accompagne ;
omme Parcs, Jardins , Orangeries , &c. D'ailleurs une de ſes
Anti-chambres ſe nomme *la Salle des Gardes* , où ſe tiennent
es Gardes de ſon corps. Il y a Salle des Ambaſſadeurs , Salle
lu Trône , &c. *M. de Garſault.*

Dans les *Maiſons Particulières* , il faut remarquer deux
:hoſes : les Dehors , & les Dedans.

Les Dehors ſont :

La Porte Cochère *ou* Grande Porte.
Le Corps de Logis. *Voyés la Planche* A. A.
La Porte d'Entrée du Bâtiment. *Voyés la Planche* B.
Le Périſtile. *Voyés la Planche* C. C.
Les Avant-corps. *Voyés la Planche* D.
Les Perrons. *Voyés la Planche* E. E.
Les Demi-Souterreins. *Voyés la Planche* F. F.
Les Toîts *ou* Couvertures. *Voyés la Planche* G. G.
Les Guérites *ou* Belvedèrs. *Voyés la Planche* H. H.

La *Grande Porte* , ou *Porte Cochère* , ou *Grille d'Entrée* , eſt

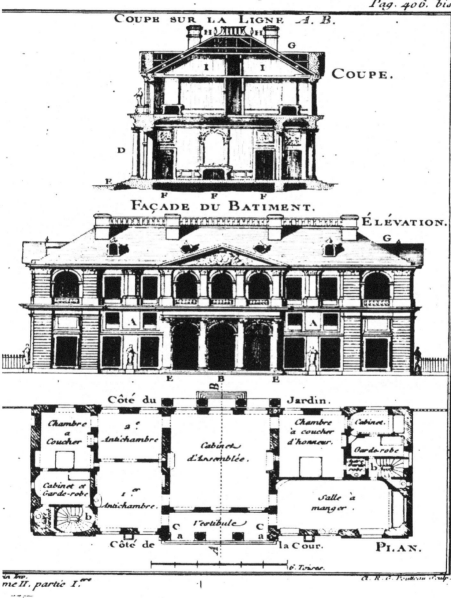

COUPE SUR LA LIGNE A. B.

COUPE.

FAÇADE DU BATIMENT.

ÉLÉVATION.

PLAN.

Côté du Jardin.

Chambre a Coucher

2.ᵉ Antichambre

Cabinet d'Assemblée.

Chambre a coucher d'honneur.

Cabinet.

Garde-robe

Cabinet et Garde-robe

1.ᵉʳ Antichambre.

Salle à manger.

Vestibule

Côté de la Cour.

6. Toises.

Porte par où on entre dans toute l'enceinte. Elle eſt communément ornée de Belle Architècture & Sculpture. Si c'eſt ne Grille de fèr, elle eſt également recherchée & décorée ; chambre du Suiſſe ou la loge du Portier n'en eſt pas loin.

Le *Corps de Logis* ſe préſente en face au bout des Cours, s façades ſont rarement toutes unies ; elles ſont ordinairement variées par deux Avant-corps aux deux bouts, & un au ilieu ; ce ſont des Saillies peu conſidérables, conſtruites pour terrompre l'uniformité du Bâtiment ; lorſque les Avant-corps es bouts ſont plus ſortans, & ont leurs toîts ſéparés du reſte ; n les nomme *Pavillons. Voyés la Gravure* A. A.

La *Porte d'Entrée du Bâtiment* doit être au milieu de l'Avant-orps du milieu ; on y arrive communément par un Perron de uelques marches. Cette Porte éxèrce encore le Génie de l'Architèéte, qui la décore ſuivant ſon talent. *V. la Planche* B.

Le *Périſtile* eſt une eſpèçe de Colonnade, accompagnée Arcades ouvertes, & placées en-dehors ſur un Perron qui ent toute la façade du corps de logis, auquel il eſt joint. Cette écoration s'employe rarement. *V. la Planche* C. C.

Les *Perrons* viennent d'être traités en parlant de la Porte Entrée ; on dira ſeulement qu'il ſe fait des Perrons ſaillants en dehors, d'une grande élégance pour deſçendre dans des rdins, ou ſur des Terraſſes. *Voyés la Planche* E .E.

Les *Demi-Souterrains* préſentent à la vûë un Étage de plus une face, que ſur l'autre. Ils ſe pratiquent, lorſque l'on bâtit un terrein en pente, qui donne aſſés de profondeur du côté la pente ; pour y ajoûter un Étage, moitié ſous terre, & oitié hors de terre. *Voyés la Planche* F. F.

Les Toîts ou Couvertures se construisent de bien des façons différentes ,

Sçavoir :

En *Triangle Équilatéral* , ayant les deux côtés égaux à la base , ou plus pointus , ou plus plats.

En *Mansarde* , ou brisés dans le milieu de leur hauteur , le bas presque droit , & le haut presque plat.

A l'*Italienne* , ou presque plats , entourés d'un Attique ou Balcon de pierre , qu'on fait règner tout autour de l'Entablement.

En *Terrasse* , ou quasi plats , couverts de plomb , entourés de Balustres ; comme les précédens.

Les *Combles ronds* se font en Dôme ou à l'Impériale ; c'est-à-dire , qu'au-dessus du Dôme , ils se relèvent en pointe.

Tous ces dehors sont plus ou moins ornés d'Architecture ou de Sculpture ; comme Colonnes , Pilastres , Niches , Statuës , Masques , Bustes , &c.

Les *Guérites* ou *Belvedèrs* surmontent le haut du toît. C'est une seule Pièce quarrée ayant des jours des quatre côtés , surmontée d'une Terrasse entourée de Balcons , ou avec un Toît à l'ordinaire. Elles servent à découvrir au loin la vûë des Campagnes , ou à observer les Astres. *Voyés la Gravure* H. H.

Les Dedans sont :

Les Caves au vin , au bois , sous terre , & en demi-souterrains.
Le Rez de Chaussée , au niveau de l'entrée
Les Escaliers pour monter aux Étages.
Les Entre-solles , qui coupent un Étage en deux.
Le Premier Étage.
Le Second , Troisième , Quatrième , &c. Étages.

Les Greniers fous les toits. *V. la Planche, p. 406.* I. I.

Les *Caves* font voûtées ; quelquefois il y a double étage de Caves, des Caveaux, ou retranchemens dans les Caves ; fouvent les demi-fouterrains, dont on a parlé ci-deſſus, ſervent à y établir les Cuiſines & les Offices.

Le *Veſtibule* eſt la première Pièce qu'on trouve en entrant dans le Bâtiment ; elle ne ſert que de Paſſage pour communiquer à toutes les autres. Le Veſtibule traverſe quelquefois toute la largeur du Bâtiment. *V. la gravure, pag. 406.* a. a.

Le *Bas du Grand Eſcalier* eſt ou en face du Veſtibule, ou à côté. Le Grand Eſcalier monte juſqu'à l'Étage le plus haut, ou bien il ceſſe au premier Étage ; & un Eſcalier dérobé monte enſuite juſqu'au haut.

Les *Eſcaliers* font des degrés de pierre commune, de marbre, ou de bois par leſquels on monte ; & l'on communique aux divers étages d'une maiſon. Voici en quoi conſiſte la conſtruction de cette partie eſſentielle d'un Édifice ; auquel, ſuivant Scamozzi, elle eſt auſſi néceſſaire que les veines au corps humain. Dans ce détail que j'ai tiré de *Palladio*, on trouvera tout ce qui a jamais été dit de plus curieux ſur cette matière.

Les *Eſcaliers* ont beſoin de trois ouvertures, dont la première eſt la porte où l'on y monte, laquelle aura d'autant meilleure grace, qu'elle ſera plus en vûë à ceux qui entrent dans la maiſon : & j'approuve fort qu'elle ſoit placée dans un endroit, où, avant que d'y arriver, on puiſſe voir la plus belle face de la maiſon : car par ce moyen, quoique le Bâtiment ſoit petit, il paroîtra toujours grand ; mais il faut que cette porte ſoit apparente, & bien facile à trouver. L'autre ouverture, ce ſont les fenêtres néceſſaires à porter le jour ſur l'*Eſcalier* : elles doivent être dans le milieu, & d'une forme aſſés haute, pour que la lumière ſe répande par-tout également. La troiſième eſt l'ou-

verture par où l'on entre dans le grand Appartement ; celle-ci
doit conduire dans les lieux les plus grands, les plus beaux, &
les plus ornés de la maison.

Les *Efcaliers* auront toutes les qualités requifes à leur perfeftion, s'ils font clairs, fpaçieux, & faciles à monter. Pour les
rendre clairs, il leur faut donner un jour fort vif, & faire enforte comme j'ai dit, que la lumière fe répande par - tout également. A l'égard de leur largeur, il fuffit que, conformément
à l'étenduë & à la qualité du Bâtiment, ils ne paroiffent point
étroits ni trop refferrés : néanmoins ils ne doivent jamais avoir
moins de quatre pieds, afin que fi deux perfonnes s'y rencontrent, elles puiffent commodément paffer fans s'incommoder.
Ce fera une commodité dans la maifon, que l'arcade de deffous
l'*Efcalier* puiffe fervir à retirer quelques meubles ; mais c'en
fera une bien plus grande pour les perfonnes, que la montée
ne foit ni trop droite, ni trop difficile : c'eft pour éviter ce défaut, qu'il eft à propos de lui donner deux fois fa hauteur en
longueur. Les marches ne doivent pas excéder un demi - pied
en hauteur ; & fi on les veut tenir plus baffes, principalement
aux *Efcaliers* continus & longs, ils en feront toujours plus commodes ; mais les marches ne doivent avoir jamais moins de
quatre pouçes. La largeur des marches ne doit jamais être
moindre d'un pied, ni auffi éxcéder d'un pied & demi. Il fuffit
l'en mettre jufqu'a onze, ou tout au plus treize. Que fi par-
delà ce nombre il falloit encore monter plus haut, on y fera un
alier ; que quelques-uns nomment *repos*, pour foulager les perfonnes foibles & laffes, qui y pourront prendre haleine ; & afin
que fi quelque chofe venoit à tomber d'en - haut, elle puiffe s'y
arrêter.

Les *Efcaliers* fe font ou droits, ou à vis. Les droits fe peuvent faire, ou mi-partie en deux branches, ou tout quarrés,

enforte qu'ils tournent de quatre côtés. *V. la Pl. p. 406.* b. b.

Pour faire ceux-ci, on divife toute l'efpaçe en quatre parties, deux defquelles font pour les marches ; & les autres demeurent au vuide du milieu, duquel l'*Efcalier* prendroit fa lumière s'il demeuroit découvert. On le peut faire avec le mur en-dedans ; & alors dans les deux parties qu'on donne aux marches, le mur même s'y enferme encore, quoiqu'il n'y ait point de néceffité de le faire. Ces deux manières d'*Efcaliers* font de l'invention de *Luigi Cornaro*, Gentilhomme Vénitien, Architèête célèbre, qui a donné le deffein d'une très-belle Gallerie, & d'un magnifique Palais qu'il a bâti à Padouë pour fa demeure.

Les *Efcaliers* à limaçe, qui fe nomment encore à coquille ou à vis, fe font tantôt ronds, tantôt ovales, quelquefois avec un noyau ou colonne dans le milieu ; & d'autres fois vuides, principalement dans des lieux étroits, parce qu'ils occupent moins de plaçe que les droits : mais ils font auffi plus difficiles à monter. Ceux dont le milieu eft vuide réuffiffent parfaitement bien, en ce qu'ils peuvent reçevoir le jour d'en haut, & que tous ceux qui fe trouvent au haut de l'*Efcalier* voyent, & font auffi vûs de tous ceux qui montent.

Les autres qui ont un noyau fe font en cette manière. Le diamètre étant divifé en trois parties, on en donne deux aux marches, & la troifième demeure au noyau ; ou bien on divifera le diamètre en fept parties, dont le noyau du milieu en aura trois, & les quatre autres demeureront pour les marches ; ce qui a été précifément obfervé dans la montée de la Colonne Trajane : & fi on faifoit des marches courbes, elles auroient fort bonne graçe, & fe trouveroient beaucoup plus longues que les droites.

Mais comme il peut arriver que pour une plus agréable ou plus commode difpofition du terrein, on fe trouve obligé de

faire un *Escalier* à vis avec noyau, & que le terrain ne permette
pas de garder éxactement les règles & proportions susdites ;
alors on peut diviser le diamètre en treize parties , dont on
donnera neuf aux marches , & quatre au noyau.

Mais le diamètre des *Escaliers* vuides étant divisé en quatre
parties, on en donne deux aux marches , & les autres restent
pour l'espace du milieu.

Outre toutes ces manières d'*Escaliers* , Marc-Antoine *Bararo* , Gentilhomme Vénitien , & homme de génie , en a trouvé
encore un autre à limaçe , dont on se peut très-utilement servir
dans les lieux étroits : il n'a point de noyau ; & les marches
étant courbes , paroissent fort longues : sa division est semblable
à la précédente. Le compartiment de la forme ovale , est pareil à celui du rond. Cette figure est fort agréable , parce que
toutes les fenêtres & les portes se rencontrent aux deux bouts
& au milieu de l'ovale , ce qui est fort commode. *Palladio* en
fait un dans le Monastère de la Charité à Venise , qui est sans
noyau ; il est d'une grande élégance.

On voit une autre belle manière d'*Escalier* à vis dans le Château de Chambor , bâti aux environs de Blois , par François I.
En voici le dessein : ce sont quatre rampes d'*Escaliers* qui ont
chacune leur entrée , & vont montant & tournant l'une dessus
l'autre ; ensorte qu'étant placées au milieu du bâtiment , elles
peuvent servir à quatre appartemens séparés , sans que de l'un
on puisse passer dans l'autre ; & parce que le milieu est vuide ,
on voit monter & descendre tout le monde , sans qu'on vienne
se rencontrer.

On voit encore dans les Portiques de Pompée à Rome, proche
le quartier des Juifs , trois *Escaliers* de la même espèce ; dont
invention est très-belle , en ce qu'étant tous trois posés au milieu de l'Édifice, où le jour ne pouvoit venir que d'en-haut ;
l'Architecte

l'Architècte les avoit posés sur des colonnes, afin que la lumière se répandît également par-tout. A cette imitation, Brumante le plus fameux Architècte de son temps, en fit un semblable au Palais de *Belvéders* ; mais il n'y mit point de marches, il le composa des quatre principaux Ordres de Colonnes ; sçavoir, le Dorique, l'Ionique, le Corinthien, & le Composite. Pour faire les *Escaliers*, il divisa toute l'espace en quatre parties, deux desquelles étoient pour le vuide du milieu, & il en resta une à chaque côté des Marches & des Colonnes.

Il se trouve quantité d'autres manières d'*Escaliers* dans les bâtimens antiques ; comme de triangulaires, tels que ceux par où l'on monte à la coupe de la *Rotonde*, lesquels sont vuides au milieu, & prennent leur jour d'en-haut.

A Rome ceux de l'Église des Saints Apôtres, vers *Monte-Cavallo*, sont encore magnifiques : ces *Escaliers* étoient doubles, & ils ont servi d'éxemple à plusieurs qui les ont depuis imités : ils conduisoient à un Temple bâti sur le haut de la montagne. *Palladio* de qui j'ai extrait cet article, donne les desseins de ces différens genres d'*Escaliers au Livre Premier*, *Chap. 28.*

Les *Entre-solles* sont, pour ainsi dire, des demi-étages qu'on pratique dans un Étage ; lorsque ses planchers sont assez élevés pour qu'on puisse se tenir aisément debout dans l'Entre-solle.

Les *Anti-chambres* sont les premières Pièces où on entre ; il y en a quelquefois plusieurs de suite, première, seconde, troisième Anti-chambres. La seconde dans le Palais des Rois, est la Salle des Gardes ; parce que les Gardes s'y tiennent : la troisième est ou Salle à Manger, ou Salle d'Assemblée.

La *Chambre d'Assemblée*, ou *Sallon*, ou *Salle d'Assemblée* est ensuite, si on dispose ainsi les Appartemens.

Tome II. Part. I.   ¶   G g g

Le *Cabinèt d'Assemblée* est une grande Pièce dans l'intérieur de l'Appartement, qu'on destine à cet usage.

La *Chambre à coucher* est celle qui est destinée au Lit.

Les *Cabinèts & les Garde-robes* sont de petites pièces, qui donnent ordinairement dans les Chambres à coucher; & qui sont destinées les unes à se retirer pour travailler, les autres à serrer les hardes. *Du Notionnaire.*

XII. L'*Architecture Navale*, a pour objèt la construction des Vaisseaux.

SUITE DU CHAPITRE VI.

Douze Espèces ou sortes de Matériaux propres pour l'Architecture :

Sçavoir,

Les Pierres,	le Sable,	la Chaux,	le Plâtre ;
Le Bois,	la Brique,	la Thuile,	l'Ardoise,
Le Bardeau,	le Carreau,	le Pavé,	le Plomb.

LES PIERRES.

I. Les Matériaux, ainsi que les manières de les employer ont différens, selon les divers Pays : mais comme il seroit presque infini, & d'une trop longue discussion d'en faire le Dénombrement ; je ne m'attacherai qu'à parler de ceux dont on se sert à Paris. La situation avantageuse de cette Ville a beaucoup contribué à son accroissement ; les matières les plus nécessaires pour Bâtir n'en étant pas éloignées, & celles qui lui manquent pouvant facilement être apportées par la Navigation. La Matière la plus utile dans les Édifices, c'est la *Pierre* ; & sous ce genre on comprend les Marbres de différentes couleurs ; le

Roches de diverſes eſpèces , & les *Pierres* de Carrières. Les dernières ſont dures ou Tendres , & approchent plus de la blancheur que d'aucune autre couleur ; elles ſont diverſement employées ſelon leurs qualités & leurs grandeurs.

Entre les *Pierres Dures* , celle d'Arcüeil qui eſt proche de Paris , eſt la plus recherchée , à cauſe de ſes bonnes qualités ; car elle réſiſte au Fardeau , s'entretient dans l'eau , & ne craint point les injures du Temps ; auſſi s'en ſert-on , par préférence , dans les Fondemens , & pour les premières aſſiſes des Bâtimens. La meilleure eſt la plus dure , la moins coquilleuſe , ſans moye ni molière. Il s'en trouve depuis quatorze juſqu'à vingt & vingt-un pouçes de hauteur , nètte & taillée. Le Bas Appareil eſt de neuf à dix pouçes ſans Bouzin. Il s'en trouvoit autrefois d'un pied de cette ſorte , mais à préſent il eſt rare ; ce Bas Appareil ſert à faire des Marches , des Seüils , des Appuis , Tablettes & Cimaiſes. Il ſe trouve encore à Arceüil un autre Bas Appareil appellé *Cliquart* , de ſix à ſept pouçes , plus blanc que l'autre , qui reſſemble au Liais , & qui ſert aux mêmes uſages ; cette *Pierre* étant graſſe , eſt ſujette à la gelée ; c'eſt pourquoi il faut qu'elle ſoit tirée , & employée en Êté.

La *Pierre de Saint-Nom* , qui ſe tire au bout du Parc de Verſailles , eſt preſque de même qualité que celle d'Arceüil ; elle eſt griſe & coquilleuſe , ſon banc eſt preſque auſſi haut que le Saint-Cloud ; & on s'en ſert pour les premières aſſiſes.

La *Pierre de Liais* ſe trouve hors de la Porte S. Jacques derière les Chartreux : elle eſt pleine , dure & blanche , & reçoit bien le poli : elle ſert à faire des Baluſtres , des Entrelas, les Appuis , des Tablettes , des Rampes , des Échifres d'eſcaers & du Pavé : on en fait des Baſes , des Chapiteaux & des Corniches dans les Ouvrages qui ſe font avec ſoin , & elle eſt auſſi très-propre pour la Sculpture ; cette *Pierre* porte depuis x juſqu'à dix pouçes de hauteur.   *G g g ij*

Le *Liais Rose* eſt le plus blanc & le plus plein. Le *Liais Féraut* eſt pris du premier Banc de la même Carrière : il eſt . dur & ſi difficile à tailler, que les pointes d'acier rebrouſſent n le travaillant ; il porte ſix, ſept à huit pouces de hauteur.

Après la *Pierre* d'Arceüil, celle de Saint-Cloud eſt la meil-urewas de toutes ; elle eſt blanche, un peu coquilleuſe, ayant quelques molières ; mais elle ſe délite difficilement : elle ſt bonne à l'eau, & réſiſte au fardeau : elle ſe poſe ſur l'Ar-ceüil ; & ſert aux Façades des Bâtimens : on en tire auſſi des Colonnes d'une pièce de deux pieds de diamètre, & on en fait les Baſſins & des Auges : il y en a depuis dix-huit pouces juſ-qu'à deux pieds de haut, nètte & taillée.

Outre la *Pierre* franche des Carrières ; il y a le *Moilon* qui en eſt la portion la plus tendre, & le *Libage* qui en eſt le plus lur ; le *Moilon* eſt quelquefois de la même qualité que la *Pierre* d'une carrière, & quelquefois plus tendre : le mieux équarri & le mieux giſant eſt le plus recherché ; y ayant moins à tailler. Il y a auſſi des *Moilons* durs de *Meulière* ; comme celui de Verſailles, qui tient de la nature du caillou ; il eſt bon pour les Fondations, n'étant pas ſujèt à pourrir dans l'hu-midité.

Le *Moilon d'Arceüil* eſt de même qualité que la *Pierre*, il eſt bon pour les Fondations, & ſe tire des vieilles formes & Ciel de Carrières ; celui des Carrières de *Lambourdes* du Faux-bourg S. Jacques, eſt bon pour fonder, voûter & faire des puits. Le *Moilon de la Vallée de Fécamp* eſt de même qualité que la *Pierre* ; il eſt bien fait & bien giſant, comme celui d'Ar-ceüil. Le *Moilon de Saint-Maur* eſt encore de bonne qualité.

Comme il n'y a point de Carrières où il n'y ait du *Moilon*, celui qui n'eſt pas bon pour bâtir ſert à faire de la Chaux, ou du Plâtre ; dont le meilleur eſt celui de Montmartre. *Daviler*.

Les principaux Outils pour l'appareil des Pierres.

Règle.

La *Règle* eſt un Inſtrument dont ſe ſervent les Architèctes, les Deſſinateurs, les Maçons, les Menuiſiers, &c. pour traçer les lignes droites.

La *Règle d'Appareilleur*, eſt une *Règle* ordinaire de quatre pieds diviſée par pieds, pouçes & lignes, dont ſe ſervent les appareilleurs. *Voyés la gravure, page 351. Chiffre 1.*

Marteau.

Le *Marteau* eſt un Inſtrument de fèr qui ſert à battre, & qui eſt néceſſaire à preſque tous les Ouvriers. Le *Marteau* eſt compoſé d'une tête & d'un manche. L'œil du *Marteau* eſt le trou où l'on fourre le manche. Les Tailleurs de pierres ont des *Marteaux* brettelés, qui ont des dents ; les Paveurs, de gros *Marteaux*, les Tapiſſiers, Vitriers & autres, des *Marteaux* à tête ronde & à panne, &c.

On rapporte que Cynira fille d'Agriope, inventa le *Marteau. Trévoux.*

Ciſeau.

Le *Ciſeau* eſt un Inſtrument de fèr, dont on ſe ſert pour couper & tailler le bois & la pierre ; les Maçons, Menuiſiers, Charpentiers & Sculpteurs ſe ſervent fréquemment de cet util.

Maillèt.

Le *Maillèt* eſt un Marteau fait d'un gros billot de bois, qui ſert aux Tailleurs de pierre. Les Sculpteurs travaillent auſſi avec le *Maillèt* & le Ciſeau.

Compas.

Le *Compas* est un Instrument, qui sert à tracer des Cercles, & à mesurer les distançes.

Le *Compas d'Appareilleur*, est un *Compas* dont les branches sont plattes, & ont environ deux pieds de longueur : les Appareilleurs s'en servent pour tracer les mesures de la pierre qu'on doit tailler. *Voyés la gravure, page 351. Chiffre 2.*

Équèrre.

L'*Équèrre* est un Instrument qui sert à construire, & à mesurer un angle droit. Il est composé de deux règles, dont l'une est élevée perpendiculairement au - dessus de l'autre, & est immobile ; & quand ces deux règles sont mobiles par une charnière, on dit que c'est une *Fausse Équèrre*, qui sert à mesurer, & à construire toutes sortes d'angles aigus & obtus. *Voyés la Gravure, page 351. Chiffre 3.*

Sauterelle.

La *Sauterelle* est un Instrument composé de deux règles de bois d'égale largeur & longueur, & assemblées par un *de leurs* bouts en charnière, comme un Compas ; de sorte que ses bras étant mobiles, il sert à prendre & à tracer toutes sortes d'angles. On l'appelle quelquefois fausse-équèrre, ou équèrre mobile. *Trévoux. Voyés la Gravure, page 351. Chiffre 4.*

Niveau.

Le *Niveau* est un Instrument dont se servent les Architèctes, pour tracer une ligne parallèle à l'horison, & pour dresser un terrain ; il y en a de plusieurs espèces.

Le plus commun & le plus usité dans l'Art de bâtir, est celui qu'on appelle *Niveau de Poseur* : c'est un Instrument composé de trois règles affemblées, qui forment un triangle ifocèle & rectangle, dont la figure eft femblable à un A romain. De l'angle du fommèt, ou de l'angle fupérieur, pend un cordeau avec un plomb, qui étant pofé d'équerre, marque éxactement le *Niveau. Dictionnaire de Peinture & d'Architecture. Voyés la Gravure, page 351. Chiffre 5.*

Le *Niveau d'eau*, eft un tuyau de cuivre emboité dans deux ais creufés, qu'on joint avec de la colle forte, à chaque bout duquel il y a un trou en écrou, où entrent des entonnoirs de verre, dont les bouts font garnis d'étain, & s'uniffent : l'eau d'un entonnoir va en même temps dans l'autre, de forte qu'étant arrêté par un bâton ferré, à la hauteur de quatre ou cinq pieds, en regardant par les deux entonnoirs de verre, on trouve dans l'inftant les deux points de *Niveau. Trévoux.*

Règle de Pofeur.

La *Règle de Pofeur*, eft une *Règle* longue, qui fert fous le iveau pour *Régler* un cours d'affife de Pierre. *Voyés la Graure, page 351. Chiffre 6.*

Plomb.

Les Ouvriers appellent *Plomb*, un petit poids de *Plomb* ou autre métal, attaché au bout d'une corde, dont ils fe fervent ur juger de l'aplomb d'une muraille, & pour prendre avec teffe certaines hauteurs. Quand ce *Plomb* eft au bout d'un t tendu au haut d'une règle, & qui bat fur fon échancrure, l'appelle *Plomb à Règle*. Lorfqu'il eft attaché au haut d'un ngle, & qu'il bat fur une bafe, on l'appelle *Plomb à talus*. tand il paffe feulement par le trou d'un petit ais, ou d'une ite plaque de cuivre, on l'appelle *Plomb à Chas*. e *Plomb* du niveau ordinaire coule le long d'une régle ;

qui s'élève à angles droits du milieu d'une autre règle de cuivre ou de bois. *Voyés la Gravure, page 351 Chiffre 7.*

Chas.

Le *Chas* eft auffi un terme de Maçon, qui fignifie une pièce de cuivre quarrée, qui a diamétralement une pièce de métal ronde qu'on appelle *Plomb.* Cette pièce ronde pend d'une ligne qui paffe à travers du *Chas*, & fert aux Maçons pour plomber les murs, & voir s'ils font droits. *Trévoux. Voyés la gravure, page 351. Chiffre 8.*

Beveau.

Le *Beveau* eft une efpèce de Sauterelle, dont les deux règles, ou feulement une, font courbées en-dehors ou en-dedans. On s'en fert pour tranfporter un angle mixtiligne d'un lieu dans un autre. *Dictionnaire de l'Académie. Voyés la gravure, page 351. Chiffre 9 & 10.*

Du Sable.

II. Il y a de trois fortes de *Sables*, de Mèr, de Rivière & de Terre : celui de *Mèr* ne vaut rien pour faire le Mortier deftiné à Bâtir ; celui de *Rivière* eft le meilleur de tous ; celui de *Terre* paffe pour bon, lorfqu'il fonne en le faifant fauter dans la main ; & qu'il eft employé au fortir de terre : on fe fert de ce dernier à Paris communément.

Le *Sable* le plus graveleux eft le plus propre, pour les Ouvrages de Maçonnerie.

Le *Sable* fe mefure par Tombereaux. Le *Tombereau* doit avoir deux pieds de haut ; deux de large ; quatre pieds & demi de long ; vingt-quatre Tombereaux font une toife cube. Le Tombereau de *Sable* vaut depuis douze jufqu'à feize fols, felon la diftance du lieu où on le charrie. *Parf. Œconom.*

DE LA

DE LA CHAUX.

III. La *Chaux* eft faite d'une Pierre dure, compacte, & qui a été cuite au feu : car plus les Pierres font dures, & approchent de la nature des Marbres gris & noirs, plus elles font propres à faire de la *Chaux* ; mais elles demandent auffi un plus grand feu. On doit obferver une certaine proportion entre la quantité d'eau, & celle de la *Chaux* qu'on veut éteindre. Le trop d'eau empêche la *Chaux* de fe diffoudre, & fait ce qu'on appelle de la *Chaux noyée* : fi on en mèt trop peu, on l'appelle de la *Chaux brûlée* ; parce qu'elle a été appauvrie par l'évaporation des Sèls, au lieu que l'eau étant mife dans une proportion convenable, elle abforbe & concentre une bonne partie des Sèls & des Efprits pétrifiants.

La *Chaux* fait un meilleur effèt quand elle eft nouvellement éteinte, encore toute chaude ; & qu'on la mêle avec un Sable fèc : car on ne peut l'employer feule, à caufe que fes parties font défunies, & ne peuvent faire un corps. On ne devroit employer aucune *Chaux* qui ne fût en Pierre, avant que de l'éteindre.

La meilleure *Chaux* eft celle qui fe fait avec des Pierres fort dures : il eft bon que les Pierres que l'on veut calciner demeurent quelque temps expofées à l'Air, pour exhaler leur humidité. Quand on cuit la Pierre dans le four, il faut donner d'abord un feu modéré, de peur que l'humidité groffière qui s'envole n'enlève avec elle les Sèls volatils ; mais cette humeur étant évaporée, il eft bon de faire un grand feu pour rendre les particules des Sèls plus déliées & plus fubtiles.

Lorfque la *Chaux* eft cuite, il ne faut pas la laiffer à l'Air, il faut l'éteindre dans l'inftant qu'on la retire du four, la remuer continuellement quand on l'éteint, y verfer beaucoup d'eau

une feconde fois ; & quand elle eft éteinte , la couvrir de terre
pour la préferver de l'action de l'Air. La meilleure eft celle qui
a été gardée en cet état.

La *Chaux vive* eft celle qui fort du Fourneau , & la *Chaux*
éteinte , eft celle qu'on délaye avec de l'eau ; & dont on fait
du Mortier. La meilleure eft celle qu'on éteint au fortir du
Fourneau : celle qui eft bien cuite eft blanche, graffe ; & il
en fort une fumée épaiffe quand on la mouille : il faut s'en fervir auffi-tôt qu'elle eft délayée. On la ramaffe en monçeaux,
& on la couvre d'un peu de Sable , jufqu'à ce qu'on en ait befoin : alors on la détrempe avec du Sable & de l'eau. Pour
blanchir les Murailles & les Plafonds , la *Chaux* doit être dé-
trempée fort clairement ; par éxemple fept ou huit livres d'eau
chaude fur une livre de *Chaux ;* on la laiffe tremper fept ou
huit heures , & paffer l'eau au tamis. *Parf. Œcon.*

Du Plastre.

IV. Le *Plâtre* eft une Pierre foffile de couleur grifâtre, &
d'un grand ufage dans les Bâtimens. On employe ordinairement le *Plâtre* calciné au four , mis en poudre avec une *batte,*
& délayé avec de l'eau : il fert à lier les Pierres, enduire les
Murs , les Plafonds & les Cheminées. La cuiffon en eft bien
faite , quand il a une certaine graiffe qui le colle aux doigts ;
le meilleur eft celui qui eft employé au fortir du four : on ne
doit pas le garder dans des lieux humides , ni trop aërés ; car
il perd fa forçe. On ne doit pas l'employer pendant qu'il gêle.

Le *Plâtre* mis dans l'eau fait prife fur le champ ; ainfi on ne
peut le gâcher qu'une fois, & on ne le doit faire qu'à mefure
qu'on le veut employer. Le *Plâtre* n'eft excellent que pour
les Plafonds & les enduits, ou murs qui font à couvert de la
pluye & de l'humidité.

Dans les endroits où il eſt fort commun, comme à Paris, on l'employe indifféremment par tout ; mais c'eſt une fauſſe Œconomie ; car il eſt conſtant qu'il ne vaut rien pour faire le Mortier des gros Murs, ſur-tout ceux des Fondemens ; parce que étant mis entre des Pierres poſées les unes ſur les autres, dont les plus élevées compriment avec tout le poids des groſſes Solives celles de deſſous, les obligent de ſe rapprocher ; il ſe pulvériſe dans ſes parties, la liaiſon ſe détruit, & les murs s'af-faiſſent : c'eſt ce qui fait que bien des maiſons durent ſi peu, au lieu que le Mortier de Chaux n'a pas cet inconvénient.

Le *Plâtre* cuit ſe vend au Muid, qui contient trente - ſix Sacs, & deux Boiſſeaux à chaque ſac : on le compte encore à la Voie, qui eſt de douze ſacs ; enſorte que trois Voies font le muid : il faut un Muid pour trois toiſes de mur de quinze à ſeize pouces d'épaiſſeur.

Le Muid de *Plâtre* coûte depuis 7 liv. 10 ſ. juſqu'à 9 livres : aux environs de Paris, il vaut 10 à 11 liv. *Parf. Œcon.*

DES BOIS.

V. Les Bois dont on ſe ſert ordinairement pour la Conſ-truction des Édifices, ſont le Sapin, le Châteignier, & le Chêne. On fait des Solives & des Chevrons de Sapin, qui ne chargent point les Murs ; mais comme ce *Bois* ſe vermoule aiſément, on ne doit jamais l'employer dans les Bâtimens conſidérables.

Il n'en eſt pas de même du *Châteignier*, l'on prétend qu'il n'eſt ſujèt à aucune vermine ; & l'on en voit d'anciennes Char-pentes qui ſe ſont merveilleuſement bien conſervées ; cepen-dant l'on doit donner la préférence au *Chêne*, autant pour la bonté de ſa conſiſtance que pour ſa durée ; car il ſe maintient dans l'Eau, à l'air, & enfermé dans les Bâtimens ; ſelon qu'il eſt mis à propos en ſa plaçe.   *H h h ij*

Toutes les eſpèçes de *Chêne* ſe réduiſent principalement à deux ; qui ſont le *Bois* tendre ou gras, qui eſt propre pour les Ouvrages de Menuiſeries ; & celui qui eſt ruſtique & dur, convient pour la Charpenterie : ſes qualités dépendent autant du terrein où il eſt crû, que de l'expoſition du Soleil qu'il a reçu. Le *Bois Tendre* eſt celui qui croît au-dedans des Forêts, dans un bon fond de terre, ſans être beaucoup expoſé aux rayons du Soleil ; & le *Ruſtique* au contraire vient dans une terre forte, ou dans un fond pierreux & ſablonneux, & au bord des forêts ; où il eſt expoſé à l'ardeur du Soleil une grande partie du jour.

Or comme le mauvais emploi des *Bois* dans les Bâtimens eſt fort dommageable, on ne ſçauroit y apporter trop de précaution ; afin de n'être point obligé de retirer de méchantes pièces de *Bois*, pour en mettre de meilleures ; comme il arrive aſſés ſouvent, peu de temps après que le Bâtiment eſt achevé.

La mauvaiſe qualité du *Bois* procède de deux cauſes ; ou de ſa propre Conſtitution, ou de ce que ſa Coupe n'a pas été faite à propos. De tous les Défauts dans le *Bois*, la *Roulure* eſt le plus conſidérable. Le *Bois Roulé* ſe connoît, lorſqu'on y remarque pluſieurs cornes dans ſon pied, & qu'il ne fait pas de liaiſon ; enſorte que la ſève de la croiſſance d'une année, ne fait pas corps avec la précédente, & ainſi des autres. Le *Bois Gélif* eſt encore une eſpèçe de Roulure, quand la gelée le fait gerçer ; & il n'eſt pas encore bon à Bâtir. Le *Bois Tranché* eſt celui qui n'étant pas de fil, eſt ſujèt à ſe caſſer ; car il y a des nœuds vicieux qui coupent la Pièce, ainſi que les *Malandres*, qui ſont des nœuds pourris. Pour le *Bois Mort* en pied, il n'eſt nullement bon ; parce qu'il ſe pourrit dans les lieux humides, & qu'il ſe pulvériſe dans ceux qui ſont ſècs.

Quant à la *Coupe* des *Bois*, il eſt autant dommageable de

les abattre dans leur jeuneffe, que lorfqu'ils font fort âgés, &
fur leur retour ; c'eft ce qui a donné lieu à plufieurs Ordon-
nançes de nos Rois pour la confervation des Forêts. On a fenti
de quelle importance il étoit de ne pas laiffer les Propriétaires
des *Bois*, maîtres d'en difpofer felon leur volonté ; ainfi on a
établi des Loix qui prefcrivent l'âge & la faifon, dans laquelle
les *Bois* propres à Bâtir doivent être abattus ; & qui empêchent
qu'il n'arrive aucun dépériffement dans les Forêts.

Le *Chêne* pour être de longue durée, & pour en avoir de
Grandes Pièces, doit être coupé dans fa force ; depuis environ
foixante ans jufqu'à deux cens : parce qu'il dépérit toujours au-
delà de deux cens ans, la nature ne lui fourniffant plus cette
Sève, qui le faifoit croître & l'entretenoit en bon état. Il faut
auffi obferver qu'il doit être coupé dans le décours de la Lune,
& pendant les mois de Décembre, Janvier & Février. Il peut
être employé la même année pour la charpenterie ; mais comme
il ne fçauroit être affés fec pour la Menuiferie, on ne doit s'en
fervir que trois ou quatre ans au moins, après qu'il a été coupé ;
& même lorfqu'il a été gardé douze ou quinze ans dans un lieu
où il puiffe fe conferver ; il eft encore meilleur, & plus facile
à travailler.

Tous les *Bois* dont on ufe dans les Bâtimens ; font ou de
Brin, ou de *Sçiage*. On entend par le *Bois* de *Brin*, un Arbre
dont la tige, de ronde qu'elle étoit, eft équarrie & réduite à
quatre faces, les quatre doffes flaches en étant ôtées. Les Pièces les plus parfaites font les plus droites, fans aubier, ni flaches, ni nœuds vicieux ; & dont les Arrêtes font bien avivées :
fi la Pièce eft forte, on peut des doffes flaches, tirer quelques
plattes-formes.

Le *Bois* en *Grume* eft celui qui n'eft point encore équarri ;
cet équarriffement réduit la Pièce aux deux tiers de fa groffeur.

Le *Bois* eſt une matière ſi utile, qu'on tâche d'avoir peu de déchèt en le débitant; ainſi lorſque la Piece n'eſt pas droite, ou qu'elle a quelques nœuds vicieux, on la débite; & de ce *Bois* tortu, on tire des Courbes qui ſervent aux Dòmes, aux Combles arrondis, & aux Plafonds.

Il y en a de pluſieurs Échantillons ou groſſeurs ordinaires, dont on ſe ſert dans les Bâtimens communs, & qu'on trouve chez les Marchands; car pour les Ouvrages extraordinaires, il faut envoyer dans les Forêts des perſonnes intelligentes, qui les faſſent débiter des groſſeurs dont on a beſoin; & ſur-tout obſerver que le *Bois* de Charpente ne ſe faſſe point de Branchanges, ſi ce n'eſt pour quelques Courbes. *Daviler.*

DE LA BRIQUE.

VI. La *Brique* eſt une terre glaiſe cuite au four, qui ſe fait à-peu-près comme la tuile: les *Briques* ſont des eſpèces de Carreaux longs d'environ huit pouces, larges de quatre, & épais d'environ quatorze lignes. La *Brique*, ou plutôt la *Demi-brique,* ſert pour conſtruire des tuyaux de Cheminées, & paver les âtres.

La *Brique* vaut 10 liv. le millier à Brie-Comte-Robert, & quinze à ſeize par-tout ailleurs. Les *Briques* pour être bonnes & bien cuites, doivent n'avoir que huit pouces de long ſur quatre de large, & deux d'épaiſſeur; mais comme la *terre en* ſe ſèchant & cuiſant ſe retire, on donne quatre lignes de plus en tout ſens aux Moules pour les Abriquer: on ne doit pas s'attendre que toutes les *Briques* d'une fournée ſoient également bien cuites: celles qui ne le ſont pas au point qu'il faut, doivent être employées dans les Maſſifs des Murs, les Reins des Voutes, & autres endroits où elles ne fatiguent pas. *Parfait Œconome.*

D E L A T U I L E.

VII. La *Tuile* fe fait avec de la terre glaife pétrie, fèchée à l'Air, & cuite au Fourneau : elle eft bien faite quand elle eft d'un rouge fonçé, & qu'étant frappée en l'Air, elle fonne bien. Les *Tuiles* de grand moule ont treize pouçes de long, huit de large, & quatre pouçes trois lignes de pureau : celles du petit moule ont ordinairement neuf à dix pouçes de long, fix de large, & trois pouçes & demi de pureau : c'eft la partie de la *Tuile* qui refte découverte. Le Millier des *Tuiles* de grand moule fait fèpt toifes de Couverture : le Millier de *Tuiles* de petit moule en fait environ trois. La hauteur de la Couverture de *Tuile* doit être des deux tiers de fa largeur, & on en mèt les Chevrons à deux pieds l'un de l'autre.

Le millier de *Tuiles* vaut 15 à 16 liv. aux environs de Paris.

La *Tuile* mife en œuvre coûte depuis 6 jufqu'à 8 livres la toife, fi leCouvreur fournit *Tuile*, Plâtre, Cloux, Lattes ; & 14 fols s'il ne fournit rien. *Parfait Œconome.*

D E L' A R D O I S E.

VIII. L'*Ardoife* eft une Pierre bleuë, ou tirant fur le noir, qu'on trouve dans des Carrières, & qu'on coupe par feuilles en forme de quarré pour les Couvertures des Belles Maifons ; celle qui eft d'un roux noir eft la plus eftimée : le Millier de la quarrée qui a douze pouçes de largeur, fait quatre Toifes de Couverture. L'*Ardoife* vaut 9 livres la Toife quarrée, en fourniffant tout par le Couvreur. *Parfait Œconome.*

D U B A R D E A U.

IX. Le *Bardeau* eft un petit Ais dont on fe fert au lieu de *Tuile*, pour couvrir les Maifons. On en fait fouvent des Douves, ou d'autres Ais auffi minçes. On les appelle autrement *Aiffis* en plufieurs endroits, comme qui diroit des *Ais fçiés*. Les Romains pendant 470 ans n'eurent leurs Maifons couvertes que de Chaume, ou *Bardeau. Vigen.*

Du Carreau.

X. Le *Carreau* eft une efpèce de Brique, dont on pave les Chambres. Ils font de terre fimple cuite au Four, & de la même manière que les Briques. Le Grand a fept pouçes, on en pave les Cuifines, les Atres : le Moyen en a fix ; le Petit quatre. Ces derniers font ordinairement quarrés, & a fix pans ; les Bons *Carreaux* cuits font d'un rouge fonçé, & rendent un fon clair, quand on les frappe en l'air. Le Petit *Carreau* étant fourni par l'Ouvrier, vaut 3 à 4 livres la Toife. Il y en a qui vont jufqu'à 6 livres. *Parfait Œconome.*

Du Pavé.

XI. 1°. Il y a le Gros, qui eft le *Pavé* de Ruë & des Paffages Publics, qui a fept pouçes en quarré, & qu'on n'employe qu'avec du Sable. 2°. Le Moyen, ou d'Échantillon ; qui eft de la moitié de la groffeur de l'autre : on en pave les Cours à chaux & à fable. 3°. Le petit qui n'a que cinq pouçes en quarré, & dont on Pave les Cuifines à chaux & à ciment.

Le prix du *Pavé* de Cour à chaux & à ciment, eft de fept livres la Toife ; à tout fournir par l'Ouvrier. Le *Pavé* commun à chaux & à fable, cinq livres dix fols la Toife. La feule façon du Gros *Pavé*, une livre cinq fols la Toife. Le Petit *Pavé* à tout fournir par le Bourgeois, vingt fols la Toife. *Parf. Œcon.*

Du Plomb.

XII. Le *Plomb* eft un métal pliant, luifant, fort lourd & fort froid,

froid. Il naît dans des Mines d'Angleterre & de France ; d'où on le tire en forme de Pierre appellée *Mine de Plomb*. On le fait fondre dans un Fourneau, & étant fondu, on le jètte en moule : on appelle *Saumons* les Lingots qu'on apporte.

Le *Plomb* est d'une grande utilité dans la Construction des Maisons ; sur-tout de la campagne, pour les Goutières, pour les Lucarnes, les Réservoirs, les Tuyaux.

Le *Plomb* Laminé est plus estimé que celui en fusion des Plombiers, & il ne revient pas si cher que ce dernier. Prenons un éxemple : le *Plomb Laminé* d'une ligne & demie d'épaisseur propre aux Goutières & Chaîneaux, pèse huit livres & un quart le pied quarré, à 6 sols la toise ; cela fait 2 liv. 9 s. 6 deniers : ajoûtez 6 den. par Livre pour la pose du Maître Plombier, c'est quatre sols un denier ; ces deux Sommes font 2 liv. 13 s. 7. d.

Le *Plomb* en *Fusion*, propre à ces mêmes usages, pèse treize à quatorze livres le pied quarré : en le supposant de treize liv. à 6 sols la livre, c'est 3 l. 18 sols ; par conséquent l'épargne par pied de *Plomb* pour le Particulier est 1 liv. 4 s. 5 den.

D'ailleurs on peut par un Calcul, en se servant du *Plomb Laminé*, connoître au juste la Dépense d'un Ouvrage qu'on veut faire ; & par le Toisé ce qu'il y entre de matière : or cela n'est pas possible avec le *Plomb Fondu*, à cause de l'inégalité de son épaisseur. *Parfait Œconome.*

AUTRE SUITE DU CHAPITRE VI.

Douze sortes d'Ouvriers servans à la Construction
des Édifices :

Sçavoir,

L'Entrepreneur. L'Appareilleur. Les Sculpteurs.
Les Tailleurs de Pierre. Les Maçons & Manœuvres.
Les Carreleurs.
Les Charpentiers. Les Menuisiers. Les Vitriers.
Les Serruriers. Les Couvreurs. Les Plombiers.

1. L'*Entrepreneur* est celui qui se charge de la Conduite &
de l'Exécution d'un Bâtiment, sur les Desseins de l'Architecte ;
quelquefois l'Architecte lui-même devient Entrepreneur.

2. L'*Appareilleur* ne se mêle que des Pierres de Taille ; il en
trace les Coupes aux Tailleurs de pierre, pour ensuite étant
jointes, former les Voûtes, les Colonnes, &c.

3. Les *Sculpteurs* sont de deux sortes, en *Pierre* ou *Marbre*,
& *Bois.*

Ce sont les *Sculpteurs* en *Pierre* qui font les Ornemens ex-
rieurs, les Moulures, Agraffes, Masques, &c.

Les *Sculpteurs* en *Bois* travaillent aux Ornemens des Boi-
ries, Coquilles, Fleurs, Guirlande, &c.

4. Les *Tailleurs de Pierre* donnent aux pierres de taille, les
formes tracées par les Appareilleurs.

5. Les *Maçons* construisent les Murailles, font les Enduits,
les Crépis, les Plafonds, &c. On nomme *Manœuvres* des jeunes
gens qui ne sont employés qu'à servir les Maçons.

6. Les *Carreleurs* employent les Carreaux, sur les Planchers.

7. Les *Charpentiers* conftruifent la Charpente des Toîts, le Bois des Planchers, les Cloifons, les Grandes Portes, &c.

8. Les *Menuifiers* font les Parquèts, les Lambris, les Croifées, &c.

9. Les *Vitriers* taillent & pofent le Verre des Croifées.

10. Les *Serruriers* fourniffent tout le Fèr des Bâtimens, font les Rampes d'Efcallier, Grilles, Balcons, Serrures, &c.

11. Les *Couvreurs* lattent & couvrent les Toîts en ardoife, en tuile, &c.

12. Les *Plombiers* fourniffent & pofent le plomb des Goutières, Terraffes, &c. *Notionnaire.*

DISSERTATION;

Sur la Solidité, la Commodité, & la Bienféance des Bâtimens.

DE LA SOLIDITÉ DES BATIMENS.

LA *Solidité* eft la première qualité que doit avoir un Édifice. Il eft trop difpendieux & trop incommode d'en réitérer fouvent la conftruction, pour négliger aucune des précautions capables de lui affurer la plus longue durée poffible. Les Anciens jaloux de laiffer à la Poftérité la plus reculée des traces de leur habileté, n'épargnoient rien pour donner à leurs Bâtimens cette force qui triomphe des accidens ordinaires. Nous avons des Bâtimens de fix ou fept cens ans, qui ne nous préfentent d'autres fignes de Vétufté, que leur couleur brune & enfumée. Il en eft même qui, (antérieurs à l'Établiffement de notre Monarchie, fans que perfonne fe foit jamais mêlé de leur entretien & de leur réparation, quoiqu'on ait même effayé plus

I i i ij

d'une fois de les ébranler, & de les détruire,) subsistent encore
à notre grand étonnemeut; & préparent de l'admiration à ceux
qui naîtront plusieurs siècles après nous. Nos Artistes n'ont point
aujourd'hui ce grand goût de *Solidité*. On doute que leurs ouvrages puissent soutenir l'assaut de trois siècles. On les accuse
même d'éviter à dessein de les rendre durables, parce qu'on les
suppose intéressés à en renouveller le travail. Il est certain, qu'on
voit assez souvent parmi nous des Bâtimens tous neufs qui menacent ruine. Est-ce défaut d'intelligence, ou excès d'industrie
dans l'Architèête? Nécessairement c'est l'un des deux; & quelquefois l'un & l'autre ensemble. Il importeroit qu'il y eût des
règlemens en ce genre, qui entrassent dans le plus grand détail; pour empêcher, s'il étoit possible, que le Public ne fût in-
cessamment la dupe de la malhabileté, ou de la friponnerie
des Ouvriers.

La *Solidité* d'un Édifice dépend de deux choses: du Choix
des matériaux, & du bon emploi qu'on en fait.

La Pierre, la Chaux, le Sable, le Bois, le Fèr, le Plomb,
le Plâtre, la Brique, la Tuile, l'Ardoise, sont les Matériaux
nécessaires pour la construction d'un Édifice. Rien n'est indifférent dans le choix de ces Matériaux. Il est du devoir d'un Architèête de connoître dans tous ces genres le mauvais, le médiocre, le bon, l'excellent. Communément cette Étude n'est
pas bien difficile. Dans chaque pays on sçait à-peu-près d'où
vient la meilleure Pierre, le meilleur Bois, le meilleur Fèr,
&c. Il est de la probité d'un Entrepreneur de ne pas abuser de
la bonne foi de ceux qui l'employent, jusqu'à faire passer pour
bon ce qui est mauvais, & pour excellent ce qui n'est que médiocre. En vain pour excuser une pareille supercherie, dira-t-on
que les Particuliers ne veulent pas mettre le prix aux choses. Je
pourrois citer bien des Éxemples où l'on verroit des gens, qui

ont mis le prix , & plus que le prix , trompés un peu plus que les autres. D'ailleurs cette excuse ne convient qu'à un Ouvrier mercénaire , qui a le Profit plus en recommandation que l'Honneur. Je veux à un Architecte des sentimens plus nobles. Je veux un homme épris d'un véritable amour pour son Art, qui préfère à toute autre récompense , la gloire de se distinguer ; & le bonheur de réussir.

Un Homme possédé de cette louable Ambition , n'aura ni ruse , ni fausseté. Ne voulant rien faire à demi, il instruira éxactement ceux qui l'employent, du meilleur & du moins bon , du nécessaire & du suffisant ; soit pour la quantité , soit pour la qualité. Il s'opposera avec fermeté à ces aveugles Œconomies, qui , pour éviter sur le champ une légère augmentation de dépense , n'en occasionnent après que plus de frais. Il ne se chargera point d'un Bâtiment , à moins qu'il n'ait la liberté d'y employer des matériaux de la qualité & dans la quantité convenables. Dût-il diminuer le nombre de ses entreprises, il aimera mieux faire moins , & faire bien. Dès que l'Envie de s'enrichir domine , tous les sentimens d'honneur sont pervertis. Les Arts souffrent presque autant de cette bassesse , que les mœurs. Tout se borne à attraper de l'Argent, & à faire des dupes dans la construction des Bâtimens ; il y a une foule de détails qui deviennent la matière de bien des voleries. On suppose des fournitures, on fait payer au plus haut prix de mauvais matériaux que l'on a choisi exprès ; on expose tout cela dans des mémoires chargés , pires cent fois que des parties d'Apothicaire.

Il y a des gens sensés qui prétendent, que les Beaux Arts font la ruine d'un État. Ce reproche ne convient qu'aux Artistes avides , qui font métier & marchandises de tromper le genre humain. Le désir de gagner leur fait inventer toute sorte de projets faux , ils trouvent des sots qui les agréent ; & pour peu qu'on se livre à leur avidité, ils sont capables d'épuiser un Royaume. J'ai cru qu'on me pardonneroit cette digression ; elle renferme une censure que les Artistes trouveront amère. Je m'y suis livré sans humeur, & uniquement par des vûës de zèle. D'ailleurs cette critique ne tombe que sur des gens, qui, bien-loin d'être les Maîtres de l'Art, n'en sont que les mercénaires praticiens. Je n'ai garde de confondre avec eux, nos vrais Architèctes.

Les Matériaux ne sont pas tous d'une même qualité. L'Étude d'un Architècte doit avoir pour but d'en connoître toutes les propriétés, toutes les différences, & de s'en faire une pratique; de manière qu'au toucher & au coup-d'œil, il en porte un jugement sûr, & à l'abri de toutes les fraudes des Marchands. Les Matériaux d'une même qualité ne sont pas également bons pour toute sorte d'Ouvrages. C'est encore ici un objèt de discernement qui doit être familier à l'Architècte. Par-là il évitera, & les bévuës dangereuses, en donnant à chaque chose la destination qui lui convient ; & les dépenses inutiles, en trouvant le secrèt de tout mettre à profit. Dans un Bâtiment il y a des parties où il ne faut que du bon, d'autres où le médiocre *suffit*; d'autres enfin, où il faut de l'excellent. Il n'y a que le mauvais qui doit toujours être rejetté. Quand on se hasarde à en faire usage, on reconnoît bientôt son tort, & on se le reproche toujours trop tard.

Outre le Choix des matériaux, il y a la manière de les employer, qui contribue encore infiniment à la *Solidité* de l'Ouvrage. Dans tous les Bâtimens il faut distinguer la partie qui charge, & la partie qui supporte. Un Bâtiment aura toute la solidité nécessaire, si la force de la charge n'excède point la force du support, & s'il y a entre les deux une juste proportion. Considérons une muraille détachée. Elle est tout à la fois à elle-même

fa charge & fon fupport ; parce que les parties fupérieures pèfent fur les inférieures ; & que les inférieures portent les fupérieures. Examinons un Édifice entier. C'eſt un compofé de plufieurs murailles que portent des voûtes, des planchers & un
toît. Les voûtes, les planchers & le toît font la charge du Bâtiment, & les murailles en font le fupport. Un Architèĉte qui
a fait fon plan, doit apprécier au juſte la force des charges,
afin de régler sûrement la force des fupports.

Il y a des fardeaux dont la pefanteur agit en ligne perpendiculaire, c'eſt-à-dire, en preſſant de haut en bas ; tels font les
maſſifs des murs qui portent directement fur leurs fondemens :
pour en eſtimer la charge, il fuffit d'en mefurer la hauteur &
la largeur. Il y a des fardeaux dont la pefanteur agit en ligne
oblique, c'eſt-à-dire, en pouſſant de droite & de gauche ; telles
font les voûtes. Pour en eſtimer la charge, il faut en mefurer
la convèxité ; plus elle eſt furbaiſſée, plus la pouſſée eſt forte.
Enfin il y a les planchers & le toît, qui ont beaucoup de pefanteur en ligne perpendiculaire, un peu de pouſſée en ligne
oblique. Tout cela doit être eſtimé très-foigneuſement.

La *Solidité* de l'Édifice dépend donc principalement de la
force de fes fupports. Quiconque fçaura donner à une muraille
fimple, toute la force dont elle a befoin pour ne jamais fe démentir, eſt en état de fournir des fupports fuffifans pour les plus
groſſes charges.

Il y a trois chofes qui rendent une muraille forte & inébran-
lable. Le fondement fur lequel elle porte, fon épaiſſeur, la
liaifon & l'aplomb de toutes fes parties. Le meilleur de tous les
fondemens, c'eſt le rocher ou la pierre vive. Cependant on
peut y être trompé. Il arrive quelquefois qu'en creufant la terre,
on trouve des furfaces de rocher qui n'ont qu'une médiocre
épaiſſeur. Ce font des voûtes naturelles, qui ne manqueroient

pas d'être écrafées par le fardeau d'un grand mur. Lorfqu'il s'a-
git donc d'un Édifice confidérable, il eſt de la dernière conféquence de fonder l'épaiſſeur du roc qui fe préſente, pour s'aſ-
furer qu'il n'eſt point creux ; ou que, s'il y a une cavité, l'é-
paiſſeur de la calotte qui la couvre, eſt d'une forçe à porter les
plus violentes charges. Au défaut du rocher, il faut creufer
jufqu'au ferme, ou à la terre non remuée. Si l'on rencontre
l'eau ou des profondeurs de fable, il faut employer les pilotis ;
forte de fondement, qui, quand il eſt bien fait, eſt preſque le
meilleur & le plus durable. Il eſt eſſentiel de bâtir fur de bons
fondemens, le principe eſt ſi trivial, qu'il fembleroit inutile
d'en faire mention. Cependant les lourdes fautes qui fe commettent en ce genre, montrent la néceſſité de rappeller & d'in-
culquer ce principe. . Croiroit-on que dans un Édifice comme
celui de Saint Pierre de Rome, on ait négligé de s'aſſurer du
Fondement. Une partie confidérable de cette grande Baſilique
a été aſſife fur les ruines de l'Ancien Cirque de Néron ; & on
ne s'eſt pas donné la peine de fouiller jufqu'au vif.

Voilà donc cet Édifice qui devoit être fait pour l'éternité ſujèt
à un dépériſſement inévitable. On en a eu la preuve, lorfque le
Chevalier Bernin projetta d'élever deux Clochers fur les deux
encoignures du frontifpice de cette Églife. Il en éleva un ; l'Ouvrage n'étoit pas encore bien avancé, lorfqu'il s'apperçut de
l'affaiſſement dangereux, que ce furcroît de charge avoit opéré
dans les murs inférieurs. Ces murs paroiſſoient d'une force à
toute épreuve ; on conclut avec raifon que le vice venoit du
fondement. On fouilla pour s'en aſſurer, & on reconnut le
défaut dont je parle. On a tâché d'y remédier par des épaule-
mens fouterrains. Ce reméde a arrêté le progrès du mal, fans
en détruire le principe. Que cet éxemple rende nos Architèctes
fort circonfpècts, & extrêmement difficiles fur la qualité du
                                                        fol

fol qu'ils prennent pour fondement. Les sûretés à cet égard ne peuvent être exceffives.

Le fondement une fois bien choifi & bien préparé, les Matériaux doivent y être placés de manière ; 1°. que les affifes foient dans un niveau éxaɛt & un aplomb parfait. 2°. Que les pierres gardent la même fituation qu'elles avoient dans la carrière, pour les lits d'affife & pour les lits de joints. 3°. Que les joints de l'affife inférieure foient toujours recouverts par le parement de l'affife fupérieure. 4°. Qu'il n'y ait aucun vuide dans l'épaiffeur du mur.

La pareffe des Ouvriers a introduit en quelques endroits, une étrange façon de bâtir tout ce qui eft dans terre. Après avoir creufé des tranchées de la longueur & de la largeur requife, ils rempliffent ces tranchées de gros moilons jettés au hafard, pêle mêle avec des tas de mortier. C'eft la plus déteftable des pratiques. Outre qu'il eft impoffible qu'il ne refte de grands vuides dans un rempliffage ainfi fait au hafard ; les moilons jettés confufément & fans ordre, prendront toute forte de fituations vicieufes ; ils feront affis les uns de champ, les autres fur leurs carnes ; ils feront infailliblement écrafés par les maffes que l'on établira deffus, de-là les affaiffemens & les couleuvres. Il eft faux que la Maçonnerie qui doit refter cachée fous terre, n'éxige pas autant d'éxaɛtitude de travail, que celle qui doit être expofée aux yeux.

Si l'on veut faire une bonne fondation, il faut y employer de la bonne pierre de taille, ou du moins de gros moilons de figure régulière. Il faut que tout foit fait au niveau, à la règle, & à l'aplomb. Il faut éviter les profufions de mortier. Dès que le mortier eft employé à autre chofe qu'à lier les pierres enfemble, & à remplir les très-petits vuides qui peuvent refter entr'elles, il ne peut que produire de mauvais effèts. Un mur

Tome II. Part. I. K k k

ɔour être bon, doit être par-tout également fort. Il n'eſt plus
el, dès qu'il a de grands intervalles de pierre & de mortier.
ɔn trouvera dans le Vitruve de M. Perrault des règles ſur la
neilleure manière de bâtir. Si l'on a beſoin de Modèles, l'Ob-
ſervatoire, & les Nouveaux Bâtimens du Louvre en fourniront
l'excellents.

Pour qu'un bâtiment ſoit ſolide, il faut que les murailles
ɪyent une raiſonnable épaiſſeur. Cette épaiſſeur eſt aſſervie à
les règles que l'on trouve communément dans les Traités d'Architècture ; ainſi je me diſpenſerai d'en parler. J'éxaminerai ſeu-
ement, ſi, quand les murs doivent être fort élevés, il eſt néceſſaire ou indifférent de faire des retraites à tous les étages.
Ces retraites ſont fort en uſage, il me ſemble pourtant qu'on
ɪ'en a nullement beſoin. Si le mur eſt fait ſelon les règles &
ɟans un parfait aplomb, quand il ſeroit du haut en bas de la
même épaiſſeur, il n'en ſeroit que plus ſolide. J'avouë qu'il eſt
extrêmement difficile de garder cette préciſion de l'aplomb dans
toutes les parties d'un grand mur. A la vérité nous en avons des
éxemples bien encourageans dans des édifices anciens, & à des
hauteurs éxhorbitantes. Mais nos Ouvriers ne ſçavent que s'en
étonner ; & comme ils n'ont point la belle émulation d'imiter
ce qu'ils admirent, & de valoir autant que leurs prédéceſſeurs ;
il eſt probable qu'ils s'en tiendront toujours à leurs routines
imparfaites. Il eſt donc plus ſûr dans la poſition des choſes,
de bâtir par retraites ; en obſervant de les faire toujours égales
de chaque côté du mur, de manière que le fardeau porte préciſément dans le milieu.

L'épaiſſeur des murs doit avoir des bornes. Il eſt eſſentiel de
n'y rien mettre de ſuperflu, ſoit pour éviter la trop grande dépenſe ; ſoit principalement, pour ne pas donner dans le lourd &
dans le maſſif. Les deux extrêmes ſont également vicieux. Ce:

pendant s'il y avoit à choisir, l'excès de légèreté seroit préférable à ces massifs énormes, que l'on trouve trop souvent dans nos Édifices modernes, & qui y sont certainement bien inutiles. Le grand secrèt, la vraie perfection de l'Art consiste à joindre la Solidité avec la Délicatesse. Quoi qu'en disent nos Artistes, ces deux qualités ne sont rien moins qu'incompatibles. Dans les Bâtimens d'Architècture Arabesque, on a porté quelquefois la délicatesse aussi loin qu'elle peut aller, au-delà même des bornes généralement reçûës. Ces bâtimens n'ont pas eu moins de solidité que les nôtres, leur longue durée en est le garant. Je voudrois qu'on prît du moins à cet égard l'esprit de cette ridicule Architècture ; que l'on étudiât l'artifice surprenant de cette manière de bâtir, où rien ne se dément, quoique tout y soit extrêmement délié.

Les Anciens épargnoient la pierre, & prodiguoient le fèr : par-là, & à l'aide du niveau & de l'aplomb, ils venoient à bout de joindre le délicat au solide. Quel inconvénient y aura-t-il à faire comme eux ? Nous entendons infiniment mieux qu'eux la Décoration : mais ils étoient plus habiles que nous dans la Construction. Si nous voulons nous perfectionner, ne les consultons point, quand il s'agira de décorer des édifices ; & ne cessons point de les consulter, pour la manière de les construire.

Les Voûtes qui ont une poussée de droite & de gauche, éxigent une nouvelle forçe dans les murs qui doivent les porter. Jusqu'ici on n'a point imaginé de meilleur moyen pour les appuyer, que les contreforts ou arcboutans, qui empêchent les murs de s'écarter. On en use ainsi pour les Églises qui sont proprement les seuls Édifices, où il y ait de grandes voûtes sujettes & par leur charge & par leur hauteur, à une grande poussée. Ces contreforts malheureusement nécessaires, rendent

K k k ij

es dehors de nos Églifes fort défagréables. J'expliquerai ailleurs non idée, fur le parti que l'on pourroit prendre pour les déro-ver à la vûë. Ce que j'ai à obferver préfentement au fujèt de ces grandes voûtes ; c'eft qu'il faut tâcher d'en diminuer le poids, autant qu'il eft poffible. Pour cela deux moyens font avantageux. Le premier, c'eft l'éxaĉtitude du trait ; le fecond, c'eft la médiocrité de l'Épaiffeur.

L'éxaĉtitude du trait contribue infiniment à la folidité des voûtes, & à en faciliter le fupport. Ceux qui ont la fçience des traits de voûte, font des prodiges à peu de frais. Non-feule-ment il leur eft facile d'éxécuter des voûtes, tellement fur-baiffées qu'elles reffemblent à de vrais plafonds ; mais ils trou-vent le fecrèt de foutenir en l'air de très-grandes maffes de pierre fans aucune apparence de voûte. L'Efcalier des Prémontrés eft un de ces morçeaux, dont la hardieffe a quelque chofe d'ef-frayant : on le doit à la feule connoiffance du trait. Un Archi-tèĉte ne peut donc trop s'appliquer à acquérir une connoiffance fi précieufe. C'eft la partie la plus myftérieufe de l'Art. Pour en avoir la parfaite intelligence, l'Ouvrage du P. Derrand Jé-fuite, fera d'un grand fecours.

Le fecond moyen de rendre les voûtes légères, c'eft d'en diminuer l'épaiffeur. Qu'on éxamine les voûtes des Édifices à l'Arabefque, on trouvera que la plûpart ont à peine fix pouçes d'épaiffeur. Qu'eft-il befoin de leur en donner davantage ? Il me femble au contraire, qu'on pourroit encore leur en donner moins. Nous avons appris depuis peu, qu'on fait d'excellentes voûtes, qui n'ont qu'une feule épaiffeur de brique. Cette inven-tion ancienne dans certains pays & nouvelle pour nous, fait voir qu'il n'eft point néceffaire qu'une voûte foit épaiffe pour être folide. Profitons de cette découverte, & ce fera toujours autant de diminué du fardeau.

Il est bon de remarquer aussi, que de quelque manière qu'un Bâtiment soit fait, si l'on veut qu'il dure ; on doit bien se donner le garde , d'en affoiblir jamais les supports. La grosseur des massifs fait quelquefois illusion ; on suppose qu'il y a de l'excélent & du superflu : on conclut que d'en retrancher un peu , cela ne sçauroit nuire ; & on a le chagrin de voir bientôt tout 'Édifice ébranlé. Ces fautes se commettent d'ordinaire pour les projèts de dégagement & de décoration. Le Chevalier Bernin étoit assurément un grand homme ; il a cependant commis cette faute de la manière la plus funeste. Une folle envie de décorer, lui a inspiré la confiance de creuser les quatre gros massifs, qui portent le Dôme de l'Église de S. Pierre de Rome. Ces massifs paroissoient susceptibles de quelques retranchemens ; l'expérience a montré, qu'il n'y avoit rien de trop. Depuis qu'ils ont été affoiblis, la calote du Dôme s'est fenduë en plusieurs endroits ; & on aura toutes les peines du monde d'en prévenir la ruine. Quand un Bâtiment est fait, il est toujours dangereux d'y toucher.

On doit supposer, que celui qui a été l'Architète sçavoit son métier ; qu'il n'y a mis, que ce qui étoit absolument nécessaire ; & que toutes les épaisseurs ont été proportionnées à la quantité & à la qualité des charges. Il vaut bien mieux se tromper en pensant de cette façon, que se mettre en péril de tout détruire. Il faut très-peu se fier au rapport de certains Experts ; plusieurs ne s'y connoissent que médiocrement : quelques-uns ont assés de mauvaise foi pour donner de fausses assurances contre des périls , qu'ils n'affètent de mépriser ; que parce que bien loin d'en souffrir le dommage, ils en auront infailliblement le profit. Afin de prévenir toutes les friponneries qui sont familières aux Entrepreneurs, il faudroit une bonne-fois pour toutes, qu'ils n'eussent point d'impunité à espérer Une Loi qui les contraindroit à réparer à leurs frais tous les endommagements survenus aux Édifices, autrement que par des accidens étrangers à leur Art ; une Loi qui les y contraindroit par la confiscation des biens & la saisie personnelle, seroit la plus nécessaire & la plus sage des Loix. *Essais sur l'Architecture.*

DE LA COMMODITÉ DES BATIMENS.

Les Bâtimens son faits pour l'habitation ; & ce n'est qu'autant qu'ils sont commodes, qu'ils peuvent être habitables. Trois choses font la *Commodité* d'un logement : la Situation, la Distribution, & les Dégagemens.

Ou la Situation est libre, ou elle est contrainte ; si elle est libre, il faut choisir un lieu qui soit en bon air & en belle vûë. La santé souffre toujours d'un air mal sain. Une vûë triste entretient ou fait naître la mélancholie. Il est donc d'une assez grande conséquence, quand on est maître de choisir ; de se fixer à une Situation, qui réunisse la salubrité de l'Air aux agrémens de la Vûë. Un Air n'est véritablement sain, que lorsqu'il n'est ni trop sec, ni trop humide. La trop grande sécheresse nuit à la poitrine, la trop grande humidité est la source de mille accidens. Sur les hautes montagnes on n'a point à craindre l'air humide : mais on y respire un air trop vif & trop cru ; on y est battu par les vents, communément on y manque d'eau ; & on est sans cesse exposé à monter & à descendre. De pareilles Situations sont évidemment pleines d'incommodité.

Dans le fond des vallées ou dans les plaines, on respire un air gras ; mais il est humide & marécageux. En hyver, ce sont les brouillards continuels. En Été, on est infecté de mauvaises odeurs, & assiégé d'insectes. De pareilles Situations sont encore bien incommodes. Un lieu assés élévé pour dominer la plaine, autour duquel il n'y auroit ni marais, ni eaux dormantes ; qui feroit à l'abri des grands vents par le voifinage de quelque forêt ou de quelque montagne ; qui feroit près d'une belle rivière, fans avoir rien à craindre de fes débordemens , un tel lieu four-niroit une habitation extrêmement faine. Si d'ailleurs on y avoit pour perfpeĉtive une plaine fertile, où les objèts fuffent variés; & qui fans être d'une trop vafte étenduë, fe trouvât agréable-ment terminée par des côteaux d'une élévation médiocre, on y jouiroit des avantages d'une Vûë toute propre à égayer l'ima-gination.

Dans les Villes, on ne peut pas choifir toujours une Situa-tion qui ait les avantages , dont je viens de parler. On eft gêné pour l'emplaçement, qui ne peut jamais être d'une grande éten-duë & d'une parfaite régularité. Tout ce qu'on a de libre, c'eft le choix du quartier, & de la ruë. Dans cette contrainte , il faut au moins fe fixer dans le Quartier le plus aëré & le plus propre ; à la Ruë la plus large & la mieux alignée : parce que l'abord en eft plus facile , & que l'Air s'y renouvelle plus aifé-ment. En un mot, les Commodités du local dépendent d'une foule de circonftances, auxquelles il convient de faire une par-ticulière attention. Il faut avoir de l'eau , & être à portée des chofes néceffaires à la vie. Il faut être éloigné du bruit. Il faut avoir fes entrées, & fes forties libres. Il faut que les jours foient avantageux ; & ils ne peuvent l'être , fi l'on n'a devant foi un grand découvert. Je ne rappelle ici toutes ces chofes , que pour inftruire ceux qui ont le pouvoir de fe les procurer. La multitude n'eft pas dans le cas.

L'emplaçement une fois choifi , refte à décider la pofition de l'Édifice. Il s'agit de fe garantir & du trop grand froid , & du trop grand chaud. Généralement parlant l'Eft & l'Oueft , font deux pofitions incommodes. En Êté, on eft brûlé par le foleil, qui plonge prefque la moitié du jour. Le Nord eft trop froid, & a toujours un peu d'humidité. Le Midy paroît la meilleure des positions. En Hyver, le soleil plonge & diminuë le froid ; en Été, il rase & ne donne pas un trop grand chaud. Mais dans chaque Pays, il y a communément un côté de l'Horison ; d'où viennent les plus grands vents, & les pluyes les plus constantes. Si l'on veut être logé commodément, il faut bien se garder de tourner son Logement vers une partie du Ciel si incommode. Il faut prendre la direction opposée. La commodité de la position, dépend donc encore de plusieurs circonstances relatives au Climat ; & dont aucune ne doit être ignorée d'un Architècte.

Après les avantages de la Situation, rien ne contribuë tant à la commodité d'un Bâtiment, que la Distribution tant *extérieure*, qu'*intérieure*. La Distribution *extérieure* a pour objèt, l'arrangement des Entrées, des Cours, des Jardins. Un Bâtiment est toujours incommode, quand il n'y a pas au moins une Cour où les voitures puissent entrer, & tourner à leur aise. Il est privé d'une grande commodité, quand il n'y a pas de Jardin. Un Jardin dans une Ville est d'une grande ressource ; ne fût-ce que pour donner de l'air, & un peu de verdure : ce qui est encore plus gracieux, est d'avoir chez soi une promenade, qu'il ne faut point aller chercher ; où l'on peut être à toute heure, & en deshabillé ; où l'on ne rencontre point d'importun ; où l'on ne voit que ceux que l'on veut voir. Si l'emplacement a assés d'étenduë pour que l'on puisse avoir Cour & Jardin, il faut se procurer l'un & l'autre ; en observant, autant qu'il est possible, de tourner le Jardin du côté où les voisins n'ont point de vûë dessus.

Pour rendre la Distribution *extérieure* commode ; il faut 1°. que le principal corps de logis soit au fond de la cour, & qu'il ait le Jardin en face. Ainsi on sera à l'abri du bruit ; on aura
un grand

un grand Air , & un grand Jour. 2°. La principale entrée fu
la Ruë, doit être dans le milieu de la Cour ; l'entrée du corp
de logis & du jardin doit lui répondre directement, de-là dé
pend la grande facilité des entrées & des forties. 3°. Il faut f
ménager à côté de la Cour principale , une autre Cour a
moins, pour reçevoir toutes les faletés de l'écurie, de la cuifine
& de toute la maifon ; il eft même néceffaire , que cette baff
Cour ait fon iffuë particulière en-dehors ; de-là dépend la pro
preté, qui influë infiniment fur la falubrité de l'air. 4°. Il fau
que le rez-de-chauffée du principal corps de logis , foit élève
de quelques marches au-deffus du pavé de la Cour & du Jardin. Cet exhauffement eft néceffaire , pour être à l'abri de toute
humidité.

Il s'eft introduit un ufage contraire , à ce que je viens de dire
au fujèt de l'entrée du Corps de Logis. Bien des gens ne veulen
pas qu'elle foit dans le milieu ; parce qu'ils prétendent que c'ef
s'ôter la plus belle pièce de la Maifon , pour en faire un vefti
bule qui n'eft qu'un lieu de paffage. Ils prennent donc le part
de rejetter l'entrée dans l'un des angles , ou fur l'une des aîles.
Cette idée m'a toujours choqué. Il en réfulte une grande incom
modité ; c'eft qu'un étranger en entrant dans la Cour , ef
obligé de demander par où l'on entre dans la maifon. Dès qu'on
rejette la porte d'entrée dans l'angle , il faut néceffairement
pour la fymétrie en feindre une pareille fut l'angle oppofé. Dès-
lors quelqu'un qui n'eft pas au fait, fe trouve néceffairement
dans le doute , & ne fçait plus de quel côté eft la vraie ou la
fauffe entrée. On dira fans doute , que cet inconvénient eft
léger , en comparaifon de l'avantage que l'on tire d'un appartement qui occupe toute l'étenduë du corps de logis , & qui n'eft
plus coupé par un veftibule. J'avouë que cet avantage a quelque chofe de féduifant. Mais auffi dès-lors l'entrée du Jardin

ne peut plus être placée, que d'une manière incommode ou mauſſade. Il faudra de deux choſes l'une ; ou traverſer l'Appartement pour y entrer directement par le milieu , ou n'y entrer abſolument que par le coin. Je dis plus ; ces Entrées rejettées dans l'angle de la cour ont un air de meſquinerie qui déplaît : elles annoncent que l'on eſt logé à l'étroit , & que l'on a été obligé de prendre la pièce qui auroit dû ſervir de veſtibule pour augmenter l'Appartement. D'ailleurs la porte d'entrée étant naturellement deſtinée à être l'iſſuë commune de tout le corps de logis , ſa place eſſentielle , c'eſt le centre ; d'où elle diſtribuë également à toutes les extrémités.

La Diſtribution *intérieure* touche encore de plus près à la commodité du Logement que l'extérieure , & demande que l'on porte l'attention juſqu'aux plus petits détails. En ſuppoſant la porte d'Entrée au centre , ſi le corps de logis a un Étage au-deſſus du rez-de-chauſſée , il faut que l'eſcalier ſe préſente d'abord en entrant , & qu'il ſoit placé de manière que rien ne l'offuſque , & que lui-même il n'offuſque rien, La bonne manière eſt de le jetter à côté du veſtibule , & autant qu'il eſt poſſible au côté gauche ; parce que naturellement c'eſt du pied gauche que l'on monte. Il eſt difficile qu'un eſcalier placé directement dans le centre & ſur la porte d'entrée , n'entraîne bien des incommodités.

Pour qu'un Eſcalier occupe le centre ſans rien gêner d'ailleurs , il faut qu'il ſoit à deux rampes , une de chaque côté de la porte d'entrée , & qui ſe réuniſſent au premier étage par un grand pallier au-deſſus de la porte du Sallon , qui doit être entre le veſtibule & le jardin. Un eſcalier pareil ſeroit également magnifique & commode ; il conviendroit parfaitement à la Maiſon d'un Prince , ou au Palais d'un Roi. Dans les autres Maiſons où l'on ne doit pas faire une ſi grande dépenſe , il ſuffit d'un Efcalier à une feule rampe ; & la meilleure manière de le placer, eft celle que j'ai dit ; parce qu'alors rien ne l'offufque, & il n'offufque rien.

Pour rendre cet Efcalier commode, il faut 1°. que les rampes foient en ligne droite. 2°. Que les marches foient larges & peu élevées. 3°. Qu'il y ait des palliers par intervalles.. 4°. Qu'il foit parfaitement éclairé. Les rampes courbes ont toujours une incommodité, c'eft que les marches font larges par un bout, & étroites par l'autre ; de forte que d'une part le pied pofe difficilement, de l'autre il faut de terribles enjambées. Les marches étroites caufent de la frayeur, & font vraiment périlleufes en defcendant. Les marches hautes fatiguent, & mèttent hors d'haleine ; une longue rampe fans pallier a le même inconvénient : cette fuite de marches fans interruption & fans repos effraye en defcendant, & fatigue en montant. L'efcalier eft la pièce de la Maifon qui demande le plus de jour ; parce que c'eft celle où les faux pas entraînent les plus grands rifques. Un efcalier placé comme je viens de le dire, fuppofe un corps de logis double. Auffi n'eft-ce que dans le corps de logis double, que l'on peut être logé commodément.

Les grands appartemens doivent être compofés au moins d'une anti-chambre, d'une pièce de compagnie, d'une chambre à coucher & d'un cabinèt. Toutes ces pièces doivent être placées fur le Jardin, & en enfilade. Dans le double du corps de logis, il faut placer la falle à manger, les garde robes, les cabinèts de toilette, les bains & les aifances. Je ne mèts ici que les chofes dont on ne peut fe paffer, fans manquer effentiellement de commodité. Il faut que la falle à manger foit à portée de l'Office & de la Cuifine. Ces deux dernières pièces ne font commodément placées, que fur les aîles du corps de logis. Les foucerrains font trop obfcurs, trop humides, trop difficiles

L l l ij

nettoyer , pour les deſtiner à autre choſe qu'à ſervir de cel-
ier , de cave , de bûcher. Il faut que les garde-robes & les autres
ieux d'aiſances ſoient à portée de la chambre à coucher ; &
)our éviter toute mauvaiſe odeur , on doit ſe ſervir de lieux à
'angloiſe. Les autres Appartemens doivent avoir chacun un
inti-chambre , une chambre à coucher , un cabinèt & une garde-
·obe. Je ne parle point des Salles , des Galleries , des Biblio-
hèques , & de toutes les pièces qui ne ſont que pour la ma-
ŋnificence. Elles ne conviennent qu'aux maiſons des grands
ſeigneurs ; elles doivent être ſéparées des Appartemens que
'on habite , & il eſt toujours facile d'en bien faire la diſtri-
)ution.

Pour rendre les Appartemens commodes ; il faut 1°. obſerver
ʒue les portes ne ſoient pas trop multipliées , elles donnent des
·ents coulis & pernicieux , gênent beaucoup pour l'ameuble-
ɲent ; qu'elles ſoient auprès des fenêtres , qu'elles s'ouvrent à
ɪeux battans , ſans déborder ſur l'épaiſſeur du mur ; qu'elles
ɪerment aiſément & parfaitement. 2°. Que les fenêtres ſoient
ʃans appui , & ouvertes juſqu'au bas du pavé ; parce qu'alors
ɪlles éclairent infiniment mieux , & on a étant aſſis la vûë libre
ɪes Jardins ; qu'elles s'ouvrent comme les portes , ſans débor-
ɪer ſur l'épaiſſeur du mur , & qu'elles ſe ferment avec la même
ɪxaĉtitude & la même facilité. 3°. Que les cheminées ne ſoient
ɪn face ni des fenêtres , ni des portes ; & qu'on prenne toutes
ɪes précautions néceſſaires , pour qu'il n'y ait jamais de fumée.
ʃ°. Que les lits ſoient dans de grandes alcoves , parce qu'on
·y eſt mieux renfermé , & plus chaudement. D'ailleurs l'ameu-
ɪlement de la chambre à coucher eſt plus facile & plus gra-
ɪieux , quand il y a une alcove qui ſépare le lit de la chambre.
ɪa commodité ſeroit parfaite , ſi des deux côtés de l'alcove , il
·y avoit une porte & une allée de communication dans les
ɪarde-robes.

Pour être logé bien commodément, il faudroit n'avoir personne au-deſſus de ſoi, & n'être point obligé de monter. Le terrain eſt trop précieux dans les grandes Villes, pour réduire toutes les maiſons à un ſimple rez de chauſſée. Il n'y a que les Princes & les Rois à qui il ſoit poſſible de ſe loger bien au large, ſans avoir la peine de grimper par un eſcalier, & ſans mettre perſonne au-deſſus de leurs têtes. Pour les particuliers, il n'en eſt pas de même. Leurs emplaçemens bornés les mèttent dans la néceſſité de ſe loger les uns au-deſſus des autres. Dans cette contrainte il y a pourtant une attention à avoir : c'eſt de faire enſorte que dans l'Appartement ſupérieur, la chambre à coucher ne ſoit pas au-deſſus de celle de l'appartement inférieur ; mais ſur quelqu'autre pièce, où il n'y ait point à craindre d'interrompre le repos de perſonne.

Dans la diſtribution d'un Édifice, un Architèéte doit être attentif à mettre tout le terrein à profit, & à ne rien laiſſer d'inutile. Pour peu qu'il ait l'eſprit de combinaiſon, il tirera grand parti des irrégularités mêmes; & on verra ſous ſa main les moindres petits recoins, ſe métamophorſer en autant de commodités nouvelles. Rendons juſtice à nos Artiſtes : la Diſtribution eſt une partie qu'ils poſſèdent au ſouverain dégré. Ils ſçavent, dans de très-petits eſpaçes, multiplier les logemens ; & dans chaque logement, ménager des commodités de toute eſpèce. Leur adreſſe en ce genre, a fait naître le goût des petits appartemens. Ce goût n'eſt pas abſolument mauvais. Il ſeroit pourtant dangereux qu'il devînt trop général; & qu'on vît déſormais les plus grands Seigneurs avoir pour tout logement, un Labyrinthe de petites cellules. Les petits appartemens conviennent aux petites fortunes ; mais dans les grandes maiſons, ils ſont toujours déplacés : à moins qu'ils n'y ſoient tout au plus, comme des hors d'œuvres de fantaiſie.

Enfin les *Dégagemens* contribuent beaucoup à la commodité du Logement. Je ne m'étendrai par beaucoup sur cet article, qui n'est pas un de ceux où nos Architectes excellent le moins. On comprend, sous le nom de *Dégagemens*, toutes les pièces qui servent à donner des Communications secrettes, du dedans d'un appartement dans les dehors. Ces *Dégagemens* sont nécessaires pour éviter les longs circuits ; & pour que l'on ait à portée de soi, tous les secours qui peuvent venir des offices & autres endroits communs : pour se dérober quand on le souhaite, pour aller & venir sans être gêné, & gêner personne. Il est inutile ici d'entrer dans un plus grand détail. Il suffit de dire que les *Dégagemens* sont des choses, qu'un Architecte ne doit jamais négliger dans la Distribution d'un appartement. *L'Abbé Laugier.*

DE LA BIENSÉANCE DES BATIMENS.

La *Bienséance* éxige qu'un Édifice n'ait ni plus ni moins de magnificence, qu'il n'en convient à sa destination ; c'est-à-dire, que la décoration des Bâtimens ne doit pas être arbitraire ; qu'il faut qu'elle soit toujours rélative au rang & à la qualité de ceux qui l'habitent, & conforme à l'objèt que l'on a eu en vûë. *Pour* dire quelque chose de moins vague, distinguons les Édifices publics d'avec les Maisons particulières.

Je mèts au rang des Édifices publics, les Églises, les Palais des Princes, les Hôtels de Ville, les Tribunaux de la Justice, les Hôpitaux, les Communautés.

Les Églises ne peuvent être décorées trop noblement, elles font le Sanctuaire de la Divinité ; il convient de leur donner un air majestueux, qui réponde à un objèt si grand. On ne risque donc jamais d'aller trop loin. On peut dire de nos Églises, que plus on les rend magnifiques, mieux on satisfait à la *Bienséance.* Il y a pourtant une chose à observer ; c'est que toutes sortes d'ornemens ne conviennent point à la décoration de nos Églises. Il n'y faut rien de profane, rien de bizarre, rien d'immodeste ; il y a eu des Architectes qui ont eu assez peu de jugement pour orner la frise d'une Église, de tous les instrumens propres des Sacrifices du Paganisme, ou des figures monstrueuses faites d'imamagination & de caprice. C'est pécher ouvertement contre toutes les règles de la *Bienséance*. Il ne faut dans une Église, rien que de simple, de mâle, de grave, de sérieux ; rien qui puisse faire diversion à la piété ; rien qui ne contribue à en nourrir, à en enflammer l'ardeur. Les nudités, surtout en peinture & en sculpture, en doivent être absolument bannies. Il est étonnant d'en voir quelquefois sur les Autels même, qui vont à l'indécence & au scandale.

Les Palais des Princes doivent être grands, vastes, magnifiquement décorés au dehors, richement meublés au dedans. Il leur faut à l'extérieur, de larges avenuës, des Cours d'une étenduë considérable : dans l'intérieur ; des salles, des galleries, de longues enfilades d'appartemens.

Pour donner à un Palais, un véritable air de noblesse, il faut un grand front de bâtiment, varié par des pavillons de différente hauteur & de diverse structure ; il faut sur les aîles de grands Portiques à Colonnes sur un plan ou elliptique ou mixiligne, qui fasse la communication d'un corps de logis à l'autre. Il faut qu'à travers ces Portiques, on puisse apperçevoir les Jardins ; ce qui donne à la Cour un dégagement, & une gayeté surprenante.

La Magnificence convient jusqu'à un certain dégré aux Maisons de Ville, aux Tribunaux de la Justice, aux Plaçes, & aux autres Édifices publics de cette espèce.

Une Plaçe, pour être belle, doit être un centre commun ; où l'on peut se répandre en différens quartiers, & où de diffé-

ens quartiers on peut se réunir : il faut donc que plusieurs Ruës
y aboutissent, comme les routes d'une forêt dans un carrefour.
La vraie décoration des plaçes, ce sont les Portiques ; & si on y
joint des bâtimens de diverse hauteur & de différente forme,
la décoration sera parfaite. Il y faut de la symmétrie ; mais il
y faut aussi un certain désordre qui varie & augmente le spectacle. Les Plaçes peuvent être ornées de fontaines & de statuës.
Nous n'avons proprement aucune belle fontaine. Il est décidé
parmi les faiseurs de descriptions, qu'on mettra la fontaine des
saints Innocens au rang des merveilles de cette capitale. On
peut vanter en effet le cizeau qui a taillé les sculptures ; mais
dira-t-on, que l'idée d'une Tour quarrée avec des fenêtres dans
l'entredeux des pilastres, soit l'idée d'une Fontaine.

Les Italiens en ce point, l'emportent infiniment au-dessus de
nous. Il faut aller à Rome pour prendre le goût des belles Fontaines. Elles y sont en grand nombre, & quoique fort différentes les unes des autres ; elles ont toutes un je ne sçais quoi de
vrai & de naturel, qui enchante. Y a-t-il rien de si heureux, de
si noble, de si caractérisé que la Fontaine de la Plaçe Navonne ?
Voilà un modèle dont nous n'avons point encore approché.

Les Hôpitaux doivent être bâtis solidement, mais simple-
ment. Il n'y a point d'Édifice où la somptuosité soit plus contraire
aux *Bienséances*. Des maisons destinées à loger des pauvres,
doivent tenir quelque chose de la pauvreté.

J'en dis autant à proportion des Séminaires ou Communautés
séculières & régulières. Ces sortes d'Édifices doivent toujours
avoir à l'extérieur, toute la simplicité convenable à l'état des
personnes qui les habitent. Tout ce qui annonce la superfluité
dans la dépense, tout ce qui est de pur ornement, doit en être
banni. Le Public, amateur des *Bienséances*, ne voit jamais qu'a-
vec chagrin, les façades superbes qui ornent des maisons ; où ne
doit

doit règner que le mépris du monde, l'esprit de retraite & de pénitence.

Pour les Maisons des particuliers, la *Bienséance* veut que leur décoration soit proportionnée au rang & à la fortune des personnes. Je n'ai rien de particulier à observer à cet égard, sinon qu'il seroit à souhaiter, que chacun se rendît si bien justice, qu'on ne vît point des gens qui n'ont pour eux que l'Opulence, égaler, surpasser même par la magnificence extérieure & intérieure de leurs maisons, les premiers Seigneurs & les plus Grands du Royaume. J'avouë que les Architectes ne sont pas toujours les maîtres de suivre à la rigueur, les *Bienséances* dont je viens de parler. L'orgueil des particuliers leur prescrit des loix, auxquelles ils sont forcés de se soumettre. Cependant il dépend pour l'ordinaire, de l'Architecte qui fournit le dessein, d'y mettre plus ou moins de simplicité, selon que la *Bienséance* du sujèt l'éxige. Quand on le consulte, il ne doit proposer que ce qui convient. S'il est jaloux de sa réputation, il ne cherchera point par des desseins éblouissans, à flatter la vanité de gens à qui le faste ne convient point ; & qui ne sont souvent que trop portés d'eux-mêmes à s'égarer au-delà des bornes. Un Architecte connoissant parfaitement ce qui convient à un chacun, étendra ou resserrera ses idées selon ce discernement, n'oubliant jamais ce principe vrai; qu'un Beau Bâtiment n'est pas celui qui a une beauté arbitraire : mais celui, qui, relativement aux circonstances, a toute la Beauté qui lui est propre, & rien au-delà. *Auteur Anonyme.*

DESCRIPTIONS
DES PLUS BEAUX ÉDIFICES,
ou Monumens Antiques et Modernes.

LA Ville de Nismes en France dans le Bas-Languedoc, est célèbre par son antiquité, dont on voit encore de beaux monumens.

Quelques Auteurs ont avancé, que cette Ville fut bâtie par un fils d'Hercule; mais ce sentiment est bien difficile à établir. Il est sûr qu'elle fut une Colonie des Romains, & qu'elle fut très-féconde en grands hommes. Sa situation est des plus charmante de la Province; car elle a d'un côté des collines couvertes de vignes, & de toutes sortes d'arbres fruitiers; & de l'autre une campagne vaste & fertile.

Les Voyageurs se font un plaisir d'admirer les monumens antiques que Nismes a conservés; le plus considérable est l'amphithéâtre que ceux du pays appellent les Arênes. Sa forme est ronde, & il est bâti de pierres de tailles d'une grandeur extraordinaire, avec plusieurs sièges pour la commodité des Spectateurs. Le dehors est environné de colonnes, avec leurs corniches; où l'on voit des Aigles Romaines, & la figure de Rémus & de Romulus, allaités par une Louve.

La Maison, qu'on nomme *Quarrée*, est un ancien mausolée: c'est un Édifice qui forme un quarré long, ayant 74 pieds de longueur, & 41 pieds six pouces de largeur; selon les dimensions qu'en a données Jean Poldo d'Albenos. Quelques-uns ont cru que c'étoit la Basilique qu'Adrien fit bâtir à Nismes en l'honneur de Plotine, femme de l'Empereur Trajan; mais cette maison n'est pas un ouvrage aussi magnifique, que les Basiliques décrites par Spartien.

De plus les Baſiliques, comme le remarque M. Perault, dan
Vitruve, avoient les colonnes en dedans, au lieu que les Tem
ples les avoient en dehors ; comme celles de la Maiſon Quarrée

D'autres ont cru que c'étoit un *Capitole* ; c'eſt-à-dire, un
Maiſon Conſulaire, où s'aſſembloient les Magiſtrats de la Ville
parce que le peuple lui donne encore le nom de *Capdeuil*, qui
dans le langage du païs, ſignifie *Capitole* : & que dans des titre
de quatre ou cinq cens ans, cette Maiſon eſt appellée *Capitole*
& l'Égliſe voiſine, Saint Étienne du *Capitole*.

Palladio eſt porté à croire que c'étoit un Temple, & il nou
en donne une ſçavante deſcription, que je vais rapporter.

L'Aire du Temple eſt à dix pieds cinq pouces du rez-de
Chauſſée, & a pour embaſement tout au tour, un piédeſtal
ſur la cimaiſe duquel ſont deux marches, ſur quoi les baſes de
colonnes ſont aſſiſes. La baſe de ce piédeſtal a moins de mou
lures, & eſt plus maſſive que ſa cimaiſe ; comme cela doit être
La baſe des colonnes eſt attique, mais parce qu'elle eſt augmen
tée de quelques aſtragales un peu extraordinaires, elle peu
paſſer pour compoſite ; quoiqu'elle ne convienne pas mal au
colonnes Corinthiennes. Les chapitaux ſont taillés à feuille
d'olive, & ont l'abaque fort enrichi d'ornemens. La roſe, qu
eſt au milieu de chaque façe du chapiteau, occupe toute la hau
teur de l'abaque, & de l'orlèt de la campane ; ce qu'on remar
que avoir toujours été obſervé dans les chapitaux antiques d
cette eſpèce. L'architrave, la friſe & la corniche ont une qua
triéme partie de la hauteur des colonnes, & tous leurs mem
bres ſont chargés d'ornemens d'une très-belle invention. Le
modillons ſont fort différens de ceux qu'on voit ordinairement
& néanmoins ce qu'ils ont d'extraordinaire eſt fort agréable
Une autre remarque qu'on a faite ; c'eſt que ces modillons ſon
ornés de feuilles de chêne, quoique les chapitaux aient de feuil

M m m ij

les d'olive. Sur la gueule droite , au lieu d'un orlèt ; il y a un ovicule en ſculpture , ce qui eſt aſſez rare. Le frontiſpice eſt préciſément ſelon les règles de Vitruve ; car des neuf parties , faiſant la longueur de la corniche , il s'en trouve une dans la hauteur du fronton ſous la corniche. Les piédroits ou jambages de la porte , ont de front une ſixième partie de la largeur de ſon ouverture. Cette porte eſt enrichie de pluſieurs beaux ornemens bien travaillés ; ſur la corniche , au-deſſus des pilaſtres , il y a deux quartiers de pierre taillés en manière d'architrave , qui ſaillent hors de la corniche ; & dans chacun il y a un trou quarré large de dix pouces & demi en tous ſens , dans lequel *Palladio* imagine que l'on ajuſtoit de longues pièces de bois ; qui, deſcendant juſques ſur le pavé , ſervoient à attacher une porte faite exprès pour pouvoir s'ôter & ſe remettre ſelon le beſoin : cette porte étoit en forme de jalouſie , afin que le peuple pût voir de dehors ce qui ſe faiſoit dans le Temple , ſans embarraſſer les Prêtres dans leurs fonctions.

On voit encore à Niſmes un autre Temple , que les Habitans croient avoir été bâti en l'honneur de *Veſta*. *Palladio* croit que c'étoit le Temple de quelque Divinité infernale : quoiqu'il en ſoit , ce monument eſt très-précieux , & mérite une deſcription détaillée.

La façade du dedans du Temple , vis-à-vis de l'entrée , ſe diviſe en trois parties. Le pavé de la partie du milieu eſt au même niveau que tout le reſte du Temple , les deux autres ſont pavées à la hauteur des piédeſtaux ; & l'on y monte par des marches qui commencent aux deux entrées , que j'ai dit être aux ailes du Temple. Les piédeſtaux ont un peu plus de hauteur , que le tiers de leurs colonnes. Les colonnes ont leurs baſes compoſées de l'Attique & de l'Ionique , & ont un très-beau profil. Les chapiteaux ſont auſſi compoſites , & fort proprement taillés. L'architrave, la frife & la corniche font toutes fimples, auffi bien que les moulures des Tabernacles, qui règnent autour de la Nèf. Derrière les deux colonnes qui font faҫe à l'entrée, & qui formeroient dans nos Églifes ce que nous appellons le grand Autel, il y a des pilaftres dont les chapitaux font auffi compofites; quoique différens de ceux des colonnes, & même différens entre eux, en ce qu'aux pilaftres voifins des colonnes, les chapitaux ont leurs ornemens difpofés d'une certaine manière; ceux qui font plus en arrière, les ont d'une autre; tous font un bel effèt. L'invention en eft fi élégante & a tant de grace, qu'il n'en eft point de cette efpèce qui plaife davantage. Ces pilaftres portent l'architrave des Chapelles qui font au côtés, auxquelles on monte, j'ai déja dit, par les dégrés des entrées des aîles; de forte qu'en cet endroit ils font plus larges que les colonnes, ce qui eft à remarquer. Les colonnes d'autour de la Nèf, portent quelques arcs de pierre, & d'un de ces arcs à l'autre, commençe le ceintre de la grande voûte du Temple.

Tout ce bâtiment eft fait de pierre quarrée; il eft couvert de thuiles, couchées & enclavées l'une dans l'autre : de telle forte, que la plüie ne peut pénétrer dans la couverture. Il eft aifé de s'appercevoir, que ce Temple ainfi que le premier, a été bâti dans un temps où la bonne Architèҫture fleuriffoit.

SAINT PIERRE DE ROME.

L'Églife de Saint Pierre de Rome eft le plus vafte, & le plus fuperbe Temple du monde. Ce qu'il y a de fingulier, c'eft qu'en y entrant, on n'y trouve rien d'abord qui furprenne à un certain point. La fymétrie & les proportions y font fi bien obfervées, toutes les parties y font plaçées avec tant de jufteffe, que cet arrangement laiffe l'efprit dans fa tranquillité : mais quand on vient à détailler les beautés de cet admirable Édifice, il paroît alors dans toute fa magnificence : en voici les principales dimenfions.

Sa longueur eft de 594 pieds, fans compter le portique ni l'épaiffeur des murs. La longueur de la croix eft de 438 pieds. Le Dôme a 143 pieds de diamètre en dedans. La Nèf a 86 pieds 8 pouces de largeur, & 144 de hauteur perpendiculaire. La fa-çade a 400 pieds de profil. Du pavé de l'Églife au haut de la croix qui furmonte la boule du dôme, on compte 432 pieds d'Angleterre : le Portail eft digne de la majefté du Temple.

Ce font d'abord plufieurs gros pilliers qui foutiennent une vafte Tribune. Ces pilliers forment fept arcades, qui font ap-puyées de chaque côté fur des colonnes de marbre violet d'or-dre Ionique : le devant de la Tribune eft auffi orné de colonnes, & d'une baluftrade de marbre : au-deffus font des fenêtres quar-rées, qui font un fort bel effèt ; le tout eft terminé par une baluftrade, fur laquelle on a placé la ftatuë de Notre-Seigneur, & celles des douze Apôtres, qui ont dix-huit pieds de haut.

Toute la voûte du Dôme eft peinte en Mofaïque par les plus grands Maîtres. Ce Dôme eft foutenu par quatre gros pilliers, au bas defquels on a placé quatre ftatuës de marbre blanc, plus grande que nature ; dont il y en a une (*Saint Longis*) du Ca-valier Bernin.

Le grand Autel eft directement fous le Dôme : il eft de mar-bre, & quatre colonnes de bronze torfes ornées de feftons fou-tiennent un baldaquin de même métal : quatre Anges de même matière, plus grands que nature, pofés fur chaque colonne, & plufieurs petits Anges diftribués fur la corniche, donnent une ma-jefté fingulière à cet Autel; dont le deffein eft du Cavalier Bernin.

La Confeffion de Saint Pierre (on croit que c'eft l'endroit où cet Apôtre a été enterré) eft directement fous cet Autel : ce lieu qui eft interdit aux femmes, eft tout revêtu de marbre; il eft magnifiquement décoré.

Tout reluit d'or & d'azur dans Saint Pierre de Rome. Tous les pilliers font revêtus de marbre le plus poli ; toutes les voûtes font de ftuc à compartimens dorés.

On trouve dans ce lieu des morçeaux de peintures des plus grands Maîtres. Le Cavalier *Lanfranc* a peint la voûte de la première Chapelle. On voit dans la feconde un Saint Sébaftien du *Dominiquain*. Dans la Chapelle du St. Sacrement, eft un tableau de la Trinité de Pierre Cortone, &c.

Les morçeaux de fculpture furpaffent peut-être tout le refte : le plus confidérable eft la Chaire de *Saint Pierre*. Cette Chaire qui n'eft que de bois, eft enchaffée dans une autre Chaire de bronze doré, environnée de rayons, & foutenuë par les quatre Docteurs de l'Églife ; S. Ambroife, S. Jerôme, S. Auguftin & S. Grégoire ; dont les ftatuës plus grandes que nature, font pofées fur des piédeftaux de marbre : le deffein de ce bel ouvrage eft du Cavalier Bernin. Aux deux côtés de la Chaire de S. Pierre, font deux fuperbes maufolées ; l'un d'Urbain VIII, & l'autre de Paul III.

Un plus grand détail me meneroit trop loin, & je m'apperçois que j'ai paffé dans cet article les bornes étroites que je me fuis prefcrites ; je dirai avant que de finir, que le Bramante fous Jules II, & Michel Ange fous Paul III, ont été les principaux Architèctes de cette Églife. Le Cavalier Bernin ayant entrepris de creufer de petits efcaliers dans l'épaiffeur des piliers qui foutiennent le Dôme, les a tellement affoiblis, que le Dôme s'eft entr'ouvert, fuivant la prédiction de Michel Ange qui avoit défendu d'y toucher.

ROTONDE ou PANTHEON.

C'eft l'ancien Pantheon bâti fous Augufte, par Agrippa fon gendre. Boniface IV en fit une Églife, qu'il confacra à la Mère de Dieu & à tous les Saints Martyrs.

C'eſt un bâtiment qui a autant de largeur que de profondeur; il porte 158 pieds en tout ſens. Il eſt ſans fenêtres & ſans piliers, & il ne reçoit de jour que par une ouverture pratiquée au milieu de la voûte; cependant il eſt fort éclairé. On monte au toît par un eſcalier de 150 marches, & de-là juſqu'au faîte il y a encore 40 marches. Voici la deſcription qu'en fait Palladio, & qu'il a accompagnée de pluſieurs plans, qu'on trouve dans ſon quatrième Livre, Chap. XX.

De tous les Temples qu'on voit à Rome, dit-il, il n'y en a point de plus célèbre que le *Pantheon*, communément nommé la *Rotonde*, ni qui ſoit reſté plus entier; puiſqu'il eſt encore aujourd'hui, au moins quant à la carcaſſe, preſqu'au même état qu'il a toujours été. Mais on l'a dépouillé de la plûpart de ſes ornemens, & particulièrement des excellentes Statuës dont il étoit rempli. . . . Ce Temple fut appellé *Pantheon*, parce qu'il étoit conſacré à Jupiter, & à tous les Dieux; ou peut-être à cauſe de ſa figure, qui ſemble repréſenter le Globe du Monde : car ſa rondeur eſt tellement compaſſée, que la hauteur depuis le pavé juſqu'à l'ouverture qui lui donne le jour, eſt égale à ſa largeur priſe diamétralement d'un côté de mur à l'autre. Quoiqu'à préſent on deſcende par quelques marches dans ce Temple, cependant il y a de l'apparence qu'on y montoit par quelques degrés.

Parmi tout ce qu'on rapporte des choſes les plus ſingulières de ce Temple, on dit qu'il y avoit une Minèrve d'yvoire faite par Phidias; & une Vénus, à l'oreille de laquelle pendoit la moitié de cette précieuſe perle, que Cléopatre but en un feſtin, à deſſein de ſurpaſſer la ſomptuoſité de Marc-Antoine. On aſſure que cette moitié de perle étoit eſtimée 250000 ducats. Tout ce Temple eſt d'Ordre Corinthien, tant par dehors que par dedans. La baſe des colonnes eſt compoſée de l'Attique & de l'Ionique :

l'Ionique : les chapiteaux font de feuilles d'olive ; les architraves, frifes & corniches ont de très-belles moulures, & peu chargées d'ornemens. Dans l'épaiffeur du gros mur, qui fait l'ençeinte du Temple, il y a de certains efpaçes vuides pratiqués exprès, tant pour épargner la dépenfe, que pour diminuer le choc des tremblemens de terre. Ce Temple a en façe un très-beau portique, dans la frife duquel on lit les mots fuivans.

M. Agrippa. L. F. Cof. Tertium fecit.

Au-deffus defquels, c'eft-à-dire, dans les bandes de l'architrave ; on lit une autre Infcription, en plus petit caraĉtère, qui fait connoître que les Empereurs Septime Sévère & Marc-Aurele réparèrent les ruines de ce Temple.

Le dedans du Temple eft divifé en fept Chapelles avec des niches, qui font toutes pratiquées dans l'épaiffeur du mur, dans lefquelles il y a apparence qu'il y avoit des Statuës. Entre deux Chapelles il y a un Tabernacle, de forte qu'il y en a huit. Plufieurs croyent que la Chapelle du milieu, qui eft vis-à-vis de l'entrée du Temple, n'eft pas antique, parce que fon fronton entrecoupe quelques colonnes du fecond Ordre ; ils ajoutent, pour appuyer leur fentiment, que fous le Pontificat de Boniface, qui dédia ce Temple au Culte du vrai Dieu, il fut orné conformément à l'ufage des Chrétiens, qui ont toujours un Autel principal dans l'endroit le plus apparent de leurs Églifes. Néanmoins confidérant la grande manière de cet Autel, l'harmonie que fes parties font avec le refte de l'Édifice, l'excellent travail de tous les membres qui e compofent, Palladio ne doute point qu'il ne foit auffi ancien que tout le refte. Cette Chapelle a deux colonnes, une le chaque côté qui font hors d'œuvre, & ont une cannelure

oute particulière ; car l'efpace qui fépare chaque cannelure eft
enrichi de petits tondins fort proprement travaillés.

Les efcaliers qui font aux deux côtés de l'entrée, conduifent
ür les Chapelles , par un petit corridor fecrèt qui règne tout
utour du Temple ; & qui fortant en - dehors , va rendre au
ied d'un autre efcalier qui règne tout autour du toît, & monte
ufqu'au fommèt de l'Édifice.

TEMPLE DE LA FORTUNE VIRILE.

Ce Temple connu aujourd'hui fous le nom de Sainte Marie
Égyptienne , fe voit à Rome du côté du Port Sainte Marie ,
ınciennement nommé *Pons Senatorius* : il s'eft confervé prefque
fans fon entier. Sa façade eft ornée de colonnes , & porte des
lemi-colonnes aux murs de la nèf par le dehors qui accompagnent celles du portique , & ont toutes la même décoration :
fe forte qu'à voir ce Temple de côté , il femble un périptère
ntouré d'allées. Les entre-colonnes font de deux diamètres &
ın quart : ainfi fa forme eft fiftyle. L'aire du Temple eft élevé
le fix pieds & demi du rez-de-chauffée , & l'on y monte par
les degrés qui ont pour appui l'embafement qui règne tout au-
our de cet Édifice. Les colonnes font Ioniques , & leur bafe
Attique , quoiqu'il femble qu'elle dût être Ionique ; mais cette
afe Ionique , dont Vitruve nous fait la defcription , n'eft trou-
ée nulle part parmi les Antiques : les colonnes font cannelées ,
& ont vingt-quatre cannelures. Les volutes des chapiteaux font
liptiques : & ce qu'il y a de plus remarquable , c'eft que dans
es angles du Temple & du Portique , les chapiteaux paroiffent
e front des deux côtés , ce qui peut-être , ne s'eft jamais vû
illeurs , fi ce n'eft depuis Palladio , qui ayant trouvé cette
ompofition belle & agréable , s'en eft fervi dans fes Ouvrages.
a porte du Temple a des ornemens d'un très-grand goût, &

est d'une proportion fort régulière. On trouve dans Palladio la description & les desseins de ce Temple ; au Livre quatrième première Partie, pag. 28.

TEMPLE DE MARS.

On voit encore aujourd'hui de précieux vestiges de cet ancien Temple, dans un endroit de Rome appellé la *Plaçe de Prêtres*, entre la Rotonde & la Colonne Antonine. Sa forme est périptère ; c'est-à-dire, qu'il est environné d'allées en forme de Cloître. Sa manière est piénostyle, ou à colonnes pressées Les entre-colonnes ont un diamètre & demi : la largeur des Portiques qui l'environnent, excède celle des entre-colonnes de toute la saillie des antes, ou pilastres des murs ; les colonnes sont Corinthiennes, & leur base attique. Cette base a sous la ceinture de la colonne un petit tondin ou astragale ; le listeau de la ceinture a fort peu de saillie, & fait un très-bel effet. Le chapiteau est taillé en feuilles d'olives, & d'une bonne manière. L'Architrave au lieu du talon ordinaire qui la termine, a un avicule, & au-dessus un cavèt enrichi de beaux ornemens. La Frise est bombée, & la saillie de sa convèxité est de la huitième partie de sa hauteur : les Modillons de la Corniche sont quarrés, & le larmier est au-dessus sans denticules, suivant les règles de Vitruve, qui les fait incompatibles avec les Modillons, quoique cette règle soit rarement observée dans les Bâtimens antiques. Au-dessus de la grande corniche aux côtés du Temple, il y en a une autre petite, le vif de laquelle tombe à plomb sur celui des modillons, & elle devoit porter des Figures, qui par ce moyen eussent été vûës toutes entières ; au lieu qu'autrement les pieds & une bonne partie des jambes fussent demeurées couvertes par la saillie de la corniche.

Au-dedans du Portique il y a une Architrave de même hau-

N n n ij

teur que celle qui eſt en-dehors , mais néanmoins différente en
ce qu'elle eſt à trois faces ; les moulures qui diviſent chaque
face , ſont de petites douçines ornées de feuilles & de petits
arcs. Cette Architrave ſoutient la voûte du Portique. L'entablement entier , fait une des cinq parties & demi de la hauteur
des colonnes ; & quoiqu'il n'ait pas tout-à-fait la cinquième partie , cependant il a beaucoup de grace , & fait un bel effèt. Les
murs étoient incruſtés de marbre, avec des niches entre les
colonnes tout à l'entour. On voit une des aîles de ce Temple
preſque toute entière , par le moyen de laquelle , & de ce
qu'on a pû tirer des autres ruines , Palladio nous a donné en
entier le plan de cet Édifice : c'eſt ſur ce plan que l'on s'eſt
règlé dans cette deſcription.

TEMPLE DE LA CONCORDE.

On trouve à la deſcente du Capitole des débris de ce Temple conſacré à la *Concorde* par Camille. Il ſervoit anciennement
de lieu d'aſſemblée pour traiter des affaires & des néceſſités
publiques ; d'où l'on infère qu'il avoit été conſacré , d'autant
que les Prêtres ne permettoient pas que le Sénat s'aſſembla en
aucun Temple pour les affaires de la République , ſans avoir
été conſacré ; c'eſt-à-dire , fait ou bâti en conſéquence de quelque Vœu ou Augure. Cette eſpèce de Temple ſe nommoit
Curia. Parmi le grand nombre de Statuës dont il étoit enrichi ,
les Hiſtoriens ont principalement remarqués celle de Latone ,
tenant dans ſes bras Apollon & Diane ſes deux enfans ; celle
d'Eſculape & de ſa fille Hygie , celle de Mars , de Minèrve ,
de Cérès , de Mercure , & d'une Victoire qui étoit ſur le
fronton du Portique ; laquelle pendant le Conſulat de M. Marcellus & de M. Valerius , fut frappée d'un coup de foudre. On
voit par l'Inſcription qui eſt encore dans la friſe , que ce Tem-

ple ayant été confumé par une incendie, le Sénat & le Peuple Romain le firent rebâtir : voici l'Infcription.

S. P. Q. R. INCENDIO CONSUMPTUM RESTITUIT.

C'eft-à-dire, le Sénat & le Peuple Romain l'a rebâti, après avoir été ruiné par un incendie. Les entre-colonnes ont moins de deux diamètres ; les bafes font compofées de l'Attique & de l'Ionique, & diffèrent en quelque chofe de la manière or-dinaire, mais elles ne laiffent pas d'être belles. Les chapiteaux font auffi compofés de l'Ordre Dorique & Ionique, & font très - bien travaillés ; l'architrave avec la frife, dans la partie extérieure de la façade, ne font qu'une bande toute unie, fans aucune diftinction de leurs moulures ; ce qui fut fait pour y pouvoir mettre l'Infcription : mais par dedans, c'eft-à-dire, fous le Portique, ils ont toutes leurs moulures diftinctes, comme on peut le remarquer dans le deffein. La corniche eft fimple, fans ornemens ; il ne refte plus aucune partie antique des murs de la nèf, & même ils ont été fort mal réparés : on peut encore néanmoins juger de quelle manière ils devoient être.

ÉGLISE DE NOTRE-DAME DE PARIS.

C'eft un ancien & grand Monument, qui commença d'être bâti l'an 1257, par les foins de Maurice de Sully Évêque de Paris, & fous le règne de S. Louis : le vaiffeau de cette Églife eft un très-bel Édifice d'Architecture Gothique, qui eft majef-tueux par fa grandeur. Il a foixante-cinq toifes de long, vingt-quatre de large, & il eft haut de dix-fept. La façade eft re-marquable par fa Sculpture, & par les Statuës de vingt-huit de nos Rois, dont celle de Childebert eft la première, & celle de Philippe Augufte la dernière : elle l'eft encore plus par l'é-lévation de fes deux groffes Tours, qui ont trente-quatre toifes

de haut chacune ; on y monte par un escalier de trois cens
quatre-vingt-dix marches. Mais le Chœur de cette Église est ce
qu'on a de plus beau en ce genre , autant pour la Sculpture que
pour la Peinture. Les huit Tableaux dont il est orné à droite
& à gauche sont fort estimés , & particulièrement celui de la
Vierge , qu'on appelle le *Magnificat* , qui est de Jouvenèt : le
Sanctuaire est fort décoré par des Statuës , des Bas-reliefs , &
des Ornemens Symboliques qui ont rapport à des Sujèts Sa-
crés. Ce qu'on y admire le plus , c'est la Descente de Croix
au-dessus du grand Autel , Ouvrage de Sculpture de Coustou
l'aîné. Les deux Statuës qui sont aux deux côtés du même *Autel,*
représentent l'une Louis XIII par Coustou le Jeune ; & l'autre,
Louis XIV par Coysevaux : la Boiserie & les Bas-reliefs des
Stalles sont dignes d'attention. Les Chapelles remarquables de
cette Église sont 1°. celles de la Vierge & de S. Denis à droite
& à gauche de la principale entrée du Chœur , & du dessein
de De Cotte : la Statuë de S. Denis est de Coustou l'Aîné. 2°.
La Chapelle de Noailles , où est une Assomption en bas-relief,
par Fremin ; celle de Vintimille où est S. Charles Borromée,
de Carle Vanloo ; la nouvelle Sacristie qui attire les regards des
Curieux : enfin quantité de beaux Tableaux répandus autour
de la Nèf.

L E   L O U V R E.

C'est un Édifice & Monument remarquable de nos Rois. Les
choses dignes d'attention sont la façade du côté de S. Germain-
'Auxerrois ; Édifice superbe , élevé sur les desseins de Claude
Perrault , sous le règne de Louis XIV l'an 1665. Cette façade
est de 87 toises & demi de longueur , elle est divisée par trois
corps avançés ; sçavoir , deux aux extrêmités , & un au milieu,
où se trouve la principale entrée : le tout porte un grand Ordre

de Colonnes Corinthiennes, couplées avec des pilaftres qui y répondent : ces belles Colonnes font cannelées, elles ont trois pieds fept pouçes de diamètre, & forment deux grands Périftyles, dont les plafonds foutenus par des architraves en poutre font d'une grande beauté. Le corps avançé du milieu eft orné de huit colonnes couplées comme les autres, & terminé par un grand fronton, lequel eft formé de deux feules pierres d'une grandeur prodigïeufe ; elles ont chacune cinquatre-quatre pieds de long fur huit de large, & dix-huit pouçes d'épaiffeur. La fuite de l'entreprife du Louvre qui avoit été interrompuë pendant plus de foixante-dix ans, eft continuée depuis quelques années avec beaucoup de foin, de dépenfe & de goût : l'intention du Roi étant qu'un des plus beaux Monumens d'Architècture qui foit en Europe ne demeure pas imparfait. Les autres parties du Louvre remarquables font les Ouvrages de Sculpture que l'on voit au gros Pavillon de l'ancien bâtiment du Louvre & entr'autres les Ornemens des frontons & de la frife, la Salle des Antiques remplie des plus beaux morçeaux qui nous reftent de l'Antiquité. A l'égard de ceux de Peinture, on y voit la Gallerie d'Apollon, les Batailles d'Aléxandre par le Brun, le Triomphe de Neptune & de Thétis, du même ; & les Salle de l'Académie de Peinture & de Sculpture, & autres beaux morçeaux.

LE VAL DE GRACE.

C'eft un Édifice facré & magnifique, célèbre fur-tout par les Peintures de fon Dôme : c'eft un Monument de la piété de la Reine Anne d'Autriche, Mère de Louis XIV, commençé l'an 1645. L'Architèéture eft de Fr. Manfard, le Mercier, le Du & Duval. Le grand Portail de l'Églife, au-devant de laquelle eft une grande Cour, féparée de la ruë par une longue palif sade ou grille de fer, est orné d'un Portique, soutenu de quatre Colonnes Corinthiennes avec une niche de chaque côté, dans lesquelles sont les Statuës de S. Benoît & de Sainte Scholastique en marbre ; au-dessus de cet Ordre, il en règne un second qui est Composite, avec des enroulemens aux côtés : le tout est d'un grand extérieur. L'intérieur de l'Église est décoré d'un Ordre Corinthien en pilastres, & le pavé est un parquet de marbre divisé en grands compartimens : la Sculpture de la voûte est admirable. Le grand Autel est d'une invention singulière & magnifique : il est orné de six grandes colonnes torses d'Ordre Composite & de marbre noir, & posées autour de l'Autel en ligne formant un ovale : elles sont chargées de palmes de bronze doré, & soutiennent une espèce de Baldaquin formé de six grands courbes qui se réunissent en haut, & sont terminées par une Croix : des Anges de sept pieds de proportion, & tenant des encensoirs, sont posés sur des soubassemens de marbre : le tout est chargé de beaucoup d'Ornemens de bronze doré. Au-dessus du Sanctuaire règne le Dôme qui frappe les yeux des Spectateurs : il représente la gloire des Bienheureux dans le Ciel, disposés par groupes qui composent plus de deux cens Figures de seize à dix-sept pieds de proportion. Ce magnifique Ouvrage est de peinture à fresque, il est de Pierre Mignard ; c'est dommage que les couleurs ayent perdu de leur vivacité. Les Ouvrages de Sculpture de l'Église & du Portail sont des Anguiers.

L'HÔTEL ROYAL DES INVALIDES.

C'est un Monument célèbre de la magnificence & de la piété de Louis XIV, élevé à Paris à l'extrémité du Fauxbourg Saint Germain, en faveur des Gens de Guerre ; c'est-à-dire, pour y oger les Officiers & Soldats estropiés.

Cet

Cet Hôtel fut commencé en 1671 : les Bâtimens & les Cours forment un quarré régulier, qui occupe un terrain de dix-sept arpens, dans lequel il y a cinq Cours, & des logemens tout autour à trois étages, dont les combles sont ornés de Trophées. Les principales parties de ce grand Édifice, & qui méritent une plus singulière attention sont : 1°. la belle Promenade plantée d'arbres, qu'on a faite depuis quelques années sur tout le terrain qui est entre la Rivière & cet Hôtel, & qui forme une magnifique perspective. 2°. L'avant-Cour, qui est plutôt une sorte d'Esplanade fort spaçieuse, & dans laquelle on entre par une porte en grille. 3°. La façade de l'Hôtel qui a cent deux toises d'étenduë ; la Porte principale, & dans le ceintre au-deffus la Statuë équestre de Louis XIV en bas relief, avec deux Statuës à droite, l'une Minèrve, & l'autre Mars. 4°. La Cour du milieu qui est oblongue, & en façe de l'Église, avec des Galleries autour divisées par des arcades. 5°. L'Église, à la porte de laquelle est un corps avancé de huit colonnes, terminées par un fronton ; l'intérieur de la nèf qui a trente-deux toises de long, la beauté des pierres, les pilastres d'un Ordre Corinthien dont elle est décorée, la magnificence de la Chaire & des Orgues. 6°. Le Dôme, Édifice le plus magnifique qu'il y ait en France : c'est aussi le principal objèt de la curiosité & de l'admiration de tous les Étrangers. Cet Édifice du dessein de J. H. Mansard, forme un quarré parfait, au haut duquel est le Dôme, dont les Peintures représentent une infinité d'Esprits Bienheureux en adoration. Les Auteurs qui ont fait la description détaillée de ce superbe Édifice, lui donnent cinquante toises d'élévation, depuis le rez-de-chauffée jufqu'à l'extrémité de la Croix, qui est posée sur le lanternin élevé au-deffus de la calote du Dôme : toutes les Peintures sont à fresque & d'un beau coloris. Les morçeaux qu'on estime le plus, sont, les douze Apôtres & les quatre

Évangeliftes de Jouvenèt ; la Gloire ou la calote intérieure du Dôme de Ch. de la Foffe ; celles qui font fur la voûte du Sanctuaire du Dôme de Noël Coypel , & les Anges qui font fur es fenêtres de chaque côté , des Boulognes. 7°. La beauté des Colonnes qui environnent cet Édifice , & celles qui forment le magnifique Baldaquin du grand Autel , les Ouvrages de Sculpture répandus de côté & d'autre , & dont les plus eftimés font les Couftous & des Vancleves. 8°. Les Chapelles qui règnent autour du Dôme. 9°. La Porte principale du Dôme qui eft du côté de la campagne , & la grande Architeɛture qui en décore a façade ; &c. *Manuël de l'Homme du Monde.*

V E R S A I L L E S.

Perfonne n'ignore que c'eft le lieu où le Roi tient fa Cour, & où Sa Majefté réfide le plus longtemps. Verfailles n'étoit autrefois qu'un petit Bourg, où Louis XIII avoit fait bâtir un Château affez fimple ; mais Louis XIV y a fait de fi grandes augmentaions , & l'art y a tellement réparé & embelli le terrein ; que le Château eft aujourd'hui un des plus magnifiques Palais qu'il y ait au Monde : le Parc eft un lieu enchanté par le grand nombre le bofquèts, de ftatuës, des eaux jailliffantes , & par une infiité d'ornemens répandus de côté & d'autre avec une Magnificence vraiment Royale. Enfin le féjour ordinaire que fait la Cour de France à Verfailles, a infenfiblement fait de ce Bourg une petite Ville des plus gracieufes , par la quantité de belles maifons qu'on y a élevées , & dont la fymétrie forme le plus bel afpeɛt. Les endroits les plus dignes d'attention qu'on voit à Verfailles, font :

1°. La grande avenuë, la grande & petite écurie , la plaçe d'armes de cent quatre-vingt toifes de faɛe, l'avant-cour , dans es pavillons de laquelle logent les Miniftres. 2°. La chapelle qui eſt bâtie de pierre de Liais, la plus belle & la plus dure après le marbre : la peinture du plafond repréſentant le Ciel des Bien-heureux, ouvrage de Coypel ; les colonnes autour des travées, les glaces des croiſées, les ſculptures, les dorures, les deux tri-bunes & les oratoires. 3°. Les appartemens ; dont les pièces les plus remarquables en entrant du côté de la chapelle, ſont le ſalon d'Hercule, pièce des plus brillantes, & dont la peinture qui repréſente l'Apothéoſe d'Hercule eſt de *Le Moine* ; la ſalle de l'Abondance, à côté le cabinèt des Curioſités & des Mé-dailles : de ſuite les autres ſalles, & celle qui eſt deſtinée pour donner audience aux Ambaſſadeurs, où l'on voit un trône avec ſon dais. 4°. La grande gallerie, un des plus beaux morceaux du monde en ce genre, de trente-ſept toiſes de long ſur trente-deux pieds de large & quarante de haut, compoſée de neuf grands tableaux, & de dix-huit petits, qui forment la voûte & repréſentent les conquêtes de Louis XIV depuis la paix des Py-renées en 1659, juſqu'à la paix de Nimègue en 1678 ; Ouvra-ges admirables de *le Brun*.

Les ſtatuës antiques très-eſtimées qui ornent ce vaiſſeau, ainſi que les vaſes, les tables de porphire, & quantité de glaces en forme de croiſées. A l'extrêmité de la gallerie, le ſalon du jeu de la Reine, & en retour ſon appartement. 5°. L'apparte-ment du Roi, la ſalle des Gardes, le grand ſalon remarquable par les glaces, les tableaux, les dorures, la chambre du Roi, la ſalle du Conſeil. 6°. Les petits appartemens compoſés de plu-ſieurs cabinèts, dont un pour les Livres qui eſt lambriſſé d'une riche boiſerie, & dont les armoires ſont ornées de glaces ; un autre ſert de ſalle à manger, & eſt orné de tableaux, un deſquels repréſente un déjeûné d'huîtres, par *de Troy*, le tout éclairé par des fenêtres garnies de glaces, & par quatre petits dômes à quatre faces ; dont les vitraux ſont en glaces & revêtus

O o o ij

une boiſerie de verd clair, dans laquelle les peintures ſont en-
adrées & accompagnées de tous les attributs de la chaſſe.
°. L'appartement de Monſeigneur & de Madame la Dauphine,
c celui de Meſdames.

Le Parc, ſes principaux Ornemens ſont :

1°. La façade du Château Longue de plus de trois cens toiſes,
c ornées de ſtatuës & de trophées. 2°. Les différentes pièces
'eau ſur le parterre. 3°. Le baſſin de Latone, où l'on voit des
ayſans métamophorſés en grenouilles, les vaſes de marbre &
e bronze, le grand nombre de ſtatuës à droite & à gauche dans
oute la longueur du Parc. 4°. Le baſſin d'Appollon au bout de
allée du milieu, pièce formant un grand quarré long, au mi-
ieu de laquelle eſt un groupe repréſentant Neptune ſur ſon
har, tiré par quatres Courſiers, environné de Tritons & de
Baleines. 5°. Le grand Canal immédiatement après cette pièce,
ong de huit cens toiſes, large de trente-deux ; & qui dans le
nilieu de ſa longueur, ſe diviſe à droite & à gauche, en for-
nant comme un ſecond canal long de cinq cens vingt toiſes, &
lont une des extrêmités ſe termine du côté de Trianon, & l'au-
re à la Ménagerie. 6°. Le parterre du Nord que l'on voit ſur
a droite en entrant dans le parc, où eſt la fontaine de la Pyra-
nide, la Caſcade de l'allée d'eau, la pièce du Dragon, grand
baſſin où le Roi a fait faire de grands changemens qui rendent
cette pièce d'une grande beauté, & du milieu de laquelle s'é-
ève un jèt d'eau de quatre-vingt cinq pieds de haut. 7°. Le parterre des fleurs & celui de l'orangerie, l'un & l'autre à la gauche du Château. La ſerre, dont l'architêcture eſt très-eſtimée;
la pièce des Suiſſes qui termine la vûë de ce même côté, & à
l'extrêmité de laquelle eſt une ſtatuë équeſtre. 8°. Les boſquèts
autant de lieux charmans environnés d'arbres, & renfermés de

côté & d'autre dans toute l'étenduë du Parc. Tels font le labyrinthe où eſt à chaque détour une fontaine en rocaille, avec une
fable d'Éſope repréſentée au naturel, & une inſcription : il y en a
trente-ſix. La ſalle du bal où eſt une belle caſcade, le boſquèt de
la Girandole, l'Iſle Royale où eſt une grande pièce d'eau & quatre ſtatuës coloſſalles ; la ſalle des Maronniers ; la colonnade,
beau périſtyle de trente-deux colonnes, & au milieu un groupe
repréſentant l'enlèvement de Proſerpine ; le boſquèt des Dames ;
le boſquèt d'Ençelade, au milieu duquel on voit ce Géant
comme écraſé ſous une montagne ; de ſa main il ſort un jèt
d'eau de ſoixante-dix-huit pieds de haut : le boſquèt de l'obélifque de l'Étoile ; le boſquèt du Dauphin, grande pièce formant
la figure d'un théâtre ; le jardin du Dauphin pièce faite en 1636
en fer à cheval, où eſt un pavillon & deux belles volières ; les
bains d'Appollon où ſont trois groupes de la dernière beauté, &
de la main de *Girardon ;* l'arc de triomphe compoſé de trois
portiques de fer doré, & ſur une fontaine une ſtatuë de bronze
doré repréſentant la Françe ; le boſquèt des trois fontaines ; les
baſſins de Saturne, de Bacchus, de Cérès & de Flore. 9°. Trianon, petit Palais magnifique, bâti à l'Orientale ; c'eſt-à-dire,
compoſant ſeulement un rès-de-chauſſée de ſoixante-quatre toiſes de façe, la Cour environnée d'un périſtyle ſoutenu par des
colonnes de marbre verd ; l'appartement dit de Monſeigneur,
où l'on voit divers ornemens précieux & un cabinèt tout de glaces ; l'appartement du Roi où l'on voit, entre divers portraits,
celui de M. le Comte de Touloufe, ſous la figure de l'amour ;
les jardins qui ſont fort vantés par la grande quantité de fleurs
qu'on y voit en tout temps ; la caſcade, eſpèce de buffèt d'architèéture incruſté de marbre & orné de figures de bronze doré,
qui jèttent de l'eau ; le groupe de Laocon & de ſes enfans.

10°. La Ménagerie, bâtiment de figure oétogone en forme

de dôme, & qui contient deux appartemens & un fallon au milieu ; autour du bâtiment font plufieurs cours remplies d'oifeaux
curieux & d'animaux fauvages de toute efpèce.

M E U D O N.

Le château de Meudon a anciennement appartenu au Cardinal de Lorraine, qui le fit bâtir par Philibert *de Lorme*. Il a paffé
fucceffivement à Meffieurs de Servien & de Louvois, qui l'ont
fort augmenté. Louis XIV l'acheta de M. de Louvois, & le
donna au grand Dauphin, fous lequel on l'a mis dans l'état où
on le voit aujourd'hui.

    On arrive au château par une fuperbe avenuë de près de qua-
tre cens toifes : enfuite fe préfente la magnifique terraffe qui a
environ cent trente toifes de longueur, fur foixante & dix de
largeur.

    Cette terraffe qui eft revêtuë d'une muraille folide, a coûté
des fommes immenfes : l'art a changé toute la forme de ce terrein, anciennement très-inégal plein de rochers qu'il a fallu couper, & de précipices qu'on a été obligé de combler.

    Le château confifte en deux grands corps de bâtimens, dont
l'un eft l'ancien château, & l'autre le château neuf. L'ancien
château eft compofé d'un grand bâtiment en faillie à trois ordres
d'architecture, avec un large fronton au haut ; & de deux aîles
formées par deux ordres de fenêtres quarées, & décorées de
pilaftres bien entendus : ces aîles qui font reculées font plus
baffes que le bâtiment qu'elles accompagnent ; mais elles font
flanquées toutes deux d'un pavillon quaré qui a la même hauteur que le corps avancé du milieu.

    Aux deux côtés du château, règnent deux grands bâtimens ;
au milieu defquels eft une gallerie découverte en forme de terraffe, qui foutiennent quatre arcades, ils forment un beau vef-

tibule. Au fond de la terraſſe eſt une gallerie couverte ; le tou
eſt terminé par deux gros pavillons avancés qui font un fort be
effèt.

Le château neuf, quoique beaucoup moins étendu, ne laiſſ
pas d'être beau & magnifique ; il eſt même beaucoup plus com
mode, avantage qu'ont la plûpart des bâtimens modernes ſu
les anciens.

L'eſcalier eſt fort eſtimé, & les petits appartemens ſont diſtri
bués avec goût & avec intelligence.

Les jardins ſont beaux, les parterres d'un excellent goût ; le
pièces d'eau, grandes, bien diſtribuées & en aſſez grand nòm
bre ; les boſquèts fort agréables, ſurtout celui des *Plaiſirs:* l
parc ſpacieux, bien percé, peuplé de beaux arbres, orné d
pièces d'eau, & fermé d'une bonne muraille.

Sa longueur, depuis la porte de la Balliſſonnière du côté de
Capuçins, juſqu'à la porte de Trivaux, eſt de dix-huit cen
toiſes. *Deſcription de Paris, par M. Pig.*

Au-deſſous de Meudon & du côté de la rivière, eſt le châ
teau de Bellevûë appartenant au Roi ; Maiſon élevée depuis peu
d'années, & d'une grande magnificençe : les jardins forment uu
lieu enchanté par leur conſtruction ingénieuſe, & le bon goû
qui y a préſidé.

MARLY.

Maiſon Royale, & un des plus beaux lieux de plaiſançe qu'i
y ait au monde en fait de jardins.

Ce qu'on voit de plus remarquable à Marly ; c'eſt 1°. au bou
de l'avenuë une première cour ronde, & deux pavillons : l'uu
pour la Chapelle, l'autre pour la ſalle des Gardes ; enſuit
quatre autres pavillons pour loger les Seigneurs. 2°. Le Châ
teau ; c'eſt un gros Pavillon avec ſix petits à droite & à gauche

composés de quatre appartemens. Dans le Château, on voit divers tableaux qui repréſentent des Sièges de Villes, ſous Louis XIV & ſous Louis XV. Le plus bel ornement de ce Château eſt le Sallon, grande pièce Octogone, décorée de ſeize pilaſtres, de quatre cheminées & de glaçes de la plus grande hauteur.

3°. Les Jardins; & 1°. le Parterre où l'on voit ces beaux portiques de verdure, qui forment deux longues allées de tilleuls; dont les branches ſont pliées d'une manière admirable & dans une infinité de formes, qui font l'ornement le plus riant dont l'œil puiſſe joüir, & qui fait l'admiration des Étrangers; la fontaine au milieu du parterre, deux baſſins de rocaille, quatre grouppes de marbre blanc, & à l'extrêmité une baluſtrade qui termine ce jardin enchanté. 2°. Les ſalles vertes d'où l'on découvre des points de vûë qui préſentent le plus beau payſage qu'on puiſſe imaginer. 3°. Le petit bois découpé par pluſieurs allées, & au milieu duquel eſt une caſcade ruſtique. La Fontaine d'Agrippine, les ſtatuës Antiques, l'allée des Boules, le grand baſſin, le beau cabinèt de Treillage qui termine l'allée du côté de Lucienne, & le Belvedèr au-deſſus du boſquèt qui préſente une perſpective charmante.

La Machine de Marly eſt un ouvrage admirable de Méchanique, fait ſous le règne de Louis XIV, & deſtiné à faire paſſer les eaux de la rivière de la Seine par-deſſus une eſpèce de haute montagne, & les conduire de là dans les reſervoirs de Marly.

Elle eſt ſituée ſur un bras de la Seine, entre Marly & le Village de la Chauſſée: elle eſt compoſée de quatorze rouës, ſept ſur le devant & ſept ſur le derrière: ces rouës font mouvoir, par le moyen des manivelles & des chaînes qui y ſont attachées, ſoixante-quatre corps de pompes plongeants dans la rivière, ſoixante-dix-neuf à mi-côté dans un puiſard, & quatre-vingt-deux vingt-deux au puifard fupérieur : & par le moyen des unes & des autres, les eaux de la rivière font élevées cinq cens pieds plus haut que les tuyaux afpirans : enfuite de gros tuyaux de fèr conduifent les eaux jufqu'à une tour ; de là elles entrent dans un Aqueduc fort élevé , long de trois cens trente toifes ; d'où elles font conduites à Marly. *Defcription des environs de Paris.*

ÉLÉVATION DU CHASTEAU DE CAPAROLE.

Il feroit difficile d'imaginer rien de plus magnifique , ni de plus régulier, que la décoration de ce Château. L'étage en talut fert comme de bafe à tout l'Édifice, & l'étage au-deffus, qui eft celui du rez-de-chauffée , a un caractère de folidité qui convient très-bien pour porter l'ordre Ionique qui règne au premier étage : & comme il eft naturel que plus le Bâtiment s'élève , plus il acquiert de la légéreté ; Vignole a imaginé ingénieufement d'y mettre un ordre Corinthien , avec un double rang de fenêtres. L'étage des Offices eft éclairé par des abajours pratiqués dans le talut, qui ont leur glaçis en dehors, ce qui fait une efpèce de décoration. Les Boffages qui ornent les façades dans l'intervalle des Baftions, font bien partagés. Les autres Ordres font diftribués avec toute la régularité poffible ; ils ne s'étendent point jufqu'aux encoignures du Bâtiment. L'Architecte les a fupprimés dans cette partie , & a préféré d'y mettre des boffages, prévoyant bien que des pilaftres ployés fur un angle obtus , tels que font les angles de cet Édifice , feroient un affez mauvais effèt ; outre que ces angles décorés de boffages, flanquent merveilleufement bien les façades, & en font paroître la décoration encore plus riche. L'entablement avec confoles & métopes prefque femblable à celui du couronnement, eft mis fort à propos pour couronner toute la maffe de l'Édifice, ainfi que la baluftrade pour le terminer. A chaque angle de cette baluftrade , font plaçées les Armes du Cardinal Farnèfe.

L'intérieur de ce Palais eft décoré avec le même goût & la même intelligence. Des pierres de réfend ornent le foubaffement qui porte un ordre de colonnes Ioniques engagées du quart de leur diamètre , & la difpofition du plan circulaire de l'un & de l'autre étage eft fort riche. On ne peut voir les combles du dedans de la cour. Ils font difpofés d'une manière que toutes les eaux fe viennent rendre dans un canal qui les conduit dans des tuyaux de defçente ; de forte que les façades du dedans & du dehors ne peuvent être endommagées de l'eau qui eft rejettée par des égoûts ou par des goûtières, & le Corridor de l'étage des galetas eft ingénieufement éclairé.

Quoique ce Bâtiment ne foit pas d'une grande étenduë, les parties en font fi bien grouppées, qu'il renferme beaucoup de pièces, principalement dans le haut ; de forte qu'on y peut loger un grand nombre d'Officiers. L'étage du premier, qui eft le plus beau, contient autant de grandes pièces que le rez-dechauffée de la Cour, & l'on a ménagé dans l'un & dans l'autre plufieurs entrefolles. Dans l'étage ou corridor il y a foixante chambres , trente-fept à droite avec quarante entrefolles ou chambres en galetas, & à gauche vingt-trois chambres. La hauteur du Palais, depuis le cordon du talut jufqu'au-deffus de la corniche du couronnement, eft de quatorze toifes, fans y comprendre le Belvedèrs ; & depuis le pavé de la Cour, jufques fur la corniche Ionique, il y a neuf toifes deux pieds.

Ce Palais n'eft pas feulement confidérable par la beauté de l'Architècture, il eft encore enrichi de quantité de Peintures ingénieufement imaginées , qui font répanduës dans toutes les pièces. Dans les grandes Salles font repréfentées les belles actions des Hommes Illuftres de la Maifon de Farnèfe, & leurs Alliançes. La plûpart des chambres ont leurs noms, les unes font dédiées au Sommeil, au Silençe & à la Solitude ; & les autres aux Vertus, & aux Saifons, qui y font repréfentées avec leurs attributs. Annibal Caro, Poëte fameux, & l'un des beaux Efprits de ce temps-là, fournit l'idée de tous ces fujets agréables, qui ont été amplement décrits par George Nazari, dans la vie de Thadée Zuccaro qui les a peints la plûpart avec fon frère Fréderic. *Daviler.*

DISSERTATION

Sur les diverfes Efpèces de Colonnes extraordinaires & fymboliques.

Les Colonnes, que la néceffité feule avoit fait imaginer, & qui n'avoient d'abord été employées dans les Édifices que pour les rendre plus folides, ne furent plus confidérées dans la fuite que comme une partie effentielle de la décoration : non-feulement on s'en fervit pour porter des corps folides dans les Édifices les plus remarquables, mais on les plaça en une infinité d'endroits où l'on auroit pû s'en paffer, fi l'on n'eût confulté que les règles de la folidité; on en fit de toutes fortes de grandeur, & l'on y employa toutes les efpèces de matières; l'on pouffa même la magnificençe fi loin qu'on en fit des Colloffales qu'on éleva pour fervir de Monumens. De-là cette infinité de Colonnes fingulières que les Architèctes ont imaginé dans tous les temps, & que l'ufage a fait approuver. On peut les divifer en trois claffes ; la première eft des plus grandes appellées Coloffales, qui font toujours folitaires, & qui font un ornement particulier détaché de toute ordonnançe d'Architècture. La feconde, des moyennes qui entrent dans la compofition des Bâtimens, & qui ont leur ufage comme les ordinaires. Et la dernière, des petites qui fervent à enrichir les Tabernacles, Cabinèts de

P p p ij

Marqueterie, Buffets d'Orgues, Horloges, Pendules, & autres
Ouvrages délicats.

Les Colonnes Coloffales font maffives ou creufes, Statuaires
ou zophoriques ; Triomphales ou hiftoriques, ou enfin Aftrono-
niques. De toutes ces Colonnes, l'hiftorique peut paffer pour
la plus augufte ; parce que outre la ftatuë d'un Homme Illuftre
qu'elle porte, elle repréfente encore fes actions héroïques dans
les bas-reliefs dont on l'enrichit : mais il faut avoüer, que non-
obftant cet avantage, il y a quelque confufion dans la richeffe
de fon travail ; principalement lorfque les fujèts y font traités
dans un bas-relief continu en ligne fpirale, comme aux Colonnes Trajanne & Antonine : au lieu que fi ces fujèts en étoient
féparés par bandes avec des infcriptions, les fujèts fe diftingue-
roient beaucoup mieux ; outre cela elle feroit encore Chronologique, parce qu'elle contiendroit les faftes d'une vie auffi
heureufe que glorieufe.

Il n'eft pas néceffaire que la Colonne, que je nomme Triom-
phale, foit creufe ; on en enrichi le fuft de toutes les différentes
couronnes qu'on décernoit dans l'Antiquité aux Guerriers qui
s'étoient fignalés par quelque action d'éclat, & ces couronnes
y font mifes fort à propos pour cacher les joints des tronçons ;
mais on peut encore plaçer, pour plus de magnificençe,
dans les intervalles qui font entre ces couronnes militaires, les
Armes des Provinces & des Profils des Villes conquifes par le
Prince ou le Héros, en l'honneur de qui cette colonne a été éri-
gée ; ce qui peut encore faire donner à cette Colonne le
nom d'*Honorable*.

Pour la Colonne Aftronomique, elle doit être creufe ; parce
que ce n'eft proprement qu'une efpèce de Tour ronde, dont le
fommèt doit fervir d'Obfervatoire pour y confulter le cours des
Aftres. Il y a en une de cette efpèce dans l'Hôtel de Soiffons à

Paris, que la Reine Catherine de Médicis y a fait élever ; &
c'eſt ſur ſon modèle que je donne ce plan. La Colonne Zopho-
rique eſt de même genre , & doit être auſſi Coloſſale : on
peut même la faire d'une énorme grandeur ; la plaçe qui lui
convient eſt à la tête d'un mole , ou devant la chaîne d'une
darçe ou d'un baſſin de Port de Mèr , pour y ſervir de fanal.

Quoique la Colonne Roſtrale qui eſt à Rome , (& qui eſt
peut-être la ſeule qui ait été faite de cette eſpèce ,) ſoit petite ;
on pourroit néanmoins , ſur cette idée, en ériger une Coloſſale
de marbre de couleur ; dont le piédeſtal , la baſe & le chapiteau ſeroient de marbre blanc , & les poupes & prouës de Vaiſſeaux & de Galères ; de même que la ſtatuë ſeroit de bronze
doré. Il n'y a point de doùte que ce monument érigé à la
gloire du Roi dans quelque Ville maritime, devant un Arſenal,
une Maiſon de Ville, ou quelqu'autre Édifice public, y conviendroit mieux qu'une ſtatuë équeſtre qu'on pourroit lui élever.

Or, comme les Colonnes Coloſſales ſont purement de magnificence, il eſt néceſſaire qu'elles ſoient élevées dans de grandes
plaçes , pour être vûës d'une diſtance proportionnée ; & que
ces plaçes aient une décoration conforme à la dignité du Monument. C'eſt ainſi que les Anciens l'avoient pratiqué dans le
Marché de Nerva & dans celui de Trajan ; il étoit auſſi riche
d'Architèĉture que la Colonne de cet Empereur ; il ſubſiſte
encore , il eſt recommandable par le nombre & la beauté de
ſes ſculptures.

On voit encore par les Ruines de pluſieurs Antiquités, combien ces Plaçes accompagnées de Colonnes, étoient en recommandation chez les Anciens ; & même on juge par ce qu'en ont
écrit les Hiſtoriens & par de certains eſpaçes qui ſont reſtés vuides, de la figure & de l'uſage de ces Plaçes. Elles leur tenoient
lieu de nos Halles, de nos Foires, de nos Matchés ; mais quel-

que fois auffi ils envifageoient moins l'utilité publique que l'ornement de la Ville & le plaifir du Peuple ; alors ils en faifoient des Hipodromes, des Cirques, des Xyftes, des Paleftres,
des Naumachies, des Viviers, &c.

La beauté des Plaçes publiques procède de leur régularité &
de la fimétrie des parties qui fervent à leur embelliffement : par
leur régularité, on entend l'efpaçe, dans lequel elles font comprifes, qui doit être d'une figure parfaite ; comme ronde ou
ovale, quarrée ou oblongue : en forte que les angles & les côtés en foient droits. La fimétrie demande que l'Architecture en
foit uniforme ; c'eft-à-dire, qu'elle règne également à l'entour
avec un Portique public, ou perfpective ; les bâtimens des côtés
oppofés étant égaux, ou même différens ; pourvû que ce foient
des Palais, des Hôtels, & autres Bâtimens confidérables. Quant
à la fituation d'une Plaçe, il eft important qu'elle foit plutôt
devant une grande ruë, comme celle qu'on a bâti à Paris, fur
le terrein qu'occupoit ci-devant l'Hôtel de Vendôme, ou celle
des Victoires, à laquelle aboutiffent plufieurs grandes ruës ;
parce qu'on découvre la plaçe plus facilement, que fi elle étoit
renfermée dans un quartier, comme la Plaçe Royale, qu'il faut
aller chercher.

La meilleure difpofition d'une Plaçe eft quand elle eft traver-
fée d'une grande ruë par le milieu, qui fouvent eft croifée par
une autre ruë, ainfi qu'on la pratiqué dans la Ville de Verfailles
& dans les nouvelles Villes qu'on plante de Simétrie. Quant
aux retranchemens qui fe font, autant pour l'utilité publique,
que pour l'embelliffement des anciennes Villes, fur le terrein
des maifons qu'on conftruit de noùveau, afin de rendre les ruës
plus larges & plus droites ; il faut obferver que non-feulement
les Maifons des ruës dreffées d'alignement fe bornoient, en fup-
primant les faillies & avançes fuperfluës au-delà des murs de

façe réglés par le Voyer ; mais on doit aussi faire des entre-coupes en certains carrefours , & des pans coupés aux encoignures des ruës ; pour faciliter le tournant des charois, & en rendre les entrées & les issuës commodes.

Les Colonnes Milliaires étoient autrefois en usage chez les Romains , qui les plaçoient sur les grands chemins , ainsi que les Pierres & Termes milliaires ; pour marquer les distances des lieux. Dans leurs carrefours, pour enseigner les différentes routes. Ils ne leur donnoient pas les proportions des Colonnes ordinaires, mais ils les tenoient plus courtes & plus massives ; afin de leur donner plus de solidité , & empêcher les vents, auxquels elles étoient exposées , de les renverser. Quelquefois ils leur faisoient porter un globe ; mais si l'on en rétablissoit aujourd'hui l'usage, il me paroit qu'il faudroit , pour les rendre plus utiles , qu'elles fussent aussi Gnomoniques par le moyen de Cadrans solaires , qui marqueroient encore les heures du jour aux Voyageurs. Les Colonnes Funéraires ou Sépulchrales sont ordinairement seules & d'une moyenne grandeur , ainsi que les Limitrophes & les Indicatives. Il y a dans l'Église de Saint Cloud près Paris , un exemple d'une Colonne Funéraire qui porte une Urne dans laquelle est renfermé le cœur du Roi Henri III ; &c.

Les Colonnes extraordinaires de moyenne grandeur , qui sont celles qui entrent, comme j'ai dit, dans la composition des Édifices , se peuvent varier de plusieurs façons : on peut faire les Rustiques d'autant d'espèces qu'il y a de Bossages. Les Colonnes Bandées sont enrichies de sculptures sur leurs bandes, ce qui paroît du fust, est cannelé. Mais toutes ces Colonnes , de quelque matière qu'elles soient, même fusibles, ne dòivent être employées que par rapport au lieu qu'elles décorent ; ainsi les Colonnes en balustre ne conviennent qu'aux clôtures qui se font en bois, en fèr, ou en bronze. Les Belliques auxquelles on donne la forme de canons, font propres aux portes des Citadelles, des Arfenaux, & des Fonderies : celles qu'on nomme Menianes, aux balcons ou Menianes qu'elles foutiennent : les marines couvertes de glaçons ou de coquillages, aux Grotes, Fontaines, Nymphées & Pifcines : les Colonnes Feuilluës & Paftorales aux Portiques des Jardins, Grotes Satyriques, Laiteries & autres Bâtimens champêtres ; & celles de treillage aux Berçeaux, où les Pilaftres conviennent encore mieux , & font de moindre faillie & dépenfe. Enfin les Hydrauliques aux Cafcades, ces dernières fe font de plufieurs manières ; l'on peut faire fortir du haut un boüillon ou jèt d'eau, qui en retombant, forme des Napes droites ou en fpirales.

Les petites Colonnes fe font le plus fouvent de matières précieufes, comme de Lapis, d'Agathe, d'Avanturine, ou de divers jafpes rares ; fur quoi il faut obferver que les veines ou taches de ces pierres choifies foient petites à proportion des Colonnes , & que les couleurs détachent du fond contre lequel elles font pofées. Il y a auffi des Diaphanes , telles que font celles de criftal , d'albâtre, & d'autres pierres tranfparentes. Ces petites Colonnes font ordinairement faites au tour; la plus fingulière eft la Torfe évidée à jour , qui fe fait de deux manières , ou de deux tiges torfes à l'entour d'un noyau , ou de trois tiges tournées en fpirale. Il s'en voit de marbre de cette dernière forte , qui peuvent paffer pour un chef-d'œuvre en ce genre. Il fe fait auffi des Colonnes fingulières pour les décorations de Théâtre ; & ce font celles où un homme qui a du génie, a un plus beau champ de s'étendre ; d'autres qui ne font pas moins fufceptibles d'invention pour les Fêtes & principalement pour les Illuminations , qu'on peut appeller Lumineufes ; j'en ai vû de cette dernière efpèce qui renfermoient des lumières au-dedans , & dont le nud étoit formé par des tranfparens peints

avec

avec art, qui faifoient la nuit un effèt des plus furprenans.

Voilà une partie des Colonnes extraordinaires, qui méritent d'être reçûës dans la pratique ; toutes les autres, qui paffent fous le nom de compofées, & qui non-feulement s'éloignent des proportions ordinaires, mais qui font encore chargées d'or-nemens confus qui ôtent la graçe de leur contour, font des productions trop méprifables pour éxiger qu'on en donne des éxemples. De ce nombre font les Colonnes qui ont des ceintures à l'endroit du renflement ; comme il s'en voit à l'Églife de Saint Euftache à Paris : celles qui font ruftiquées avec de petits boffages en pointe de diamant, comme à la Maifon Blanche de Gallion près Roüen, & quelques autres d'auffi mauvais goût.

Le Chapiteau eft le principal ornement de la Colonne, & comme fa beauté confifte dans la proportion, le choix & l'arrangement de fes feuilles, il feroit fort mauvais de fubftituer, à la plaçe de ces ornemens qui lui font propres, des Figures, des Animaux, des Trophées, des Mafques, & autres Caprices qui ne font que des productions imparfaites, fans deffein, ni rapport d'ufage ; & dont les Bâtimens Gothiques, auffi-bien que plufieurs Livres, font remplis : mais il faut éxcèpter de cette règle les Chapiteaux des Colonnes fymboliques, lefquels quoique compofés ont leur beauté particulière, à caufe des Attributs convenables dont ils font enrichis. Lorfqu'on regratte d'anciennes façades pour quelque racordement ou réparation, & que ces façades fe trouvent décorées dans un goût qui tient du Gothique, il faut retondre toutes les faillies inutiles ; & s'il eft poffible, plutôt incrufter des bafes, chapiteaux, & autres membres ; que de répéter ce qui eft de mauvais goût, dans la partie neuve qui eft à conftruire.

Il feroit aifé d'accommoder à nos ufages la plûpart des Co-

Tome II. Part. I.   Q q q

lonnes extraordinaires ; l'on pourroit, par éxemple, élever fort à propos une Colonne Militaire dans un endroit signalé par une Victoire ; parce que la Colonne, particulièrement l'Attique, étant un Monument durable & isolé, elle reçevroit avec ordre sur son fust & son piédestal, des Inscriptions & Trophées qui marqueroient les plus notables circonstances d'une expédition. On peut conclure de tout ce qui a été dit ci-dessus, combien il est important à ceux qui ont la direction des Ouvrages, aux Architèctes qui les inventent, & aux Sculpteurs qui les exécutent ; d'avoir connoissance de l'Architèctute antique, soit par les Voyages, soit par l'Histoire ; ou du moins de s'en faire instruire : car ce n'est ni la richesse de la matière, ni l'excellence du travail ; ni la grande dépense qui rendent les Ouvrages recommandables : ils ne le font, qu'autant que les convenances aux lieux, aux usages & aux personnes y sont gardées. *Cours d'Architècture, avec des Commentaires, sur Vignolle.*

FIN DE L'ARCHITECTURE.

SOMMAIRE DES SCIENCES,

Contenuës dans le second Volume, Ière. Partie :

Avec une Table raisonnée des Auteurs, laquelle a parû nécessaire, & fort Intéressante pour l'Usage & le Choix des Livres.

Et vos, ô Lauri, carpam, & te proxima Mirthe,
Sic positæ quoniam suaves miscetis Odores.

Virg. Eglog.

ARCHITECTURE.

IL est hors de doute que le soin de bâtir des maisons a suivi de près celui de cultiver les terres, & que l'Architecture n'est pas de beaucoup postérieure à l'Agriculture. C'est pourquoi Théodoret appelle celle-ci la sœur aînée de l'Architecture. Les excessives chaleurs de l'Été, les rigueurs de l'Hyver, l'incommodité des pluyes, la violence des vents, ont bientôt averti l'homme de chercher des abris ; & de se procurer des retraites, qui lui servissent d'asyle contre les injures de l'air.

D'abord ce n'étoit que de simples Cabannes, construites fort grossièrement de branchages d'arbres, & assés mal couvertes. Du temps de Vitruve, on montroit encore à Athènes comme chose curieuse pour son antiquité, les toîts de l'Aréopage faits de terre grasse ; & à Rome dans le Temple du Capitole, la Cabanne de Romulus couverte de chaume.

Il y eut ensuite des Bâtimens de bois, qui ont donné l'idée

Q q q ij

des Colonnes & des Architraves. Ces Colonnes ont pris leur modèle fur les arbres qui ont d'abord été employés pour foutenir le faîte : & l'Architrave n'eft autre chofe qu'une groffe poutre, comme fon nom le porte, pour être mife entre les Colonnes & le Comble.

De jour en jour, à forçe de travailler aux Bâtimens, les Ouvriers devinrent plus induftrieux, & leurs mains plus habiles. Au lieu de ces frêles cabannes dont on s'étoit contenté dans les commençemens, ils commençèrent à élever fur des fondemens folides des murailles de pierre & de brique, & les couvrirent de bois & de tuile. Dans la fuite, leurs réfléxions fondées fur l'expérience, les conduifirent enfin à la connoiffance de certaines règles de la proportion, dont le goût eft naturel à l'homme ; & dont l'Auteur de fon être a mis en lui des principes invariables, qui devroient lui faire connoître qu'en tout il eft né pour l'ordre. De-là vient, comme le remarque S. Auguftin, que dans un bâtiment, où toutes les parties ont un rapport mutuel entr'elles, & font rangées chacune à leur plaçe, cette fymétrie frappe agréablement la vûë, & fait plaifir : au lieu que, fi les fenêtres par éxemple, font mal difpofées, que les unes foient plus grandes, les autres plus petites ; les unes plaçées plus haut, les autres plus bas : ce dérangement bleffe les yeux, & femble leur faire une forte d'injure ; c'eft l'expreffion de S. Auguftin.

C'eft donc par degré, que l'Architèéture eft parvenuë à ce point de perfeétion, où les Maîtres de l'Art l'ont conduite. D'abord elle s'eft renfermée dans ce qui étoit néceffaire pour l'ufage de la vie, ne cherchant dans les Édifices que la folidité, la falubrité, la commodité. Il faut qu'une maifon foit durable, qu'elle foit plaçée dans un endroit propre à conferver la fanté ; & qu'elle ait toutes les commodités qu'on peut defirer. Enfuite l'Architèéture a travaillé à l'ornement & à la décoration des

Édifices , elle a appellé pour cela d'autres Arts à fon fecours
Enfin font venuës la Pompe, la Grandeur , la Magnificençe, for
louables en plufieurs occafions ; mais dont le Luxe a bientôt fai
un étrange abus.

Ce n'eft ni à l'Afie, ni à l'Égypte, que cet Art eft redevabl
de ce degré de perfeftion où il eft parvenu ; & il y a lieu d(
douter fi les Bâtimens fi vantés de l'une & de l'autre étoien
autant eftimables par la jufteffe & la régularité , que par l'é
norme grandeur qui en faifoit peut-être le principal mérite. Le
deffeins que nous avons des Ruines de Perfépolis , font voir qu
les Rois de Perfe, dont l'Hiftoire ancienne nous vante fi fort l'o
pulence , n'avoient à leurs gages que des Ouvriers médiocre;

Quoi qu'il en foit, il paroît par les noms mêmes des troi
principaux Ordres qui compofent l'Architèfture , que c'eft à l
Grèce qu'on en attribue, finon l'Invention du moins la perfec
tion ; & que c'eft elle qui en a prefcrit les règles, & fourni le
modèles. Il en faut dire autant de tous les autres Arts , & d
prefque toutes les Sçiences. Pour ne point parler ici des grand
Capitaines, les Philofophes de toute fèfte , les Poëtes, les Ora
teurs , les Géomètres , les Peintres , les Sculpteurs, les Arch:
tèftes , & généralement tout ce qui a rapport à l'efprit eft for
de la Grèce ; & c'eft là qu'il faut encore aller comme à l'Écol
du bon goût en tout genre , pour fe perfeftionner.

Il eft fâcheux , qu'il ne nous refte aucun Écrit des Grècs fi
l'Architèfture. Les feuls Livres que nous ayons d'eux fur cet
matière, ce font les Ouvrages de ces vieux Maîtres qu'on vo
encore aujourd'hui en pied ; dont la beauté univerfellement r(
connuë , fait depuis près de deux mille ans , l'admiration d
tous les Connoiffeurs: Ouvrages infiniment au-deffus de tous l(
précèptes qu'ils auroient pû nous laiffer ; la pratique en to
étant préférable à la théorie. *M. Rollin. Hiftoire Ancienn(*

Tome XI. (*In omnibus ferè minus valent præcepta , quam expe-
rimenta.* Quintil.)

Dans tous les Ordres d'Architécture, la Colonne eſt compoſée de trois parties, de la Baſe, du Fuſt, ou de la Tige &
lu Chapiteau. Les piédeſtaux ont été proſcrits. Leur ſort a été
lécidé une fois pour toutes. Ils ſerviront donc à porter des Sta-
uës, & jamais à porter des Colonnes. Il n'en eſt pas de même
le la baſe, qui, dans aucun Ordre, ne doit être retranchée ;
parce qu'elle fortifie la Colonne par le bas, & en augmente
a ſolidité ; parce qu'elle rend plus ſenſible le bel effèt de la diminution & du congé de la Colonne. Il n'y a plus de prétexte
qui puiſſe en rendre l'uſage arbitraire, dès que les raiſons de
ſolidité & d'agrément en juſtifient l'emploi ; l'Ordre Dorique
eſt le ſeul, qui, dans l'origine ait eu des Colonnes ſans baſes.
On ne voit point de baſe dans le Théâtre de Marcellus, où cet
Ordre eſt exécuté. Vitruve lui-même ne donne point de baſe à
a Colonne Dorique. Toutes ces autorités ſont bien foibles con-
re les motifs qui rendent la baſe néceſſaire dans tous les Or-
lres. Ces motifs ont pour eux l'uſage preſque univerſel des
Architéctes anciens & modernes, qui ont affecté à l'Ordre Dorique la baſe atticurge, comme les deux autres Ordres ont
chacun la leur

Dans tous les Ordres d'Architécture ; l'entablement eſt diviſé en Architrave, Friſe, & Corniche. De ces trois parties il
n'y a que l'Architrave qui puiſſe, & qui doive être employée
ſeule ; lorſqu'il y a différens étages d'Architécture. La Friſe &
a Corniche ne peuvent jamais être employées, que conjointement entr'elles & avec l'Architrave ; c'eſt-à-dire, que toutes
les fois qu'on mèt Friſe & Corniche, il faut l'entablement entier.
Bien des Architéctes, quand ils ſe ſont vûs gênés pour l'élévation, ſe ſont donnés la liberté de ſupprimer la Friſe, & de

réunir la Corniche à l'Architrave. Cette faute a été commiſe bien hardiment dans l'immenſe Édifice de l'Abbaye de Prémontré, qui n'a pour lui que ſon étenduë, & qui eſt d'ailleurs un chef-d'œuvre de mauvais goût. Je dis que c'eſt-là une très-grande faute, parce que l'entablement n'a plus ſes proportions; parce que la Friſe a été naturellement introduite pour marquer un intervalle entre les pièces qui compoſent le plancher, & celles qui forment la charpente. On ne peut donc ſupprimer la Friſe ſans pécher contre les règles; cette ſuppreſſion faiſant certainement un fort mauvais effèt, n'annonce qu'un Architèĉte qui a mal pris ſes dimenſions. Il ſe préſente ici une autre queſtion, que bien des gens n'ont oſé décider. On demande ſi au-deſſous du fronton, on doit laiſſer l'entablement entier. Dans la pratique, je vois qu'on ſuit aſſés indifféremment le pour & le contre. Si l'on conſulte les vrais principes, la Corniche qui eſt eſſentiellement affeĉtée au toît, ſera toujours retranchée de l'entablement qui eſt au-deſſous du fronton. De-là il réſulte pluſieurs bons effèts. 1°. Il n'y aura de repréſentation de toît, que là où ſe trouve le toît véritable. 2°. Le tympan du fronton ne ſera plus effacé, par la grande ſaillie de la Corniche inférieure. 3°. On évitera le concours des deux Corniches faiſant un angle très-aigu dans les deux extrêmités du fronton, concours tout-à-fait déſagréable.

Dans tous les Ordres d'Architèĉture, il y a deux ſortes de moulures qui ſervent à tous les ornemens; les moulures quarées, & les moulures rondes. Les premières ont par elles-mêmes quelque choſe de dur & de ſèc; les ſecondes ont beaucoup de douçeur & de graçe. Lorſque ces moulures ſe trouvent aſſorties, mélangées avec goût; il en réſulte beaucoup d'agrément. Quel eſt donc le véritable goût de ce mêlange, ou aſſortiment? Une comparaiſon que je haſarde, va éclaircir ce myſtère. Les moulures rondes font en Architecture, ce que font en harmonie les accords confonans ; & les moulures quarées répondent aux accords diffonans. Le mélange des uns & des autres a le même objèt, & doit fuivre les mêmes règles. L'aigreur des diffonances eft un artifice qu'un fage Compofiteur doit employer, afin d'augmenter par le contrafte l'impreffion délicieufe de l'accord confonant. Une Mufique deviendroit fade & infipide, fi de tems en tems la diffonance ne s'y faifoit pas fentir ; elle écorcheroit les oreilles, fi la diffonance y étoit prodiguée ; de-là, la règle de n'employer aucune diffonance qui ne foit préparée & fauvée par un accord confonant. Appliquons ceci à l'Architecture, dont les Ornemens ont une harmonie qui leur eft propre. Les moulures rondes en font toute la douceur, & les moulures quarées la dureté. Afin donc de rendre cette harmonie parfaite, il faut que la dureté des moulures quarées interrompe de tems en tems la molleffe des moulures rondes, qui pourroit dégénérer en fadeur : mais il eft plus effentiel encore, que la molleffe de celles-ci vienne toujours corriger la dureté de celles-là. Préparons & fauvons la diffonance ; c'eft-à-dire, que toute moulure quarée foit toujours précédée & fuivie d'une moulure ronde. Alors l'ouvrage n'aura rien de fec, & l'enfemble fera un enchantement pour les yeux.

Dans tous les Ordres d'Architecture, chaque membre particulier eft un champ, fur lequel la Sculpture peut s'éxercer. Mais en ceci comme en tout le refte, il faut éviter la confufion & l'excès. La Sculpture eft aux bâtimens, ce que la broderie eft aux habits. Quand la broderie eft légère, & qu'elle laiffe paroître fuffifamment le fond ; elle n'en a que plus d'éclat, & devient une parure vraiment noble : parce qu'elle conferve un Caractère de fimplicité. Si au contraire la broderie eft chargée & confufe, elle n'a plus d'autre mérite que celui de la richeffe

& du

& du travail. On dit en voyant un habit ainſi chamaré : voil
qui a dû coûter des ſommes immenſes , mais voilà qui n'eſ
point beau. La Sculpture dans les bâtimens demande la mêm
ſobrieté. Si on n'a ſoin de l'y répandre avec œconomie & ſan
confuſion , on aura beaucoup dépenſé pour ne rien faire qu
vaille. Qu'on ſe garde donc bien de ſculpter généralement tou
les membres d'un Ordre d'Architêêture. Il faut des intervalle
& des repos. Si l'on veut enrichir l'Ouvrage , & l'enrichir ſa
gement ; on n'en taillera jamaís deux membres de ſuite : mais
y en aura toujours un ſans ſculpture, qui ſervira de fond au mem
bre ſculpté. Si l'on ne ſçait pas ſe renfermer dans ces juſte
bornes , on donnera dans le colifichèt. *Eſſai ſur l'Architêêure.*

AUTEURS SUR L'ARCHITECTURE.

L'ARCHITECTURE, & l'Art de bien bâtir ; du Seigneur Léon
Baptiſte Albert. *Paris , Kerver , 1559 : in-Fol. Fig.*

L'ARCHITECTURE de Jacques Androuët du Cerçeau. *Paris
Prevoſt , 1559 , in-Fol. Fig.*

LES ŒUVRES de Philibert de Lorme. *Paris , Chaudière
1626 , in-Fol.*

LE SECRÈT D'ARCHITECTURE , par Mathurin Jouſſe. *L
Fleche , Griveau , 1627 , in-Fol.*

LIVRE D'ARCHITECTURE, par Alexandre Francine. *Paris
Tavernier , 1631 , in-Fol. Fig.*

L'ARCHITECTURE d'André Palladio, traduite en Françoiſ
Paris , Martin , 1650 , in-Fol. Fig.

RÈGLES DES CINQ ORDRES d'Architêêure de Jacques Ba
rozzio de Vignole. *Paris , Mariette , 1665 , in-12. Fig.*

LA RÈGLE PRÉCISE pour décrire le profil élevé du fuſt de
Colonnes, ſuivant une hauteur, groſſeur & rétréciſſement donn

à difcrétion : démontrée Géométriquement ; par Grégoire *Huret*, Deffinateur & Graveur en Taille douce. *Paris, R. de Nieuville, 1665.*

Dans l'avant Traité de ce Livre, l'Auteur veut montrer que la Géométrie ne fert dans le Deffein & dans l'Architecture, que pour la Perfpective, & la coupe des pierres ; & qu'elle n'eft d'aucune utilité pour a Portraiture des figures Humaines, des Animaux, des Payfages, ni nême pour les Ordonnances hiftoriques. Si l'Auteur avoit confulté ean Coufin, de Saint Igny, & d'autres célèbres Deffinateurs de ce emps, qui ont réduit le Deffein en règle, il auroit affurément changé le fentiment ; puifque les racourciffemens des figures de tous Animaux, ont affujettis à la Perfpective ; & conféquemment à la Géométrie, de nême que le font auffi les éloignemens qu'on repréfente dans les Payfaçes & dans les Ordonnances hiftoriques. Il n'a pas auffi affez confidéré que les membres, ou parties de l'Architecture de décoration, doivent être proportionnés géométriquement par le moyen de l'Optique, fuirant leurs élévations, & leurs éloignemens du point le plus avantaçeux, auquel on pofe l'œil qui les confidère.

LES DIX LIVRES D'ARCHITECTURE de Vitruve, corrigés & traduits nouvellement en François, avec des notes. *Paris, Coignard, 1674, avec Fig. in-Fol.*

Comme les plus beaux Arts entrent dans la conftruction, ou du moins lans l'embelliffement des Bâtimens ; Vitruve a rempli cet Ouvrage l'une infinité de différentes chofes, qui en rendent la Traduction très-lifficile.

Deux fortes de perfonnes y ont travaillé, les Sçavans & les Architèctes. Les premiers ont bien expliqué les mots barbares, & les maières de parler qui font particulières à cet Auteur. Mais, parce qu'ils l'avoient pas le génie de l'Architecture, ils n'ont fçu expliquer ce qui toit propre à cet Art ; parce qu'ils ne le comprenoient pas. Les Architèctes au contraire ont réuffi en ce point ; mais ils n'ont pas pu expliuer ce qui appartenoit aux autres Arts, dont ils n'avoient nulle conoiffance.

Pour furmonter ces difficultés , deux grands Hommes travaillèren
de concert, il y a près de cent quatre-vingt ans , à la Traduction de
Vitruve. Le premier étoit Secrétaire du Cardinal de Lenoncourt, très-
fçavant dans les Belles-Lettres , & l'autre avoit été Architècte des
Rois François I. & Henri II. : mais le peu de fuccès de leur travail a
fait voir , que pour y réuffir , la connoiffance des Belles-Lettres & celle
de l'Architèure doivent être jointes en une même perfonne , ce qui
ne fe trouve pas aifément.

L'Auteur de cette Traduction a fait voir que fi la chofe étoit mal-
aifée , elle n'eft pas du moins impoffible. Il eft conftant qu'on trouve
dans la lecture de ce Livre , une facilité qui n'eft pas dans les autres
Traductions ; par le foin que l'Auteur a pris de mettre à la marge les
mots Grècs & Latins, qui ont pû être rendus par d'autres mots François
dans le Texte : auffi-bien que les interprétations qu'il y ajoûte , ce
qui les fait aifément diftinguer de celles du Texte , où il s'en trouve
quelquefois. Notre Langue lui eft encore obligée de mille beaux mots ,
dont il l'a enrichie ; parce qu'il ne s'eft pas contenté , comme la plûpart des autres Interprètes , de traveftir les mots & les phrafes les plus
difficiles qui fe trouvent dans cet Ouvrage.

Les Notes qu'on voit à la fin de chaque page ne contienent pas feulement une explication néceffaire pour l'intelligence du Texte , que la
fignification littérale des mots qui font à la marge ne peut pas donner
toujours fuffifamment. On y trouve encore un grand nombre de corrections importantes fur les endroits de Vitruve, qui font manifeftement
corrompus.

Il donne des Remarques très-amples , & très-fçavantes fur les endroits les plus difficiles de Vitruve , qui contiennent des préceptes néceffaires & utiles pour l'Architècture : comme font le renflement des
Colonnes ; la difpofition des points ou Centres qui fe prennent dans
l'œil de la volute Ionique pour la tracer ; la manière de bâtir au fond
de la Mèr , pour les jettées & pour les moles des Ports. Il n'oublie pas
non plus les autres endroits célèbres , par la peine que les Sçavans fe
font donnée de les expliquer ; comme font les Piédeftaux de Colonnes
appellés *Scamilli impares , &c.*

Il traite de même fort fçavament , quoique fuccintement pour l'or-

R r r ij

dinaire, quantité de chofes qui ne font pas de l'Architecture, & dont Vitruve a pourtant parlé ; auffi-bien que celles. qui ne regardent pas l'Architecture d'aujourd'hui : comme ce qu'il rapporte de la Mufique des Anciens, pour les Vafes d'airain qui fervoient à l'écho des Théâtres : ce qu'il dit des appartemens des maifons des Grècs & des Romains, de leurs Paleftres & de leurs Bains ; la longue énumération qu'il fait des propriétés de toutes les eaux du monde, lorfqu'il traite dans le huitième Livre de la ftructure des Aqueducs, & des tuyaux de Fontaines; les raifons du Cours des Planètes, la defcription de toutes les Étoiles fixes pour fervir à faire des Horloges ; la Machine Hydraulique qui fait jouer des Orgues par le moyen de l'eau ; les Clèpfidres.

Il s'eft arrêté un peu au long fur cette dernière matière ; il apprend de quelle manière les Anciens faifoient avec de l'eau leurs Horloges l'hyver & leurs Horloges de nuit, ce qui eft quelque chofe de fort cu- rieux ; il explique après, cette Machine ingénieufe dont parle Vitruve, qui marque des heures différentes chaque jour, par la progreffion d'un mouvement qui eft égal tous les jours ; tel qu'eft celui de l'eau, qui tombe toujours également. Mais il s'eft furpaffé dans ce qu'il nous a donné fur les Béliers, les Baliftes, les Catapultes. Jamais perfonne n'avoit fi bien expliqué cette dernière forte de Machine ; l'on peut dire qu'il a fait un chef-d'œuvre d'une chofe, qui jetta autrefois dans le défefpoir Céfar Céfaranus, qui a le premier commenté Vitruve ; & qui trouva cet endroit fi mal aifé, qu'il n'eut pas le courage de paffer outre.

Les Figures qu'on voit dans ce Livre le rendent encore infiniment beau. Vitruve les y avoit ajoutées, dans la confiance où il étoit qu'elles expliqueroient les chofes les plus obfcures. Elles ont été perduës par la négligence des premiers Copiftes, qui ne fçavoient pas deffiner; mais on les revoit ici dans toute leur beauté : on peut dire que c'eft la perfection de cet Ouvrage.

L'ARCHITECTURE FRANÇOISE des Bâtimens particuliers. Par M. Louis Savot, avec des Figures & des notes de M. Blondel. *Paris, chez l'Auteur, in-8°. 1676.*

Le détail de tout ce qui regarde les Bâtimens, que le Sçavant M. Sa- vot a donné dans fon Livre de l'Architecture Françoife, n'eft pas moins

utile pour ceux qui fe trouvent engagés à faire bâtir, que les précèpte:
qu'il y a laiffés font néceffaires aux Architèctes. Il remarque jufqu'au
prix des divers Matériaux dont on fe fert à Paris, afin d'apprendre au
jufte ce qu'un Bâtiment peut coûter. Il parle même des Toifés, des prix
faits, & des claufes principales qui doivent être inférées dans les Marchés. Mais comme cette matière a beaucoup changé depuis le temps que
cet Auteur a écrit, & qu'on a maintenant le goût fort différent de ce
qu'il enfeigne dans fes Précèptes; M. Blondel a ajoûté à toutes ces chofes, des notes qui en marquant ce qui n'eft plus conforme à notre ufage,
apprennent ce qui fe pratique aujourd'hui parmi nous; afin qu'on puiffe
fe fervir avec fuccès de tant d'Inftructions excellentes, que cet Auteur
a ramaffées & expliquées dans fon Ouvrage.

Il a joint quelques Auteurs modernes qui ont écrit de l'Architècture,
à ceux dont Savot nous avoit donné le Catalogue; & pour une plus
grande utilité du Public, il a mis à la fin du Livre quelques Mémoires
curieux pour fervir d'éclairciffement à certains articles de la Coutume
de Paris, qui peuvent faire éviter les conteftations & les difficultés qu
arrivent tous les jours fur ce fujèt.

COURS D'ARCHITECTURE, enfeigné dans l'Académie
Royale d'Architècture, première Partie; par M. Blondel, de
l'Académie Royale des Sciences. *Paris, chez l'Auteur, 1676
in-Fol.*

Cette première Partie du Cours d'Architècture, que M. Blondel a enfeigné publiquement dans l'Académie dont il a été Profeffeur & Direc
teur, regarde purement la pratique. Après y avoir dit peu de chofe fu
l'origine & fur les Parties de l'Architècture, dont la plus confidérable
eft celle qui traite des Bâtimens; il vient à l'explication de fes Ordres
en général, dont il parle affez fuccintement; parce qu'il prétend raifonner à fond fur ce fujèt, dans la feconde Partie qui eft plus fpéculative
Enfuite il tâche de faire entendre, quelles font les Parties les plus cor-
rèctes dont on peut fe fervir pour l'emploi des cinq Ordres d'Architècture, commençant par celles de Vitruve: & parce qu'on ne trouve pas
dans tous les endroits de cet Auteur les chofes toujours affez bien expliquées, il y a inféré les ufages de fes principaux Interprètes & de fes plu
habiles imitateurs.

Mais comme ceux qui ont fuivi ce grand Homme, & les Romains mêmes ont beaucoup enchéri fur les inventions qu'il nous a laiffées, M. Blondel a choifi entre les Modernes les trois Architèctes qui nous ont donné les Précèptes les plus conformes à la beauté des Édifices anciens, & qui ont le plus de réputation; fçavoir, Vignolle, Palladio, & Scamozzi : afin de marquer leur fentiment fur chacun des Ordres, & donner des moyens faciles pour les mettre en œuvre.

Pour faire comprendre encore plus facilement leurs intentions, il a ajoûté quantité de petites chofes dans les figures qu'il mèt à chacun des Ordres de ces Architèctes. Il y a même des fautes dans leurs deffeins qu'il a corrigés, Palladio & Scamozzi fur-tout, n'ayant pas toujours été fort foigneux ni éxacts dans le détail des mefures de leurs Moulures. Comme ce dernier s'eft encore fervi d'une manière de fupputation fort extraordinaire pour mefurer les parties de fes Ordonnances, & qui pour être trop fçavante n'eft nullement commode pour la pratique; il eft facile de comprendre la peine que cet Auteur a eu d'en faire la réduction.

LES PRINCIPES DE L'ARCHITECTURE, de la *Sculpture*, de la *Peinture*, & des autres Arts qui en dépendent; avec un Dictionnaire des Termes propres à chacun de ces Arts. *Paris, Coignard*, 1676, *in-4°*.

Cet Ouvrage enrichi de grand nombre de figures, & rempli de Secrets & de Remarques très-curieufes, eft de M. Félibien, Hiftoriographe des Bâtimens du Roi. Il eft divifé en deux Parties fuivant fon titre. Sous celui de Principes, qui eft la première Partie, cet Auteur apporte en trois Livres ce qu'il y a de plus beau touchant l'origine, le progrés & la perfection où l'on voit aujourd'hui l'Architècture; la Sculpture, la Peinture, & tous les Arts qui en dépendent. Et la feconde, eft un Dictionnaire qui donne une parfaite connoiffance des termes qui font propres à chacun de ces Arts.

A l'occafion de l'Architècture Civile & Militaire, dont il explique les chofes le plus brièvement qu'il fe peut; il traite de la Charpenterie, des Couvertures, de la Plomberie, du Pavé & Carrelage, de la Menuiferie, de la Serrurerie, de la Vitrerie, & des différentes manières de dorer à colle & à huile; fur tout cela, il fait des remarques très-utiles. Par éxemple,

Il dit qu'il y a long-temps qu'on ne travaille plus le Porphyre, qui est la plus dure de toutes les pierres, avec la même perfection & la même facilité que faisoient les Anciens ; parce que les Ouvriers ont perdu le secrèt de tremper leurs Outils, & ne sçavent point quels étoient ceux dont on se servoit pour un travail si difficile. Léon-Baptiste Albert, qui est un de ceux qui a fait davantage d'épreuves, & qui a recherché plus soigneusement une bonne Trempe pour les Outils, se servoit avec succès du sang de Bouc ; mais cette Trempe, quoique la meilleure de toutes, n'est pas de durée. En l'An 1555 le Duc Côme de Médicis distilla certaines herbes, & en tira une eau qui avoit tant de force qu'en y trempant les Outils tout rouges, elle donnoit une dureté extraordinaire. Francisco Talda fit des Ouvrages admirables par le moyen d'un secrèt si rare. Il y a de l'apparence qu'il est perdu, comme dit M. Félibien ; aussi voit-on très-peu de personnes qui travaillent sur le Porphyre.

La manière qu'il donne pour mettre le fèr ou l'acier en couleur, est de mettre l'ouvrage lorsqu'il est bien poli, dans des cendres chaudes & passées auparavant par le sas ; de l'y laisser chauffer jusqu'à ce qu'il prenne telle couleur qu'on veut : car d'abord il paroîtra de couleur d'or, ensuite de couleur sanguine ; puis violette, bleüe, & après de couleur d'eau. Lorsqu'il est de la couleur qu'on veut, il faut l'ôter & le laisser refroidir sur quelque fèr ou pierre froide.

Touchant la Vitrerie il remarque, que, quoique l'invention du verre soit très-ancienne, l'Art néanmoins de l'employer aux Vîtres n'est venu que longues années après. Du temps de Pompée on ne sçavoit encore ce que c'étoit, & les plus riches se servoient ; pour former les ouvertures des lieux où ils vouloient être à couvert du froid & du vent, sans pourtant se priver de la lumière ; des pierres transparentes : telles que sont les Agathes, l'Albâtre, & d'autres Marbres délicatement travaillés. On ne sçait pas si les Romains furent les premiers qui employèrent le verre blanc pour les vîtres, non plus que la dorure pour les planchers. Mais du moins Pline nous assure, que dans Rome on ne commença de dorer les planchers des Maisons, qu'après la ruine de Carthage ; & que les Lambris du Capitole furent les premiers Ouvrages qui parurent dans cette beauté.

La Sculpture fournit à cet Auteur des chofes qui ne font pas moins curieufes. Après en avoir cherché l'origine chez les Auteurs profanes, qui veulent que ce fut un Potier de Scione, nommé Dibutade, qui fut le premier Sculpteur ; & dont la fille donna commencement à la Portraiture, en traçant l'image de fon amant fur l'ombre que la lumière d'une lampe marquoit contre une muraille. Il traite de la manière de modeler, de faire les Figures de terre & de cire ; de la Sculpture en bois, en marbre & autres pierres ; de quelle manière on jette les Figures en Bronze ; de celles de Plâtre & de Stuc ; du Tour & des ouvrages qu'on y fait ; des différentes manières de Graver de relief & en creux ; de la Gravure fur les pierres précieufes & fur les Criftaux : enfin de la Gravure en Bois & en Cuivre, dont le fecrèt a été inconnu aux Anciens ; puifque l'impreffion des Figures & des Eftampes n'ont commencé à être en ufage, que fur la fin du quatorzième fiècle. L'invention en fut trouvée par un Orphévre, qui travailloit à Florence ; elle fut perfecionnée par Albert Dure & Lucas. Prefque dans le même temps, on trouva auffi l'invention de graver à l'eau forte.

PARALLÈLE de l'Architècture Antique avec la Moderne ; par Roland Fréart de Chantelou, Sieur de Chambray. *In-Fol. Paris*, 1677, *chez la Veuve Edme Martin.*

Nous avons plufieurs beaux Ouvrages de Roland Fréart de Chantelou, fieur de Chambray ; touchant l'Architècture, la Peinture, & la Perfpective. Son idée de la Peinture eft démontrée par les principes de l'Art ; par des éxemples conformes aux obfervations que Pline & Quintilien ont faites fur les plus célèbres Tableaux des anciens Peintres, mis en parallèle avec quelques Modernes. Il a fait encore un Traité achevé, ou pour mieux dire un Commentaire fort fçavant & fort délicat fur la Perfpective d'Euclide. Mais fon parallèle de l'Architècture Antique avec la Moderne eft affurément fon Chef - d'œuvre ; les Sçavans l'ont toujours regardé comme un Ouvrage fort fingulier. Il y donne d'abord l'idée, l'Hiftoire & l'invention de chacun des cinq Ordres de l'Architècture ; feparant les trois Ordres Grècs, d'avec le Tofcan & le Compofite, qu'on appelle Latins. Enfuite il en donne un, & quelquefois plufieurs modèles fur lefquels les Ouvriers peuvent fe former ; qu'il tire

tire de ce que nous avons de plus délicat fur cette matière : & pour ne laiffer rien à defirer là-deffus, il rapporte fur chacun le fentiment & les manières des dix principaux Auteurs qui ont écrit des cinq Ordres fçavoir, Palladio & Scamozzi, Serlio & Vignole, D. Barbaro & Ca taneo, L. B. Alberti & Viole, Bullant & de Lorme. Il les compare entre eux avec beaucoup d'éxactitude & de difcernement. Enfin il ré duit toutes leurs façons différentes de mefurer à un module commun qui eft le demi diamètre de la colonne divifé en 30 minutes. Ce qui ef d'un grand fecours, pour approcher de la précifion le plus qu'il ef poffible.

Il a fait de plus une Traduction des quatre Livres de l'Architéctur d'André Palladio, qu'il a enrichie des Planches originales de l'impref fion Italienne qu'il a trouvées en Italie ; ce qui ne rend pas peu confi dérable cette Traduction.

ARCHITECTURA Civil Recta y obliqua confiderada y di buxada en el Templo de Jerufalem ; par Dom Juan *Caramiie* Archobifpoobifpo de Vegeven ; &c. *In-Fol. En Vegeven.* 168 2

Après les beaux Commentaires que nous avons d'un Patriarche d'A quillée fur Vitruve ; & ceux d'Euftatius Archevêque de Theffalonique fur Homère, l'on ne doit pas s'étonner fi un grand Archevêque a bie voulu traiter à fond de l'Architecture ; d'autant plus qu'il en parle pa rapport au Temple de Salomon, par où il commence fon Ouvrage. Il l divife en trois Tomes, & il l'enrichit de près de 200 Figures. Mais c n'eft pas de la feule Architécture qu'il traite. Il n'y a prefque point d Sçience dont il ne parle, à l'occafion de la connoiffance qu'il préten qu'en doit avoir un Architécte : ainfi il y fait venir tout à propos, & y agite une infinité de queftions curieufes de Théologie, de Mathéma tique, de Géographie, d'Hiftoire, de Grammaire, &c.

Ce qu'il y a de plus particulier eft le détail qu'il fait de l'Architéctur qu'il appelle oblique, & dont il foutient que perfonne n'a encore parlé faute de quoi il prétend qu'il y a mille défauts dans les Bâtimens tar anciens que modernes ; ce qu'il prouve par plufieurs éxemples.

Pour bien juger de la vafte étenduë du génie de M. Caramüel, il n'y qu'à lire un Difcours de Mathématique d'un Ingénieur de Milan, qui e

Tome II. Part. I. S ff

ıſéré dans cet Ouvrage. On y verra un Catalogue fort éxaĉt de tout
e que ce Sçavant Homme a publié ſur toutes ſortes de Sçiences : ce qui
ıit dire à celui qui l'a compoſé, que ſi Dieu permettoit que les Sçiences
ıſſent perduës dans toutes les Univerſités du monde , elles pourroient
ınaître par le moyen du Livre de M. Caramüel. Cela eſt un peu fort
 la vérité ; mais il eſt certain que depuis long-temps, on n'avoit pas
ımaſſé tant de différentes connoiſſances en un ſeul volume.

ORDONNANCE des cinq eſpèces de Colonnes , ſelon la Mé-
ıode des Anciens. Par M. Perrault. *Paris , Coignard ,* 1683,
ı-*Fol: avec Figures.*

S'il étoit vrai , comme Villalpande le prétend , que Dieu par une
ıſpiration particulière eût enſeigné toutes les proportions des Ordres
'Achitĉure aux Architĉes du Temple de Salomon ; & que les Grècs
 qui on donne la gloire de les avoir inventées , les euſſent appriſes de
ᴈs Architĉes ; il ſemble que nous devrions avoir là-deſſus des Règles
ırt ſûres. Cependant il n'y a rien de ſi incertain que ces proportions,
ue les Architĉes font pourtant profeſſion de ſuivre fort religieu-
ᴈment.

C'eſt pour nous donner quelque choſe de fixe & de certain ſur cette
ıatière , que M. Perrault a entrepris cet Ouvrage ; qui eſt une eſpèce
ᴈ ſupplément à ce qui n'a pas été traité aſſez particulièrement par Vi-
ıuve. Il avouë d'abord qu'il n'invente point de nouvelles proportions,
ᴈ que ſon ſeul deſſein eſt de faire, que ſans choquer l'idée que les Ar-
ıitĉes ont des proportions de chaque membre , on les puiſſe réduire
ıutes à des meſures facilement commenſurables , & telles que les pre-
ıiers Inventeurs des proportions de chaque Ordre les ont faites : ce
ıi lui fait avancer , que les reſtes que nous avons des Ouvrages de
ıncienne Architĉure , ne font point les Originaux ; ni même des
ıopies correĉes des premiers Édifices faits par les Inventeurs des pro-
ıortions : puiſque ces proportions ne ſe trouvent point dans la dernière
ıſteſſe, où il y a apparence que ces habiles Hommes les avoient miſes.
ıuſſi l'on trouve que dans cette nouvelle manière , ou plûtôt dans le
ᴈnouvellement de l'ancienne méthode , toutes les parties dont les Co-
ınnes font compoſées ont des proportions qui ſe rapportent mutuel-

lement ; les unes étant toujours réglées par les autres : ce qu'on n(
voit point avoir été pratiqué dans aucun Édifice , tant des Anciens qu(
des Modernes ; dans lesquels il manque toujours quelque chose à cett(
régularité.

Il y a encore cet avantage dans ces changemens de proportions , qu(
les régulières , qui se réduisent facilement à un petit nombre , sont f(
faciles à retenir , qu'il est impossible de les oublier quand on les a sçuës ;
au lieu que les autres ayant des différences & des irrégularités presque
infinies , rendent par-là la sçience de ces proportions très - difficile. I!
faut confirmer le tout par quelque éxemple.

Dans cette nouvelle Méthode les proportions du Chapiteau de l'Ordre Dorique sont fondées sur la seule division de trois en trois ; c'est-
à-dire , que divisant la hauteur du Chapiteau en trois , chacune de ces
parties détermine la hauteur de chacune des trois parties dont il est
composé ; & chaque partie divisée en trois , donne les hauteurs des
membres qu'elle contient ; ces membres encore divisés en trois ,
déterminent la grandeur des parties qui les composent. De la même
manière la hauteur de la base que les Anciens ont donné à l'Ordre Corinthien étant divisée en quatre parties , on en donne une au Plinthe ;
le reste étant encore divisé en quatre , on donne une de ces parties au
grand Tore : la quatrième partie du reste donne la hauteur du petit
Tore. Ainsi divisant toujours le reste en quatre , on trouve toutes les
hauteurs des Astragales , des Scoties & des Filèts ; dont cette Base est
composée. De cette manière les mesures de tous les autres membres des
Colonnes , de leurs Piédestaux & de leurs Entablemens sont régulière-
ment proportionnées ; & ce qu'il y a de beau en cela , c'est que ces
proportions sont toutes fondées sur quelque éxemple de l'Antiquité ,
ou de la pratique des plus célèbres Architèctes modernes ; à la réserve
de celles qui se trouvent dans quelques membres , dont les grandeurs
sont dans l'Antique avec deux excès opposés : car alors cet Auteur
prend le milieu de ces excès , comme il paroît dans les Tables qu'il a
mises aux endroits nécessaires ; & qui contiennent les éxemples des
plus célèbres Bâtimens , où les grandeurs des parties sont dans des excès
opposés.

A tous ces éxemples, il a ajoûté deux Paradoxes sur deux des plus cé-

S ſſ ij

bres & des plus importans Problêmes de l'Architecture. Le premier
ui est traité dans la Préface, est pour faire voir que la plûpart des pro-
ortions des Colonnes & de leurs parties, sont des choses dont la
eauté n'est ·qu'arbitraire ; telle qu'est la figure & la proportion des
abits, qui plaît également quoique différente selon le changement
es modes ; qu'elle n'est point positive, immuable & convaincante
omme il l'appelle, ainsi que la plûpart des Architectes le soutiennent.
y en a même qui veulent qu'on croye, que quand on aura rencontré
ette proportion dans l'Architecture, elle donnera un plaisir à la vûë,
u'il sera impossible de ne pas sentir ; de même qu'il ne se peut pas
ire, que l'oreille ne soit touchée de la douceur d'un accord, quand il
t juste.

Il traite l'autre Paradoxe dans le Chapitre sept de la seconde Partie,
: il prétend que les proportions de l'Architecture étant une fois éta-
ies, il n'est pas permis de les changer sous prétexte que la différence
es aspects le demande ; ainsi que tous ceux qui ont écrit de l'Architec-
ure l'enseignent. Car après avoir montré que les Architectes qui ont
onné des règles pour ces changemens, ne les ont point pratiquées dans
urs Ouvrages ; il apporte ensuite les raisons qu'il y a de rejetter cette
ratique du changement des proportions, qu'il mèt au nombre des
ous de l'Architecture ; desquels il traite dans un autre Chapitre à
art.

LES CINQ ORDRES D'ARCHITECTURE, de Vincent Sca-
1ozzi, Vicentin, Architecte de la République de Venise. Par
.ug. C. Daviler. *Paris, Coignard*, 1685, *in-Fol.*

L'Auteur donne dans cet Ouvrage, tout ce qu'il y a de plus nécessaire
our la Doctrine des cinq Ordres. On en a retranché ce qui regardoit
. Physique, la Morale, & l'Histoire ; parce qu'on n'a travaillé que
our les Architectes, qui ne se mettent guères en peine de ces autres
rtes de connoissances.

COURS D'ARCHITECTURE, qui comprend les Ordres de
'ignole, avec des Commentaires ; les Figures & les Descrip-
ons de ses plus beaux Bâtimens, & de ceux de Michel Ange.

Plufieurs nouveaux deffeins & précèptes concernant la Diftribution, la Décoration, la matière & la Conftruction des Édifices ; la Maçonnerie, la Charpenterie, la Couverture, la Serrurerie, la Menuiferie, le Jardinage, & tout ce qui regarde
l'Art de bâtir ; avec une ample explication par ordre alphabétique de tous les termes. Par le S. Aug. Ch. Daviler, Architècte. *Paris, Langlois, 3 Vol. in-4°. 1691.*

Il femble que ce foit un défaut inévitable à ceux qui fe mêlent d'expliquer les principes & les règles des Sçiences & des Arts, d'avoir une
telle féchereffe de ftyle, qu'il n'y a que les génies que la nature porte
d'elle-même à l'étude, qui en puiffent furmonter le dégoût. Peu de gens
font capables de toute l'application que demandent les matières dog-
matiques ; & les précèptes fatiguent prefque toujours, fi celui qui les
donne n'a trouvé le fecret de foutenir l'attention en les égayant.

Le Sieur Daviller a trouvé ce fecrèt dans ce Cours d'Architècture.
Cet Ouvrage eft plein de lumière & de feu. On y trouve une variété
infinie de tout ce que l'Architècture a de plus beau & de plus régulier ;
quoiqu'il ne foit qu'une fuite de règles & de précèptes touchant l'Art
de bâtir, il ne laiffe pas d'être écrit avec tant d'art, que dès qu'on
l'a ouvert on a autant de peine à le quitter, qu'on en trouve à interrompre la lecture des Voyages les plus curieux.

Auffi dans fes Commentaires fur les Ordres & fur les Bâtimens de
Vignole, fur ceux de Michel Ange ; & dans les fçavantes Differtations qu'il a faites fur les différentes parties du Bâtiment, fur la matière,
la conftruction, la décoration des Jardins ; en un mot fur-tout ce qui
regarde la folidité, la commodité ou l'embelliffement des Édifices publics & particuliers ; on y trouve renfermé ce que les Livres de Voyages ont de plus utile & de plus agréable. On y voit fans fortir de fon
Cabinèt, la defcription des plus beaux morceaux de l'Architècture Ancienne & Moderne. Ceux qui voyageront avec ce Livre, auront le
plaifir de voir ces fameux Bâtimens avec d'autres yeux, & d'y remarquer des beautés & des défauts qu'ils n'auroient peut-être pas apperçus,
s'ils ne les trouvoient auffi judicieufement développés qu'ils le font
dans cet Ouvrage.

Ce qu'il y a de plus rare , c'eſt qu'on trouve le même agrément dans le Dictionnaire ; où il explique , avec toute la netteté & la juſteſſe poſſible , plus de cinq mille termes appartenans à l'Art de bâtir. On ne ſçait en liſant ce Dictionnaire , ſi l'on doit être plus ſurpris ; ou de la richeſſe de notre Langue , ou de la facilité avec laquelle tant de termes hors de l'uſage ordinaire ſont expliqués ; ou de la variété des éxemples , qui y ſervent à éclaircir les définitions & les précèptes.

C'eſt dans cette variété que les Architèctes & les Ouvriers peuvent ſe former le bon goût , ſi rare & ſi néceſſaire dans l'Art de bâtir.

L'ARCHITECTURE PRATIQUE , qui comprend le détail de la Conſtruction & du Toiſé des Ouvrages de Maçonnerie, Charpenterie , Menuiſerie , Couverture , Serrurerie , Plomberie, Vitrerie , pavé de grès , Peinture & Impreſſion , &c. Par M. Bullèt , Architècte du Roi, & de l'Académie Royale des Sçiences. *Paris , Michallet ,* 1691 , *in-8°.*

Ce Livre commence par une Géométrie Pratique , expliquée le plus intelligiblement qu'il eſt poſſible , pour l'inſtruction de ceux qui voulront s'appliquer au Toiſé des Bâtimens.

Ce Traité n'eſt qu'un prélude : car l'intention de l'Auteur a été de donner un détail de la conſtruction des différentes eſpèces d'ouvrages de Maçonnerie, avec une explication de leur Toiſé dans tous les cas qui ſe peuvent rencontrer. Il a jugé à propos de faire précéder la conſtrucion à l'explication du Toiſé , qui eſt le ſujèt de ſon Livre ; non ſeulement pour en faciliter l'intelligence , mais auſſi pour donner une connoiſſance utile de la bonne conſtruction des ouvrages de Maçonnerie. Le même Ordre eſt obſervé dans toutes les autres eſpèces d'ouvrages qui compoſent les Bâtimens ; comme la Charpenterie , la Couverture, la Menuiſerie , & le reſte : enſorte que ceux qui font bâtir peuvent être inſtruits par la lecture de ce Livre , de la manière dont leurs Bâtimens doivent être conſtruits & toiſés.

Comme les Murs de remparts & de terraſſes ſont compris dans les ouvrages de Maçonnerie ; l'Auteur, avant que d'en donner le Toiſé, s'étend ſur les différentes manières de les fonder & de les conſtruire ; donne une règle fondée ſur les Méchaniques , pour ſçavoir aſſez juſtement l'épaiſſeur de ces murs par rapport à la hauteur des terres qu'ils doivent ſoutenir ; ce qui n'avoit point été juſques-là décidé. Il y a enſuite une Méthode pour le Toiſé des terres cubes.

En traitant de la Charpenterie, il a pris occaſion de parler des Combles ; il a rapporté les différentes manières dont les Anciens les faiſoient, tant en Grèce, en Italie, qu'en France, avec les fautes qui s'y commettoient ; il donne enſuite les proportions que ces Combles doivent avoir. Les Ouvrages de Charpenterie, de Menuiſerie, de Couverture ſont traités à fond, chacun dans ſon ordre ; & le Toiſé de ces ouvrages, ou la manière de les compter eſt expliqué à la fin de chaque article.

On trouve enſuite une explication du Texte de la Coutume, ſur les ſervitudes & les rapports des Experts ; ce qui ſera très-utile à ceux qui auront quelques conteſtations en bâtiſſant, ou qui voudront les éviter.

Ce Livre finit par un modèle des Devis, par lequel l'Auteur fait entendre la manière dont il faut s'exprimer, pour empêcher qu'il n'y ait des équivoques ; par conſéquent pour ôter les prétextes de différends qui arrivent ordinairement entre ceux qui font bâtir & les Entrepreneurs, quand on manque à ſpécifier toutes les circonſtances qu'on doit obſerver dans un Devis.

LES ÉDIFICES ANTIQUES DE ROME deſſinés & meſurés très-éxaĉtement, par Antoine Deſgodèts, Architeĉte. *Paris, Aniſſon, 1695, in-Fol.*

DISSERTATION TOUCHANT L'ARCHITECTURE ANTIQUE & l'Architeĉture Gothique ; par M. Félibien des Avaux, Hiſtoriographe du Roi, de ſes Bâtimens, & Manufaĉtures de France ; Garde des Antiques de Sa Majeſté. *Paris, de l'Aulne, 1699, in-12.*

La Diſſertation ſur l'Architeĉture antique & la gothique, donne des idées générales ſur les différentes manières de bâtir dont les hommes ſe ſont ſervies en divers temps, ſelon les connoiſſances qu'ils ont eûës des Sçiences & des Arts.

MÉMOIRES CRITIQUES D'ARCHITECTURE, contenant l'idée le la vraye & de la fauſſe Architecture. Une Inſtruction ſur outes les tromperies des Ouvriers infidèles, travaillans dans es Bâtimens. Une Diſſertation ſur la formation des minéraux, ſur nature & leur emploi ; ſur l'abus dans l'uſage du plâtre ; ur la qualité de la fumée, & des moyens d'y remédier ; ſur les matières non encore éclaircies. *Paris, Saugrain, 1702, n-12.*

Mr. Fremin Préſident au Bureau des Finances de Paris, pour ſe endre plus intelligible à tout le monde, a jugé à propos de donner à es Mémoires la forme de Lettres. Ce Volume en contient quarante-uit. Dans les premières, il donne une idée du vrai & du faux Archi-ecte : dans les ſuivantes, il explique les principes de l'Architecture. En-ſuite il parle des tromperies des Ouvriers, & des précautions que ceux ui font bâtir doivent prendre contre leurs ſurpriſes. Il décrit après cela a nature du plâtre, celle de la chaux, du ſable, du ciment, de la ſierre, du bois ; & généralement de tous les matériaux qui entrent ans la compoſition des Bâtimens. Il fait ſur chaque choſe en particulier les réflexions utiles ; il montre les fautes que font tous les jours les architectes & les Ouvriers, ſoit par malice, ſoit par ignorance. Il ne ſe contente pas de donner des raiſons méchaniques du choix qu'il fait e la matière propre à bâtir, & de la ſituation avantageuſe qu'il faut onner aux Bâtimens. Il entre dans les raiſons phyſiques, & ne ſe dé-ermine qu'après avoir examiné par une analyſe éxacte, la nature de haque ſujet qu'il traite. Il parle de la nature du feu, de l'air, du bois z de la fumée, à l'occaſion d'une nouvelle eſpèce de cheminée qu'il a nventée ; moyennant laquelle on ne doit jamais être incommodé de ſ fumée, ni avoir froid au dos en ſe chauffant.

PARALLÈLE DE L'ARCHITECTURE Antique & de la Mo-erne; avec un Recueil des dix principaux Auteurs qui ont écrit es cinq Ordres ; ſçavoir, Palladio & Scamozzi, Serlio & ʹignola ; D. Barbaro & Cataneo, L. B. Alberti & Viola, ſullant & de Lorme comparés entr'eux. Les trois Ordres Grècs,

Grècs, le Dorique, l'Ionique, & le Corinthien font la première partie de ce Traité : & les deux Latins, le Toscan & le Composite en font la dernière. Planches originales augmentées de dix autres, représentant en grand le piédestal de la Colonne Trajane de Rome, & de plusieurs autres Tailles douces. *Paris, Emery, 1702, in-Fol.*

Tout ce qu'on pourroit dire ici à l'avantage de ce Livre, seroit beaucoup au-dessous de l'approbation que M. Mansart lui a donnée.

LA PERSPECTIVE PRATIQUE de l'*Architècture*, contenant par leçons une manière nouvelle, courte & aisée, pour représenter en perspective les Ordonnances d'Architècture, & les Plaçes Fortifiées ; ouvrage très-utile aux Peintres, Architèctes, Ingénieurs, & autres Dessinateurs. Par Louis Bretez. *Paris, Miquelin, 1706, in-Fol.*

L'Auteur s'est ici uniquement attaché aux Ordonnances d'Architècture des anciens Auteurs ; il les a mis en perspective, de manière qu'en regardant les desseins qui les expriment, on peut aisément comprendre la construction de ces desseins, sans qu'il soit besoin d'aucune explication. On les trouve cependant expliqués séparément d'une manière fort claire.

Pour pouvoir profiter des leçons que l'Auteur donne ici, il est nécessaire de sçavoir mettre l'Architècture en mesure géométrale ; & comme on ne peut travailler sans le compas & la règle, M. Bretez commence son Traité par les premières leçons de la Géométrie pratique, dans lesquelles il enseigne les Traits quarrés & les Poligones réguliers. Sur la seconde planche, il donne un systême pour faciliter l'intelligence de la Perspective pratique, avec une démonstration pour trouver les distances qu'il faut donner à toutes sortes de grandeurs de Tableaux en les traçant. Il en fait l'application démontrée dans la troisième planche, où on voit des Tables dans lesquelles les distances sont réduites par pieds & par pouces sur toutes sortes de grandeurs de Tableaux.

Tome II, Part, I,   *Tt*

Enfuite il enfeigne à mettre en perfpective, les Plans géométraux ;
uis les Piédeftaux, les Bafes, les Chapiteaux, & les Entablemens vûs
e face, vûs de l'angle, & déclinés de la ligne de terre. Il y mèt plu-
ieurs Deffeins d'Architècture où les Piédeftaux, les Bafes, les Chapi-
eaux, & les Entablemens font vûs enfemble de front fur l'Angle & la
totonde ; il y mèt la Colonne torfe en perfpective, & quelques autres
Deffeins de fon invention, plufieurs Plafonds d'Architècture fur des
'lafonds plats, à pans fur-baiffés.& en plein ceintre ; plufieurs Efca-
iers, plufieurs membres d'Architècture renverfés, les échelles de dé-
;radations pour les élévations perfpectives, & à la cavalière ; plufieurs
norceaux d'Architècture militaire en perfpective, vûs à vols d'oifeaux,
a vûë de quelques développemens de pierres coupées à l'ufage de dif-
'érentes portes, les ombres & les réflexions fur l'eau ou fur les mi-
'oirs, quelques Places & Profils de Théâtres.

M. Bretez nous dit dans fa Préface, qu'il a mis ici des chofes qui
l'ont jamais été dites ni enfeignées par aucun Auteur, mais qui viennent de fon génie & de fon travail : il ajoûte qu'il n'a voulu copier perfonne, & que c'eft ce qui a porté plufieurs Architèctes, & plufieurs
Peintres habiles à le prier de vouloir bien mettre fes Œuvres au
jour.

Nouveau Traité de toute l'Architècture utile aux Entrepreneurs, aux Ouvriers, & à ceux qui font bâtir ; où l'on
trouvera aifément & fans fraction la mefure de chaque Ordre
le Colonne, & ce qu'il faut obferver dans les Édifices publics, ou particuliers. Par M. de Cordemoy, Chanoine Régulier de S. Jean de Soiffons ; & Prieur de la Ferté-fous-Jouars.
Paris, Coignard, 1706, in-12.

M. de Cordemoy a cru que les défauts & le mauvais goût qu'il re-
marquoit dans la plûpart des Ouvrages qui dépendent de l'Architècture,
venoient de ce que nos Ouvriers ignorent entièrement cet Art ; ou du
moins n'en ont qu'une connoiffance fuperficielle, tirée de quelques Trai-
;és trop abrégés. C'eft ce qui lui a fait prendre la réfolution, non-
feulement de donner une règle courte, certaine & aifée « pour conf-

» truire chaque Ordre d'Architecture , & bien établir ce qui convient
» le plus à le rendre gracieux à la vûë ; mais encore de proposer cer-
» tains avis généraux , sur les différentes manières de Bâtimens ».

L'Architecture a trois parties principales , qui sont aussi les trois parties de ce Traité ; sçavoir l'*Ordonnance*, la *Disposition ou la Distribution*,
& la *Bienséance*.

» L'Ordonnance est ce qui donne à toutes les parties d'un Bâtiment
» la juste grandeur qui leur est propre , par rapport à leur usage. La
» Distribution est l'arrangement convenable de ces parties. Et la Bien-
» séance est ce qui fait , que cette distribution est telle qu'on n'y puisse
» rien trouver qui soit contraire à la nature , à l'*accoutumance* , & à
» l'*usage des choses* «.

Dans la première Partie , qui regarde l'*Ordonnance* , il est parlé des
cinq Ordres d'Architecture ; de leurs proportions , & de la manière de
les mesurer. La mesure s'appelle Module , & c'est toujours le diamètre
du bas de la tige de la colonne. Par cette mesure divisée en 60 minutes ,
& moyenne entre celles dont les Anciens , & dont les Modernes se
sont servis , est déterminée sans fraction » la hauteur des Piédestaux , des
» Colonnes , des Entablemens , & de tous les divers membres qui les
» composent ; de même que la saillie de leurs Bases , de leurs Chapi-
» teaux & de leurs Corniches «. Cette mesure entière est nommée
grand Module ; la moitié qui est le demi-diamètre du bas du fust de la
Colonne , est appellé *moyen Module* ; & le tiers , *petit Module*. Le *petit
Module* est divisé en cinq parties , & quelquefois en douze ; il est proposé par M. de Cordemoy , comme la mesure la plus commode pour
l'Ordonnance des cinq Ordres d'Architecture.

L'Auteur n'en reconnoît proprement que trois , qui sont ceux que
les Grècs ont inventés ; sçavoir le *Dorique* , le plus ancien de tous ;
l'*Ionique* , & *le Corinthien*. Les choses qui distinguent ces trois Ordres
sont fort considérables , & fort sensibles ; mais le *Toscan* & le *Composite* , ajoûtés par les Romains , s'éloignent si peu , l'un du Dorique &
l'autre du Corinthien , qu'ils ne méritent pas de faire deux Ordres différens. L'Auteur décrit les uns & les autres en cinq Chapitres , il entre
dans un assez grand détail sur toutes les parties qui leur conviennent.

Il passe ensuite à la *Distribution* , qui fait la seconde Partie de ce

T t t ij

Traité. Il nous y apprend d'abord les différentes manières de difpofer les Colonnes ; il donne un nouveau moyen de trouver la grandeur du Module , par rapport à chacune de ces diverfes difpofitions , & il dé-termine l'ordre qui leur convient. Les Anciens avoient cinq manières de difpofer les Colonnes. Les cinq difpofitions appellées *Pygnoftile*, *Syftyle*, *Diaftyle*, *Aræoftyle*, *Euftyle*, étoient principalement diftinguées par la différente grandeur de l'entrecolonnement ; mais dans toutes ces difpofitions , les colonnes n'étoient qu'une à une. Les Architectes mo-dernes ont inventé une fixième manière de les difpofer ; ils les accou-plent , c'eft-à-dire, qu'ils les joignent deux à deux, mettant ainfi l'ef-paçe de deux entrecolonnemens en un. » Cette dernière manière, dit » nôtre Auteur, doit être préférée aux autres, puifqu'elle a feule ; & » cette beauté qui réfulte de l'aprêté, & du ferrement des Colonnes » qui plaifoit tant aux Anciens, & ce dégagement que les Modernes » recherchent avec tant d'ardeur «. Après quelques autres raifons, il ajoûte que cette nouvelle difpofition a plû dès qu'on l'a vûë ; & que c'eft-là le caractère de la vraie beauté , de frapper d'abord & de plaire.

Il employe encore ici quatre Chapitres à parler des Piédeftaux, des Colonnes, & des Pilaftres ; ainfi de ce qui leur eft propre : des Entable-mens, & de ce qu'on y doit obferver. Enfin des Frontons, des Baluftrades, & des *Acrotères*. Il y a bien des articles, où l'Auteur n'eft pas d'accord avec nos Architectes.

La troifième Partie traite de la *Bienfëance*, qui doit être gardée dans tous les différens genres d'Édifices.

Ce font divers avis généraux fur les Édifices des Particuliers, & fur les Édifices publics. On trouvera ici bien des Critiques raifonnables qui feront plaifir. On y verra entre autres chofes, ce que l'Auteur trouve à redire aux quatre façades du dedans de la première Cour du Louvre, à celle des Galeries, & à celle des Tuilleries du côté du Jar-din. Ce qu'il blâme dans le Portail de S. Gervais à Paris, & dans l'Églife de S. Pierre de Rome ; dont il s'en faut beaucoup, qu'il n'ait une auffi grande idée que tout le monde en a. Les remarques qu'il fait fur les ftatuës coloffales, & en particulier fur celle de la Plaçe des Victoires, de la Plaçe de Vendôme, & de l'Arc de Triomphe.

Comme en différens endroits de cet Ouvrage M. de Cordemoy marque avec affez de liberté les défauts, où il croit que font tombés nos plus grands Architèctes ; il a foin de prévenir dans fa Préface, que fon deffein n'étoit pas de diminuer leur mérite : mais feulement d'empêcher, qu'on ne les fuivît aveuglément dans les fautes qui leur font échappées.

L'ŒCONOMIE DES BATIMENS, ou Defcription de tous les matériaux qui entrent dans un Édifice, avec les Prix des Ouvrages. *Bologne, Barbiroli, 1708, in-4°.*

L'Auteur, après avoir fait le portrait d'un Architèce habile, enfeigne les règles pour bien conftruire un Bâtiment de quelque nature qu'il foit ; il fait la defcription de tous les matériaux néceffaires, il fixe les prix de tous les ouvrages qui entrent dans la conftruction d'un Édifice.

M. Spinelli fait dans la feconde Partie une Critique de l'Ouvrage de M. J. B. Natali, intitulé *le Marteau du Maçon, ou Tarif général de tous les Ouvrages de Maçonnerie.* Il infére ce Tarif dans la feconde Partie de fon Livre : il relève cet Auteur prefque par-tout, & il a placé fes corrections à la fin de chaque article, où il prétend que M. Natali s'eft trompé ; afin que le Public connoiffe, dit-il, le peu de fond qu'il y a à faire fur l'Ouvrage de cet Auteur, qui étoit à la vérité très-habile dans le deffein, mais qui n'avoit aucune connoiffance de la pratique.

On trouve enfuite plufieurs inftructions fur la manière de bien conftruire un Bâtiment : ces inftructions peuvent être utiles à ceux qui commencent à s'appliquer à cet Art. L'Auteur a joint quelques figures à ces inftructions, pour les rendre plus claires & plus intelligibles. Il donne enfuite un nouveau Tarif des Ouvrages de Maçonnerie ; & pour faire connoître qu'on ne fe trompera pas en le fuivant, il rapporte plufieurs marchés conclus fur ces mêmes prix.

M. Spinelli a pourvû à tout : il a ajoûté à la fin du Livre quelques remèdes pour guérir les maladies & les bleffures que peuvent avoir les pauvres Maçons qui travaillent loin des Villes, & qui font par conféquent deftitués de tout fecours.

TRAITÉ D'ARCHITECTURE, avec des Remarques & des

bfervations très-utiles , pour les jeunes gens qui veulent s'apiquer à ce bel Art. Par Sebaftien le Clerc , Chevalier Roain , Deffinateur & Graveur ordinaire du Cabinèt du Roi. aris , *Giffart*, *1714*, *in-4°*.

M. le Clerc ne s'attache dans cet Ouvrage qu'à ce qui regarde la auté , le bon goût , & l'élégance des parties principales qui entrent ns la compofition d'un grand Édifice. Il donne d'abord des Ordres de olonnes & de Pilaftres , fous de nouvelles mefures & proportions ; il expofe enfuite les autres parties qui peuvent accompagner ces Ordres, rec les obfervations qu'on doit faire en les affemblant , & les remar- ies qu'il a cru néceffaires pour empêcher les jeunes gens de tomber ı de certains défauts ordinaires dans les Bâtimens. Il ne parle donc ins cet Ouvrage , ni de la manière de préparer les fondemens des difices , ni de la manière d'en élever les murs & la charpente : la ɔnnoiffance des pierres , des bois , des fables & de la chaux , n'entre ıs non plus dans fon deffein. On doit chercher ces détails mécha- ques dans Vitruve , dans Palladio , dans Vignole , dans Savot , & ins les Traités de plufieurs autres Architèctes.

Il donne d'abord une introduction qui renferme des inftructions né- :ffaires à ceux qui veulent profiter de fon Ouvrage. Elles roulent fur Architècture en général , fur la belle & noble manière de bâtir , fur s connoiffances qui conviennent à un Architècte qui veut fe diftin- ıer , & fur les différens Ordres de Colonnes. Après avoir obfervé u'entre les Arts , celui de l'Architècture eft un des plus étendus & des lus difficiles ; il indique les études qui contribuent le plus à ouvrir :fprit , & à infpirer le bon goût , pour tout ce qui peut avoir quelque ıpport aux Bâtimens.

» Un Architècte a befoin particulièrement de *Deffein* : car il en doit tirer fes plus nobles penfées , & toute la grace & la beauté qu'il prétend donner à fes Bâtimens ; foit dans leur tout , foit dans leurs parties.

» La *Géométrie* lui eft abfolument néceffaire , pour avoir des prin- cipes affurés fur lefquels il puiffe fe conduire dans la pratique de fon Art.

» Il ne fçauroit fe paffer de l'*Arithmétique* ; il doit la poffeder tout à
» fait bien pour faire fes Devis, & les fupputations par lefquelles il
» peut connoître la quantité des matériaux, de l'argent, & du temps
» qu'il lui faudra pour éxécuter fes deffeins & fes entreprifes.

» Il doit fçavoir *la Coupe des pierres* ; principalement pour conftruire
» les voûtes, les portes, les efcaliers, les arcades, & toutes les parties
» d'Architecture élevés en l'air & hors d'aplomb.

» La perfpective lui eft très-utile pour connoître par un feul deffein,
» l'effet que fera un Bâtiment quand il fera élevé.

» Quel avantage ne tirera-t-il pas des *Méchaniques*, & des *Forces*
» *mouvantes* ; pour conftruire les machines qui doivent lui fervir à
» élever un Bâtiment ?

» La connoiffance du *Nivellement* & des *Hydrauliques* lui fervira pour
» la conduite des eaux.

» Mais il faut fur toutes chofes un bon goût, qu'il ne pourra avoir
» qu'en fe rendant habile dans le Deffein ; qui lui fera diftinguer les
» belles & grandes manières de bâtir qu'il doit préférer aux autres,
» s'il veut s'attirer de la réputation & de l'honneur «.

M. le Clerc fait ici paroître les cinq Ordres ordinaires fous de nouvelles proportions ; & il joint à ces Ordres un fecond Ordre Tofcan,
un Ordre Efpagnol, & un Ordre François. Il place le fecond Ordre
Tofcan entre le premier & le Dorique. Cet Ordre a moins de péfan-
teur & de fimplicité que le premier ; il a befoin d'une beauté mâle,
felon l'Auteur, qui croit qu'on en pourroit orner la frife des Tourteaux,
qui font les Armes de Tofcane. Toute la hauteur de l'Ordre eft de 23
modules, 22 minutes : la Colonne en a 15, le Piédeftal 5, & l'Entablement 3 & 22 minutes : de forte que le Piédeftal a de hauteur un
tiers de la Colonne, & l'Entablement un quart moins quelques minutes.

On attribue à l'Ordre Efpagnol un caractère particulier de force &
de grandeur. La hauteur de la Colonne eft de 19 modules 25 minutes ;
celle du Piédeftal de 6 & de 18 minutes ; & celle de l'Entablement de
4 & de 15 minutes : ainfi le Piédeftal a de hauteur environ un tiers de
la Colonne. L'Entablement a un peu moins de 14 minutes au-deffous
du quart ; tout l'Ordre complèt ayant 30 modules 28 minutes. Dans
le deffein du Chapiteau, les cornes du tailloir font foutenuës de petites

volutes, & le milieu du tailloir a pour Rofe un mufle de Lion. » On
» fçait, dit M. le Clerc, que ce noble Animal eft le fymbole de l'Ef-
» pagne ; & qu'il marque la forçe & la gravité, de même que la pru-
» dence de la Nation «.

Il propofe ainfi fa nouvelle compofition de l'Ordre François.

» Je donne à cet Ordre autant de délicateffe, d'élégance & de ri-
» cheffe que j'ai cru pouvoir faire, fans tomber dans l'excès. La Colonne
» 20 modules 5 minutes de hauteur ; le Piédeftal 6 & 22 minutes ;
» l'Entablement 4 & 15 minutes, tellement que le Piédeftal a de hau-
» teur environ un tiers de la Colonne ; & l'Entablement un quart
» moins 16 minutes : tout l'Ordre entier s'élevant de 31 modules 12
» minutes.

» Les ornemens du Chapiteau font trois lys à chaque façe, des
» palmes ; le fymbole de la Françe qui eft un Coq, des armes au-
» deffous & une lyre à l'ombre des palmes fous chaque corne du tailloir;
» qui font autant d'ornemens fymboliques, que les perfonnes d'efprit
» expliqueront fans peine.

» Des couronnes font l'ornement de la Frife, avec un Soleil dans le
» milieu ; qui fait voir que cet Ordre eft confacré à la gloire de notre
» Augufte Monarque. Cet Ordre dans fon éxécution fera un effet
» des plus beaux, des plus nobles & des plus gracieux; j'en ai fait un
» petit modèle en relief qui fait plaifir à voir.

» Au refte, ajoûte-t-il, mon intention étoit de finir cet Ouvrage
» par les Plans, les Élévations, & les Coupes de divers Bâtimens ; mais
» une foibleffe de vûë qui m'eft furvenuë tout à coup, m'a empêché de
» paffer outre «. Cet accident étoit un effet du grand âge de cet hom-
ne illuftre, & une fuite naturelle de fon application infatigable au
ravail.

Remarquez en finiffant cet Extrait, que le *Module*, qui dans ce Traité
ert de mefure à M. le Clerc, eft le demi-diamètre du bas de la Co-
onne, toujours divifé en 30 parties égales, appellées ici minutes.

TRAITÉ DES PONTS, où il eft parlé de ceux des Romains
& de ceux des Modernes, de leurs manières ; tant de ceux de
Maçonnerie que de Charpente, & de leurs difpofitions dans
toutes

toutes fortes de lieux. Des projèts des Ponts, des matériaux dont on les conftruit, de leurs fondations, des échafaudages, des ceintres, des machines, & des bâtardeaux à leur ufage ; de la différence de toutes fortes de Ponts, foit dormans ou fixes, foit mouvans & flottans, volans, tournans à couliffes, Pons-levis à flèches, & à bafcule, &c. avec l'explication de tous les termes des Arts qu'on employe à la conftruction des Ponts, & les figures qui démontrent leurs différentes parties. Les Édits, Déclarations, Arrêts & Ordonnances qui ont été rendus à l'occafion des Ponts & Chauffées, Ruës, Bacs, Rivières. Des coutumes obfervées fur ce fait ; de leur entretien, des garanties, des Péages, & des Réglemens fur les carrières. *Paris, Cailleau, 1716, in-12.*

Le fujèt des Ponts n'avoit été traité à fond jufques-là par aucun Auteur. Scamozzi, Palladio, Serlio, &c. ont feulement donné des modèles de Ponts de Maçonnerie & de Charpente ; Vitruve & Vignole n'en ont rien dit ; enforte que cet Ouvrage peut être regardé comme quelque chofe de nouveau, perfonne avant M. Gautier, à qui on eft redevable n'ayant donné de règles pour la conftruction des Ponts. Le titre que nous venons de rapporter fait voir, que ce Traité eft très-étendu. L'Auteur après avoir parlé des Ponts en général, parle de la rapidité des eaux fous les Ponts ; & des moyens de l'éviter. Il parle de l'abaiffement des eaux des rivières, & de la manière de les détourner pour établir les fondations d'un Pont, puis il vient aux outils dont on fe fert pour travailler aux Ponts ; il paffe de-là à l'emploi des bois, aux qualités qu'ils doivent avoir, à leur coupe, à leur mefure, aux pillots, & pals à planches, aux ceintres, mortoifes & poutres armées, aux machines & engins à enlever, à conduire & à épuifer ; aux parties des Ponts de Maçonnerie, & à leur proportion ; aux culées & aux aîles ; aux piles, aux avant-bècs, aux angles, aux vouffoirs, & à un grand nombre d'autres matières dont le détail feroit trop long. Cet Ouvrage ft accompagné d'un Dictionnaire, où l'on trouve l'explication de tous es termes qui concernent les Ponts, & la conftruction des Ponts ; ce

ue c'eſt , par éxemple, que verrin , tourillons , vouſſoirs , &c. *Vouſ-*
ſirs ſont les principales pierres qui forment l'arche d'un Pont & ſon
andeau. *Verrin* eſt une machine compoſée de deux vis , laquelle ſert à
lever de gros fardeaux. *Tourillon* eſt une groſſe cheville de fer , laquelle ſert d'eſſieu à toute choſe tournante , comme à un Pont-levis.

L'Auteur ne ſe contente pas d'expliquer tous les mots d'Art qui ſont
ſités dans la conſtruction des Ponts, il donne encore , par des figures
n taille-douce , une deſcription éxacte des choſes que ces mots ſigni-
ient. Il a fait graver outre cela les Ponts les plus remarquables , tant
le l'Antiquité que d'apréſent ; & on a le plaiſir de voir ici en vingt-ſix
lanches bien des curioſités ſur ce ſujèt.

De tous les Ponts qui ayent jamais été , aucun n'a égalé en gran-
leur celui que Trajan fit élever ſur le Danube. Comme ce Fleuve eſt
extrêmement large , il falloit que le Pont fut fort long. Auſſi étoit-il
compoſé de vingt arches, hautes de 150 pieds ; leur ouverture d'une
pile à l'autre étoit de 160 pieds , ce qui faiſoit une longueur de Pont
d'environ 600 toiſes ; c'eſt-à-dire , de 490 toiſes de Paris, l'ancien
pied Romain étant de douze pouces du pied de Paris. Les dimenſions
d'un pareil ouvrage ſont preſque au-deſſus de toutes les idées des Architectes d'aujourd'hui : les piles de ce beau Pont qu'Adrien, ſucceſſeur
de Trajan, fit abattre , de peur que les Barbares ne vinſſent porter leurs
armes juſques dans l'Empire Romain , ſe voyent encore dans le milieu
du Danube.

On mèt auſſi au rang des Ponts renommés dans l'Hiſtoire , celui que
Darius fit faire ſur le Boſphore de Thrace ; celui de Xercès ſur l'Héleſ-
pont, celui de Pyrrhus projetté ſur le Golfe Adriatique , & celui de
Céſar ſur le Rhin. Les Romains , remarque notre Auteur , avoient encore à Rome de très-beaux Ponts ſur le Tibre. L'Empereur Adrien fit
bâtir le premier, qui eſt le Pont *Ælius*, du ſurnom de l'Empereur
Adrien , à préſent le Pont Saint Ange ; près le Mauſolée de cet Empereur , à préſent le Château Saint-Ange : il étoit garni au-deſſus d'une
couverture de bronze , ſupportée par quarante-deux colonnes. Le deuxième Pont étoit le Pont Triomphal, repréſenté planche deuxième ; ce
Pont n'eſt plus , on en voit les ruines dans le Tibre. Le troiſième étoit
le Pont nommé *Janiculenſis* , à préſent Pont Sixte ; à cauſe que le Pape

Sixte IV. l'a fait rétablir : il étoit anciennement de marbre. Le quatrième , le Pont *Caſtius* , à préſent dit *de Saint Barthelemi* , rétabli par l'Empereur Valentinien : le cinquième Pont *Fabricius* ou *Tarpicus* , à préſent *Ponte Carpi* , repréſenté dans la planche troiſième. Le ſixième , le Pont *Suartorius* ou *Palatinus* , à préſent dit *Sancta Maria* , repréſenté planche quatrième. Le ſeptième , le Pont *Horatius* , un des plus beaux de Rome ; & dont on voit encore les ruines dans le Tibre. Notre Auteur dans la planche cinquième en rapporte l'élévation telle qu'un Auteur Italien l'a fait voir dans ſon Ouvrage des Antiquités de Rome. Ce Pont reſſemble à un Portique , ou à un Arc de Triomphe. Il fut pluſieurs fois rétabli du temps des Romains , la première par le Roi *Ancus Martius* , puis par *Horatius Cœlis* : enſuite par *Emilius Lepidus* Préteur ; quelque-temps après par l'Empereur Tibère. Il fut encore renverſé ſous l'Empire d'Othon , & puis rétabli par *Antonius Pius*. Le huitième enfin , nommé *Milvius* , eſt hors de Rome , & au-deſſus de deux mille ſur la voie Flaminienne ; on en voit la figure planche ſixième. Après avoir fait le détail de ces Ponts anciens , M. Gautier parle des Ponts modernes , il commence par ceux d'Avignon , du Saint-Eſprit , & de Lyon ſur le Rhône : le premier eſt abattu , & il n'en reſte que quelques arches ; le deuxième ſubſiſte en entier , & c'eſt un des plus beaux Ponts de l'univers ; on en voit tout au long la figure dans la planche ſeptième. Une choſe particulière à ces trois Ponts , c'eſt que leur plan n'eſt pas en droite ligne , ſur-tout dans ceux d'Avignon & du Saint-Eſprit. L'angle eſt peu ſenſible dans celui de Lyon , mais pour les deux autres ils font une courbure très-viſible , dont la convexité s'oppoſe au courant du Rhône. M. Gauthier rapporte l'Hiſtoire de ces trois Ponts. Le Pont de Lyon ſur le Rhône eſt compoſé de vingt arches , on l'appelle le Pont de la Guillotière. M. Gautier vient au Pont Royal des Thuilleries , & au Pont-Neuf de Paris ; au Pont de Londres , & à un grand nombre d'autres dont il a ſoin de donner les figures.

ŒUVRES D'ARCHITECTURE , contenant les Deſſeins , tant en plans qu'en élévations , des principaux & des plus nouveaux Bâtimens , dans le dernier agrandiſſement de la Ville d'Amſterdam , & autres endroits de ces Provinces ; ordonnées par

V v v ij

hilippe Vingboons, Architéête de la Ville d'Amſterdam. *Leyde*, *ierre Vauder Aa*, *1717*, *2 Vol. in-Fol.*

ARCHITECTURE HISTORIQUE. Par M. Fiſchers. *Leipſick*, *725*, *in-Fol. Oblong.*

Cet Ouvrage repréſente en 93 grandes planches gravées en taille-ouce, pluſieurs Bâtimens Antiques, Juifs, Égyptiens, Syriens, Perſans Grècs; pluſieurs autres Bâtimens Antiques moins connus que les pre-iers. Les plus célèbres Bâtimens Arabes & Turcs; comme auſſi plu-eurs deſſeins de l'*Architeêture Perſanne Moderne*, Siamoiſe, Chinoiſe & ponoiſe; avec quelques Bâtimens de l'invention & de l'éxécution de Auteur. Divers Vaſes Antiques, Égyptiens, Grècs, Romains, & oderne; avec une explication tirée des meilleurs Auteurs tant nciens que Modernes.

NOUVEAU TRAITÉ de la Coupe des Pierres. Par M. de la uë Architéête. *Paris*, *Imprimerie Royale*, *1728.*

Cet Ouvrage, que l'Académie Royale d'Architeêture a approuvé vec Éloges, eſt rempli de près de cent planches gravées; & pour onner une plus grande intelligence de la compoſition, des traits, des êtions, & des développemens des corps ſolides, appliqués à l'uſage e la *Coupe des Pierres*; l'Auteur y a joint un Traité de *Stéréométrie*, ui peut porter cette Science à ſa perfeêtion.

ARCHITECTURE MODERNE, ou l'Art de bien Bâtir pour outes ſortes de perſonnes, tant pour les maiſons des particu-ers, que pour les Palais; contenant cinq Traités: 1°. de la Conſtruêtion & de l'emploi des matériaux. 2°. De la Diſtri-ution de toutes ſortes de plaçes; 3°. de la manière de faire es Devis; 4°. du Toiſé des bâtimens ſelon la Coutume de aris; 5°. des Us & Coutumes concernant les Bâtimens, & apports des Jurés-Experts. *Paris*, *Jombert*, *1728*, *2 Vol. in-4.*

LE NOUVEAU TRAITÉ D'ARCHITECTURE, contenant les tnq Ordres ſuivant les quatre Auteurs les plus approuvés;

Vignole, Palladio, Philbert de Lorme & Scamozzi ; fur le principe defquels font compofés différens fujèts fur chacun de leurs Ordres. Par le S. Nativelle Archit̀ècte. *Paris, Dupuis, 1729, 2 Vol. in-Fol. gr. pap.*

ARCHITECTÙRÆ CIVILIS Theorico-praticæ, opus Andreæ Galluzzi, Placentini ex nobili Galluciorum familia, olim Bononiæ regenti, & nuper extincta, Academici Clementini & Sac. Maj. Reginæ Hungariæ Architecti ; &c. Modène, 1743, in-Fol.

On enfeigne dans cet Ouvrage d'une manière fort claire, l'Art de bâtir & de donner le Devis des divers Édifices, felon les cinq Ordres d'Architècture, même accompagnés d'ornemens à quelque hauteur donnée que ce foit ; fans y employer le calcul, ni d'autres inftrumens que le pied & la toife. On ajoûte à la fin une Critique des plus célèbres Ouvrages d'Architècture tant anciens que modernes, des principales Villes de la Lombardie ; pour l'inftruction du Public, & en particulier des Seigneurs.

L'ARCHITECTURE DES VOÛTES, ou l'Art des Traits & Coupes des Voûtes ; Traité très-utile & néceffaire, à tous les Architèctes, Maîtres - Maçons, Appareilleurs, Tailleurs de pierres ; & généralement à tous ceux qui fe mêlent de l'Architècture, même Militaire. Par le P. F. Derand, de la Compagnie de Jefus, avec Fig. *Paris, Cailleau, 1743, in-Fol.*

LIVRE D'ARCHITECTURE, contenant les Principes généraux de cet Art ; les Plans, Élévations, & Profils de quelques-uns des Bâtiments faits en France, & dans les Pays Étrangers. Par le S. Boifffand, Architècte du Roi ; &c. *Paris, Cavelier, 1745, in-Fol.*

L'Auteur de ce Livre ne fe propofe point d'y donner des Élémens d'Architècture, il n'entre même dans aucun détail des Arts & des Sçiences néceffaires à un Architècte ; ces matières ont été traitées il y a long-temps, dans un grand nombre d'Ouvrages qui ne laiffent aujourd'hui rien à dire de nouveau à ceux qui en voudront écrire.

Avec toutes ces Connoiffances, on peut être encore un fort médiocre Architècte : c'eft le bon goût formé par l'expérience & par les réfléxions, qui feul peut faire un éxcellent Architècte ; & c'eft à expliquer ce que c'eft que ce bon goût, & à en développer les principes & les règles, que s'eft appliqué M. Boiffrand.

M. Boiffrand eft bien éloigné de croire, que le bon goût en Architècture foit quelque chofe d'arbitraire ; il eft vrai qu'il n'eft pas aifé de le bien définir, & que ce n'eft que dans les principes de l'Art qu'on peut trouver les raifons démonftratives, pourquoi un Ouvrage plaît ou ne plaît pas.

Notre Auteur définit le goût, une faculté qui diftingue l'éxcellent d'avec le bon.

C'eft une grande opération, ajoûte-t-il, de réduire un Art en principes ; ils font l'ouvrage de plufieurs fiècles, le fruit d'une profonde réfléxion fur ce qui a plû ou déplû aux hommes les plus éclairés ; & l'effet d'une expérience fouvent redreffée. Telles font les règles fondamentales de l'Architècture trouvées & développées par les Grècs, qui ont été pour cet Art, ainfi que pour la Peinture, la Sculpture, &c. les maîtres des Romains & les nôtres.

Outre ces principes qui ont établi les belles proportions, il y en a d'autres auffi néceffaires, fondés fur les raifons de convenances, de commodités, de fûreté, de fanté, &c. Sans toutes ces règles un Édifice ne peut être réputé de bon goût ; il eft vrai qu'on ne peut pas toujours les mettre en pratique, mais il faut les connoître pour s'en fervir autant qu'il eft poffible ; de même qu'il faut être inftruit des défauts qui leur font oppofés, pour les éviter.

De ce que dit ici M. Boiffrand ; il réfulte qu'on peut fort bien appliquer à l'Architècture, ce vers de la Poëtique d'Horace.

Omne tulit punctum, qui mifcuit utile dulci.

Celui-là a tout fait, qui a fçu joindre l'agréable à l'utile.

Les hommes les plus groffiers diftinguent affez aifément le bon du mauvais ; mais felon M. Boiffrand, il y a plufieurs degrés entre le bon & l'excellent : c'eft à faire cette diftinction délicate, que confifte le bon goût.

Dans les premiers siècles du monde , dit M. Boiffrand , on n'eut pour objèt que de se garantir des injures de l'air , & de se défendre contre les animaux qui pouvoient nuire ; mais à mesure que la Société s'eft perfectionnée , les habitations des hommes ont reçu une nouvelle forme , toujours fondée sur l'utilité & l'agrément. On donna aux Temples des Dieux une proportion convenable à leur Culte , & aux Myftères de la Religion ; ces ornemens paffèrent au Palais des Souverains : afin qu'ils euffent quelque chofe de la dignité des Temples , ainfi que les Rois ont aux yeux des hommes quelque chofe de la majefté des Dieux.

La Nature a formé le germe des Arts , la réflexion & l'expérience les ont développés & nourris. Les troncs d'arbres , qui dans les premiers fièles foutenoient le couvert des Cabanes , ont donné l'idée des Colonnes qui ont foutenu les Portiques des Édifices. On leur a donné un contour plus élégant , que celui que la nature donne aux arbres. On a ajoûté une Baze qui y donne plus d'empatement , & un Chapiteau qui s'élargiffant par le haut , femble porter plus folidement les Entablemens.

Callimachus vit sur le Tombeau d'une jeune Fille un panier dans lequel on avoit mis des vafes qu'elle avoit aimés pendant fa vie , & qui étoit couvert d'une brique : du bas de ce panier il fortoit une plante d'Achante , dont les feuilles montoient le long du parois du panier , & dont la tige & la graine fe recourboient fous la brique ; il en prit l'idée des feuillages qui ornent le deffus des Colonnes. Les fablières qui lioient le tronc des arbres par le haut , ont donné lieu aux Entablemens que l'Art a proportionnés à la hauteur des Colonnes , & qu'il a enrichi d'ornemens ; on trouvera dans toutes les parties des Édifices , qu'elles ont été fuggérées par le befoin & par la nature , & qu'elles ont été enfuite perfectionnées par l'Art. Les Gaulois qui ignoroient les règles qu'ont fuivi les Grècs & les Romains , en voulant enchérir fur ce que les Grècs & les Romains avoient fait , au lieu de prendre les troncs des arbres pour modèle des Colonnes , ont cherché à imiter les branches & les rameaux. Ils ont en conféquence fait des Colonnes menuës & hautes , qui fe divifant par le haut en plufieurs branches d'ogives dans les voûtes , imitent les rameaux des arbres. Les arcs de ces voûtes au lieu d'être en plein ceintre , qui eft la figure la plus parfaite , ont été

its en triangle curviligne , imitant les branches des arbres qui se croient par le haut en formant un angle.

Au lieu de suivre l'idée d'une solidité raisonnable , ils s'en sont écar-
és en faisant des choses hardies & étonnantes ; comme s'il y avoit plus
e mérite à faire des ouvrages qui paroissent prêts à tomber à tout
moment , quoique également solides , que d'en faire qui paroissent de-
oir durer éternellement.

Mais l'Italie nous a à la fin ouvert les yeux , elle nous a remis dans le
on chemin ; il est à souhaitter. que l'envie de faire du nouveau , &
que la mode , dont la tyrannie se fait sentir en France plus que par-
out ailleurs , ne nous fasse dégénérer du bon goût du siècle précédent.

La Mode , dit M. Boiffrand , est un grand obstacle à la perfection des
Arts ; elle est accompagnée de la folle nouveauté qui plaît dans le moment , mais qui cesse bien-tôt de plaire , & qui ne tarde pas à faire
place à quelques nouvelles bizarreries ; que les ignorans prennent
pour l'effet d'un génie fécond & inventif , tandis que les gens de bon
goût ne les regardent que comme des productions extravagantes &
monstrueuses.

Le bon goût ne se fait pas voir seulement , dans les décorations de
intérieur & de l'extérieur des Édifices. Comme il est toujours fondé
sur la droite raison , c'est à lui à décider de la position de quelque
Bâtiment que ce soit ; d'en marquer l'exposition , & d'en déterminer la
distribution.

Par rapport à la position d'une Maison , on doit être attentif à la
pente naturelle du terrein , afin d'en écarter les eaux qui pourroient y
auser de l'humidité ; au ménagement de la vûë d'une Campagne , soit
qu'elle soit ornée par la simple nature , soit qu'elle le soit par la culture ; à l'agrément d'une Rivière qui parcourt des prairies , & qui fournit cent commodités ; à la magnificence d'une Forêt , à l'utilité d'une
source d'eau pure & saine ; enfin à profiter autant qu'il est possible de
tous les avantages que la nature peut offrir , & pour les délices , & pour
utilité.

Par rapport à l'exposition d'une Maison ; il faut faire ensorte que les
appartemens en soient sains , gais , chauds , tempérés & frais suivant
es saisons : que chaque partie soit tournée vers l'aspect du Ciel , qui
onvient à son usage.   Par

Par rapport à la Diſtribution, une Maiſon doit être proportionnée au nombre des perſonnes qui doivent s'y rendre, & qui doivent l'habiter. La grandeur des Cours & des Chambres doit auſſi être proportionnée à leur uſage ; l'arrangement de toutes les parties doit avoir un enchaînement & une liaiſon convenable, & former un ſeul tout agréable en même-temps & commode.

Un bon Archiètête doit encore avoir attention à la qualité de celui pour qui il bâtit ; il faut qu'une Maiſon réponde à la dignité, aux emplois, à la profeſſion & à la façon de vivre de celui qui doit l'habiter.

M. Boiffrand pouſſe la choſe encore plus loin : il prétend que tout Édifice doit avoir un caractère particulier qui annonçe au premier coup d'œil ſa deſtination, & qu'il faut que par ſa compoſition il exprime comme ſur un Théâtre, que la Sçène eſt Paſtorale ou Tragique ; que c'eſt un Temple ou un Palais, un Édifice public ou une Maiſon particulière.

Enfin M. Boiffrand applique à l'Architêture tous les préceptes qu'Horace a donnés dans ſa Poëtique ; il fait voir que le même bon ſens qui doit guider le Poëte doit auſſi conduire l'Architête : que les règles générales de la Poëſie & de l'Architêture ſont les mêmes. On pourroit encore ajoûter à ces deux Arts la Peinture & la Muſique, car tous ces différens Arts ont entre eux mille rapports, & ſont fondés ſur les mêmes principes.

LE VITRUVE DANOIS. Par M. Thurah, Colonel d'Infanterie, & premier Architête de Sa Majeſté le Roi de Danemarck & de Norvège. *Paris, Mariette, 1745, 2 Vol. in-Fol.*

Cet Ouvrage eſt important & fait connoître le bon goût d'Architêture qui règne dans le Danemarck.

On y trouve les Plans, les Élévations & les coupes bien détaillées de Palais, Bâtimens Royaux & Publics ; ainſi que des Maiſons des Particuliers ſitués tant dans la Ville Capitale, que dans les Provinces qui compoſent les États de la Couronne de Danemarck. L'on y voit avec plaiſir que la belle Architêture, qui n'habitoit autrefois que l'Italie, ne connoît plus préſentement de bornes, & s'eſt étendüe dans toute l'Europe.

L'ARCHITECTURE, *Poëme*. Par le P. Jean-Marie Borelly, de la Compagnie de Jesus. *Lyon, Delaustre, 1746, in-8°.*

La proposition de ce Poëme est conçuë en ces termes :

> *Saxa movere loco, motisque imponere morem,*
> *Et dociles flecti rupes in celsa vocare*
> *Mænia, Thebani quondam miracula plectri*
> *Aggredior, cautesque iterum mollire canendo.*

» J'entreprends de renouveller par mes chants les prodiges de la
» Lyre d'Amphion ; c'est-à-dire, de donner du mouvement aux pier-
» res, d'amollir les rochers, & de les rendre dociles aux règles de
» l'Art «.

L'Auteur invite ensuite sa Muse à prendre en main les Instrumens propres à cet Art pour construire des Temples aux Dieux, & des Maisons aux Hommes. Il l'encourage à ce travail par l'éxemple d'*Ap-pollon* & de *Neptune*, qui ne dédaignèrent pas de bâtir les murs de Troye.

> *Non renuit liquidis junus discedere regnis,*
> *Neptunus posito trullam tractare Tridenti.*

Après cet invocation, il commence son Poëme par l'exposition de l'état misérable où étoient les hommes avant l'invention de l'Ar-chitecture. Il dit, que ne pouvant supporter l'éxcès du froid & du chaud, une partie d'entre eux chercha à se mettre à couvert des injures de l'air, en bâtissant des Cabanes de boüe ; qu'ils couvrirent de chaume, de joncs & d'herbes marécageuses. D'autres, dit-il, abbatirent des arbres & les jonchèrent les uns sur les autres ; mais la fureur des vents ayant souvent renversé leurs Maisons de boüe, & la flamme ayant consumé plusieurs fois leurs tas de bois ; la nécessité donna enfin la naissance à l'Architecture, en obligeant les hommes de chercher des moyens pour éviter ces sortes d'accidents. Les Dieux de leur côté en-nuyés d'habiter des Temples informes, & de reçevoir l'encens & les Sacrifices qu'on leur offroit sur des Autels de gazon, se retirèrent dans les Cieux ; ils engagèrent Minerve à montrer aux mortels, l'art d'élever de beaux Édifices.

Les premiers que Minerve inftruifit furent les Doriens. C'eft donc aux Grècs , que notre Auteur attribue l'invention de l'Architecture. Ce n'eft pas qu'il ignore, que cet Art n'ait été connu & même porté à une grande perfection long-temps auparavant chez les Égyptiens. Mais comme les règles de l'Architecture , telle qu'on la pratique aujourd'hui, font les mêmes qui avoient été établies par les Grècs ; & que les différens Ordres portent encore les noms de divérs Peuples de la Grèce, qui font cenfés en avoir été les Inventeurs ; il n'étoit pas du plan du Poëme , de remonter à des temps plus reculés pour y trouver les commencemens de cet Art.

Les Doriens , continuë notre Poëte , animés & inftruits par Minerve , élèvent en l'honneur de cette Déeffe un Édifice inconnu jufqu'alors.

> *Pars vifceta terræ*
> *Effodiunt , & prima folo fundamina ponunt.*
> *Pars rupem excidunt , crebris fonat ictibus Æther ;*
> *Tum faxa imponunt faxis , jamque ardua furgit*
> *Machina , marmoreis centum librata columnis.*

De-là le Poëte paffe à la defcription du Piédeftal , de la Baze , de la Colonne , du Chapiteau , du Tailloir , de l'Architrave , de la Frife & de la Corniche ; où tous les termes de l'Art font placés fi à propos , & expliqués avec tant de clarté , qu'ils répandent beaucoup de graces dans la verfification. Pour donner une idée plus diftincte de l'Ordre Dorique & de l'Ordre Ionien , & pour éviter la monotonie du ftyle didactique ; il infère adroitement les éloges que Louis XV. & le Prince de Conti ont mérités par leurs Victoires.

» Si vous voulez, dit-il , rendre des honneurs au Prince de Conti,
» pour avoir forcé le paffage des Alpes , employés l'Ordre Dorique ,
» qui eft plus maffif qu'il n'eft varié par les ornemens de l'Art ; dreffez-
» lui un Temple immenfe au fommet d'une Montagne , qui foit l'objèt
» de la joie des François , & qui répande la terreur & l'inquiétude
» dans le cœur des Peuples qui habitent la rive de l'Éridan «.

> *Si quos meditaris honores*
> *Contio , ob evictas clauftris obftantibus Alpes ,*

X x x ij

Pone alacer Dorum inconcuſſo ex ordine Templum ;
Templum immune , ſedens ſuperato in vertice montis ,
Quòd læti inſpiciant Galli , quòd lumina torvo
Eridanus cernat lauratus pectora curis , &c.

Mais s'il s'agit de célébrer les Victoires de Louis XV , & de lui
élever un Temple ſur les bords du Rhin , ou de l'Eſcaut , ou de la
Liſſe , pour y placer ſes Trophées ; le Poëte veut qu'on ſuive l'Ordre
Ionien.

Tercentum Ioniæ fundabunt Templa columnæ ,
Seu Rheni ſedeant , trepidivè ad littora ſcaldis ;
Seu Legiæ , LODOICE , tuis loca plena Trophæis.

Il faut voir dans l'Ouvrage même la deſcription de ce Temple , & de
tous les ornemens dont il doit être décoré. L'Auteur explique enſuite
plus préciſément en quoi conſiſte l'Ordre Ionien. Il dit , que les divers
Peuples de la Grèce ayant accouru de toutes parts pour voir le Temple
que les Doriens avoient bâti en l'honneur de Minerve , les Ioniens
trouvèrent que les Colonnes étoient trop nuës ; & que l'on pouvoit
ajoûter différens ornemens ſur les Chapiteaux , qui en rendroient le
coup-d'œil plus agréable.

Utque invento addere promptum eſt.
Ionias ornatu habiles fecere columnas
Et cinnos capiti , criſpati imitamine crinis
Quatuor involvunt , aptè qui à verticè ſummæ
Pendent , ſpirali dicuntur ab orbe volutæ ,
Eminet has inter , truncato corpore , longa
Ovorum ſeries , telis diſtincta triſulcis.
Flos abaci exhilarat frontem ; flos nobilis arte :
Qualis ubi Nympha ornatus arceſſit , &c.

Callimaque enchérit encore ſur ces ornemens ; ayant remarqué un
jour avec quelle grace les feuilles d'un Achante plioient & ſe recourboient ſous une corbeille que l'on avoient placée au-deſſus , & admi-
rant l'effèt agréable que produiſoient les feuilles courbées autour de la
corbeille , forma le deſſein de tranſporter cet ornement dans l'Archi-

téture , en revêtiffant les Chapiteaux des Colonnes par les feuilles de l'Achante ; c'eft ce qui rendit Callimaque Auteur d'un nouvel Ordre , qu'on appella Corinthien , du nom de la Patrie de celui qui l'avoit inventé.

Le Poëte continue à rapporter les diverfes imaginations des Grècs , pour varier les ornemens de l'Architèture ; il fait mention des Caria-tides , des Colonnes torfes , & des Colonnes canelées. Il donne une idée fuccinte de l'Ordre Compofite , & de l'Ordre Tofcan. Quoique les Eutririens n'ignoraffent pas jufqu'à quel point de perfetion les Grècs avoient porté l'Art de l'Architèture , ils ne voulurent cependant pas imiter la délicateffe de leur goût , ni faire ufage des ornemens que les Grècs avoient inventés. Ils aimèrent mieux retenir la fimplicité de leurs ancêtres dans la conftrution des Colonnes ; & Trajan lui-même lorfqu'il fit élever la fameufe Colonne qui porte fon nom & fes tro-phées , choifit l'Ordre Tofcan par préférence ; foit par amour de la fimplicité , foit , dit le Poëte , par un effet de l'orgueil naturel aux Romains ; qui les portoit à méprifer , ou du moins à ne pas vouloir employer des Ordres d'Architèture imaginés par des Étrangers.

Après avoir décrit ces différens Ordres ; le Poëte peint la ruine de Rome par les Barbares , la deftrution des beaux Monumens que cette Capitale du Monde contenoit dans fon enceinte , le nouveau goût d'Architèture introduit par les Goths ; il repréfente la Barbarie comme une Reine impérieufe , qui contrefaifant fort mal la Déeffe Minerve , donne les Loix d'une Architèture maffive , informe , & ridicule.

Immanes peregrino habitu fine lege Columnas
Attolit sursùm , variafque in vertice formas
Adjicit infuetas , hominumque , canumque , ferarumque
Omne genus , Lepidos ornatus ordine nullo
Agglomerat multos , fummofque cacuminat arcus
Fornicis , informes arcus , curvamine fracto.

Le mauvais goût de l'Architèture Gothique ne dura que trop long-temps ; mais enfin , il fe trouva en Italie d'heureux génies , qui , ne pouvant fupporter la vûë de ces Édifices informes élevés par les Bar-bares , firent fouiller dans les ruines de l'ancienne Rome , en tirèrent

Colonnes entières avec tous leurs ornemens , & copiant ces beaux
.èles , rétablirent l'Architècture dans son ancien lustre. *Vignole* fut
remier qui éleva sur les ruines des Édifices Gothiques , des Palais
es Temples où règne le bon goût de l'ancienne Architècture. Notre
e regrette de n'avoir pas vu les beaux ouvrages des Grècs & des
iains. » Quelle aménité , dit-il , n'auroit pas répandu dans mon
oëme la description de ces superbes Monumens «. Au défaut des
ens Édifices , dont il ne peut donner une idée détaillée , il décrit
ife de Saint Pierre de Rome , le plus magnifique Édifice que l'Ar-
èèture ait inventé depuis son rétablissement. Il donne à Michel Ange
u Cavalier Bernin , les éloges qui sont dûs à leurs grands talens.
à il passe en France , & il montre quel étoit l'état de l'Architèc-
dans ce Royaume du temps de François I. Il parcourt *tous les*
ices remarquables , qui sont aujourd'hui l'ornement de la Ville de
s. Il s'étend de-là dans les Provinces , & il parle de tous les Ou-
;es célèbres , qui ont illustré le règne de Louis XIV ; comme du
al de Languedoc , de la Grotte de Malpas , & du Cap de Sette.
n , il termine son Poëme par une courte description des principaux
rages , que l'on a imaginés pour fortifier les Plaçes de *Guerre* ; à
oir des Bastions , des Courtines , des Fossés , des Chemins couverts
es Mines. » Je me serois étendu davantage , ajoûte-t-il , sur tout
: que l'Art a produit de merveilleux en ce genre sous la conduite
: M. de Vauban. Mais à quoi bon d'insister si long-temps sur des
uvrages , dont la forçe de l'Artillerie & la valeur des François
.ent de montrer l'inutilité dans la prise de Tournai « ?

.RCHITECTURE HYDRAULIQUE', qui comprend l'Art de
;er les eaux de la Mèr & des Rivières , à l'avantage de *la*
enfe des Plaçes , du Commerce , & de l'Agriculture ; par
Belidor , Colonel d'Infanterie , Chevalier de l'Ordre Mili-
: de S. Louis. *Paris , Jombert , 1750 , in-4°.*

e tous les Arts auxquels les hommes se sont appliqués , il y en a
qui soient plus interessans que celui par lequel on a trouvé le
·en de régler , & d'assujettir le cours des eaux d'une manière propre
gmenter les avantages de la Société. Il seroit naturel de penser

que cette néceffité de pourvoir aux befoins de la vie, auroit éxcité les Méchaniciens à compofer plufieurs Ouvrages fur une matière fi utile : cependant le nombre des bons Livres fur l'Architècture Hydraulique eft très-rare ; fi la Théorie eft expliquée dans quelques-uns, on y chercheroit en vain les règles d'une Pratique fûre & éclairée ; c'eft ce qui a déterminé M. Belidor à s'appliquer, depuis plufieurs années, à faire beaucoup de recherches fur tout ce qui regarde les Ouvrages qui fe font dans l'eau : il a raffemblé de toutes parts des richeffes qu'il convient avoir puifé chez les plus célèbres Ingénieurs. Mais fi les matériaux n'appartiennent pas en entier à l'Auteur, du moins l'arrangement & la méthode font de lui ; & l'on fçait combien il eft difficile de faire un jufte emploi des morçeaux les plus eftimés. Il faut une main intelligente pour en faire l'application ; c'eft une entreprife confidérable que de former un Corps d'Ouvrage fur une matière qui embraffe tant de détails, l'ordre & la clarté doivent y tenir le premie rang.

Cet Ouvrage eft orné d'un grand nombre de Plans parfaitemen bien gravés. La précifion & l'éxactitude avec lefquelles ils font éxécutés, fervent beaucoup à rendre intelligibles les différens fujèts qu l'on y traite. On peut appliquer à l'Auteur ce qu'il dit d'un autre ; c'e que les matières qui paroiffent les plus ingrates & les plus féches, ceffer de l'être, quand elles font écrites & maniées par une main habile & délicate.

DICTIONNAIRE ÉTYMOLOGIQUE des termes d'*Architècture* & autres termes qui y ont rapport : fuivi de l'explicatio des Pierres précieufes, & leurs étymologies. Par M. Gaftelie *Paris, Veuve Piffot, Sebaftien Jorry, & Duchéne, 1753, in-12*

Les Étymologies que l'Auteur tire du Grèc & du Latin, quelquefo de l'Italien ; & qu'il joint aux explications des termes d'Architècture ne peuvent manquer de les éclaircir, & de les graver encore plu profondément dans la mémoire. On ajoûte à chaque terme fon genre ce qui a bien fon utilité, fur-tout pour les termes d'Art. M. Gaftelie fuit la même méthode dans la defcription des pierres précieufes, qu a mife à la fin de fon Dictionnaire.

ESSAI SUR L'ARCHITECTURE. *Paris, Duchéne, 1753, in-12.*

Les premiers principes de tous les Arts font puifés dans la nature ; tout le monde croit les connoître, mais ce font des fecrèts qu'elle ne révèle qu'à une petit nombre d'âmes privilégiées ; peu de gens fçavent s'élever jufqu'à cette fource primitive des vraies beautés & des défauts heureux. Ouvrons la plûpart des Livres compofés pour l'inftruction des Artiftes en tout genre, qu'y trouvons-nous ? Des modèles propofés plûtôt que des préceptes infpirés par le goût ; mais ces modèles ofe-t-on les difcuter ? N'éxige-t-on pas pour eux un refpèct trop fervile ? N'étend-t-on pas trop loin le confeil de les imiter ? Ce qu'ils ont fait n'eft-il pas trop fouvent donné, pour unique règle de ce qu'il faut faire ? Cette méthode timide & rempante rend les productions de l'Art trop uniformes, confacre prefque également les grands défauts & les grandes beautés, confond les idées du goût, & charge le génie d'entraves rigoureufes qui retardent fa courfe, qui le tiennent dans une enfance perpétuelle, qui l'empêche de s'élancer au-delà des bornes de la médiocrité. Si quelque nouveauté fublime s'introduit, ce ne peut-être qu'en violant ces règles importunes ; mais le trop docile Artifte n'ofe les violer, toujours difciple, toujours imitateur, il n'ofe devenir Maître & modèle lui-même. L'Auteur de l'agréable & utile Ouvrage que nous citons ici, croit que cette Théorie imparfaite & fondée fur l'imitation, eft le partage de la feule Architecture ; il fe trompe, c'eft un malheur commun à tous les Arts, malheur qui ne doit être attribué qu'à l'extrême rareté des génies originaux.

Vitruve, dit-on dans la Préface, ne nous a proprement appris que ce qui fe pratiquoit de fon temps ; les Modernes n'ont fait que commenter Vitruve & le fuivre dans fes égaremens, M de Cordemoy feul a apperçû la vérité ; fon court Traité d'Architecture renferme des principes éxcellens, & des vûës extrêmement réfléchies : notre Auteur eft fâché qu'il ne les ait pas développés un peu davantage, & qu'il n'en ait pas tiré des conféquences qui auroient répandu un grand jour fur les obfcurités de fon Art.

Après s'être fervi d'un tour élégant & ingénieux pour faire entendre avec modeftie, qu'il fe propofe d'achever l'Ouvrage ébauché par M. de Cordemoy ; il rend compte de la méthode qu'il a fuivie, & nous

ofons

ofons affûrer que c'eft la feule qui foit digne d'un homme de génie &
de goût, diverfement affecté à l'afpèct des monumens que l'Architècture offroit à fes yeux, il a interrogé fon ame fur toutes les impreffions
qu'elle éprouvoit; tantôt c'étoit une admiration impétueufe, mêlée
de refpèct & d'enthoufiafme; tantôt une volupté douce, une eftime
tranquille; quelquefois une indifférence parfaite, trop fouvent de
l'averfion & du dégoût; après s'être bien affûré par des expériences
réitérées que ces mouvemens étoient naturels, que la prévention n'y
avoit aucune part, il a voulu en pénétrer les caufes; cette recherche
n'entraînoit d'abord qu'embarras & qu'incertitudes, mais quelques réfléxions fur les procédés fimples de la nature diffipèrent toutes les ombres,
un jour nouveau éclaira fon efprit; bientôt il fentit qu'une fimplicité mâle
& fublime, une hardieffe fenfée, de grands traits avoient enlevé fon
admiration, qu'il avoit donné fon eftime à des ornemens d'un goût
délicat, d'une douceur touchante, diftribués avec fageffe; qu'une indifférence parfaite étoit dûe à l'infipidité d'un deffein plat & languif-
fant; qu'enfin fon averfion avoit été excitée par ces monftres éblouïf-
fants, qui étalent avec fracas des hardieffes fans objèt, & des beautés
d'un goût bizarre, fi le nom de beauté peut convenir à ce que la nature défavoüe : ainfi l'Auteur a commencé par fentir, il a fini par raifonner; le fentiment l'a averti de ce qui étoit bon, de ce qui étoit
mauvais, & lui a même indiqué avec précifion le degré de mérite &
d'imperfection de chaque Ouvrage; la raifon lui a enfuite développé
les caufes de ce qu'il avoit fenti, & lui a prouvé que l'habitude des
fens, la convention des hommes, font fouvent des guides infidèles;
mais que le fentiment n'égare jamais.

L'Architècture eft un Art utile, né des befoins de l'homme, érigé
par le goût en Art agréable. L'Auteur accoutumé à préfenter fes idées
fous des images fenfibles & frappantes, confidère l'homme fortant des
mains de la nature fans fecours, fans lumières, fans idées; fes befoins
l'inftruifent par degrés; un gazon s'offre à lui fur le bord d'une onde
pure, il s'y repofe délicieufement; rien ne lui manque, il ne défire
rien, mais bien-tôt l'ardeur exceffive du Soleil l'oblige de chercher
un afyle; une forêt lui offre fon ombrage, il s'enfonce dans fon
épaiffeur favorable, il rentre dans fa première volupté; mais la pluye

qui le pénètre à travers le feuillage le chaſſe encore de ce ſéjour, il
trouve une caverne & s'applaudit de cette découverte ; mais de nouveaux déſagrémens l'y aſſiégent, il ſe voit dans les ténèbres, il reſpire
un air mal ſain ; il eſt fort réſolu de ſe procurer par ſon induſtrie ce
que la nature lui a refuſé ; il lui faut un logement qui le couvre ſans
l'enſevelir. Quelques branches abatuës dans la Forêt ſervent à ſon
deſſein, il en choiſit quatre des plus fortes qu'il élève perpendiculairement, & qu'il diſpoſe en quarré ; au-deſſus il en mèt quatre
autres en travers, & ſur celles-ci, il en élève encore d'autres qui
s'inclinent, & qui ſe réuniſſent en pointe ; cette eſpèce de toît, ainſi
que le vuide qui eſt entre les pilliers, eſt garni de feuilles aſſez ſerrées,
pour que le Soleil ni la pluie ne puiſſent pénétrer dans cette enceinte ;
voilà du moins l'homme garanti des principales injures de l'air ; d'autres
beſoins feront naître d'autres découvertes : mais enfin cette habitation
ruſtique eſt, ſelon l'Auteur, le modèle de toute bonne Architècture ;
les pièces de bois élevées perpendiculairement, ſont les Colonnes ;
les pièces horiſontales qui les ſurmontent, ſont les Entablemens ; les
pièces inclinées qui forment le toît, ont donné l'idée des Frontons :
voilà toutes les parties qui entrent eſſentiellement dans un Ordre d'Architèéture. La Maiſon quarrée de Nîmes, ce monument immortel de
la reconnoiſſance d'Adrien pour Plotine, & du génie ſublime des Romains, n'en admèt point d'autres dans ſa compoſition ; un quarré
long où trente Colonnes ſupportent un Entablement, & un toît terminé aux deux extrêmités par un Fronton ; voilà en quoi conſiſte cet
Edifice, dont la magnificence frappe les yeux les moins connoiſſeurs.
L'Auteur tire de ce premier principe des conſéquences très-lumineuſes ; il
diſtingue trois ſortes de parties, qui entrent dans la compoſition d'un
Ordre d'Architèéture ; les unes y entrent eſſentiellement, ce ſont celles
dont nous venons de parler ; les autres y entrent par beſoin, comme
les Portes & les Fenêtres ; les troiſièmes n'y ont été introduites que
par caprice, comme les Voûtes, les Arcades, les Piédeſtaux, l'Attique, &c. C'eſt dans les parties eſſentielles, que conſiſtent toutes les
beautés ; dans les parties introduites par beſoin conſiſtent toutes les
licences ; dans les parties ajoûtées par caprice, conſiſtent tous les défauts : c'eſt ce qu'il développe par une ſuite de raiſonnemens délicats,

& d'éxemples bien choisis. Il établit par-tout des principes dont il
rend la solidité palpable, & dont il fait une application hardie &
sensée aux monumens les plus respèctés ; s'il loüe quelquefois avec un
juste enthousiasme, il censure souvent avec une équité sévère : on
voit règner dans tout son Livre cette liberté impartiale, apanage du
vrai génie, source heureuse du progrès des Arts. En recommandant
l'usage des Colonnes, il avertit de les tenir isolées autant qu'il est
possible ; il s'irrite contre l'affectation de les engager dans le mur,
lorsque cela n'est pas absolument nécessaire ; croit-on, dit-il, » que
» le Portail de Saint Gervais ne seroit pas plus parfait, si les Co-
» lonnes de l'Ordre Dorique étoient isolées, comme celles des Ordres
» supérieurs « ? C'est pour acquérir le droit de ne rien épargner que
l'Auteur commence par ce trait critique, contre un Ouvrage regardé
généralement comme un chef-d'œuvre ; après cela on n'est pas surpris
de l'entendre appeler l'Église des Jésuites de la ruë Saint Antoine ; *un
Ouvrage monstrueux, où on a eu soin de n'oublier aucune des fautes gros-
sières, qu'on peut faire en Architècture ;* M. de Cordemoy n'avoit guères
mieux traité cet Édifice. Notre Auteur condamne absolument l'usage
des Pilastres de toute espèce, substitués aux Colonnes. » Convertissez,
» dit-il, en Pilastres les Colonnes accouplées du Portique du Louvre,
» & vous lui ôterez toute sa beauté. Comparez les deux côtés de ce
» superbe Portique, avec les Pavillons en avant-corps qui le termi-
» nent ? Quelle différence « ! Il n'a pas plus d'indulgence pour les Co-
onnes à bossages ; Philibert de Lorme qui en a rempli le Palais des
Thuilleries, n'avoit pas, selon lui, un goût assez épuré ; pour que
a seule autorité doive les faire admettre. Les Ouvrages de cet homme
célèbre se sentent encore du goût dépravé des siècles antérieurs. Le
beau Palais du Luxembourg n'est pas médiocrement défiguré par ces
Colonnes à bossage ; les Colonnes torses font bien pis encore » J'admire, dit l'Auteur, les Baldaquins de Saint Pierre de Rome, du
Val-de-Grace & des Invalides ; mais je ne pardonnerai jamais aux
grands hommes qui en ont donné le dessein, d'avoir fait usage des
Colonnes torses «. Un défaut qui le révolte encore, est celui de
quinder les Colonnes sur des Piédestaux ; le Portique de l'Hôtel
e Soubise lui paroît insupportable, à cause de ses affreux Piédes-

aux ; si les Colonnes prenoient depuis le bas , ce seroit un Ouvrage charmant.

L'Entablement doit toujours porter sur ces Colonnes en platte-bande; il ne doit former aucun angle , ni ressaut.

La forme du Fronton doit toujours être triangulaire ; les Frontons ceintrés , les Frontons brisés , les Frontons à volutes sont autant d'inventions contraires à la nature. Un très-grand défaut est celui de mettre plusieurs Frontons les uns au-dessus des autres. Un Fronton suppose un toît ; or on ne mèt point deux toîts l'un sur l'autre. Le Portail de Saint Gervais est encore dégradé par ce défaut.

L'Auteur enveloppe dans une proscription générale une foule d'ornemens dont le mauvais goût , selon lui , a rendu l'usage presque universel ; si on lui reproche de faire par-là le Procès aux Artistes les plus célèbres , l'amour de l'Art , le désir de contribuer à ses progrès lui servent d'excuse ; si on se plaint qu'il retranche aux Architectes leurs ressources les plus ordinaires , il répond qu'en leur enlevant ces foibles ressources de l'imagination , il ouvre un champ plus vaste à leur génie & à leur invention. Enfin il n'admèt point de beauté , si elle n'est parfaitement conforme aux principes les plus simples & les plus naturels , si cette conformité n'est pas sensible , si elle ne peut pas être démontrée ; c'est aux maîtres de l'Art à décider s'il n'étend pas trop loin la rigueur de ses censures , & si ses démonstrations sont toujours aussi complettes qu'elles sont spécieuses. Tout ce que nous pouvons assurer , c'est qu'au moins elles ont tout l'éclat de la vérité , & qu'elles portent l'empreinte du goût & du génie.

ARCHITECTURE-PRATIQUE , qui comprend la construction générale & particulière des Bâtimens , le Détail , Toisé & devis de chaque partie ; sçavoir , Maçonnerie , Charpenterie , Couverture , Menuiserie , Serrurerie , Vitrerie , Plomberie , Peinture d'impression , Dorure , Sculpture , Marbrerie , Miroiterie , &c. avec explication de 36 articles de la Coutume de Paris , sur le titre des servitudes & rapports qui concernent les Bâtimens , & de l'Ordonnance de 1673. Par M. Bullèt, Architéfte du Roi, & de l'Académie Royale d'Architefture. *Paris*, *Hériffant*, *1755, in-8°. avec Fig.*

Cette nouvelle Édition a été revûë, corrigée & augmentée confi-dérablement, fur-tout des détails effentiels à l'ufage afuel du Toifé des Bâtimens, aux Us & Coutumes de Paris, & aux réglemens des Mémoires. Par M. * * * Architefte, ancien Infpefteur-Toifeur de Bâ-timens.

Cet Ouvrage eft très-utile aux Architefles & Entrepreneurs, à tous Propriétaires de maifons, & à ceux qui veulent bâtir.

ARCHITECTURE FRANÇOISE; ou Recüeil des Plans, Élé-vations, Coupes & Profils des Églifes, Maifons Royales, Pa-lais, Hôtels, & Édifices les plus confidérables de Paris; ainfi que des Châteaux, & Maifons de Plaifance fitués aux environs de cette Ville, ou en d'autres endroits de la France, bâtis par les plus célèbres Architefles, & mefurés éxafement fur les lieux; avec la defcription de ces Édifices, & des Differtations utiles & intéreffantes fur chaque efpèce de Bâtiment. Par Jac-ques-François Blondel, Profeffeur d'Architefture. *Paris, Jom-bert, 1754, 3 Vol. in-Fol.*

M. Blondel expofe d'abord fon deffein dans une Préface modefte & judicieufe. Il entreprend de donner l'idée la plus éxafe de l'Architec-ture Françoife, & il a cru pouvoir compter fur une expérience de trente ans; il n'adopte d'ailleurs que des principes généralement avoués, & il ne revendique même dans fon Livre, que plufieurs obfervations que fon projèt rendoit indifpenfables. Il juftifie fes critiques par les motifs qui les ont infpirés. La cenfure eft inféparable de l'inftrufion, & les éloges qu'il prodigue fouvent aux Artiftes, juftifient affez l'im-partialité de fes jugemens. Il cherche les caufes des beautés & des vices dans l'Architefture; il développe ces caufes; il rapporte les précéptes établis; il compare les Ouvrages; il cite l'éxemple des Architefles es plus célèbres; & c'eft ainfi qu'il remplit fon entreprife.

Les Lefeurs trouveront d'abord dans le premier Volume, l'hiftoire abrégée de l'Architefture.

M. Blondel , après cette histoire abrégée , passe aux principes géné-raux de l'Architecture. Il remarque d'abord nos avantages sur les Anciens dans la distribution des parties. Les Romains ne s'appliquoient dans leurs Bâtimens particuliers qu'à les rendre salutaires & solides ; l'intérieur de leurs demeures ne rassembloit pas ces commodités , que les Architectes François recherchent aujourd'hui avec tant de soin. L'Auteur observe que depuis cinquante ans , ils paroissent avoir créé un Art nouveau ; nos Édifices jusqu'alors , n'offroient aux yeux qu'une Décoration extérieure digne sans doute de beaucoup d'éloges ; mais ls étoient dénués de commodités , & on sembloit affecter même d'y supprimer la lumière. On cherche aujourd'hui le mérite de la distribu-tion dans l'arrangement naturel des pièces ; on y cherche encore la noblesse , la grandeur , la proportion , & les convenances ; les appar-temens sont moins vastes , mais ils sont mieux percés , & leur symé-rie est beaucoup plus régulière. Si nous surpassons les Anciens dans a Distribution , M. Blondel avouë que nous devons convenir de leur supériorité dans la Décoration extérieure de leurs Édifices. Les fragmens de l'Antiquité que nous connoissons nous forcent à cet aveu , & la plus belle Architecture du dernier siècle n'est reconnuë telle , qu'au-ant qu'elle approche de ces excellens originaux. La Distribution & la Décoration sont les deux parties les plus importantes dans les Bâti-mens ; elles sont portées aujourd'hui l'une & l'autre au plus haut degré de leur perfection ; mais l'Auteur reproche à l'Architecture moderne de réunir très-rarement les avantages de ces deux parties ; on voit dans nos bâtimens, ou l'ordonnance extérieure sacrifiée à la Distribution avantageuse des appartemens , ou les rapports des pièces intérieures entièrement négligés pour favoriser l'élégance des décorations. M. Blon-del cherche les succès de l'Architecture dans l'accord de ces deux par-ties , & il établit à cet égard des règles très-simples.

Il réduit les principes généraux de l'Architecture à l'art de réunir la convenance , la proportion, la symétrie, l'ordonnance & l'harmonie ; l'assemblage de ces différentes parties peut seul nous conduire au beau. C'est par lui que les Grècs & les Romains sont parvenus jusqu'à l'excellence de l'Art ; leurs principes , confirmés de siècle en siècle , ont enfin produit des Loix absoluës dans l'Architecture. Il est vrai que les siècles d'ignorance ont introduit des licences dans l'Art de bâtir, & qu'elles paroissent encore aujourd'hui autoriser les Architectes à n'avoir qu'un goût arbitraire ; mais M. Blondel soutient que ces licences ne subsistent encore, que parce qu'on néglige de comparer les Édifices du même genre. Cette comparaison lui paroît indispensable pour distinguer le médiocre & le bon, le bon & l'excellent. Il cherche ensuite quel est le bon goût dans l'Architecture, & il le fixe dans l'ordonnance la plus conforme à la nature, tant dans les masses que dans la liaison des parties. L'ordre & l'harmonie sont le fondement du beau dans tous les genres, d'où l'Auteur conclut qu'un Édifice plaît & aux connoisseurs & au vulgaire, lorsque la similitude de ses parties réduit le tout à une espèce d'unité qui satisfait notre raison. » Il est vrai, » dit-il, que le goût dont je veux parler ici, éxige la connoissance » des principes de la bonne Architecture, mais il n'est pas moins cer- » tain que ces principes étant une fois connus, l'on peut s'écarter des » règles, suivant le genre des Édifices que l'on a à ériger ; lequel de- » mande, suivant l'occasion, plus ou moins d'essor, & dont le mé- » rite capital ne consiste le plus souvent que dans une succession na- » turelle d'idées, dont l'enchaînement est plus aisé à sentir qu'à pro- noncer «. M. Blondel établit ensuite, que le bon goût consiste à réunir la commodité, la solidité, & la beauté ; & il parcourt les différens caractères de beauté selon l'espèce différente des Édifices. Il donne des préceptes sur la Distribution ; elle doit être le premier objet de l'Architecte, & la Décoration même dépend d'un plan déterminé ; c'est la Distribution qui décide des longueurs, des largeurs, & des hauteurs d'un Édifice. Lorsque l'Artiste néglige la rélation intime de l'extérieur & de l'intérieur d'un Bâtiment, il ne sçauroit plaire aux personnes intelligentes, & elles ne sont frappées que par l'accord des parties avec le tout. M. Blondel suit la distinction établie des appartemens ; il les distingue en appartemens de Société, de parade, & de commodité. Nous ne le suivrons pas dans les règles qu'il établit à leur égard ; elles sont toujours rélatives à ses principes. L'Auteur après avoir épuisé les règles sur la Distribution des appartemens, passe aux escaliers ; il éxamine leur situation, leur grandeur, leurs différentes formes, la lumière qu'on doit y ménager, leur décoration & leur construction. Il s'arrête ensuite à la Diftribution des Jardins , & il établit quatre Maxi-mes fondamentales. La première , de corriger l'irrégularité du terrein par le fecours de l'art ; la feconde , d'affecter , autant qu'il eft poffible, de prolonger le coup d'œil que forment les enfilades principales d'un Parc ; la troifième , de ne pas mettre toutes les parties à découvert; la quatrième exige enfin , qu'en donnant de la variété aux différentes pièces de verdure , on tâche qu'elles imitent la nature dans fes produc-tions ; imitation, ajoûte M. Blondel , toujours préférable à la contrainte de l'art , & qui dans toutes les occafions , & chez prefque tous les Peuples , eft regardée comme le principal objet du jardinage. On re-connoîtra les avantages de cette préférence par la comparaifon des Jardins de Marly , de Verfailles , & de Trianon ; où l'art paroît con-traindre & foumettre par-tout la nature : au lieu que la nature femble préfider elle-même aux Jardins de Meudon , de Sçeaux , de Chantilli, & de Liancourt ; & n'avoir appellé l'art que pour favorifer la régula-rité. M. Blondel parcourt ici les différentes parties qui peuvent em-bellir nos Jardins.

L'ARCHITECTURE DES ANCIENS , développée dans fes vraies proportions ; ou découverte d'une Méthode qui en dé-termine avec précifion toutes les diverfités poffibles ; le tout accompagné d'exemples & de figures au fimple trait, appliqués aux Ouvrages de Vitruve & de Vignole. Par M. Silvy , Ar-chitecte. *Paris , Jombert , 1759.*

Cet Ouvrage , qui a coûté à l'Auteur vingt années de travail & de recherches , confifte dans une Méthode qui , par une Opération de calcul très-fimple , produit , offre même au Lecteur attentif toutes les proportions dont l'Architecture peut faire ufage.

RECUEIL ÉLÉMENTAIRE D'ARCHITECTURE , contenant plufieurs Études des Ordres d'Architecture d'après l'opinion des Anciens , & le fentiment des Modernes. Différens Entre-colonnemens propres à l'ordonnance des façades. Divers exemp-les de décorations extérieures & intérieures , à l'ufage des Mo-numens

numens facrés, publics, particuliers, compofé par le Sieur de Neufforge, Architècte & Graveur ; approuvé le 5 Septembre 1757, par MM. de l'Académie Royale d'Architècture. *Paris, chez l'Auteur, ruë S. Jacques, au Chariot d'Or, in-Fol.*

Chaque Tome eft partagé en un certain nombre de Cahiers, & chaque Cahier, qui repréfente un Bâtiment entier, comprend un certain nombre de feuilles, dont chacune en repréfente une partie, felon les différentes grandeurs des Bâtimens.

Le Livre troifième, regarde divers Bâtimens Bourgeois, depuis trois toifes de façade, jufqu'à quinze ; & chaque feuillèt mèt fous les yeux le plan de chaque étage, & de la diftribution des différentes pièces qui compofent chaque Bâtiment.

Essai sur les Ponts et Chaussées, la Voyerie, & les Corvées. *Amfterdam, Chaftelain, 1759, in-12.*

Élémens de Stéréotomie, à l'ufage de l'Architècture pour la *Coupe des Pierres ;* par M. Frézier, Lieutenant Colonel, Chevalier de l'Ordre Militaire de S. Louis, Direèteur des Fortifications de Bretagne. *Paris, Jombert, 1760, in-8°.*

Le mérite du Traité de *Stéréotomie*, ou de la Coupe des pierres & des bois par M. Frézier, eft connu de tous ceux qui afpirent à réunir la théorie & la pratique de cet Art. Mais la longueur de cet Ouvrage en 5 Volumes in-4°. le rendoit peu propre au commun de ceux qui pratiquent la Coupe des Pierres. Cette raifon a déterminé M. Frézier lui-même à abréger la partie théorique de fon Ouvrage, en rapprochant davantage les principes, & en évitant des détails plus fatisfaifans quelquefois pour le Géomètre que pour l'Artifte. M. Frézier a parfaitement rempli fon objèt, & les vûës du Public à cet égard. Ses Élémens, au moyen de la clarté & de la précifion qui y règnent, ne peuvent que beaucoup faciliter la théorie de la Coupe des pierres, & la rendre par-là beaucoup plus commune. Quant à la pratique détaillée du trait, ce fera toujours à fon grand Traité qu'il faudra recourir ; mais elle ne fera plus qu'un jeu pour tous ceux qui auront faifi les principes développés dans cette Introduèion.

Tome II. Part. I. Z z z

TRAITÉ ET TARIF GÉNÉRAL DU TOISÉ DES BOIS DE CHARPENTE, quarrés & mi-plats; en Grume, Cylindrique, Pans, Courbes, & à Sections coniques; par N. Ginèt, Arpenteur à la Maîtrise des Eaux & Forêts. *Paris, Prault, Vallat-la-Chapelle, Briasson, Delormel, 1760, in-8°.*

Ce Traité est calculé suivant les Us & Coutumes de Paris, & sur les longueurs effectives : avec un Tarif du débitage des mêmes bois, à toise courante; un autre des fers quarrés & mi-plats, & un dernier pour le prix du cent de bois de charpente, avec plusieurs Devis. Le tout précédé d'une instruction sur les qualités, dénominations, âge & coupe des différens bois.

Ce Volume est terminé par un grand nombre de figures très-bien gravées, qui facilitent l'intelligence du plan détaillé de l'Ouvrage.

TRAITÉ DU TOISÉ, contenant la réduction des Ouvrages de Maçonnerie en toises quarrées, cubes ou solides, les Us & coûtumes de Paris; un traité du Bois quarré réduit au grand cent. Par M. Thomas de Bleville. *Paris, Hérissant, 1758, in-22.*

Ce Volume est utile aux Ingénieurs, Architectes, Maçons, & même aux Particuliers; il consiste en Tables de réduction des prix de la toise, du pied & du pouce; elles sont précédées d'un Avertissement nécessaire pour bien les entendre, & pour se servir de ces Tables suivant les différens usages que l'on veut en faire. On y donne la manière de toiser tous les Ouvrage d'Architecture, de Maçonnerie & de Charpente. Les articles de la Coutume de Paris, concernant les Murs mitoyens, les Fours, les Foyers, les Fourneaux, les Cheminées, les Aisances, les Cloaques, les Puits, &c. On comprend par-là de quelle utilité peut-être cet Ouvrage.

ARCHITECTURE-PRATIQUE, qui comprend la Construction générale & particulière des bâtimens, le Détail, les Toisés & devis de chaque partie; sçavoir, Maçonnerie, Charpenterie,

Couverture , Menuiſerie , Serrurerie , Vitrerie , Plomberie ,
Peinture d'impreſſion , Dorure , Sculpture , Marbrerie , Miroiterie , Poëlerie , &c. avec une explication & une conférence
des 36 articles de la Coûtume de Paris , ſur le titre des ſervitudes & rapports qui concernent les Bâtimens , & de l'Ordonnance de 1673. Par M. Bullèt , Archirèĉte du Roi , & de
l'Académie Royale d'Archirèĉture.

Édition nouvelle, revûë & corrigée avec ſoin : conſidéra-
blement augmentée ſur-tout des détails eſſentiels à l'uſage actuel du Toiſé des bâtimens , aux Us & coûtumes de Paris ,
aux règlemens des mémoires ; on a joint à cette Édition un
tarif & comptes faits de toutes ſortes d'Ouvrages en bâtimens ,
un autre tarif pour connoître le poids du pied de fèr , ſuivant
ſes différentes groſſeurs ; par M***. Archirèĉte, Ancien Inſ-
peĉteur-Toiſeur de Bâtimens : Ouvrage très - utile aux Architèĉtes & Entrepreneurs , à tous Propriétaires de maiſons , &
à ceux qui veulent bâtir. *Paris , Hériſſant , Savoye , Durand ,
Nyon ; Barrois ; Veuve Damonneville ; Muſier ; Debure ; Di-
dot ; Saugrain ; Babuty. 1763 , in-8°.*

Les différentes Éditions qu'on a faites de l'*Architèĉure-Pratique* de
M. Bullet , prouvent aſſez l'utilité de cet Ouvrage , dans lequel , avec
la méthode de toiſer les Bâtimens , on trouve celle d'une conſtruĉtion
ſolide & agréable. Mais ſi dans ces Éditions le mérite de l'Ouvrage
s'étoit accru par les additions dont on l'avoit enrichi , on peut dire
qu'il eſt porté dans celle-ci à un degré de perfeĉtion , auquel il n'étoit
pas encore parvenu. L'Éditeur , à qui le Public eſt redevable de cette
nouvelle Édition , annonçe dans le Frontiſpice des augmentations conſidérables , avec des correĉtions faites avec ſoin ; & il tient parole.
L'Ouvrage à certains égards n'étoit ni aſſez exaĉt , ni aſſez complèt :
il reclamoit encore le ſecours d'une main habile , qui lui donnât plus
de préciſion , & ſuppléât à ce qui lui manquoit. C'eſt ainſi que dans la
Géométrie pratique , après les propoſitions ſur les ſuperficies planes ,

on a ajoûté la Méthode de trouver le diamètre d'un cercle, dont on connoît la corde & la flèche d'un fegment, & même fans cette flèche: de trouver le grand & le petit côté, avec la fuperficie d'un triangle-rectangle, dont la diagonale & le fommèt des deux côtés font connus: de déterminer la perpendiculaire d'un triangle, dont on connoît la bâfe & la fuperficie: d'indiquer en nombre fur la bâfe d'un triangle quelconque, le point où tombe la perpendiculaire abaiffée du fommèt.

M. Bullet n'avoit point parlé du toifé des Fours de Cuifine & d'Office, aux Us & Coutumes de Paris: c'eft à quoi on a fuppléé par un article féparé. La partie de l'Ouvrage qui concerne les Planchers, les Cloifons & Pans de bois, les Lambris, les Lucarnes, les Efcaliers & Perrons, les Chauffes d'aifance, eft éclaircie, complétée, ou réformée dans de bonnes notes placées au bas des pages. L'article des fcellemens eft précédé d'une difcuffion, où l'Auteur montre un abus qui s'eft introduit dans les Bâtimens au préjudice des Entrepreneurs. Il confifte dans le refus qu'on fait de compter les arrachemens des cheminées en plâtres dans les murs neufs; le fcellement des marches d'efcaliers de Charpenterie en mur neuf, qu'il faut néceffairement fceller après coup. La règle *en mur neuf point de fcellement*, ne s'entend, dit-il, que des bois, fers, ou autres qui ont été, ou ont dû être pofés & fcellés lors de l'élévation des murs; ou des trous que l'Entrepreneur a dû laiffer pour les fcellemens, à mefure que le mur s'élevoit. Il penfe que tout fcellement fait après-coup en mur neuf, fans avoir été prévu, ou fans qu'on ait pû en prévoir la place, doit être compté & payé par celui qui les a fait faire. Mais c'eft au Charpentier, au Serrurier, ou à celui qui par fon délai a occafionné ces après-coups, & non au Bourgeois à les payer. Cet article & celui des réformés & ravalemens, font enrichis de notes amples & inftructives.

Le Toifé des murs de façe & des différentes efpèces de voûtes, eft accompagné d'additions & d'obfervations très-utiles: celui des murs de rempart & de terraffe a été modifié par des changemens néceffaires; & pour rendre les nouvelles démonftrations plus faciles, on a deffiné une planche qui repréfente une partie de Baftion avec les développemens de fes différents angles. L'article de la Charpenterie eft préfenté avec des additions confidérables: nous y remarquons entr'autres trois Tables, qui ont chacune leur utilité particulière. La première fait connoître *d'un coup d'œil le produit de tel morceau de bois de 6 pieds de long, sur plusieurs grosseurs ;* c'eſt-à-dire, depuis un juſqu'à 24 pouces de gros. Après avoir donné un précis de la méthode de M. Bélidor ; pour connoître le poids que peut porter dans ſon milieu une ſolive mé-platte, poſée de chan, horiſontalement, & engagée entre deux murs, l'inſtant avant que de ſe rompre. On préſente une Table qui *fait voir la peſanteur des bois de différentes groſſeurs ſur des longueurs en progreſſion de 3 pieds en 3 pieds : les quarrés des pièces & de leurs mé- plats ; enfin les poids qu'elles peuvent ſupporter dans leur milieu, l'inſtant avant que de ſe rompre.* Les peſanteurs y ſont calculées à raiſon de 60 livres le pied cube de bois, & l'on avertit que les bois dont il s'agit ici, ſont de chêne & de la meilleure qualité ; c'eſt-à-dire, qui ont crû ſur un terrein arride, ſablonneux & pierreux.

L'uſage des Débitans dans les Forêts eſt d'équarrir les bois le plus qu'ils peuvent, parce que cet équarriſſement leur produit davantage que les méplats : il étoit donc à propos d'inſtruire ceux qui font débi- ter des bois pour leur uſage ; de leur indiquer une méthode cer- taine & avantageuſe pour faire des bois méplats. Une raiſon d'œcono- mie doit les engager à la mettre en pratique : dans le bois méplat il entre moins de matière, & il porte un plus grand poids, poſé de chan. On le prouve par la comparaiſon d'une ſolive de 12 pieds de long, ſur 6 pouces de gros en tout ſens, avec une autre de même longueur ſur 5 & 7 pouces. La première pèſe 5 livres de plus que la ſeconde, & porte 2175 livres de plus. Il eſt donc de l'intérêt du Particulier de ſe ménager cet avantage dans l'équarriſſement du bois. Pour cela, il faut que le quarré du plus grand côté ſoit double, ou à peu près, du quarré du petit côté : ainſi dans un arbre dont on pourroit tirer un quarré de 12 pouces, on en tirera un méplat de 10 & 14 pouces ; qui poſé de chan ſera d'un ſervice bien ſupérieur au gros de 12 pouces de largeur & d'épaiſſeur : d'ailleurs en débitant à la coignée les petits côtés de ce méplat ; on lève à la ſcie deux doſſes, dont on peut encore tirer deux membrures de chacune 6 pouces ſur 3 pouces, & 4 chevrons de 2 & 3 pouces. On avertit, qu'il eſt bon de prendre un des grands côtés à la partie de l'arbre expoſé au Nord ; ce qui ſe connoît aiſément ſur la coupe horiſontale, où les contextures des cercles ſont les plus ſerrées. Maintenant pour trouver le côté, dont le quarré eſt double, du quarré de l'autre côté, on partage le diamètre d'un cercle, qui repréſente celui du gros de l'arbre, en 3 parties égales, & aux points de diviſion, on élève & abaiſſe deux perpendiculaires juſqu'à la circonférence, où les deux points qu'elles déterminent, avec les deux extrêmités qu'elles déterminent, donnent le méplat qu'on cherche. Il faut chercher la groſſeur de l'arbre vers le milieu de ſa hauteur, déduction faite de l'écorce, obſervant que l'aubier ne ſoit point conſervé dans le débit. C'eſt ſur ces principes qu'eſt conſtruite la *Table Œconomique*, pour le débit des bois de charpente dans les Forêts. On y voit ce que les différens pourtours d'un arbre à un pouce, & à un pouce & demi d'écorce, peuvent produire ; ſoit en quarrés, ſoit en méplats réguliers dans la raiſon de 5 à 7, ſoit en méplats modifiés & réduits, ayant mêmes pourtours que leurs quarrés. On y apprendra, par exemple ; qu'un arbre, ayant 98 pouces de pourtour, avec un pouce & demi d'écorce, peut fournir un quarré de 20 pouces, ou un méplat de 17 & de 23 pouces.

Le Toiſé des couvertures eſt auſſi accompagné de quelques additions utiles aux Entrepreneurs, & ſur - tout aux Particuliers ; parce qu'on leur préſente un état de la dépenſe, & une eſtimation des Ouvrages en ce genre. On traite enſuite du carreau de terre-cuite, & des poëles de terre-cuite fayancée, aujourd'hui fort communs. On entre dans le détail de leurs différentes grandeurs, & de leur prix. Les ſupplémens qui ſuivent, regardent la Menuiſerie, la Ferrure, la Groſſe-Fonte ou fer fondu, la Plomberie, la Vitrerie, la Miroiterie, la Peinture d'impreſſion, la Dorure, la Sculpture, la Marbrerie, les Lieux à l'Angloiſe, le Pavé de grais, & la garantie des Édifices tant publics que particuliers. Nous ne pouvons qu'indiquer tous ces objèts, & nous borner à dire qu'on trouvera ſur chacun d'eux des inſtructions & des obſervations, qui méritent d'être lûës & pratiquées.

Les trente-ſix articles de la Coutume ſont ſuivis chacun d'une *conférence*, ou de la comparaiſon des autres Coutumes avec celle de Paris : de ſorte qu'un coup-d'œil ſuffit, pour voir en quoi elles s'accordent, & en quoi elles diffèrent.

À la fuite des Devis des différens Ouvrages qui entrent dans la conf-truction d'un Bâtiment ; on a inféré un *Tarif & Comptes faits de toutes efpèces d'Ouvrages en Bâtimens*, *qui fe mefurent à la toife quarrée*, *à com-mençer à un quart de pied jufqu'à 18 pieds*, *qui eft la demi-toife ; depuis un fol la toife jufqu'à deux cens livres ;* & cela pour la commodité de ceux qui ont des Mémoires à régler. Ce Tarif eft fuivi d'un autre, qui montre ce que peut pefer le pied de fer, fuivant fes différentes épaif-feurs & largeurs, depuis une ligne jufqu'à 4 pouces ; & qui par ce moyen peut abréger le travail de ceux qui ont à toifer des Ouvrages de Ferrure.

Le détail dans lequel nous venons d'entrer, juftifie le foin qu'on a pris pour porter cette Édition à un dégré de perfection & d'utilité, dont les Éditions précédentes font un peu éloignées. Nous nous per-mettons néanmoins une remarque, que nous hazardons feulement comme un doute incapable de rabaiffer le mérite de l'Ouvrage. Comme un Traité n'eft pas pour les feuls Artiftes, mais qu'il eft encore def-tiné à l'ufage des Particuliers qui forment le projèt de conftruire des Bâtimens, n'eût-il pas été à propos de commençer par leur donner une définition courte, claire, & précife des différens termes ufités en cette matière ? Ce n'eft pas qu'à cet égard la Table qui termine l'Ou-vrage ne puiffe être d'un grand fecours ; mais outre que tous les ter-mes dont on pourroit défirer l'explication, n'y font pas marqués ; il n'eft pas fort commode pour les Lecteurs embarraffés de recourir fré-quemment à la Table, pour fçavoir dans quel endroit du Livre ils trouveront l'interprétation dont ils ont befoin. Ils n'auroient pas à fe plaindre, fi dans le cours de leur lecture, l'explication du terme qu'ils ignorent, avoit précédé ou accompagné l'ufage & l'emploi qu'on en fait. Mais le mot ignoré paroîtra bien des fois à leurs yeux, avant qu'ils tombent fur l'endroit qui leur en développe le fens. Ce n'eft, par exemple, qu'à la page 124 que le terme *Gobetage* eft expliqué ; quoi-qu'il eût déja employé cette expreffion plufieurs fois auparavant.

DESCRIPTION de l'Églife Royale des Invalides. *Paris*, *Jacques Quillau*, *1706*, *in-Fol.*

M. Félibien, de l'Académie Royale des Infcriptions & Médailles, étoit Hiſtoriographe des Bâtimens de Sa Majeſté ; il entreprend dans ce Livre de faire une deſcription complette de ce Temple Auguſte, l'un des plus beaux monumens que l'on verra jamais de la grandeur & de la piété de Louis XIV. Le Livre eſt partagé en douze Chapitres, à la tête deſquels l'Auteur, dans une eſpèce de Préface, parle de la Fondation des Invalides ; pour la ſubſiſtance de dix mille Officiers ou Soldats, que leur grand âge ou leurs bleſſures, mettent hors d'état de ſoutenir les fatigues de la guerre. L'Égliſe dont il s'agit ici, eſt conſacrée à la Trinité, ſous l'invocation de la Sainte Vierge, & ſous le titre de Saint Louis Roi de France. M. Manſart, Surintendant & Ordonnateur général des Bâtimens, Arts & Manufactures du Roi, en a donné le deſſein, & ordonné l'éxécution. En voici le plan général. Toute l'Égliſe a quatre cens vingt pieds de longueur. La partie *la plus* conſidérable, & qu'on appelle la nouvelle Égliſe, contient dans un quarré parfait un Dôme très-ſpacieux, ſitué au milieu de quatre Chapelles rondes, ſéparées les unes des autres par une Croix Grècque. Le Sanctuaire eſt en ovale, & ſert à unir enſemble la nouvelle Égliſe & l'ancienne ; dont la largeur hors d'œuvre eſt de quatre-vingt pieds, & la longueur environ de deux cens. Le grand Autel a deux *Tables* ſacrées, dont la plus baſſe regarde le Chœur des Invalides au Septentrion, & la plus haute regarde le Midy.

L'Architecture & les ornemens du dehors ſont magnifiques. La principale Façe a dans le milieu deux différens Ordres ; ſçavoir le *Dorique* & le Corinthien, il paroît beaucoup d'entente dans les ornemens des Colonnes & des Pilaſtres Doriques, & toute la pureté qu'éxige cet Ordre, eſt admirablement bien conſervée. Des deux Statuës qui ſe préſentent aux yeux, l'une eſt Saint Louis, l'autre Charlemagne. Les Colonnes Corinthiennes ſont accompagnées des autres Statuës, qui repréſentent la Juſtice, la Tempérance, la Prudence, & la Force. On n voit auſſi quatre aux côtés du Fronton, la Conſtance, la Magnanimité. On découvre du haut de l'Attique ſur la Baluſtrade, quatre trouppes, chacun de deux Figures. Ce ſont les quatre Docteurs de l'Égliſe Latine, & les quatre de l'Égliſe Grècque : Saint Auguſtin, S. Ambroiſe, S. Jérôme, & S. Grégoire ; S. Baſile, S. Jean Chryſoſtôme, S. Grégoire de Naziance, & S. Athanaſe.

M. Félibien

M. Félibien fait une defcription éxacte du Dôme, l'un des plus fuperbes Édifices qui foient en Europe. Mais il eft auffi peu poffible de
rapporter ici tout ce qu'il en dit, que de l'abréger. On y voit entre
autre chofe feize grandes Statuës, qui font les douze Apôtres, &
avec eux Saint Paul, Saint Barnabé, Saint Jean-Baptifte, & un ancien
Prophète.

Il vient enfuite à l'Architecture & à la Sculpture du dedans. Tout eft
expliqué avec une parfaite intelligence. L'Autel, dont on ne voit à
préfent que le modèle, doit être tout de marbre, & enrichi de bronze.
Dans le Sanctuaire deux figures de femmes en bas-relief, font affifes
fur les bandeaux de chaque fenêtre baffe. Du côté de l'Occident, c'eft la
Charité, & la Libéralité; de l'autre côté, la Foi, & l'efpérance. Dans
la Chapelle de la Vierge, la Prudence, & la Tempérance; & dans
celle de Sainte Thérèfe, la Force, & la Juftice. La plus grande partie
des morçeaux de Sculpture expriment des endroits de l'Hiftoire de
France, & principalement les grandes actions qui ont confacré la mémoire de S. Louis. Ici il reçoit la bénédiction du Pape avant le voyage
d'outre-mer; là il reçoit l'Extrême-Onction. Dans une autre endroit,
il combat devant Damiète; ailleurs il eft occupé à fonder des Hôpitaux, & à fignaler fa charité envers les Pauvres, ou fon zèle pour la
propagation de la Foi. On le voit auffi portant en proceffion la Couronne d'Épines, & d'autres Reliques qui ont donné lieu à la conftruction de la Sainte-Chapelle de Paris, dont elles font le plus précieux
tréfor. On y a auffi placé des groupes d'Anges. Les uns apportent du
Ciel l'Écu de France, les autres la Sainte Ampoule, l'Oriflamme, une
Épée, un Cafque, & un corps de Cuiraffe. Tout y reffent la grandeur du
Royaume. Douze de fes plus fameux Rois, font en autant de médailles:
Clovis I., Dagobert, Childebert II., Charlemagne, Louis le Débon-
naire, Charles le Chauve, Philippe-Augufte, S. Louis, Louis XII,
Henri IV, Louis XIII & Louis le Grand. La voûte du grand Sanctuaire eft peinte, ou couverte de dorure. Nous ne ferons ici qu'en indiquer les tableaux, dont M. Félibien donne l'explication en détail, &
d'une manière très-fçavante. Le premier repréfente la Sainte Trinité,
de la façon qu'il eft permis & ufité de la repréfenter: le fecond eft
une Affomption, ou plûtôt la réception de la Sainte Vierge dans le Ciel.

Les peintures du Dôme viennent enfuite ; elles font différentes du projèt dont l'Auteur en avoit expofé le plan dans fa première Defcription. Une gloire remplit la Coupe ou la partie fupérieure de la voûte ; cette grande compofition occupe plus de cinquante pieds de diamètre, qui font à-peu-près cent cinquante pieds de circonférence. On y voit entre tous les objèts la perfonne de Saint Louis accompagné d'Anges, & avec tout l'appareil que l'art du Peintre a pû imaginer pour le faire reconnoître. La voûte inférieure du Dôme eft un très-beau & très-riche fpectacle. On y a placé les douze Apôtres peints avec une variété infinie, auffi-bien que les Anges qui les environnent; ils ont, dans des attitudes particulières, des expreffions très-conveables, qui font un fort bel effèt par rapport au tout-enfemble.

Des cartouches triangulaires où font peints les quatre Évangéliftes, occupent les pendentifs au-deffus des Tribunes. » Il n'y a perfonne, dit l'Auteur, qui ne fe fente ravi hors de foi, en regardant à la fois toutes les Peintures que nous venons de décrire «.

Chacune des quatre Chapelles a trois Statuës. Dans l'une, on voit Saint Grégoire, Sainte Sylvie fa mère, & Sainte Émiliane fa tante. Dans une autre, Saint Ambroife, Saint Satyre fon frère, & Sainte Marcelline fa fœur. Dans la troifième, Saint Auguftin, Saint Alipe, & Sainte Monique. Dans la quatrième, Saint Jérôme, Sainte Paule, & Sainte Euftochie fa fille.

Venons aux Peintures des Chapelles. Elles ont chacune fix Tableaux. Le prémier des fix qui compofent celle de S. Grégoire, repréfente le Saint lorfqu'après avoir fondé divers Monaftères, il vendit le refte de fon bien, dont il diftribue le prix aux Pauvres. Dans le fecond, Eutychius convaincu par S. Grégoire, condamne fes erreurs, & brûle lui-même le Livre qu'il avoit écrit pour les foutenir. Le troifième eft l'Exaltation de Saint Grégoire au Pontificat. Une apparition miraculeufe d'un Ange à S. Grégoire eft le fujèt du quatrième. Ce fut à l'occafion d'une aumône confidérable que le Saint avoit faite à un Pauvre, à qui après avoir donné trois fois de fuite des marques de fa charité, la quatrième fois il lui donna un vafe d'argent très-riche. » On doit, dit M. Félibien, confidérer ce Tableau comme un des plus beaux par l'excellence du pinçeau, & par la compofition du fujèt «. Le cinquième eft une Apparition de Notre-Seigneur à S. Grégoire : & le fixième, la Tranflation de fes Reliques. L'enlèvement du Saint dans le féjour des Bienheureux, eft dans cette Chapelle-ci comme dans les fuivantes ; ce qu'on a peint pour en orner la Coupe.

L'Auteur en décrivant les Tableaux qu'on voit dans la Chapelle de S. Ambroife, a fuivi l'ordre chronologique pour rapporter les faits qui font la matière des Tableaux, quoique le Peintre ne fe foit pas affujetti à le fuivre ; n'ayant fongé qu'à pofer fes Tableaux dans leur véritable jour. On y voit de quelle manière Saint Ambroife fut élu Évêque de Milan ; un enfant, comme par miracle, l'ayant nommé tout haut. On voit enfuite comme il excommunia l'Empereur Théodofe ; comment il difpute contre un Arrien : comment par une révélation divine faite à Saint Ambroife, on découvrit les Reliques de Saint Nazaire. Dans le cinquième Tableau, il chaffe le Démon du corps d'un Énergumène. Et dans le fixième, le Saint eft peint au lit de la mort. La Coupe le fait voir porté au Ciel par les Anges.

La Chapelle de Saint Auguftin. Le moment où fe convertit Saint Auguftin, & ce mot fameux : *tolle*, *lege*, font le fujèt du premier Tableau. Son Baptême, fa prédication devant l'Évêque Valère, & fon Sacre, font les trois autres. Le cinquième eft la conférence de Carthage, où Saint Auguftin confondit les Évêques Donatiftes. Le dernier, eft le miracle que fit le Saint, en guériffant un jeune homme qui étoit fur le point d'expirer. Dans la Coupe, on l'a peint montant au Ciel fur des nuages, & porté par des Anges.

Dans la Chapelle de Saint Jérôme, on le voit d'abord qu'il n'eft encore que Cathécumène, occupé à vifiter les corps des Saints Martyrs, & des premiers Chrétiens dans les Catacombes, aux environs de Rome : On voit enfuite dans deux Tableaux différents, la cérémonie de fon Baptême, & fon Ordination au Sacerdoce. La punition qu'il crut reçevoir du Ciel pour fon attachement à la lecture des Livres profanes & fes occupations dans fa grotte, rempliffent le quatrième & le cinquième Tableau ; fa mort remplit le fixième. La Coupe de la Chapelle, le montre porté au Ciel.

Le refte de ce Livre fait connoître en détail ce qui regarde les fondemens, les degrés pour aller aux Tribunes, l'art qu'on a employé pour ménager l'écoulement des eaux, &c. mais ce qu'il y a de plus

A a a a ij

emarquable , c'eft le pavé tout de marbre de divers couleurs ; &
ijuſté avec tant de proportion & de régularité dans le deſſein , qu'a-
près avoir conſidéré à loiſir toute l'Égliſe , & s'être raſſaſſié les yeux
l'un ſi beau ſpectacle ; on peut encore les arrêter à terre avec un très-
grand plaiſir.

ARCHITECTURE FRANÇOISE , ou deſcription des Maiſons
Royales & des plus beaux Édifices de Paris , avec des Diſſerta-
ions Hiſtoriques & Critiques ſur chacun de ces Monumens ;
par M. Blondel , de l'Académie d'Architecture , *in-Fol. grand
papier* , enrichis d'un très-grand nombre de Planches.

ARCHITECTURE MODERNE , ou l'Art de bien bâtir pour
toutes ſortes de perſonnes ; où il eſt traité de la Conſtruction
des Eſcaliers , des Devis , Du Toiſé , des Us & Coûtumes , &
de la Diſtribution : Nouvelle Édition totalement changée &
augmentée , par Charles-Antoine Jombert , en deux Vol. in-4°.
grand papier , enrichis de plus de 150 Planches , 1764.

DE LA DÉCORATION EXTÉRIEURE ET INTÉRIEURE des
Édifices modernes , & de la Diſtribution des Maiſons de Plaiſance. Par M. J. Fr. Blondel , Architecte du Roi , 2 Vol. in-4°.
grand papier , avec 150 Planches.

COURS D'ARCHITECTURE , qui comprend les Ordres de
Vignole , avec un Commentaire , & des Inſtructions & préceptes ſur ce qui regarde l'Art de bâtir. Nouvelle Édition , enrichie de quantité d'Exemples & de Deſſeins de toutes les parties de l'Architecture. Par le Sieur Daviler , in-4°. grand papier , avec plus de 200 Planches.

DICTIONNAIRE D'ARCHITECTURE CIVILE ET HYDRAU-
LIQUE , où l'on explique les termes de l'Art de bâtir , & de
ſes différentes parties , comme la Décoration extérieure & intérieure des Édifices , le Jardinage , la Menuiſerie , la Charpenterie , la Serrurerie , la Conſtruction des Écluſes & des Ca-

naux, &c. Par Augustin-Charles Daviler, Nouvelle Édition considérablement augmentée, in-4°. grand papier.

BIBLIOTHÈQUE PORTATIVE d'*Architecture Élémentaire*, à l'usage des Artistes ; par Charles-Antoine Jombert, divisée en 6 Tomes in-8°.

1°. Règles des cinq Ordres d'*Architecture*, par Jacques Barozzio de Vignole, augmentées de plusieurs Remarques & Éclaircissemens, avec 67 Planches, in-8°. grand papier.

2°. *Architecture* de Palladio, où il est traité des cinq Ordres, de la manière de bien bâtir, & de la Construction des Chemins & des Ponts; avec 75 Planches.

3°. Œuvres d'*Architecture* de Vincent Scamozzi, contenant les cinq Ordres suivant cet Auteur, & une grande partie des Bâtimens de son invention; avec 82 Planches.

4°. *Parallèle des principaux Auteurs* qui ont écrit sur l'Architecture, par M. de Chambray. On y a joint des piédestaux pour chaque Ordre, & les proportions des cinq Ordres, suivant MM. Perrault & Evrard; avec environ 70 Planches.

5°. *Élémens Généraux* de l'Architecture, de la Peinture & de la Sculpture ; des Arts & Métiers qui en dépendent, avec la description & la représentation des principaux Outils & Machines nécessaires dans chaque profession; avec environ 72 Planches.

6°. *Manuel des Artistes*, ou Dictionnaire abrégé des termes propres à l'Architecture, Peinture, Sculpture, &c. ainsi qu'aux Arts qui y ont rapport, in-8°.

MANIÈRE DE BATIR pour toutes sortes de personnes. Par M. le Muet, in-Fol. Fig.

MANIÈRE DE DESSINER les cinq Ordres d'Architecture, & les parties qui en dépendent, suivant l'Antique ; par Abraham Bosse, *in-Fol.* en plus de 100 Planches.

ŒUVRES D'ARCHITECTURE d'Antoine le *Pautre*, Architecte du Roi, contenant la Description de plusieurs Châteaux,

Églifes , Portes de Ville , Fontaines , &c. de l'invention de l'Auteur , *in-Fol.* avec 60 Planches:

L'ART DE LA CHARPENTERIE , de Mathurin Jouffe. Nouvelle Édition corrigée & augmentée de ce qu'il y a de plus curieux dans cet Art, & des Machines néceffaires à un Charpentier. Par M. de la Hire , *in-Fol.* 1751.

TRAITÉ DE CHARPENTERIE & du Bois de toutes efpèces , avec un Tarif Général des Bois de toutes fortes de longueurs & groffeurs , dans un goût nouveau ; avec un Dictionnaire des termes de Charpenterie. Par M. Méfange , en 2 Volumes in-8°. avec Fig. 1753.

NOUVEAU TARIF DU TOISÉ de la Maçonnerie , tant fuperficiel que folide ; où l'on trouve les Calculs tout faits fans mettre la main à la plume : avec le Toifé des Bâtimens fuivant la Coûtume de Paris ; & le Toifé à bout-avant. in-8°. 1746.

DÉTAILS DES OUVRAGES DE MENUISERIE pour les Bâtimens , où l'on trouve les différens prix de chaque efpèce d'Ouvrage , avec les Tarifs néceffaires pour le Calcul de leur toifé. Par M. Potain, in-8°. 1749.

ŒUVRES D'ARCHITECTURE de Jean Marot , appellé le *Grand Marot ;* contenant les Plans , Élévations , Coupes & Vûës, Perfpectives des plus beaux Édifices de fon tems , *in-Fol.* grand papier , avec 260 Planches.

LE PETIT MAROT , ou Recüeil de Morçeaux d'Architecture deffinés & gravés par *Jean Marot ;* contenant les Plans & Élévations des divers anciens Édifices de Paris , plufieurs petits Temples dans le goût antique , de fa compofition ; l'Ancienne Sépulture des Valois à Saint-Denis , & diverfes fuites de Tombeaux, Épitaphes , Chapelles , retables d'Autels , Tabernacles, Portes Cochères , & autres ; in-4°. grand papier , avec 221 Planches, 1764.

LES DÉLICES DE PARIS, & de ſes environs ; ou Recüeil de vûës, perſpectives des anciens Monumens de Paris, & des Maiſons de Plaiſance ſituées aux environs de cette Ville, en 210 Pl. deſſinées & gravées par *Perelle*, *in-Fol.* gr. pap.

LES DÉLICES DE VERSAILLES, & des Maiſons Royales ; ou Recüeil de Vûë, Perſpectives des plus beaux endroits des Châteaux, Parcs, Jardins, Fontaines & Boſquèts de Verſailles ; la Ménagerie, Trianon, Marly, Meudon, Saint-Cloud, Fontainebleau, Chantilly, Sçeaux, Maiſons, &c. On y a joint les Vûës les plus remarquables de Rome, & de ſes environs ; in-Fol. grand papier, avec 220 Planches deſſinées & gravées par *Perelle*, *Sylveſtre*, *Marot*, &c. *1764.*

ŒUVRES D'ARCHITECTURE de Jean le *Pautre*, contenant des Deſſeins d'ornemens de toute eſpèce, & divers éxemples des différentes parties de l'Architècture qui ſont ſuſceptibles de décoration ; en 3 Vol. *in-Fol.* petit format, còntient 782 Planc.

RÉPERTOIRE des Artiſtes, ou Recüeil de différentes Compoſitions d'Architècturè, & d'Ornemens Antiques & Modernes de toute eſpèce qui ont rapport aux Arts ; par divers Auteurs, dont les principaux ſont, Marot, Loire, le Pautre, Androuët du Cerceau, Cottart, Pierretz, Cotelle, le Roux, Berain, &c. 2 Vol. *in-Fol.* petit format, contient 686 Planches, *1764.*

PLANS, ÉLÉVATIONS, & Profils du Temple & des Palais de Salomon. Par M. Mallet, Conſul à Smyrne ; en 22 Planches, avec des Figures de Sebaſtien *Le Clerc.*

ARCHITECTURE HYDRAULIQUE. Première partie, qui contient l'Art de conduire, d'élever & de ménager les Eaux, pour les différens beſoins de la Vie ; en 2 Vol. in-4°. grand papier, avec 100 Planches.

ARCHITECTURE HYDRAULIQUE. Seconde partie, qui comprend l'Art de diriger les Eaux de la Mèr & des Rivières, à l'avantage de la Défenfe des Plaçes, du Commerce & de l'Agriculture ; en 2 Vol. in-4°. grand papier, enrichis de 120 Planches.

OBSERVATIONS SUR L'ARCHITECTURE. Par M. l'Abbé Laugier, des Académies d'Angers, de Marfeille & de Lyon. Se trouve à Paris, chez *Saillant, Libraire, ruë Saint Jean de Beauvais, 1765, in-12.*

Tout n'eft pas dit fur l'Architèéture. Il refte un vafte champ aux re-cherches des gens de l'Art, aux découvertes des hommes de génie. Il a fallu beaucoup de tems, pour qu'un raifonnement jufte écartât de cette belle invention les défordres & les irrégularités d'une imagination licençieufe.

Les Égyptiens ont efquiffé l'Architèéture pefamment, les Grèçs l'ont deffinée avec beaucoup de graçe, les Romains l'ont éxécutée avec forçe & majefté. Les premiers ont étonné par la grandeur des maffes, & leurs formes ont été fans agrément. Les feconds ont brillé par la pu-reté des contours, & ont inventé les plus belles formes. Les derniers, fimples imitateurs des précédens, n'ont fait que profiter de leurs inven-tions, & les adapter à leurs ufages. Le Génie avoit atteint la perfec-tion de fort près fous le Règne d'Aléxandre ; l'imitation avoit mis la copie prefqu'à l'égalité du modèle fous le Règne d'Augufte. On trouve pourtant dans les Monumens les plus beaux de ces temps fameux, des preuves que l'Art n'avoit point été fuffifamment affujetti à l'empire de la raifon & du goût.

Ceux qui inventent ont trop de difficultés à vaincre, pour qu'il ne leur échappe ni imperfeétion, ni défaut. Ceux qui ne font qu'imiter prennent le bon & le mauvais du modèle ; fans fe douter qu'il foit dans le cas d'être reétifié, croyant au contraire que tout eft juftifié par l'autorité de l'éxemple. Voilà porquoi les Grèçs & les Romains ne nous ont pas tranfmis une *Architeéture* fans tache. Il auroit fallu qu'après eux, de nouveaux progrès attirant un raifonnement plus jufte, euffent éclairé leurs défauts, introduit la critique dans l'obfervation de leurs ouvrages ; & empêché que leur célébrité ne donnât lieu à l'erreur d'ufurper le crédit des Règles.   Il arriva

Il arriva une révolution toute contraire. Comme c'eft le fort de tous les imitateurs de demeurer au-deffous de leur modèle , lorfqu'ils ne voyent pas au-delà ; comme en toutes chofes l'éxécution ne va jamais auffi loin de marcher en avant vers la perfection , ils firent plufieurs pas en arrière ; & la décadence étant toujours bien plus rapide que le progrès , l'*Architecture* avoit déja beaucoup dégénéré fous Conftantin , Fondateur à Rome des Bafiliques du Sauveur & de S. Pierre : elle n'étoit prefque plus reconnoiffable fous Juftinien, qui fit bâtir Sainte Sophie à Conftantinople : elle devint tout-à-fait barbare dans les Siècles fuivants.

Sous Charlemagne , il n'étoit plus queftion ni de choix dans les formes , ni d'éxactitude dans les proportions , ni de pureté dans les ornemens. Tout étoit fauvage & abatardi. Trois Siècles après , il fe fit un effort général pour fortir de cet état d'ignorance & de groffièreté. On n'avoit pratiqué jufques-là qu'une manière lourde , dont on voit encore le mauvais effet dans nos plus anciennes Églifes. On paffa tout-à-coup à l'extrêmité oppofée. On n'employa dans l'Art de bâtir que le ton le plus léger , la manière la plus fevelte , la hardieffe la plus intrépide. Ce furent des Édifices artiftement percés à jour , des murs en découpure , en filigrane , où tout eft d'une folidité incompréhenfible.

Cette fingulière *Architecture* fuppofoit un oubli total des anciens Ordres Grècs. C'étoit un Syftême tout différent , un Caractère tout oppofé. La feule fantaifie de l'Architecte déterminoit les formes , les proportions & les ornemens. Pour faire mieux que les autres , il ne falloit qu'enchérir fur leur hardieffe , & chamarrer l'ouvrage un peu plus.

Enfin une révolution inefpérée fit renaître l'*Architecture Antique*. Les ruines de l'Ancienne Rome en avoient heureufement confervé les traces. On les éxamina , on en approfondit les rapports , on trouva ce Syftême préférable à tout autre. Cette découverte coincida avec le projèt de rebâtir la Bafilique de Saint Pierre du Vatican. Les Bramantes , les Perugin , les Sangalle , les Raphaël , les Michel-Ange employèrent toute la force de leur génie à égaler dans la conftruction de cet Édifice les merveilles de l'Antiquité. Leur éxemple excita l'émulation , & leur fuccès fit loi. La France reçut de l'Italie ce nouveau Code d'*Architecture* , & toutes les autres Nations l'adoptèrent après elle.

La révolution fut affés prompte , malgré les préjugés à vaincre , &

Tome II. Part. I. B b b b

les obſtacles à ſurmonter : tant le vrai Beau a d'empire ſur nos ſens! Mais en reſtaurant ainſi l'*Architecture Grècque*, il a fallu deux Siècles de tentatives & d'eſſais, avant de parvenir à la remonter au point où elle étoit anciennement. La France a eu la gloire de produire le premier morceau qui pût ſoutenir le parallèle avec les Monumens antiques les plus célèbres ; c'eſt la Colonnade du Louvre. Ce bel Art déja perdu en Italie, & qui par-tout ailleurs a fait juſqu'à préſent peu de progrès, s'eſt maintenu, a même beaucoup gagné en France ; & nous pouvons nous flatter d'en être aujourd'hui au moins, où l'on en étoit à Rome du temps de Vitruve.

C'eſt donc à nous de faire préſentement ce qui auroit dû être fait après lui. Jugeons ſévèrement les bons Ouvrages de nos Artiſtes. Ne leur paſſons aucun défaut. Exigeons qu'ils nous rendent raiſon des formes, des proportions, des ornemens ; ou plutôt tâchons de leur applanir les difficultés de la Théorie. Joignons nos réfléxions à leur expérience, afin que l'eſpace qui eſt entre nous & la perfection, ſoit parcouru plus aiſément & plutôt.

C'eſt ainſi que s'éxprime excellemment bien M. l'*Abbé Laugier*, dans l'Avertiſſement de ſon Ouvrage. Telles ſont les Obſervations qu'il donne au Public. Il y traite d'un grand nombre de choſes qui concernent l'*Architecture*, & ſur leſquelles peut-être on n'a pas eu juſqu'à préſent des idées aſſés préciſes. Ce Livre eſt impayable, on le lit avec bien du plaiſir ; l'Édition en eſt déja épuiſée, je préſume qu'on travaille à une ſeconde.

FIN DES AUTEURS SUR L'ARCHITECTURE.

TABLE
DES MATIÈRES
DU SECOND VOLUME : PARTIE PREMIÈRE.

A.

ABATTEMENT de l'âme, 90.
Abréviation fur la Divifion, 231.
Achéron, 151.
Acrotères, font de petits piédeftaux, le plus fouvent fans bafe, 345.
Acquéducs, 405.
Addition de Fractions, 197.
Addition, première règle d'Arithmétique, 196.
Aëllo, l'une des trois Harpies, 182.
Alecton, l'une des trois Furies, 173.
Allégorie de l'enlevement de Proferpine, 134.
Alphabet du grand Livre, 296.
Alphabet de Lettres capitales pour l'Écriture, 282. bis.
Altération de la Santé, 70.
Amour de l'Efprit, 26.
Amour de la Gloire, 120.
Amour des Hommes, c'eft la Bénignité, 98.
Amour des Plaifirs, 120.
Amour propre, 120.

Amour propre & Tempérament, fource des paffions, 39.
Amphithéâtre, 403.
Amour des Richeffes, 120.
Amour de la Sageffe, 16.
An, 261.
Ancien monument des vifages de Médufe, 180.
Ancre de fer, 393.
Anti-chambre, 413.
Appareilleur, 430.
Pour rendre les Appartemens commodes, 448.
Apathie, 109.
Arc d'Augufte, 348.
Arc de Camille, 347.
Arc de Claude, 348.
Arc de Cloître, ou à Ogives, 349.
Arc de Conftantin, 348.
Arc de Domitien, 348.
Arc de Drufus, 348.
Arc de Fabius, 347.
Arc de Gallien, 348.
Arc de Germanicus, 348.
Arc de Gordien, 348.
Arc de Marc-Aurele, 348.
Arc de Néron, 348.

Bbbbij

Arc d'Octavius, 348.

Arc de Romulus, 347.

Arc de Scipion l'Africain, 347.

Arc de Septimus Séverus, 348.

Arc de Tibère, 348.

Arc de Tite, 348.

Arc de Trajan, 348.

Arcs Triomphaux, 346.

Arc de Triomphe, 346.

Architecture des Anciens, par M. Silvy, Architecte, 540.

Architecture d'André Palladio, traduite en françois, 493.

Architecture de Jacques Androuët du Cerçeau, 493.

Achitecture, & l'Art de bien bâtir ; du Seigneur Léon-Baptiste Albert, 493.

Architectura Civil recta y obliqua, par Dom Juan Caramüel, 501.

Architecture Composite, 401.

Architecture Corinthienne, 401.

Architecture Dorique, 400.

Architecture Françoise des Bâtimens particuliers, 496.

Architecture Françoise, par Jacques-François Blondel, Professeur d'Architecture, 537.

Architecture Françoise, par M. Blondel, 552.

Architecture Historique, par M. Fischers, 520.

Architecture Hydraulique, 555.

Architecture Hydraulique, par M. Bélidor, 530.

Architecture Ionique, 400.

Architecture Militaire, 401.

Architecture moderne, par Charles-Antoine Jombert, 552.

Architecture Moderne, ou l'Art de bien bâtir pour toutes sortes de personnes, 520.

Architecture Navale, 414.

Architecture, Poëme. Par le P. Jean-Marie Borelly, de la Compagnie de Jesus, 526.

Architecture Pratique, par M. Bullet, Architecte du Roi, & de l'Académie Royale d'Architecture, 536.

Architecture Pratique, par M. Bullet, Architecte du Roi, & de l'Académie Royale des Sçiences, 506.

Architecture Pratique, par M. Bullet, 542.

Architecture Privée, 405.

Architecture Profane, 402.

Architecture Publique, 405.

Architecture Rustique, 400.

Architecture Sacrée, 401.

Architecture Toscane, 400.

Architecture des voûtes, par le Père F. Derand, de la C. de Jesus, 521.

Architrave, est une des parties de l'entablement, qui représente une poutre, 339.

Ardoise, 427.

Arpent, 160.

Arrogance, troisième espèce d'Orgueil, 52.

Art (l') de la Charpenterie de Mathurin Jousse, par M. de la Hire, 554.

TABLE DES MATIÈRES.

Atropos, une des Parques, 169.

Aunages, 266.

Aune d'Amſterdam, 260.

Aune de Paris, 260.

Aune de Troyes, 260.

Auteurs ſur l'Architecture, 493.

Avare, eſt un fripon, 56.

Avares, leur comparaiſon, 56.

Avarice, foibleſſe du cœur, 55.

Avarice, oubli de l'Honneur & de la Gloire, 57.

Avarice (l') rend effronté, 58.

Avis ſur l'Écriture, 274.

Avis Généraux ſur l'Écriture, 281.

B.

BABYLONE dans ſon plus grand éclat, 365.

Balcon, 403.

Bardeau, 427.

Barreaux de croiſées, 393.

Barres & fléaux pour fermer les portes, 393.

Barres de trémies de fer, 393.

Bas-Appareil, 415.

Bas-reliefs, ou demi-boſſe, 363.

Batarde, Écriture, 274. *bis.*

Baze, 325.

Baze; eſt compoſée de quatre parties, 326.

Baze Attique, 329.

Baze de la Colonne, 329.

Baze de la Colonne Ionique ne ſe rencontre à aucun Édifice Antique, 325.

Beau, défaut, 108.

Beau naturel ſans étude, 19

Beaux traits de la coupe des pierres, 353.

Belle manière d'*Escalier* à vis, dans le Château de Chambor, 412.

Belle Menuiserie exige que les Panneaux ſoient grands, 397.

Belvedèrs, 408.

Bénignité, 98.

Berçeau de Cave, 349.

Berçeau, terme d'Architecture, 349.

Béveau, Outil de Maçon, 420.

Bibliothèque portative d'Architecture Élémentaire, par Charles-Antoine Jombert, 553.

Bien de toute la Société, 60.

Bien-être en général de l'Homme, 1.

Bien-être eſt une Perfection, 7.

Bienséance des Bâtimens, 450.

Billet de Change, 294.

Billet d'Honneur, 294.

Billet à Ordre, 294.

Binaire de l'Architecture, 307.

Binaire de l'Arithmétique, 190.

Binaire de la Mythologie des Enfers, 141.

Binaire de la Sageſſe, 21.

Bizarrerie, 97.

La plus belle couleur eſt le *Blanc* dans les Bâtimens, 384.

Blanc des Carmes dans les Bâtiments, 384.

Blanc de Céruſe, 385.

Blanc de Céruſe, & *Blanc* de plomb pour les Bâtiments, 384.

Bois, 423.
Bois de Brin, 425.
Bois Gélif, 424.
Bois en Grume, 425.
Bois Mort, 424.
Bois Roulé, 424.
Bois Tendre, 424.
Bois Tranché, 424.
Bois d'Avoine, 257.
Boisseau de Blé, 256.
Boisseau de Charbon, 257.
Bon mot de Philippe, Roi de Macédoine, 99.
Bonheur de l'Homme n'est pas toujours, où il le cherche, 12.
Bonté, 101.
Bonté de l'Ame, 102.
Bonne-foi, 114.
Bornes sont une imperfection, 7.
Boulons de fer, 393.
Brique, 426.
Pour faire le *Bronze*, 386.
Buffets, 397.

C.

CABINET, 414.
Cabinet d'Assemblée, 414.
Célæno, l'une des trois Harpies, 182.
Calomnie, compagne inséparable de l'envie, 67.
Camayeux, 386.
Carreau, 428.
Carreleurs, 430.
Caryatide, 361.
Caractère de l'esprit du jour, 25.

Carte analytique de l'Architecture, 301.
Carte analytique de l'Arithmétique, 185.
Carte analytique de la Mythologie des Enfers, 129.
Carte analytique de la Sagesse, 1.
Cause de la Bonté, 101.
Caves, 409.
Cérémonie des anciens dans les Funérailles, 137.
Chambre d'Assemblée, 413.
Chambre à Coucher, 414.
Champs Élisées, 142.
Change, 288.
Change, (Billèt de) 294.
Change, (Lettre de) 291.
Chapelle de la Communion, 402.
Chapelle de la Vierge, 402.
Chapiteau, 333.
Chapiteau est le couronnement ou la partie supérieure d'une Colonne, 332.
Chapiteau Angulaire, 333.
Chapiteau Antique, 333.
Chapiteau-Colonne, 333.
Chapiteau Composite, n'a pas la même délicatesse, ni la même légèreté que le Corinthien, 312.
Chapiteau Corinthien est un Chef-d'œuvre, 322.
Chapiteau Dorique, est le plus simple & le moins élégant de tous les Chapiteaux, 317.
Chapiteau Ionique, est la partie de tout l'Ordre, où il règne plus d'invention, 319.

TABLE DES MATIÈRES.

Chapiteau-Pilaftre, 333.
Chapiteaux de plufieurs fortes, 333.
Chapiteau Refendu, 333.
Chapiteaux Symboliques, 333.
Charité, fa définition, 84.
Charniers, 402.
Charpentiers, 431.
Chas, Outil d'un Pofeur, 420.
Chafteté, 124.
Chafteté, eft de tous les tems, de tous les âges, & de tous les états, 125.
Chafteté, Vertu Morale, 124.
Château, 406.
Châteignier, 423.
Châtiment des Danaïdes, 165.
Chaux, 421.
Chaux brûlée, 421.
Chaux éteinte, 422.
Chaux noyée, 421.
Chaux vive, 422.
Chaux, fait un meilleur effet, quand elle eft nouvellement éteinte, 421.
Chêne, 423.
Chêne, pour être de longue durée, doit être coupé dans fa force, 425.
Cheveux (les) de Médufe ont une vertu toute particulière, 181.
Chien Cerbère, 149.
Chiffres Arabes, 186.
Chiffres de Bureau, 276. *bis*.
Chiffres de Finances, 189.
Chiffres Romains, 188.
Chiffres Romains en Écriture, 276 *bis*.

Chopine, 258.
Chrétien véritable, 85.
Les *cinq* Ordres d'Architecture, de Vincent Scamozzi, 504.
Circonfpection, Vertu, 123.
Cifeau, Outil de Maçon, 417.
Citernes, 405.
Citoyen fidèle, 85.
Cliquart, 415.
Clotho, une des Parques, 169.
Cocyte, Fleuve des Enfers, 150.
Colère, (paffion de la) 72.
Colère (la) eft engendrée par l'Impatience, 73.
Coloffe de Rhodes, 380.
Colonne, eft compofée de trois parties, 329.
Colonne Dorique, 313.
Colonne Dorique a la plus belle & la plus parfaite des bafes, 316.
Commodité des Bâtiments, 442.
Compas, 418.
Compaffion, fa définition, 85.
Compaffion Chrétienne, 69.
Compaffion Naturelle, 69.
Compofition du Corps humain, 29.
Compofite de Vitruve (le), 311.
Connoiffance de nous-mêmes, 16.
Continence, 65.
Continence, vertu néceffaire dans un état populaire, 66.
Corniche, terme d'Architecture, 327.
Corniche, eft le couronnement de l'Ordre, 345.
Corniche, fe mefure depuis la frife, jufqu'à la cimaife inclufivement, 342.

Corniche de Chamfrain, 342.
Corniche Circulaire, 343.
Corniche Composite, 342.
Corniche Continuë, 343.
Corniche Corinthienne, 342.
Corniche Coupée, 343.
Corniche de Couronnement, 342.
Corniche Dorique, 342.
Corniche Ionique, 342.
Corniche Ionique est sans comparaison la mieux prise & la plus avantageuse de toutes, 320.
Corniche Rampante, 343.
Corniche Toscane, 342.
Corps humain, 28.
Corps liquides, 268.
Corps de logis, 407.
Coudée géométrique, 260.
Coudée simple, 260.
Coulisses, terme de Théâtre, 404.
Coulée, Écriture, 274. bis.
Couleur grise pour les Bâtiments, 384.
Couleur jaune pour les Bâtiments, 384.
Couleur d'olive dans les Bâtiments, 384.
Coupe des bois, 424.
Cours d'Architecture par le S. Aug. Ch. Daviler, Architecte, 505.
Cours d'Architecture par le Sieur Daviler, seconde Édition, 552.
Cours d'Architecture, par M. Blondel, 497.
Coussinet d'un Arc, ou Voûte, 351.
Coûtume d'élever des Obélisques étoit générale en Égypte, 359.
Cœur de l'homme (le) est infini dans ses desirs, 6.
Couvreurs, 431.
Couverture à l'Italienne, 408.
Couverture en Mansarde, 408.
Couverture en Terrasse, 408.
Couvertures en Triangle équilatéral, 408.
Cri de toute la Nature pour la gloire du Créateur, 6.
Criminel absous, 85.
Cruauté, 103.
Deux espèces de Cruauté, 104.
Cul de four, terme d'Architecture, 349.

D.

DANAIDES (les), 164.
Dé, terme d'Architecture, 326.
Décoration extérieure & intérieure des Édifices modernes, par M. Blondel, 552.
Décoration du Théâtre, 404.
Déesses inexorables (les), 170.
Défauts, 49.
Défauts du corps, 49.
Défauts du visage, 49.
Dégat que les Sauterelles font à la Campagne, 183.
Délicatesse des repas opposée à la Profusion, 70.
Délices de Paris, 555.
Délices de Versailles, 555.
Démarche, 260.
Demeure des trois Gorgones, 176.
Demi-

TABLE DES MATIÈRES.

Demi-muid, 258.

Demi-quarteaux, 258.

Demi-queuë, vin de Champagne, 258.

Demi-septier, 258.

Demi-foutterains, 407.

Denier, Poids, 255.

Denier, petite monnoye, 191.

Denier, valeur d'Argent, 256.

Denier, valeur de l'Or, 256.

Du *Denier* de tant pour cent, & du Change, 287.

Dénomination des nombres & dixaines, 187.

Denticule, est un ornement dans une Corniche taillée en forme de dents, 344.

Denticules, font affectées à l'Ordre Ionique, 344.

Dépense (Livre de), 298.

Descriptions de l'état des âmes des Héros après leur mort, selon les Poëtes, 144.

Description d'Isaïe de l'état où doit être réduite Babylone après sa chûte, 365.

Description des Champs Élisées selon les Poëtes, 142.

Description du Temple de la Concorde, 464.

Description de la demeure des Enfers, 130.

Description de l'Église de Notre-Dame de Paris, 465.

Descriptions des plus beaux Édifices, ou Monumens antiques & modernes, 454.

Tome II. Part. I.

Description de l'Église Royale des Invalides, 547.

Description fabuleuse, explication de la Luxure, 61.

Description du Temple de la Fortune Virille, 462.

Description de l'Hôtel Royal des Invalides, 468.

Description du Louvre, 466.

Description de Marly, 475.

Description du Temple de Mars, 463.

Description de Meudon, 474.

Description du Parc de Versailles, & ses principaux ornemens, 472.

Description de la Rotonde, ou Panthéon, 459.

Description de Saint Pierre de Rome, 457.

Description du Tartare, selon plusieurs Poëtes, 141.

Description du Val de Grace, 467.

Description de Versailles, 470.

Destin (le), Divinité, 153.

Destruction totale de la Santé, 70.

Détails des ouvrages de Menuiserie pour les Bâtiments, par M. Potain, 554.

Détail des parties nécessaires à une belle Église, 401.

Dévorer son cœur, & dessécher son âme, 88.

Dictionnaire d'Architècture civile & hydraulique, par Auguftin-Charles Daviler, 552.

Dictionnaire Étymologique des termes d'Architècture, 531.

Cccc

Dieu n'est qu'Ordre, 2.

Dieux céleftes, ou Dieux des vivans, 135.

Dieux Infernaux, ou Dieux des morts, 135.

Dieux (les) Manes, 135.

Dieux Pénates, 136.

Différence de l'Homme fragile, avec l'Homme foible, 49.

Différence des poids entre les Métaux & autres matières, 261.

Différence des poids des principales Villes de l'Europe, 265.

Différentes fortes de Serrures, 396.

Digues, 405.

Diminution des Colonnes, 330.

Difcours préliminaire fur l'Architècture, 303.

Difcours préliminaire fur l'Arithmétique, 185.

Difcours préliminaire fur la Mythologie des Enfers, 129.

Difcours préliminaire fur les principes fondamentaux de la Philofophie Morale, 1.

Difcours téméraire des Libertins, 63.

Difcorde (la), Divinité malfaifante, 154.

Differtation fur les diverfes efpèces de Colonnes extraordinaires, & Symboliques, 479.

Differtation fur le Change, Billèt à ordre, Parties doubles, & tenuë des Livres de Comptes, 287.

Differtation fur la valeur des Poids, des Mefures, & des Monnoyes, 255.

Differtation touchant l'Architècture antique, & l'Architècture gothique ; par M. Félibien des Avaux, 507.

Differtation fur la Solidité, la Commodité, & la Bienféance des bâtiments, 431.

Difpofition de la Règle de Compagnie, 236.

Difque, 261.

Diftance entre chaque lettre, pour l'Écriture, 286.

Diftance entre les lignes, pour l'Écriture, 286.

Diftance entre les mots pour l'Écriture, 286.

Diftribution d'un Édifice, 449.

Diftribution intérieure, 446.

Diverfes fortes d'Écritures, 286.

Divifion, quatrième Règle de l'Arithmétique, 216.

Divifion à l'Efpagnole, 225.

Divifion à la Françoife, 228.

Divifion à l'Italienne, 227.

Divifion du tems, 261.

Dix Livres d'Architècture de Vitruve, 494.

Doigt, 261.

Doigt Écliptique, 261.

Doigt, mefure Romaine, 261.

Dômes, 402.

Domicile du Sommeil felon Ovide, 157.

Ordre *Dorique* ne doit point s'employer que dans des Bâtiments grands & folides, 315.

Deux Ordres Romains (les) 307.

Dorure, 385.

Douceur, Vertu, 110.

Douceur de Cœur, 111.

Douceur de Conduite, 111.

Douceur de Conversation, 111.

Douceur d'Esprit, 111.

Douceurs de l'Étude, 20.

Douceur de Mœurs, 111.

Douçine, est une Moulure placée au haut d'une Corniche, 343.

Douleur (la), Fille de la Nuit, 153.

Douze (les) Imperfections opposées aux douze Fruits de la Sageffe, 83.

Douze (les) Fruits de la Sageffe, 83.

Douze fortes d'Architecture, 400.

Douze espèces ou fortes de Matériaux propres pour l'Architecture, 414.

Douze fortes d'Ouvriers fervants à la conftruction des Édifices, 430.

Dragme, Poids, 255.

Duodénaire de l'Architecture, 400.

Duodénaire de l'Arithmétique, 254.

Duodénaire de la Mythologie des Enfers, 168.

Duodénaire de la Sageffe, 83.

Durée de l'Œconomie animale, 72.

E.

EAQUE, 147

Écriture, 273

Écriture (Avis généraux), 281

Édifices, 306

Édifices antiques de Rome, deffiné & mefurés très-éxactement, pa Antoine Defgodèts, Architecte 507

Effet de la Bonté, 101

Église fouterraine, 401

Élémens de Stéréotomie, par M Frézier, 541

Élévation du Château de Caparole 477

Embraffade, Mefure, 260

Enfers (les) furent affignés à Plu ton, 13:

Entablement est la partie de l'Ordr au-deffus du Chapiteau de la Co lonne, 338

Entablement Compofite ne répond pa à la beauté de fon Chapiteau 31:

Entablement Corinthien a beaucou de reffemblance avec l'Ionique 32:

Entablement Ionique répond à l'élé gante fimplicité, 319

Entrepreneur, 430

Entre-folles, 413

Envie, 66

Envie (l'), fa peinture felon Ovida .152

Envieux (l') devroit être banni de la *Société*,　67.

Envie d'apprendre & de sçavoir dès notre naissance,　17.

Époque de la *Sculpture* en France & en Italie,　383.

Équèrre,　418.

Escaliers,　409.

Escaliers, ont besoin de trois ouvertures,　409.

Bas du Grand *Escalier*,　409.

Escaliers à Limaçe,　411.

Escalier à Vis avec noyau,　412.

Espèces de Chêne,　424.

Esprit, de (l')　21.

Esprit, son extrême délicatesse est une espèce de foiblesse,　24.

Esprit (les personnes de beaucoup d') doivent témoigner beaucoup de Bonté aux autres,　24.

Esprit, ses Défauts,　27.

Esprit, son Incertitude,　27.

Esprit du Jour,　25.

Esprit de l'Homme borné,　24.

Esprit, ses maladies,　26.

Esprit, ses Nécessités,　26.

Essai sur l'Architècture, par M. l'Abbé Laugier,　532.

Essai sur les Ponts & Chaussées,　541.

Estampe Allégorique de l'Architècture, avec son explication,　300.

Estampe Allégorique de l'Arithmétique, avec son explication,　184.

Estampe Allégorique de l'Écriture, & son explication,　272.

Estampe Allégorique de la Mythologie des Enfers, & son explication,　128.

Estampe Allégorique de la Sagesse, & son explication,　1.

Estime des Hommes,　60.

Euryale, l'une des trois Gorgonnes,　176.

Éxemple d'Écriture bâtarde, 284. *bis*.

Éxemple d'Écriture coulée, 284. *bis*.

Éxemple d'Écriture ronde, 284. *bis*.

Éxercices pour la Ronde,　286.

F.

FABLE de M. de la Fontaine ; le Meûnier, son Fils, & leur Ane,　35.

Faire sécher les couleurs qui peuvent être couchées sur la pierre, le plâtre, le bois, le fèr & le plomb,　385.

Faire (Que), pour bien s'occuper,　81.

Fameux jardins suspendus, qui passoient pour une des Merveilles du monde,　367.

Fainéantise,　78.

Fatale nécessité,　153.

Faux jugemens,　37.

Fèr, est principalement nécessaire pour empêcher les arcs & les platte-bandes de s'écarter,　394.

Fèr de menus Ouvrages,　393.

Fèr qui s'employe dans les Bâtimens,　393.

Félicité dans les Créatures , trompeuse , 15.

Ferme , terme pour les Théâtres , 404.

Feuillette , 258.

Fiches , 393.

Figures radicales pour l'Écriture ronde & bâtarde , 286.

Fille (la) de la Débauche , 153.

Quelle *Fin* plus digne d'un Dieu , 2.

Fleuves de l'Enfer , 150.

Fierté , 53.

Foiblesse , 47.

Fonctions des trois Furies , 173.

Fonctions des Parques , 470.

Fractions , 241.

Fractions de l'Addition , 242.

Fractions cubiques , 246.

Fractions de la Division , 245.

Fractions de la Multiplication , 244.

Fractions quarrées , 246.

Fractions de la Soustraction , 243.

Fragilité , 47.

Fraude (la), Fille de la Nuit & des Ténébres , 155.

Frise , est une partie considérable de l'Entablement , 340.

Fronton , est un ornement d'Architèture , 344.

Fronton à trois parties , 345.

Frugalité (la), est la gardienne de la Chasteté , 72.

Fureur (la) des Duëls , 113.

Furies (les) des Anciens ne sont que les Passions de l'âme : explication de ce , 175.

Funérailles , 137.

Funérailles des Empereurs & des Consuls , 137.

Fust de la Colonne , 330.

G.

GARDE-ROBES , 414.

Glaçes , 386.

Pour bizeler les *Glaçes* , 389.

Pour faire les *Glaçes* , 387.

Grandes *Glaçes* , 387.

Manière de jetter la matière vitreuse & crystalline pour faire les *Glaçes* , 387.

Manière usitée pour faire les *Grandes Glaçes* , 388.

Gourmandise , 69.

Goût des choses singulières , 97.

Grain , Poids , 255.

Grain , valeur d'Argent , 256.

Grain , valeur en Or , 256.

Grande Coudée , 260.

Grande Maison , 406.

Grande Perche , 160.

Granite , 390.

Graver les Injures sur l'onde , & les Bienfaits sur l'airain , 88.

Grècs ont voulu plaçer la naissance de la *Sculpture* dans leurs Pays , 382.

Gros , Poids , 255.

Guérites , 408.

H.

HABILLEMENT des Parques, 171.

Haine, 111.

Deux fortes de Haine, 112.

Haine, & fuite du travail, 76.

Harmonie conftante de l'Univers, 1.

Harmonie (l') de toute la Societé, 80.

Hauteur de l'Écriture, 286.

Hauteur des têtes pour l'Écriture, 286.

Hélices, ou petites Volutes, 337.

Heure, 261.

Héroïne de l'Innocence & de la Pureté des mœurs, 12.

L'Homme a une pente invincible vers son bien-être en général, 1.

L'Homme dans l'exercice de fa liberté, eft agité de combats intérieurs; qui peuvent être pour hui, la fource des plus grandes vertus, 8.

L'Homme eft véritablement libre fur le choix des biens, créés tels & déterminés; & fur celui des différentes voyes, qui peuvent le conduire à la poffeffion de ces mêmes biens, 5.

Homme chafte, 65.

Hommes fragiles, 48.

Homme raifonnable eft le Centre des créatures, 32.

Homme (l') fenfible eft fouvent d'un commerçe fort difficile, 106.

Homme (l') tendre eft d'un humeur affés égale, 107.

Honneur & Vertu, rien de fi defirable en cette vie, 19.

Honneur (Billèt d'), 294.

Hôtel, 406.

Humanité, 98.

Humilité, 54.

Humilité, diffère de la Modeftie, 54.

Humeur, 47.

Hypocrifie, 117.

I.

IDÉES des âmes, felon les Anciens Payens, 136.

Indiction, 261.

Indifférence, 109.

Ingrats, de trois fortes, 86.

Ingratitude, 86.

Inimitié (l') eft capable des plus grands crimes, 113.

Impatience, 98.

Impofture & rufe, compagnes de l'Envie, 67.

Infolence d'Ixion, 162.

Inftructions fur l'Écriture, 274.

Intempérance, fes effets, 70.

Invention des Pompes & des Puits, 165.

Ixion, 161.

J.

JASPE, 391.

Jeune Marquis jouiffant de fes droits, & de foixante mille livres de revenu, 13.

Joie, 89.

Joints de Coupe, 351.

Jour, 261.

Journal, 296.

Jugement, faculté de l'Esprit, 35.

Jugemens des Hommes ne font fouvent dictés, que par leur paffion & leur tempérament, 37.

K.

KARAT, 255.

L.

LACHÉSIS, une des Parques, 169.

Lambourdes, 416.

Lambris & revêtemens de *Menuiferie* en compartiment, 397.

Lambris d'appui, 397.

Lambris à hauteur de Chambre, 397.

Lares domeftiques, 136.

Largeur de l'Écriture 286.

Lemures, Divinités, 135.

Lettre de Change, 291.

Lettres numérales des Romains, 233.

Liais féraut, 416.

Liais rofe, 416.

Libage, 416.

Libéralité, 59.

Liberté de l'homme fur le choix des biens créés, 5.

Lieuë commune, 259.

Lieuë de France, 259.

Ligne, 25

Linteaux de fer, 39

Livre, Poids, 25

Livre d'Apoticaire, 25

Grand *Livre*, 29

Autres *Livres*, 29

Livre d'Architecture, par le Sie Boiffrand, Architecte du Ro 52

Livre d'Architecture, par Aléxand Francine, 45

Livre des Bordereaux de Caiffe, débit & crédit, 25

Livre des Bordereaux de caiffe crédit, 25

Livre des Bordereaux de caiffe débit, 25

Livre des Comptes courans, 25

Livre de la Dépenfe, 25

Livre de Factures, en débit & créd 25

Livre de Factures en crédit, 25

Livre de Factures en débit, 25

Livre des Mois, 25

Livre des Mois, Traites, & Rer fes, 25

Livres de Monnoye, 15

Livre des numeros, 25

Livres principaux (les trois) 25

Livre des remifes, 25

Livre des traites, 25

Loges, terme de Théâtre, 40

Loix de la Clémence, 10

Longanimité, 5

Longueur des queuës pour l'Écritu 21

TABLE DES MATIÈRES.

Loquèts,   393.
Luftre,   261.
Luxure,   61.

M.

MAÇONS,   430.
    Maillèt,   417.
Maisons particulières,   406.
Maitreffes voûtes,   354.
Malédiction attachée à ceux qui vio-
   lene la Charité,   85.
Manière aifée de tailler la plume,
                                         273.
Manière de bâtir pour toutes fortes
   de perfonnes, par M. le Muèt,
                                         553.
Manière, de deffiner les cinq Ordres
   d'Architècture, par Abraham Boffe,
                                         553.
Manfuétude,   102.
Manteaux de cheminées de fèr,
                                         393.

Marbre,   390.
Marbre Africain,   391.
Marbre d'Auvergne,   391.
Marbre Balzato,   391.
Marbre de Bacalvaire,   391.
Marbre de Barbançon,   391.
Marbre Blanc,   390.
Marbre Brèche,   392.
Marbre brut,   392.
Marbre de Boulogne,   391.
Marbre de Bourbonnois,   392.
Marbre de la Sainte Baume,   391.
Marbre dégroffi,   392.

Marbre ébauché,   392.
Marbre filardeux,   392.
Marbre fini,   392.
Marbre de Grèce,   391.
Marbre gris noir,   391.
Marbre poli,   392.
Marbre Pouf,   392.
Marbre terraffeux,   392.
Marc, Poids,   255.
Marc d'Argent,   256.
Marche (la), & les progrès de la
   Douleur,   91.
Marque d'un Efprit faux,   97.
Marteau, outil de Maçon,   417.
Médifance, compagne de l'Envie,
                                          67.
Médufe, l'une des trois Gorgones,
                                         178.
Mégère, l'une des trois Furies,   172.
Meilleure Chaux eft celle qui fe fait
   avec des pierres fort dures, 421.
Mémoires Critiques d'Architècture,
                                         508.
Mémorial, ou Brouillard,   295.
Menfonge,   116.
Menfonge d'action,   117.
Menfonge officieux,   118.
Menuifiers,   431.
Menuiferie,   397.
Mère de la bonne fanté,   72.
Mérite effentiel de l'Ordre Ionique,
   confifte dans une certaine médio-
   crité d'agrément,   318.
Mefures pour la Bierre,   270.
Mefures des corps liquides,   268.
Mefures des corps ronds,   270.

Mefures

TABLE DES MATIÈRES.

Mesures servant au Commerçe de la Hollande , 267.

Mesures des Eaux-de-vie , 269.

Mesures d'huile de Baleine , ou de Poiſſon , 269.

Mesures d'huile d'Olive , 269.

Mesures pour le Miel , 270.

Petites *Mesures* , 270.

Mesure du Sel , 271.

Mesures des Vaiſſeaux ou Navires , 271.

Métope , eſt un intervalle quarré , qui dans la Friſe Dorique , fait la ſéparation de deux Triglyphes ou Boſſages , 341.

Mille , 188.

Mille de lieuë , 259.

Miliaſſes , 188.

Millier , 255.

Millions , 188.

Mine de Blé , 256.

Mine de Charbon , 257.

Mine de Plomb , 429.

Miniſtère des Parques , 169.

Miniſtres (les) du Deſtin , 154.

Minos , Juge des Enfers , 146.

Minot de Blé , 256.

Minot de Chaux , 257.

Minot de Charbon de bois , 257.

Minot de Charbon de terre , 257.

Minot de Sel , 257.

Minute , 261.

Précieux *Miracle* de l'Art , 386.

Mithologie des Enfers , 129.

Modération , 74.

Modeſtie , 119.

Modeſtie de langage , 119.

Modeſtie dans les habits & dans les ameublemens , 120.

Modillons , ſont de petites conſoles renverſées ſous les platfonds des Corniches Ioniques & Compoſites , 343.

Moilon , 416.

Moilon d'Arcüeil , 416.

Moilons durs de Meulière , 416.

Moilon de la Vallée de Fécamp , 416.

Moilon de Saint Maur , 416.

Mois , 261.

Monnoyes anciennes , 264

Monnoyes de France , 262.

Mort (la) , Divinité , 159.

Moulures , ſont en général tous les ornemens en *Saillie* , dont l'aſſemblage forme les Corniches , 343.

Moulure couronnée , 344.

Moulure liſſe , 344.

Moulure ornée , 344.

Moyen humain capable de conſerver la Paix avec les hommes , 94.

Moyenne perche , 160.

Muid d'Avoine , 257.

Muid de Blé , 256.

Muid de Charbon de bois , 257.

Muid de Chaux , 257.

Muid de Plâtre , meſure , 258.

Muid de Plâtre , valeur , 423.

Muid de Sel , 257.

Muid de Vin , 258.

Multiplication , troiſième Règle de l'Arithmétique , 207.

Tome II. Part. I.

D d d d

Murailles & Jardins de Babylone, 364.

N.

Naissance de Pégafe, 179.
Nature infpire à tout animal de veiller à conferver fon être, 17.
Néceffité abfoluë du Travail, 80.
Niveau, outil d'Appareilleur, 418.
Niveau d'eau, 418.
Niveau de Pofeur, 418.
Nombre (le), 186.
Nombre des ingrats eft fort petit, 86.
Nouveau tarif du Toifé de la Maçonnerie, 554.
Nouveau Traité d'Architecture, par le S. Nativelle Architecte, 521.
Nouveau Traité de la Coupe des pierres, par M. de la Ruë Architecte, 520.
Nouveau Traité de toute l'Architecture, par M. de Cordemoy, 510.
Nuit (la), Divinité la plus ancienne de toutes, 156.

O.

Obélisque, 358.
Objets de l'Arithmétique & de l'Algèbre, 190.
Obole, 255.
Obfervations qu'il faut faire avant que d'extraire la Racine quarrée, 246.
Obfervations fur l'Architecture, par

M. l'Abbé Laugier, 556.
Obfacles à la Chafteté, 125.
Œconomie, 56.
Œconomie des bâtiments, ou Defcription de tous les matériaux qui entrent dans un Édifice, avec le prix des Ouvrages, 513.
Occupation (de l') 79.
Occupations criminelles, 79.
Occupations différentes dans le monde, 79.
Ocypeté, l'une des trois Harpies, 182.
Olympiade, 261.
Ombres (les), 140.
Onçe, Poids, 255.
Onçe d'Apoticaire, 255.
Opinion, naiffance des paffions, 39.
Première Opération de la Divifion, 219.
Seconde Opération de la Divifion, 220.
Troifième Opération de la Divifion, 220.
Orcheftre, 403.
Orcheftre du Public, 403.
Ordonnance des cinq efpèces de Colonnes, felon la méthode des Anciens, 501.
Ordre invariable de l'Univers, 1.
Ordre (Billèt à), 294.
Ordre Compofite, 309.
Ordre Corinthien, fon origine, 320.
Ordre Corinthien eft le chef-d'œuvre de l'Architecture, 321.
Ordre Corinthien eft fans contredit

le plus magnifique des Ordres, 321.

Ordre Dorique, 313.

Ordre Dorique aura toujours la prédilection des Architectes, qui aiment à signaler leur habileté, 315.

Ordre Ionique, 317.

Ordre Ionique plus léger & plus délicat que le Dorique, 317.

Ordre de Mars, 336.

Ordre Toscan, 307.

Orgueil, 50.

Orgueil (d') deux espèces 51.

Origine de l'Architecture, 301.

Origine des Ordres d'Architecture, 304.

Origine de la Peinture & de la *Sculpture*, 382.

Œuvres (les) de Philibert de Lorme, 493.

Œuvres d'Architecture d'Antoine le Pautre, 553.

Œuvres d'Architecture de Jean le Pautre, 555.

Œuvres d'Architecture de Jean Marot, 554.

Œuvres d'Architecture, par Philippe Vingboons, Architecte de la Ville d'Amsterdam, 520.

Principaux *Outils* pour l'appareil des pierres, 417.

Outrage d'Ariste, 10.

P.

PAIX (de la), 94.

Palais d'un Souverain, 406.

Panneau de Menuiserie, 399.

Pantures, 393.

Papiers de commerce qui contraignent par corps ; c'est-à-dire, par la prison, 289.

Parabole ingénieuse du supplice d'Ixion, 163.

Paradis, terme du Théâtre, 404.

Parallèle de l'Architecture antique avec la moderne, 500.

Parallèle de l'Architecture antique & de la moderne, 508.

Paresse, 76.

Paresse, la plus chère sœur de la Luxure, 78.

Paresse, nuit à la Santé, 77.

Parques, leur pouvoir absolu, 168.

Parquèt, place de Théâtre, 403.

Parquèt, est une assemblage de *Menuiserie*, 397.

Parties Aliquotes, 253.

Parties Doubles, 295.

Parterre, place de Théâtre, 403.

Passages pour les Enfers, selon les Poëtes, 129.

Pas commun, 259.

Pas géométrique, 259.

Passes pour délier les doigts, 276. *bis.*

Passions, 39.

Passions, leurs Fruits, 40.

Pavé, 428.

uvreté (la) mife au rang des Dieux, . 153.

yement d'une Lettre de Change, (le tems) 290.

yens (les) étoient vivement perfuadés, que les Dieux ne pouvoient pas laiffer une trahifon impunie, 100.

nture dans les Bâtiments, 383.

zte des Écritures, 286.

che, 160.

e de nos efpérances & de nos avantages, 81.

fidie, 99.

fidie (la) eft un Monftre dans un État, 99.

iftile, 407.

rons, 407.

fpective Pratique de l'Architècture, par Louis Brétez, 509.

ite lieuë, 259.

it Marot (le), ou Recüeil de morçeaux d'Architècture, 554.

ite perche, 260.

ophile ruiné par le Jeu, 4.

re d'Aléxandrie, 374.

lofophie, fa définition, 16.

'égéton, Fleuve des Enfers, 150.

d, 259.

rres, 414.

rre d'Arcüeil, 416.

rres de carrières, 415.

rres dures, 415.

rre de Liais, 415.

re de Saint-Nom, 415.

rres par panneaux, ou par équar-riffement, ou dérobement, 351

Pilaftre, 357.

Pilaftres difpofées avec fymétrie, 398.

Pilier, 357.

Piliers boutans, 358.

Piliers de carrière, 358.

Pilotis, 405.

Pinte, 258.

Pitié, 68.

Pitié, fes intérêts, 68.

Plaçes du Théâtre, 404.

Plans, Élévations & Profils du Temple & des Palais de Salomon, par M. Mallet, 555.

Plâtre, 422.

Platte-bandes de fer, 393.

Plinthe, terme d'Architècture, 326.

Plomb, Métal, 428.

Plomb, outil pour l'appareil, 419.

Plomb en fufion, 429.

Plomb laminé, 429.

Plombiers, 431.

Poids de marc, 263.

Poids fervant au Commerçe de la Hollande, 267.

Polinias n'eft que brave, 11.

Polinias fuccède aux biens immenfes de fon père, 11.

Politique, 115.

Ponts de pierre ou de bois, 405.

Portes à placarts, 397.

Porte d'entrée du Bâtiment, 407.

Porphire, 390.

Portrait d'un jeune Ambitieux, 89.

Portrait de l'Amour propre, en vers, 121.

TABLE DES MATIÈRES.

Portrait de l'Avare, 57.

Portrait de la Charité, 83.

Portrait de la Colère, 72.

Portrait des Furies, 175.

Portrait du Gourmand, 70.

Portrait de l'Homme libéral, 60.

Portrait de l'Homme fenfible, 107.

Portrait de l'Impatience, en vers, 98.

Portrait de l'Ingrat, 87.

Portrait de la Joye, en vers, 90.

Portrait de la Pareffe, en vers, 77.

Portrait du Pareffeux, 78.

Portrait de la Raifon, fes avantages & fes abus, par M. de Boiffi, 33.

Portrait de la Trifteffe, 91.

Portrait de la Volupté, en vers, 127.

Pofitions de la Plume à traits, 286.

Pofture du corps en écrivant, 274.

Pouçe, Mefure, 259.

Pratique pour *dorer* d'or en feuilles, 385.

Précèptes de la Modération, 75.

Préfomption, fille de l'Orgueil, 52.

Preuve de la Divifion, 228.

Prime, Poids, 255.

Prime, valeur en Or, 256.

Principes de l'Architecture, de la Sculpture, de la Peinture, & des autres Arts qui en dépendent, 498.

Principes de l'Art d'écrire, par M. Paillaffon, 286.

Principe (le) de toutes nos Actions, 120.

Principe (le) des fortes Paffions, 123

Principe des O pour l'Écriture, 286

Privation volontaire des Plaifirs 65

Propriétés de la Divifion, 231

Propriété de la Multiplication, 214

Protèft, 292

Prudence, 115

Puits, 405

Punition d'Ixion, 163

Pyramides d'Égypte, 369

Q.

QUADRES, 398

Qualité (la) d'une chofe, 190

Qualité de l'eau de la Fontaine d Styx, 151

Quantité (la), terme de l'Arith métique, 190

Quart de blé, 256

Quarte, 258

Quarteau, 258

Quarteau, Vins de Champagne 258

Quaternaire de l'Architecture, 325

Quaternaire de l'Arithmétique, 191

Quaternaire de la Mythologie de Enfers, 150

Quaternaire de fa Sageffe, 39

Quatre parties dans la Corniche 343

Quenouille & Fufeau des Parques 171

Queuë ou Pipe, 258

Quotient (le),   245.   2⅔

R.

*R*ACINE quarrée,   246.

Raiſon, image de Dieu ſur la terre,   31.

Raiſon, ſes précieux avantages, 31.

Raiſon de l'Homme,   29.

Raiſon de l'homme, ſon Impuiſſance,   31.

Raiſon de l'homme, ſon Prix, 31.

Raiſon, Tréſor le plus précieux,   31.

Recüeil Élémentaire d'Architècture,   540.

Réduction des Aunages, 266.

Réduction des milles ou lieüs des Provinces de l'Europe, conformément aux pieds Romains, qui ſont égaux aux pieds Rhénaux dont on ſe ſert par-tout le Septentrion,   259.

Réduction des Poids des principales Villes de l'Europe, 265.

Règle, outil d'Appareilleur, 417.

Règle d'alliage, 236.

Règles des cinq Ordres d'Architècture de Jacques Barozzio de Vignole,   493.

Règles, (les quatre premières) de

Règle de Fauſſe poſition, 2⅔

Règle de Poſeur, 4⟨

Règle de Trois, 2⟨

Remarques ſur la Diviſion, 2⟨

Remèdes aux attaques de la Volup⟨

Remède contre la Colère, ⟨

Remède contre l'Inimitié, 1

Renflement des Colonnes, 3

Répertoire des Artiſtes, 5

Réputation de *Bizarre* eſt dangereu⟨

Retenuë, 1⟨

Retenuë dans les Actions, 1⟨

Retenuë dans les Paroles, 1

Rhadamanthe, Juge des Enfers, 1

Rien de plus malheureux que l'⟨ vieux,

Rien de plus vil que l'Envieux,

Ronde, Écriture, 274.

S.

*S*ABLE,   4

Sacs de Plâtre, 2

Sage (le) doit faire peu de cas Jugemens de certaines gens,

Salle d'Aſſemblée, 4

Salle des Gardes, 4

Salle de Spectacle, 4

Sallon , 413.

Santé (la) & l'Innocence font les vrayes fourçes de la Joye , 89.

Saumons de plomb , 429.

Sauterelle , outil des Maçons , 418.

Sauterelles , leur fignification avec les Harpies , 182.

Science des Nombres , 186.

Scrupule , Poids , 255.

Sculpteurs , 430.

Sculpteurs en Bois , 430.

Sculpteurs en Pierre , 430.

Sculpture , n'étoit point inconnuë aux Ifraëlites , 382.

Sculpture des Bâtiments , 381.

Seconde , mefure du temps , 261.

Secret (le) d'Architècture , par Mathurin Jouffe , 493.

Semaine , 261.

Senfibilité , Imperfectiou , 106.

Senfualité , Imperfection , 123.

Sentiment des anciens Poëtes & Philofophes fur la nature du châtiment de Tantale , 160.

Sentimens des Philofophes fur les Enfers , 129.

Sentiment des Rabins fur les âmes des Morts , 145.

Sentiment (le) réfléchi du Plaifir, 126

Sèpt Arts employés par l'Architècture , 381.

Sèpt demeures des Enfers , felon Virgile , 131.

Sèpt jours de Cérémonie pour les Funérailles , 137.

Sèpt Lettres numérales , 233.

Sèpt Merveilles du monde , 36

Septénaire de l'Architècture , 34

Septénaire de l'Arithmétique , 23

Septénaire de la Mythologie des Enfers , 15

Septénaire de la Sageffe , 5

Septier , 25

Septier d'Avoine , 25

Septier de Blé , 25

Septier de Sel , 25

Serment , le plus inviolable d Dieux , 15

Serpentin , 39

Serrure , 39

Serrures , 39

Serrurerie , 39

Principale pièce des menus Ouvrges de Serrurerie , 37

Serrurier , 43

Serrure Befnarde , 39

Serrures à Clenche , 39

Serrures à Houffette , 39

Serrures à Pêne dormant , 39

Serrures qu'on nomme un Pêne bord , 39

Serrures à Reffort , 39

Serrures Treffières , 39

Les deux Sèxes s'accufant récipr quement d'Inconftance , 1

Siècle , 26

Silique , Poids des Anciens , 25

Sincérité , Vertu , 11

Sifyphe , fa Punition , 16

Situations de la Plume , 28

Sobriété , Vertu ; 7

Quoi de plus contraire à la Sociét

Quoi de plus contraire aux intérêts & aux liens de la *Société*,　116.

Socle, terme d'Architècture,　326.

Sol ou *Sou*,　191.

Solidité des Bâtiments,　431.

Solidité des Édifices demande que les groſſeurs ordinaires du gros fer, ne ſoient pas diminuées,　394.

Sommaire des Sçiences contenuës dans le ſecond Volume,　487.

Sommeil (le) fils de la Nuit, & frère de la Mort,　157.

Soulagement des Malheureux,　60.

Source (la) du Génie,　123.

Source funeſte des Actions les plus noires,　113.

Source des Paſſions ,　39.

Source des plus grandes Vertus, 8.

Souſtraction, ſeconde Règle de l'Arithmétique,　200.

Souſtraction & Addition oppoſées l'une à l'autre,　204.

Stales,　402.

Statuë,　360.

Statuë Équeſtre,　361.

Statuë Grècque,　363.

Statuë Pédeſtre,　363.

Statuës Romaines,　363.

Statuës des Furies ſelon Échile, 174.

Sthéno, l'une des trois Gorgones,　176.

Strophe de M. Rouſſeau ſur l'abus de la Raiſon,　34.

Styx, Fleuve d'Enfer,　150.

Styx, Fontaine de l'Arcadie,　151.

Superbes monumens de l'Antiquité, ſont les Pyramides d'Égypté , 369.

Supplice particulier de Siſyphe, 166.

Supplice de Tantale,　159.

T.

T ABLE ſur l'Addition ,　191.

Table ſur les Parties Aliquotes,　249.

Table de la Diviſion ,　217.

Table ſur la Multiplication ;　205.

Table de Pytagore ,　254.

Table ſur la Souſtraction ,　199.

Tablette Méthodique de l'Architècture ,　301.

Tablette Méthodique de l'Arithmétique ,　185.

Tablette Méthodique de la Mythologie des Enfers,　129.

Tablette Méthodique de la Sageſſe,　1.

Tailler la Plume , (manière aiſée de)　273.

Tailleurs de Pierre ,　430.

Pour bien appliquer le *Tain* ,　389.

Targettes ,　393.

Tartare , ſéjour affreux ,　141.

Temple de Diane ,　377.

Temple de Jupiter Olympien , 378.

Temple des Furies,　174.

Temple des Parques ,　171.

Tems du payement d'une Lettre de Change ,　290.

Tendreſſe (la) eſt une Senſibilité agiſſante ,　107.

Tentale , ſon ſupplice dans les Enfers,　159.

Tems

TABLE DES MATIÈRES.

Tenuë de la Plume pour l'Écriture, 286.

Ternaire de l'Architècture, 313.

Ternaire de l'Arithmétique, 190.

Ternaire de la Mythologie des Enfers, 146.

Ternaire de la Sageſſe, 29.

Théagènes eſt un Héros, 11.

Théâtre, 403.

Timante refuſe un emploi brillant, 4.

Tirans de fèr, 393.

Tiſyphone, l'une des trois Furies, 173.

Toile (la), terme de Théâtre, 404.

Toiſe, outil de Maçon, 259.

Toiſe, & ſes meſures, 198.

Toits ou Couvertures ſe conſtruiſent de bien des façons différentes, 408.

Tombeau de Mauſole, Roi de Carie, 376.

Tout ce qui éxiſte, peut être conſidéré ſous le double rapport du Bien ou du Mal, 12.

Tout eſt fini dans les Créatures, 7.

Traité d'Architècture, par Sébaſtien le Clerc, Chevalier Romain, 514.

Traité de la Charpenterie & du Bois de toutes eſpèces, par M. Méſange, 554.

Traité des Ponts, 516.

Traité & Tarif général du Toiſé des bois de Charpente, par M. Ginèt, Arpenteur à la Maîtriſe des Eaux

& Forêts, 54?

Traité du Toiſé, par M. Thomas d Bléville, 54:

Travail (le), fils de la Nuit, 15.

Tréſor (le) du Sage, 7.

Triglyphe, ornement employé dan la Friſe de l'Ordre Dorique, 34:

Triſteſſe, 9(

Trois Furies (les), 17:

Trois Gorgones (les), 17(

Trois Harpies (les), 18:

Trois Juges des Enfers (les), 14(

Trois Livres principaux, 29'

Trois grands mobiles de toutes le Actions des Hommes, 12(

Trois manières de bâtir; la *Solide* la *Délicate*, & la *Moyenne*, 30.

Trois Ordres Grècs (les), 31:

Trois Parques (les), 16(

Trois ſortes de Sables, 42(

Trois (les) têtes du Chien Cérbèr ce qu'elles expriment, 14(

Trompe, terme d'Architècture, 34(

Trompes ſuſpenduës, 34(

Trumeaux de Glaçes, 39'

Tuile, 42'

Tympan eſt la partie du Fronton qui répond au nud de la Friſe 34(

U.

UNITÉ de l'Architècture, 306

Unité de l'Arithmétique, 186

Unité de la Mythologie des Enfers 135

Unité de la Sageſſe, 16

Tome II. Part. I.

E e e e

...sage de la Table de Pythagore, 254.

Usure du soin que nous prenons de cultiver notre esprit, 24.

V.

VÉRITABLE Bonté, 102.
Véritable (la) Volupté, 126.
Verd, Couleur dans les Bâtiments, 384.
Vestibule, 409.
Vieillesse (la grande) des Parques, 171.
Vins, Mesure (des), 268.
Visage affreux & terrible de Méduse, 180.
Vitriers, 431.
Vitruve Danois (le), par M. Thurah, 525.
Voie, Charbon de terre, 257.
Volonté, sa Puissance, 39.
Volonté détermine toujours nos Actions, 38.
Volonté, mouvement de l'Ame, 38.
Volupté, Passion, 125.
Volupté, ses effets les plus ordinaires, 62.

...veux qui pendent de chaque... de leur visage, 3
Volute Angulaire, 3
Volute Arasée, 3
Volute à l'Envers, 3
Volute Évidée, 3
Volute Fleuronnée, 3
Volute Naissante, 3
Volute Ovale, 3
Volute Rentrante, 3
Volute Saillante, 3
Volute à Tige droite, 3
Voûte, terme d'Architecture, 3
Voûtes d'Arestes, 34
Voûte en Arc de Cloître, 35
Voûtes d'Escalier, 3
Voûtes à la Gothique, ou à la Moderne, 3
Voûtes Règlées, 3
Voûtes Régulières, 3
Voûte Sphérique, 3

X.

Y.

Z.

FIN DE LA TABLE DES MATIÈRES DU TOME II. PART. I.

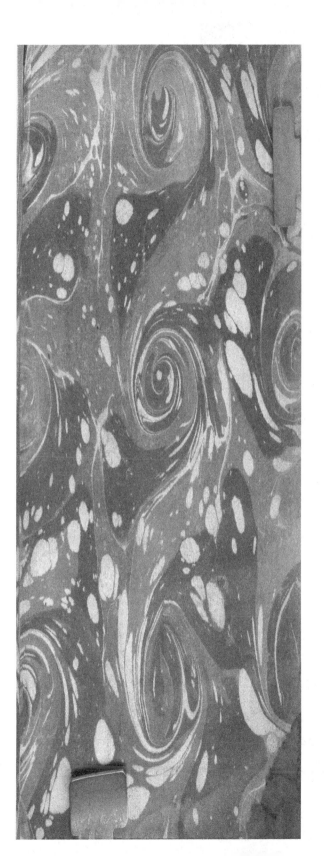

Check Out More Titles From HardPress Classics Series In this collection we are offering thousands of classic and hard to find books. This series spans a vast array of subjects – so you are bound to find something of interest to enjoy reading and learning about.

Subjects:
Architecture
Art
Biography & Autobiography
Body, Mind &Spirit
Children & Young Adult
Dramas
Education
Fiction
History
Language Arts & Disciplines
Law
Literary Collections
Music
Poetry
Psychology
Science
…and many more.

Visit us at www.hardpress.net

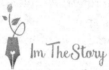

CPSIA information can be obtained
at www.ICGtesting.com
Printed in the USA
BVHW082214110819
555624BV00020B/2865/P

9 781318 672141